《安徽通史》编纂委员会 编

安徽通史

先秦卷

1

主　编◎陆勤毅
　　　　李修松
副主编◎陈立柱

全国百佳图书出版单位
ARTTIME
时代出版
时代出版传媒股份有限公司
安徽人民出版社

图书在版编目(CIP)数据

安徽通史·先秦卷/陆勤毅,李修松主编. —合肥:安徽人民出版社,2011.9

ISBN 978 - 7 - 212 - 04290 - 5

Ⅰ.①安…　Ⅱ.①陆…②李…　Ⅲ.①安徽省—地方史—先秦时代

Ⅳ.①K295.4

中国版本图书馆 CIP 数据核字(2011)第 186338 号

安徽通史·先秦卷

陆勤毅　李修松　主编

出　版　人:胡正义

总　责　编:杨咸海

责任编辑:李　芳　杨咸海　　　　　　装帧设计:宋文岚

出版发行:时代出版传媒股份有限公司 http://www.press-mart.com
　　　　　安徽人民出版社 http://www.ahpeople.com
　　　　　合肥市政务文化新区翡翠路 1118 号出版传媒广场八楼
　　　　　邮编:230071
　　　　　营销部电话:0551 - 3533258　0551 - 3533292(传真)

制　　版:合肥市中旭制版有限责任公司

印　　制:安徽新华印刷股份有限公司
　　　　　(如发现印装质量问题,影响阅读,请与印刷厂商联系调换)

开本:710×1010　　1/16　　印张:34.5　　字数:500 千　　插页:8

版次:2011 年 9 月第 1 版　2011 年 9 月第 1 次印刷

标准书号:ISBN 978 - 7 - 212 - 04290 - 5　　定价:120.00 元

战国　铸客大鼎

通高113厘米，口径87厘米，重400公斤

1933年寿县朱家集李三孤堆楚王墓出土

夏　单扉铜铃
通高8.6厘米，底宽8.6厘米
1972年肥西县馆驿大墩孜商文化遗址出土

商　兽面纹斝
通高42厘米，口径18.1厘米
1983年铜陵县西湖童墩村出土

商　兽面纹单柱爵
通高38厘米，流至尾21.5厘米
1965年肥西县馆驿糖坊出土

商　兽面纹觚
高29.6厘米，口径15.5厘米
1957年阜南县朱寨月牙河出土

商　兽面纹尊
高47厘米，口径39.3厘米
1957年阜南县朱寨月牙河出土

商　兽面纹尊
高21.5厘米，口径19.5厘米
1972年潜山县彰法山盐业公司院内出土

西周　兽面纹方彝

通高44厘米

1987年枞阳县周潭镇七井村汤家墩遗址出土

商　兽面纹鬲

通高23.1厘米，口径15.4厘米

1944年阜南县朱寨月牙河出土

商　兽面纹方壶

通高18厘米

1980年合肥市物资回收公司拣选

商　兽面纹大铙
通高49.5厘米
1973年庐江县泥河区出土

西周　乳钉云纹大铙
通高84.2厘米
2008年青阳县新河镇陀龙大撩湾出土

西周　勾连云纹大铙
通高50.6厘米
2002年马鞍山市经济开发区出土

西周　兽面纹甗
通高48厘米，口径28厘米
1995年颍上县王岗镇出土

西周　乳钉纹簋
通高16.5厘米，口径27.7厘米
1959年屯溪机场1号墓出土

西周　公卣
通高23厘米
1965年屯溪机场3号墓出土

西周　环带纹鼎
通高21.5厘米，口径21.3厘米
1982年巢湖市物资回收部门拣选

西周　夔凤纹簠

通高均为17.3厘米

1984年利辛县张村区柳东乡管台子庄古淝河北岸西周窖藏出土

西周　凤纹方鼎

通高22.8厘米

1965年屯溪机场3号墓出土

春秋 龙耳尊
通高33.6厘米，口径27.5厘米
1988年南陵县绿岭乡团结村出土

春秋 龙耳瓿
通高10.8厘米，口径7.4厘米
1965年屯溪机场3号墓出土

春秋 几何变形兽纹簋
通高18.8厘米，口径27.2厘米
1965年屯溪机场3号墓出土

春秋 蟠虺纹卣
通高34厘米
1959年屯溪机场1号墓出土

春秋 云纹五柱器
通高31厘米
1959年屯溪机场1号墓出土

春秋　龙钮盖盉
通高29.2厘米，口径17.6厘米
1979年繁昌县城关汤家山出土

春秋　窃曲纹匜
通高17厘米，口径31厘米
1971年肥西县柿树岗小八里出土

春秋　蹲人龙耳簋
通高17厘米，口径17.1厘米
1987年宿县褚兰出土

春秋　三足羊首鼎

通高11厘米，口径10厘米

1976年寿县枸杞魏岗出土

春秋　蔡侯莲瓣方壶

通高80厘米，口径27.5厘米

1955年寿县西门蔡侯墓出土

春秋　蟠虺纹簠

通高16.8厘米

1958年太和县胡窑出土

春秋　吴王光剑
残长54厘米，格宽5厘米
1974年庐江县汤池边岗出土

战国　蟠虺纹殳
通长14.7厘米
1959年淮南市蔡家岗2号墓出土

战国　鄂君启金节
车节（左）：长29.6厘米，宽7.1厘米，厚0.6厘米
舟节（右）：长31厘米，宽7.2厘米，厚0.6厘米
1957年寿县邱家花园出土

战国　五山纹铜镜
直径12.2厘米，缘厚0.7厘米
1993年潜山县出土

新石器时代　玉龙

1998年含山县凌家滩遗址出土

新石器时代　玉鹰

1998年含山县凌家滩遗址出土

新石器时代　玉人

1998年含山县凌家滩遗址出土

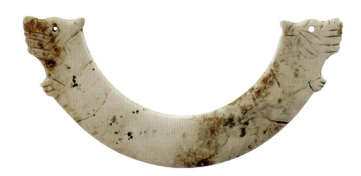

新石器时代　虎首玉璜
1987年含山县凌家滩遗址出土

新石器时代　玉钺
1998年含山县凌家滩遗址出土

新石器时代　玉珩形佩
1979年潜山县薛家岗遗址出土

春秋　束绢形玉饰

1955年寿县城关西门蔡侯墓出土

战国晚期　龙凤纹玉佩

1979年长丰县杨公战国墓出土

战国　龙形玉佩

1979年长丰县杨公战国墓出土

战国　谷纹玉璧

1979年长丰县杨公战国墓出土

战国　凤纹玉管

1977年长丰县杨公战国墓出土

西周　原始青瓷盉
1965年屯溪市西郊3号墓出土

西周　原始青瓷尊
1979年屯溪市西郊西周1号墓出土

春秋　原始青瓷虎形器
1959年屯溪市西郊出土

新石器时代　黑陶壶形器
1979年潜山县王河镇薛家岗遗址出土

新石器时代　黑陶折腹壶
1979年潜山县王河镇薛家岗遗址出土

【先秦卷】

战国　郢爯金币

1970年5月阜南县三塔乡朱大湾村出土

战国　陈爯金币

1970年临泉县艾亭集西南出土

战国晚期　铜布币

1971年宿州蕲县张邱园村出土

总　　序

　　盛世修史，是中华民族的优良传统。2004 年 8 月，时任安徽省委副书记张平同志主持召开了《安徽通史》编纂委员会第一次会议，《安徽通史》作为省哲学社会科学规划重大项目立项并启动。在中共安徽省委、省政府领导的关心下，经过我省数十位专家历时近 8 年的辛勤笔耕，现即面世以飨读者。

　　《安徽通史》8 卷 10 册，600 万字，对上自洪荒，下迄 1952 年的安徽历史作了全面系统的表述。

　　编撰《安徽通史》我们坚持三个基本原则：

　　一是坚持以马克思主义的辩证唯物主义和历史唯物主义为指导思想，实事求是，从纷繁复杂的历史表象入手，去伪存真，去粗取精，真实地、本质地反映安徽历史。尊重历史事实，是则是，非则非，秉笔直陈，不用春秋笔法，把编写者的主观判断排除在《安徽通史》之外，把历史事实展现给读者，把评说的空间留给读者。

　　二是略远而详近。古代是我们的前天，近现代是我们的昨天。近现代是传统向现代转变时期，直接影响当代。自夏代算起，安徽历史

有4000年,其中鸦片战争至新中国成立之初不过百年,叙述这百余年历史的卷数为《安徽通史》全书的25%,字数约为全书的30%;《新中国卷》虽只写四年亦立为一卷。历史著作的社会价值主要在于有助于人们深刻了解当代社会和当代人,为解决现实问题提供经验教训。因此而言,略远而详近是必然选择。

三是史料务求翔实。史料是史著的基本元素,史料丰富与否往往决定了史著价值高低。几年来,参加编写《安徽通史》的专家用于爬梳资料的时间远多于撰写时间,经多方罗掘,发现了很多新的资料。先秦部分用近年发现的大量考古资料以补充文献资料,近现代部分则大量利用了报刊资料及档案。新资料的发现和使用是本书一系列亮点的基础。

中国是一个整体,但各省(区、市)的历史各有特色,造成差别的原因很多,地理位置和自然条件的差异是最基本的原因之一。安徽连贯东西、融会南北,左江浙,右湖北,上接中原,下邻江西。长江淮河穿省而过将安徽切成比较均匀的三大块。淮北平原属典型的北方,皖南山区是标准的南方,江淮之间是南北过渡地带。全省气候温和,水资源丰富,适宜农耕。

安徽历史的特点约略有五:

一、安徽历史发展受惠外部较多。自给自足的自然经济一般有很强的封闭性,但封闭不是绝对的,安徽与周边地区交往较多,对安徽历史发展起了明显的促进作用。安徽本为东夷活动区域,大禹为治水来到安徽,并在涂山(今属安徽怀远)大会诸侯,安徽的东夷积极响应,自此开始融入中国主流。东晋至南宋是中国经济重心南移、中原文化南播时期,安徽作为主要通道,社会经济发展水平显著提高。明清时期安徽和江浙关系密切,其时江浙正是中国经济最富庶、文化最发达地区,安徽经济、文化与之同时发展,且不遑多让。鸦片战争后,上海成为中国经济发展的龙头,八百里皖江成了近代意义上的黄金水道;

新中国成立前,号称"小上海"的城镇遍布我省各地,在安徽人心目中,上海是先进和繁华的代名词。

二、安徽的历史发展特别艰难曲折。安徽历史上灾难之多之惨烈绝非其他省可以相比。江淮之水患频仍世人皆知,但对安徽历史损害最大的是兵祸。自古以来,淮北和江淮就是各方争夺之地,楚汉,魏吴,东晋、南朝、南宋、南明和北方政权,都曾在安徽进行过恶战;历史上大规模农民战争除两汉外,如秦末、隋末、唐末、元末、明末、晚清农民战争,无不以安徽为主战场。每当战乱,除交战双方相互砍杀之外,就是对人民烧杀抢掠,一时白骨遍野,数百里不见人烟,惨不忍睹。在历史上淮北和江淮之间因兵燹损失半数以上人口有十余次。面对深重苦难,安徽人民顽强坚毅,一次次在废墟上重建家园。显示了超强的生聚能力。

三、安徽南北社会、经济、文化和国家的南北社会、经济、文化同步变化。三国以降,国家分裂时,表现为南北政权对峙,安徽则分属南北两个对立的政权。自东晋至南宋,中国经济重心南移,中原文化南播,改变了中国经济、文化态势,与此同时,安徽沿江江南在经济文化方面一跃超过原先先进的淮北。在上述两方面没有一省像安徽那样酷似国家的变化。

四、人才之盛,世所公认。安徽独特的环境为中华民族造就一大批精英人物,其中一些人分别在不同领域为华夏文明创立了标志性历史功业。改革家首推生于涂山的夏启(对先秦时代的人常以出生地为其籍贯),启废禅让为世袭,中国遂由原始社会进入阶级社会、文明时代。李鸿章兴办洋务新政是中国向近代迈出的第一步。思想领域老子把朴素的辩证法教给了中国人,陈独秀高举科学、民主旗帜,从根本上否定传统的价值观。在文化领域,庄子、曹操、方苞、程长庚,各领风骚,为五彩缤纷的中华文化作出巨大贡献。胡适倡导白话文学,促成白话文代替文言文成为"正宗"载体,其功至伟。

五、独特的历史遗憾。明以前,今安徽总是分属于几个不同行政区域或不同政权管辖,并且这些行政区域或政权治所或不在安徽或在安徽却旋设旋撤,以致秦以后安徽没有出现规模较大的都市。工商辐辏的都市对一个地区社会、经济、文化有显著的拉动作用,即使在农业社会也是如此。此外,未形成可基本覆盖全省的皖文化。这两点在内地各省中绝无仅有。

每一代人都在创造历史,我们这一代人的使命是创造安徽崛起、中华复兴的历史。人们是在历史的基础上创造历史,先辈的经验教训对于后人是一笔宝贵的财富,前贤的精神是激励后代的动力。本书对全面深入了解安徽有较大帮助,希望能引起读者兴趣。

历史已成过去,完全复原绝不可能。作者有其局限,洵为常理,众人之作难以避免风格上不统一,《安徽通史》中可商榷处所在多有。盼望读者批评,如切如磋,如琢如磨,以期繁荣学术,俾安徽历史的研究水平更上层楼。

《安徽通史》编纂委员会

2011 年 9 月

目　　录

第一章

旧石器时代安徽历史的开端

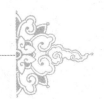

安徽地跨江淮，气候适宜，环境优越，动植物资源丰富，为早期人类的生息繁衍、交流沟通提供了有利条件。安徽境内在数百万年前就留下了人类活动的遗迹，是中国远古人类活动较为密集的区域之一，在全国的旧石器考古中占有显著的地位。目前已发现古人类遗址几十处，绝大多数位于淮河以南，尤以巢湖流域及长江以南为多，时间也较早。其中繁昌人字洞遗址距今有两百万年，是我国目前发现的最早期的人类活动遗址之一；和县龙潭洞和巢湖银山发现的古人类化石，分属人类进化阶段的晚期直立人和早期智人阶段，距今也有数十万年。这些发现为研究中国古人类进化提供了重要资料。与此同时，更多的旧石器地点也陆续被发现，为复原当时人类的生产、生活乃至环境都提供了重要线索。

第一节　安徽古人类及其文化

　　安徽旧石器时代考古工作开始于 20 世纪 50 年代初。1954 年,在当时尚属安徽省辖区的泗洪县下草湾水利工地上发现一段人类股骨化石。此后获得了一些第四纪哺乳动物化石材料。1980 年,在和县龙潭洞发现了一具完整的猿人头盖骨化石,引起了古人类学界的广泛注意,这具头盖骨被命名为"和县猿人"。[①] 它的发现在中国乃至世界古人类研究上都有重要价值。1982 年,在巢县银山发现智人化石,为一块不太完整的枕骨和上颌骨化石,属旧石器时代中期。由于和县猿人和银山智人化石的发现,使长江下游这一过去不太为古人类学家注意的地区,成为注视的焦点之一。此后在这一地区进行过一系列古人类活动情况调查和发掘工作,为中国旧石器时代文化研究开辟了一片新的区域。

---

① 黄万波:《龙潭洞猿人头盖骨发现记》,《百科知识》1981 年第 2 期。

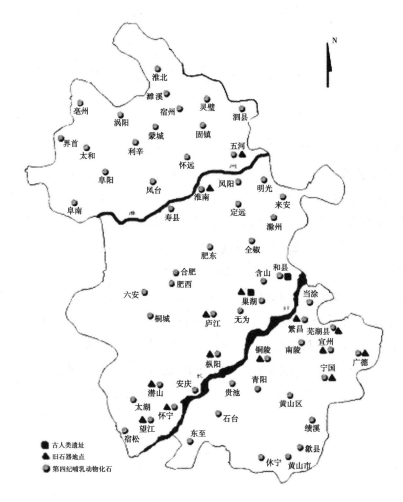

图一　安徽省古人类、旧石器、第四纪哺乳动物化石分布图

一、和县猿人及其文化

和县猿人化石出土于和县陶店乡汪家山龙潭洞。出土地点地理坐标为东经118°20′,北纬30°45′,海拔高度23米。1973年,当地群众在汪家山北坡兴修水利工程,打眼放炮时在龙潭上方炸开一个裂隙性的洞穴,发现其中富含动物化石。样本曾寄往中国科学院古脊椎动物与古人类研究所鉴定,该所对其只是作了一般性鉴定。1979年春,安徽省水文队在和县进行水文普查,又在汪家山龙潭洞采集了一些化石样本,并请中科院古脊椎动物与古人类研究所帮助鉴定化石出土地点

的地质时代。在鉴定中，研究人员发现几乎所有的动物化石皆不完整，有些如"斑鹿角的破碎很有规律，上端的主枝和眉枝缺损，下端的基部均带有一部分顶骨。这种现象，说明斑鹿角非自然脱落"。那么，是否是人为的结果呢？

如是人为，这一带将成为过去从未引起重视的中国古人类活动地区，也将是研究中国古人类的一个重要发现。1979年10月，中科院古脊椎动物与古人类研究所的研究人员来到汪家山进行考察和发掘，他们在大约4立方米的棕红色砂质黏土中采集到20多种斑鹿角化石。尤其注意到这些斑鹿角同样只保留了部分主、眉和下端的顶骨部分，显然也非自然脱落。1980年初进行的第二次发掘，采集到10多种动物化石，其中有大河狸、虎、狼、熊、中国鬣狗、剑齿象、中国犀、肿骨大角鹿、斑鹿、牛、猪等。仅斑鹿角化石就超过200件。发掘者注意到肿骨大角鹿化石在周口店北京猿人遗址保存相当丰富，而在南方和县龙潭洞的发现尚属首例，大河狸化石也属北京猿人动物群中的一种。这两种动物化石远在南方的长江边被发现，是一件值得深思的事。更值得注意的是，发现了一些骨器、角器和非当地原料的石片。在大量的碎骨片中，有一些尖锐而光滑，或呈铲形，或呈锤状，保留了打击和使用的痕迹。这些发现预示着龙潭洞一带确应有古人类活动。1980年10月进行的第三次发掘收获最为丰富，开始发现了3颗保存完好的人牙化石，1颗为前臼齿，2颗为臼齿。这完全证实龙潭洞是中国古人类活动地点。后来又发现了一具带有2颗臼齿的人类下颌骨化石。根据牙床及牙齿粗壮、牙齿表面有细纹等特征，初步断定为旧石器时代早期猿人化石。这样便确定了龙潭洞古人类遗址的性质。到了这一年的11月4日，发现了一具保存完好的猿人头盖骨化石，从而使龙潭洞遗址成为考古学上的一个重大发现。1981年五六月间，又对龙潭洞进行了一次大规模的发掘，这次获得了7件人类化石，即1颗上内侧门齿、4颗臼齿、额骨眶上部残片及顶骨残片各1块，并且发现了40多种哺乳动物化石。至此，龙潭洞的发掘工作告一段落。

1. 和县猿人的体质特征

经研究分析，龙潭洞古人类化石按照古人类学的定名标准，被定

名为"和县猿人"或称"和县人"。

和县猿人头盖骨出土时已自然破裂成20多块,经室内修复整理,除一小部分枕骨和蝶骨缺损外,余皆保存下来。这是我国目前保存的最完整的猿人头盖骨,其研究价值极高。

综观和县猿人头盖骨下颌骨和牙齿的形态,和县猿人体质有以下一些特征:

头骨——整个头骨显得粗壮、厚重而低矮,颅骨显得较宽,颅位置很低,最宽处在颅基;额骨低平且明显向后倾斜,眉骨脊粗壮且向前突出,左右两侧连成一条横脊;额骨正中的矢状脊明显;头盖骨后方有明显的枕骨圆枕;头骨壁的平均厚度大约是现代人的3倍;上颌向前突出,颧骨较高并朝向前方。从总体特征看,和县猿人头骨表现出明显的原始特征。

图二　和县人头盖骨及牙齿化石

脑量——和县猿人脑量的测定计算结果为1025毫升,接近北京猿人脑量的平均值(1059毫升),比南方猿人脑量的440～520毫升大一倍。可见和县猿人的脑量较之前的早期人类有了明显的增加,但比现代人脑量(1400毫升)明显较低。

下颌骨——和县猿人的下颌骨很粗壮,其厚度比北京猿人和蓝田猿人的还要厚,下颌骨前部较显并向下后方倾斜,下颌角较现代为小,齿槽弓呈马蹄形,有3个颏孔,颏孔位于第四前臼齿与下第一臼齿之间。

牙齿——和县猿人牙齿的齿冠、齿根都比现代人的粗大,右下第一臼齿齿冠面积为120.6平方毫米,约为现代中国人的两倍;臼齿咬合面纹理比现代人的复杂;门齿特粗壮,舌面有一个明显的铲形舌窝,形态与北京猿人相似。

和县猿人的总体形态接近于北京猿人,但某些方面又表现出较为进步的特征,说明和县猿人是直立人中的一种进步类型。

2. 和县猿人的生存年代

和县猿人动物群中既有东方剑齿象、中国犀、中国貘等,又有华北类型的肿骨大角鹿、大河狸等,还有第三纪残留种剑齿虎和小猪。因此,和县猿人的生存时代不会晚于更新世中期。[①]

近年来,研究者还运用自然科学方法对和县猿人化石标本进行了年代测定,结果虽不甚一致,但一般认为当距今二三十万年。其生存时代的大致范围在更新世中期。

3. 和县猿人时期的自然环境

通过对和县猿人时期自然环境的研究结果,可以推断出和县猿人生活时期的植被和气候情况。在龙潭洞堆积物化石孢粉组合中,共鉴定 31 个植物种属。鉴定结果表明,以广泛生长于温带、亚热带地区植物占大多数,达 68%;生长于热带、亚热带地区的植物占 26%;属于温带地区的植物占 6%。这一组合反映的植被状况,基本上与现代长江中下游地区的亚热带植物相近,属于含常绿阔叶树的落叶混交林,草本植物占相当优势,森林与草原并存,具有南北植物带的过渡特征;属于较暖湿的亚热带气候,与现代当地气候相比,和县猿人化石层的古气候偏于干凉;虽有凉暖、干湿的波动,但变化不很明显,最暖时期的古气候较现代气候暖湿。[②]

4. 和县猿人生产、生活和社会组织

和县猿人的生活来源主要是狩猎和采集。化石地层中发现大量的猿人吃剩的兽骨,这些兽骨很破碎,可见当时人们已经知道吸食骨髓。伴生的 40 多种哺乳动物多为和县猿人的狩猎对象,其中斑鹿是经常的捕获物,遗物中发现的斑鹿角占相当大的比例。人们除了吃鹿

---

① 第四纪属于一种地质年代,一般认为始于距今 200 多万年前,包括更新世和全新世两个阶段,两阶段的分界大约在距今 1 万年。第四纪是研究人类起源和发展的重要阶段。

② 黄赐璇等:《和县猿人时期的自然环境》,《安徽文摘》总第 3 期(1983 年);徐钦琦:《和县猿人时代的气候》,《人类学报》1984 年第 4 期。

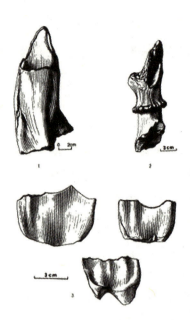

图三　和县人使用的骨、角、牙器

肉外,还利用鹿角制造工具。对化石层中大量孢粉的分析结果表明,和县猿人生活环境中植物十分丰富,他们可以采集植物的果实、根、茎、叶作为食物,掌握工具制造技术的早期人类已普遍具备这样的能力。

和县猿人已学会使用火。在含猿人化石的棕红色砂质黏土中,发现烧过的骨头、牙齿和灰烬物质。由于火的使用,人类的食物来源更加广泛,可以更充分吸收肉食和粮食的营养成分,并进而促进人类体质特别是大脑的进化,并可以减少疾病;还可以御寒,吓阻凶猛的野兽。因此,使用火在人类进化史上占有特殊重要的地位。根据资料,我国境内发现的170万年前的元谋猿人就已掌握了用火的本领,在以后发现的大多数猿人阶段的化石地点都曾发现用火痕迹。大约到了旧石器时代晚期的峙峪人和山顶洞人阶段,人类才掌握了摩擦取火的技术。由使用火到摩擦取火是人类由认识自然到征服自然过程中质的巨变,这一巨变经历了漫长的历史阶段,和县猿人在其中起了经验积累和技术延续的作用。

和县猿人制造的工具有石器、骨器和角器。在 1979 年的第一次发掘中就发现一些可疑的石片,这些石片质地坚硬,系硅酸盐类岩石,非当地所产,只能理解为人为搬动的结果。还有一些坚硬的石英砂岩石片,和县猿人利用这些石片作为狩猎工具,猎获的动物被食用后,又将兽骨、兽角加工成骨角器。和县猿人的工具中,骨角器数量多,类型明显,保留有打击和使用的痕迹。

根据对我国境内同时期古人类遗址考古发现的分析,和县猿人的社会组织当为血缘家族,婚姻虽然还在家族内进行,但已排除了不同辈分之间的婚姻。家族成员在老祖母的带领下,运用打制的骨角器、石器、木器等从事采集、渔猎等生产活动,共同生活。

二、巢县人

巢县人化石出土于巢县岱山乡银山村旁的裂隙洞穴堆积。地理坐标为东经 117°52′,北纬 31°33′,海拔高度 25 米。

1982 年 3 月,巢县文化局反映银山村采石场发现第四纪哺乳动物化石。4 月,经过对这一化石地点进行发掘,发现 1 块不太完整的人类枕骨化石(图四)。1983 年 10 月至 11 月,又对化石地点进行发掘,获得 1 块不太完整的人类上颌骨化石(带有第一前臼齿、第二前臼齿)和 4 颗破碎的牙齿以及一批哺乳动物化石。1986 年 11 月至 12 月,在进一步发掘中,在原含人类化石的地层中未发现人类化石,但获得一批保存较好的哺乳动物化石[①]。按照古人类学的定名标准,银山村发现的这批古人类化石被命名为"巢县人"。

1. 巢县人的体质特征

巢县人枕骨有发育的枕外圆枕,枕外圆枕并不水平地横于左右星点区之间,而是其中尖部向下弯曲,其两翼明显呈弧状上凸,无枕外隆凸形成,已显出向中部退缩现象。圆枕上沟不显,仅在圆枕中部上方有一凹陷呈现,相当于圆枕上凹结构。上项线不明显,故枕外圆枕平滑地过渡到项平面。下项线稍显,所保留的项平面表面无明显的凹凸

---

① 许春华、方笃生:《安徽巢县又发现人类化石》,《人类学报》1982 年第 2 期;许春华等:《安徽巢县发现的人类枕骨化石和哺乳动物化石》,《人类学报》1983 年第 3 期。

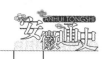

起伏现象。枕骨脑面有发育的矢状沟和横沟。枕骨显得相当宽，上枕鳞长度较短，这与猿人的枕骨相似。枕骨骨壁较薄，枕骨曲度角较北京猿人的为大，枕骨的内外隆凸点的距离比北京猿人短，与早期智人形态接近。

图四　巢县人枕骨化石

巢县人上颌骨齿槽突颌稍显，其前缘轮廓线稍呈隆起，而不像现代人类那样呈平直状或下凹状。鼻骨很宽，鼻前棘发育。梨状孔下缘呈线形，有较大的鼻阔。鼻腔底则呈椭圆形，与北京猿人的平坦状不同。上颌窦向前展伸，达到相当于第一前臼齿的位置，并向中矢方向展伸，可达上颌腭突。巢县人还有不发达的犬齿齿槽轭等特征。这些形态特征，表明这块上颌骨所代表的个体属早期智人。

巢县人的牙齿化石，都在直立人相应牙齿的变异范围内，无论齿冠还是齿根都比现代人大而粗壮。牙齿咬合面有丰富的副脊，咬合面纹理比现代人复杂，牙齿的基部有较发达的扣带。

由巢县人的枕骨、上颌骨化石所观察到的形态特征表明，其基本形态具有早期智人的许多典型特征。例如，枕骨骨壁较薄，枕骨曲度较直立人为大，上颌骨鼻前棘发育，门齿孔的位置紧靠齿槽缘，有不发达的犬齿齿槽轭等，都与北京猿人、和县猿人的形态明显不同。因此，学术界认定巢县人应归属于早期智人[1]，其体质较之于北京人进步，猿的特征进一步减少。

2. 巢县人的生存时代

巢县人化石所在的洞穴堆积分为上下两部分，上部堆积为1—2层，人类化石出自第2层。在该层中发现的动物化石有中国鬣狗、肿

---

① 方笃生：《和县、巢县人类化石研究综述》，《文物研究》第4辑，黄山书社，1988年。

骨鹿、小猪、剑齿象等种类。试比较之,中国鬣狗存在于北京周口店第一地点1—13层中,肿骨鹿发现于周口店第一地点1—10层中,在和县猿人地点的含人类化石堆积中也发现了中国鬣狗与肿骨鹿化石。小猪化石始发现于早更新世地点如广西柳城巨猿洞;又发现于中更新世地点,如和县龙潭洞和湖北郧县龙骨洞。但在巢县人化石地层中,至今未见第三纪残存种类剑齿虎化石以及始于早更新世而繁盛于中更新世的居氏大河狸化石。而剑齿虎和居氏大河狸化石皆见于和县猿人地点和北京猿人地点第4层以下的堆积中。因而可断定巢县人的生存时代要晚于和县猿人和北京猿人地点第4层以下的时代。其地质时代应为中更新世晚期[①]。

巢县人的年龄和性别研究表明,枕骨人字缝未愈合,各肌脊不很发育,枕鳞平面为平滑而无凹凸起伏现象,该枕骨应属一女性青年个体。上颌骨表现为鼻阔较大,牙齿粗壮,齿冠有若干磨耗,应属一男性中年个体。

3. 巢县人时期的气候环境与生产生活

在与巢县人伴生的哺乳动物群中,中国鬣狗常栖息于草原或沙漠,貘、犀、肿骨鹿习惯栖息于森林和多水地带,剑齿象、野猪、虎等栖息于森林。分布于热带、亚热带地区的南方种类有剑齿象、貘、犀和中国鬣狗;分布于寒冷地区的北方种类肿骨鹿适应性较强;分布范围广的种类有猫、獾、豹、熊和野猪。可见,巢县人地点的动物化石中,生活于森林和多水地带的种类占大多数,而且以生活在热带、亚热带地区的动物为主。反映出巢县人生活时期的气候温暖湿润,为热带或亚热带气候,气温与现在巢县一带相当或稍高。在地理位置上,银山一带为低山丘陵地带,有茂密森林。银山东部和北部为宽阔的平地,银山东北部有裕溪河流经并汇入长江,裕溪河两岸是广阔的旷野,当时有广大草原和湖泊沼泽。巢县人与和县猿人相距仅40公里,自然生态环境应无大的差别。生产活动主要是采集、捕捞和狩猎,集体劳动,共同生活。

---

① 陈铁梅等:《安徽和县和巢县古人类地点的轴系法年代测定和研究》,《人类学报》1987年第3期。

第二节　安徽旧石器地点

　　和县猿人、巢县人化石的发现及其研究成果证明,长江下游地区是早期人类活动的重要地区,因而引起国内考古学界对安徽地区古人类研究的热情。人们在整理和分析和县猿人、巢县人化石的材料中提出了这样的问题,他们使用何种生产工具,如何在当时极端低下的生产力状况下,借助于什么样的生产工具以满足人类自身对自然的最低限度的需求。因此,对于和县猿人、巢县人生产工具的研究,一开始便引起了学者的注意。在和县猿人化石产地,发现了与和县猿人化石同时代的骨器和角器,并发现一些非当地原料的石片,有人将这些石片认定为和县猿人使用的石器。但由于这些石片的使用痕迹很不明显,存在着许多疑问。巢县人化石产地则没有任何工具伴出。没有确凿的旧石器资料,这不能不说是安徽旧石器时代考古的严重缺憾。著名古人类学家贾兰坡先生十分关注这一问题,曾两次考察龙潭洞古人类遗址,试图揭开和县猿人制造石器之谜,但皆未如愿。

　　此后学者们将寻找安徽旧石器的视野扩大到安徽全境。1987 年6 月,在广德县独山镇关家湾发现旧石器时代地点之后,又先后在皖南和江淮之间发现 36 处旧石器地点①(图一)。这些发现不仅对于安徽旧石器时代文化研究具有重要意义,而且对于中国旧石器时代考古同样具有重要价值。因为在中国东部地区发现如此众多密集的旧石器地点是十分罕见的,其作用和影响,将超出安徽考古之外。

---

①　韩立刚:《安徽旧石器时代考古发现、研究与展望》,《文物研究》第 8 辑,1993 年 10 月。

一、繁昌人字洞遗址①

繁昌人字洞早期人类活动遗址，位于安徽省繁昌县孙村镇癞痢山东南坡，海拔高度约120米。1987年安徽省博物馆会同繁昌县文物管理所，对孙村癞痢山化石地点进行调查，发现一些哺乳动物化石。

1998年5月，在癞痢山再次调查时，于癞痢山1号采石塘口发现了一处第四纪洞穴堆积，从中发现了灵长类上颌骨、下颌骨。因该地点堆积物地层剖面呈"人"字形，故取名为"人字洞"。根据发现的哺乳动物化石，初步判定人字洞堆积物的地质时代为早更新世。

1998年9月至11月，对人字洞堆积进行了首次系统发掘。共出土石制品、骨制品60多件，古脊椎动物化石50余种，标本1500多件，哺乳动物化石中以保存完好的小齿黑熊部分骨架和剑齿虎头骨比较珍贵。1999年春、秋进行了2次发掘，又获得石制品和骨制品30多件，古脊椎动物化石3000多件，不仅标本保存状况好，动物群种类也增加到了75种。2000年、2001年、2005年又进行了3次发掘，出土的石制品、骨制品和动物化石数量都有所增加。值得注意的是，在发掘面靠近西侧洞壁，发现了1组用乳齿象门齿垒起的"矮墙"（发掘队员称之为"象牙墙"），象牙排列很有规律，高约80厘米。此外，共发现了5具保存完好的中国乳齿象、3具似剑齿虎和1具三原貘骨架，研究价值极高。

1. 地理与地质概况

繁昌县北濒长江，南接南陵，东邻芜湖，西与铜陵相交。西南部多丘陵山地，最高峰寨山海拔470米，东北沿江地带为低洼地，地势西南高东北低，形成山、圩各半的地貌格局。

从大地构造来看，繁昌地区属于下扬子古生代褶皱带，北九华山带延伸的中间地段。由于受印支运动的影响，中三叠纪时期这一地区上升为陆地，在一些断陷盆地中，沉积了白垩纪—古近纪河湖相沉积。

---

① 郑龙亭：《安徽繁昌发现中新世哺乳动物化石》，《古脊椎动物学报》，1993，31（2）；张森水、韩立刚等：《繁昌人字洞旧石器遗址1998年发现的人工制品》，《人类学学报》，2000，19（3）；金昌柱、郑龙亭等：《安徽繁昌早更新世人字洞古人类活动遗址及其哺乳动物群》，《人类学学报》，2000，19（3）。

而该区西南石灰岩地区因中生代燕山期岩浆活动及后期风化侵蚀作用的影响,逐步形成了当前长江下游沿江平原上山峰浑圆、坡度平缓、零星分布的喀斯特残丘,海拔一般为 100～230 米。区内最高峰寨山为背斜构造主体,其轴部主要以二叠纪、三叠纪灰岩组成。受新生代喜马拉雅构造运动影响,该背斜的两翼发育了晚新生代一系列构造裂隙。癫痫山位于寨山背斜南翼,海拔 143.6 米,由晚二叠纪太隆组生物碎屑岩和早三叠纪龙山组泥质灰岩、白云质灰岩组成,垂直节理发育很好,在不到 1 平方公里的范围内有十几条规模较大且几乎垂直的断层和构造裂隙。岩溶类型以裂隙和溶洞为主,地质时代从中新世中期至更新世晚期。人字洞(图五)是本区所揭露的最大岩溶裂隙。据当地村民反映,20 世纪 70 年代中期,癫痫山(60 年代以前曾叫花果山)东南坡有一洞穴,当地人称花果山洞,后因多年采石沿洞穴向东北延伸了 30 多米,洞穴已遭到破坏,呈一向上开口的裂隙状堆积。人字洞堆积厚度约 30 米,宽 8～12 米,自上而下可分为 8 层。

图五　人字洞示意图

　　人字洞堆积物大致可分为上、下两个单元:1～7 层的砂质黏土、块状角砾堆积为第一单元;第 8 层以下的黏土、细砂、小砾石堆积为第二单元,反映了两种不同的沉积环境,人工制品和脊椎动物化石均出自第一单元。从生物地层学角度分析,人字洞动物群由 75 种脊椎动物组成,以含有较多的新近纪残存类和相当多的绝灭属(现生种只有 7 种,占总数的 10.4%)为主要特征,表明动物群面貌比较古老,但由于出现了仓鼠、巨鼠、家鼠、大熊猫、三门马、水鹿等第四纪典型属种,显然与上新世动物群有区别。故其地质时代应为早更新世早期,古地磁测年为 220 万年～240 万年。

2. 文化概貌

人字洞遗址是迄今已知中国境内乃至欧亚大陆最早的旧石器地点。1998—2005 年间共进行了 6 次发掘,获得人工制品 100 余件,其中石制品 90 余件,骨制品 10 余件,说明这是一处古人类生产生活的遗存。

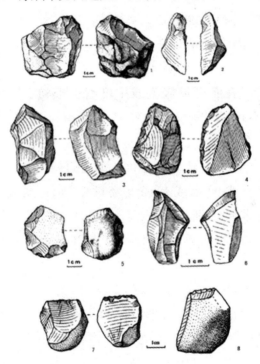

图六　人字洞出土石器

人字洞出土的石制品(图六)以小型居多,原料以铁矿石(曾见于北京人遗址)为主,兼有硅质泥岩、硅质灰岩、片麻岩、石英砂岩等,均非原产于洞中,可能采自洞外稍远山上的风化岩块,石制品原料具有多样性;石制品打片采用锤击法,打击台面清楚,在石核或石片上都可

看到打击台面表明古人类打片时曾用过转向打法,有些石核曾被几次使用转向打法。无论是石核或石片都缺乏相对稳定的形状;石器毛坯有石块、石核、石片和断块;基本类型是刮削器,还有雕刻器,刮削器中主要是边刃,严格的端刃不多。单刃、边刃石器多于复刃和端刃石器,刃口形态以直刃居多,次为凸刃,再次为凹刃;石器修理均采用锤击法,以向背面加工为主要方式,次为复向加工,再次是向破裂面和错向加工。石器修理相当粗糙,多为单层修疤,且以深宽形为主,刃缘很不平齐。仅在几件块状毛坯上可见有序加工,即先打出一个面,再在这个面上加以粗糙的修理;石制品表面未见长距离搬运或急流碰撞的痕迹,个别标本有较重的磨蚀痕迹,大多是轻度的,也有一定数量的标本无磨蚀痕迹,从表面磨蚀情况来看,有几件石制品可能曾经两度加工。

石核

单台面石核。表面可见轻度或中度磨蚀痕迹,石核体长形略多于宽形,原料多为不规则岩块,大部和基本保留自然面,其中打击台面,未见清楚的台面脊,自然台面形态呈梯形和不规则多边形。石核上打击点散漫,呈宽口形或不显。工作面上片疤不多,多为单工作面。

多台面石核。表面无或有轻度磨蚀痕迹,或多或少保留着自然面。双台面石核多相对剥片,石核台面多是打击的,形态常呈似四边形。石核台面角较钝,此类石核上的打击点以集中和较集中者居多,亦有不清楚的。

石片

石片的台面形态多呈三角形,亦有略呈梯形。从背面观,约一半石片背面不保留自然面,脊背形态具有多样性,多数是一条曲折的纵脊,将背面一分为二,个别的为一条脊,还有多脊多疤或呈阶状疤的。由片疤的打击方向看,少数与剥离方向相同,但更多是不同向的。以上表明在生产石片时曾采用过转向打法。由于石质和磨蚀等因素的影响,未见可靠的使用石片。

石器

单边直刃刮削器。毛坯主要是板状石块、石核、石片。可见修理痕迹,修理工作简单,修疤见于近缘,多为单层,个别标本局部可见双层的,修疤形态以深宽形为主,兼有浅宽疤,局部可见叶疤。石器有一定的变异范围,石器刃口较钝。

单边凸刃刮削器。主要是用石片制作。石器多有轻度磨蚀痕迹,几乎整个长边被修理成刃,均用锤击法修理,相当粗糙,仅有单层修疤。这类石器全部属小型石器,刃口比单直刃锐,平均刃角为 $64.7°$。依刃口凸度大小可分为缓弧形和深波形。

单凹刃刮削器。主要为块状毛坯、片状毛坯。轻度磨蚀。刃口均在右侧边上,加工粗糙,刃口形态不规整,均属浅凹刃型。向背面加工居多,修疤单层,主要是深宽形的,个别可见浅宽或浅长疤。本类石器个体比以上两类大。

两刃刮削器。毛坯主要为板状岩块和少数断片。主要以端侧成刃,均为小型。修理方法以错向居多,基本上是单层修疤,且以深宽型为主。

雕刻器。毛坯均为断块,其共同点是右侧小面打击痕迹不清,由右上斜向左打的人工痕迹清楚,前端生成一个凿子形的刃口,类似于中国旧石器考古资料中常见的雕刻器。

骨制品

打击骨片。无任何磨蚀痕迹,毛坯是一块哺乳动物肢骨片,上下两端都被加工成刃,侧边局部也有打击痕迹。上端的一面(骨表面)可见双层修疤,边缘的修疤为宽形和长形的,近缘为深宽和浅宽疤,打击方向由近端向远端打,另一面有同向打击的浅宽疤,制成较锐利的刃口,相邻的左侧一段,在原裂面上遗有三层叠压的浅宽修疤,右侧骨腔面也有单层修疤,两侧构成错向加工。下端可见双层修疤,另一面也可见由下端裂面向上打击痕迹,形成较锐的刃口。

骨铲。毛坯为犀牛残下颌骨,右侧从犬齿窝后部断残,下颌联合部亦稍残,左侧保留水平支的一段(143 毫米),加工痕迹见于下颌体唇面。左侧加工简单,主要是一块大裂疤,近尖端处可见琢薄的痕迹;右侧从顶下延 65 毫米的一段被多次打击过,遗有多层深宽疤和阶疤,使原本钝厚的下颌体变成薄锐的刃口。在此段后部高 16 毫米的折坎上可见双层修疤,此疤的前部被再次打击所破坏。下颌骨左右两侧刃

在前端相交,形成了一个相当锐利的铲状尖刀。

人字洞石制品所表现出来的性质和特点,与中国北方旧石器时代工艺十分相近。全部石制品缺乏相当稳定的形态,显示出很强的"个性"。无论从类型上或技术上,都比中国境内已发现的更新世早期的石制品显得粗糙、简单而原始。尽管人字洞发现的骨制品数量不多,但它表明了人类早期工具原料组成的多样性。由于人字洞遗址时代较早,而已知同时代的人工制品很少,因此难以做更详细的对比,许多工作尚待今后进一步完成。但是,通过对上述生产工具和在该遗址发现的一系列动物化石的分析表明,群居的人字洞人已能打制诸如上述的石器和骨器,并运用这些器物捕猎鸟兽,切割兽皮和其他食物,从事较低水平的生产生活。

二、水阳江旧石器地点群①

水阳江发源于天目山脉,由东津河、中津河、西津河三条河流在宁国县河沥溪镇附近汇流而成。然后流经宁国、宣州、芜湖,在芜湖县清水镇附近与青弋江汇合入长江。水阳江全长 120 公里,上游主要为山地,有黄山山脉和天目山脉,中游为丘陵,下游为圩区。

1987—1988 年,安徽省文物考古研究所在皖南地区进行旧石器调查,在沿水阳江两岸第二级阶地及其上的土状堆积中共发现 16 个旧石器地点。其中以陈村遗址(现为全国重点文物保护单位)最为著名,距今 10 多万年至 80 万年。各旧石器地点间的地层和岩性可以对比,石器制作技术、器型以至使用的原料都是一致的。石制品的时代从旧石器时代早期延续到旧石器时代中期,地质年代为中更新世或稍晚。

水阳江中上游的两岸一般分布有一、二级阶地,一般不见三级阶地。已发现的旧石器地点皆分布于二级阶地上。采自地层或地表的石器,可能都出自发育有灰白色黏土条带的蠕虫状棕红色黏土层。该层在长江中下游沿岸和皖南山区十分发育,一般称之为网纹红土。

水阳江旧石器地点群的石制品的原料以石英砂岩为主,还有少量

---

① 房迎三:《皖南水阳江旧石器地点群调查简报》,《文物研究》第 3 辑,1988 年 6 月。

的石英岩、硅质岩等。制作石器的毛坯有砾石、石块和石片，其中砾石占80%以上，石片毛坯所占比例小于10%，这与水阳江旧石器地点多在二级阶地取用砾石方便有关。

石器制造方法，打片多用锤击法，只有少量用碰砧法打制的石片和石核。锤击石片上打击点集中，半锥体凸出，辐射线清晰，少量石料较粗的标本打击点散漫。石片的背面多有剥片痕迹，说明是连续剥片的结果。石片角较大，长石片多于宽石片。石核中绝大多数为锤击石核，台面以自然台面为多，也有少量的打击台面。双台面石核的比例最高，其次是单台面石核，多台面石核较少。

水阳江旧石器的类型（图七），有石片、石核、砍砸器、尖状器、刮削器、石锥。其中数量最多的是砍砸器，包括一面打制的砍伐器和两面加工的砍砸器。其次是尖状器。球形器和石锥的数量虽少，但很有特色。石核的利用率较高，反映打片技术比较熟练。砍砸器和尖状器的类型多而复杂，类型之间常常有过渡类型，因而分类界限往往不甚清楚。这种过渡类型的代表是尖状－砍器。在功能上，尖状－砍器是介于尖状器和砍砸器之间。球形器的制作比较精致，圆度较高，都经过打片粗制和进一步修理，有些可能经过对敲修理。石锥数量虽少，但是水阳江石器中重要的一种。[1]

石片 以宣州市向阳窑厂所见为例，砂岩为原料，锤击法打片，打击点清楚，半锥体凸出。石片背面也有一大块剥落石片的疤痕，可能在打下此石片之前，在另一方向上已经剥过一件石片。石片远端的背面有两小块新的石片疤，应为发掘挖土时所伤。近端刃缘有剥落碎屑痕，可能是使用痕迹。

石核 以宣州市向阳窑厂所见为例，可分为单台面、双台面和多台面，其中单台面最多。单台面石核，以砂岩砾石为原料经锤击法打制而成，自然台面，打击4～5次。最大石片疤打击点清楚，半锥体凸出。双台面石核，以石英砂岩为原料，台面为相对的两个自然平面。打击环绕台面进行，一面剥片后翻转过来，用另一台面继续剥片。由

① 房迎三：《安徽原始文化溯源》，《东南文化》1991年第2期。

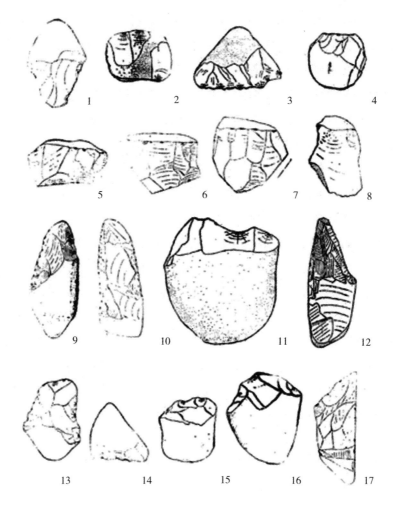

图七　水阳江旧石器

石片疤痕看出石核的利用率很高。多台面石核,以石英岩砾石为原料,先在砾石的自然台面上作圆周形剥片,然后调换到相邻的台面上继续打击。最后,利用修理台面剥片,经过多次剥片,原砂石面只剩下很小的面积。

砍器　以宣州市向阳窑厂所见为例,数量最多,体形变异较大,大者长 22 厘米,小者长 10 厘米,可分为尖形砍器和普通砍器两种。

尖形砍器,多以长条形砾石为材料,用锤击法在砾石的两侧进行单面打击,一侧或两侧刃锋较锋利。多数标本在一侧或两侧刃缘有加工或使用痕迹,加工的刃缘较长,一般超过器长的二分之一。由于采用长条形砾石为材料,成形的砍器都有一个圆尖,但较钝。尖形砍器又可分为单刃和双刃两种。单刃尖形砍器是在长条形砾石的一侧单面打击,刃缘达单侧的四分之三,刃口锋利,无使用痕迹,尖端有向背面的小剥片疤。另一件石英砂岩为原料,一侧刃缘达四分之三,刃口锋利,另一侧仅在上端作少量打击,刃缘几乎成直角,圆尖。尾端为原砾石面,不见明显的使用痕迹。双刃尖形砍器,以石英砂岩为原料,锤击法单面打击制成,仅尾端保留原砾石面。尖部可能是自然解理形成,打击痕迹不清楚。两侧中部刃口呈叠瓦状,可能是使用形成的崩损。另一件采用石英砂岩加工而成,尺寸较小,加工精致。除从两侧加工外,还以腰部的凸棱为台面进行打击,两侧的打击点集中,使刃缘形成缺口,圆尖。刃、尖均锋利。右侧刃缘有使用痕。

普通砍器,多以扁平砾石在一侧打击而成,根据刃缘形状可分为直刃砍器、凹刃砍器和凸刃砍器。直刃砍器用一块磨圆很好的圆盘状砾石打制而成,石英砂岩,单面锤击,有 3 处剥片疤,最大的剥片疤形成凹刃,刃缘锋利,凹刃的背面有碎小剥片痕,可能经过修理。凸刃砍器为砂岩原料,先用锤击法剥片,然后向劈裂面打击修理。刃缘锋利。

尖状器 以宣州市向阳窑厂出土者为例,大体可分为两类,一类是用长条形砾石制成,着重尖部制作。刃部较钝,一般不超过刃缘长度的二分之一。体形较大,一般在 5～25 厘米,以一面经过打制的长条形砂岩砾石制成,自两侧向尖部打击,两侧钝厚,剥片小于器长的二分之一,尖部突出,经过修理。尾端有风化痕。另一类为小型尖状器,用小型砾石或石核制成。砂岩原料,利用原砾石的钝尖,进行简单剥片加工,形成锐尖。尖部加工修理痕迹清晰,打击点深凹。

刮削器 以宣州市向阳窑厂出土者为例,原为锤击法打下的石片,石片上半锥体凸出,放射线清楚。近端的刃口有向劈裂面的两处修理痕,使刃缘从劈裂面视呈锯齿状。背面有少量使用痕。

球形器 以宣州市向阳窑厂出土者为例,石英砂岩为原料,原砾石面保留很少,球面几乎都为石片疤覆盖,劈裂面多形成较深的凹坑,台面角较大。

石锥 宣州市向阳窑厂一件,用长条形砾石为原料,在砾石较平的两侧打片,形成一凸出的尖部,然后稍加修理。加工部分约占全器的三分之一,柄部很适宜手握,尖部未见明显的使用痕迹。

水阳江石制工具以砍器数量最大,尖状器、球形器很少。器型笨重硕大,个体重量一半以上超过 1000 至 2000 克。石器制造技术和加工技术简练实用,许多工具为一步制作成型而缺少第二步修理的痕迹,约有三分之一的砍器是用这种方法制造的。第一次剥片以一面打击居大多数,只有少数标本经过两面打击。石器的修理多由背面向阴面进行,且位置仅限于刃口,器身很少见修理痕迹。只有个别标本向石器的砾石面修理,位置主要在尖部。根据这些特征,研究者认为,水阳江旧石器的整个面貌属于我国南方砾石石器砍器传统,并且有着自己鲜明的特色,主张将其命名为“水阳江文化”。

三、望城岗旧石器地点群①

1988 年 2 月,安徽省文物考古研究所研究人员在巢湖市岱山乡三胜砖窑厂进行旧石器时代考古调查,在窑厂取土处采集到 10 多件旧石器标本,这些石器人工打击痕迹清楚,且距巢县银山发现的智人化石地点仅 2 公里,因此更加引起人们的浓厚兴趣。为了进一步搞清这一地区的旧石器时代文化面貌,1988 年 11 月,安徽省文物考古研究所再次组织力量去岱山乡所在的巢湖市望城岗一带进行调查,除 2 月发现的旧石器地点外,又在附近的三合窑厂、望城窑厂、屏峰窑厂、红星窑厂的取土处发现了 4 个新的旧石器地点,并采集了一批标本。这是安徽省旧石器时代考古的又一重要发现,是水阳江旧石器地点群之外的又一处旧石器地点群,且处于江淮之间,与和县猿人、巢县人遗址距离不远,格外引人注目。1991 年,经国家文物局批准,对望城岗旧石器地点进行发掘,选择石器较丰富、地层发育较好的屏峰窑厂、红星窑厂附近取土的阶地作为发掘点,弄清了石器分布的确切地层和石器埋藏环境等重要问题。根据望城岗旧石器地点的地层剖面描述及石制

---

① 方笃生:《巢湖市望城岗旧石器的发现与研究》,《文物研究》第 6 辑,1990 年 10 月。

品所出土层,结合与水阳江旧石器地点的地层对比,其地质年代可能为早更新世晚期至中更新世中期,距今 60 万年~40 万年。[1]

望城岗旧石器地点群,位于巢湖南岸,环湖分布。这一带岗丘起伏,为大别山向东延伸的余脉,当地人称为银屏山区,最高峰银屏山海拔 508 米。由于第四纪地壳运动导致巢湖凹陷,发源于巢湖的裕溪河,横穿大别山东延的余脉向东流入长江。更新世以来,由于长江摆动,裕溪河下游阶地发育不全,只在林头一带发育一、二、三级阶地。望城岗旧石器地点群,主要分布在巢湖南岸及裕溪河口与巢湖交界处,有些地方只有二、三级阶地。这些阶地也非裕溪河形成的,而是晚更新世以前河流流经巢湖的古河流形成的阶地。这条古河流与现在的裕溪河可能相连。由于巢湖下陷,流经巢湖的古河流自然消失或沉入湖底,但是局部河段仍保留于地面,所见石器即含在这一古河流的二、三级阶地的网纹红土中,经过发掘的二级阶地地层发育较全,共有 11 层。

望城岗旧石器地点群的石制品的原料主要是石英砂岩,极少数为石英岩。制作石制品的毛坯为经过河流搬动的砾石。砾石来源于附近裕溪河二、三级阶地。砾石磨圆度中等,质地坚硬,是制造石器的理想材料。

望城岗石器制造方法以锤击法为主,未见到典型的碰砧法和砸击法。以砾石石器为主体,其次为石核石器,石片石器很少。器型不很规整,第二次加工简单粗糙。砾石石器表面大部保留着较大面积的砾石自然面,石核石器有的保留部分砾石面,石片石器保留砾石面较少。石器的修理方式多样,比较常用的是向破裂面或背面加工,向背面加工较多。因而石器刃口钝者多,锋利者少。修理工作比较粗糙,刃缘曲折,器型不规则。望城岗石制品类型有石核、石片、砍砸器、石球、刮削器,其中砍砸器数量最多。

石核 以望城岗发现者为例,形状不规则,个体大小不等,最重的 5500 克,最轻的 300 克,平均约 2500 克,大部分石核保留或多或少的

① 郑龙亭:《安徽地区古人类及其生态环境的探讨》,《史前研究》1987 年第 2 期。

砾石自然面。按台面存在的多少,可以将石核分为单台面石核、双台面石核和多台面石核三大类。多数石核的台面为砾石的自然面,多台面石核的台面除了自然面外,其余多为打制的或剥离石片留下的半锥体阴面。石核的石片疤大多是不规则的,长大于宽或宽大于长者皆有,一般打击点集中,这些特征显示出以石核来剥制石片时采用的是锤击方法。

单台面石核 以一个平面为台面来剥制石片。剥片的方位有的在石核的一边或一端,有的在台面的两边,质地为石英砂岩,长、宽、厚分别为 16.2 厘米、10.5 厘米、6.3 厘米,是一块舌形砾石,利用砾石较平的自然面,向凸形阴面四周剥制石片,石片疤痕有深有浅,较清楚。

双台面石核 以两个平面为台面来打制石片。两个台面的位置有相对的,也有相邻的。如标本 HP.88115.B 是一块扁圆状石英砂岩石核,重量为 1300 克,直径 10 厘米,厚度 6.5 厘米,利用两个较平的自然面作台面,交互打击,沿周围剥制石片,石片疤较小,深浅不一。

多台面石核 这类石核是从各个不同方向打制石片,使石核呈多边体或球体。如标本 CHP.88087.A 是件浅紫色石英砂岩石制品,重 1400 克,底径 12 厘米,高 9.5 厘米。全身布满了石片疤,相互重叠,底部经过修理打击的台面,整个石核形似漏斗形状。

石片 以望城岗出土者为例,根据台面的保存情况,可以分成有台面石片和无台面石片两大类。所见无台面石片标本极少。有台面石片又可分为自然台面石片和打制台面石片两种。自然台面和打制台面平坦光滑,没有修理的痕迹,也看不到疤形棱脊。如标本 CHP.88154.B 台面靠近背面处可以看到小疤痕,但不是修理台面的结果。有的石片的破裂面可以看到维疤,一部分打击点清楚,半锥体显著,如标本 CHP.88291.B。有的石片打击点不集中,半锥体不突出,如标本 CHP.88198.C。从这些石片的人工特征和其形态看,可以肯定是锤击法打制的,这是我国所见旧石器地点中打制石片常用的方法。望城岗的石片,形制比较规整,厚薄均匀,背面石片疤浅平,显示出当时人们的锤击法打片技术不是最原始的。

砍砸器 以望城岗发现者为例,器型差异较明显,一般形态粗大而厚重,多为砾石制成,也有用石核、石块制成。采用锤击法修理,刃缘多不平齐,刃口利钝皆有。按器型可将砍砸器分为四型,即单边砍砸器、双边砍砸器、多边砍砸器、尖状砍砸器。分述如下:

单边砍砸器　以砾石、石核或石块制成,加工集中于一边或一端,手握部分不加工或略加修整,背面或多或少保留砾石面,刃缘有凸形、弧形和直形三种,以单向加工为主。如标本 CHP. 88211. D,长 11.4 厘米、宽 12.5 厘米、厚 5.8 厘米,重 1150 克,以石英砂岩砾石制成,体扁平呈椭圆形,沿一长边向一面加工,剥片 4 次,石片疤短而宽,刃缘微凸,其余各面仍保留着砾石自然面。又如标本 CHP. 88105. B 用小长条石英砂岩砾石制作,长 11.5 厘米、宽 6.5 厘米、厚 4.3 厘米,重 500克,左侧边和手握部分略加工修整,加工在较宽的一端,单面锤击制成。

双边砍砸器　以砾石和石核制作,加工部位多在较长的对边或相邻边。加工方法为单向加工和交互加工两种。如标本 CHP. 88098. B,长 13.9 厘米、宽 9 厘米、厚 6 厘米,重 850 克。轮廓略呈半月形砾石,一面凸出,另一面较平,沿两侧边由平面向凸出面单向加工而成。左侧直边加工石片疤较大,短而宽。右侧弧形边加工较多,近端有一块大的石片疤,疤的前缘在弧的中间凸出,远端有几块小碎石片疤,与左侧边相连,刃缘略呈弧形凸出,具有缺口。近端、底平面保留光滑的自然面,宜于手握,顶面仅保留部分自然面。

多边砍砸器　以砾石或石核制成,加工在相邻三边,有的则周边加工,和刃缘相对的一端或保留砾石面或加以修整,刃缘一般是凸出或弧形的,但多具缺口不平整。如标本 CHP. 88123. B 为周边均作加工的多边砍砸器,器体呈扁椭圆形,直径 11 厘米、厚 5 厘米,重 650克,一面微凸,中间有一条直的棱脊,保留大部分砾石面。另一面中间隆起,加工主要从四周向隆起的一面打击。右侧石片疤较大,左侧石片疤略小。前缘向微凸砾石面打击一块石片疤,后缘修理一块小平面,以作手握部分。器型不规整,或可称为盘状砍砸器。

尖状砍砸器　多以长条砾石或石核制成,加工部位多在两个或一个侧边单向或交互打击,在一端形成坚厚的尖端,相对一端保留砾石

面,以便手握。如标本CHP88161.C,长22.5厘米、宽10.5厘米、厚6厘米,重1400克。用三角形石英砂岩砾石制作。在长边由破裂面向背面单向加工,刃缘达单侧边五分之四,刃口直,较锋利。另一侧边较短,修整陡直。顶部经修整,有一块占器身二分之一的疤痕,尖端为钝扁尖,其近端和部分顶面保留着砾石面。

球状器 为望城岗旧石器的主要类型,多为磨圆度较好的石英砂岩制成,也有少量为石英岩砾石制成。如标本CHP.88103.B,直径9厘米,重1300克,系用较为平坦的砾石面或打击产生的平坦台面为着力点打击石片,使之略呈圆台状体,然后在棱缘上稍作加工,打击成近似的多边球体,圆度较差。又如标本CHP.88164.C,直径9厘米,重1250克。石片疤小而零乱,有的两头对击,彼此以钝角相交,这是采用无一定打击方向的加工方法制成的,通体疤痕斑斑,但从整体看,是圆度较好的石球。

刮削器 望城岗旧石器中石片石器较少,经第二步加工的刮削器更少。第二步加工部位多在石片较宽的一边或数边,大多数为单向锤击法打击。可分为单直刃刮削器和复刃刮削器两种。单直刃刮削器如标本CHP.88268.D,以石英砂岩石片制成,长8.5厘米、宽9.1厘米、厚3厘米,重300克。背面是打击下来的石片疤面,不平整。台面修整较小,破裂面平坦,石片一侧厚边保留着砾石面,另一侧加以修整。第二步加工在较宽的一边,由背面向破裂面单向加工,石片疤较小,痕迹浅平,刃缘较锋利。复刃刮削器如标本CHP.88289.B,以石英砂岩石片制成,长8.5厘米、宽12厘米、厚3厘米,重350克,宽大于长。两侧均为石片疤,疤痕浅平,半锥体清晰,对称凸出,边缘呈弧形,薄而锋利,未进行第二步加工。仅在右侧近端一小块有一些小缺口,可能是使用痕迹。

望城岗旧石器以砾石石器为主,器物组合以砍砸器比例较大,制作方法以锤击法单面打击为主。无论从类型或制作方法看,都属于我国南方砾石石器文化范畴。望城岗旧石器地点位置特殊,恰好介于我国华北、华南两大旧石器主工业之间的过渡地带,对于研究我国南、北旧石器时代文化的分布、交流及相互关系等方面有着重要的学术意义。该地点又位于和县人和巢县人遗址附近,也为进一步研究长江下游地区远古人类的生产和生活状况提供了重要线索,同时对研究长江下游河流阶地堆积时代划分亦具有重要意义。

四、其他地区旧石器

1. 皖河旧石器地点①

皖河旧石器地点分布于潜山县和怀宁县境内皖河两岸。1990 年 12 月在怀宁县发现 4 个地点,1992 年 11 月在潜山县发现 1 个地点。石制品埋藏于皖河两岸的二级阶地和网纹红土中和灰白色粉砂质黏土中。石制品存在着两种类型,一种以砍砸器为主的砾石工具类型,一种以刮削器为主的石片工具类型。属于旧石器早期文化。

砾石工具类型,石器含于网纹红土层中,时代属中更新世,共发现 5 个地点,采集石制品 220 多种,可分为石核、石片、砍砸器、刮削器等。

石核　有单台面石核、双台面石核和多台面石核 3 种,共 27 件,占石制品总数的 12%,取材于河床砾石,为石英岩。从石片疤痕观察,为锤击法剥片,多数石核是从自然台面剥片,少数石核上有修理台面。

石片　大小相仿,多在长 4～8 厘米、宽 3～5 厘米、厚 2～4 厘米,大石片很少。多数未经加工,少数二次加工成工具。共 153 件,占石制品总数的 18%。

砍砸器　可分为锛形砍砸器、单刃砍砸器、双刃尖状砍砸器、凸刃砍砸器等,共 31 件,占石制品总数的 12%,占石器总数的 68%。锛形砍砸器是一种特殊的砍砸器类型,安徽其他旧石器地点尚未见此种类型。用一长条形砾石第一步从两面剥片,打制成宽扁楔形;第二步在一侧进行修整,使刃口宽薄而锋利,手握部位保持砾石面,圆墩厚重。

刮削器　全用石片制作,按刃口形状可分为直刃刮削器、凹刃刮削器、弧刃刮削器。刮削刃口第二步修整皆用锤击法,形成的刃口多为起伏状。

石片工具类型,在怀宁县腊树乡发现一处,石器含在灰白色粉砂

---

① 韩立刚:《安徽旧石器时代考古发现,研究与展望》,《文物研究》第 8 辑,1993 年 10 月。

质黏土中,时代约在晚更新世到全新世。共发现石制品 152 件,由石核、石片、刮削器组成。

石核 以白色石英岩玉髓、水晶、小砾石为材料,体积较小,长宽厚约 6 厘米。可分为楔状石核、柱状石核、船底状石核、不规则石核。剥片方法有锤击法和砸击法两种,在剥片前台面多经过修理。石核共发现 52 件。

石片 原料同石核,体积普遍较小,最大者长 5.1 厘米、宽 2.6 厘米、厚 0.8 厘米,其中有明显砸击痕迹的 15 件。

刮削器 刮削器共发现 33 件。石片刮削器以石片制成,形状可分为圆刃刮削器、单边刮削器、多刃刮削器。石核刮削器,以石核制成,可分为圆刃刮削器、凹刃刮削器、直刃刮削器、双刃刮削器、凸刃刮削器。刃口多数用锤击法修理,少数采用压制法。

由皖河旧石器地点的石片工具类型特征分析,其原料与石器类型皆为安徽旧石器文化中所特有,尤以细小的石片工具为代表,可能标志着安徽境内的一种新的旧石器文化风格。

2. 铜陵旧石器地点①

铜陵旧石器地点发现于 1990 年 11 月,1992 年 10 月先后进行两次调查,在铜陵市金山火车编组站、铜陵市第一建材厂、铜陵县城关镇红旗第二砖瓦厂、铜陵县城关镇第一砖瓦厂共发现 4 个地点。采集石制品标本 35 件。石制品原料以石英砂岩为主,少数为石英岩和硅岩。石制品类型有石核、石片、砍器、尖状砍器、尖状器、石球。属于旧石器早期文化。

石核 毛坯经挑选,磨圆度多为次棱状和次圆状,器型多呈似球体或立方体。打片时利用砾石较平的一面作台面,在原砾石面直接剥片。石核均为锤击石核,石核上的打击点、放射线清晰,打击点多深凹、集中。从打击的石片疤痕观察,产生的小石片较多,断片较多。石核标本 6 件,其中单台面石核 3 件,双台面石核 2 件,多台面石核 1 件。

---

① 房迎三:《安徽铜陵地区发现的旧石器》,《文物研究》第 8 辑,1993 年 10 月。

石片　标本仅 1 件,原料为硅质岩,自然台面,打击点突出,放射线清晰。石片长 8.8 厘米、宽 10.8 厘米、厚 6.7 厘米,重 500 克。

砍器　标本 11 件,多选用长扁圆体砾石为毛坯,也有用石核(3 件)和石片(1 件)为毛坯的。制造加工方法皆用锤击法,根据刃口形状,可分为三类:①直刃砍伐器。以 90TC09 为例,毛坯为椭圆体砾石,一面稍扁平,剥片局限于一端,向劈裂面简单修理。刃口平齐,长 15.6 厘米、宽 10.3 厘米、厚 7.4 厘米。②凸刃砍伐器。以 90TH02 为例,毛坯为长方体砾石,剥片位于砾石的一侧和两端,形成稍带尖的凸刃,修理集中在凸尖处,主要由背面向劈裂面,向背面的石片疤只有大小各 1 块。长 15.8 厘米、宽 11.3 厘米、厚 8.7 厘米,重 1660 克。③直刃砍斫器。以 92TH08 为例对向加工制成,刃缘曲折,长 8.1 厘米、宽 9.2 厘米、厚 7.4 厘米,重 690 克。

尖状砍器　标本共 13 件,毛坯全部为砾石,外形为长扁圆体或扁三角体,根据刃缘和加工方法分为三类:①单刃尖状砍伐器。以 92TC22 为例,毛坯为扁三角体砾石,右侧锤击剥片,然后向劈裂面修理,尖部修理尤为仔细。长 21.1 厘米、宽 16.1 厘米、厚 8.3 厘米,重 3070 克。②双刃尖状砍伐器。以 90TH03 为例,毛坯为扁三角体砾石,从两侧单面剥片,石片疤布满器身,修理由背面向劈裂面。右刃较锐。长 18.2 厘米、厚 8.9 厘米,重 2005 克。③双刃尖状砍斫器,以 92TH09 为例,毛坯为长方体砾石,错向加工,形成稍歪的尖。两侧刃均由背面向劈裂面加工。尖刃没有修理,长 24.6 厘米、宽 14.5 厘米、厚 10.1 厘米,重 3460 克。

尖状器　标本 3 件,毛坯均为方柱体砾石,一端剥片,加工集中在尖部。体部和柄端稍厚,稍作加工或没有加工。两侧无刃。如 92TH10,一端单面锤击剥片,主要有 2 块大石片疤,可以看到稍微修理的痕迹。钝尖。标本长 16.8 厘米、宽 10.9 厘米、厚 11.1 厘米,重 2050 克。又如,90TC06,尖部向左侧斜,两侧剥片,但修理集中在尖部,两侧没有形成刃,手握端没有加工。长 17.9 厘米、宽 10.3 厘米、厚 9.6 厘米,重 1710 克。

石球　标本 1 件。毛坯为石英岩砾石,外形似正方体。加工时将

砾石的凸角全部用锤击法敲掉,直到接近球体,现存台面大于130°。标本每个面的中部仍留存小块砾石面,缺少进一步的加工。长11.1厘米、宽10.6厘米、厚9.5厘米,重1340克。

根据对铜陵旧石器出土地层情况的分析结果,铜陵地区旧石器文化的年代应为旧石器时代早期到旧石器时代中期。其文化性质与水阳江旧石器、望城岗旧石器属于同一类型。

3. 五河县西尤旧石器地点①

五河县西尤旧石器地点,是我省淮河以北迄今发现的唯一一处旧石器文化遗存。1982年2月,五河双忠庙镇西尤窑厂民工在烧砖取土时发现哺乳动物化石,当即报告了县文物管理所。同年10月,省文物考古研究所、五河县文物管理所联合对该地点进行了发掘。出土了8件石制品、1具比较完整的古菱齿象骨架和其他动物化石10余种。

西尤旧石器地点位于淮河北岸,天井湖西侧,距五河县城东北约11公里。堆积物共分为8层,动物化石和石制品出自第7层,岩性为黄色,局部泛红色含粉砂质黏土。石制品原料全部为白色石英岩;石制品剥片、修理均采用锤击法,以向背面修理为主,次为向复面修理;石核2件,为多台面石核;石片2件,其中1件为使用石片;石器均为石片石器,刮削器3件,尖刃器1件。石制品全部为小型,最大者不超过40毫米,最小者仅为19.5毫米,文化传统属中国北方小石器类型。

从西尤地点发现的古菱齿象、四不像鹿、梅花鹿、水牛等哺乳动物化石和地层综合分析,地质时代为更新世晚期,文化年代为旧石器时代晚期。动物组合显示生态景观为比较湿热的森林、草原、湖沼环境。

第三节　安徽第四纪自然环境与人类关系

第四纪哺乳动物与当时人类的生活、生产活动关系十分密切,对

---

① 韩立刚、叶润清等:《五河县西尤遗址发掘简报》,《文物研究》第11辑,1998年。

于我们今天研究旧石器时代和新石器时代文化来说,也是不可缺少的资料。安徽第四纪哺乳动物研究始于 20 世纪 50 年代,当时中国科学院古脊椎动物与古人类研究所的专家对时属安徽的泗洪县(后划归江苏)和五河县发现的哺乳动物化石进行了研究。参加研究的杨钟健和裴文中先生先后提出"巨河狸—四不像鹿动物群",以及"中更新世淮河过渡区"的观点。60 年代初到 70 年代末,在皖北和皖东采集到较为丰富的第四纪哺乳动物化石,并对淮北发现的材料进行了系统研究。80 年代初,有学者根据淮北和巢县猫儿洞哺乳动物化石的研究,进一步肯定了"淮河过渡区"动物群的观点并补充了一些新的内容。和县龙潭洞和巢湖银山动物群的研究,将安徽第四纪哺乳动物研究推向了一个新的阶段。

据 20 世纪 80 年代统计,1949 年以来,"安徽发现第四纪哺乳动物 24 处,其中早更新世 2 处,中更新世 6 处,中至晚更新世 4 处,晚更新世 7 处,全新世 5 处"[①]。(图一)获得脊椎动物 122 种,包括爬行类 4 种,鸟类 2 种。大量哺乳动物化石材料,对于安徽第四纪地层对比、古地理和古气候演变、动物群演变、旧石器时代经济情况及人类生存环境,新石器时代的狩猎经济、家畜饲养以及聚落遗址附近的环境等方面内容的探讨,都提供了丰富的实物材料,使我们可以从更多的侧面探讨古代人类的生活信息。

一、淮北平原区第四纪动植物

淮北平原面积约 3.7 万平方公里,第四纪沉积为湖沉积、河流沉积、沼泽沉积,以及残坡堆积和洞穴堆积。第四纪沉积环境与气候变化影响到植物区系、动物群和古人类分布的变化,与新石器时代聚落遗址分布也有着密切的联系。

淮北地区第四纪时期地壳相对下降,局部地区以断块抬升。第四纪沉积岩相以湖泊相与河流相为主,沉积物以砂、粉砂、黏土为主,沉

---

① 韩立刚:《安徽第四纪哺乳动物地点发现情况统计表》,《文物研究》第 4 辑,1988 年 10 月。按:早更新世距今 300 万~100 万年,中更新世距今 100 万~10 万年,晚更新世距今 10 万~1.2 万年,全新世自 1.2 万年前至今。

降中心位于颍上附近。早、中、晚更新世地层出露地表很少,多数隐伏于地下,因此地层层序只能在矿井和钻孔中见到。全新世地层几乎覆盖全区,一些河流形成的阶地与史前人类活动有着密切的关系。

早更新世,淮北大部分地区相对沉降,形成以湖泊为主,少数河流分布的古环境。在淮北市—五河一带散布着较多残丘陵地。沉积物多以灰、黄色粉砂和砂质黏土为主,反映湖泊相与河流相特征。由于淮北地区早更新世孢粉及哺乳动物化石材料缺乏,借助国内相近地区资料可知,早第四纪气候明显变冷,周口店第一地点早更新世出现松柏等喜冷针叶树,上海早第四纪孢粉组合出现云杉、冷杉,也反映出寒冷气候的影响。淮北早更新世地层岩性所反映的气候基本上与周口店和上海地区早第四纪孢粉反映的气候相一致,当时这一带气候偏冷,应属于干燥暖湿带的气候环境。由于这一时期淮北地区湖泊多,陆地面积较少,气候偏凉,森林植被相应较少,哺乳动物的生存和发展受到限制,所见哺乳动物化石稀少。

中更新世,淮北地区自然环境对动植物生存非常适宜。动物化石遗存十分丰富,其中长鼻目有纳玛象、德永氏象、东方剑齿象、淮河诺氏古菱齿象、贾氏安徽菱齿象等;偶蹄目有葛氏斑鹿、肿骨鹿、四不像鹿、中国鹿、麝、水牛、李氏野猪等;奇蹄目有三门马、梅氏犀;食肉目有缟猎狗、棕熊、小猫等。根据各种动物生态可知,象、梅氏犀属于喜暖性动物,适应热带雨林环境。棕熊、小猫是适应森林动物。水牛、三门马适宜于草原环境。肿骨鹿、四不像鹿、中国鹿等主要生活于草地与森林边缘或灌木丛中。缟猎狗适应于草原地带,常与有蹄类动物生活在同一地区,以大型哺乳动物残骸为食。从淮北地区发现的哺乳动物化石比例看,中更新世淮北地区存在以古菱齿象为主的动物群,其次是鹿类和水牛,反映的自然景观是大面积森林灌木,存在一定的草原环境。气候温暖、雨量充沛,岗丘地带树木茂密,平原谷地牧草丰盛,哺乳动物得以大量繁衍,同时也非常适应植物生长。人类化石虽未发现,但在邻近的山东沂源县发现了猿人化石和旧石器地点。

晚更新世,淮北平原已经形成,地貌基本上与现在一致,主要是河流冲积物,以粉砂、黏土为主。淮北地区中更新世晚期的孢粉中出现了冷杉、云杉,反映气候从中更新世晚期到晚更新世早期由暖湿向冷凉转变。由于气候变冷,森林退缩,繁盛在中更新世的喜暖性动物可能南迁,因而这时期淮北地区发现的动物化石稀少。主要有棕熊、小猫、猪、三门马、水鹿、驼鹿、野驴、水牛、四不像鹿等。以有蹄类为主。其中野驴、三门马、水牛是适应草原环境的动物。棕熊、小猫、猪在山地树林中生活。水鹿、驼鹿、四不像鹿喜欢在林间的灌木丛中活动。由此推测,此时的自然景观基本上是草原—林地灌木环境。发现于泗洪县的下草湾人或以为生活于此时。①

全新世,淮北地区主要是河流相沉积,沉积物以砂黏土为主。野生动物有狗、梅花鹿、达维四不像鹿、野驴、猪、牛等。反映生态环境为草原与山地灌木林。这时人类活动遍及全区,古文化遗址分布密集,主要位于河流阶地与阶地上的土状堆积台地上。很多古文化遗址分布规律为近河、近泉、近湖的高处地形。大约在全新世早、中期遗址中,猪、狗、牛、鹿等动物骨骼较多。如经发掘的距今约5000年的亳县富庄遗址,发现了猪、鹿、牛骨骼,其中鹿角靠角柄上部有锯磨痕迹。可见生活在富庄的人们已使用骨器了。富庄的猪骨数量较少,饲养还是狩猎得到,难以确定。所见牛骨为下牙床,因未见牛角难以确定水牛或黄牛。但由淮北地区70万年来牛骨主要为水牛推测,全新世淮北地区水牛生存当无疑问。富庄遗址所发现牛骨对于研究人类饲养牛和使用牛耕提供了值得研究的资料。总之,全新世淮北地区新石器时代遗址的密集分布,表明人类在这一带繁衍生存已经相延甚久了。

二、江淮丘陵地区第四纪动植物

江淮地区面积约6.4万平方公里,本地区第四纪沉积物受地形和新构造运动制约,沉积类型复杂,有河流、洪积、坡积冰渍,还有较发育的洞穴堆积。哺乳动物化石多出自洞穴堆积,新石器时代遗址中也含有丰富的哺乳动物骨骼。江淮地区第四纪地层分布,北面的蚌埠、嘉山一带与淮北区沉积相似,南面的安庆、望江、无为与江南地区相似。

---

① 韩立刚:《安徽第四纪哺乳动物地点发现情况统计表》,《文物研究》第4辑,1988年10月。

江淮地区第四纪地壳活动继承晚第三纪特点,以上升为主。从沉积岩性分析,以河流沉积为主,其次为洪积与洞穴堆积。与淮北地区的以湖泊为主,河流沉积层次鲜明。反映了江淮地区上升较快,山地岗丘较多,导致河流发育。

早更新世,江淮地区地壳上升,形成丘陵岗地,河流发育,形成具二元结构的细砂黏土和砾石沉积。发现于洞穴堆积的银山组动物化石丰富,有属长鼻目的四菱齿象、剑齿象,蹄类的长鼻三趾马、马、犀、鹿,食肉目的疑豺、桑氏缟猎狗、剑齿虎等。根据动物形态推测,适宜于热带草原生活环境的动物有马、四菱齿象、剑齿象、犀等。适应灌木林环境的有鹿类。常生活于草原与森林之间的有疑豺、桑氏缟猎狗、剑齿虎。由江淮地区早更新世动物群组合分析,本地区植被相当发育,山间谷地多草本植物,适应三趾马、马、象、犀、鹿等动物生存,山丘岗地分布着森林植被,剑齿象、剑齿虎等食肉动物活动于其间。气候相当湿热,与相邻的淮北地区相比,温差在2℃左右。

中更新世,江淮地区地壳进一步上升,大别山等山岭已达海拔700～1000米。河流更加发育,全区普遍发育蠕虫状黏土沉积。气候由早更新世的暖湿性转入温热性。植被发育,哺乳动物大量繁衍。人类化石遗存有和县猿人和巢县智人化石,表明人类已生活在巢湖周围一带,和县猿人和巢县人生活时期的动物、植物和气候情况前章已有论述。关于和县猿人的生活环境各家看法虽有不同,但当时的气候不太寒冷,大量伴生的哺乳动物和丰富的植被,完全具备人类生存与繁衍条件。巢县人生活时期,本区气温上升,年降雨量丰沛,约在1500～2000毫米,夏季湿热,冬季温暖,人类生活条件更加优越于长猿人时期。

晚更新世,江淮地区地壳稳定,山川地貌与今天大致相同。沉积以河流相的灰黄色沉积为主,沉积物颜色反映为偏凉气候,长江下游地区孢粉分析结果与此相吻合。发现的哺乳动物比中更新世少,有犀、鹿、麋、水牛等。本地区繁衍在中更新世的动物,有些因气候变化而灭绝,有些则迁往温暖的南方。但犀牛在江淮地区仍然存活,说明全年平均气温尚不太低,冬季霜冻很少见到,植被尚可维持大型哺乳动物生存。

全新世,江淮地区的气候再次转暖,约在晚更新世末次冰期以后,长江中下游地区的孢粉分析反映在距今 9000—4000 年,本区植被以阔叶林为主,林中含大量亚热带常绿阔叶林树种,最高时孢粉量可达三分之一。考古所见此时新石器时代遗址遍布江淮地区,原始农业、畜牧业和狩猎经济都得到很大发展,以定远县侯家寨遗址出土资料为例,经初步鉴定的动物有鹿、水鹿、麝、蹇驴、猪、狼、狗、牛、鱼、鸟类、龟、鳖等。可知遗址附近存在一定的水域,芦苇丛生的沼泽、绿草如茵的平地、花木丛生的岗丘是主要的植被所在地。遗址中大量猪骨骼遗存的发现及类似家猪形态的陶猪的出现,或可证明饲养家猪已成为一种经济活动了。

三、皖南丘陵地区第四纪动植物

皖南丘陵区面积约 3.6 万平方公里,第四纪沉积物有冲积、洪积、洞穴堆积以及少量湖积、残积、坡积物。哺乳动物化石多发现于洞穴堆积中。

早更新世,皖南丘陵已具雏形,河流发育,沉积物主要是黏土、砾石。繁昌县孙村癞痢山洞穴发现的动物群,主要由乳齿象、三趾马、犀牛、原始牛组成。与江淮地区巢湖市银山早更新世动物群接近。反映此期皖南地区为温暖性气候,具有草原和森林同时存在的环境。

中更新世,皖南地区地壳进一步升高,河流下切,形成阶地堆积。发现的动物群有:古菱齿象、中国犀、猕猴等喜暖性森林动物,斑鹿、水牛适应在草原和灌木林活动。自然景观比早更新世山地高。森林和草原更茂盛,雨量充沛,哺乳动物成群结队出入山林和草地。水阳江流域和广德发现的旧石器表明,此时人类已在本地区生活繁衍。

晚更新世,皖南地区丘陵山地已经形成,地貌与今大致相同,河流也基本定型。发现的动物有:鹿、野猪、麂、熊、猫以及虎、豹、猴、犀等。气候早期偏凉,晚期温湿,森林草原十分茂盛。

全新世,皖南地区沿长江地块有沉降趋势,以前堆积的阶地被现在河流沉积物所覆盖。其他地区有上升趋势,因而一级阶地广泛分

布。野生动物有野猪、野鸡及各种鸟类、猴类等在高山中常见,另发现亚化石鹿、熊、野猪等属种。气候情况雨量充沛,植被茂盛。说明全新世皖南植物茂盛,动物常见,很适合人类从事采集、狩猎经济。考古调查及试掘说明,皖南地区新石器时代文化遗址分布广泛,人类定居村落已经形成。

四、安徽第四纪自然环境与人类的起源

1. 第四纪与人类的关系

第四纪是地质史上极为短暂的一个阶段。关于第四纪开始的时间,没有十分统一的看法,过去一般认为距今 100 万年。近年由于古人类学和旧石器时代考古和许多新发现,以及运用科学技术进行的年代测定方法,人们普遍认为第四纪的年龄为 180 万 ~ 200 万年。有人认为达到 248 万年,甚至有观点认为超过 300 万年。

这一时期的前段大约距今 300 万年前,人类刚刚脱离动物界,走上独立发展的道路,开始了漫长的进化之路。这一阶段的人类在人类学上被划分为"早期直立人",大约生活在整个早更新世。

到了中更新世,人类体质更趋进步,适应自然环境的能力得到加强,在古人类发展阶段划分上进入了"晚期直立人"时期。

从中更新世末到晚更新世初,人类体质进化过程中的关键时刻已经到来,由"晚期直立人"演化为"早期智人"。就体质特征而言,这一演变具有更加深远的意义。因为自早期智人开始到现代人的整个发展脉络是清晰的,几乎没有资料上的缺环。在人类文化发展阶段上,这一时期进入了旧石器时代中期,文化遗址的分布状况比起早期更加丰富与密集。说明人类与自然相互融洽的程度也增加了。

晚更新世中晚期,人类体质进一步向前迈进,进入了晚期智人阶段,就体质特征而言,已与现代人没有什么区别。在文化发展上进入了旧石器时代晚期,原始时代的许多发明如弓箭即出现于这一时期。新的社会组织形式——母系氏族社会也出现于这一时期。应该说,这是人类原始文化的承前启后的重要时期。

全新世的到来标志着人类完成了发展史上的第一个阶段,恩格斯

称之为"蒙昧时代"，这一阶段逐步进入新石器时代。在一些地区，介于旧石器时代与新石器时代之间还存在一个短暂的中石器时代。

在地质史上，第四纪是一个极为短暂的阶段。但是，在人类体质及其文化发展史上，第四纪则是人类产生、进化、发展的一个漫长过程。因此，我们完全有理由这样说，第四纪的最重要的产物是人类，人类的出现是这个时代最突出的事件。因此，也带来了整个地球文明的诞生与发展。因此，人们曾主张称第四纪为"人生纪"或"灵生纪"。

2. 安徽第四纪自然环境孕育了安徽古人类

安徽淮北地区早更新世气候与北京周口店和上海地区的孢粉反映的气候相一致，气温偏低，雨量偏少，属于干燥暖温带气候环境。地表以湖泊面积居多，陆地相对较少，森林植被相应较少，哺乳动物的生存和繁衍受到限制。与此相适应，淮北地区早更新世人类生存环境较为恶劣。早期人类赖以生存的食物来源，如植物的根茎和果实等草类食物、哺乳动物等肉类食物较为贫乏。考古上还没有发现这一时期的遗存，估计未来发现的可能性较小。

江淮地区早更新世以丘陵岗地为主要地形，生活在这一时期的哺乳动物群组合表明，植被相当发育，山间谷地多草本植物，丘陵岗地多森林植被，气候情况相当湿热。生活的动物种类较多，马、鹿、三趾马等动物都是早期人类经常捕捉的对象。这一气候和自然环境同样宜于人类生息繁衍。目前虽未发现这一时期的古人类化石，但是据和县猿人及望城岗旧石器资料可推测，和县猿人生活在巢湖周围地区不会是偶然的现象，而和县猿人的祖先也生活在同一地区的可能性极大。因为这一地区早更新世的自然环境完全具备人类生存的条件。

皖南地区早更新世属温暖性气候，具有草原和森林同时存在的环境，三趾马、原始牛等哺乳动物化石曾在繁昌县发现。河流发育及河流阶地的分布，预示着人类生活的基本条件也已具备。食物、水、工具原料（砾石）都是这一地区所充分拥有的。

中更新世，淮北、江淮和皖南地区的自然环境对于动植物生存都已非常适宜。淮北地区的资料表明，此时动物化石遗存十分丰富，肿骨鹿、四不像鹿等中小型温顺动物是人类经常捕捉的对象，虽未发现

人类化石,但这样的环境本身就意味着某种高级生物的存在或即将出现。此时江淮地区的动植物种类更加丰富,分布范围更广,其中尤以巢湖周围地区和大别山区为甚,发现的人类化石有和县猿人和巢县智人,从人类发展阶段上看,基本可以肯定是相互衔接的。结合望城岗等地发现的旧石器分析,认为和县猿人、巢县智人为当地种是有着较为充分的理由的。皖南地区雨量充沛,森林和草原更加茂密,哺乳动物大量出入于山林和草地间,相对而言,自然环境比淮北、江淮地区更加适宜于人类生存,水阳江流域和广德发现的大量旧石器地点表明,皖南地区中更新世已成为人类重要的生存地区。

晚更新世,淮北平原已经形成,但由于此时气候变冷,森林草原较前退缩,中更新世生活于这一地区的喜暖性动物南迁,留下的动物种类主要有适应草原环境和山地树林环境的哺乳动物,其中猪、水鹿、三门马、野驴、棕熊等都是人类捕获的对象。可见晚更新世气候条件和自然环境虽较前期有所变化,但人类生存的基本条件还是具备的,泗洪县下草湾人就生活于这一时期。江淮地区虽未发现这一时期的人类化石和旧石器,但是由巢湖周围地区发现的哺乳动物化石观察,气温虽较低,植被仍可维持大量哺乳动物生存,人类活动遗存仍应有保留,有待于我们去发现。皖南地区地理条件与今天大致相同,河流、高山基本定型,森林草原仍然茂盛,维持哺乳动物和人类生存的条件仍然比较优越。人类遗存的空缺主要原因是该地区考古工作开展不够。

全新世,安徽省境内分布着密集的新石器时代文化遗存,尤以淮北地区和江淮地区发现的资料最为丰富。1994 年发掘的皖南地区歙县新州遗址的资料进一步证明,皖南新石器文化并非过去所认识的那样贫乏。淮北地区大型聚落遗址的发现,也展示出安徽新石器时代文化的发达程度。

人类与地球上的其他生物一样,也是自然的产物。在原始时代,自然环境对于人类的生存、繁衍起着决定性的作用。从总体上讲,安徽第四纪自然环境是适宜于人类生存的。安徽原始文化之所以源远流长,完全得益于这样优越的自然环境。

第二章
新石器时代的安徽

新石器时代的安徽，人类活动范围明显扩大，从萧县的花甲寺到黄山的蒋家山，从宿松的黄鳝嘴到马鞍山的烟墩山，在大江南北、淮河两岸，均发现大量新石器时代遗址，规模大小有别，时间早晚不一，其中以淮河流域发现的遗址时间最早。

在这一段时间里，人们开始过上了定居的农业生活，并饲养家畜，又以采集和渔猎作为生活资料的补充，社会生产力水平逐渐提高。到了新石器中晚期，社会逐渐出现了分工，阶级开始分化，产生了贫富差距，大型聚落和玉器等规格很高的遗迹和遗物开始出现。这些文明因素的逐渐显现，标志着当时的安徽向着文明社会又迈进了一大步。

优越的地理位置也为安徽先民对外交流提供了便利。周边文化在此融会贯通，在保留自身特点的同时，也可看出周边文化对邻近的安徽地区产生的强大辐射作用。新石器时代的安徽在沟通南北、承启东西文化中起着重要的作用。

第一节　概　述

一、人类活动概况与文化特点

1987年之前,安徽新石器时代考古在淮北地区,仅有零星的调查和对个别遗址的小规模发掘,如1982年发现的富庄遗址。1986年又系统调查了淮北的古文化遗存100余处,并先后对萧县花家寺遗址、濉溪县石山子遗址、蚌埠怀远双古堆遗址、临泉陈家遗址、灵璧玉石山遗址、宿州市芦城子遗址、凤台峡山口遗址、亳州富庄遗址及后铁营遗址、固镇苇塘遗址、蚌埠双墩遗址、萧县金寨遗址进行了发掘。中国社会科学院考古研究所安徽工作队还对蒙城尉迟寺、宿州市小山口和古台寺等遗址进行了重点发掘。通过这些发掘,获得了相当丰富的实物资料,为揭示淮北地区新石器时代文化的面貌提供了极为重要的线索和资料。这批资料基本代表了该地区史前时期文化遗存三个大的发展阶段,初步确立了淮北地区新石器文化的基本序列。其中包括:以石山子为代表的早期新石器文化,以尉迟寺为代表的大汶口文化和龙山文化的遗存。另外,这些遗址的时代越早,其地方特色越突出,时代越晚,受周围文化影响越大。可见,淮北与江淮地区大为不同,它并不是一直作为一个独立而稳定的文化区而存在。

江淮地区新石器时代遗址的分布较为密集。进入20世纪80年代以来,在江淮地区发掘了一批新石器时代遗址,出土文物数以万计,尤其是确立了主要分布在江淮地区西南部的"薛家岗文化"。潜山薛家岗遗址自1979年以来先后经过了6次发掘,同时,还试掘或发掘了潜山县天宁寨、望江县汪洋庙、太湖县王家墩及何家凸、怀宁县杨家嘴及黄龙、岳西县祠堂岗等遗址。由于此类遗址的文化面貌有鲜明的特点,有一群典型的器物群,颇具地方特征,又有一定的分布范围,与周围邻近地区的原始文化面貌有着明显的区别。据此,提出"薛家岗文

化"的名称。

1981 年至 1984 年,安徽省文物考古研究所先后对宿松县黄鳝嘴新石器时代遗址进行了 3 次发掘。其出土遗物与薛家岗遗址有较大区别,而其年代又与薛家岗一期文化遗存大致相当。因而,目前对其文化性质有两种看法:一种认为它代表一种新的文化类型,另一种则认为它基本上属于薛家岗文化,可能有地区差别,但主要是时代差别。

定远县侯家寨遗址,是目前安徽省江淮地区发现的一处最早的新石器时代遗址。1985 年和 1986 年,安徽省文物考古研究所先后两次对其进行发掘。侯家寨遗址的文化内涵比较丰富,出土遗物很有自身的特色。另有学者认为,以侯家寨下层为代表的文化遗存,有一组区别于其他文化的陶器组合群,具有独特的文化特征,代表了安徽淮河流域原始文化的一个新类型。无论如何,此遗址的发现与发掘,对研究安徽江淮地区原始文化的源与流,以及各文化类型之间的相互关系等问题都有着极为重要的研究价值。目前已发掘的同类遗址有蚌埠双墩等。

1983 年、1987 年,安徽省文物考古研究所又两次发掘了肥西古埂新石器时代遗址。该遗址可分为早晚两期,早期遗存约与大汶口中期相当,晚期遗存属于龙山时期,在时代上两者之间有较大的间隔。

1987 年春秋两季及 1998 年,安徽省文物考古研究所对含山县凌家滩新石器时代遗址进行了 3 次发掘,出土了大量精美的玉器。遗址年代与红山文化相当,早于良渚文化。发掘报告认为它是巢湖流域一支相对独立、有自身发展过程的考古学文化,是巢湖流域土生土长的古文明。

江淮地区的新石器时代文化的发展序列可归纳为:以侯家寨一、二期,大城墩一期、扁担岗一期、红墩寺一期、古埂早期等遗存为代表的新石器时代早期文化;以薛家岗文化、凌家滩类型为代表的新石器时代中期文化;以古埂晚期、薛家岗六期、太湖余墩下层、安庆张四墩、肥东吴大墩等为代表的新石器时代晚期文化。这三个不同的发展阶段既有内在的联系,又有质的区别,基本代表了江淮地区原始文化发展的线索。纵观江淮地区原始文化的面貌,它应是以地方性为主体,过渡性为客体的一支具有自身发展体系的原始文化。

皖南地区的新石器时代考古工作相对薄弱,仅有一些零星的调查资料。据不完全统计,发现的新石器时代遗址有近 90 处。皖南山区发现有歙县新州及下冯塘、徽州桐子山、屯溪下林塘、黄山区蒋家山、绩溪县方家园、胡家村等遗址。这些遗址多属台型或山坡遗址,集中在新安江、青弋江、水阳江、秋浦河等几条大河及其支流的沿岸台地或近水的山坡上。遗址面积多数较小,文化层也较浅较单薄。通常面积在几百平方米到 1 万平方米不等,文化层厚几十厘米至 2 厘米。像黄山区狮子山遗址、泾县丁家塌遗址、歙县新州遗址,拥有 2 万平方米和几米厚的堆积的情况则比较少见。从调查材料看,该地区的原始文化面貌与宁镇地区及江浙的太湖流域的原始文化有密切的关系。

安徽境内的原始文化受到自然环境的影响,表现出以长江、淮河为分界线的分布特点。到新石器时代中期,淮北地区基本属于大汶口文化、龙山文化的分布范围。江淮地区则表现出独树一帜的文化面貌,显示其融汇南北文化的基本特征。皖南地区多受东南马家浜文化、良渚文化的影响,而其早期则可能另有文化背景。其次,安徽境内原始文化表现出较强的兼容性,尤以淮河流域文化为显著。中国原始文化发展到新石器时代中晚期时交流渐趋频繁。这种南北文化的交流主要通过江汉平原和淮河流域这两个地区进行的。淮河流域作为南北文化交流区之一,主要在安徽境内。所以南北文化的许多特征在这一地区交互出现,互相交流、融合、升华,形成了新的文化因素,培育了独具特色的安徽新石器时代文化。

二、文化区系类型与文化演变

从自然地理区域看,长江、淮河横贯安徽,把安徽分成三大块:淮北平原、江淮丘陵和皖南山区,如图八所示。

图八　安徽新石器时代文化区系图

1. 淮北平原

安徽淮北同鲁西、豫东的接壤地区均属黄淮平原,其新石器时代文化颇为相似,属于同一文化系统。综观近年来在淮北地区的考古调查和发掘成果,这批资料代表了该地区史前时期文化遗存的三个大的发展阶段,初步确立了淮北新石器文化的基本序列。其中包括新石器文化较早阶段、大汶口文化阶段和龙山文化阶段的遗存。

新石器文化早期阶段遗存发现的不多,遗址一般位于河流附近,呈堌堆状,一般面积不大,在其上部多有后代遗存。已经发掘属于此期文化的有濉溪县石山子、宿县古台寺和小山口以及淮河北岸的蚌埠双墩遗址。以濉溪县石山子遗址和宿县小山口、古台寺早期堆积为代表的一类遗存,出土了一批面貌新颖、特征明显的陶器,其年代经碳－14测定,距今 7000—8000 年,是淮北地区所知最早的新石器文化。它与目前所知的北辛文化大致处于同一发展阶段,这类遗存作为该地区一种新的文化类型,有人提出了"石山子文化"的命名。另外,在河南鹿邑武庄一期文化,以及沿淮淮北的蚌埠双墩,江淮的定远侯家寨一期,均发现了一些与石山子文化相似或相近的因素。例如,均以夹砂和夹蚌红褐陶为主,釜形器比较发达,流行器耳和鋬手,存在支座和鹿角靴形器。它们之间的关系是什么? 鉴于目前资料的限制,尚难以解决。从淮北地区史前文化的发展趋向来看,越是早期的文化遗存,所表现出的地方特点也越突出,与周围的关系越小;随着时代的发展,淮北地区史前文化的地方特色渐少,与周围文化的关系越紧密。因此,淮北地区原始文化早期过于笼统的类型划分不宜于研究工作的进行。暂可把淮北地区新石器时代早期文化划分为两个类型:淮北北部的石山子文化类型和沿淮淮北的双墩文化类型。

大汶口文化遗存的分布较为广泛,在调查和确认的数十处新石器文化遗址中,含有大汶口文化因素的遗址近40处。到目前为止,属于这类遗存并经过发掘的有亳县富庄遗址(一期)、蒙城尉迟寺遗址(一期)、宿县小山口和古台寺遗址、芦城子遗址、灵璧县玉石山遗址等,这批遗址的大汶口文化遗存有一定的时代差别,代表了不同的发展阶段。富庄一期文化是大汶口文化中期阶段的另一种地方类型,蒙城尉迟寺遗址一期文化遗存是大汶口文化晚期阶段的一个地方类型。

龙山文化阶段的遗存在淮北地区的分布更为普遍。其中一部分是与大汶口文化遗存共存于同一遗址中,均有明确的地层叠压关系;一部分是以单纯龙山文化堆积为主。这一阶段的遗存无论是分布密度上还是遗址规模上都比大汶口文化遗存大。目前为止,经过发掘的遗址(属于此期的遗存)有宿县小山口上层、古台寺上层、芦城子上层、蒙城县尉迟寺二期文化、萧县花甲寺、灵璧县玉石山上层等。这类遗存具有较多相同或相似的因素,文化总体特征上是一致的。其文化特点接近王油坊(或造律台)类型龙山文化。

2. 江淮丘陵

综合目前发现的考古材料和研究成果,可以初步把江淮地区的原始文化划分为五类文化遗存:(1)以侯家寨下层为代表的侯家寨类型(属双墩文化,距今7000年左右);(2)以侯家寨上层和古埂下层为代表的古埂—侯家寨类型(距今6000年左右);(3)以凌家滩遗址为代表的凌家滩类型(距今5000年左右);(4)以薛家岗遗址为代表的薛家岗文化(距今6000—5000年);(5)以古埂上层和薛家岗遗址第六

期遗存等为代表的江淮龙山时期文化（距今 5000—4000 年）。

上述五类文化遗存，以侯家寨类型时代最早，其次是古埂—侯家寨类型、凌家滩类型、薛家岗文化，再次是江淮龙山时期文化。

侯家寨类型和古埂—侯家寨类型在侯家寨遗址中发展演变关系比较明显，应是连续发展的两个文化类型。薛家岗文化和侯家寨类型，古埂—侯家寨类型，均无直接的地层叠压关系，古埂下层与薛家岗一期文化遗存在文化面貌上有较多的相似因素，推测古埂—侯家寨类型与薛家岗一期文化年代相当；在地域分布上，古埂—侯家寨类型主要见于江淮中部及东北部，薛家岗文化主要分布在江淮西南部，二者大致以巢湖为界，考虑到薛家岗文化在江淮西南部的密集分布和文化发展的强劲势头，而古埂—侯家寨类型分布范围内也未见薛家岗文化遗址。因此，古埂—侯家寨类型是薛家岗文化的一个来源的可能性不大。薛家岗文化在其分布的皖西南地区可能另有来源。当然，侯家寨类型、古埂—侯家寨类型与薛家岗文化在地缘上比较接近，文化面貌有一定的联系，在薛家岗文化的孕育形成过程中，不能不受到来自周围地区原始文化的影响。

凌家滩类型与其他几个文化类型尚未发现直接的地层叠压关系，从其出土的陶器特征看，与薛家岗文化二期中的同类器较为相似，时代约相当于薛家岗文化二期。

江淮龙山时期文化遗存在总体文化特征上是基本一致的，仅北部沿淮一带与南部沿江一带略有区别。这种差别应与地域性和文化来源不同有一定的联系。在江淮南部，属于龙山时期文化的薛家岗第六期遗存与薛家岗文化晚期面貌接近，应存在着渊源关系；在江淮北部，相当于薛家岗文化时期的原始文化面貌不清，龙山时期文化遗存的材料也比较缺乏，考察其渊源关系比较困难。江淮南部龙山时期文化受良渚文化的影响比较大，而江淮北部龙山时期文化则受山东龙山文化的影响比较大。

3. 皖南山区

根据皖南地区原始文化的分布情况，大体上可以黄山为界，分为南北两片。

黄山以北地区,主要包括今水阳江、青弋江、漳河、青通河等长江水系流经的沿江冲积平原和低山丘陵地区,即今宣城、芜湖、马鞍山、铜陵等地市,通称芜铜区。据目前所掌握的材料看,这块地区大体分布着四类原始文化遗存。第一类文化遗存以繁昌缪墩遗址为代表,目前这一地区仅发现此一处。第二类文化遗存以芜湖蒋公山、莲塘等遗址为代表,在宣城孙埠遗址也有该类遗存。第三类文化遗存见于繁昌荻港洞山遗址。第四类文化遗存在马鞍山七亩田、船墩,郎溪乌龟凸、鸥墩、磨盘山,繁昌洞山、中滩,宣城孙埠,广德粮长、周家,泾县四古墩、丁家塌、瑶庄等遗址内均有发现,遍及芜铜区。

黄山以南地区,即新安江上游地区,简称新安江区。目前这个地区发现的遗址有屯溪下林塘,歙县新州、桐子山、下冯塘等四处,遗址多分布在山间盆谷地区地势较高的阶地或坡麓地带。从文化面貌上看,这四处遗址基本为同一类型的文化遗存。

第二节 淮北地区新石器时代人类活动及其文化

一、小山口、古台寺一期文化

小山口、古台寺一期文化是安徽北部地区的一种较早的原始文化,主要发现于淮北的东部,现已发掘属于该文化的遗址有宿州的小山口遗址和古台寺遗址。这类遗存代表了安徽北部地区早期史前文化的一种新类型,其时代与山东地区的后李文化[①]接近。

小山口遗址[②]位于宿州北部的桃山乡小山口村东北,倒流河从遗址的西部流过,面积近 2 万平方米。中国社科院考古研究所安徽队1990 年秋曾对该遗址进行过调查,1991 年首次进行小规模发掘,发掘

---

① 王永波:《海岱地区史前考古的新课题——试论后李文化》,《考古》1994 年第 3 期。
② 中国社会科学院考古研究所安徽队:《安徽宿县小山口和古台寺遗址试掘简报》,《考古》1993 年第 12 期。

面积30平方米,初步搞清了小山口遗址的堆积及文化内涵,并在遗址的最下层发现了早于大汶口文化的一种新的文化类型。遗址堆积较厚,包含有三种文化堆积,上层为龙山文化,中层为大汶口文化堆积,下层为一种较早的文化堆积,称为"小山口一期文化"。

古台寺遗址①位于宿州市曹村镇么庄村南约200米处,与小山口遗址相距约20公里。遗址比现地表略高,总面积约6万平方米。中国社科院考古研究所安徽队1991年春试掘了96平方米,遗址堆积也可分三层大的堆积,上层为汉代堆积,中层为大汶口文化堆积,下层也是一种较早的文化堆积,称为"古台寺一期文化"。

1. 文化特征

小山口一期文化尚未发现遗迹现象,出土了少量石器、骨角器和陶片。石器仅见刮削器、尖状器、斧、凿及磨盘、磨棒。骨角器有骨笄、骨管和角锥。陶片以夹砂陶为主,多数为红褐色,个别陶色不纯,质地疏松,内夹有草木灰或蚌片,火候较低。陶片以素面居多,有少量陶衣和指甲纹、附加堆纹、口沿外饰一圈凸棱较普遍,完整器极少,可辨器型有罐、钵、盆、釜、杯、支座,直口器较有特色。

古台寺一期文化由于堆积层薄,发掘面积小,尚未发现遗迹,遗物中均见陶器碎片。陶器为手制,火候低,陶质软,色不纯,常见的是外表红褐色或灰褐色,内表多为灰黑色。据第四层陶片统计,夹砂红褐陶占总数的91%,泥质红陶占8%,泥质灰陶占1%。在夹砂陶中,夹蚌陶约占4%,陶器表面粗糙。在泥质陶中,施陶衣的仅见1片,仅占泥质陶总数的2%,陶衣手触即掉,看来是在陶器烧成后涂上的。陶器以素面为主,在少量的纹饰中,以戳印纹为特点,纹点比较密集,有的在小纹点之间又加大纹点。基本器型以釜、鼎、罐类为主,口沿外有一周凸棱。

古台寺一期文化与小山口一期文化有许多相同之处,但两者之间也存在着一定的差异,如小山口一期在口沿外的堆纹之上再饰指甲纹,古台寺一期则少见;而古台寺一期的直口器略多于小山口遗址,假

---

① 王永波:《海岱地区史前考古的新课题——试论后李文化》,《考古》1994年第3期。

圈足器、三足器、锥状足也不见于小山口遗址；小山口的器鋬以平面椭圆形为主，而古台寺以半圆形鸡冠状为主。

2. 时代和文化性质讨论

小山口一期文化的年代，据两个炭样的测定为公元前 6077—前 5700 年和公元前 5958—前 5650 年，因此它的绝对年代约在距今 8000 年。古台寺一期文化除陶质、陶色和纹饰均同于小山口一期外，两者炊器均以釜为主，以釜、支座、钵为主要组合；小山口的敞口器较多，直口器和口沿外饰一周凸棱也有存在，古台寺的直口带乳钉纹釜非常接近于小山口的微敞口乳钉纹釜。但是古台寺一期出现了少量的三足器，鼎、釜共存，因此古台寺一期文化应是从小山口一期文化发展而来的。

二、石山子类型

石山子文化类型是淮北地区时代最早的新石器文化类型之一，主要分布在淮北的北部，已经发掘的遗址除石山子外，还有宿县的小山口和古台寺两处。在河南的鹿邑武庄遗址[①]也发现了这类遗存。可见这类遗存在豫、皖交界地区有一定的分布。这类遗存文化面貌上有自己的特点，时间上相当于山东北辛文化阶段。这类遗存在石山子遗址中为连续发展的一、二两期。小山口和古台寺遗址下层堆积更接近石山子一期文化，其上层则属于大汶口文化遗存，由此可知石山子类型要早于大汶口文化。

石山子遗址[②]位于安徽省淮北市濉溪县平山乡赵楼村，1984 年濉溪县文管所进行文物普查时发现，1987 年秋，安徽省文物考古研究所又对该遗址进行了复查，1988 年秋进行了第一次发掘。发掘面积 100 平方米。发掘区的地层堆积分为 7 大层，其中 4、5、6、7 层均属新石器时代文化层。

1. 文化特征

石山子遗址发现遗迹甚少，仅发现早期灰坑 1 个（H3）。平面似

---

① 《苏鲁豫皖考古座谈会纪要》，《文物研究》第 7 辑，1991 年。
② 安徽省文物考古研究所：《安徽濉溪石山子新石器时代遗址》，《考古》1992 年第 3 期。

椭圆形,坑壁较直不甚光滑,坑底略弧。口径南北残长1.20米、东西宽1.30米、深0.74米。坑内遗物均为碎陶片,以夹砂红褐陶为主,纹饰以附加堆纹居多,器型有釜、鼎、罐、盆、短锥形鼎足和1件残陶拍。

遗物中完整器甚少,多为破碎的口沿、底、腹片、耳系等,种类有陶器、石器、骨器、角器和蚌器等。

生活用具以陶器为主。出土陶片的质地分为夹砂和泥质两种,以夹砂陶为主,少数夹砂陶羼和碎蚌片。其陶色以红褐色为主,黑陶和灰陶所占比例甚小。纹饰以附加堆纹为主,多饰于夹砂陶釜、盆之类陶器外表的上腹部,有的可起到鋬手作用;陶罐多附有两耳,尤其是鸟首形耳,数量多,形象逼真;4、5层出土的少量彩陶,主要是红彩,多在泥质陶钵的口沿外侧附加一周带状纹,个别彩陶见于陶杯的外腹部。其他纹饰还有少量划纹、凹弦纹和镂孔等。夹砂陶的质地一般较软,内、外表面均较粗糙,器壁厚度一般在0.8厘米左右。泥质陶器的陶质较硬,器壁较薄,一般在0.4厘米左右。陶器皆手制,器型有釜、鼎、罐、盆、钵、碗、支座等。其中直口、微敛口、敞口釜,釜形、钵形、罐形鼎,圆锥形鼎足,短颈长圆腹双耳罐,宽折沿、窄沿、倒勾唇盆,微敛口深腹、直口浅折腹钵,覆碗形器盖和支座等,都是石山子遗址具有代表性的器物。

生产工具主要有石斧、石铲、石凿、石杵、石臼、蚌铲、蚌镰和陶拍等。其中石制工具磨制粗糙,斧、铲之类工具多是利用打击下来的石片及残石器稍经加工而成,一般都留有使用痕迹;杵、臼制作规整。蘑菇状、伞状陶拍,形式特别。蚌铲、镰加工较细,刃部锋利。此外,出了6件利用鹿角的弯曲处制成的鹿角靴形器,磨制光滑,制作精致,推测可能是一种打磨陶器口沿的辅助性工具。

遗址内还出土了大量的兽骨、贝壳及少许鱼骨,4至7层均有出土。骨骼非常破碎,仅有1件较完整的猪头骨和1件水鹿头骨。骨骼在地层中与陶片、石器混杂在一起,无一定分布规律。出土骨骼呈灰黄、灰白色,大部分已经稍微石化,尤其鹿角石化程度较深,经鉴定有水鹿、斑鹿、四不像鹿、獐、麝、家猪、家獾、牛、鸡、胡子鲇、剑状矛蚌、背瘤丽蚌、圆顶珠蚌、中国圆田螺等。出土骨骼中猪和鹿约占80%,反映出当时人们肉食来源主要是猪和鹿,偶尔吃一些鸡、鱼、蚌螺类。

2. 分期、特征与年代

石山子遗址新石器时代地层堆积共有 4 层,根据器物组合及形制演变,发掘者将其分为两期,即 7、6 层为一期,5、4 层(包括 H3)为二期。

一期文化陶器以夹砂红褐陶为主,泥质陶占比例少,夹砂陶多伴有蚌片碎末,质地较软。纹饰除素面外,以附加堆纹为主,划纹次之。陶器均为手制,釜、盆、鼎盛行宽沿,鼎多折腹,罐多尖唇,碗、钵多为深腹,其中宽卷沿、盲口和敞口圆唇釜、深腹碗、弧长方形器耳、鹿角靴形器为本期代表性器物。

二期文化仍以夹砂红褐陶为主,泥质陶比一期明显增多,并出土一定数量的红衣陶和彩陶片。纹饰除素面外,以堆纹为主,出现凹弦纹、戳印纹、镂孔等,制法以手制为主。釜、盆流行堆纹、半环形和鸡冠形把手。鼎一般附有对称的扁钮,圆锥状鼎足根部外侧多附有一横向堆纹或突泥。碗、钵多为浅腹。罐形鼎、短锥状鼎足、窄沿盆等,代表了本期文化的主要特征。

石山子遗址的文化内涵与江淮之间定远县侯家寨遗址有相似之处,两者陶器均以夹砂红褐陶为主,流行鋬手、耳系等。侯家寨一期文化中的卷沿带鋬手釜、长圆锥形鼎足、弧长方形中间内凹器耳、鹿角勾形器等均为石山子遗址一期文化中的代表性器物。侯家寨一期文化的测定年代为距今 6350 ± 110 年,经树轮校正为距今 6900 年左右。据此推断,石山子遗存一期文化的年代可与侯家寨一期文化时代大体相当;根据石山子遗存一期、二期遗物分析,二者关系较为密切,在年代上是衔接的。小山口遗址早期文化遗存测有两个碳 – 14 数据,经树轮校正分别为公元前 6077—前 5720 年(2K – 2622)、公元前 5958—前 5650 年(2K – 2621),测试的数据表明小山口早期遗存比石山子一期文化早近 1000 年,据此推测皖北地区新石器时代早期文化遗存大约有 1000 余年的发展过程。

石山子遗址在已经发掘的 100 平方米中,出土的动物骨骼数量较多,可分为兽类、鸟类、鱼类、蚌和螺五大类,至少可代表 21 种动物,出

土层位清楚。通过对这批动物骨骼的鉴定和研究①，对当时人类生产活动与动物群的关系、自然条件和生态环境、人类狩猎经济情况、骨器制造的选料与加工过程、骨骼上人工留下痕迹观察等方面，得到了一些从陶器和石器中难以获得的科学资料。

3. 石山子遗址所反映的自然环境和生产生活

新石器时代人类的生产活动与自然界的动物群关系密切。从石山子遗址出土的动物骨骼观察，分析得出以下结论：（1）狩猎和捕捞经济在遗址中占主导地位。从石山子遗址出土的器物来看，用于农业生产的工具几乎没有，这种情况是发掘面积小而没有碰到，还是当时没有从事农耕生产目前尚难确定。但是，从遗址出土的大量动物骨骼和蚌鱼类等，说明当时狩猎和捕捞经济占主导地位。其中狩猎是最主要的，而且以鹿类作为狩猎的主要对象。在遗址中鹿类骨骼占52%。在发现的梅花鹿、四不像鹿、水鹿、獐、麂、麝中，又以梅花鹿作为主要狩猎对象，其次是四不像鹿、水鹿及獐。捕捞同狩猎相比要略差，当时可能在难以进行狩猎的季节，以捕捞一些蚌、鱼、螺作为补充暂时的肉食困难，因此，蚌、鱼、螺发现数量要比鹿、猪骨骼少得多。（2）猪的饲养已较为发达，肉食占当时人们食物相当大的比例。石山子遗存猪骨骼占骨骼总数的33%。猪在遗址中最小个体数达到51头之多，而且它们都是在青壮年阶段死亡，幼子猪和少年猪死亡率很低，反映人们当时不仅饲养了猪，而且已经积累了相当丰富的饲养经验，饲养数较多，成活率高，说明猪的饲养较为发达，使当时人类的肉食来源有了可靠保证。猪、鹿及其他一些兽类最少个体数达102头之多，还有蚌、鱼、螺等动物，数量之多，反映了当时人们肉类食谱品种多，掠取量大，当时人们食肉可能占日常食物相当大的比例。（3）骨器制作以鹿角材料为主。遗址中出土大量鹿角角梢，均被切割过，这是运用鹿角制造器物剩下来的残料。在制作过程中，除了凿、钻方法未发现外，砍、劈、锤、折、锯、磨等方法都运用上。另外，用獐的犬齿做装饰品，用动物肢骨和鹿的下颌骨前半部制骨器，用蚌壳做蚌器等。虽然遗址中发

---

① 韩立刚:《安徽濉溪县石山子遗址动物骨骼鉴定与研究》,《考古》1992年第3期。

现骨壳器类数量少,但从大量剩余的制造骨器残料推测,当时骨器制造数量相当多。(4)动物群反映遗址周围的自然环境为山地与平原交接地带,当时有相当多的河湖水域存在,气候较现在淮北温暖湿润。石山子遗址现在的自然环境,北面1公里处是濉河,3公里处是小山;南1.5公里处分布着孤立的小山丘,东10公里处为岗丘连绵的山地,西边是平原。遗址地处丘陵与平原交接地带。根据第四纪地质研究,晚更新世至全新世淮北平原地貌基本稳定,没有大的变化,只是在气候及动物群、植被、水域发现了一些变化。从遗址发现的动物群,其中狗獾、猪獾主要于森林、山坡灌丛、荒地及湖泊、河溪旁边挖洞而居。梅花鹿、水鹿、麂以山地、稀树草原以及森林边缘生活。四不像鹿、獐喜欢栖息在河岸或湖泊沼泽地带的芦苇与树丛中。鱼、蚌、螺的存在,说明当时遗址周围有相当多的水域。从上述的动物生态,反映当时石山子遗址周围山地有茂密的植被,形成多树山区及森林;平原地区草类丰盛,灌木浓郁,并有开阔的河湖存在。几千年来,由于气候变化和人类的大量开垦耕作破坏了许多森林和草地,使不少动物丧失了它们的栖息之地,被迫转移到别的地区。现在的石山子遗址周围的山地森林已不复存在,大面积的水域已经变迁成只有河流的存在;梅花鹿、水鹿、四不像鹿、獐、麂麝都在这一地区绝迹。从水鹿的现在分布来看,只存在于四川北部、云南、海南岛及台湾等地,是典型的喜暖湿性动物。它在石山子遗址周围生存,应该说当时淮北地区的气候较现在温暖湿润。根据考古研究,仰韶、半坡、下王岗等遗址(距今6000—5000年)的动物群,喜暖的动物都占相当比例,常见有适应于温暖或现今分布更偏南的动物:水鹿、鹿、象、竹鼠等,反映6000—5000年前,这些遗址当时气候较今天温暖湿润。在研究中国近五千年来气候变迁时,竺可桢发现"近五千年期间可以说仰韶和殷墟时代是中国的温和气候时代","即从仰韶文化到安阳殷墟时代大部分时间年平均温度高于现在2℃左右"。全新世的海面变化过程,在距今6000—5000年间海面高于现在海平面2~4米,为全新世最高海面,反映了这个时期全球温度上升、冰盖大面积融化的结果。从地质和海洋地质方面研究,均反映距今6000—5000年湿暖期达到顶峰,一些北方新石器遗址的动物

群也证实了这一时期遗址所处的地区气候较现在温暖。①

三、双墩文化

双墩文化类型是淮北地区另一个时代较早的新石器文化类型,主要分布在淮北地区南部至沿淮一带,向南可能延伸及淮河以南。以双墩遗址为代表,经过发掘的遗址还有怀远双古堆(下层)②、凤台县峡山口遗址③,以及淮河以南的定远侯家寨一期遗存等,构成淮河流域独特的文化类型,被命名为双墩文化。

1.双墩遗址

双墩遗址④位于蚌埠市北郊原吴郢乡(今小蚌埠镇)双墩村北侧,南距淮河约5公里,是一处台形新石器时代遗址。1985年蚌埠市博物馆在文物普查中发现,1986年秋蚌埠市博物馆试掘75平方米。安徽省文物考古研究所于1991年春和1992年秋进行两次发掘,三次共发掘面积375平方米。双墩遗址为斜坡状堆积地层,内含较多的蚌壳和红烧土块(颗粒)堆积。同时出土的遗物非常丰富,有数以万计的陶片、兽骨及石、蚌、骨、角器等。

文化特征

陶片是双墩遗址主要的文化遗物,完整器极少。陶色以粗红褐色陶为主,少量红、黑、灰色陶,其中红陶器多是满施红彩的陶碗。陶质一般较硬,多夹蚌末,有少量夹细砂和炭的陶片,泥质陶极少。器表多素面,有少量的戳刺、划纹等,并有极个别印纹陶片。流行的红色彩绘也常在罐、钵形器的口沿内外施绘。陶器上流行鋬手、短圈足、牛鼻耳、乳丁等装饰,在碗的底部有大量刻画符号。器型有釜、罐、鼎、钵、豆、碗、支架、器座、盖、甑等,以生活用具为主,其中炊器最多。这些器类在双墩遗址的上下地层中变化不大,器物壁厚重粗糙,多为手制,显

---

① 竺可桢:《中国近五千年来气候变迁的初步研究》,《考古学报》1972年第1期。
② 何长风、贾庆元:《怀远县双古堆新石器时代及商周遗址》,《中国考古学年鉴》,文物出版社,1990年。
③ 贾张、叶刘、陆周:《凤台县峡山口新石器时代遗址》,《中国考古学年鉴》,文物出版社,1993年。
④ 安徽省文物考古研究所、安徽省蚌埠市博物馆:《蚌埠双墩——新石器时代遗址发掘报告》,文物出版社,2008年。

得比较原始。炊器中以釜为主,有钵形釜和罐形釜两种,使用时下面放置3个支架撑住,三足鼎很少。作为工具的陶器有纺轮、拍、锉、圆饼、网坠、投掷器等,其中最多的是网坠和投掷器。投掷器形状是手捏成长椭圆形,大小不一,器体上均留有制作时手握捏的指痕。值得注意的是陶釜的支架多呈男性生殖器形状。

石器是双墩遗址出土的主要劳动工具,大体上可分为磨制和打制石器两种。磨制石器数量少,器体形制小,磨制粗糙,器体上大多保留有打击斑和厚石皮,器型以石斧等为主。打制石器主要是石核石器和砺石等。总的情况是石器种类比较简单,以斧、石核器、砺石等为主,还有少量的锛、弹丸、臼、圆饼、网坠等。其石料多为灰红色和浅灰色的细砂岩,质地较软,也有少数质地坚硬的青灰色、灰黑色和青白相间的石料。这里的石器绝大多数都经过多次使用,出土时不是缺损就是崩口,完整的少见。磨制石器中有相当一部分经打成扁体石坯后,器体稍加磨制,无刃口。打制的石核器形体大小不一,厚薄不均,基本上是把选来的石块敲打成形后不磨制,没有明确的刃口,随其不规则的形状使用。砺石出土也很多,其形状、大小、厚薄均不规则,有的磨出平面,有的磨出切槽。在地层中还出土较多的自然石块,未经加工就使用。总的来说,双墩遗址的石器具有多功能性,具有数量少、器型小、制作粗糙、器类简单四个基本特征,其制作石器的工艺还是比较原始的。

蚌器数量很多。地层中所含蚌壳不仅数量多,而且其壳厚而坚硬,从生长年数看,绝大多数是多年生长的老蚌,非常适宜制作蚌器。典型蚌器有蚌锯、蚌刀、蚌匕、纺轮、刮削器等。制作蚌器首先把选好的蚌壳打成或切割成长方形,一般不作边加工,保留打、切时留下的粗糙而不整齐的边,利用蚌壳的口部一边作为刃,稍磨刃口或不磨也很锋利。有一种锯形的蚌壳,长宽非常适手,不需加工,拿来即可使用。

骨、角器多是工具。骨器多为动物肋骨制成,少数为肢骨等制成。一般制作不精,保留有肋骨沟、肋骨面等。其中有一种桡骨锥,由于适手,只磨出尖锋,余保留原样。器型有锥、针、凿、镟、镖、匕、簪及方形饰件等,其中骨针等磨制精致。角器均为鹿角制成,主要是尖状器和

勾形器等。尖状器制作比较简单粗糙,将鹿角尖部的一段切割下来,稍磨其尖,余保留原样,是一种非常适用的工具。勾形器制作比较复杂,既费工又费时,它巧妙地利用鹿角的主权枝劈割成勾形,然后进行精加工,磨平劈割面,主枝为勾,权枝为柄,柄部有系绳的凹槽。这种工具可能是捆绑在长杆子上使用的,其作用应该是一种采集用的钩捞器。

图九　双墩遗址出土的泥塑人面像

艺术品主要有泥塑人面像(图九)和陶猪等。其中一件人头像为夹蚌末红褐色粗陶,采用捏制、堆贴加刻画的方法,脸盘较宽,眉弓粗而长,双目炯炯有神,两颊各戳印着 5 个排列整齐的小圆窝,额头上刻画重圆纹,有人认为是太阳符号,是一幅神秘的纹面人头像,一说为女性形象,具有鲜明的地域特征、很高的审美价值和学术研究价值,是一件非常难得的艺术珍品。同类的人头像残件在定远的侯家寨一期遗址中也有发现。

图十　双墩遗址出土的刻画符号

刻画符号发现 600 多个(图十),构成了双墩文化遗存的重要内容,为史前刻画符号又增添了一套时代早、数量大、种类多、内容丰富、结构独特而新颖的符号种类,为考古工作中的又一重要发现。从符号的刻画形状来看,可分为象形和几何形两大类。从符号的使用率来看,有些符号反复出现或与其他符号构成复合、组合符号。这就形成了双墩刻画符号自身的特征,与其他新石器时代遗址所发现的刻画符号相比,一部分单体和象形类符号的形体结构与其有一定的相似性;而重体和组合体符号的猪形、鱼形、杆栏式房子形、花瓣形、蚕丝形、太阳形和几何类的横形、竖形、叉形、勾形、十字形、三角形、方框形、圆圈形等符号所构成的重体和组合符号则体现其自身的特征。如组合符号的鱼形和双弧线形或与方框形组合等,三角形和鱼形、花瓣形组合等,方框形和蚕形、花瓣形、勾形组合等,重弧线形和横线形或圆圈组合等,半框形和一道或二道横线形组合等,十字形和圆圈形组合等符号,与其他新石器时代遗址所发现符号的区别就比较大甚至大相径庭。目前同类符号在侯家寨遗址下层也发现 40 多个,在石山子的材料中也发现 1 个,在南京丹阳丁沙地遗址①也发现与双墩、侯家寨相同的陶器刻画符号 10 个②。说明在当时这类符号是人们用来帮助记忆的,在同类文化的分布范围内被各个聚落使用,少数符号还可以与后来的甲骨文对应,故此,学术界认为蚌埠双墩遗址刻画符号是中国文字起源的重要源头之一,对中国乃至世界文字起源研究都具有十分重要的价值。

年代及与其他文化的关系

双墩遗址出土的文化遗物非常丰富。其文化面貌与濉溪县石山子遗存和定远县侯家寨下层有相似之处。与周围地区的同期文化,如山东北辛文化、河南裴李岗文化、浙江河姆渡文化、罗家角文化等面貌不同。

双墩遗址的陶质、陶色和一些陶器、骨器、石器与石山子和侯家寨有共同的地方。陶器以夹蚌末红褐色陶为主,器型以炊器釜、支架、器座、罐、碗、钵等为主,流行红色彩绘和器底刻画符号,但在一些器具上、纹饰上有不同之处。石山子的尖底器印纹,双墩却未见。双墩遗

---

① 吴容清:《江苏句容丁沙地遗址试掘钻探简报》,《东南文化》1990 年第 1 期。
② 安徽省文物考古研究所、安徽省蚌埠市博物馆:《蚌埠双墩——新石器时代遗址发掘报告》,文物出版社,2008 年。

址的出土器物与侯家寨下层出土器物除共性外,也存在着一定的差别。红色彩陶在双墩遗址中普遍使用,主要是用在一种碗形钵上,一般都是在外面满施红彩,也有内外均满施的,也有内满施外不施彩的,也有在罐口、钵口部施彩的,几乎没有图案,而侯家寨遗址中除了满施外,有很多用红色条带组成的几何形图案。侯家寨比较流行的鸟首形器耳、盂形器、条带几何纹图案彩绘陶豆、盘等器,在双墩遗址少见。双墩遗址以折肩錾手钵形釜为主,而侯家寨下层则以深腹錾手罐形釜为主。双墩遗址比较多的是牛鼻形器耳罐和满施有彩色的碗等器。圆锥形鼎足见于侯家寨下层和双墩晚期的地层中,这说明双墩遗址晚期相当于侯家寨下层,而双墩早期则早于侯家寨下层。据碳－14测定年代(经树轮校正)侯家寨下层距今7000年;双墩晚期与侯家寨下层年代相同;双墩遗址下层的年代应早于7000年,距今7330年左右。

从上述考古发现看,双墩遗址的先民定居于淮河之畔的台地之上。当时这一地区除了部分台地丘陵之外,大部分为广大的水域。他们用木、石、蚌器等从事原始的农业生产,饲养家畜,捕捞鱼虾螺蚌,采集植物根茎果实及水生植物,围捕鸟兽等,采集、渔猎在他们的生产生活中占有相当大的比重。

2. 定远侯家寨遗址

侯家寨遗址位于定远县七里塘乡袁庄村北,曾进行两次发掘,揭露面积375平方米。该遗址为一座台形遗址,上层遭到很大破坏。发掘简报根据地层堆积情况和对遗物的分析整理,将遗址文化面貌分为两期。

其中以侯家寨一期为代表,文化面貌属于双墩文化,遗物主要是陶器、骨角器以及少量的石器。[①]

陶器皆为夹砂陶,完整器少。器壁厚重粗糙,陶色主要为红褐色,少数夹有植物茎叶物质,烧后胎轻,呈黑色或外红内黑色,还有少量的红陶和黑陶,泥质陶数量很少。陶器制法皆手制,器物胎厚而粗糙,火候低,吸水性强。陶器以素面为主,极少数饰堆纹、指甲纹、乳丁纹、刻

---

① 阚绪杭:《定远县侯家寨新石器时代遗址发掘简报》,《文物研究》第5辑,黄山书社,1989年。

画纹、弦纹等。器型流行平底、圈足及手、器耳等，极少三足器、圜底器。器类有釜、支架、圈足钵、勺、打磨器、盂形器、器盖等。其中盂形器数量较多，分折腹、弧腹两种形制；钵皆矮圈足；碗多敛口、圈足；釜深腹，有对称手；支架为粗而高的圆柱形，这些器物为一期文化的典型器物。在低圈足器的底部多有刻画符号，内容题材丰富，有许多几何形图案，如方框形、圆形、三角形、梯形等；有的为数字、太阳形纹，还有树叶等植物图案和猪、鹿、鱼等动物图案。其他的器型还有敛口圈足碗，中间宽，两头小，遍身饰麻点的长扁形打磨器、纺轮、圆饼、弹丸等。鼎、豆未见完整器，鼎足皆夹砂粗陶，红褐色，圆锥形；残豆盘皆为夹砂红褐陶，盘钵形；残豆座为夹砂红陶，器表磨光。流行牛鼻形或桥形器耳和覆碗形、钮盅形器盖。另发现陶塑 3 件，一件为人头雕像，长脸，眉脊粗壮；另两件为陶猪。

生产工具发现较少，主要为骨角器和石器。骨角料多为动物的肢骨和鹿角，皆加工成形后抛光，制作精细。有的有切削痕迹。骨器有锥、针等。角器主要是鹿角勾形器，皆靴状形，上端刻有扣榫及凹槽，可系绳索，下端成勾状，石器皆通体磨光，石料多为砂质岩，有灰色和灰黑色两种，器型主要有长条形石锛、圆球形或椭圆形石弹丸，加工工具石臼器型较大，体干规整，上面平，中间有一个深而圆的圆底形臼窝。另外还发现扁圆形玉璜一件。

侯家寨遗址文化层中出土了大量的动物骨骼。主要见于下文化层。经鉴定有猪、鹿、狗、马、牛、羊、豹、螺、蚌、鱼、龟鳖等 13 种，猪和鹿的骨骼出土数量最多，约占 80%，还发现有完整的狗骨架。这些反映了当时原始居民的生活情景和自然环境。

侯家寨一期遗存与淮北的石山子一、二期文化和蚌埠双墩遗存既有相同的因素，也有不同的特点，但器物特点显示了稍晚的特征，而与大汶口文化早期年代相近。碳 – 14 测定的年代为距今 6350±110 年，树轮校正为距今 6900 年左右。

3. 双古堆遗址

双古堆遗址位于淮河北岸，怀远县城北约 2.5 公里的苏集乡普渡村，面积约 2 万平方米。1989 年秋发掘 375 平方米，清理房址 3 座，灰

坑77个。遗址文化层厚为1.7~3.8米,主要为新石器时代文化堆积,上层发现少量的商周遗迹。

新石器时代文化可分为早、晚两期。早期陶器以夹粗砂及蚌末片的红褐陶为主。胎厚、火候低、吸水性强,还有少量的泥质红陶,胎薄。陶器多素面,有少量的附加堆纹、按捺纹。器型有侈口深腹釜,锥形足鼎、钵、罐、支座等。石斧、石锛、陶网坠、陶纺轮、鹿角勾形器出土数量尤多。时代约相当于大汶口文化早期或稍早,晚期陶器以夹砂红褐陶为主,红陶增多,有少量的泥质红陶和泥质灰陶,以素面为主,有少量乳钉纹、弦纹。器型增多,有盆、钵、鼎、碗、双耳罐、釜、豆、器座等,鼎足多为带凹槽的扁凿形,时代为大汶口文化中、晚期。

四、后铁营类型

后铁营类型是淮北西北部的一个文化类型,以后铁营遗址[①]为代表。遗址位于亳州城父乡后铁营,是一处新石器时代的墓地。该遗址因遭村民挖土烧砖破坏而被发现。1993年安徽省文物考古研究所组织发掘,共清理墓葬30座,均为长方形竖穴土坑墓,骨架基本腐朽,多属二次葬。随葬的器物较为丰富,有石器、陶器和极少的玉器。

随葬的陶器以泥质黄褐陶为主,少数为泥质黑陶。陶器有直筒杯、瓠形杯、鼓腹杯、罐形鼎、钵形鼎、釜形鼎、卷沿盆、平底碗、圈足碗、扁圆壶、豆、器盖等。

生产工具主要有扁圆形石斧和陶纺轮。

皖北地区经过发掘与后铁营遗址相类似的有萧县金寨、石山子遗址中层和凤台峡山口遗址中层。这些遗址出土的陶器不论陶质、陶色,还是器型都基本相似,应属同一文化类型。后铁营遗址因未正式发表考古报告,具体的年代尚不能细致讨论,从已知的器物图分析,其年代应与大汶口文化早期、龙虬庄早期相近。

---

① 张敬国:《安徽淮北地区新石器时代考古的主要收获》,《文物研究》第9辑,黄山书社,1994年。

五、大汶口文化遗存

淮北和沿淮地区到了相当于大汶口文化中期时,文化面貌发生了较大的变化,在整个区域的广大范围内均出现了大汶口文化的因素,甚至有些地方成为大汶口文化的分布区,在淮北西北部一带出现了富庄类型。到了大汶口文化晚期时,整个区域基本上成为大汶口文化的分布区,以尉迟寺类型为代表。

1. 富庄类型

富庄类型是淮北西北部继后铁营之后的一个新的文化类型,以富庄一期文化为代表。富庄遗址[①]位于亳县富庄涡河南岸,1982年曾进行小面积发掘,该遗址可分为上、下两个文化层,分别代表两期文化,一期文化为大汶口文化的一个类型,二期文化为龙山时代的文化。

富庄一期文化发掘揭露了12座墓葬。这批墓葬均为长方形土坑墓,人骨架保存较好,均仰身直肢葬,其中单人葬墓3座,双人合葬墓1座,三人合葬墓1座,五人合葬墓2座,其中18具骨架死者生前曾拔过牙,且有几例是拔下门齿。墓中随葬品的多少与墓中埋葬人的多少成正比。随葬品一般为人们生活用品,主要为陶器。

陶器以泥质灰陶为主,有少量的黑陶和极少量的红陶,绝大多数为素面,只有少量镂孔装饰和刻画纹,也有个别彩绘陶。典型器物有圆盘浅腹镂孔豆、小口鼓腹背水壶、小矮圈足深腹罐、折盘浅腹镂孔豆、折腹盆形鼎、大口平底深腹罐、高颈折腹平底壶等。

富庄一期文化背水壶、簋形器、镂孔豆、扁凿形足罐形鼎等都具有大汶口文化中期的特点,从整体特征上看,富庄一期文化仍属大汶口文化范畴,其中也有一些与大汶口文化相区别的因素,例如盆形鼎盆形的折角处凸棱清楚,瓦形扁足,扁而薄,这种鼎不见于山东大汶口文化。大汶口文化拔牙是拔除上侧门牙一对,富庄一期则是上下门齿都拔,且盛行一次葬,与大汶口文化不大相同。所有这些不同点,都说明了富庄的大汶口文化具有一定地方特色。淮北地区应是大汶口文化

---

① 何长风:《关于安徽原始文化研究中的几个问题》,《文物研究》第5辑,黄山书社,1989年。

的边缘区,与大汶口文化中心区的文化面貌有所不同。富庄一期大汶口文化遗存可以看做是大汶口文化中期阶段的一个地方类型。由于富庄遗址发掘面积小,同类遗址在淮北地区的分布及总的文化面貌的进一步探讨尚有赖于更多的田野工作。

2. 尉迟寺类型

尉迟寺类型主要分布在淮北地区,以蒙城尉迟寺一期文化为代表。类似的遗存还有灵璧的玉石山[①]和宿县的芦城子下层[②]、小山口上层、古台寺上层,它们的文化面貌基本相同。

尉迟寺遗址[③]位于安徽省蒙城县许町镇毕集村,1986年蒙城县文物管理所调查发现。遗址处在黄河与淮河长期堆积泥沙形成的淮北平原上,现为高出地面2~3米的堌堆状堆积。由于当地村民常年取土,现整个遗址东西长约350米、南北宽约250米,总面积约8万平方米。(图十一)1988年安徽省文物考古研究所对该遗址进行了调查,确认为新石器时代遗址。1989年春,中国社会科学院考古研究所安徽工作队再度调查,同年秋季开始对尉迟寺遗址进行发掘,截至2003年先后进行过13次发掘,发现大批的建筑基址和遗物。根据地层关系和出土遗物,尉迟寺遗址可分为尉迟寺一期文化、尉迟寺二期文化。一期文化属大汶口文化,二期文化属龙山文化阶段。一期文化是其主要堆积,遗址的重要发现均属于一期文化。

目前所发现的以尉迟寺一期文化为代表的遗存包括灰坑、围沟、墓葬、房址等遗迹以及日用陶器和生产用具,比较清楚地显示了尉迟寺类型的文化面貌。

① 贾张:《灵璧县玉石山新石器时代遗址》,《中国考古学年鉴》,文物出版社,1992年。

② 叶润清:《安徽省宿州市芦城子遗址发掘简报》,《文物研究》第9辑,黄山书社,1994年。

③ 中国社会科学院考古研究所:《蒙城尉迟寺——皖北新石器时代聚落遗存的发掘与研究》,科学出版社,2001年;中国社会科学院考古研究所、安徽省蒙城县文化局:《蒙城尉迟寺》(第二部),科学出版社,2007年;王怀吉:《专家座谈安徽蒙城尉迟寺遗址发掘的收获》,《考古》1995年第4期;王吉怀:《尉迟寺类型的学术意义》,《刘敦愿先生纪念文集》,山东大学出版社,1998年。

图十一　尉迟寺聚落复原图

（1）遗迹

围沟

1993 年秋,在对蒙城尉迟寺遗址第 6 次发掘中,在遗址周围钻探出一条大型环形围沟。围沟近似椭圆形,南北跨度约 230 米、东西跨度为 200 米、沟宽约 20 米、深 4.5 米左右,紧紧围绕遗址中心区,经过清理发现,围沟内共有 7 大层 8 小层堆积,其中 1 ~ 4 层为龙山文化堆积,5 层为过渡层,6 ~ 7 层为大汶口文化层,最深处达 9.65 米,宽一般25 ~ 26 米。围沟壁近垂直,近底部呈弧状,沟沿不规则,沟底挖在流沙层上;每层堆积的土质均十分明显,且内含遗物丰富,为确定围沟的形成时代提供了重要依据。据研究,它的形成时代当为大汶口文化晚期。根据其规模,它的性质及作用可能是多方面的,一是起到界定范围的作用,另外可能也有防御的功能。尉迟寺遗址大型围沟的发现,在大汶口文化中属首次,填补了大汶口文化研究的空白,它为研究淮北地区大汶口文化的聚落形态、社会性质、社会组织结构等提供了非常重要的资料。

房基

房址是尉迟寺遗址中的主要遗迹之一。这里首次发现了成排（组）的大型红烧土房基,联系该遗址大型围壕和广场、墓地等分布格

局,说明当时该聚落经过较严密的规划。是大汶口文化几十年来一次突破性的发现。

1992 年秋,发掘出一排共 7 间红烧土房基,呈东南—西北走向排列,为浅穴式建筑,其中有 6 间相连明显构成一组建筑群体。这 6 间房址系一次挖穴筑成外墙,然后中间用四道隔墙分开,总长 20.5 米,宽约 3.4 ~ 3.5 米,平面呈方形或长方形,依地势而建,呈西北高东南低之势。其中 4 间面积大体相等,均在 11 ~ 12 平方米,另外 2 间一大一小,靠西部的 3 间在隔墙间有门相通,形成了"三连间"式建筑。1993 年春,在同一排房基往东延续又清理出 4 间,与已发掘的连成一体,但又由两组组成;同时,在两端北侧发现了呈东北—西南向的红烧土房基一排 5 间,独成体系,与上述 11 间大排房呈曲尺状布列。1994 年春,在大排房子的东端又清理出一排呈东北—西南向的房址 4 间。这样,在北部共清理出红烧土房基 20 间,从东边看总体布局大体呈"上"字形,其中,东南—西北向的一长排房 11 间,总长 40 米,北、东两端各有东北—西南向的房基 4 间和 5 间。

到 1995 年秋,尉迟寺遗址共清理出排房建筑基址 12 排 39 间,零星房址 2 间,分别以 2 间、4 间、5 间、6 间为一排(组)。这批房子的建筑形式基本一样。各房间一般在 10 平方米以上。最小的 5 ~ 7 平方米,最大的 37 号和 38 号房址每间面积都近 20 平方米。各基址分别由主墙和隔墙两部分组成。各房址由墙壁、门、居住面、灶、室内柱及屋顶 6 个部分构成。

墙体分为主墙与隔墙两种,主墙是房址的维护墙,可以支撑屋顶起承重作用;隔墙起到同一建筑内各房址之间分隔作用,有的也兼有承重作用。主墙指环绕建筑基址四周的外墙,是先在整个房基范围内挖出浅穴,再沿穴壁挖墙基槽,然后立柱、抹泥形成墙体并经烧烤。主墙厚一般为 35 厘米左右,现存高度从居住面往上为 30 ~ 50 厘米。依坡地挖穴的房基,坡上部的穴壁较深,坡下部穴壁几乎与地面相平,并有明显从地面续建的补墙(F8—F10),穴壁较深处是在穴缘上立柱,再抹泥烧烤。墙里表面光平,经过烧烤穴壁形成红褐色硬土。在靠近墙壁的居住面上,常见有室内柱,起加固支撑作用,但不如墙体内的立柱密集。38 号房址内发现一根迄今为止保存最高的室内柱,现高 72 厘米,直径 15 厘米,柱外抹厚 1 ~ 1.5 厘米的 2 层泥并经烧烤。F18 没室内柱却用 2 根壁柱代替。38 号房址内有大面积的屋顶倒塌残块,由此可以看出室内柱均通达室顶,并起到支撑作用,屋顶纵向敷设木棍,以长方形居多,排列相当密集,从室内外抹泥,形成平滑的一面坡室顶。在有的主墙体内壁上涂有一层白灰面,F28 和 F29 的北墙上除抹白灰外,还涂一层鲜艳的红彩。隔墙是两房址之间的共用墙。采用先密集立柱,再用绳索将木骨捆扎牢固后两边抹上草拌泥经火烧烤而成。木骨形状各异,有方形、长方形、圆形、梯形、椭圆形等多种形状,直径一般为 10 ~ 15 厘米,但有些隔墙未发现柱洞痕迹,在有的隔墙上发现有方形壁龛(15 号与 16 号房址之间)。F15 与 F16、F19 与 F20 房址之间的隔墙厚度在 30 ~ 35 厘米,显然具有承重作用。

房门有单门和双门两种。一般是面积大的房子设双门,面积小的设单门。门宽一般为 60 厘米,在门下缘内侧挖槽铺以木质门槛,门槛外侧用泥抹成斜坡状,有的在门两侧还有嵌木柱为框的现象。门的朝向为:东西向排列的门朝南;南北向排列的,西边一排门朝东,东边一排发现 1 间有门,为朝西。

室内柱是房屋内主要的建筑设施之一,均与室内灶台相连。有 2 根和 4 根之分,这主要视房址面积的大小或灶台与后墙是否相连而定。面积在 10 ~ 14 平方米的房址,灶台一般与后墙相连,室内柱一般有 2 个,位于灶台的两个前角;面积在 15 ~ 20 平方米的房址,灶台一般独立出来,与后墙不相连,室内柱位于灶台的四个角。除一些小间具有储藏功能的房址或一些被毁严重的房址没有发现室内柱外,其他房间普遍存在室内柱。柱的横剖面大多数是圆形,直径一般在 8 ~ 16 厘米,柱外通体抹泥并经火烧烤。室内柱与灶台相连,它们是一次处理而成,没发现经过刻意加工的柱础,往往在铺垫居住面的同时,将柱栽在铺垫层上,然后与居住面一同抹泥并同时进行烧烤。室内柱还具有界定灶台的范围和便于建挡火墙的作用。

室内居住面也经过烧烤,一般居住面平整,经过三层铺垫而成,最下层用浅黄色土砸实,中间层用青灰土夹烧土块铺垫,上层用碎红烧

土块砸实并抹有细泥面,然后经火烧烤,每层厚5厘米左右。

灶址。房址内相对门的后墙里侧,一般有一个略高出居住面的方形红烧土台。土台位置有两种情况,面积较小的房间,土台一般与后墙墙体连为一体;面积较大的房间,土台往往与后墙有20～30厘米的距离,独立建于室中偏于一侧的居住面上。土台面积大约1平方米左右,台面一般高出居住面2～5厘米。台面平整光滑,中心部位呈紫红色,与周围颜色不同,应是反复用火而形成的,显然土台是房内的灶址。与后墙相连的灶址,在其外侧的两个角分别立1根室内柱;而独立灶址则在四个角立柱,形成一个相对固定的空间。灶址的结构简单,与居住面加工同时进行,在铺垫居住面的同时竖立灶前木柱,立柱、居住面与灶台统一抹泥。灶台是在居住面垫土时加厚而成,一般高出居住面2～3厘米,为烧火做饭的地方。

这批房址,应是一处建筑群体的一部分。其结构清晰、布局严谨合理,而且规划统一、因地制宜,为研究大汶口文化晚期的社会结构、聚落形态及建筑技艺提供了宝贵材料,也是研究中国史前建筑史不可多得的实物资料。

墓葬

在先后进行的4次遗址发掘中,共清理大汶口文化墓葬180余座,分布比较集中,方向为东南—西北,头向东,一般为135°左右。包括竖穴土坑墓与儿童瓮棺葬。地层关系表明,墓葬晚于房址。

成人长方形土坑墓分为竖穴和二层台两种结构。其成人竖穴土坑墓穴平面均为长方形或圆角长方形,绝大多数墓葬的穴壁竖直。大多数墓坑较窄,基本上以容纳下死者为限,宽度一般在0.34～0.5米,墓穴加工也很粗糙,该类墓一般少见或不见随葬品,个别墓葬的宽度达到1米左右。带二层台的墓仅有9座,均属于生土二层台。

儿童流行瓮棺葬,墓穴一般依瓮棺的大小而定,绝大多数的墓穴是椭圆形,穴壁竖直,占到墓葬总数量的53%左右。瓮棺葬葬具为日常生活用具,有三种组合形式,一种是鼎和罐,一种是罐和罐,另一种是罐(缸)与器盖,可分为"完整陶器葬"和"陶片铺盖葬"两种,后者亦称为"瓦片葬",用于个体较大的幼儿。在2003年的发掘中,也发现有用大口尊组合埋葬的现象,呈东西—南北向集中安葬,棺内无骨骼,推测可能与某种祭祀活动有关。

所有墓葬均是单人葬。成人墓中主要是仰身直肢葬,另外还有侧身直肢葬和侧身屈肢葬。头向以东南向为主,个别墓向朝西南。墓主人的头向与排房的走向基本一致,大多数墓主人的面向与房门的朝向相吻合。有拔牙现象,但为个别现象。墓主人生前骨骼有受到损伤的现象,造成骨骼损伤的原因可能有两种,一是头骨人工变形的,二是创伤性伤害。墓葬中有随葬獐牙、猪獠牙、鳖甲、猪下颌骨、鹿角、麋鹿骨及鱼骨的现象。有的墓随葬品较少或没有,常见3～5件,多者达30件。随葬器物有陶器、生产工具、装饰品等,其中以陶器为主,种类主要有鼎、罐、盆、豆、长颈壶、尊、短颈壶、器盖、觚形杯、鬶、背壶、高柄杯、小陶杯等。

儿童瓮棺也葬在土坑内,与成人墓的竖穴土坑挖掘方式相同,头向也基本一致,只是墓坑的大小无固定模式,依葬具的大小而定。绝大部分使用横卧式的埋葬方式。按葬式不同,可分为仰身直肢葬、侧身屈肢葬两种。个别的瓮棺葬和儿童土坑竖穴墓也有随葬品。在葬具上首次发现了与山东陵阳河大汶口文化遗址出土的完全相同的刻画符号(图十二－1)。

1　　　　　　　　2　　　　　　　　3

图十二　尉迟寺遗址出土的陶器

1. 大口瓮及刻画符号　　2. 鸟形神器　　3. 七足镂孔器

（2）遗物

陶器

陶器以夹砂陶数量最多，除器壁较厚的缸类器夹粗砂外，一般夹细砂。泥质陶较少，其中包括磨光陶。陶色以红褐陶和褐陶为主，灰陶和灰褐陶较少。除素面陶器外，有纹饰的器物中篮纹数量最多，约占70%，另外还有绳纹、附加堆纹、弦纹、刮划纹和镂孔。陶器制作以手制为主，但已出现了轮制。器物烧制的火候较高，个别捏塑的器物火候偏低。器型主要有三足器、圈足器和平底器。代表性的器物有扁足和凿形足罐鼎、大口深腹罐、直壁缸、长颈壶、直筒杯、高柄杯、大口尖底瓮、大口平底瓮、镂孔豆、鬶、大圈足豆、器盖、纺轮、陶拍、鸟形神器（图十二－2）等。

特别需要提出的是：在该遗址广场中心地带发现有带底座的虎头鸟身的大型神器，在一些陶器上还发现有大汶口族徽性符号"🔆"或"🔆"。

生产工具

生产工具的数量不太多，从质料上分为陶、石、蚌、骨等类。

陶质生产工具主要有陶纺轮，分为扁体的周缘起棱、周缘不起棱与扁锥形三种；陶拍为蘑菇状，拍面半球形，拍柄中空。

石器均磨制，有厚体长条形锛、刀形器、斧、凿等。

蚌器数量相对较多，均用河蚌加工而成，有长条形蚌刀，分直刃、弧刃、齿刃三种，还有蚌镞等。

骨器有锥状骨镞。

（3）尉迟寺类型的文化性质、年代

尉迟寺类型的陶器具有大汶口文化晚期的一般特征，其中鼎、篮、长颈壶、高柄杯、筒形杯、大圈足豆、盆、器盖等基本与大汶口文化同类器相同或相近，该期文化遗存应属大汶口文化。其鼎、篮分别与山东曲阜西夏侯遗址上层①及邹县野店②大汶口墓葬出土的同类器大体相

---

① 中国社会科学院考古研究所山东队：《山东曲阜西夏侯遗址第一次发掘报告》，《考古学报》1964年第2期；《西夏侯遗址第二次发掘报告》，《考古学报》1986年第3期。

② 山东省博物馆：《邹县野店》，文物出版社，1985年。

同,它们同属大汶口晚期遗存。因此,以尉迟寺一期文化为代表的一类遗存属于大汶口文化晚期。

尉迟寺类型的地域性特征主要表现在陶器上面。该期文化的夹砂红褐陶比例仍较大;篮纹比较普遍,细绳纹也比其他地区丰富;典型器物中罐形鼎的数量最多,以圜底罐下附3个凿形足或带沟槽扁体足为特点,有别于山东地区的平底罐形鼎。大汶口文化的典型器背壶和觚形器在这里基本不见,尉迟寺类型的甗形鼎也不见于山东大汶口文化晚期遗存中。从墓葬材料分析,尉迟寺类型的特点是,成人流行单人竖穴土坑墓,墓向以135°左右为主向。儿童流行瓮棺葬。上述特点与山东汶、泗流域大汶口文化晚期遗存区别较大,表现出淮北地区的自身特点。

尉迟寺一期文化经碳－14测定并经树轮较正的年代大体上在公元前2800—前2300年,个别年代偏晚,已进入龙山文化的年代,从总体上看,其绝对年代还是应与大汶口文化晚期相同。

经过发掘的尉迟寺类型的遗址还有灵璧的玉石山和宿县的芦城子下层、小山口上层、古台寺上层,它们的文化面貌基本相同。即均位于淮河的北岸,自然地理位置处在我国南北气候交接地带。类似尉迟寺排房建筑基址,在皖北地区大汶口文化晚期遗存中不只一处,该遗址附近的濉溪县安郎寺、蒙城县刘堌堆等遗址①都发现了类似的红烧土建筑遗迹。墓葬中成人流行竖穴土坑葬,儿童流行瓮棺葬,这一特点也发现在皖北宿县小山口大汶口文化遗存中。这些遗址的陶器及其组合,既具有大汶口文化的一般特点,又表现出较强的地方特色:夹砂陶和泥质陶是两种主要陶系,夹砂陶以红褐陶为主,其次是灰褐陶和灰陶,还有数量较少的棕褐陶。泥质陶以灰陶和黑陶为主,另有一定数量的红陶和少量的白陶。灰陶中有些为青灰色,黑陶多为磨光陶。纹饰主要见于夹砂陶器物上,篮纹是数量最多、样式也基本稳定、起主导作用的一种纹饰,分横篮纹和斜篮纹两种。泥质陶多素面,有

---

① 中国社会科学院考古研究所安徽工作队:《皖北大汶口文化晚期聚落遗址群的初步考察》,《考古》1996年第9期。

一定比例的磨光陶,泥质陶的纹饰以弦纹、刻画纹和镂孔最为常见。另外还有细绳纹、附加堆纹和按窝。器型中以三足器、平底器、有柄器为主,圈足器较少,圜底器罕见。器物群体组合以各种类型的鼎和罐为主,另外还有长颈壶、筒形杯、鬶、高柄杯、圈足豆、大口瓮、直壁缸、瓠、甑、背壶和器盖等。

尉迟寺遗址是大汶口文化在淮北地区的地方类型(由大汶口文化与淮北地区土著文化结合形成),是目前发现的大汶口文化分布区最完整的聚落类型,对于研究当时人们的生产生活、社会结构和中华文明的起源和形成具有十分重要的意义。

3. 固镇大汶口文化晚期城址①

城址位于固镇县濠城镇,城墙是该遗址发掘中最大的收获。经过探沟解剖得知,城墙结构基本一致。东城墙墙基宽约24.7米,残存高度最高达3.8米,系堆筑而成,主体为大汶口文化晚期筑造,汉代可能有所增筑或补筑。大汶口文化晚期城墙为平地起建,堆成上窄下宽的山坡形,再以其为核心,在上面顺坡逐层堆筑,使墙体加宽增高,可以分辨出至少三次堆筑过程。城墙堆积内出土的遗物以残碎陶片为主。可辨器型有鼎、罐、鬶、瓠形杯、高柄杯等,器物形态具有皖北地区大汶口文化晚期较为典型的特征。

城墙外侧发现有壕沟。经解剖得知壕沟紧挨城墙外侧,有新石器时代和汉代之别。东城墙外的壕沟只解剖了近墙体的局部。沟底的走势宽度在15米左右,深约5.5米,沟内淤积物中还含有少量烧土块和大汶口文化陶片。汉代壕沟在新石器时代壕沟的基础上进行了拓宽,其外侧已被沱河冲刷,可能宽达25米以上,深约5米,沟内淤积包含较多汉代陶、瓦片。

城墙上的排房。在北城墙偏西的城墙顶部,发现了一组东西向排房,系顺城墙走向建造。建房前可能用了质地较细的淡黄色土对城墙顶部铺平,再于其顶部下挖形成浅穴式房屋。排房由5间连间房屋和

---

① 安徽省文物考古研究所:《安徽固镇县垓下发现大汶口文化晚期城址》,《中国文物报》2010年2月5日第10版。

1 间独立的附属性房屋组成,各间房屋均为长方形,五连间房屋共长约 16 米,每间房屋面阔 2 至 3 米不等,进深约 4.45 米,房屋间设有隔墙,隔墙宽度 16～32 厘米。仅有 3 间房屋残存有墙壁,高度 20～45 厘米。房屋地面受到不同程度破坏,残留的地面及墙壁皆抹有白灰面,地面与墙壁交界处皆绘有红色线条,可能是一种装饰。发现北向门道,但门道很窄,仅容一人经过。位于最东的一间房屋,因与五连间房屋存在宽约0.5米的间隔,所以形成独立的一间,但与五连间在同一条直线上分布,宽度较窄。地面抹有白灰面但非常粗糙,室内残留陶器较多,有鼎、器座、瓶、石支架等,鉴于上述特征判断,此房间应非居住所,更可能是附属性的建筑。

台基。在城址西北角,城内靠近城墙处发现一座台形基址,西北—东南走向,推测可能是一座毁弃的建筑基址。台基东西未发掘到边缘,已揭露部分宽约 7.5 米,长超过 14.5 米,高约 1 米。台基平面形状近长方形,四缘呈漫坡状,其北侧使用较纯净的黄黏土平整铺垫在台基与城墙之间。台基上发现有几条残存的基槽状遗迹,在台基顶部和漫坡周边发现数座瓮棺葬。经对台基解剖发现,台基存在两次堆筑过程,每次堆筑后在其北侧坡脚皆用黄黏土铺平,可能作为活动场所。台基北侧坡脚叠压在北城墙第一次堆筑的城墙坡脚上。从台基表面到北城墙南侧第一次堆筑的墙体表面存在一层相连的含炭灰层,推测可能是当时人们活动留下的,代表了一定的共时性。从打破台基的瓮棺葬内出土的遗物推断,台基至少不晚于大汶口文化晚期。

地震迹象。在探沟解剖东城墙的发掘中发现了一处奇怪的现象,探沟西段的大汶口文化晚期城墙墙体堆积出现明显的断裂错位,经安徽省地震局专家多次现场考察并取样分析,认为可能是一次发生于大汶口文化晚期的强烈地震活动留下的迹象。

垓下遗址是淮河流域一处重要的遗址,地处淮河流域中游,其遗存受到周边文化的强烈影响。从出土的新石器时代遗物看,它具备大汶口文化的普遍特征。但遗址中发现的白灰面排房、台基等都是大汶口文化中极为罕见的,具有自身特点,与同区域蒙城尉迟寺遗址中的发现有较多类似之处,可能属于大汶口文化的同一个类型。垓下城址

作为淮河流域第一次发现的大汶口文化城址，虽然面积不大，但却是目前整个大汶口文化中最无疑义的一个城址，对于探索中华文明的形成具有重要的意义，它出现在远离大汶口文化中心区的南部边缘更是带来诸多学术上的问题。建于城墙顶部门向朝北、内部装饰讲究的大汶口文化末期排房是一种临时性建筑，还是一种特殊的居住形式？长条形台基与城墙和瓮棺葬有怎样的联系？地震迹象是否与城的兴衰有一定关联？发掘解决了一系列的问题，却又带给人们新的思索。

垓下早期城址是我国继黄河流域和长江流域等史前城址发现之后，在淮河流域的又一次重要发现，它填补了安徽无史前城址的空白，是安徽史前考古的一个重大突破，它的发现为探讨我国早期城市的起源与发展演变轨迹以及淮河流域文明化进程提供了宝贵的考古新资料。

六、龙山文化遗存

淮北和沿淮地区的龙山时代文化遗存发现不少，如亳州富庄遗址、萧县花甲寺遗址[①]、金寨遗址[②]、宿州芦城子遗址、蒙城尉迟寺遗址、灵璧玉石山遗址、蚌埠禹会[③]等，但材料均较为零散，目前还难以进行系统的分析、概括。

1. 亳州富庄上层文化

富庄上层文化的陶器以夹砂灰陶为主，有少量的黑陶，多为素面，纹饰增多，主要有篮纹、方格纹、弦纹等。典型器物有小平底碗、平底浅腹盆、方格纹深腹罐、鼓腹罐、深腹罐形鼎、折沿侧扁矮足绳纹深腹鼎、单耳圈足杯、小平底尊、大袋足绳纹鬶等。

富庄上层文化所出土的器物，都是属于龙山文化阶段的器物。其

① 安徽省博物馆（胡悦谦）：《安徽省萧县花甲寺新石器时代遗址》，《考古》1966 年第 2 期。
② 吴汝祚：《萧县金寨史前遗址小议》，《文物研究》第 8 辑，黄山书社，1993 年。
③ 王吉怀、赵兰会、张振忠：《安徽蚌埠禹会龙山文化遗址》，《中国文物报》2007 年 7 月 20 日。

中绳纹鼎、方格纹的罐，与豫东的王油坊[①]、造律台[②]、鲁西南菏泽地区的梁山青堌堆[③]等遗址接近，而与山东东部的龙山文化遗物不一样。山东东部看不到方格纹，很少有绳纹这类纹饰。甗的形体也比东部龙山文化的高而大，从器型看，碗、盆虽也是龙山文化常见器型，但与东部龙山的陶色不一样，此地是青灰色而山东东部是黑色，表面油光发亮。从器物组合及特征看，富庄上层遗存基本上属于河南龙山文化豫东造律台类型[④]，但也有地方特征。

2. 蒙城尉迟寺二期文化

尉迟寺二期文化遗存堆积较薄，在遗址中分布不均匀，文化面貌比较复杂，相邻的遗址还有宿州芦城子、灵璧玉石山等。

尉迟寺二期文化的灰坑的形状有圆形、椭圆形和不规则形三种，圆形灰坑又分口大底小的筒状和口大圆底的锅底状；椭圆形坑和不规则形坑均为口大底小的筒形。坑口直径最小0.7米，最大2.9米，坑深一般1米左右，内填灰褐或灰黑色土，土质较软，含有较多烧土块和大量陶片，陶片以夹砂灰陶为主，泥质黑陶次之，夹砂红褐陶较少。

陶器以夹砂灰陶、灰褐陶为主，器型有鼎、罐、瓮、器盖等。泥质灰陶和黑陶占30%左右，器型有壶、盆、杯等。余为红陶和白陶。纹饰以绳纹、方格纹最常见，其次是篮纹、弦纹和附加堆纹等，素面陶也占一定比例。器物加工普遍使用轮制，薄壁磨光黑陶显示了较高的工艺水平。陶器烧制火候较高，不存在由于烧制技术原因造成陶色不匀的现象，器型复杂多样，以三足器、平底器、圈足器最为常见，流行嘴、把手、柄、子母口等风格。所见的主要器型有鼎、罐、甗、壶、盆、杯、器盖等。鼎以侧装三角形足的罐形鼎最为普遍，足根处往往有按窝，器表多饰方格纹或绳纹；鬼脸式足鼎也很具特色。此外，在一座房址红烧土堆积中还发现了5件七足镂孔器（图十二－3），造型奇异。

① 中国社会科学院考古研究所河南二队：《河南永城王油坊遗址发掘报告》，《考古学集刊》第五集，1985年。

② 李景聃：《豫东商丘永城调查及造律台黑孤堆曹桥三处小发掘》，《中国考古学报》第二册，1947年。

③ 吴秉楠：《对姚官庄与青堌堆两类遗存的分析》，《考古》1978年第6期。

④ 李伯谦：《论造律台类型》，《文物》1983年第4期。

生产工具数量不多,其中骨器所占比例最大,其余为石器和纺轮,主要器型有骨匕、骨凿、骨锥、骨矛、骨笄、骨针,皆精磨加工而成,锋刃锐利。石凿体扁刃锋,体形较小,未见大型石器,陶纺轮为扁体饼状,素面或一面有不甚规则的戳印纹。其他有陶祖1件,为夹细砂灰黑陶,长8厘米、径2.4厘米;陶埙1件,为泥质灰褐陶,顶有一孔,其下0.8厘米处又有一孔,高4厘米、径3.2厘米。

3. 萧县花甲寺上层文化

1961年发掘的萧县花甲寺遗址,据简报,其有早晚两期堆积,上层为龙山文化遗存,下层为大汶口文化遗存,上层出土遗物较丰富,生产工具有石、蚌器,石器有石斧、石刀,皆精磨而成。蚌器有蚌镰和蚌刀,蚌刀中部都穿有两孔用以装柄,孔周围有明显的绳磨痕迹,陶器有夹砂黑陶、红陶、白陶,采用轮制或轮修技术,碗、杯、罐等器体浑圆,厚薄均匀,显为轮制而成,有一黑陶器壁厚仅1毫米,和山东龙山文化的蛋壳陶接近。

4. 萧县金寨遗址

金寨遗址位于萧县庄里乡金寨村,四面环山,遗址分布于金寨村内及村东南,总面积约10万平方米。在村东南100米处常有玉器出土,因此早有"玉石塘"之称,每逢暴雨,即有玉管冲刷出来,当地群众称为"玉石滚"。1958年群众挖水塘时曾挖出大批玉环、玉瑗、玉管、玉球。1986年当地村民在翻土时挖出玉器134件,绿松石片27件,石器4件,陶器2件,文物考古工作者随即对出土文物进行了处理,并对出土地点进行了勘查和调查。

据调查资料,在玉石塘周围拣到不少砺石、白陶片、灰陶片、粗细夹砂黑陶片,这些陶片多为轮制,饰绳纹、弦纹、指甲纹等。在断面上可见厚约3米的文化层,内含红烧土层,夹砂陶片和兽骨、蚌壳等,应为古代生活区遗迹。在出土玉石器的土坑内1.7米深处,有近8~10厘米厚的黑色糊状黏泥层,且分布较为广泛。玉器的出土基本上是在距地表相同的深度呈水平带状集中分布,厚10~20厘米,这种特殊现象究竟是何种原因已引起人们的关注。

调查发现的遗物简述如下:

陶器有鼎、盆、缸、盂等。陶鼎为夹砂红陶,斜沿,敛口,折腹,折腹处饰一周堆纹。夹砂红陶鼎足,侧扁三角形,或铲形,扁三角形是正面上部饰两按窝。盆为泥质灰陶,斜沿,敛口,弧腹,表面饰黑衣,上腹部饰弦纹。缸或为泥质红陶,敞口,圆唇,斜壁,素面;或为夹砂黑胎黑衣陶,斜沿,敛口,尖圆唇,斜壁,沿内饰两道弦纹,腹饰篮纹。盂为白陶制成,带盖,盖作圜底钵形,破一小孔;或侈口,鼓腹,圜底,圈足,白瓷土胎。

石器有段石锛,色青灰,石质细腻,单面刃。石斧平面为长梯形,中间有直径 1～1.2 厘米的穿孔,弧形刃。

玉器数量最多。器类有璧、刀形器、锥形器、纺轮形器、璜、球、管、珠坠和玉片等。玉璧素面,表面光滑,质地坚硬,有蓝、黄、绿、白彩纹相间,孔为两面对钻而成,由于对位不准,有明显偏心径台。刀形玉器玉色清白,表面光洁,质地坚硬,器型较特殊,为弧形刃,刃口锋利,直背,器中有一长条形握孔,尾背侧有一直径为 0.9 厘米的系孔,首尾各有三道波浪纹饰。锥形玉饰质地坚硬,上有黄、蓝、赭、绿色条纹,器身呈方柱形,上端有圆柱形短柄,柱上有对称小孔,有的器身有八组浮雕纹饰。纺轮状玉饰玉色青白,质地坚硬,体厚素面,中间有直径 0.6 厘米的对钻透孔。玉璜两端各有直径 0.24 厘米的对钻圆孔,璜形玉佩两端也有直径 0.4 厘米的对钻小孔。玉球外圆规整光滑,有偏心对钻式斜对钻的透孔。玉管为矮圆柱形,中间有直径 0.25～0.4 厘米的对钻穿孔。玉珠中间有直径 0.18～0.2 厘米的穿孔,另还有圆形和菱形的穿孔玉片,穿孔绿松石片和柄形玉坠等。

金寨遗址的遗物,据"简报"认为多数玉石器的形制与良渚文化的同类器相似。在"采集的陶片中有马家浜文化的典型红陶腰沿釜和夹砂红陶盆形鼎、灰陶豆的残片,我们认为金寨所出的玉器为马家浜文化向良渚文化过渡期的遗物"。根据调查发现的遗物,我们认为金寨遗址的时代已由大汶口文化向龙山文化过渡,处在龙山文化早期。其扁三足形足的鼎、黑衣陶的缸、白陶器等皆接近于尉迟寺二期文化。值得注意的是,金寨遗址有大量玉器出土,而且其埋藏分布似有一定的规律,集中出土于一条带状地层堆积中。玉器是被当时社会上有特殊地位和权力的少数人所占有,在邻近的其他遗址中未见。玉器的大

量出土,表明"该遗址在这一地区内是一个具有中心意义的遗址"。

5. 蚌埠禹会村遗址

禹会村遗址位于安徽省蚌埠市西郊涂山南麓的淮河东岸,是淮河流域目前发现最大的一处龙山文化遗址,总面积为50万平方米。相传大禹会诸侯于此地,故该地也称"禹墟"。

禹会村遗址分布范围自淮河东岸的大堤下一直到村中,南北长约2公里,东西宽约300米,出土大量的陶器、石器、骨器、蚌壳以及红烧土层、灰坑等。通过比较,其文化性质属于新石器时期龙山文化的范畴。发现一处面积达2000平方米以上的早期龙山文化大型建筑基址,并初步勘探出整个遗址区规模约有50万平方米。其中在遗址北部,有一处面积约2500多平方米的人类堆筑台基,分别由灰、黄、白三色土自下而上堆筑、铺垫而成,最后在其上形成一个巨大的白土覆盖层。在祭台的中轴线部位,由北向南分布有柱洞、沟槽、烧祭面、方土台,和呈南北一字排列长达50米的带有柱洞的长方形土坑,以及台面西侧长达近40米的祭祀沟等重要设施,尤其是近100平方米的烧祭面和之上的沟槽以及数块磨石、陶甗等遗迹、遗物和排列有序、整齐划一的35个柱洞,显现出了当时的祭祀规模和复杂的内容。

在相距大型祭祀台基约100米的西南部,还发现了三种经过人工控制并且埋藏有别的大型祭祀坑。三种祭祀坑的出土器物,显示出了两种不同的现象,一是小型器物如蛋壳陶类的高柄杯,器型规整,制工讲究,火候较高,应为陶器中的高档品;二是大型陶器,多见甗、盆、罐、鼎、器盖等,火候较低,制作粗糙,陶质极为疏松,有的甚至在清理后能明显看出器物的造型,但却无法提取,而修复起来的陶器多数有严重变形,应该不为生活中的实用器,而应属于专为祭祀而烧制的祭器。

禹会遗址是一处以祭祀为主的礼仪性基址。碳-14和加速器测定的年代为距今4140年和4380年。这个时期,正是原始社会末期的龙山文化晚期,是中国古代历史发展的关键时期,根据它的年代和地域构成了关键时期的关键遗址,因此,禹会遗址的考古发掘与研究,是揭开淮河流域文明化进程的一把钥匙,同时,也在江淮地区的文明探源中,起到了重要的学术支撑作用。

禹会遗址的考古资料,也见证着公元前 2000 年前后龙山文化在淮河流域所形成的强势文化以及文化的传播和势力的扩张。出土的器物特征,使黄河中下游—淮河流域—长江下游的龙山文化形成关联,证明淮河流域是古代文明传播的一个重要路径。

第三节 江淮地区新石器时代人类活动及其文化

一、古埂类型

古埂类型是指以古埂遗址早期文化为代表的新石器时代文化遗存。古埂遗址[①]位于安徽肥西上派镇,1981 年肥西县文物组普查文物时发现,1983 年安徽省文物考古研究所负责组织发掘 150 平方米。遗址呈漫坡状,高出周围农耕水田约 2 米,总面积约 2 万平方米。古埂遗址的地层堆积分为 4 层,其中第三、四层遗物无明显变化,被定为古埂早期文化,距今 6000 年左右;第二层为古埂晚期文化,距今 5300 年前后。属于此类遗存的代表性遗存还有侯家寨遗址第二期文化,且同类遗存在周边地区也有发现。

1. 古埂早期遗存

古埂早期文化的遗迹发现残房基 2 座(F1,F2),灰坑 1 座(H2),房基均为平地起建,地面用大块红烧土铺垫,烧土内含有少量草秆痕迹与木炭,基面坚硬,铺垫平整。F1 地基厚 0.11 ~ 0.6 米,在 F1 东南部发现一长 4 米,宽 1.25 米,厚 0.42 米的长方形红烧土台(未全部揭露),可能是人们睡觉的土台。F2 地基厚 0.1 ~ 0.37 米,在 F2 基面下又铺垫一层灰黄色土,内夹有大量红烧土颗粒,厚 0.1 ~ 0.4 米。在此层下发现圆形灰坑 5 个。土坑口与垫基上连在一起,无明显分界线。这些坑大小不一,深浅不等,坑底均为圆形,坑内填满灰黄色土及大量

---

① 安徽省文物考古研究所:《安徽肥西县古埂新石器时代遗址》,《考古》1985 年第 7 期。

红烧土颗粒,这种迹象似与房屋建筑有关。H2圆形,口径1.4米,底径0.94米,深1米。坑内填满灰色土及少量红烧土颗粒;出土遗物有钵形黑陶豆、砺石以及淡黄色作地绘黑彩陶片与红、黑陶片等。

古埂早期文化的陶器以夹砂红陶为主,占70.6%;其次是灰陶,占18.4%;黑陶极少,只占11%。夹砂粗红陶数量多,陶质疏松,火候低,吸水性较强,陶胎易碎,陶器均手制,壁厚薄不均。器表略磨光,显示出制作的原始性。泥质红陶,器表打磨光亮,有部分泥质红陶在表面涂一层红衣,呈血红色。以素面为主,占总数的85%,少量器物上有针刺纹、附加堆纹、刻画纹、波浪纹、镂孔等装饰,还发现彩陶片,以淡黄色作地上绘黑色草叶花瓣纹。器型主要有鼎、豆、壶、罐、尊、甑、杯等。盛行三足器与平底器,不见圈足器。三足器中的鼎足,形式较多,除圆锥形、宽扁形外,半圆扁凹形足是早期文化盛行的器足,在足正面均有一竖凹槽,凹槽有宽窄、深浅之分。另一种扁鼎足,亦颇具特色,足根上部圆形内弯,下部扁凹外撇,这两种鼎足,应为古埂早期遗存的自身特征,在长江下游地区同时期诸原始文化中所不见或少见。喇叭形圈足钵形豆、深腹直壁尊、平底斜壁小陶杯、鸟首耳陶罐等也都是古埂早期文化遗存中常见器物。另外还有伞形器盖、直口平底小盅、多种形状的把手(三角形、扁弓形、扁凿形、扁錾形等)以及牛鼻形、鸟首形、扁方形的器耳等。

生产工具主要有石斧、陶网坠、陶弹丸以及砺石、陶饼等。石器均磨制粗糙;陶网坠、陶弹丸等,制作简单。陶网坠为长方形柱形,两端有系绳用的凹槽,具有较早的特征,为安徽原始文化遗存中的初次发现。

2. 侯家寨第二期文化

侯家寨第二期文化的遗迹发现残住房地面3处(F1—F3)和灰坑5座。居住地面为厚5~6厘米黑色黏土筑成,坚硬平整,四周高出平面15厘米。在地面上还铺垫一层厚约25厘米的黄色沙质土。三处住房地面均被破坏,整体布局不十分清楚。从保存较好的F1来看,房呈圆形或椭圆形,长2.5米,残宽2米,中间都有圆形洞,似为柱洞。住房地面上留有陶片、残陶器、支架及动物骨骼等。这种住房可能是半地穴式的建筑。灰坑有近圆形和不规则形两种,坑内堆积一般为灰黑色土,内有陶片、残陶器和动物骨骼、螺、蚌壳等。

侯家寨第二期文化的陶器以夹砂陶为主,泥质陶少。陶色多为红褐色,次为外红内黑色,少量灰色和黑色。陶器皆手制,多数器内留有刮削痕迹。陶器多素面,少量饰有弦纹、指甲纹、划纹、堆纹、镂孔等。彩陶器盛行,皆为泥质陶,图案花纹为红彩,制作精美。花纹主要是宽窄彩带,间以曲折纹和波折纹、三角网纹、勾连纹等。流行扳手、器耳及三足器。主要器型有鼎、甗、钵、豆、壶、罐、盂形器、勺、纺轮等。其中具有特征性的器物有釜形、罐形和钵形的鼎,喇叭形圈足豆,折腹带对称扳手钵,彩陶罐,宽沿圈底甗、盂形器等。鼎、钵、壶的造型风格与古埂下层遗物相似,同时见有古埂下层具有特征的扁凹槽形鼎足,鸟首形器耳等。彩陶器数量多也是侯家寨第二期文化的主要特色之一。

石器器型小,制作粗糙,磨制不精,多为打制成形然后稍加磨制而成。主要器型为石铲,多为长方形或方形,皆单面刃。另有玉璜1件,体扁薄,呈月牙形,两端穿孔。骨器3件,均为骨锥。还出土有一定数量的动物骨骼,其中以猪、鹿的骨骼数量最多。

二、凌家滩类型

凌家滩类型以含山大城墩和凌家滩遗址①所发现的遗存为代表,特别是凌家滩遗址一批新石器时代的墓葬及其丰富的出土物,反映了凌家滩类型的基本特征。

大城墩遗址②位于含山县城西北约15公里,为一长方形台地,面积2万多平方米,遗址高出周围农田约3米。该遗址1979年调查发现后,先后共发掘4次。前三次发掘情况未见报道,第四次发掘面积250平方米,发现了较为丰富的新石器时代至商周时期的文化遗存。整个遗址的堆积共有12层(以T17南壁为例),发掘者把它分为五期,其中第一期的年代相当于大汶口文化中期,属于凌家滩类型的文化遗

---

① 安徽省文物考古研究所:《凌家滩——田野考古发掘报告之一》,文物出版社,2006年;安徽省文物考古研究所:《安徽含山县凌家滩遗址第五次发掘的新发现》,《考古》2008年第3期。
② 安徽省文物考古研究所、含山县文物管理所:《含山大城墩遗址第四次发掘报告》,《考古》1989年第2期。

存。大城墩一期文化的遗迹主要是灰坑,还发现有较大的红烧土块,红烧土整体结构不清楚,可能为房屋遗迹。H9 形状为椭圆形、斜壁、平底、坑壁粗糙,坑内填土坚硬,含少量红烧土堆积,坑内出有残陶器及陶片。陶器以夹砂红陶为主,其次是黑陶,纹饰主要是凸轮纹和弦纹、按窝等。器型有鼎、罐、豆、釜、钵、器耳、纺轮等。生产工具有石斧 1 件,磨制,长方形,平背,两面弧刃,中上部对穿一圆孔,边缘右钻一废孔。

凌家滩遗址位于含山县长岗乡凌家滩村南的一片高岗台地上,周围丘陵起伏,地势北高南低,裕溪河流经遗址的南部。1985 年春,凌家滩村农民在台地上挖出玉器、石器等共 51 件,安徽省文物考古研究所得知情况后即派人进行勘察,初步认为这里是一处新石器时代的墓地。自 1987 年起,安徽省文物考古研究所先后对凌家滩墓地进行 5 次发掘,相继发现了人工垒筑的祭坛和大量新石器时代墓葬等重要遗迹现象,并出土了一大批陶、石、玉器等文物。通过出土遗物及分布区域的分析研究,对讨论凌家滩遗址与周边文化的关系,确认凌家滩文化类型,以及通过对凌家滩墓地、生态环境和玉器制作工艺,探讨巢湖流域文明起源均起着重要作用。

1. 遗迹

祭坛

凌家滩祭坛位于遗址墓地中部偏北,遗址的最高处,东西宽约 30 米,南北长约 40 米,面积约 1200 平方米,现存仅 600 平方米。祭坛土质自上而下可分 3 层,最下层为纯净的黄斑土,中间为灰白色的黏土,夹杂大量小石子,最上层用小鹅卵石、小碎石加黏土搅拌铺设而成。祭坛中心区域堆积较厚,而四周较薄。可以推测,祭坛至少经过了两次修建和一次扩建或修补,第一次所建面积较小,据估计在 200 平方米左右。第二次是在第一次的基础上扩建而成,面积约 800 平方米,为圆角方形,中间与四周高差达 1 米。在第二次所筑祭坛表层,有 3 处长方形祭祀坑和几处积石圈,也均属祭祀之用。此外,在祭坛北部还发现有再次扩建和修补的痕迹,说明该祭坛延续了较长的时间而且使用频繁。在祭坛的东南方,则有一处红烧土痕迹和草木灰遗迹,草木灰堆积很厚,或可为当时举行祭祀的"燔祭"之处。整个祭坛的形制和特征表明它是凌家滩遗址中极为重要的一处举行宗教仪式的场所。

墓葬

凌家滩遗址所发现的遗迹主要为墓葬,墓葬及其遗物是凌家滩遗址发掘的主要收获。凌家滩墓葬区位于凌家滩聚落区北部高岗平台地上,即凌家滩村北部高岗上,高岗地呈北高南低的南北向长方形,南北长约175米、东西宽约80米,面积约14000平方米。墓葬区北部最高,海拔高度为26米,南部较为平坦,海拔高度为20米。

凌家滩遗址的墓葬根据墓壁的区别可分为三种类型。

第一种为竖穴墓。共有42座,墓壁上下基本竖直,底部平坦,墓塘大小略有区别,墓穴深10～30厘米,没有发现葬具和人体骨架。随葬品以玉器为主,其次是石器,陶器较少。根据随葬品排列,小件串饰玉器和玉璜主要在墓穴南端,墓葬头向也应向南。墓葬内随葬品数量多寡悬殊。M2随葬器物较少。M15、M9随葬器物较多。M15开口在第四层下,打破第五、六层和生土。墓塘长250厘米,宽134～142厘米,墓底至墓口深20厘米,墓口至地表深65厘米。随葬器物123件,其中陶器17件,石器16件,玉器90件。M9开口在第二层下,打破第三、四层,墓口距墓地深30厘米,墓塘长220厘米、宽110～120厘米,随葬器物78件。

第二种为长椭圆形土坑墓。只有第一次发掘的M1一座,M1在第二层下,打破第三层。墓口距地表深35厘米,口径1.6～1.98米。墓底呈锅底状,最深处距墓口0.24米。内填枣红色黏土,土质坚硬,似经夯打,内含少量碎石、红烧土颗粒及碎陶片。墓底部铺一层小鹅卵石,厚约2～10厘米。据分析是一座墓葬,但未发现葬具和人骨架。

第三种为四坡墓。只发现M4一座,这种形式的墓口大底小,四壁向内斜收,墓底较平,没有发现葬具。M4开口在第三层下,墓向为北偏10°。墓口距地表深0.85米,口大底小,四壁斜收,墓口长2.75米、宽1.4米,墓底长2.16米、宽0.8米,墓深0.3米。墓坑内填土为红黄色,较硬,略含少量小颗粒砂浆。没有发现夯打痕迹,在墓中部偏北发现1段人骨,长15厘米,可能是死者的上臂尺骨。M4共出土随葬器物131件,以玉、石器为主,放置比较散乱。玉器多集中在墓底中

部,原来可能放置在死者胸前。石质生产工具有的置于墓内中部,有的放两端。小玉饰散放墓内。陶器放置在墓底两端,出土时已成碎片。M4 出土物中玉器 96 件,石器 27 件,陶器 8 件,大多数玉石器经过打磨抛光,没有发现使用痕迹。少数石斧、石锛、石凿等残留有打制的疤痕,个别石斧孔眼处有捆扎的痕迹。

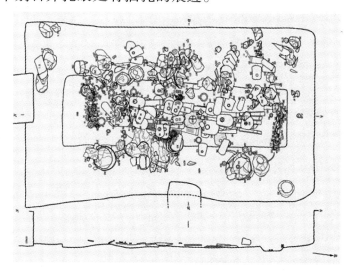

图十三　凌家滩 07M23 器物分布图

2. 遗物

陶器

凌家滩墓地的陶器以生活用具为主,生产工具极少,仅见有陶纺轮随葬。陶器大多以泥质灰陶为主,夹细砂灰陶、泥质黄褐陶次之,还有夹细砂黄褐陶、泥质黑陶、夹砂红陶等。凌家滩墓葬中出土的陶器陶质较差,能复原的相对较少,但丰富多样的器型足以弥补这一缺陷,器类有鼎、豆、壶、尊、豆壶、盘、盆、鬶、钵、罐、杯、鸡形壶、背水壶、纺轮和器盖等。纹饰以素面为主,其次是镂孔和弦纹,制法以轮制为主,少量的模制和手制。陶器火候较低,胎较软,器壁较薄。

凌家滩墓葬出土陶器存在一个有趣的现象,重要的大墓出土陶器非常少,而中等墓葬出现陶器相对多一些。如 07M23 共出土随葬品 330 件,其中玉器 200 件,石器 97 件,陶器 31 件(图十三)。从随葬器物的数量可以看出大墓随葬陶器比例较少，一般中等墓随葬陶器比例相对较高。随葬陶器比例的差异，反映出新石器时期的凌家滩，玉器是身份和财富的象征，只有氏族部落里最高职位的人，利用享受公共权力侵占公共财产或他人的财产，拉开贫富差距，而那些没有享受到氏族和部落内权力的人，随葬的玉器自然少许多，而随葬品中陶器相对增多。

根据墓葬中出土的陶器进行统计，陶豆随葬率最高，其次是罐和壶，依次排下去为鼎、鬶、杯、盆、钵和豆、壶。

44 座墓葬中鼎壶罐组合的墓葬有 8 座，鼎豆壶组合的墓葬有 8 座，鼎豆罐组合的墓葬有 9 座，豆壶罐组合的墓葬有 8 座。不论鼎壶罐还是鼎豆罐、豆壶罐，出现的概率比较平均，反映鼎、豆、壶、罐是随葬陶器最基本的组合。

除鼎、豆、壶、罐组合外，非主流随葬品中的鸡形壶、单耳杯、盘等都具有鲜明的地方特征。随葬的陶鬶、背水壶、镂孔折腹豆，则反映出与周边文化交流的成果。陶鬶的形制与潜山薛家岗文化二期出土的陶鬶基本相似，陶鬶在薛家岗文化中是主流品种，是薛家岗文化具有特色的器型，但在凌家滩遗址出土较少，属非主流品种。背水壶在凌家滩遗址只出土 1 件，其形制与山东大汶口野店出土的背水壶极为相似，表明两地虽相距甚远，但文化交流还是融合到了一起。镂孔折腹豆是凌家滩组合器物的主流品种，它与上海崧泽出土的镂孔折腹豆非常相似，表明凌家滩遗存在 5300 年前通过裕溪河走向长江，跨入江南文化区域，与那里的文化产生融合。

玉器

凌家滩墓地出土玉器数量最多，品种最为丰富，雕琢精湛。器型主要有玉璜、玉环、玉管、玉珠、玉片、玉龟、玉人、玉龙、玉鹰、玉兔、玉虎、玉钺、玉斧、玉版、玉镯、玉冠饰、玉笄，等等。其中于

图十四　玉石猪

2007 年发掘的 M23 墓口出土了 1 件玉石猪（图十四），重达 88 公斤，形态古朴生动，在史前文化中极为罕见。

凌家滩墓地出土玉器有六个重要特征。一是出现了带有宗教性

质的玉礼器,也可称呼为神物①。如玉龙、玉鹰、玉人头像、玉猪、玉龟、玉版(刻有八卦图)、玉签、玉人、玉钺、玉斧等,这些玉礼器是在重大场合,氏族首领或巫师用以祭祀神灵、祖先或进行征战、庆典、祈求、联盟、婚丧、典章活动等时使用的礼仪用器。二是玉璜、玉镯、玉冠饰、玉环、玉管等组合佩件的出现。凌家滩墓葬出土的玉璜器型十分丰富,质地多种多样,代表了凌家滩玉文化的特征,象征着墓主人的身份和地位。玉璜不是单件陪葬,而是成组的出现,且与玉镯、玉环、玉管等饰件成组配套使用。同时它也是代表联姻或结盟的信物,如在 87M9 所出的一件玉璜上,出现了两种不同的动物图腾,意味着这件璜是两个氏族部落实行"联姻"或"结盟"的信物。三是以玉璜为代表礼器反映出礼仪制度的诞生。玉璜在凌家滩墓地里并不是单一孤品出现,而是按照墓主人生前的身份、地位和权力随葬不同的璜,地位和权力越大,随葬璜的数量就越多。重要的高规格的墓葬一般随葬 10 至 30 件不等的玉璜,且墓坑位置显著。而一些墓坑位置远离中轴线和南部第一至第三排的墓葬,墓中仅有一两件玉璜随葬或没有。象征财富和地位的玉璜多寡表明氏族内部的贫富分化差距已经相当明显,氏族内部财富逐步向个人集中,个人利用公共权力不断占有公共财富和私人财产。四是凌家滩墓地各座墓随葬的玉器各有特色,反映了不同家族的历史背景和不同的政治地位,突出体现了社会贫富分化的现象。五是凌家滩琢玉技术的创新和进步,发明了砣工艺技术,并结合阴刻、浅浮雕、圆雕、镂孔、减地法、实心钻、管钻、抛光等技术。六是出现了许多新的玉器品种,如神秘的呈站立或坐姿玉人、玉龟、玉龙、玉鹰、玉虎、玉兔(图十五)。经过先进的琢玉技术把人和动物形象准确完美地表达出来,展示了玉器的艺术价值,体现了人们的宗教思想。带有扉棱齿牙或是弧顶伞状凸形装饰的玉璜,要比山东、湖北等地出土的龙山文化和石家河文化的玉牙璋、玉钺两侧的扉棱早 600 年左右,是我国最早的扉棱装饰玉器。夏商和春秋战国时期玉器扉棱装饰应受到凌家滩玉器扉棱的影响。

---

① 《越绝书》中风胡子云:"夫玉亦神物也。"

图十五　凌家滩遗址出土的玉器

1. 玉人　2. 玉版与玉龟　3. 玉鹰　4. 玉龙　5. 玉龟形器及玉签

石器

凌家滩墓地出土了大批精美的石器,器型有钺、锛、凿、铲、斧、青石板、钻、纺轮、戈、减地花纹残石器等。大多经过精细磨制并通体抛光。石器的制成方法是先经打制成器物的坯型或用切割方法制成石器的雏形,再经琢制磨光等工艺。在出土的石器上,有的留有打制时的疤痕,极少数石器上留有琢制的凹凸的粗糙面。石器刃口一般较为锋利。石器多钻孔,一种两面琢钻,这种孔眼呈上口、下口大,中间细;另一种一面穿孔琢钻,这种孔眼多是呈口大底小。

凌家滩出土石器最多的品种有钺、锛和凿。石钺有多种形式,有舌形、长方形、圆形、半圆形、梯形。形制规整,造型优美,石质坚硬,通体光洁,体形大而厚,刃口锋利。三边两面刃是凌家滩石钺区别于其

他文化最独有的特征。石钺的大量出土也应该是权力的象征。其中以发现于87M4墓口的石钺体型最大,长34厘米、宽23厘米,厚3厘米。石锛的形制也是多种多样,有宽形、长条形、方形,宽形的锛是凌家滩石器工具最具特色的品种。最长的石锛87M6:47长42.6厘米、宽10.8厘米,最宽的石锛87M6:62长36.2厘米、宽16.6厘米。这三件器物均为目前发现同类型器中体积最大的石器,这些体积相对较大,磨制精美,器型较薄的石器,不可能在实际生产过程中运用,若用力过大,就会折断。所以我们认为应该是祭祀用器,它们代表的是一种气势、一种威严和墓主人的权力地位,在庄严祭祀时对神灵的敬重,也可能表明墓主人生前是管理这方面祭祀的官员,拥有这些神器的权力。

凌家滩出土的石器中最有研究价值的是石钻(图十六)。石钻两端的钻头都呈螺丝状,一端粗,一端细。钻头的螺丝纹是和柄一次加工而成,我们在显微镜下观察,发现螺丝纹旋转的曲线非常流畅。这是目前我国发现年代最早的钻头工具,在那遥远的5000年前,凌家滩先人用智慧创造出科学技术的成果,令我们震撼。螺丝纹钻头从凌家滩发明创造以来,螺丝纹钻头没有变,石质的质地经过5000年的发展,现已演变成不同质地的合金。

图十六　石钻

另一最具研究价值的是琢磨减地纹饰的石器残件,这件角砾岩的、琢磨有类似太阳纹的标志性作品是用减地法工艺制作。减地法工艺是制作工艺的创新,也是使用工具的创新,我们认为当时是使用砣琢磨,才能形成减地法纹饰。

3. 凌家滩类型的社会性质及年代

凌家滩遗存出土了一批具有显著地方特色的陶器,陶器制作较特别,典型器物所具有的独特风格是凌家滩遗存的重要特色之一。墓葬内大量玉器的出土也是江淮地区的一种特殊的文化现象,我们把它作为江淮地区一个新的原始文化类型。

凌家滩遗存有人工堆积的砂石层,这些砂石是由4公里外的地方搬运而来,砂石层坚硬,有搅拌夯打的痕迹。墓地建于砂石层上,表明凌家滩墓地是人工堆筑而成,这反映了凌家滩遗址不是一般的村落遗址,而是凌驾于一般村落遗址之上的重要文化聚落中心,墓地出土大批精美的玉器正是与此相适应的。人工堆筑墓地的出现,说明了当时社会生产力发展到了一个新的水平,社会组织结构也必然随之发生新的变化。墓地的主人无疑具有一定的特殊地位,他们能够利用自己的权势,迫使所统治的诸邑落来建造专用的墓地。在他们生前及死后,不但享有大量的玉石装饰品,而且还占有着像长方形玉版、玉龟甲等祭祀、占卜用品。这样的特殊阶层控制了当时社会的经济、军事领域,并指导人们精神领域的活动,表明当时的凌家滩人已处于父系氏族公社后期,社会开始向文明阶段迈进。

凌家滩类型的年代,经中国科学院考古研究所实验室热释光测定,凌家滩墓地下文化层出土的陶罐残片 TK221,M4:106,绝对年代为距今 4500±500 年;陶片 TK222,M4:01,绝对年代为 4600±400 年。上文化层的年代略晚于下文化层,但差别不大。从凌家滩遗址陶器中有少量的小口带把实足鬹看,与薛家岗二期同类器较多相似,年代也应相当。因此,凌家滩类型的年代为距今 5000 年左右。

三、薛家岗文化

1. 薛家岗文化的发现与分布

薛家岗文化是以薛家岗遗址的发现而命名的一种新的考古学文化,其"器物十分丰富,器物形制显示出其自身的特征和典型性,暂称为薛家岗文化"[①]。发现之初,考古学界对薛家岗文化遗存的性质问题颇有争议,但随着近年来安徽江淮地区原始社会考古的新发现和研究工作的深入开展,这类文化遗存作为一个独立的考古学文化,已被大多数学者所接受。经正式发掘的除薛家岗遗址外,类似遗址还有望江

① 安徽省文物工作队:《潜山薛家岗新石器时代遗址》,《考古学报》1982 年第 3 期。

汪洋庙①、宿松黄鳝嘴②、潜山天宁寨③、太湖王家墩④、怀宁黄龙杨家嘴⑤、孙家城等处,累计发掘总面积超过2400平方米,发现墓葬130多座,出土大量各类文化遗物。

2. 薛家岗遗址

薛家岗遗址⑥发现于1978年,遗址位于安徽省潜山县河镇乡永岗村,北距县城约7.5公里,南距王河镇4公里,东距潜水约200米。遗址现为一椭圆形台地,总面积约6万平方米。1979年以来,先后经过6次发掘。

（1）遗迹

房址

目前仅发现3座,位于南部墓葬区附近。其中2座为圆角长方形半地穴式,另一座仅发现红烧土地面,从形态上看也属圆角长方形。3座房址上的废弃堆积中都发现了一面平整,另一面凸凹不平的红烧土块,部分红烧土还带有半圆形木杆类朽痕,推测应有木骨泥墙类的墙壁。房址内地面均遗留少量石器和陶器。3座房址中,F2位于早期墓葬区西南侧,两者年代较接近,另两座与黄沙土层中发现的墓葬年代接近。这些房址面积不大,又靠近墓区,似乎不应是普通的生活居址,或者说墓地内可能不是主要的生活居住区。

墓葬

薛家岗遗址共发现新石器时代墓葬150座,除个别分布零散外,绝大多数分布在发掘的主要区域内,是一个规模较大的墓地,面积约3000平方米。从现已掌握的资料看,墓葬具有明显的分区现象,至少可分为南北两个墓区。其中南区墓葬分布较为集中,面积约500平方米,分布着近40座墓葬。北区较集中,面积约1000平方米,分布着近100座墓葬。两区间距在10~15平方米。两区之间仅分布着不到10

① 安徽省文物考古研究所:《望江汪洋庙新石器时代遗址》,《考古学报》1986年第1期。
② 安徽省文物考古研究所:《宿松黄鳝嘴新石器时代遗址》,《考古学报》1987年第4期。
③ 安徽省文物考古研究所:《安徽潜山县天宁寨新石器时代遗址》,《考古》1987年第11期。
④ 高一龙:《太湖王家墩遗址试掘》,《文物研究》第1辑,黄山书社,1985年。
⑤ 许闻:《怀宁黄龙新石器时代遗址试掘简报》,《文物研究》第2辑,黄山书社,1986年。
⑥ 安徽省文物考古研究所:《潜山薛家岗》,文物出版社,2004年。

座墓葬。

在两个墓区内部还可再分为几个相对独立的墓群,如南区至少可分为2个以上的墓群,两群间距为3~4米,个别相距更近。北区至少可分为4个以上的墓群,每群之间的间距也在3~4米。此外两区之外还存在1个小群。由此可知整个墓地至少可以划分为2个墓区,7个以上的墓群。同时每个墓群中墓葬的排列关系具有较强烈的同一性,即呈现出明显的西北—东西走向,并且每群中还可再划分出2~4排呈西北—东南走向的墓列。

整个墓地的使用是一个相对较为连续的过程,南、北两区的划分主要是时代不同而逐渐形成的,同时也包含了社会群体的归属不同和同一社群不断分化的因素。早期整个墓地偏重于南区和北区南侧,墓葬数量较少;中期开始,两区逐渐并重,重心逐渐向北偏移,墓地范围急剧扩大;晚期北区的北部成为整个墓地的中心,南北两区之间仅有很少量墓葬分布,但十分零散,似乎成为两区之间一道自然的界限。

薛家岗遗址150座墓葬,从已有墓坑形制看,均为长方形浅穴土坑墓,部分略呈长梯形,一端稍宽,另一端稍窄。因骨骼和其他有机物均已腐朽殆尽,故葬具和葬式不知。

墓葬内随葬器物较为丰富。若以单件器物计算,150座墓葬共随葬陶、石、玉、骨器759件。其中陶器483件,占63.6%,器类以鼎、豆、壶、鬶、碗、盆、球、纺轮为主,另有少量簋、罐、杯等。石器144件,占器物总数的19%,器类以多孔石刀、钺、锛为主,另有少量斧、凿、镞、环、砺石等。玉器130件,占总数的17%,器类以管占多数,次为璜、钺、镯、环等。骨器仅2件。从随葬器物看,陶器、石器是基本随葬组合,陶器则是主要随葬品,仅个别墓葬无陶器随葬。各墓随葬品多寡不一,最多达45件,绝大多数墓葬随葬品数量在1~5件。也有无随葬品的。

随葬品的放置位置有一定规律。值得一提的是,多孔石刀和石锛的长轴方向绝大多数是东北—西南向,钺和斧绝大多数为西北—东南向,这些器物在墓葬中常叠压堆放,部分斧、钺还侧立堆放。陶豆豆柄朝向也与石刀相同。此外,陶盆或碗类存在较多的口倒扣现象,陶纺

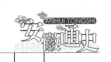
轮常与陶壶同出,且有较多纺轮直立于土中。

墓葬在不同时期随葬品也有所差异。早期绝大多数为陶器,有极少量石器、玉器。各墓随葬品的种类、数量差异都不大。中期开始,玉、石器的种类、数量都开始增加。各墓葬的随葬品种类已有所差异,少数墓葬出现了玉器和具有礼仪性质的多孔石刀等;在数量上,已有少量墓葬出现了较大的差异,达到 10 件以上,个别超出了均值 4 倍以上,开始出现以 M15 为代表的核心墓葬。晚期未发现墓葬。

（2）遗物

薛家岗遗址的堆积厚,文化内涵丰富,基本涵盖了薛家岗文化的大部分时段。整个遗址的新石器时代文化可分六期。下面以陶器、石器、玉器为代表,分期概述一下各器类的文化特征。

一期陶器多见平底器和三足器,圈足器很少。均为手制。有夹砂红陶、泥质灰或黑皮（衣）陶两大类。本期陶器上纹饰很少,以凸棱或凹弦纹最为流行,另有少量刻画、戳印纹。器物组合以鼎、豆、壶、鬶为主,石器有形体较小的长形锛。

二期陶器中三足器、平底较多,但圈足器数量开始增加。均为手制。新出现少量泥质夹蚌末陶。纹饰仍以凸棱或凹弦最为流行,刻画纹也兴盛起来。器物组合以鼎、豆、壶、鬶、碗为主,但豆的数量有所减少,此外还偶见陶球。石器数量有所增加,主要是锛和钺。钺的形态主要为长方形弧刃和中间穿大孔的圆角弧刃,形制简单（图十七 −2）。

三期陶器基本上为手制,个别已出现轮制。新出少量薄胎纯黑陶。纹饰仍以凸棱或凹弦纹最为流行,但各类刻画纹、戳印纹也颇为流行,弧三角形刻画或戳印纹也较有特点,小圆孔形戳印施用较多。器物组合以鼎、豆、壶、鬶、碗为主,而豆成为最主要的器型之一。石器仍主要是锛和钺,其中钺的形态开始向梯形发展,成为以后"风"字形钺的祖形。

四期陶器仍以手制为主,但已有部分器物出现了慢轮修整,个别器物上还发现了快轮形成的拉坯指印。这一时期夹砂红陶的数量减少,仅见于鼎类器物;泥质或夹砂灰陶的数量大增,而泥质黑皮（衣）陶依然保持主要地位。器物组合中陶器以鼎、豆、壶、盆、纺轮为主,壶成为最主要的器型之一（图十七－3），鼎、豆的比重相对减小，长颈喇叭口鬶已发展到了它的尾声。纹饰仍以凹弦、凸棱为主，但镂孔、刻画纹的使用也较为频繁。在器物形态上，部分凿形足已发展成较粗壮、足跟部较隆起的鸭嘴形足，成为本期最具特点的鼎足形态之一。而新兴的上宽下窄、上部两侧向外伸展凸出、足正面饰有各种刻画纹的宽扁足（习称枫叶形足）开始迅速发展起来，成为本期又一最具特点的鼎足形态。

石器的制作在本期获得了长足的发展。选料以青灰色砂质板岩或灰黄色粉砂质板岩为主，也有少量其他材料。石器的打磨、抛光技术较为成熟，而钻孔定位技术则达到了相当高的水准。石器种类丰富多样，有刀、钺、锛、凿、镞等。多孔石刀，是以奇数孔为典型特征，但也有部分两孔、四孔石刀。部分钺已演化出典型的"风"字形，并新出现斜弧刃钺。

玉器的大量出现是本期与三期最明显的区别之一。玉器以闪石类为主，器表基本为素面，少见装饰性的纹饰，因此本期玉器只有形态特点而没有纹饰特点。种类主要有钺、镯、璜、坠饰、管等，以器体较小的坠饰、管占大多数。

五期陶器仍以手制为主，但也有少量轮制。新出现了部分夹砂灰褐陶或红褐陶。器物组合以鼎、豆、壶、盆、纺轮、陶球为主，其中鼎、壶为最主要器类，碗的数量较少，长颈喇叭口鬶已基本不见。鼎、豆、壶、盆、纺轮、陶球在墓葬中常有2件以上同类器一同随葬的现象。纹饰与四期基本相同，新增了少量篮纹、附加堆纹。

在器物形态上，新出现以灰褐或红褐陶为主、腹部饰篮纹或附加堆纹的圆腹鼎，折腹鼎成为这一时期的主要鼎类，其足部演化成较瘦长的鸭嘴形；盆形鼎数量减少。鼎足的一个明显特点是向瘦高方向发展。

石器制作在这一时期达到了高峰，种类仍为刀、钺、锛、凿、镞几大类，以刀、钺最具代表性，在石刀发展的晚期，少数刃部已出现略向外弧凸。新出现一种短锃、近似圆锥形，但头部较钝的镞。

玉器在四期的基础上有了更大发展，出现了少量的镂雕、简化的

兽面纹和齿状纹。种类较多,有钺、镯、环、璜、坠饰、管等,其中一种一端窄、一端宽的弓背形璜很有特色(图十七－1)。

玉、石器中的刀、钺、璜、环和镞也常有2件以上同类器,在同一墓中一同随葬的现象。

图十七　薛家岗遗址出土器物

1. 玉璜　2. 玉钺　3. 壶形器

六期篮纹出现稍多,器类以鼎、豆为主,罐类增多,壶较少,鬶的数量较多,但均为夹砂红陶,颈呈管状、捏流或卷叶流。鼎足多见横装扁平足,足正面常饰数道凹槽,鸭嘴形或凿形足已少见或不见。石器的制作技术似有退化的趋向,主要器类有钺、锛、镞、斧,多孔石刀此期已基本绝迹。玉器制作似乎已趋于消失,在本期已无足轻重了。

图十八　十三孔石刀

众多器物中又以多孔石刀、陶球及玉琮等为代表。石刀在薛家岗文化中发现多件,穿孔数不等,以奇数孔为多,最多达13孔(图十八),孔距均匀,孔径一致,有的尚保留彩绘纹饰,制作精美。陶球也是薛家岗文化的特色器物(图十九),球内有一小泥丸,可以摇响,球体大小不一,上有多条经纬线分割,多处镂空。

图十九　薛家岗遗址出土的陶球

（3）年代

综上所述,薛家岗遗址前五期是前后相续、衔接紧密的文化,而第六期则发生了较大变化,文化面貌颇不相同,可以认为前五期是属于"薛家岗文化",其中一、二、三期为薛家岗文化的早期,四、五期为薛家岗文化的晚期,第六期则已进入龙山文化了。

3. 汪洋庙遗址

汪洋庙遗址位于望江县赛口乡汪洋庙村境内,遗址坐落在村东近三角形的土岗上面,分布范围约 4 万平方米。遗址西北 30 余公里,即为薛家岗新石器时代晚期遗址。该遗址于 1978 年发现,1980—1982年先后 3 次发掘,发掘面积共计 885 平方米。新石器时代的地层堆积分为上、下两个文化层。

汪洋庙遗址下文化层的陶器以夹砂陶为主,泥质陶极少。陶色主要为红褐色,其次有灰色、红色,还有少量黑皮陶。陶器制法为手制,有的器物口沿经慢轮修整。陶器多为素面和磨光,施加的纹饰有凸弦纹、凹弦纹,还有少量划纹、附加堆纹、镂孔等。弦纹见于鼎,划纹和镂孔饰于鼎、甗以及鼎足和圈足上。陶器器型有鼎、壶、釜、豆等,其中以鼎为主,有罐形、壶形、釜形鼎等,多为鸭嘴状足。石器多通体磨光,器型都较小,制作一般较精致,器型主要是狩猎用的镞和生产工具锛、斧等。遗迹主要有灰坑和墓葬。灰坑可分为圆形(或椭圆形)和不规则形两种,前者坑壁较直,圆底,坑较深;不规则形坑皆口大底小,坑较浅。坑内均出土较破碎的陶片。墓葬(两座墓)内人骨已腐朽无存,只有少量的几件陶器,未发现墓坑。

汪洋庙遗址上文化层的陶器多为夹砂陶,泥质陶极少,陶色不纯,以红褐色、灰褐色、褐色占多数,红色、灰色和黑皮陶较少。陶器的制法为手制,部分经慢轮修整。器表多素面,施加的纹饰有弦纹、刻画纹、镂孔及篦点纹等。陶器多为生活用具,器型有鼎、壶、豆、钵、杯等。三足器流行,鼎较多,多为罐形鼎和釜形鼎,鼎足多为刻画纹扁足,壶皆为高领、圈足。还发现有陶质生产工具,如网坠、纺轮等,以及陶塑人面像、牛头等。陶球3件,中空、内有泥丸,摇之有声,饰圆形镂孔和篦点纹。陶埙1件,枣核形,顶部和两侧共有3孔,顶孔和两侧孔相通。石器有大量石镞和小型锛、斧之类,镞多为柳叶形,横剖面菱形,有的锥形铤,皆磨制其精。斧、锛、凿等生产工具磨制较粗糙,锛除扁平长方形外,出现有段锛;石斧有的厚重呈圆柱体,钝刃。还有研磨器、砺石和环、璜等装饰品。

4. 黄鳝嘴遗址

黄鳝嘴遗址位于安徽省宿松县程岭乡,发现于1981年春。1981年冬、1982年春、1984年春经过3次发掘,总面积为370平方米,属于薛家岗文化早期遗址。该遗址文化堆积单纯,文化层很薄,耕土层下即为文化层,并发现墓葬17座。墓葬未见墓坑、葬具,人骨亦腐朽无存,仅见排放整齐的随葬器。器物的放置方向大多数呈东北—西南向,个别为东西—西北向。

随葬器物大多数为陶质生活用具,有少数石斧、石锛和陶纺轮等生产工具。各墓随葬品多寡不等,一般6～7件,最少2件,多者13件,其基本组合为鼎、豆、壶、杯等。3次发掘共出土器物140余件,其中大多数出自墓葬。陶器有夹砂红陶、夹砂黑陶、夹砂灰陶、泥质红陶、泥质灰陶、黑衣陶和少量夹砂、泥质褐陶,其中以夹砂红陶和黑衣陶为多,夹砂黑陶和泥质红陶次之。陶器皆为手制,陶胎均匀,少数器物经慢轮修整,实用器较少,多为器型小巧的明器。除素面外,纹饰有凸弦纹、刻画纹、刻点连线纹、窝纹、锥刺纹、附加堆纹、镂孔、刻画图案和少量彩绘,其中以凹弦纹、刻画纹、刻点连线纹为主;窝纹主要见于鼎足;刻画图案纹饰清晰,多星角装饰,十分规整;彩绘及红陶衣主要饰于钵、豆之类器物的口沿和腹部,彩绘为单一的宽带纹;刻点连线纹,是用工具连续刻成三角形或菱形浅窝,组成各种纹饰或图案。器型有鼎、豆、壶、杯、钵、盆、罐、碗、釜、盂、盅和器盖等,其中扁圆腹或斜腹罐形鼎、高圈足钵形豆、盘形豆、单耳杯、釜形杯和大喇叭圈足碟形豆,是黄鳝嘴遗址颇具代表性的器物。生产工具主要是石器,均为磨制,有斧、锛、镞、石弹丸等,石质坚硬,大多数留有使用痕迹。陶质生产工具有纺轮和圆形实心的陶弹丸。装饰品数量不多,有玉璜及玉饰品,但制作精致,普遍使用切割和钻孔技术,反映当时先进的生产工艺。

5. 王家墩遗址

王家墩遗址位于太湖县小池区中心乡孔河村境内。遗址为一东西向长垅状高地,高出周围农田 1～3 米,总面积约 1 万平方米。1983年发掘面积 75 平方米。发掘者根据遗址的地层堆积和出土器物的排比分析,把属于新石器时代的文化遗存分为三期文化。即以第四层遗物为代表的一期文化,以第四层墓葬为代表的二期文化和以第三层遗物为代表的三期文化。一期文化出土的陶器大多破碎,能复原的器物仅一件陶鼎和两件较完整的空心陶球。陶鼎质地疏松,吸水性强,烧制火候较低,陶衣易剥落。器型为侈口、圆唇、束颈、深腹、圜底,最大腹径在下腹部,鼎足剖面呈椭圆形。陶球一件以圆形镂孔为点刻画弧线三角纹,另一件以圆形镂孔为中心向四周戳印辐射状锥刺纹。出土的鼎足以剖面是扁舌形和月牙形的为特色,其中月牙形鼎足与黄鳝嘴遗址采集的一件完全相同。

二期文化遗存的墓葬没有发现明显的土坑,随葬品的数量一般较少。随葬器物组合为鼎、豆、盆、石锛和豆、盆、杯。器物形制与薛家岗遗址二期文化遗物基本一致。墓葬的年代与薛家岗二期文化相当。

陶器纹饰有少量的弦纹、按窝纹、刻画纹、圆点纹以及组合弧线三角纹。器型有鼎、器盖、豆、凸出陶球、纺轮等以及少量的石器。其尊形鼎、豆圈足上戳印对称弧线三角纹,间饰圈点纹以及枫叶状、鸭嘴形鼎足,都是薛家岗三期文化常见之物,其时代与薛家岗三期文化相当。

6. 天宁寨遗址

天宁寨遗址位于潜山县境内的东南隅,其南 7.5 公里处即为薛家

岗新石器时代遗址。遗址现为一椭圆形台地,高出周围农田 8～10米,总面积约 3 万平方米。该遗址发现于 1978 年,1982 年、1984 年分别进行发掘,两次共揭露面积 264 平方米。根据地层堆积和出土遗物的分析对比,新石器遗存分为上文化层(第三层)和下文化层(第四层)早、晚两期文化堆积。

下文化层(早期)的陶器以泥质黑皮陶为主,其次是夹砂黑陶,还有少量的泥质黑陶和夹砂红陶。陶豆、壶、鬶多为黑皮陶,器表经过打磨。少数器物陶色不纯,黑黄相间,常见于鬶、盆等器物上,陶鼎多为夹砂红陶。陶器制法为手制,有的器物口沿和腹部经慢轮修整。以素面为主,施加的纹饰有凹弦纹、刻画纹、网状纹和戳印圆点纹等。出有彩陶 3 片、彩陶残豆柄 1 件。豆柄上绘红色宽带纹和斜线纹,是器物烧成后再进行彩绘的花纹,出土时纹饰极易剥落。其中有一片彩陶经彩绘后又进行了焙烧,器表光滑。器型有鼎、豆、壶、盆、钵、杯、鬶、纺轮、陶球等。其中具有特征的器物有扁足或凹扁足的鼎,算珠状豆柄的盆形豆,折肩折腹平底壶,喇叭口鬶等。石器数量少,仅有两件小石锛。玉器有玉璜、玉挂饰等。另发现陶响球 1 件,中空,泥质黑陶,内有泥丸,摇之有声。球面是由饰圆形镂孔和篦点纹组成的三角形图案。上文化层发现早期墓葬 6 座。其中单人墓葬 5 座,三人合葬墓 1座,除 1 座(M5)无墓坑外,其余 5 座均发现有墓坑。M9、M10、M11 三座墓发现人骨架五具,骨架腐朽严重,未发现葬具痕迹。随葬品一般较少,6 至 10 件不等。值得注意的是 M9 三人合葬墓,根据骨架大小可以看出,一具为成年人骨架,两具为儿童骨架。墓坑的形状不规则,呈曲尺形。由两长方形坑组成,两具儿童骨架在一个长方形坑内,成人骨架则在另一长方形坑内。三具骨架头向均朝东,中间一具较小的儿童骨架侧身面向成人,另一具为仰身直肢,在下肢骨旁随葬有陶球。成人骨架胸前佩有玉璜和玉挂饰,脚跟部随葬陶纺轮和生活用具。

上文化层(晚期)陶器以泥质灰陶为主,其次是泥质黑陶和夹砂红陶。纹饰主要是波浪纹、弦纹、三角压印纹、交叉压印纹和圆形镂孔、三角形镂孔等。器型主要有鼎、豆、壶、碗、鬶、纺轮、陶球等。其中最具特征性的器物有鸭嘴状鼎足、钵形豆、高颈圈足壶、圆筒状粗颈扁腹鬶等。石器有铲、锛、钺。发现陶响球 1 件,球面无孔,腹空,内有陶丸,摇之有声,球面饰圆弧形箆点纹。上文化层发现墓葬 6 座,其中 1 座有墓坑(M12),骨架腐朽严重。其余 5 座没有发现墓坑和骨架,随葬品数量一般较少,2 至 6 件不等,器型主要有鼎、豆、壶、碗和少量陶球、纺轮、石锛、石铲等。

从出土器物的形制观察,天宁寨早、晚期分别相当于薛家岗遗址第二、第三期。

7. 杨家嘴遗址

杨家嘴遗址位于怀宁县黄龙乡黄龙舍西侧皖水之滨的杨家嘴,西距薛家岗遗址约 1 万米,是一处面积约 1 万平方米的台形遗址。1982 年试掘面积 50.5 平方米,其文化堆积比较单纯,耕土下即为新石器时代文化层。出土陶器以夹砂红陶为主,次为灰黑陶、黑皮陶,纹饰除素面外,有弦纹、划纹、叶脉纹等。主要器型有罐形鼎、盆形鼎、高柄豆、平底钵等,另外还有陶纺轮、网坠、陶球,其中陶球身着"十"字纹针图案,内装泥丸,摇动有声。石器有铲、锛、磨棒、镞等。墓葬 7 座,均有明显的墓坑,均为土坑墓、单人葬。随葬品多寡不一,最多 8 件(M3),有的没有随葬品(M6)。其出土器物与薛家岗遗址三期文化接近。

薛家岗文化遗址,除上述经过发掘的 6 处外,还有怀宁小市、望江麻冲口、太湖余墩、何家凸、宿松一天门、岳西祠堂岗、安庆皖河农场、夫子城、望江戴家墩、狗尾山、七星墩、双墩、枫岭墩、枞阳小柏墩、魏家墩、夜城墩、狮子山等。在湖北黄梅塞墩遗址[1]也曾发现过类似薛家岗文化的陶鬶等遗物。东至县枣林湾遗址采集有长方形扁鼎足,鸭嘴形、凿形鼎足,小石斧、小石锛等,以及江西晋靖安郑家坳墓地[2]所出土的陶器、石器、文化面貌与薛家岗遗址第三期文化因素相近。从以上考古发掘资料看,薛家岗文化分布的地域,向北达江淮分水岭巢湖—将军岭一线,东至枞阳、庐江,南界可能已越过长江到达江西西北部,西至鄂皖交界地带的湖北一侧,其中心地区在江淮南部(一隅)的皖

① 任式楠、陈超:《黄梅县塞墩新石器时代遗址》,《中国考古学年鉴》,文物出版社,1988 年。
② 江西省文物工作队等:《江西靖安郑家坳新石器时代墓葬清理简报》,《东南文化》1989 年 4、5 合期;江西省文物考古研究所等:《靖安郑家坳墓地第二次发掘》,《考古与文物》1994 年第 2 期。

河流域及沿江一带。

可见以薛家岗遗址为代表的这类遗存不仅具有自身鲜明风格的器物群类,而且在一定的地域内发现了众多的具有同一特征的遗存。这些遗址共同代表了薛家岗文化的基本特征。

8. 怀宁孙家城遗址①

该遗址位于怀宁县西北的马庙镇栗岗村孙城和费屋村民组内,地处大沙河冲积平原的南侧,海拔约 28 米。遗址现存面积约 25 万平方米,周边有城垣,大致呈圆角长方形,东、南、西面大体保存完好,东北角、西北角及北面被毁,其外围东西长 600 多米,南北宽 300 多米。残高 1～3 米,底宽 12～20 米,顶宽 5～10 米。在东、西两侧和南侧外围大部分地段有洼地,宽度 70～100 米,深数十厘米至 2 米。于 2007 年和 2008 年先后 2 次发掘,确认新石器时代城址 1 座,始建年代相当于大汶口文化晚期,并发现薛家岗文化早期墓葬 1 座、红烧土坑 1 个、灰坑 2 个和早于薛家岗文化的地层堆积,出土遗物 200 余件,其中可修复陶器数十件以及少量石器、玉器。新石器时代墙体中包含少量相当于龙山时代的陶片,并发现个别明确属于龙山时代本地张四墩类型时期的陶片,但未发现更晚时期的陶片。发掘证实该遗址新石器时代的延续时间从距今约 6000 年的早期文化开始,经历薛家岗文化早、晚期,至张四墩类型时期,而商周时期仍然有先民活动。从发现的早期文化层中出土的大量陶器来看,它的陶器形制和制陶工艺既和薛家岗文化时期的器物有联系,又在一定程度上存在区别。从时间上看,孙家城遗址出现的早期文化,应该是早于薛家岗文化的,将为薛家岗文化探源提供线索。孙家城是目前长江下游地区发现的两个新石器时代城址之一(另一个为浙江杭州良渚城址)。而新石器时代城址都是当时一个区域的中心。该城址地处长江中游与下游交界地带,也是自淮河中游进入鄱阳湖和长江中游的必经之地,在新石器时代晚期是一个重要的多文化交汇之地,它的出现对于探讨本地薛家岗文化之后的文化变迁,以及淮河中游与长江中下游之间原始文化交流的关系,探

---

① 朔知、金晓春:《安徽怀宁孙家城遗址发现新石器时代城址》,《中国文物报》2008 年 2 月 15 日。

索长江中下游地区文明的起源等一系列问题都具有十分重要的意义。

9. 薛家岗文化的社会性质及年代

（1）薛家岗文化的经济形态和社会性质

薛家岗文化遗址一般分布在靠近水源及有一定坡度的台地上，高出周围地表2～10米，这些遗址既便于农耕和渔猎，又能有效地防止洪水侵袭。各遗址的文化层堆积也厚达30～40厘米，反映人们定居生活已经形成而且居住的时间较长。农业生产的进步，提供了充足的食物，这是定居生活方式形成的前提条件。薛家岗文化的生产工具以石锛、石铲、石刀等翻土、收割工具为主，有的遗址还有大量的石镞和网坠，这表明当时的经济生活以定居农业为主，同时兼营采集、渔猎和家畜饲养活动。薛家岗文化的墓葬集中分布在一个地区，排列有序，反映有氏族公共墓地的存在，人们遵循一定的埋葬制度，墓葬方向大体一致，随葬品种类、组合基本相同，表明当时氏族制度的纽带作用十分明显。

薛家岗文化早期，生产工具发现很少，仅见石斧、石锛、石镞等。石斧体形厚重，制作粗糙，外形不规整。陶器皆手制，用泥条盘筑法或用手捏制而成。陶器质地疏松，火候低，吸水性强。陶器种类多，形式单调，主要为炊器的鼎、釜和食器的豆、盂等。当时生产力水平是十分低下的，人们集体劳动，同自然进行顽强的斗争，共同维持氏族群体的生存。

薛家岗文化中期，生产工具的数量有所增加，石铲、石锛、石凿的制作比较规范，磨制精细。陶器除手制外，在一些器物的口沿和腹部出现慢轮修整。随着生产的发展，生活水平有所改善，对生活器皿的用途也提出分门别类的要求。薛家岗二期墓葬内随葬的猪下颌骨，表明当时猪已作为家畜饲养。纺轮比较多的发现，说明纺织手工业已经兴起。在薛家岗二期墓葬中，有7座墓葬随葬陶纺轮，均无石制生产工具共存。根据其他地区原始文化墓葬材料，一般随葬纺轮的墓葬多为女性墓，这反映当时的氏族内部已有男女性别的劳动分工。中期阶段的墓葬随葬品相差不大，一般1～4件，10件以上的占少数。值得注意的是有3座墓特意用猪下颌骨随葬，据民族学资料可知，此类做法

是以猪下颌骨作为一种财富的象征物,以示墓主人生前所拥有的地位。这反映氏族内部已经孕育着贫富分化的萌芽。潜山天宁寨下层发现1座三人两次合葬墓,墓主随葬有纺轮,为成年女性,两小孩属于附葬,其中一较小儿童侧身面向女性,这种现象体现母子间亲密的关系,说明子女归女性所有,子女只知其母,不知其父,处于母系氏族社会阶段。

薛家岗文化晚期,石斧、石铲、石刀、石钺等锄耕农具和石镞、网坠等渔猎工具大量出现,器型规范,通体磨光及穿孔的技术大量应用,石器的制造技术大大提高。陶器的轮修技术普遍,陶器胎质均匀,形制规范,种类复杂,以灰陶为主,烧制陶器的温度可达1000℃左右。

生产工具的改进,必然推动农业生产的发展,促进社会的进步。社会分工更加细致,石器制造业、制陶、纺织等手工业已从农业中分离出来,商品交换和氏族内部的贫富分化开始出现。在薛家岗三期文化墓葬的随葬品数量上出现多寡不均的现象。如随葬2～4件的墓有48座,占60%;5～9件的墓有22座,占27.5%,10件以上的墓仅10座,占12.5%。M40随葬品总数为23件,其中大型多孔石刀、石铲、石钺、石镞等生产工具达15件,不少均无使用痕迹,还有玉铲1件,这些生产工具显然非实用器,而是作为墓主人生前占有财富或权力的象征。薛家岗文化晚期已进入父系氏族社会阶段。

(2)薛家岗文化与周围地区其他文化关系的探讨

薛家岗文化分布在长江以北,大别山以南,巢湖以西,宿松、黄梅以东的广大地区内,它处在黄淮、东南沿海、江汉等三大原始文化系统交互影响的中心,这一特殊的地理环境决定了薛家岗文化与上述三大区域内的原始文化有着密切的关系。

与黄淮地区原始文化的关系:薛家岗文化早期的圆点三角纹与江苏邳县大墩子大汶口文化遗址①的彩陶风格基本相同,同时又具有仰韶文化庙底沟类型的特点。薛家岗文化中期的带盖罐形鼎与刘林墓

---

① 《江苏邳县刘林新石器时代遗址第一次发掘》,《考古学报》1962年第1期;《江苏邳县刘林新石器时代遗址第二次发掘》,《考古学报》1965年第2期。

地①的同类型鼎造型相近。觚形杯是大汶口文化中晚期的典型陶器，在薛家岗遗址中也有发现。带把小碗也与刘林墓地的带把钵风格一致。② 在文化地理位置上，安徽江淮地区东部及沿淮淮北一带与黄淮地区毗邻，文化交流向来十分频繁，在江淮地区的凌家滩遗址及古埂下层多见有薛家岗文化因素，因此，薛家岗文化与北方黄淮地区的原始文化势必会发生直接或间接的相互影响和交往。进入龙山阶段以后，北方龙山文化向南的影响就更加剧烈了。

与江汉地区原始文化的关系：江汉地区与薛家岗文化时代大致相当的原始文化有大溪文化和屈家岭文化。③ 薛家岗文化早期的陶器，如黄鳝嘴遗址的刻画纹十分发达，有锥刺纹、压印纹、篦点纹、戳印纹、弦纹等，在碗、钵的内外壁、口沿和底部，有以篦点纹、锥刺纹、压印纹组成的五角星、八角星、七瓣花、米字纹等图案。这些特点与湖南安乡划城岗大溪文化相近。在器型上，黄鳝嘴遗址的碗、钵、小壶、浅盘豆等，与江汉地区的枝江关庙山、松滋桂花树等大溪文化遗址同类器相近，并与鄂东黄冈螺蛳山遗存④类似。它们之间的关系是比较密切的。大溪文化中就已出现了陶球，至屈家岭文化大量流行，并有一定数量彩绘陶球。薛家岗文化中晚期空心陶球的形制和表面装饰手法与屈家岭文化的陶球雷同，可能是受到江汉地区的影响所致。薛家岗文化中的高圈足壶、高圈足杯、圈足碗等与屈家岭文化中同类器造型相似。它们在文化特征上的差异也十分显著。如薛家岗文化常见的典型器陶簋、折肩折腹平底壶、鸡冠耳陶碗、多孔石刀等器型，在屈家岭未见；屈家岭常见的矮足或高足罐型鼎、小口深腹罐、曲腹盘形豆三足碟等器型，在薛家岗文化中也未曾见到。屈家岭文化晚期遗存中出土了大量的蛋壳彩陶片和彩陶纺轮、蛋壳彩陶杯、彩陶碗等，薛家岗文化遗址

---

① 南京博物院：《江苏邳县刘林新石器时代遗址第二次发掘》，《考古学报》1965 年第 2 期。
② 杨立新：《薛家岗文化浅析》，《文物研究》第六辑，1990 年 10 月。
③ 魏俊：《鄂东北地区新石器时代文化初论》，《江汉考古》1999 年第 1 期。
④ 中国科学院考古研究所湖北发掘队：《湖北黄冈螺蛳山遗址的探掘》，《考古》1962 年第 7 期；湖北省黄冈地区博物馆：《湖北黄冈螺蛳山遗址墓葬》，《考古学报》1987 年第 3 期；黄冈地区博物馆：《1990 年湖北黄冈螺蛳山遗址墓葬清理发掘》，《鄂东考古发现与研究》，湖北科学技术出版社，1999 年 2 月。

中彩陶少见。从陶器的形制和特征来看,两者的区别也十分显著。①薛家岗文化和江汉地区原始文化各有自身特点,但其关系仅是相互交流、相互影响的关系。

与长江下游地区原始文化的关系:薛家岗文化和位于长江下游南岸宁镇地区的南京北阴阳营文化比较,两者之间有一定的相同因素。薛家岗文化和北阴阳营文化时代基本对应。② 二者的陶系文化相同,早期都是以夹砂红陶为主,中晚期以灰黑陶为主,红彩数量逐渐减少;石器中都有有段石锛和多孔石刀;陶器中都以三足器和圈足器为主,以鼎为主要炊器,流行錾、耳装饰,都有三足带把罐和柄部有凸棱的豆等。但从文化的总体特征来看,二者的不同因素超过共同因素,体现了两个不同考古学文化的差异。从器类上看,北阴阳营三足器中有盉,薛家岗三足器中却没有;薛家岗三足器中有带把实足鬶,而北阴阳营三足器中也没有;壶是薛家岗文化主要陶器之一,数量很多,器型多样,北阴阳营下层这类器型很少见;北阴阳营颇具特色的带管状流平底壶,薛家岗文化不见,而薛家岗的高圈足杯、双腹杯也不见于北阴阳营。北阴阳营仅出七孔石刀2件,不具代表性,而薛家岗文化的多孔石刀自三孔至十三孔不等,达数十件之多,有的还在穿孔周围绘有花果形图案,系代表性器物。两地所出的多孔石刀在质地和形制上也有所区别,如北阴阳营遗址的七孔石刀为灰色花岗岩制成,体较厚实,刃部呈弧形,两端宽窄基本相等,近脊部的孔眼排列呈弧线。而薛家岗的多孔石刀基本上由页岩制成,体较宽扁,刃部平直,两端宽窄不等,近脊部的孔眼排列呈直线。薛家岗的玉铲、玉环、玉琮和空心陶球,北阴阳营也没有。北阴阳营下层有一定数量的彩陶,占整个陶器的20%以上,薛家岗陶器彩陶罕见。薛家岗陶器的主要器型,如鼎、豆、壶、鬶、盆、碗等,都和北阴阳营下层的同类器形制有所不同。薛家岗的陶鼎以罐形为主,也有一定数量的釜形和盆形鼎。北阴阳营则多为深腹罐形鼎,鼎足多呈扁凿形,下部外撇。薛家岗的鼎足则不具有这种特

---

① 中国科学院考古研究所编著:《京山屈家岭》,科学出版社,1965年。
② 纪仲庆:《宁镇地区新石器时代文化与相邻地区诸文化的关系》,《中国考古学会第三次年会论文集》,文物出版社,1981年。

征,形式多样,二期多为扁瓦形和宽边形;三期多为鸭嘴形、枫叶形和扁三角形。薛家岗常见的鸡冠耳錾不见于北阴阳营,而北阴阳营常见的牛鼻式器耳也不见于薛家岗文化[①]。

　　薛家岗文化与上海崧泽中层墓葬为代表的崧泽文化,两者的文化面貌也有许多相似之处。如薛家岗文化中期的三角形镂孔豆、盆形鼎、釜形鼎、小口折肩折腹平底壶等器型,波浪纹、绳索纹等刻画纹装饰在崧泽类型中都能见到[②]。薛家岗文化晚期,与良渚文化的联系日益频繁,因此在文化面貌上显示了较多的共同因素。如两地的石质生产工具和玉器的制造都比较发达,陶器都十分盛行圈足器和三足器,共出竹节形把手豆、贯耳壶以及有段石锛和玉琮等。但薛家岗常见的典型器有扁瓦形、鸭嘴形和枫叶形足的鼎,算珠形柄的豆,折肩折腹平底壶,喇叭口实足带把鬶,鸡冠状把手的碗以及多孔石刀等。良渚文化常见的典型器有鱼鳍形、断面丁字形足的鼎,竹节状把手豆,带流宽把杯,贯耳壶,高档细颈袋足鬶,三实足盉,以及磨制精细的大型三角形犁形器、半月形石刀、耘田器和石镰等[③]。从它们各自拥有的自己的一套典型器来进行比较,无疑说明它们分别属于两个不同的文化系统。

　　(3)薛家岗文化的年代

　　目前已有4个碳-14年代测定数据。其中属于晚期文化的年代3个,标本均采自薛家岗遗址第四层。WB80-45距今5110±170年,WB80-46距今5170±125年,WB80-47距今4980±205年(均经树轮校正)。这3个数据相差不大,比较可信,其平均值在5100年左右。中期文化的年代,目前只有1个碳-14测定数据,标本采自汪洋庙遗址下文化层H6。WB82-30距今6030±130年(经树轮校正),这个数据可能偏早。从该期出土的盆形豆、折腹壶、罐、三角形镂孔以及刻

①　高一龙:《关于薛家岗文化几个问题的探讨》,《文物研究》第4辑,1988年10月。
②　杨立新:《安徽江淮地区原始文化初探》,《文物研究》第4辑,1988年10月。
③　高一龙:《关于薛家岗文化几个问题的探讨》,《文物研究》第4辑,1988年10月。

画纹、绳索纹来看,与崧泽中层①某些器物和南京北阴阳营②居住区墓葬(宁镇三期)相似。崧泽类型的年代距今 5180—5860 年,由此推测薛家岗文化中期与崧泽类型的年代应大致相当。薛家岗文化早期遗物的圆点三角纹彩陶风格与庙底沟类型③相似。早期腰沿釜及牛鼻形器耳与江苏草鞋山马家浜文化④晚期的同类器物相似,因此,两者在年代上大体相近。根据以上分析和碳 – 14 测定数据,薛家岗文化的年代的下限当在距今 5000 年左右,上限不会超过距今 6000 年。

四、龙山时代文化

江淮地区龙山时期文化遗存发现较多,遍布江淮各地。这一阶段文化遗存堆积的特点是分布密集,极少为单一的文化堆积,一般在新石器时代堆积的最上层,同时又被夏、商时期的文化遗存所叠压。根据目前考古调查和发掘资料,这类遗存主要有薛家岗遗址第六期,古埂(晚期文化上层),含山大城墩第二期文化,肥东吴大墩⑤以及嘉山泊岗、滁县朱郢山中层、庐江孙墩、枞阳浮山⑥、汤家墩、安庆张四墩⑦、太湖何家凸、宿松野人湾等。

1. 薛家岗遗址第六期

未发现墓葬。出土的遗物不多,主要是陶、石器,玉器仅见 1 件。

陶器有夹砂红陶、泥质灰黄陶或灰胎黑衣陶,除此之外还有少量夹砂褐陶和泥质纯黑陶。陶器制作仍以手制为主,在多件器物上可观察到泥条圈筑或盘筑痕迹,同时还可见部分轮制痕迹。纹饰有凸棱、凹弦、刻画、镂孔、戳印、附加堆纹等,此外还有一些篮纹出现。器类以鼎、豆为主,罐类增多,壶较少,鬶仍有一定数量但已属另一种类型,另

---

① 黄宣佩、张明华:《青浦县崧泽遗址第二次发掘》,《考古学报》1981 年第 1 期。

② 南京博物院:《北阴阳营——新石器时代及商周时期遗址发掘报告》,文物出版社,1993 年。

③ 中国科学院考古研究所:《庙底沟与三里桥》,科学出版社,1959 年;杨亚长:《谈庙底沟类型》,《中原文物》2000 年第 5 期。

④ 南京博物院:《江苏吴县草鞋山遗址》,《文物参考资料》第三辑,文物出版社。

⑤ 张敬国、贾庆元:《肥东县古城吴大墩遗址试掘简报》,《文物研究》第 1 辑,1985 年 12 月。

⑥ 安徽省文物考古研究所:《安徽枞阳、庐江遗址调查》,《江汉考古》1987 年第 4 期。

⑦ 许闻:《安徽安庆市张四墩遗址初步调查》,《文物研究》第 14 辑,2005 年 12 月。

有少量瓮、匜、杯、高柄杯、纺轮、饼、球、垫、盆和装饰用的陶环,以及1件形态特殊的扁壶。鼎器型有罐形、盆形等;鼎足与前期流行的鼎足形态发生了较大变化,多见横装扁平足,足正面常饰数道凹槽,枫叶形鼎足数量不多,且足根两侧向外伸展的幅度大大缩小,鸭嘴形或凿形足已基本不见。鬶的数量较多,但不见前几期常见的泥质或夹细砂灰、黑皮(衣)陶,长颈喇叭口状,而是均为夹砂红陶,胎较薄,颈呈管状,捏流或卷叶流,足为空心,少量颈两侧带翼的鬶也很有特点。

石器的制作技术似有退化的趋向,大多数制作不精,选料方面也稍显随意,石质较杂。数量和种类都较少,主要器类有钺、锛、镞、斧,另有极少的砍砸器、磨棒、刀等,前几期十分流行的多孔石刀此期已基本绝迹。除钺、锛外,其他器类的形态都发生了较大变化,石镞的数量有所增多,除仍有横剖面呈扁菱形的柳叶形镞外,新出现了镞身呈三棱锥状、横剖面呈三角形、短铤呈圆锥形的镞。

玉器制作似乎已趋于消失,在本期已无足轻重了。

本期石器种类的变异、制作技术的退化和玉器的几乎绝迹,昭示着这一时期文化发生了很大的变异。因此,本期可以说是文化的变更期,已进入了龙山时代。

2. 古埂上层

古埂上层遗物主要为陶器和石器。陶器以红陶为主,黑灰陶次之,从3个探方的陶片统计数字看,红陶占总数的53.2%,黑陶占34.6%,灰陶占12.2%。陶质以夹砂陶为主,泥质陶次之。陶器制法为手制,已出现手轮兼制技术,部分器底有轮旋痕迹,器物的口沿经慢轮修整。纹饰以篮纹为多,其次有弦纹、方格纹、绳纹、附加堆纹、画纹等。器型有鼎、豆、碗、鬶、盘、杯、罐、缸等。鼎为扁侧足和扁三角形足的罐形鼎;豆柄上端有五道凸弦纹,下饰等距离3行圆镂孔,每行4个,间饰椭圆形镂孔;鬶折沿,喇叭口,上短流,细长颈,扁带状把手,肩饰两对称的小鼻,三袋足;杯高柄,为蛋壳黑陶;缸平沿,束颈,深腹,平底,颈下饰斜篮纹,腹中部饰平堆纹一周。鼎足有扁三角凿形足、扁侧形足、半圆锥形足、扁长方形足等4种。其他可辨器型还有甑、盘、器盖、环形器耳、鸡冠耳以及麻花状把手等。

生产工具有石质和陶质两种。石质生产工具有刀、镞、锛、铲及砺石等。皆磨制精细,刃部锋利。石刀为长柱形,单面刃;石镞为菱形,通体磨光。陶质生产工具有实心陶弹丸,有的球面饰交错指甲纹;陶纺轮为圆饼形,有的一面有 4 个对称的戳画纹。

3. 大城墩二期文化

含山仙踪大城墩二期文化陶器以夹砂灰陶为主,其次是红陶和黑陶。陶器火候较高,质较硬,胎较薄。黑陶一般胎薄发亮近似蛋壳陶。纹饰主要是篮纹,其次是斜方格纹。器型以平底器为主,有的器底饰以花边。出现羊角形鋬手。主要器型有鼎、碗、杯、尊、豆、罐、盆、瓮等。鼎的口部多以平折沿为主,足为侧扁三角形,有的饰按窝。个别器物口部出现叠唇。生产工具主要有石锛、石刀、陶纺轮、骨镞等。石器皆磨制精细,石刀形似长筒靴,直柄两面刃,富有特色。另外还发现 1 件略呈三角形的青铜刀,突出地表现了该文化所达到的生产力水平。

江淮地区龙山时期文化遗存内涵丰富,在文化面貌上发生了质的变化。陶色以灰黑陶为主,黑陶数量突增,特别是新出现的薄胎黑陶具有时代特色,彩陶消失。陶质有泥质陶和夹砂陶两种,烧制火候较高。在制陶技术及工艺上,较过去有明显的变化,轮制普遍。装饰花纹主要是篮纹、方格纹,其次是细绳纹。器类以三足器、圈足器最多。最具代表性的器物有篮纹罐形鼎、盆形豆、平底碗、高柄杯以及宽带形把手三足鬶等。从陶系及主要器型的发展演变看,江淮龙山时期文化遗存的文化面貌与薛家岗文化晚期比较接近。灰黑陶的比例继续增大,轮修技术普遍并出现了轮制陶器技术。一些器型,如薛家岗遗址第四期的篮纹罐形鼎、篮纹釜形鼎,除了口沿足部等局部略有变化外,基本上承袭了三期陶鼎的风格。这种鼎在肥西古埂、枞阳浮山等江淮同时期龙山文化遗存中多有发现。因此,初步认为江淮地区龙山时期文化是在薛家岗文化及同时期原始文化的基础上发展起来的。长颈红陶三足鬶等器物是长江下游地区良渚文化中常见的器物;两侧各刻画许多条竖画纹的扁侧形鼎足,与江苏吴县张陵山上层出土的遗物相似。[①] 此外,此时期文化遗存中的贯耳壶、玉琮以及流行黑皮陶的作风,都与良渚文化有一定的相似之处。在江淮北部沿淮一带的遗址中,受龙山文化的影响较强烈。如怀远禹墟、嘉山泊岗、滁县朱郢山等处,都发现山东龙山文化的典型器——鬼脸式鼎足和磨光蛋壳黑陶杯。陶器中流行灰黑陶、篮纹、方格纹、绳纹以及各类蚌器等,都与北方龙山文化系统的影响有关。综上所述,江淮地区龙山时期文化应是在承袭前期原始文化的基础上融合了龙山文化、良渚文化的部分文化因素而发展起来的具有地方特色的考古学文化。

第四节　皖南地区的新石器时代文化

一、青弋江流域

根据皖南地区原始文化的分布情况,大体上可以黄山为界,分为南北两片。青弋江流域主要指黄山以北地区,主要包括今水阳江、青弋江、漳河、青通河等长江水系流经的沿江冲积平原和低山丘陵地区,即今宣城、芜湖、马鞍山、铜陵等地市,通称芜铜区。据目前所掌握的材料看,这块地区大体分布着4类原始文化遗存。

第一类文化遗存以繁昌缪墩遗址为代表,目前这一地区仅发现此1处。[②] 缪墩遗址位于繁昌县城东峨山乡缪墩自然村旁的峨溪河床中。1988 年12 月底,当地群众挑河堤时,发现有成片的木桩遗迹,以及动物骨骸、陶片和石器等,经省考古所和县文管所现场调查,确认是一处新石器时代早期遗存。从采集的陶片标本看,陶器厚重,一般胎厚 0.8～1 厘米,内有微气孔,绝大部分陶片的羼和料含有蚌壳末和

---

① 南京博物院:《江苏吴县张陵山遗址发掘简报》,《文物资料丛刊》第六集。
② 徐繁:《繁昌县缪墩遗址调查简报》,《文物研究》第 7 辑,1991 年 12 月。

炭,亦有少量的细泥陶。陶色有褐色或灰褐色,有的内黑外红。泥质陶很少,仅见红褐色,表面磨光。陶器器型以平底器、圜底器为主,亦有少量的圈足器,未见三足器。器型种类比较简单,有腰沿釜、罐、敛口罐、釜、壶等。釜的形式较多,有鸡冠耳鋬釜、扁条鋬釜、双耳釜、腰沿釜等。陶器纹饰以素面为主,在部分器腹的凸棱处有少量的刻画纹。此外,部分泥质陶的器表有用戳印、篦点、贝纹等纹样压印的精美图案。石器有斧、锛、尖状器等,器型偏小,表面磨光,刃部锋利。锛较多,背面皆作凸弧形。此外,遗址内出土有大量的动物骨骼,种属有牛、鹿、虎、猪等。缪墩遗址地处峨溪河冲积地带,已发现的木桩有砍削痕迹,应考虑和杆栏式建筑有关。缪墩遗存大约属于一支湖滨类型的原始文化。

这一类文化遗存的陶器,厚胎质粗,器型简单,以罐、釜为基本器类,尚未见鼎类器皿,显得十分原始;石器以斧、锛为主,形体较小,磨制精细。上述特点与河姆渡第三、四层文化遗存相近似①。缪墩文化遗存中的某些器类特征与马家浜下层风格也比较相近。如扁环耳罐的器耳安置在口沿和肩部,腰沿釜的腰沿宽扁,略靠上腹部。上述因素都反映了缪墩文化遗存具有早期新石器文化的特点。此外,类似缪墩文化遗存的压印纹、戳印纹图案手法,在长江中游的湖南安乡汤家岗大溪文化早期遗存②,以及宿松黄鳝嘴遗存③中都有发现。从压印纹的图案手法看,缪墩文化遗存较后者显得原始,而且后两处遗存均有鼎类器皿和彩陶共存。上述两处遗存的时代距今6000年或略早。缪墩文化遗存的年代显然要早一些。从河姆渡三、四层和马家浜下层的年代看,距今近7000年,缪墩文化遗存的年代大体与之相当。

第二类文化遗存以芜湖蒋公山④、莲塘等遗址为代表,在宣城孙埠遗址⑤也有该类遗存。其文化遗存特征:陶器以夹砂红陶和灰陶为主,

---

① 浙江省博物馆:《河姆渡遗址第一期发掘报告》,《考古学报》1978年第1期。

② 湖南省博物馆:《湖南安乡汤家岗新石器时代遗址》,《考古》1982年第4期。

③ 安徽省文物考古研究所:《宿松黄鳝嘴新石器时代遗址》,《考古学报》1987年第4期。

④ 殷涤非:《芜湖蒋公山遗址调查小记》,《考古》1959年第9期。

⑤ 余宜洁:《孙埠遗址》,《宣州文物》第4期。

有部分泥质红黄陶和夹砂黑胎陶。素面为主,部分泥质陶有红衣。器型有平底碗、圜底钵及牛鼻式器耳,扁凹面鼎足等。石器有铲、斧、锛、凿和三孔石刀等,皆磨制。铲作舌形刃,对钻孔。锛的背面大多为凸弧形,曲背,未出现明显的棱脊。石刀,一端宽,一端窄,刃宽于背,略呈风形,对钻孔。芜湖蒋公山为临江山地,莲塘和孙埠遗址坐落在河流湖泊冲积平原,推测此类遗存在黄山以北地区的山坡及平原地带均有分布。第二类文化遗存中的红衣陶碗、钵、牛鼻形器耳、三孔石刀和舌形石铲,与南京北阴阳营第四层墓葬出土的同类器型相类似,年代与之相同,距今 6000 余年。

第三类文化遗存见于繁昌荻港洞山遗址[①]。该遗址位于洞山南坡。文化特征:陶器以夹砂红陶为主,也有较多的泥质红陶和灰陶。器表多为素面,少数器表饰按窝堆纹和凸弦纹。器型有鼎、镂孔豆、腰沿釜、敛口折腹豆等。鼎足有方柱形、鸭嘴形、扁凿形等,有的鼎足正面有数个按窝等。其他有扁把手等类器物附件。石器有单孔石刀、长条形锛、凿等,器型规整。锛的背面多为弧凸形,曲背。石铲的钻孔为管钻孔。此类遗存大约在水阳江、漳河、青弋江流域地区均有分布。第三类文化遗存中的鼎足及石铲等与上海崧泽类型[②]的同类器相近,其中凸棱形豆柄、敛口豆盘等在上海崧泽、潜山薛家岗第二期文化中均能见到。该类遗存的时代大体与上海崧泽和薛家岗二期文化相当,距今 5000—5800 年。

第四类文化遗存在马鞍山七亩田、烟墩山[③]、船墩[④],郎溪乌龟凸[⑤]、鸥墩[⑥]、磨盘山,繁昌洞山、中滩,宣城孙埠,广德粮长、周家,泾县四古墩、丁家塌、瑶庄[⑦]等遗址内均有发现,遍及芜铜区。文化特征:陶

① 陈衍麟:《繁昌先秦文化浅识》,《宣州文物》第 6 期,1988 年。

② 黄宣佩、张明华:《青浦县崧泽遗址第二次发掘》,《考古学报》1980 年第 1 期。

③ 叶润清:《安徽马鞍山烟墩山遗址发现新石器至西周文化遗存》,《中国文物报》2004 年 6 月 11 日。

④ 吴志兴、解有信:《马鞍山市郊古文化遗址调查》,《宣州文物》第 6 期,1988 年。

⑤ 宋永祥:《乌龟凸遗址》,《宣州文物》第 1 期。

⑥ 房迎三、郑振、刘政:《广德打制石器地点调查简报》,《宣州文物》第 7 期,1989 年。

⑦ 泾县文化局编:《泾县文物志》。

器以红陶和灰黑陶为主。常见器型有鼎、竹节柄豆、罐、盆、红陶鼎等。鼎足式样较多,常见有扁三角形、侧面有数道划纹或戳窝的鼎足以及鱼鳍形、丁字形、锥形鼎足等。石器较多,有斧,有段锛,有肩锛、凿、钺、镞、三角形耘田器等。锛的形式较多,变化较大,出现段和双肩。石刀为半月形,有单孔或双孔,在繁昌中滩还见有长方形石刀。总体上看,此类遗存的部分石器制作粗糙,磨制不清,且留有较多的打击疤痕,具有草率的倾向。第四类文化遗存与新安江区文化遗存有一定的共性,如流行竹节形豆柄、扁三角形侧面有刻画纹的鼎足、半月形石刀等,两者时代大体处于同一发展阶段。这类遗存中的陶器及三角形耘田器和有肩石器等,在江浙一带良渚文化的遗址中较多见。由此分析,这两类遗存的时代约相当于良渚阶段,距今 4000—5000 年。

关于芜铜区四类原始文化遗存之间的关系,由于没有经过正式发掘,并且可供比较的遗物也太少,遗存之间缺环较大,其内在的承袭演变规律还难以细作分析。不过从这四类文化遗存的面貌和时代看,大体属于同一文化系统。粗略地勾画芜铜区诸类原始文化遗存的发展序列,即为一类→二类→三类→四类。

综观北部芜铜区原始文化面貌,总体上与宁镇地区原始文化关系相近。有人曾把宁镇地区原始文化视作一个文化类型,分为三期,即北阴阳营期,昝庙Ⅰ、Ⅱ期[1],芜铜区第二、三、四类文化遗存的时代大体与这三期相当,两者有较多的共同之处。如芜湖蒋公山遗存的三孔石刀、舌形铲和碗、钵类器型与北阴阳营期同类器基本一致。泾县瑶庄遗址出土的双肩石铲、玉璧和宽体扁条形有段石锛,与昝庙墓葬(昝庙Ⅱ期)的同类器基本相同。此外,芜铜区流行的半月形石刀在宁镇地区的同期遗址中也常见。芜铜区与宁镇区在地域上交错分布,同属南方古陆的北缘地带,有沿江冲积平原、湖泊和低山丘陵地带,地理地貌基本相同。在方言上,宁镇与芜铜区均有别于吴越方言,而接近江淮方言。上述诸因素表明,这两块地区的原始文化在史前阶段并无明显的界限,大体属于同一文化系统。关于这两块地区的文化一致性,

---

① 魏正瑾:《宁镇地区新石器时代文化的特点和分期》,《考古》1983 年第 9 期。

在进入历史时期后的商周考古资料中仍然存在。在商周时期宁镇区主要是湖熟文化的分布范围。从目前芜铜区已发现的商周遗存看,多具有湖熟文化的特征。如湖熟文化中常见的鼎、鬲形制,在芜铜区同期遗址中十分流行。此外西周时期兴起的颇具地方特征的土墩墓葬俗,在这两块地区均有广泛分布。而上述诸因素在一江之隔的江淮地区则罕见,这反映了这两块地区的文化,自新石器时代起就有较多的一致性,并一直延续到商周时期依然存在。透过时空的观察,我们认为宁镇、芜铜两区的原始文化共性大于差异,并具有一定的沿袭性,这种文化传统直到商周时期仍作为一个相对独立的文化系统而存在。鉴于此,可将这两块地区原始文化作为同一文化系统来考虑,如以区域划分,可暂称之为宁铜区原始文化系统。这个文化系统的分布,大体东抵今苏南茅山至皖南天目山一线,西至长江,南达黄山、九华山一线,基本包括了太湖区至江淮地区一条狭长的中间过渡地带。

宁铜区原始文化作为一个独立发展的文化系统,对于它的早期文化来源的探索十分重要。过去关于这个区域内原始文化的来源一直是个谜团。有人曾推测"以南京北阴阳营下层墓葬为代表的遗存,位于江淮之间,可能另有来源"①。最近,繁昌缪墩文化遗存的发现,对探讨这一地区原始文化的早期来源提供了重要线索。缪墩文化遗存与太湖区的马家浜文化和宁绍区的河姆渡文化的年代相近,在文化面貌上既有共同之处,又具有自己的地方特点。此外,它与安徽江淮地区中部的定远侯家寨下层文化面貌也有着明显的区别。缪墩文化遗存的发现不仅把这个地区原始文化的年代提早了近千年,而且对综合观察这一地区原始文化面貌,从整体上确定这一地区原始文化的发展框架具有重要的意义,由此看来,缪墩文化遗存可作为宁铜区的主要文化来源。1988 年南京博物院在句容县丁沙地发现的一类文化遗存,其出土遗物有腰沿釜、盆、钵、罐及陶支座等,陶器上流行腰沿和鸡冠

---

① 安志敏:《中国新石器时代论集》,文物出版社,第12页。

耳鋬装饰,一些器型特征与缪墩文化遗存相近①。该遗址还出有彩绘,为缪墩文化遗存所不见。丁沙地遗址位于宁铜区北部,与南部的缪墩文化遗存遥遥相望,文化面貌比较接近,这两处遗存大体代表了宁铜区一个较早的原始文化类型。

二、新安江流域

新安江流域指黄山以南地区,简称新安江区。目前这个地区发现的遗址有屯溪下林塘②、歙县新州③、桐子山、下冯塘④等4处,遗址多分布在山间盆谷地区地势较高的阶地或坡麓地带。从文化面貌看,这4处遗址基本为同一类型的文化遗存。

下林塘遗址位于安徽黄山市屯溪区奕棋乡奕棋村下林塘自然村北。遗址处于一个小高坡上,南临新安江,因历年耕种、取土等活动而受到严重破坏,保存面积不足百平方米。1975年试掘36平方米,其中最下面的第4层为新石器时代文化层。

出土的遗物有陶、石器两类。陶器以夹粗砂红陶为主,占陶片总数的83%,其次为夹粗砂灰陶,约占17%,陶片中均羼有颗粒不匀而又较大的白色砂粒和云母末,一般陶胎较厚,质地疏松,吸水性强,火候不高,手制。器表多数为素面,有少量的水波纹、弦纹、刻画纹。器型主要有鼎足、豆盘、鬶足、罐口沿、碗口沿、缸口沿、器耳、纺轮。鼎足一般为侧装扁平足,以鱼鳍形足为多,两侧面均饰刻画纹,足背上常饰按窝;鬶足为夹细砂红陶,呈圆锥状;豆盘外缘一圈折棱,底较平。石器有斧、钺、锛、凿、镞、砺石,其中镞约占石器总数的44%,锛约占40%。石锛分有段和无段两种,石镞形式多样,主要有短铤和柳叶形。

新州遗址位于安徽歙县城关北约1公里处。遗址分布在一处低矮平坦的小山冈上,山冈总面积约15万平方米。遗址高出周围平地

---

① 南京博物院:《江苏省句容县丁沙地遗址试掘钻探简报》,《东南文化》1990年1、2合期。
② 杨德标:《屯溪下林塘遗址试掘简报》,《文物研究》第1辑。
③ 邵国榔:《歙县新州发现新石器时代遗址》,《文物报》1987年4月17日。
④ 歙县文化局编:《歙县文物志》;宫希成、程平:《歙县下冯塘遗址发掘简报》,《文物研究》第11辑,1998年10月。

三四米,包括新石器时代、商周、汉代和唐宋各个时期的遗存,其中新石器时代遗存的面积不大,估计只有一两万平方米。1986 年安徽省文物考古研究所曾试掘,材料未发表,1994 年抢救性发掘 100 平方米。从第二次发掘的材料看,遗址的文化层厚约 2.5 米,第 2、3 层分别为唐宋和商代遗存,第 4、5 层为新石器时代遗存。

第二次发掘的新石器时代遗物有陶器、石器和极少数小玉器。陶器以夹砂红陶为主,另有泥质红陶和磨光黑陶。大多数陶片为素面,纹饰有刻画纹、绳纹、凹弦纹、按窝等。主要器类有鼎、豆、鬶、罐、杯、研磨器、网坠等,还有少量形制特异的器类。鼎为折腹罐形,鼎足形态较多,有凿形、铲形、鱼鳍形等,足侧面或正面常饰叶脉形、"×"形、"∧"形等各种刻画纹;鬶为圆锥状空心足,有长颈捏流和短颈捏流两种。石器数量很多,约有 500 件,大多数经过打磨,少量未经磨制,可能为半成品或残次品,器类主要有斧、锛、镞、刀、网坠和半月形刀、锄等,其中镞、网坠、刀、锛的数量较多。

下冯塘遗址位于歙县富堨镇下冯塘村,遗址分布在富资水东岸的一处平缓岗地上,相对高度约 3 米,现存面积约 5000 平方米。1994 年发掘 130 平方米,文化堆积厚约 1 米,可分 3 层,第 2 层为周代堆积,第 3 层为新石器时代堆积。

新石器时代的遗物有陶器和石器两大类。陶器的质地疏松,火候不高,夹砂红陶约占陶片总数的 85%,另有少量夹砂灰黑陶、泥质灰黑陶、泥质红陶。以素面为主,纹饰则以篮纹为主,还有少量绳纹、凸棱、附加堆纹和极少量的方格纹。器类有罐、豆、钵、瓮、研磨器、器盖、平底器等,而三足器极少,仅发现鼎足 1 件。罐的数量最多,多数沿面内凹,器身饰篮纹;豆有矮柄和高柄两种,高柄类似竹节状,柄上起凸棱;1 件鼎足为侧装扁平三角形。石器多数经过磨制,但也有部分石器打制后不加磨制而直接使用。石器制作显得粗糙,除器体较小的镞等器类磨制较精外,有部分刀、斧等器类未经磨制或仅在刃部略加打磨后即直接使用。石器的种类有镞、锛、刀、铲、斧、棒(杵?)、球、有孔器等,其中石镞约占石器总数的 25%,带铤者较多;石锛均为有段锛;石刀大体呈半圆形,有些未打磨,也有呈长条形的。

1. 文化特征

陶器以夹砂红陶为主,也有部分夹砂褐陶、泥质灰陶等。陶器以素面为主,纹饰有刻画纹、篮纹、堆纹、弦纹等。器型种类有鼎、豆、釜、钵、罐、镞等。有一种罐形鼎较为特殊,侈沿,内颈凸突可承盖,颈部以下多饰粗而深的竖篮纹。鼎足有扁铲形、鸭嘴形、扁三角形、扁条形等。足的正面或侧面有戳窝、叶脉、按窝、划槽等装饰。其中近舌状的侧扁三角形鼎足较为特殊,正面有一排按窝,侧面有近似粗篮纹的刻画纹,形似鱼鳍,但于良渚文化的鱼鳍形鼎足又有一定的区别,应为罐形鼎的足。竹节形豆柄与芜铜区第四类遗存的豆相同。在屯溪下林塘发现2件陶纺轮,为圆台形,上小底大。石器有斧、铲、锛、刀、凿、网坠、镞等。锛背面平,刃部棱角明显,并有部分有段锛。石刀为半月形,有一至三孔不等。镞有三角形、柳叶形两种,有的出现短铤。此类遗存的石器普遍制作粗糙,器身残留较多的打击疤痕,有的石器磨制很不明显,器身布满疤痕,类似打制石器,具有粗犷型特点。

2. 年代与文化性质

新安江区文化遗存与芜铜区第四类文化遗存的时代相近,约相当于良渚阶段,距今4000—5000年。且新安江的原始文化遗存似存在着早晚区别,如篮纹罐形鼎或鱼鳍式侧面带有深沟槽的鼎足具有偏晚的作风,约与江淮地区龙山阶段晚期文化的年代相当。

关于新安江地区原始文化性质,目前该地区发现的遗址较少,面积相对较小,文化层较薄,缺乏几万平方米以上、堆积厚的较大型遗址,文化面貌也比较单一。陶器制作水平不高,火候较低,器类简单。但是,石器工业却相当发达,石器数量、种类都较多。这些石器大多从邻近的河流中就地取材,就地制作,个别遗址发现有石器原料、半成品或残次品,因而其就地加工之场所应该就是石器的作坊。在石器种类中,石镞、网坠的数量最多,加之发现了刮削器、尖状器,而农业工具却很少见,这也从一个侧面反映出了当时的经济形态应是以狩猎和渔猎为主。从总体面貌上看似与芜铜区有别,具有地方特点,如该区的鱼鳍形鼎足、半月形石刀、柳叶形石镞与良渚文化有相似之处。但罐形鼎上饰篮纹的现象又为良渚文化所不见,而与江淮地区同期罐形鼎形制风格相似。由此看来,这一地区原始文化面貌比较复杂。新安江区与赣东北、浙西南交界,属于越系方言,推测这一地区的原始文化大体属于受良渚文化影响较深,具有地方特色的一支原始文化类型。关于它的早期来源,还有待于进一步的探索。

三、长江南岸诸小流域

长江水系的文化较为复杂,它包括了平原和山区两种遗址类型,其中顺长江水系伸入皖南山区的东、北边缘或腹地的几处遗址,属山区类型,它们与各自相近的本水系其他平原岗地类型的遗址面貌相似,但由于地理环境都比较接近,更与整个山区类型(包括新安江水系)的遗址具有一些共同的特征,其中蒋家山①、中平两遗址位于山区腹地,沟汀②、周家村③两遗址位于山区的边缘,它们的年代和文化面貌都相近。目前所发现的长江水系的山区类型遗址大多数都集中在距今 5000 年到 4500 年,其他时期的遗址极少发现。

蒋家山、龙王井遗址位于黄山区,地处黄山北麓、青弋江上游。其文化特征:陶器有夹砂、泥质两种。纹饰有刻画纹、方格纹、弦纹并有少量的红衣。器型以鼎为主,罐、豆较多见。鼎足有鸭嘴形、扁形、扁三角形等。石器有斧、铲、凿、镞、刀、网坠、锛、砺石等。其总的文化特征与芜铜区第四类文化遗存面貌相近,似可归为芜铜区文化系统。但这两处遗址内曾出土过双肩石刀,比较特殊,在皖南同期遗址中罕见。双肩石刀又称马案形刀,在江西修水山背文化遗存中较多见,双肩石刀的发现可能受到长江中游原始文化的影响。

中平遗址位于青阳县西南杜村乡中平村黄龙自然村。遗址坐落在三面临山的低山丘陵的山坡上,面积约 2 万平方米,九华河的上游八都河从遗址西侧流过,并向西北方向曲折约 40 公里注入长江。采集的遗物有陶片和石器等。

陶片大多数为夹砂红陶或红褐陶,而夹砂灰陶和泥质陶较少,红

---

① 安徽省黄山市黄山区文化局:《安徽黄山市蒋家山新石器时代遗址调查》,《考古》1995 年第 2 期。
② 黄宁生:《皖南沟汀遗址文化遗物分析及相关问题讨论》,《考古与文物》1999 年第 6 期。
③ 朔知:《沟汀遗址的年代及皖南山区新石器遗址的几个问题》,《考古与文物》2002 年第 5 期。

褐陶的火候不高。纹饰有凸棱、条状戳印纹（篦纹）、按窝、刻画等。器类有鼎、鼎足、盘、纺轮。鼎足有横装扁平足、铲形足、鱼鳍形足、T字形足。石器数量较多，除少数器表留有打制痕迹外，其他均磨制较精。器类有斧、锛、刀、镞、镰、网坠等。其中1件石刀为略呈马鞍形，通体磨光，单面平刃，两侧有短斜柄。

中平遗址的横装扁平鼎足横剖面外面较平，内面弧凸，铲形足的下部较宽，另有部分鱼鳍形足，其特征都与蒋家山遗址比较相似；而在器表饰条状戳印纹（篦纹）则在蒋家山遗址中是最突出的一个特征；此外，遗址上出土的两侧短斜柄的石刀也见于蒋家山遗址，虽然具体形态上有所区别，但总体上都接近于马鞍形，这类石刀与后来在南方流行的马鞍形石刀有一定的渊源关系。从这些方面看，中平遗址虽然与蒋家山遗址分属于不同的小流域，但两者各自的小水系都可抵达九华山脚，最近的距离不过10余公里，文化面貌相似又有所区别是很自然的。

沟汀遗址位于石台县矶滩镇沟汀行政村西南，秋浦河中游东岸的阶地前缘地带，三面环山，一面近水，面积约2万平方米。秋浦河由遗址西侧经过，向北约50公里注入长江。从暴露的剖面可知文化层厚约2米多，其下即为棕黄色黏土（生土）。采集的遗物有陶器和石器两类。

据报道，在采集的80余件遗物中，陶器数量极少，仅发现2件夹砂红陶鼎足和1块碎陶片。石器数量巨大，其打制的刮削器、砍砸器和尖状器占总数的一半以上；磨制的石锛、凿、斧、铲、网坠等占总数约四分之一；此外还有大量未加工完成的石器半成品和制作石器的原料。在我们后来复查时采集的材料中，石器的数量也较多，以小网坠最多，另外还采集到1件利用原始的卵石略加改造而成的磨盘和1件磨棒，陶器则基本上为夹砂红陶，采集到较多的陶鼎足，以侧装三角形、横装扁平刻凹槽足为主，也有部分罐底等器型。沟汀遗址的年代据有限的材料判断，应与新州类型或薛家岗文化晚期相近。

周家村遗址位于宁国县东岸乡东岸行政村周家自然村，西津河西岸阶地上，原有面积1万多平方米。遗址位于皖南山区东北部边缘，处于群山环抱的小盆地之中,西津河从遗址东侧流过,向东北约30公里与东津河汇合后成为水阳江的上游,并由此再向北约150公里注入长江。遗址的文化层较为单一,耕土层下即为新石器时代遗存,堆积厚仅0.3~0.4米。1999年进行了小规模的发掘,出土了大批石器和少量陶器。

陶器以夹砂红陶占绝大多数,陶质疏松,绝大多数为素面,纹饰仅有刻画纹等少数几种,器型有鼎、罐等。石器以石镞、网坠最多,另外还有打制的石镰、磨制的石锛等,并发现大量利用河卵石打制的石器半成品和石器原料,这些原料和半成品还与部分成品石器放置在同一地方。由于陶器材料不丰富,我们难以了解它的准确年代,但出土的弯弧形鱼鳍足与屯溪下林塘、歙县新州遗址所出相同,其年代也不会相差太大。

此外,值得注意的是,位于皖南西部的东至香隅镇枣林湾遗址,面积达1万余平方米,曾采集到的器物接近薛家岗文化和环鄱阳湖地区的原始文化,其文化面貌与皖南南北两区有别,较多地接近长江中游的原始文化。

总体来说,皖南新石器时代遗址有以下几个特点①:(1)遗址多集中在皖南新安江、青弋江、水阳江、秋浦河等几条大河及其支流的沿岸台地或近水的山坡上,多属于台型或山坡遗址。如黄山市黄山区的5处遗址,都集中在青弋江上游的太平湖沿岸的小河边;东至县的14处遗址多集中在县城以东的升金湖沿岸的小河边。(2)从遗址的面积及堆积看,皖南新石器遗址的面积多数较小,文化层也较浅、较单薄。通常面积在几百平方米至1万平方米不等,文化层厚几十厘米到2米。像黄山区狮子山遗址、泾县丁家塌遗址、歙县新州遗址,拥有2万平方米和几米厚的堆积的情况则比较少见。而且从分布看,皖南山区的遗址堆积较浅,文化性质单纯;而沿江平原的遗址堆积较厚,多数遗址的上层有商周文化的叠压层。(3)从石器的类型看,皖南遗址既出

①　张宏明:《皖南地区经济文化的源头——试论石器时代的皖南开发》,《文物研究》第11辑,1998年10月。

土有大型的石斧、石铲、石锛、石刀,也有磨制精细的小件石器。而且石器中,有不少石器是在打制的基础上稍加磨制的。甚至还有打制石器与磨制石器共存的现象。如歙县下冯塘遗址,既出土有打制的石矛、砍砸器、尖状器,也有打磨结合的石斧、石锛;广德县双河乡周家村,也有打制的有肩石斧与磨光穿孔舌心石铲共存的现象。从而说明在新石器时期,皖南山区由于改造环境的需要,打制的石器仍然承担着磨光石器所难以胜任的砍砸树木、开发山区的用途。(4)从出土的陶器质地、颜色、器型等方面分析,皖南新石器遗址虽然出土了多种陶色的陶片,如红、灰、褐、黑诸色,但其中以红陶最多。尤其是多见夹砂红陶。制作大多粗糙、疏松。还有红夹粗砂陶、红细砂陶、红皮陶、红衣陶等。灰陶中可分夹砂、泥质两类。泥质中有的夹草木或夹炭等,火候不高;夹粗砂则较坚硬。黑陶多为泥质,分成内外皆黑和黑皮陶几种,反映出陶色众多,早晚不一,性质有别。从陶器类型看,有鼎、鬶、鬲、豆、盆、罐、钵、盘、壶、纺轮、网坠、陶拍等,器型富于变化,有轮制,有手制。如鼎足,就有柱形足、尖锥足、鸭嘴形足、扁形足、凿状足、方板形足、梯形足、侧面三角形足、鱼尾形足、鱼鳍形足、瓦片形足等20多种,其中既有早期文化的器物形制,也有晚期的鼎足特点,还有不同的文化属性,从而形成复杂多样的文化面貌。

第五节　安徽原始农业、畜牧业及手工业

一、概述

长江和淮河把安徽分成三大块即淮北、江南和江淮之间。目前所知安徽新石器时代文化大约起始于距今 7000 年前,延续到距今 4000 年前左右。境内各新石器文化遗存,面貌多样,内涵丰富,如淮北地区大致经历了较早阶段(包括小山口—古台寺一期文化、石山子类型、双墩文化)、大汶口文化阶段和龙山文化阶段;江淮地区大致经历了古埂

类型、侯家寨类型、凌家滩类型、薛家岗文化和龙山时代文化,以及皖南地区青弋江流域、新安江等流域的新石器时代文化,形成独具风格特点的文化。从大的自然区划看,秦岭—淮河是我国最重要的自然地理分界线。淮北为暖温带半湿润季风气候,淮河以南为亚热带湿润季风气候。1月份0℃等温线基本上与淮河干流吻合。这种自然环境显著地影响人们经济活动的方向。所以历来淮河以北主要发展旱地农业,淮河以南则以水田农业为主。新石器时代是农业初步发展的时期,人类改造自然的能力有限,依赖自然环境因素很大。既然自然环境上存在相当大的差别,那么必然在经济活动方面和考古学文化特征上造成很大影响。目前,淮北和江淮之间应分属于两个不同的经济文化区,而皖南地区由于遗址发掘较少,对这一地区的情况尚不清楚[1]。

二、原始农业

从目前世界各地所见新石器时代文化的情况来看,除草原、沿海和高寒地区的一些遗址具有以游牧和渔猎经济为主的内涵外,其余皆为以原始农业为主要经济生活的遗存。原始农业的出现具有重要意义,它使人类的生活来源有了比较可靠的保证,因此恩格斯将其视为野蛮时代即新石器时代的特有标志之一。安徽地区特别是安徽的淮河流域的地理条件和气候条件都很适宜于原始农业的产生和发展。考古材料证明,早在7000年前,本地区原始农业经济就已经得到了初步的发展。随着原始农业的产生和发展,人们逐渐由以根茎果实或肉食为主转为以粒食为主,对新的生活用具的要求十分迫切。陶器成为粒食最理想的用具。在已发掘的新石器时代遗址中,陶器是最常见的生活器皿,陶器是在原始农业产生以后,为了适应炊煮谷物性食物的需要而发明和逐步完善起来的。安徽地区新石器时代遗址出土的陶器种类复杂,用途广泛,基本适应当时人们生活的需要。有用于炊煮的鼎、釜,用于盛储的罐、缸、壶、盂、盆,用于饮食的碗、豆、钵等。这些

---

① 严文明:《安徽新石器文化发展谱系的初步观察》,《文物研究》第5辑,1989年9月。

是人们以粒食为主的生活习俗的体现。到了新石器时代晚期,还发现了数量较多的酒器,如杯、小盅、尊、觚,等等。酿酒是在粮食有了一定剩余的情况下才会出现的。龙山文化阶段酒器的大量出现,说明原始农业发展到较高水平。以下从聚落分布和生产活动、农业生产工具和农作物三方面说明安徽原始农业的发展情况。

1. 聚落分布和生产活动

考古发现证实,伴随着农业的产生和发展,人类的定居生活更加稳固,并开始形成大规模的聚落。聚落遗址的面积从一两万到数十万平方米不等,文化堆积厚达一至数米,有众多的房屋、窖穴和一定的村落布局,聚落的外围往往有壕沟或其他防护设施。如江淮地区的含山凌家滩、潜山薛家岗、望江黄家堰、汪洋庙、安庆墩头、太湖王家墩、怀宁杨家嘴等遗址,又如皖北地区的尉迟寺遗址等。

根据这时期聚落的分布,我们也可以发现中心聚落的形成。现分别从皖北和江淮这两个地区进行说明。

皖北地区

皖北地区新石器时代遗址大致有 3 个遗址群,即东北部的遗址群主要集中在濉河与黄河古道之间,遗址的总数在 9 ~ 10 处;西南部的遗址群,主要分布于淮河与泉河之间,共有 11 ~ 12 处遗址;位于中部的遗址群,规模最大,分布于浍河与北淝河之间,共有 17 处遗址,这其中又以尉迟寺的面积最大,堆积也较厚。这些遗址距尉迟寺最近仅2.8 公里、最远不超过 22 公里。其中除铁骡子遗址破坏严重,与尉迟寺的关系尚不清楚外,其余遗址遗物与尉迟寺遗址性质基本相同,属分布在这一区域内的同时期的遗存。

以下一些典型遗址,对它们等级的划分主要依据面积的大小,同时也以堆积的厚薄作为参考。吴祖冢遗址,上为农田,呈墙堆状,东西长 200 米、南北宽 160 米,面积约 3.2 万平方米。地表采集的遗物以凿形和饰凹槽的鼎足为特色,均与尉迟寺遗址大汶口文化晚期遗存相同,应属同类遗存。从遗址面积观察,确认为二级聚落;安郎寺遗址,整个遗址呈东南—西北向椭圆形墙堆状分布,南北宽 150 米、东西长210 米,面积约 3.15 万平方米。由于农民取土,在西北部地表暴露出一片红烧土,经钻探和对红烧土简单的清理,证明是一处房基倒塌的堆积。房基呈东南—西北向,与遗址的走向吻合,这一现象也与尉迟寺遗址大体相同。采集的陶片与尉迟寺遗址大汶口文化晚期陶片基本相同,属同类遗存。从遗址面积观察,确认为二级聚落;欢岗寺遗址,为堌堆状,形状为椭圆形,东西长170米、南北宽150米,面积约2.55万平方米。在护路沟里采集到许多大汶口文化晚期的陶片,以凿形鼎足最具特色,表明该遗址与尉迟寺文化性质相同。根据遗址面积,确认为二级聚落;刘堌堆遗址,呈东南—西北分布,为一椭圆形堌堆。东西长近150米、南北宽110米,面积约1.6万平方米。该遗址的文化性质与尉迟寺遗址大汶口文化晚期遗存相同,内涵上有极大的共性。根据遗址面积,应属同时期三级聚落;刺岗子遗址,呈东南—西北向椭圆形分布,东西长近140米、南北宽110米,面积约1.5万平方米。遗址西侧发现大面积红烧土,推测应是倒塌的房屋堆积,其走向也与遗址相同。采集的陶片与尉迟寺遗址大汶口文化晚期陶片基本相同,没发现过早或过晚的陶片。从遗址面积观察,属同时期三级聚落。芮集堌堆遗址,发现的房址,其特征虽与尉迟寺遗址的略有差异,但共性是明显的,即都以红烧土的形式构筑房屋,从遗物等加以印证,应与尉迟寺属同类遗存。堌堆现存面积较小,目前仅剩不足5000平方米。从遗址面积看该遗址也是一处三级聚落。即在尉迟寺遗址周围的同期遗存,它们呈扇面状、错落有致地分布在尉迟寺遗址的南部和东部,西部和北部只有零星分布。如果把它们作为大汶口文化晚期分布在这一区域内的遗址群体来看,它们具有显著的特点:

从地理位置上,均处于北淝河与浍河之间,北淝河与浍河是皖北两条主要的河流,自西向东注入淮河,尉迟寺遗址就处在两河的中间地带,具有十分优越的地理位置,便于与各聚落间的沟通和联系;从遗迹现象看,在7处遗址中发现了经过烧烤的红烧土房址的废弃堆积。这类红烧土堆积一般呈东南—西北走向,根据尉迟寺遗址发掘的情况分析,该聚落群房屋建筑的规律以东南—西北走向为主;根据调查采集的大汶口文化陶片分析,其中A型鼎足在尉迟寺遗址中主要处于最下层,另见于刘堌堆遗址,以B型和C型鼎足为代表的凿形足鼎、宽扁

板状带凹槽足鼎及鼎形甗、筒形杯、罐、鬶、器盖等，普遍存在于上述遗址中，表明在大汶口文化晚期，这里曾存在着文化面貌一致的一群遗址；从遗址面积上，这些遗址目前上面均为农田，破坏的相对较少，根据两次调查结果，按面积大小区分，可分为三个等级。其中尉迟寺遗址面积最大，约10万平方米，目前在这个区域内尚未发现一处比它大或与之相近的遗址，为第一级；面积在2.5万~3.5万平方米的该级遗址包括吴祖冢、安郎寺、欢岗寺等3处，为第二级；其余面积均在1万平方米左右，为第三级；从面积所反映的遗址规模看，大面积的遗址少，目前仅有尉迟寺遗址1处；中等规模的遗址有3处；规模较小的遗址有12处。据此可知，遗址规模与数量成反比；大汶口文化晚期，在尉迟寺遗址及其周围一定分布区域内的同类遗址中，大型遗址与小型遗址形成了"金字塔"式的分布格局。

伴随着农业经济的出现和人类定居生活的开始，聚落应运而生。随着农业经济的发展和社会结构的变化，中国新石器时代的聚落逐步形成了自己的特点。聚落及其形态是社会内部组织及社会结构的真实反映。到新石器时代晚期，传统的、封闭的、凝聚的、内向型的聚落模式发生了变化，既表现在聚落之间，也表现在聚落内部布局的改变和房屋类型的多样化等方面。尉迟寺遗址的发掘，揭露出的大汶口文化晚期排房基址，无论从其规模，还是其所反映出的社会形态特点，以及该遗址的墓葬及其他资料等，都说明不能孤立地认识尉迟寺大汶口文化晚期聚落遗存。实际情况是，在大汶口文化晚期，皖北地区存在着一种复杂的聚落形态，其分化已趋明显，一方面极少数聚落的规模在不断扩大，相比之下相当数量的聚落面积不大，堆积较薄，呈现出不甚兴旺的态势。"聚落大小逐渐向两极分化，以致出现中心聚落和半从属的聚落这样不同的等级"。

尉迟寺遗址大汶口文化晚期聚落应是该聚落群中的一处中心聚落，在其周围散布着十多处二、三级聚落，它们与中心聚落互相拱卫、相互依托、彼此影响、密不可分[①]。

江淮地区

江淮地区这一时期的聚落遗址有数百处，随着社会经济的发展，逐渐形成了一些诸如含山凌家滩、潜山薛家岗、望江黄家堰等中心或次中心聚落遗址。这些聚落遗址相对于一般聚落遗址而言，具有以下特点：一是面积大，规格高。如凌家滩遗址散布范围达 160 万平方米，薛家岗遗址有 6 万~10 万平方米；而黄家堰、汪洋庙、安庆墩头等次中心遗址，一般为 2 万~6 万平方米；像太湖王家墩、怀宁杨家嘴等一般遗址则较小，多数在 1 万平方米以下。从遗址的规模看，这些中心聚落遗址呈金字塔形，处于聚落群的顶端。二是处于区域经济中心的主导地位。中心聚落遗址具有雄厚的农业、手工业基础，经济总量也远远大于一般聚落遗址。生产工具作为生产资料，是衡量经济发展的重要标准。从已发掘的薛家岗类型的遗址分析，虽然各遗址在发掘的面积和墓葬数量上有较大的差别，但从出土的文化遗物可以推测不同遗址的整体经济实力。作为农业生产工具的石器，按实际出土数量与发掘面积之比例看，薛家岗遗址为 160 件比 1200 平方米，而王家墩为 6 件比 75 平方米、杨家嘴为 4 件比 50 平方米、安庆夫子城为 16 件比 114 平方米、汪洋庙为 53 件比 885 平方米，薛家岗遗址出土的石制农业生产工具比例最大，间接反映出农业种植规模要大于其他遗址。作为纺织用的陶纺轮，薛家岗遗址出土 71 件，其他遗址均在 2~12 件，薛家岗遗址的比例远远大于后者。在薛家岗、黄家堰等遗址都发现有带加工痕迹的玉石料及半成品，这表明中心及次中心遗址有着比较发达的手工业作坊。以上表明中心聚落遗址的农业、手工业生产规模较大，经济基础比较雄厚。三是聚敛的财富多。玉器作为非生产性装饰品，既是奢侈品，又是财富的象征。从薛家岗类型的遗址看，其出土的玉器也有较大的差别。如薛家岗遗址有 173 件之多，有斧、铲、环、镯、璜、管、饰、珠等，种类多、数量大，工艺精细；而其他一般遗址仅出土

---

① 中国社会科学院考古研究所安徽工作队：《皖北大汶口文化晚期聚落遗址群的初步考察》，《考古》1996 年第 9 期。

3～5件,品种仅有璜、管、饰等。在生产工具方面,薛家岗遗址出土的石器有铲、锛、刀、钺等,其中大型石刀有1～13孔之多,石器制作规整精致;而一般遗址则出土较少,石刀多在1～5孔之间且制作粗糙。这表明中心聚落占有的社会财富总量较大,除生活必需品外,在象征着财富的玉器、石器等物品的种类及数量比例上,远远大于一般聚落遗址。四是社会分化突出。此时,作为潜山天宁寨、望江汪洋庙、怀宁杨家嘴等一般遗址,其墓葬的随葬品一般为1～6件,有的甚至没有随葬品,社会分化不甚严重。在薛家岗遗址T6中有16座墓,其中随葬品在3～9件的有12座,15～46件的有4座,社会分化已经十分明显。从各个等级聚落遗址的分化程度看,有着等级越高分化越严重的趋势。这些特点表明中心聚落遗址在文明化进程中的步伐要比一般聚落遗址快得多。

要注意的是,目前江淮地区已经发现史前古城,从调查发掘所掌握的材料看,像凌家滩、薛家岗等中心聚落遗址的形成并不是孤立的,它有一个聚落群。据不完全统计,在薛家岗遗址周围皖河流域附近半径约50公里范围内,分布有30多处同类型遗址。这些遗址的规模大小不一,其中薛家岗遗址规模较大,属于第一等级;望江黄家堰遗址规模次之,属于第二等级;其余遗址规模较小,为第三等级。在凌家滩遗址周围,通过调查也发现有一批中小型聚落遗址。上述情况表明,这类聚落群在空间分布上有固定的地域和活动范围,在经济、文化、宗教崇拜等方面具有同一性。它们之间的关系是从属关系,即一般聚落遗址从属于次中心聚落遗址,而中心聚落遗址居于主导地位。这类聚落群的出现,既是区域经济发展的结果,也是军事联盟的产物,更是地缘政治趋势的反映。这种聚落群联合体的形成,已超出原有的氏族血缘关系,实现了在更大的地域范围内的联合,以地域划分势力范围,地缘关系代替原有的氏族血缘关系的趋势相当显著。其次,中心聚落遗址地位使其具有较强的向心力和辐射力,也逐步导致其与一般聚落遗址的差别和对立的存在。第三,为适应新联合体的公共事务管理的需要,也相应产生了凌驾于各氏族之上的最高权力机构组织和特权阶层。这种聚落联合体,已超出原有的氏族社会组织结构而具有部落联盟或酋邦的性质①。

这时期的聚落遗址分布有一定的规模,大多经过人为选择,并且大体符合下列条件:(1)靠近水源,以保证生活对水的需要。人们一般选定河岸、湖畔或有天然泉水的地方作为居住地。为了防止洪水泛滥,居住地又常常选择在高出河面的阶地或台地上。(2)适于生产,因为农业需要有肥沃的土质和适于作物生长的环境。史前时期由于农业技术比较原始和生产条件上的局限性,农田被耕种一段时间而地力大量消耗之后便往往被放弃,人们不得不反复迁移聚落以适应农业生产的需要,从而在同一条河流沿岸遗留许多聚落遗址。(3)交通方便,以适应人类生产、生活和相互交往的需要。因而,聚落的所在并不是穷山僻野,常常是方便和易于往来的地方,一般都分布在现代城市和乡村的附近。

居住在安徽新石器时代的居民,与同时代的我国其他地区的新石器时代的居民一样,都是从事以农业为主的生产活动,过着较稳定的定居生活。如皖北的蒙城尉迟寺聚落遗址面积超过 8 万平方米,发现了排房式建筑,这种大汶口文化时代人们稳固的定居生活方式是原始农业发达的重要标志。② 农业能够提供足够的食物供给,使得人们能够长期定居一地,并且能满足不断增长的人口的需要。同样,人们长期的定居生活积累的劳动经验,不断促进农业的发展。据碳－14 测定,不少大汶口文化遗址人们都曾居住几百年乃至上千年以上,这些都反映当时人数众多的氏族公社长期过着稳固定居的生活,没有相当规模、发达巩固的农业生产是无法维持的。

2. 原始农业生产工具

影响原始农业发展的一个重要因素是生产力水平,而生产工具是生产力水平的重要标志。安徽新石器时代遗址中,农业生产工具是常见的遗物。在较早期的小山口、古台寺和石山子、侯家寨等遗址中,人

---

① 杨立新:《江淮地区史前文明化进程初探》,《长江下游地区文明化进程学术研讨会论文集》,上海书画出版社,2004 年。

② 中国社会科学院考古研究所安徽队:《尉迟寺遗址出土大型排房式建筑》,《中国文物报》1993 年1 月3 日。

们使用的工具主要是石刀、石锄、用于砍伐的石斧、翻土挖地的石铲、石锛、收割的石镰、加工工具磨盘、磨棒等农业生产工具,种类比较齐全,反映了原始农业相当发达,已进入了锄耕农业阶段。蚌埠双墩遗址中出土的石斧、石铲、蚌刀、蚌切割器等多为农业方面的生产工具。还有石圆饼、石棒或杵等应为谷物加工工具。总体看来,石铲、石斧的数量最多。石铲在各遗址中大多都有发现,其造型宽大扁平,刃口较利,可大大提高掘土效率。石斧产生最早,在旧石器时代已出现了斧形器。新石器时代初期,有的石斧装柄使用,可以砍伐树木,进行火耕农业。火耕农业是初始阶段的原始农业,它的生产过程包括砍伐树木、焚烧草木、播种、看护和收割。火耕农业阶段人们的收割方法是用手采摘或借助工具掐断谷穗,很少有收割工具。随着农业的不断发展,生产工具尤其是各类石制生产工具的造型也向大型化、规整化、精致化发展,并根据用途分工不同而专门化了。工具的改进和用途专门化,不仅有利于提高生产效率,而且也是适应农业生产发展的需要而出现的。这表明农业生产方式逐渐由粗犷转而细化,推测当时已普遍采用耒耜和锄耕技术了。也由于种植业的不断发展,粮食产量逐渐增加,人类开始由食原粮,改进为吃熟食、干食、稀食、烤食等多种食品,适应这种需要的粮食加工工具石磨盘、石磨棒,这时也大量出现。在早期新石器文化各遗址中几乎都出土了加工粮食的磨盘、磨棒。淮北地区早期新石器时代的小山口、古台寺一期文化中就发现有磨盘、磨棒。另外还出土有磨石、磨盘、磨棒配套用的加工工具,即将谷物放在磨盘上,用磨棒反复研碾脱壳碾碎。至今民间也还保留有这种加工粮食的方法。后来人们还用杵臼捣米加工。这些工具的出现对人类生活改善起了开拓性作用。到了新石器时代中晚期,人们进一步摆脱了自然界的支配,农业已处于比较发达的阶段,在经济生活中起着决定性的作用。大汶口文化遗址中出土的大量农业生产工具是一个有力的证据。当时的农业生产工具主要有石斧、石铲、石锄、石刀、石镰、陶刀等,木制工具和骨制工具也很多。这些工具磨制精致,多采用穿孔技术。并且从砍伐、耕作、收割到谷物加工农业生产的各个环节的工具皆备,石器的种类和器型比较复杂。尤其是大量翻土工具的出现,说明原始农业已进入锄耕农业的发展阶段。锄耕农业可以向更广泛的地区发展,使种植谷物的面积扩大,产量提高。与此适应,便引起了工具的改进。石器穿孔技术是大汶口文化时期石制生产工具的重要特色。穿孔是为了绑托装柄便于用力,提高工效,穿孔石器无疑在农业生产上发挥了更大的作用。在河流沿岸的许多遗址,先民们利用河里的蚌壳,制成挖掘、切割等多种用途的生产工具。龙山文化时期,人类社会生产有了进一步发展提高,各遗址出土的工具中,农业生产工具占多数,渔猎工具比之前有所减少,这反映出农业的地位更重要。石器工具形制多样,磨制精致,出现了一些精致实用的新型农具,特别是石犁、扁平穿孔石铲、蚌铲、骨铲、大型半月形双穿孔石刀、蚌刀、蚌镰、石镰等用于翻土和收割的农具大量使用,这就为龙山文化时期原始农业的发展创造了重要的条件。

3. 农作物

淮河贯穿于安徽境内,淮河南北粮食作物历来就有所不同,这与当时的降水分界线在淮河一线有关。与现在相似,淮河以南为春雨伏旱型,宜种水稻;淮河以北为春旱夏雨型,宜种粟和黍之类的旱粮作物。然而,由于此时北方的气候较现在温暖湿润,河湖分布较为密集,故淮北甚至黄河以北也部分种植水稻。

安徽江淮地区位于秦岭—淮河自然地理分界线以南,属于亚热带气候。这里河流交织,土地肥沃,雨量充足,适宜农作物的生长。目前这一地区发现的史前遗址,最早可上溯到七八千年前。这些遗址大多沿河流湖泊分布,文化堆积较厚,普遍出土石斧、石锛、石刀、蚌刀、蚌镰等农业生产工具。这表明进入新石器时代以来,当时的氏族经济已从简单的采集利用野生植物,发展到以种植为主的农业,人们已过着定居的农业经济生活。江淮地区属于我国传统的水稻种植区域,以种植水稻为主的原始农业具有悠久的历史。在距今 7000 年前的定远侯家寨遗址,曾发现陶器上的稻谷印痕。在双墩遗址的红烧土中发现了 12 个稻壳的印痕,其中可以判断其类型的有 9 个,其中 2 个为阔卵形,长宽为 2.0 ~ 2.14 毫米,判断为粳稻,占 22.2%;4 个为籼稻,占

44.4%;3个为中间型,占33.3%。在稍后的潜山薛家岗①、肥东大陈墩①、五河濠城(今属固镇县)②等一些新石器时代遗址中,曾多次发现过炭化稻谷凝块和烧焦的稻粒。1980年在含山大城墩二里头时期的地层中,发现过成片堆积的炭化稻谷,经鉴定有籼型和粳型两种。有关专家认为,越过北纬30°地区种植水稻,稻谷将由籼型变为粳型。粳型水稻的存在固然有气候的因素,同时也表明至迟在三四千年前,江淮地区的先民们已经掌握了粳型稻的种植和培育技术。从史前遗址普遍出土农业生产工具的现象看,种植水稻应是这一地区原始农业的特点③。

皖北地区大汶口文化晚期遗存的基本特点为,遗址位于淮河北岸,自然地理位置处在我国南北气候交接地带。一般来说淮河以北属于暖温带半湿润季风气候,农业经济形态属北方特点,尉迟寺一期文化已发现粟类作物的硅酸体,证明当时有粟类作物的存在,反映了北方地区古代农业经济的一般特点④。值得注意的是,对该遗址大汶口堆积土样进行硅酸体分析结果发现了大量的水稻痕迹,说明稻作物农业生产存在的事实。一般认为稻作物是南方农业经济的特点,而在尉迟寺一期文化中发现粟类和稻类两种作物存在,反映了处于南北自然地理交接地带的皖北地区古代农业生产上多样化的特点⑤。

三、原始渔猎采集及家畜饲养业

原始农业是在采集经济的基础上发展起来的。同样,家畜饲养业的前身是渔猎经济。由采集经济发展到原始农业,由渔猎经济发展到家畜饲养业,是人类认识自然、改造自然的重大成果。在采集过程中人们发现了植物的生长规律,驯化了野生植物而成农作物。渔猎获得

① 安徽博物馆:《安徽新石器时代遗址调查》,《考古学报》1957年第1期。

② 朱福臻:《安徽濠城集古文化遗址和汉唐墓葬中出土许多文物》,《文物参考资料》第10期,1957年。

③ 杨立新:《江淮地区的原始农业与文明形成的关系》,《文物研究》第13辑,2001年10月。

④ 王增林、吴加安:《尉迟寺遗址硅酸体分析——兼论尉迟寺遗址史前农业经济特点》,《考古》1998年第4期。

⑤ 吴加安:《安徽北部的新石器文化遗存》,《考古》1996年第9期。

的动物经驯化、繁殖而成家畜。在原始农业经济的主导地位确定以后,渔猎、采集经济和家畜饲养业作为一种补充的经济形式依然存在,并起相当重要的作用。

1. 渔猎采集业

安徽优越的地理条件为渔猎、采集提供了便利。如在江淮地区的新石器时代遗址中,一般都有大量的动物骨骼和水生动物骨骸。当时的渔猎工具,有石镞、骨镞、骨镖、网坠、弹丸和投掷器等。通过对遗址内动物骨骼的鉴定,当时的渔猎对象有野猪、獾、豹、梅花鹿、四不像鹿、水鹿、獐、麝、鸡,以及鳄鱼、鱼、龟、鳖等,其中以猪、鹿数量最多。在定远侯家寨等遗址中都出土有陶制和石制的渔猎工具,如网坠、镞、矛,还出土有大量制作粗糙的骨、角、牙器,不少地层和灰坑内包含有一些野生动物和鱼的骨骼、蚌螺壳等,为人们食后丢弃的生活垃圾,这些都是当时渔猎生活的生动写照。反映出当时的渔猎和采集经济仍占有较大比重。[①] 蚌埠双墩遗址中出土了大量的水生、陆生动物骨骼和介壳,充分反映了渔猎经济在双墩遗址时期人们的经济生活中占有重要的地位。双墩遗址等淮河流域遗址中发现了大量鹿角勾形器,可能就是用于采集树上果实的专用工具。

反映捕捞经济的有网坠、鱼钩、骨镖工具和大量的螺蚌壳、鱼骨、龟鳖壳以及鱼形、组合鱼形和网形刻画符号等。反映狩猎经济的有镞、镖、石块、陶投掷器等工具和猪、鹿、牛、獾、虎、麂等几十种动物骨骼,以及猪形、组合足形、鹿形等刻画符号等。值得关注的是陶器上的刻画图案中不仅有大量的鱼纹,而且有设网捕捞、叉鱼等多种花纹图案,表现狩猎情况的则有捕猎野猪整个过程的图案:“一只野猪遭到猎人们的伏击,在头部和咽部各中一箭后,被驱赶着朝早已挖好的陷阱处奔去。”“一只落入陷阱的野猪正企图摆脱满身的绳索,挣扎着向坑外爬着。”还有捕鹿、网鸟的图案。值得一提的是随着渔猎工具不断改进和创新,特别是用于弓箭的镞的发明和推广,大大增强了打猎的

---

① 阚绪杭:《定远侯家寨新石器时代遗址发掘简报》,《文物研究》第 5 辑,1989 年。

效果①。

但也可以从一些遗址发现其渔猎经济并不是十分发达。如薛家岗遗址,由于土壤条件的限制,遗址中的骨骼和植物难以保存,作为生业系统的采集、渔猎经济都难以探讨其具体情况,但遗址中出土的石镞等狩猎器类数量十分少见,捕鱼工具则基本未见,似可认为这些经济类型并不发达,不过陶片中常夹有蚌末的现象至少说明渔猎经济还是存在的。②

2. 家畜饲养业

新石器时代安徽地区的先民们已经掌握了驯养家畜的本领。将野生动物驯养成家畜需要长期不懈的努力,因而动物的驯养和繁殖被看做是划时代的重大事件。家畜的饲养还有赖于农业的发展为其提供充足的饲料。原始饲养业不仅为人类提供了可靠的肉食来源,改善了人们的生活,减少了对原始农业的依赖,而且也为农业生产提供了重要来源。所以,家猪等饲养的牲畜在史前乃至近现代农业中普遍受到重视。原始农业和家畜饲养业密不可分,因此在考古发掘中家畜遗迹总是与原始农业相伴存。安徽的家畜、家禽有猪、狗、牛、羊、鸡、马、鹿等。在蚌埠双墩遗址发现有生动逼真的猪纹刻画,这些猪的形象具有家猪的特征,其神态憨实温顺,除吻部稍长残留有野猪特征外,身体其他部分皆与家猪相似;另有一孕猪刻画,体态肥硕笨拙,腹部下垂近地,其外表特征已全然没有野猪形态。双墩遗址还出土了大量的猪骨骼。侯家寨和石山子遗址出土的动物骨骼种类更多,有猪、狗、牛、羊、鸡、马、鹿等,其中猪、狗家养的可能性比较大。在望江汪洋庙遗址还发现1件水牛头陶塑。又如潜山薛家岗遗址在同属二期的 H41 和 M81 中,都发现了猪牙,可能属三期的 M89 还发现兽或猪类的下颌骨或猪头,四期的 M79 也发现了猪牙,至少说明该项经济的持续时间较长,应该是生业系统中一个相对稳定的产业。在江淮地区的凌家滩、望江黄家堰等遗址内,有用猪下颌骨随葬的现象,反映了当时的家猪

① 徐大立:《蚌埠市郊双墩遗址出土陶器刻画符号》,《安徽省考古学会第六次年会论文》,1988 年。
② 安徽省文物考古研究所:《潜山薛家岗》,文物出版社,2004 年。

饲养量较大。家畜的驯养和畜群的繁殖,创造了前所未有的财富来源,并产生了全新的社会关系。此时的牲畜,尤其是猪,成了先民衡量财富多寡的重要标尺。以墓中猪骨的有和无、多和少来表示贫富及贫富差别的程度,这种贫富分化的加剧最终导致了原始社会的解体。由此看来,家畜饲养业在安徽先民们的社会生产和社会生活中占有多么重要的地位。

四、原始建筑

建筑业主要是建造适应人们定居生活的房屋及其内部设施。在安徽发现了较多史前人类建造的房址,主要有半地穴式和地面建筑两种。濉溪石山子遗址早期房屋遗迹的墙基,先挖沟槽,再在沟槽内或沟槽间挖柱洞,然后埋柱,沟槽内用树枝、杂草编排好,最后,内外培上土、碎陶片、石块等,这样,搭起的房屋更牢固,屋内更干燥[①]。大汶口文化时期房屋为地面建筑。蒙城尉迟寺大汶口文化晚期建筑是这一时期建筑技术的典型代表。根据历年发掘成果,至1995年尉迟寺遗址共清理出红烧土房基12排39间,分别以2间、4间、5间、6间为一排(组),事先是经过严密规划而成的。这批房子建筑形式基本一样,各房间面积一般在10平方米以上,最小的5~7平方米,最大每间面积达20平方米。每间房子包括主墙、隔墙、门、居住面、室内平台和室内柱几部分。主墙是先在整个房基范围内挖出浅穴,再沿穴壁挖墙基槽,然后立柱、抹泥,形成墙体并经烧烤。主墙体厚一般为35厘米左右,现存高度从居住面往上为30~50厘米。墙里表面光平,经过烧烤穴壁形成红褐色硬土。在靠近墙壁的居住面上,常见有室内柱,起加固支撑作用。屋顶纵向敷设木棍,以长方形居多,排列相当密集,然后内外抹泥,形成平滑的一面坡屋顶。在有的主墙体内壁上涂有一层白灰面。隔墙采用先密集立柱,再用绳索将木骨捆扎牢固后两边抹上草拌泥经火烧烤而成,有的在墙壁上还有方形壁龛。门有单门和双门两种,一般是面积大的房子设双门,面积小的设单门。门宽一般60厘

---

① 贾庆元:《谈石山子古文化遗存》,《文物研究》第11辑,1998年10月。

米,在门下缘内侧挖槽铺以木质门槛,门槛外侧用泥抹成斜坡状,有的在门两侧还有嵌木柱为框的现象。室内居住面经过烧烤,一般居住面平整,经过三层铺垫而成。最下层用浅黄色土砸实,中间层用青灰土夹烧土块铺垫,上层用碎红烧土砸实并抹有细泥面,然后经火烧烤,每层厚5厘米左右。每间房子的中部或偏后部有经火烧烤的方形室内平台,高出居住面2厘米,作为灶址或人们睡觉的地方。这处建筑结构清晰,布局严谨合理,而且规划统一,因地制宜,充分反映了人们的建筑技艺,在中国史前建筑史上也占有重要的地位①。

安徽江淮地区新石器时代早期的住宅是半地穴式,至晚期大部分为平地起建的住宅。为防湿驱潮,住宅的地面采用烧烤地面或铺垫红烧土。肥西古埂遗址发现的房基面积有25平方米,地面经火烧烤,平整坚硬,反映了居住水平的提高。在含山凌家滩还发现大片红烧土块建筑遗迹,这种红烧土块烧至坚硬,与后期的砖十分相似。此外凌家滩还发现一口上部用红烧土块垒砌的圆形水井,深约3米。这些都反映了当时建筑技术的进步。

值得注意的是祭坛的出现,祭坛的发现在江淮地区考古中是重要的收获之一。凌家滩遗址的祭坛位于墓地中心最高处,现存面积约600平方米,为正南北向的长方形。祭坛采用分层的建筑方法,共三层,最下层用纯净的黄斑土铺垫,中层用灰白色胶泥掺和石块、石英碎块、大粒黄沙和小石子搅拌夯筑,表层用似现在的三合土铺垫,表面平整。上有4处石块垒成的积石圈和3处与祭坛连为一体的祭祀坑。祭坛的设计建筑已脱离原始的简单方法,采用不同质地材料、分层建筑的先进方式,开创中国建筑史的先河,奠定了中国土石结合的建筑方式。辽宁红山文化的祭坛用石块垒筑,显示其建筑方式还没有脱离原始简单性;比较晚的良渚文化是用人工堆筑的三色土祭坛。与它们相比较,凌家滩祭坛规模宏伟,设计新颖,建筑面积大,建筑方法独具风格,具有鲜明的时代特征。禹会村龙山文化遗址的北部的堆筑台址,共有3层不同土质的堆积层,边缘清楚,形成了一个白色的覆盖

---

① 王吉怀:《专家座谈安徽蒙城尉迟寺遗址发掘的收获》,《考古》1995 年第 4 期。

面。夯面不甚平整,呈凸凹不平状,并有大小不等的锅底形坑,坑壁及底部均为铺设的白膏泥层和纯黄土层,应为先民们有意识的行为。

五、原始手工业

原始手工业的主要内容是制造生产工具、生活用具及艺术品。安徽地区新石器时代的手工业类型有制石、制玉、制陶及建筑等。

1. 制石和制玉业

制石业主要是制造生产工具,尤其是农业生产工具,这也是安徽最古老、最重要的手工业部门。当时人们普遍掌握了石器磨制技术。磨制石器的工具是砺石,在薛家岗、石山子等文化遗存中都发现有砺石工具,这些砺石都有使用痕迹,有的还留有很深的磨槽,这是人们长期使用的结果。石器的加工制造也受到当时生产力发展的限制,早期的石器磨制很粗糙,有的只是局部磨光,还有数量可观的打制石器。制造的石器也只是为适应初期锄耕农业的需要。主要器型有石斧、石锛等农业工具,还有少量的石纺轮以及石矛、石网坠、石弹丸等渔猎工具。到中晚期,石斧、石铲、石刀、石犁等锄耕农具和石镞等渔猎工具大量出现,器型规范,通体磨光,且穿孔技术大量运用,石器的制作技术大大提高。如石钺、石刀这类新出现的大型石器棱角分明、刃口锋利,不仅规整,而且体薄,有的仅厚 0.5 厘米。此外,普遍采用了钻孔装柄的新技术,提高了石器的使用效率。当时居民已能依照石器种类和用途的不同来选择石料。一般是以硬度较大的玄武岩、石英岩、矽质灰岩等制作石斧、石锛、石凿;用硬度较小,易于成片剥离的变质岩、页岩制作石镞、石刀;用燧石、玛瑙、碧玉、蛋白石等矽质砾石制作细石器。石器的制作需要经过选料、裁割、砍削、成型、砥磨、钻孔或雕镂抛光等繁杂工序。制造一件精致石器,必须有技术熟练、从事专门生产的能工巧匠来担任。

制玉业主要是制作玉器装饰等工艺品,晚期还制礼器。安徽地区出土玉器的遗址规模都比较大,出土的遗物比较丰富,而且玉器都占有一定的比例。玉质种类较多,玉器造型精致,丰富多彩,反映了安徽新石器时代文化繁荣与发达。薛家岗遗址是安徽首次科学发掘出土

玉器的遗址,出土的玉器有玉铲、玉环、玉璜、玉管、玉饰、玉琮等,玉器以透闪石、阳起石、蛇纹石为主。玉器通体精磨,造型较规整。钻孔技术较为发达,有两面对钻和单面钻孔,有的孔眼只有针眼般细,其表面留有旋磨或切割的痕迹,小的玉器表面有一次旋磨痕迹,大件的玉环和璜有多次旋磨的痕迹。从这些旋磨痕迹可以看出当时已有砣机在制玉业中使用,表明玉器已从石器制作中分离出来,成为独立的行业。凌家滩遗址出土了大批精美的玉器,数量多,品种丰富,造型独特,玉质精美,纹饰神秘,制作精细,是中国新石器时代考古的一次重大发现。经测定,出土玉器质地有透闪石、阳起石、叶蛇纹石、利蛇纹石、绢云母、水晶、玛瑙、玉燧、石英、绿松石等。在工艺上采用了阴刻、抛光、片切、浮雕、圆雕、透雕、钻、减地法、线切、砣机旋磨、管钻、砣机切等技术。器类有钺、斧、戈、璧、环、璜、龙凤璜、镯、管、喇叭形坠饰、塔形饰、菌形饰、人、龙、鹰、虎、龟、猪、勺、长方形刻纹玉版、三角形刻纹玉版以及一些不知名的玉器等,且玉喇叭壁厚仅1毫米,轻如薄纸。一些环、璜的孔眼仅有针眼大小。淮北地区早期所见玉器仅有玉璜等小件装饰品,到大汶口文化时期,在萧县金寨等遗址中都发现大量玉器。龙山文化时期发现的玉器如扁平穿孔玉铲、阴刻兽面纹玉锛、三牙璧及鸟形、鸟头形玉饰等均制作精致,造型优美,反映了安徽地区先民高超的制玉工艺水平。当时已具备了碾磨切割、勾线阴刻、几何与动物形图案的阴线浮雕、钻孔和抛光等多种琢磨技术,并且已运用简单的旋转机械工具来琢磨复杂的器型和花纹。由于玉石的性能与一般石料不同,质坚性脆,不能采用一般石料的加工方法进行生产。人们通过长期实践,不断总结经验,创造了一整套加工玉器的特殊方法,即在加工时,用水加砂的方法对玉进行裁割、钻孔和砥磨。直到今天,生产玉器还基本保留和采用了这种传统的加工工艺。

2. 制陶业

陶器生产与史前人类的生活密切相关,随着生产力的提高,制陶工艺也有长足的发展。制陶业主要是生产盛装各种熟食的炊具和盛食汲水的容器以及少量的生产工具,如鼎、釜、盆、碗、钵、盘、豆、罐、纺轮等。陶器的发明,是人类历史上最早通过火的使用,使一种物质(松软的黏土)改变成另一种物质(坚固的陶器)的创造性活动。石山子文化遗存时期陶器都比较原始,陶质疏松,火候一般较低,器型比较简单。早期的陶器,陶土一般都不经过淘洗。大汶口文化时期及以后,根据器物的不同用途,陶土有的淘洗以去掉杂质,制造较为细致的陶器;有的则加入羼和料,如砂粒、稻草末、稻壳、植物茎叶和蚌壳末等,主要目的是为了增强陶器的耐热急变性能,以避免在加热时发生破裂。在陶质陶色上,早期以红陶起步,变化到红陶、灰陶、黑陶的共存阶段,至龙山阶段基本以灰陶和黑陶为主。在纹饰及器类饰件上,早期素面居多,仅有少量的刻画纹、篦纹、锥刺纹;中期出现彩绘,流行刻画纹、篮纹以及宽带纹、花瓣纹等彩绘;晚期则以绳纹、方格纹、篮纹为主。此外,各种形式的泥鋬、环耳及把手等器类饰件从早到晚都始终存在,并随着时代和地区而发生规律性的变化。在器型的种类和变化上,一般早期器类简单,以釜、支座、碗、盆、罐为主。此后,以三足器、平底器、圈足器为主,基本器类为鼎、豆、壶、碗、盆、杯、鬶、甑等生活器皿,并从中派生出各类繁杂的形制,而且随着时代地区的不同变化很大①。早期的陶器一般手制,多采用泥条盘筑和泥条分段衔接的办法,一些小型陶器则直接用手捏制而成,器壁上常常遗留有指纹,器型不规整,制成后,器表再经过磨光处理。少数用慢轮修整口沿,极少轮制。晚期以轮制为主。轮制法是一种进步的制陶工艺,即将泥料放在陶轮上,借其快速转动的力量,用提拉的方式使之成型。它的特点是器型规整、厚薄均匀,并且在器壁表里遗有平行密集的轮纹,器底部分往往遗有线割的偏心纹。陶色以灰黑陶为多,这是由于掌握了封窑技术,窑室温度增高,有些陶器烧成温度高达1000℃左右,使陶胎中所含铁元素还原,因而烧制成了灰色陶器。黑陶是烧制技术又一进步的体现,是在陶器烧制后期用烟熏渗碳的结果。随着农业生产的发展,生活水平的逐渐提高,陶器的器型越来越精美,越来越复杂。大汶口文化中、晚期,出现了薄胎的质地细腻的白陶。仿造实验表明,它是由一

---

①　杨立新:《安徽淮河流域的原始文化》,《纪念城子崖遗址发掘60周年国际学术讨论会文集》,齐鲁书社,1996年。

种新发现的陶土（坩子土），经 1200℃ 的窑温烧制而成的。这种通称白陶的器皿色泽明丽，有黄、白、粉各色。龙山文化时期，已普遍采集了快轮制陶术，生产的漆黑光亮的泥质黑陶器，特别是那些造型复杂的蛋壳高柄杯，胎厚仅 0.5～1 毫米，无疑是一种专业陶工制作的，它的制作工艺达到了中国原始社会制陶史上的顶峰。此一时期各地域内所出土的磨光黑陶无论从质量、造型或风格上都表现出较大的一致性，说明各地制陶在生产、交换联系上的加强。陶窑的发展是衡量制陶工艺水平的一个标志。早期为横穴窑，其构造是在圆形窑室的前面，有较长的穹形筒状火膛，窑室和火膛两者基本位于同一水平上，燃烧时火焰由火膛进入窑室。后来窑室升高，火焰通过倾斜的火道和均匀分布于窑算上的火眼进入窑室。大汶口文化及龙山文化时期流行竖穴窑，火膛移至窑室的下前方，窑室的上部一般都呈弧形往里收缩，以便于封窑。随着陶窑结构的进步，陶器烧成温度已达 1000℃ 以上，这不但提高了陶器的质量，而且为以后金属矿物的熔化，为冶金术的产生创造了必要的条件。安徽地区的陶器制造业有着悠久的历史，史前时期制陶业的辉煌成就为历史时期本地区陶瓷业的发展打下良好的基础。

3. 骨、角、牙器制作业

骨角器的制作主要指用兽骨和角（常为鹿角）等进行加工而成的农业生产工具、采集渔猎工具或装饰品，是新石器诸文化遗址常见的一类材质的器具。其发明和利用的历史，几乎与石制品同样古老，而且其制作技术也达到了相当高超的水平。

从安徽史前诸遗址发现的骨、角、牙器形态上看，可以主要分为有尖类、有刃类和装饰品类 3 种。有尖类，主要是用尖部来发挥戳、刺的功能，包括镞、镖、矛、叉、针、锥等，其中既有武器和狩猎工具，也有日常工具，质料以骨为主，也有角、牙制品。有刃类，主要靠刃部来发挥其切割、刮削等功能的器具，包括凿、耜、刀、削、匕等，质料以骨质为主，兼有角牙质，如蚌埠双墩等遗址中就发现了大量的用鹿角制成的靴形器。装饰品类有骨璜、骨笄、牙饰等，大多制作精美。

骨、角制品制作工艺基本一致，牙制品稍有不同，大体需要经过选料、破料、成型、磨光、穿孔和修饰方可成器。其中,骨制品原料主要是鹿科和牛科动物的肢骨,主要用来制作有尖类及有刃类器具。制骨原料主要是就地取材,利用食余的动物骨骼来制成各种所需器具。从大量器具主要使用动物长骨制成来看,人们可能平时就注意收集适用的材料。有的还用骨牙器作为随葬品来使用,如尉迟寺大汶口文化墓葬中就发现了不少随葬獐牙、猪牙的墓葬。破料是根据需要将骨料切割或打砑成一定的形状作坯材。成型就是将毛坯真正定型为需要的基本形状的过程。一件毛坯经过修理基本定型后,即进入了磨光阶段,有的器物通体磨光,有的仅局部磨光,当然也有少量不再经过磨光而直接使用的器具,如骨镞只见刮削,而不见磨砺的痕迹。史前的玉石器穿孔技术相当成熟,这种技术在骨、角、牙器上也有不同程度的反映,许多器物均有许多穿孔,而且有些孔径极细,如骨针孔径有的不到0.1毫米。最后的修饰阶段有两种用途,一是为了美观,二是更加实用,如镞、镖的铤部,往往为了使箭杆绑缚得更牢,而在铤的平面上刻上浅细的纹路,起着增加摩擦力的作用。

第六节　安徽原始宗教与艺术

一、原始宗教

宗教属于社会意识形态,是人类社会发展到一定历史阶段出现的一种文化现象。恩格斯说过:"一切宗教都不过是支配着人们日常生活的外部力量在人们头脑中的幻想的反映,在这种反映中,人间的力量采取了超人间的力量的形式。"[1]原始宗教属于历史范畴,有其产生、发展和消亡的过程。人类一开始并无任何宗教可言,到了旧石器时代中、晚期,氏族公社产生,人类社会形成一个个比较稳定的血缘集团。

---

① 《马克思恩格斯选集》第3卷,人民出版社,1995年,第666—667页。

这时,人的体质与思维能力有了进步,集团内部语言有了发展,某些禁忌和规范已经形成。人们以集体的力量和简陋的工具与自然界作斗争时,一方面逐步认识到人们的生产活动与某些自然现象的联系;另一方面又受着自然界的沉重压迫,对自然界的千姿百态、千变万化得不到正确的理解。于是,恐惧与希望交织在一起,对许多自然现象作出歪曲的颠倒的反映,把自然现象神化,原始宗教便从而产生。其基本特点包括对食物、繁殖、祖先、死亡、自然万物,以及社会群体的神秘观念和祈求敬拜,并由此发展出对超自然体之神灵的信仰及崇拜。

安徽史前与宗教活动有关的遗迹与遗物多有发现,主要体现在原始崇拜、巫术仪式和卜筮上。

1. 原始崇拜

图腾崇拜 图腾崇拜是在生产力极其低下的条件下,伴随着早期人类最初的自觉而产生的一种原始信仰。它实际上是将支配早期人类生活的自然力和自然物人格化,变成超自然的神灵,作为崇拜对象。与世界其他古老民族一样,中国先民们最早的图腾崇拜对象是太阳。在双墩遗址的刻符中就发现了多件不同式样的太阳纹,其中间划出小圆圈,四周刻有放射性直线或三角纹;凌家滩遗址出土玉鹰呈翔翔状,其翼下各携一猪,是为祭天(日)的祭品;尉迟寺遗址瓮棺上刻符一般解释为日、月、山或日、火、山,也可说明尉迟寺人对太阳的崇拜之情。拜火为神,敬祀火神,在原始社会的原始部落里是一种十分普遍的现象。尉迟寺遗址文化现象中也反映出火崇拜的迹象,遗址内的房址包括屋顶在建造后都经过大火烧烤,成为名副其实的红烧土房屋,这种烧烤往往需要多日时间方可完成,可以想象当时的场景是多么的壮观,尉迟寺人在烧造排房的过程中,由火师向火神频繁祈祷也是必然的。

随着原始农业文明的发展,到了五六千年前,自然崇拜出现向以动物为崇拜对象演变的趋势。像山中猛兽虎、熊、豹以及空中的飞禽、水中的游鱼、急速爬行的蛇、千年长寿的龟等往往成为崇拜的对象。凌家滩遗址发现的玉龟、玉鹰、玉猪、玉虎等野生动物造型,其中尤以龟和猪最为重要,在凌家滩人心目中的地位尤为突出。龟灵崇拜在中国传统文化中有着重要地位,除随葬外,以实物龟或用其他材质制作的龟形器,也多用作宗教法器,这在新石器时代遗址中屡有发现。其中凌家滩07M23发现的这件巨型玉石猪可能最能体现出凌家滩文化中的(野)猪崇拜,这件器物发现于一处大墓墓口之上,重88公斤,是目前中国考古中发现的最大、最重的一件猪形雕刻,可能起着镇墓的作用。尉迟寺遗址出土的鸟形神器则反映了当地大汶口文化的鸟图腾崇拜习俗。

灵魂崇拜 灵魂观念是远古时期人们由于不了解自己身体构造及各器官的功能并受梦中景象的影响而产生的一种观念。这种观念以为,思维和感觉不是人们身体的活动,而是一种独特的寓于身体之中而又可以离开身体的精神体在活动。人们因为留恋生命,留恋亲情,便会十分尊敬死者及其死后的鬼魂,并且希望自己或亲人死后,生命仍以另外一种方式或比照人间方式存续下去,即能够在另外一个世界相互"重逢",于是便产生了灵魂不死观念。为了保证逝者灵魂可以重生,在另一世界继续延续其人间的生活,先民们按照自己的生活方式制造了各式各样的随葬品,出现了代表权力和地位的礼器。像凌家滩遗址中的几座大墓,随葬品数量有数百件之多,从器型看多为生活用的实用器,其中不乏一些墓主人生前喜爱之物或常用之器。

祖先崇拜 祖先崇拜是人们在对自身由来的认知中形成的崇拜体系,它既是人类对自身生命现象的神秘化理解,又是对先祖亡灵的崇拜,其产生的前提是灵魂观念的出现与发展。

祭坛是祭祀先人的场所之一,《礼记·祭法》有"除地为墠""封土为坛""掘地为坎"一说。坛即用土石堆砌成一个高出地面的祭坛。祭祀神灵的祭品以献食为主要手段,食物以动物居多。其他祭品包括人牲、玉帛、血祭等。对于这些祭品的处理,主要采取燔烧、瘗埋或灌注的方法。相关遗迹现象在史前安徽的含山凌家滩、蒙城尉迟寺和蚌埠禹会等遗址均有发现。其中凌家滩遗址祭坛发现于墓地之中,面积约1200平方米,位于遗址的最高处,其上发现数个积石圈和祭祀坑。积石圈用大小相同的石块围成一圈,有圆形和近似长方形两种,直径在50~160厘米,可能是用来摆放祭品的位置。祭祀坑多呈长方形,

坑口尺寸不大,内多置小石子,也有少量陶器出土。祭坛中心区域堆积较厚,四周堆积较薄,向西南角倾斜。在祭坛东南角发现红烧土和草木灰的痕迹,可能为祭祀用火之处。祭坛选址考究,以凌家滩遗址地形分析,站在祭坛位置向东南方望去,不仅可以俯瞰整个聚落,还可以每日最先看到太阳的升起。尉迟寺遗址中属于大汶口晚期的祭祀坑共发现4个,其形状与墓葬相近,大小类似于瓮棺葬。坑内多埋有陶器、兽骨、零星人骨、龟甲等,推测与墓葬或房址有一定的联系。各坑一般置1具完整兽类,经鉴定为家猪。禹会村龙山文化遗址祭坛中部有一处火烧痕迹,面积呈东西4米(往西未到尽头),南北2米,烧痕附近有多块磨石存在。从烧痕的迹象判断,在此烧火的时间并不长。从堆积层次分明的夯筑层和层面上的火烧痕迹来看,该迹象应该与祭祀活动或短期内大型的活动有关。

祖先崇拜也可表现对男女性的崇拜上。我国发现最早的母神雕像是新石器时代红山文化中的"东山嘴母神",辽宁牛河梁红山文化遗址也出土有女神雕像。在安徽省双墩遗址发现的陶釜支架多为男性生殖器形状。

2. 宗教仪式用具

鸟型神器 尉迟寺遗址大汶口文化层发现,高59.5厘米,中部直径22厘米。器型像瓶,近似一个大型的长颈背水壶,整体匀称、稳重,主体造型的象形体鸟与附加的抽象体鸟冠饰合为一体,使得整体具有一种神秘感。大汶口文化有鸟崇拜的风俗,鸟型神器应该与鸟图腾有关,而非一件生活用器,应该是一件具有权力的象征物,被部落首领放置在固定位置,在一定场合摆放出来,供氏族成员顶礼膜拜。

七足镂孔器 尉迟寺龙山文化房址内出土,共5件。下为高底座,其上置球形腹,球腹中有三等距小孔,孔径2厘米,底座与球腹中空相通。球腹上立有7个尖足,长20厘米。整器通高42厘米,器型极为罕见。除这5件外,遗址中也发现了大量的锥形足残件,可知当时数量应该更多。这类器物显然非生活实用器,也非一般的随葬器具,应该别有他用。有观点认为,该器是祭祀中所佩戴的族枪,从族枪颈部的开口大小和颈的长短来看,在火师跳神过程中,由于族枪作为火师手中一件法力无边的武器要来回在火中刺杀妖孽,所以为防止烧伤火师的手臂,此器的敞口、长颈正好起到了保护火师手臂的作用。结合尉迟寺遗址中发现的大量红烧土房屋来看,也反映出火在尉迟寺人实际生活中的作用与火神在其心目中的地位。①

3. 卜筮

玉龟及其包含物　凌家滩遗址中先后发现了1套玉龟板、1件玉龟和2套玉龟状扁圆形器。玉龟版由1件玉龟和1件玉版构成,玉版出土时置于玉龟之内。玉龟由背甲和腹甲两部分组成;玉版长11厘米,宽8.2厘米,中部偏右琢一小圆,圆内刻有方形8角星纹,小圆外琢磨大圆,大小圆间以直线平分为8个区域,每一区间内刻有圭形器1个。在大圆外沿圆边对着玉版四角各刻一圭形纹饰。单件的玉龟与玉龟状扁圆形器制作方法相同,均由整块玉石掏制而成,内置1~2枚玉签。

这类仿照龟甲形状制成的高等级玉器,首先与史前时期的龟灵崇拜有关。四灵说在中国历史影响相当久远,由于河图洛书的传说使得龟成为四灵之首。这种以龟为随葬品的习俗广泛分布于史前诸遗址,但多为真龟甲,有的内置小石子。其活动可能与巫师和巫术活动有关,属于在宗教仪式上使用的乐器或法器。凌家滩发现的几套玉龟状器物及其中的包含物,在功用上与前述"响器"有所区别,玉龟版的发现印证了"元龟衔符"、"元龟负书出"、"大龟负图"等记载,对研究中国易经起源和哲学思想有着重要的意义。相传伏羲氏仰观天文,俯察地理,中观人事,受白龟启发,画成八卦之原形。玉龟与玉签这一组合的占卜工具,也从考古学上印证了文献中有关龟、八卦和占卜的史实。表明凌家滩居民已经熟练掌握和运用玉龟占卜的方法。玉龟版同时也可能作为观象授时最初的仪器,是后来栻盘等原型。

二、原始艺术

在原始人创造的神的世界中,显示了他们丰富的幻想和想象力,

---

①　卫斯:《尉迟寺遗址出土"七足镂孔器"的命名及用途》,《中国文物报》2004年12月17日。

于是和原始宗教紧密结合为一体的原始艺术便应运而生了。安徽新石器时代艺术考古资料十分丰富,如薛家岗遗址部分石铲、石刀上绘有花果形图案、空心陶球的表面有锥刺纹组成的美观的几何形图案、汪洋庙遗址枣核形三孔陶埙等均有较高的艺术价值。

安徽境内原始艺术品包蕴着多种内涵和多种功能。其实用功能是主要的,造型优美的陶罐、陶鼎首先是日常生活用具。侯家寨精美的彩陶纹饰是依附在陶器上的,虽有相对独立性,但若完全脱离陶器就失去了意义。薛家岗出土的玉琮、凌家滩玉龟、玉牌、玉勺等玉器,可能为巫师祭祀之器,具有祭祀宗教意义,是神权的象征。总之,这类艺术品虽然表现了原始艺术家娴熟的工艺技巧,甚至有的能与现代艺术品相媲美,但就作品的创作动机和功能看,其实用价值是第一位的。

同时我们也应该注意到原始艺术所具备的审美价值,即使最简陋的工具也顾及用起来方便省力。人们在创造工具的过程中,在满足实用功能的同时,也要求它有悦目的效果,具有一种无目的的目的性,自觉或不自觉地渗入了审美情趣,蕴涵了创作者一定的精神性特性。而这种精神价值一经产生,就必然作为一个客观对象满足人类对它的需要,又进一步丰富和扩展了人类的审美意识和感官功能。如富庄下层出现的镂孔器豆座,就其实用功能看与实心器座完全一样,那为什么着意要造出三角形、圆形镂孔呢?这正体现着原始先民审美意识的觉醒,也许镂空具有一种空灵特征。概而言之,安徽境内出土的原始艺术品首先具有使用价值,但也包含一定的审美价值,因此人类早期社会的物质活动和精神活动是交织在一起的,我们从中可以领略到五六千年前安徽先民们伟大的创造和独特的智慧,并为后来的艺术发展寻找最早的历史渊源。

安徽新石器时代遗址出土了大量的陶器、骨器、石器、玉器等实物,其中许多物品在一定程度上反映了史前居民审美意识的萌芽和初步发展,闪烁着安徽原始先民的艺术风采。

1. 陶器造型艺术及仿生陶塑品

(1)陶器造型艺术

陶器是新石器时代先民的重要文化创造。在整个新石器时代,陶器造型和装饰随着人们对实用功能的认识和审美能力的提高而不断变化。迄今为止,安徽发现距今7000年左右的文化遗址有定远侯家寨下层、蚌埠双墩、濉溪石山子遗址等。出土的陶器制作粗糙、胎厚、火候低、吸水性强;流行三足器、圜底器,基本不见圈足器、平底器。器物造型种类较少,只有鼎、釜、罐、钵、支架等几种,而且各类器型本身的变化也较少。到了距今6000—5000年,安徽新石器遗址明显增多,出现分区和类型的差别。不同区域,不同文化类型的器物造型差异明显。如亳州富庄遗址下层,属大汶口文化系统的一个新的类型,主要器型有镂孔豆、背水壶、盆形鼎、篦形器、矮圈足壶等。侯家寨上层、古埂下层、红墩寺一期文化的陶器多夹砂红褐陶,彩陶装饰发达。器型以三足器、平底器为主,次为圈足器,基本不见圜底器。器物种类明显增多,主要有鼎(罐形、盆形、釜形等)、尊、钵形豆、小平底杯、钵、小口罐、小盅等。皖西南地区以薛家岗遗址为代表的薛家岗文化遗存,器类主要有各式鼎、三足带柄鬶、豆、圈足壶、圈足杯、复合罐形鼎等;巢湖流域以凌家滩遗址为代表的文化遗存,陶器主要有带盖豆、鼎、圈足壶等,1件鸡形器尤其别具特色,泥质灰陶,通体肥胖,器口象征鸡头,腹部两侧有一对泥突装饰,意为变体翅膀,通长30厘米、高20厘米、口径14.8厘米,实用器物拟动物化,栩栩如生,艺术表现手法简明,也是我国史前遗址出土较早的一件"老母鸡"造型。到了距今4000年左右,实用陶器又发生了较大变化,彩陶衰落,器物造型繁复,器表纹饰增多。如亳州富庄上层,器型主要有侈口深腹罐、矮三足鼎、小平底碗等,其文化面貌接近豫东龙山文化造律台类型。江淮地区以古埂上层为代表的文化遗存,主要有罐形鼎、长颈红陶鬶、矮圈足盘、高柄杯等。

从以上粗略的叙述,我们可以看出,在几千年漫长岁月里,安徽各地新石器时代遗址出土的陶器,在造型特征等方面,既有时间上的发展,又有地域性差别。总的说来,早期陶器种类和装饰简单、原始、古朴。晚期阶段,陶器造型丰富多样,陶器纹样也更加精细,富于装饰性。而地域上的造型差别更加明显,反映了不同考古学文化的特色和文化之间的交流与融合。

（2）仿生陶塑品及陶器刻画纹样

仿生陶塑品

近年来在新石器遗址中出土了一些雕塑品。其造型可分为人像和动物两种。

泥塑人面像（图二十－1），汪洋庙遗址出土，夹砂红陶，呈圆柱体，内空直通底部平顶，双面相连，大宽鼻，两眼及嘴略带随意性刻画创作，下缘有7个圆孔，直径6.5厘米、高13.4厘米。

泥塑牛头（图二十－2），汪洋庙遗址采集，夹砂红陶，仅存头部，张口，有角质纹，应为水牛，残长12.5厘米、高8厘米。[①]

人头雕像，双墩遗址和侯家寨遗址均有出土。侯家寨遗址出土的1件脸呈长方形，下部略宽，眉脊粗壮，呈倒八字形，眼、鼻、嘴刻画形象生动，整个面像给人以严肃之感，面长5.8厘米、宽3.4厘米。双墩遗址出土的这件人头像最为著名，它是迄今考古发现最早的人头塑像，保存最为完整，最为准确地反映了人面的特征，同时也反映了原始人民风和人文。

凌家滩遗址出土1件鸡形陶器，通体肥胖，器口象征鸡头，腹部两侧有一对泥突装饰，意为变体翅膀，艺术表现手法简明，栩栩如生。

另外侯家寨还出土2件捏塑陶猪，均残。

1　　　　　　　　　2

图二十　望江汪洋庙遗址出土的艺术品

1. 泥塑人面像　2. 泥塑牛头

---

① 安徽省文物考古研究所：《望江汪洋庙新石器时代遗址》，《考古学报》1986年第1期。

陶器刻画纹样

一般陶器上的装饰纹样在此不论,本文仅指含有特殊意义的刻画题材纹样。这种刻画主要以蚌埠双墩和定远侯家寨遗址为代表,其他只有零星少量发现。

双墩遗址的刻画数量最多,总数达 600 多片。见于器物的口沿、腹部、内壁和底部,以外底部最多见,且主要为低矮圈足器底。口沿上的刻画一般为长短竖相同、竖与点相同的类似数字符号;一些陶碗、钵的腹部有"十"字形刻画。可以看出,把刻画题材刻在器物的隐蔽部位是它的突出特点。

陶器刻画主要有动物类、植物类、符号类、人面像等。

人面像,刻在一陶器腹片上,椭圆形脸,眼、鼻、嘴的刻画简明,似一气呵成,不甚规整,可能为当时原始艺术家的即兴之作。

动物题材的刻画较多,其中动物写实刻画有鱼、猪、鹿、蚕、鸟、虫等 6 种 15 个,以鱼纹和猪纹最多。除了表现鱼的形象外,还刻画了众多的捕鱼工具。猪纹刻画更加生动逼真,有的神态憨实温顺,有的体大肥硕笨拙,从猪的形象看具有家猪特征,表明距今 7000 年左右淮河流域先民已开始驯养家猪。

植物类刻画数量较少,有的像青苗,有的像树干,有的像芽瓣。

刻画符号类是双墩遗址数量最多、内容最为丰富的一种纹样体裁。可分为单体和组合符号类,以及图画记事符号和几何记事符号,它们对探讨中国文字的起源有重要意义。

侯家寨遗址刻画纹样都集中在器物的外底部,据统计有 45 个,有方框形、网状形、太阳形、圆形、鱼形、植物形等。

2. 陶器彩绘艺术

安徽新石器时代彩陶纹样主要发现于侯家寨、双墩、石山子、双古堆、红墩寺、古埂、王大岗、薛家岗和天宁寨等遗址。

从目前材料看,安徽出土最早的彩陶是蚌埠双墩遗址出土的 3 片彩陶。一为钵口沿残片,在泥质橙黄色陶衣上口沿内外,各施 4 条斜线纹组合的血红色彩纹。另两片均为夹细砂橙黄色陶小口双耳壶残片,其一在口沿下及肩部以上施红彩网纹;另一片在口沿下,腹部以上

施重叠菱形纹红彩。其他出土彩陶的年代皆在距今 6000—5000 年，以侯家寨遗址上层(据统计有 300 余片)、红墩寺、王大岗、古埂遗址出土数量较多。彩陶装饰所施器型有钵、罐、盘、豆等，彩绘颜色多为血红色，也有少量的黑彩、棕彩、黄彩和灰彩等。彩陶纹样主要有宽带纹、波浪纹、勾连纹、网纹、三角纹、草叶花瓣纹等。其中以几何形纹饰为主。下面举例说明：

侯家寨的豆盘腹外部绘血红色三角网纹，口径 18 厘米。豆座上绘 3 条宽带纹中间填折线纹的血红色彩，残高 7.8 厘米。敛口钵口沿外侧和腹部各饰 1 条宽带纹，中间有 2 条间断的波浪纹，口径 16.2 厘米。束颈圆腹罐的口沿内外绘宽带红彩，肩腹部绘波浪纹和宽带纹，口径 10.5 厘米。敞口圈足盘里外皆饰红衣，内口沿饰 2 条带状橙黄色彩，外口沿、腹部和圈足底分别饰 2 条和 1 条带状纹，两者之间绘竖条和间断波浪纹，口径 23.5 厘米。敛口圈足盘内饰黑彩，盘内壁上绘 6 组图案，内底饰网纹，口径 23 厘米、高 6.4 厘米。一陶片上绘红色条带纹间断的勾连纹；另一陶片内外有彩，绘红色曲折纹和三角网纹。

其他遗址的彩陶如天宁寨一夹砂红陶片，用乳黄色绘双弧线，其间绘曲折纹。古埂泥质红陶片的器表饰淡黄色陶衣，其上绘草叶花瓣纹黑彩。薛家岗一陶片在白底用棕色绘弧形三角彩图案等。从这些资料看，安徽新石器时代也同样存在一个繁荣的彩陶艺术时代，时间大约在距今 6000—5000 年。它们绝大多数为几何形图案，如三角纹、折线纹、网纹、菱形回纹等。几何形图案是一种最富有变化、做法最易而又能取得较好艺术效果的装饰纹样，最早成型的几何纹饰是饰于口沿外一周的宽带纹，它出现的时间要早一个阶段，而且持续了较长时期，如怀远双古堆和濉溪石山子遗址出土的彩陶，皆是这种宽带纹。到了侯家寨上层、古埂下层阶段，宽带纹不仅饰于口沿，还饰于器物的肩部、腹部，且大多数不是单一使用，而是与其他几何纹形成组合纹样。宽带纹奠定了我国彩陶装饰的基本部位——口沿，也反映了原始艺术家的视觉感受美，因为口沿是陶器上最引人注目的部位。

3. 玉器造型艺术

安徽出土玉器的新石器时代遗址较多,其中以潜山薛家岗、萧县金寨、含山凌家滩遗址所出数量较多,尤其是凌家滩遗址的玉器独具特色,引起了学术界的广泛注意。

凌家滩遗址出土了大量精美玉器,如 M4 就出土玉器 96 件。品种也多,主要有环、璧、镯、扣、龟、勺、斧、管、人像、虎、龙、璜、鸟、珠、钺、饰物,长方形、三角形玉片等。这些玉器制作精致,造型优美,反映了当时制玉工艺水平的高超。有的学者认为,当时已具备了碾磨切削、勾线阴刻、几何与动物形图案的阳线浮雕、钻孔和抛光等多种琢磨技术,并且已运用了旋转的机械工具琢磨复杂的器型和花纹,用杆钻钻孔采用两面对钻或一面钻法,以及钻孔可以拐弯的特殊钻法。其中许多玉制品虽然形制不同、功能不一,但从审美角度看都有着惊人的艺术魅力。现略举几例如下:

玉人,共 6 件。灰白色,方脸,长眼粗眉,蒜头鼻,两个耳穿孔,大嘴,上唇留短须。头戴扁冠。冠上饰两排方格纹,冠中间有三角形小尖顶,脑后刻 4 条横线,似与冠饰有关;两臂弯曲于胸前,腕部饰弦纹,表示戴有环饰;腰部饰 1 周斜线纹,表示饰有腰带;背部钻 1 对隧孔;直立,赤双足,刻五趾。通高 9.6 厘米、最宽处 2.2 厘米、最厚处 0.8厘米。整个作品匀称和谐,雕刻细腻而生动,一个雄壮的男子仿佛就站立在眼前。这是我国新石器时代少见的人体全身像。

玉璜,一端琢一兔头,眼为一钻孔,形象逼真。璜两端各对钻一小圆孔。长 18 厘米。

虎形饰,带玛瑙红的灰白色透闪石琢制。狭长扁圆条形,一端琢一卧虎,另一端残。长 21.6 厘米。

刻纹玉饰,两面磨光,平面为不规则形。上部两面各对钻一圆孔。中部琢成菱形凹槽,槽中钻孔。左端刻两组直线、波折纹。长 8.9厘米。

4. 原始音乐

安徽地区远古的艺术家们也显露出音乐才华。原始音乐,由声乐和器乐组成,声乐可能起源很早,器乐的出现与狩猎等生产劳动有着

直接的联系。然而,随着历史的演进,它早已被淹没于历史的长河之中,今天我们已无法直接了解它的全貌了。但安徽许多新石器时代遗址中都出土有陶球、陶埙。如杨家嘴遗址出土的陶球,身着"十"字纹针图案,内装泥丸,摇动有声;薛家岗遗址也出土有摇之有声的陶球;汪洋庙遗址出土陶球3件,中空、内有泥丸,摇之有声,饰圆形镂孔和篦点纹。陶埙1件,枣核形,顶部和两侧共有3孔,顶孔和两侧孔相通;尉迟寺遗址发现有陶铃、陶埙等。以上材料充分证明,远在五六千年前,安徽先民已使用一些简单的吹奏和摇奏乐器。

第三章
夏商时期的安徽

夏商时期,安徽绝大部分地区应为中央王朝间接控制区。商代后期征伐夷人,可能已深入江淮一带。夏、商王朝的兴灭都与安徽地域关系很大。夏之兴始于禹会诸侯于涂山,一般认为涂山即今怀远涂山。可能是为了获取南方的资源与控制交通要道,禹封皋陶之后于今天的六安及附近地区,即英与六国。淮河流域暨江淮一带还是大禹治水、征伐三苗的重要地区。夏亡,夏桀又逃于江淮之间的南巢。商之兴起之地南亳与皖北地区毗邻,商代中期征伐的虎方可能在江淮一带,而甲骨文所记商朝晚期征伐的人方,矛头所指,主要是当时分布于淮河流域的淮夷,大略可对应文献记载的"纣克东夷而陨其身",其时东夷包括淮夷。文献相关记载,在江淮地区及皖西一带都得到一定程度的考古学印证。皖南地区文献基本没有涉及,考古学文化上既有商文化因素的影响,也可以看到宁镇湖熟文化的影子。

第一节　夏代安徽史迹考述

一、夏代安徽历史概述

在夏王朝兴起过程中,安徽的地位和作用相当重要。大禹之子启之所以能够推翻传统的由各部落酋长共同推选部落联盟首领的禅让制,而代之以家天下的王位世袭制,建立我国历史上第一个王朝夏,客观原因固然是社会发展的结果,但主观因素却是由于大禹通过治服洪水、征伐三苗等建立了不朽之功,又乘势大会诸侯于涂山,使天下诸侯(指当时的方国部落)归心于夏后氏并臣服于禹,从而导致禹死后诸侯们不去拥戴原定的接班人伯益,而是拥戴大禹之子启称王。在这个过程中,安徽的地位和作用都很特殊。

安徽淮河流域是大禹治水的重要区域。文献记载禹的都城在阳城,阳城在今河南登封一带,大禹沿汝、颖二水南下治理淮河一带的水患,无疑是信史。所以,至今安徽沿淮一带还留传下来有关大禹治水的一系列遗迹和传说。特别是文献记载,禹在治水过程中娶涂山氏之女为妻,生子启。涂山在今安徽怀远境内,涂山氏即在这一带。这更是安徽作为大禹治水的重要地区的有力证明。

大禹所征伐的三苗之地望,在今长江中游的洞庭湖、鄱阳湖之间和江淮一带,所以禹征三苗建立奇功,也与安徽关系密切。

大禹乘着治服洪水和征服三苗的威势,就近在他的妻族涂山氏所在地"大会诸侯",四面八方的方国部落首领携带玉帛之类的礼品前来与会,纷纷拜倒在大禹的脚下。防风氏首领后至,被大禹所杀。涂山之会是天下归心于禹的盛会,也是禹树威立信的盛会。禹死后,诸侯们继续拥戴他的儿子启,废除了原始的氏族制度,建立了夏王朝。从一定意义上来说,在今安徽召开的涂山之会催生了夏王朝,促成了中国历史由原始社会进入阶级社会,由野蛮时代进入文明时期。

夏代是我国最早的奴隶制国家。孔子说:"殷因于夏礼,所损益可知也;周因于殷礼,所损益可知也。"①这里的"礼"就是指进入阶级社会后,维护当时贵族等级的一整套制度和礼仪,说明夏代已初步形成了这样的礼制。

夏启建立夏王朝,又镇压了反抗的有扈氏,巩固了统治。不久他便沉迷于"淫湎康乐"。启死后太康继位,先后平定了"五子之乱"(即太康的5个兄弟争夺王位的内讧)和武观的叛乱。但不久便因东夷的反叛而导致"太康失国"。后羿取得政权不久,自恃善于射箭的本领,只顾自己田猎游乐,结果被他所信任的伯明氏的寒浞所杀,夺取了政权。从"太康失国",到"少康中兴",经过仲康、相、少康三代与东夷族团约40年的反复斗争,夏王室才夺回了统治权。这是夏代早期的大致情况。

从少康到孔甲时期是夏代中期,这是夏王朝的发展时期。少康知民疾苦,重视生产,治理水患,从而使社会经济发展较快。其子杼即位后,善制兵甲,武力强盛,征服了东夷各部直至东海之滨,还都伊洛之间,使夏王朝达于极盛。此后经历五代六王,夏王朝基本上处于稳定发展时期。

从孔甲至夏桀统治时期属于夏代晚期,也是夏王朝走向衰败灭亡的时期。《史记·夏本纪》说:孔甲"好方鬼神,事淫乱,夏后氏德衰,诸侯畔(叛)之。"《国语·周语下》则记载"昔孔甲乱夏,四世而陨"。

夏王朝直接统治的区域,主要是黄河中下游地区。当时的安徽地区,主要属于包括淮夷在内的东夷分布区,是夏王朝的间接统治区。根据文献记载,淮夷是皋陶的后裔,皋陶是与尧、舜、禹齐名的上古四圣之一,是中国的司法鼻祖。皋陶部落在夏代之前已迁居安徽一带,禹娶涂山氏女并大会诸侯于涂山的涂山氏很可能便是皋陶族氏,他的少子被夏王朝封为六国诸侯,六国即在今安徽六安市一带。

有夏一代的大部分时期,王朝都在为控制包括安徽在内的东方地区而与东夷作斗争。夏代早期,双方斗争激烈;中期,双方关系转为密

---

① 《论语·为政》。

切;晚期,特别是夏桀统治时期,夷夏关系急转直下,东夷发生大规模叛乱。夏桀虽然曾一度平定有缗氏的叛乱,但却导致天下离心,引起更多的叛乱,遂导致"桀克有缗以丧其身"。①

夏的灭亡,亦与安徽关系密切。夏桀在鸣条被商汤击败后,向南逃奔,被流放于南巢,最后死于南巢。南巢的地望,一般都认为在今安徽巢湖市境内,一说在今安徽寿县东南。夏桀之所以逃奔南巢,便是因为这一带曾经是夏人以婚姻为纽带结成牢固的政治军事联盟的地方,又是夏禹大会诸侯、一统四方、催生夏王朝的地方。

多年来安徽的考古发掘成果,可与上述分析相印证。安徽江淮地区相当于夏朝时期的文化遗存大致可分为三期:第一期以寿县斗鸡台T1⑦~⑨层、T2⑥~⑧层、含山清溪中学 T1③层等为代表;第二期以寿县斗鸡台 T1 和 T2⑤、⑥层为代表;第三期以寿县斗鸡台 H2、T1④层,霍邱红墩寺 T1、T2、T3③层,含山大城墩 T1⑥层、T2⑥层、T5⑧层、T17⑨层,潜山薛家岗 H25 层为代表。上述分布于寿县和含山一带的遗存,与文献记载的六国和南巢是可以对应的。

从文化类型来分析,江淮一带的文化遗存主要属于斗鸡台类型和大城墩类型,以及以薛家岗遗址 H25 为代表的文化遗存。斗鸡台类型分布范围主要包括六安、寿县、霍邱及淮南市等地,与六国的地望(包括其辐射的地区)是大体相符的。其文化特征既承袭了当地龙山文化传统,又深受被公认为夏文化的二里头文化和属于东夷文化的岳石文化的影响。这些与六国的来源及其与夏、东夷的关系都是一致的。

大城墩类型主要分布于东南部巢湖水系区,包括滁河上游地区,如含山、和县、巢湖、肥东、肥西、合肥、全椒等地,与南巢的地望(包括其辐射的地区)也是大体相符的。其文化特征,除了当地的因素外,主要是受到作为夏文化的中原二里头文化的影响,同时也受到了南方湖熟文化的影响。这说明南巢与夏王朝的关系一直是较为密切的,同时也自然地受到附近地区文明程度高于自身的文化的影响。

夏代安徽的社会经济发展较之于夏王朝直接控制的中原地区落

————————

① 《左传·昭公十一年》。

后。除了少数方国、部族有可能进入阶级社会外,大部分地区应还处于原始社会后期。农业是该地区当时的基础经济部门,家畜饲养是其重要的经济补充。同时,捕捞渔猎和采集在当时的经济生活中仍占有较为重要的地位。手工业生产主要以制陶和石器制作为主,青铜器有零星发现。含山大城墩遗址相当于龙山文化晚期的地层中发现1件青铜小刀,是目前安徽出土最早的青铜器。肥西大墩子遗址出土的单扉铜铃,与二里头文化三期出土的铜铃相似。此外,在一些遗址中还发现有玉器。

夏代的交通和文化也都获得了一定程度的发展。

二、大禹治水及其在安徽的传说

根据对古气候的研究,在长达数千年的仰韶温暖期①内的数百年间,黄淮海平原曾有一次气候波动,形成一个低温时段。这与此时期欧洲冰川扩张气候转冷是一致的。此后的气候回暖,带来了雨水暴降,以至尧、舜、禹时期"洪水横流,泛滥于天下"。自然环境的恶变,促使人们奋起抗争,治服洪水,努力发展农业生产,从而走出洪荒,迈入文明。

1. 大禹治水概况

传说在尧舜时代,中华大地上滔天的洪水淹没了平原和洼地,只剩下一处处的丘陵岗阜露于水面,人们避居其上,身受洪水围困,生活极为困难。有崇氏部落酋长崇伯鲧受命主持治理洪水。鲧大兴徒役,筑九仞(一仞为8尺)之城(堤),采取"堵"的办法,企图拦截洪水。结果暴涨的洪水将堤溃决,造成了更大的灾难。治水9年,终未成功,因而遭到惩罚,被殛死于羽山(在今山东郯城东北)之下。

鲧死后,其子禹被推举继续领导治水大业。禹左手持规矩,右手握准绳,首先对各地水情进行勘探和考察。在此基础上,他顺应我国西北高、东南低的地势,因势利导,领导人民将洪水由高处疏导向低

---

① 即全新世温暖期,是最后一次冰期结束气候回暖所致的温暖时期,国外通常称大西洋期。在我国,因此期涵盖了仰韶文化时期,故名。

处,使之汇聚于河川及低凹之地,最终流入大海。

在治水过程中,禹亲持耒耜,身先士卒,风餐露宿,奋战洪水。在外治水13年,其中有3次经过自己的家门,也顾不上看看自己的娇妻(涂山氏之女)和出世后尚未见上一面的爱子(启)。经过长期治理,终于解除了水患,人们纷纷从岗阜陵丘迁居到平原,开垦那些肥沃的土地。

禹领导人民治服洪水,发展农业生产,得到了人民的拥护,博得了众多部落首领的支持,被拥戴为“夏后氏”,成为诸夏之族的最高君长。后来,随着禹被神化,“维禹之绩”被不断夸大,不仅祖国的美好山川都被称颂为“维禹甸之”,而且茫茫九州大地也都被冠之以“禹迹”。其实,大禹领导的十多年的治水壮举当不出黄河中下游以及淮河流域。

2. 安徽境内大禹治水的传说与遗迹

《尚书·禹贡》记载禹“导淮自桐柏,东会于泗、沂,东入于海”。说明安徽淮河流域,尤其是淮北,是大禹治水的重要地区。由于当时尚无系统的文字记载,所以大禹治淮的事迹只能通过口耳相传的方式流传下来,并且自然而然地附会了神话的成分。

在淮河的源头桐柏山一带,流传着关于大禹镇服水妖无支祁的故事。据说大禹在这里遭遇大风、大雷雨,石头和树都嚎叫起来,不能施工。大禹召集百神计议,囚禁了治水不力的鸿蒙氏等,令应龙等捉到了兴风作浪猕猴样怪物无支祁,迫令他帮助治水。最后用铁索将他锁在盱眙邑(今江苏盱眙县,此县原隶安徽)龟山脚下的一口深井里,让他永远镇服淮水。

在淮河中游的安徽怀远一带有关于大禹开通荆、涂二山的传说。《水经·淮水注》说,淮水出于荆山之左、当涂山(即涂山)之右,“奔流二山之间”。又引《图经》说:荆山和涂山原来是相连的,因为挡住了淮河的水流,禹将它凿开,以通淮流,从而分为两座山。荆、涂二山之间的峡口,为淮河“三峡”之一。

与此相联系的是,大禹在此治水时,“娶涂山氏女”,随即外出治水。涂山氏生子启。《史记·夏本纪》等文献对此多有记载,司马贞

《索隐》说"涂山在寿春(今寿县)东北",即今怀远县境内的涂山(又称当涂山)。又说禹所娶"涂山氏女,名女娲"。《水经·淮水注》引《吕氏春秋》还说:"禹娶涂山氏女,不以私害公,自辛至甲四日,往复治水,故江淮之俗,以辛、壬、癸、甲为嫁娶日也。"就是说,禹并不因为自己与涂山氏女新婚燕尔而耽误治水的公事,婚后的第四天就外出治水,所以江淮一带由此形成民俗,以辛、壬、癸、甲(此为天干记日序数)为男婚女嫁的好日子。今本《吕氏春秋》虽无此记载,但其《季夏纪·音初篇》却有另一段更为动人的说法:大禹在治水的过程中,在这里见到涂山氏女,两情相悦,但是大禹因为要往南方考察水情,没有成婚便匆匆分开了。涂山氏女思禹心切,派侍女在涂山南坡日夜等待心上人归来。等啊,等啊,她将自己等候心上人的焦急和无奈化作柔情,创作了一首题为《候人兮猗》①的歌谣,这首歌渐渐成了南方流行的民歌,后来西周的周公和召公到南方采风,采用了这首民歌作为《周南》《召南》的素材。看来,这两件发生在今安徽怀远境内涂山一带的事都是有根有据的。合理的解释只能是:大禹见涂山氏女及此女等候作歌在先,而成婚及成婚之后即匆匆离去之事在后。

《左传·哀公七年》载:"禹合诸侯于涂山,执玉帛者万国。"大禹治水成功后,在涂山大会诸侯(当时各地部落首领),各地诸侯携带玉帛等礼品前来参加的有万国之多。防风氏首领误期后至,竟被大禹所杀,以肃纲纪。

清嘉庆年间出版的《怀远县志》说,禹会村旧有禹帝庙,又称禹帝行祠,建于南宋宝祐六年(1258)。涂山之巅有禹王宫,又称禹王庙。据元大德年间(1297—1307)学正吴文魁《重修禹王庙记》所述,禹庙在唐以前即已存在。唐高宗时,江南巡抚狄仁杰毁吴楚淫祠,"禹庙巍然独存",庙内现有禹王殿、启母殿等建筑。在这里每年都要举行隆重的禹王庙会。此庙会历史悠久,来源于自古以来对大禹的祭祀活动,是淮河流域最大的庙会。每年农历五月二十八日,四乡八里的群众扶

---

① "候人兮猗"与今江淮方言仍对应,今江淮一带等候人仍说"候人","兮猗"为上古歌唱中的常见虚词,其中"兮"在楚歌中常见,相当于今语中的"啊",将这四字对应今语,就是江淮方言"候人啊"。这从语言学上证明大禹会诸侯于涂山的地望在此处。

老携幼,涌向涂山,至禹王宫秉香祝祷,祈求风调雨顺、五谷丰登。届时,钟鼓齐鸣,热闹非凡,反映了古朴的民俗风情。

禹庙之壁所存北宋苏轼《濠州七绝·涂山》诗碑云:"川锁支祁水尚浑,地埋汪罔骨犹存。樵苏已入黄熊庙,乌鹊犹朝禹会村。"这首诗较好地概括了上述的一些故事。"川锁支祁"是指大禹降服、捉拿并锁住怪物无支祁。诗中的"汪罔"即防风氏,为汪罔之君,因涂山之会时迟到,被禹所杀。黄熊庙,即鲧庙①,鲧因治水失败被杀,但人民仍纪念他,为之筑庙,并上贡品。"朝禹会村"是指上述广大人民对禹王庙(村)的大规模祭祀活动。

禹王宫西南有石,形如妇人正襟危坐、极目远望,名启母石,又称望夫石,乃源于启母登山望夫的传说。离此不远,原本还有"防风冢"等胜迹。

除怀远外,沿淮有关大禹的传说还有多处。例如:在凤台境内有禹王山。此处有东西硖石山,其峡口亦为淮河"三峡"之一。据传,大禹开硖石山以通淮水,山崖上仍遗留"疏凿旧迹"。《凤台县志》记载说,硖石口旧有禹王庙,"层楼杰阁,耸峙干霄",为凤台的著名景点。

还有,淮河于五河县穿过第三峡口浮山峡后,在今江苏盱眙东北的洪泽湖边的甘泉山和圣人山之间有圣人湖,相传就是大禹烧山凿石为开挖禹王河导淮入江的地方(北宋以前,淮河是独流入海的,此处"导淮入江"显系后来传说之误)。"圣人山"、"圣人湖"之名当亦来源于大禹治水的传说。

有趣的是,《后汉书·郡国志》于"东阳县"(今天长一带)下注引《博地记》说,此处有一种草名"薜",其所结之实"食之如大麦",称"自然谷"或"禹余粮"。显然,"禹余粮"之称,亦当与大禹长年在外治水,有时不得不采食此"薜"充饥的传说有关。

如今大禹治水的精神已融入中华民族血脉之中。史载禹全身心投入治水事业,不辞劳苦,珍惜光阴。《庄子·天下篇》记禹常年奔波

---

① 据传:鲧被杀时,"化为黄熊,入于羽渊"。另外,禹治水时,也曾化为黄熊。黄熊之"熊"原文为能下三点,并非四点。汉人误释为三足鳖。其实"黄熊"即黄龙,龙为夏后氏之图腾,为鲧、禹之神形。详见李修松《夏部族图腾考》,《学术界》1993 年第 4 期。

操劳,"沐甚雨,栉疾风"。《尸子》记禹长期跋涉于泥泞之中,以至"足不爪,胫无毛,生偏枯之病,步不相过"。《列子·杨朱》说,由于禹长期行走于泥水之中,以致"身体偏枯,手足胼胝(意即身患严重的风湿病,手足长满老趼)"。《孟子·离娄》记他忙于治水,劳身焦思,十三年在外,"三过家门而不入"。成语:"栉风沐雨"、"胼手胝足"、"爱惜寸阴"、"过门不入"等,都出于大禹治水故事。

3. 淮河流域是大禹治水的重要区域

上述传说和故迹均为大禹领导淮河流域人民治水的历史提供了有力的佐证。当时,禹的势力中心在汝、颍上游及河洛一带,他沿颍水南下至淮河之畔治水,就地娶涂山氏女,以婚姻为纽带与东南夷人结成政治、军事联盟,从而有效地予以控制,为建立夏王朝打下了坚实的基础。因此,治水成功后,禹才能有在涂山大会诸侯、"执玉帛者万国"的盛举。涂山之会树立了声威,确立了禹在诸侯中的统帅地位,是诸侯归禹的标志。后来,夏王朝的亡国之君之所以流亡到这一带的南巢(今安徽巢湖市境),与该地原是夏的联盟也是分不开的。

淮河流域在上古时期低洼潮湿,水泽遍布。平行入淮的支流相当密集,仅《水经注》所记,淮北平原就有大小支流19条,均自西北向东南注入淮河,其中著名的就有汝、颍、沙、睢、泗等五大支流。每条支流又分出众多的小支流并连贯无数的湖泊泽薮。例如:流经安徽的汝水有澄、醴、沃、大隐、泜、湛诸水;睢水有汜水等较大的支流。而且,支流的支流又连接更小的支流,如颍水分支洧水支流又有潢、溱等水。在河流支津之间的凹地,又形成一个又一个浩瀚的湖泊大泽。例如在今宿县东北有胡泽(直到秦汉时,这里犹有大泽),亳州西北有汋陂(后来的名称),再往江苏沛县方向又有沛泽等。这些泽薮面积之广,动辄数十百里。可以说,当时淮河流域水泽纵横,再加上那时无堤束水,河流与沮洳薮泽相连,往往浩瀚汪洋,漫澷无际。《管子·揆度》篇说"共工之王,水处者十之七,陆处者十之三",确实反映了上古时期的实情。

这个时期该流域的人口还相当稀少。河间平原草莽丛生,低山台地茂林遍布;水泽之中鱼跃鳖浮,林莽地带鸟翔兽集。根据对有关这个时期的考古资料分析,各个原始部落的聚居点稀疏地散布于水泽岸畔的台地或丘岗之上,人们手持木器和石器就地披荆斩棘、焚林造田,开发聚居点周围的土地,发展农业生产,辅之以畜牧、渔猎和采集。这从该时期遗址中出土的扁平穿孔石铲、石斧、石锛、石凿、半月形石刀等农具和石镞等狩猎工具、动物骨骼以及鱼钩之类的渔具等,可以看得出当时先民们的生活状况。

根据当时的生产力发展水平,说大禹领导人民开山凿河,疏导淮河流入大海,显然是战国时《禹贡》等书的作者根据那时开凿运河、兴建大型水利工程的技术水平对古人所作的一些附会。但是大禹治水毕竟是有充分根据的。新发现的西周中期青铜器《遂公盨》铭文有"天命禹敷土,随山浚川,乃差地设征",与《尚书·禹贡》所记"禹敷土,随山刊木,奠高山大川",以及《尚书·益稷》所记"禹别九州,随山浚川,任土作贡"等印证。《论语·泰伯》说"禹卑宫室尽力乎沟洫";《韩非子·五蠹》说禹"身执耒臿,以为民先";《国语·周语下》说禹治水,"高高下下,疏川导滞,钟水丰物"。这些材料说明,大洪水经尧舜时期的长期肆虐,已随着气候的逐渐稳定而渐次退往大海。作为原始社会末期部落联盟首领的禹,亲执耒耜,适时率领人民疏导积水汇入一处处洼地,顺应我国西北高、东南低的地势,再将一处处洼地之水疏通入河,使积水通过河道入海。在此基础上,开挖沟渠,发展了原始的沟洫农业,促进了淮河流域的经济开发,从而促进了社会的发展。

至于大禹治水的神化传说,则是上古中国人民战胜自然的一种象征,它将永远鼓舞着后世人民与大自然作斗争。

三、禹征三苗

《战国策·魏策一》云:"昔者,三苗之居,左彭蠡之波,右洞庭之水,文山在其南,而衡山在其北,恃此险也,为政不善,而禹放逐之。"说明大禹时,三苗的居地,从中原面南而言,其左为彭蠡之波,右为洞庭之水,北面有衡山之屏,南部有文山之障。三苗恃此四方之天险,为政不善,最后遭到大禹放逐。"彭蠡"即今之鄱阳湖;"洞庭"即今之洞庭湖;"衡山"显然不是今湖南之衡山,而是今安徽潜山境内的天柱山,

此山古名衡山,是隋代以前五岳之一的南岳;虽然文山的确切地点尚需进一步考证,但当时三苗的活动范围大体可知,应在今长江中游的两湖之间以及安徽江淮一带。《史记·五帝本纪》说尧时"三苗在江淮、荆州数为乱",所言范围正好相符。三苗是当时南方苗蛮集团的一支,三苗之"三"乃言其部落众多,犹言九夷之"九"。《山海经·海外南经》记有"三苗国",一作"三毛国",毛即苗,古音相通。

尧舜禹时都曾征伐三苗。《史记·五帝本纪》记尧时"三苗在江淮、荆州数为乱,于是舜归言于帝……放驩兜于崇山,以变南蛮;迁三苗于三危,以变西戎"。《山海经·大荒北经》:"颛顼生驩头,驩头生苗民。""驩头"即"驩兜",应为苗民首领或苗民首领之徽号。《尚书·尧典》亦记有"窜三苗于三危"。崇山即今河南登封境内的嵩山一带;三危,一般认为在今甘肃敦煌附近,一说在四川岷山一带。这是关于尧时征伐三苗的记载。

关于舜时对三苗的处置,有两种截然相反的记载。一说舜以德服三苗。《韩非子·五蠹》:"当舜之时,三苗不服,禹将伐之。舜曰:'不可。上德不厚而行武,非道也。'乃修教三年,执干戚舞,有苗乃服。"《吕氏春秋·上德》亦有类似记载。《荀子·赋》誉之为"干戈不用三苗服"。对此,我们稍加分析就可得知,在当时部落联盟的条件下,这是不可能的。显然,这是战国时期某些思想家为了宣扬以德服人的思想而杜撰出来的。

一说舜时再次征伐三苗。《战国策·秦策》记"舜伐三苗"。《左传·昭公元年》记"虞有三苗"之患。《礼记·檀弓下》记"舜葬于苍梧之野"。郑玄注:"舜征有苗而死,因留葬焉。"说明舜晚年征伐三苗,死于并葬于苍梧之野。

禹时彻底击败三苗。《墨子·非攻下》:"昔者,三苗大乱,天命殛之。日妖宵出,雨血三朝。龙生于庙,犬哭于市。夏冰,地坼及泉。五谷变化,民乃大振。高阳乃命玄宫,禹亲把天之瑞令,以征有苗。四电诱祇,有神人面鸟身,若瑾以侍,搤矢有苗之祥。苗师大乱,后乃遂几。禹既已克有苗焉,磨为山川,别物上下,卿制大极,而神民不违,天下乃静。此则禹之所以征有苗也"。大意是说:那时三苗遭到"夏冰,地坼及泉"等特大自然灾害,大禹认为"天命殛之",乘机发动对三苗的大规模讨伐,彻底打败了三苗,从而恢复了部落联盟的秩序,使天下安定。《墨子·兼爱下》记"禹曰:'济济有众,咸听朕言:非惟小子,敢行称乱。蠢兹有苗,用天之罚。若予既率尔群对诸群,以征有苗'。禹之征有苗也,非以求重富贵、干福禄、乐耳目也,以求兴天下之利,除天下之害,即此禹兼也。"记载了禹征三苗前对军队的激励,说明禹征三苗是替天下除害兴利之举。

文献记载,三苗的风俗习惯与华夏集团不同。《淮南子·齐俗训》:"三苗髽首,羌人括领,中国冠笄,越人劗鬋,其于服,一也"。"髽首"即以枲麻束发,与中原冠笄不同,由此可见双方风俗不同之一斑。《尚书·吕刑》记云:"苗民弗用灵,制以刑,惟作五虐之刑,曰法。杀戮无辜……皇帝哀矜庶戮之不辜,报虐以威,遏绝苗民,无世在下。"这里的"苗民弗用灵",《墨子·尚同》作"苗民否用练","练"即"灵",二字为通假字。徐旭生先生释此"灵"即巫①,指当时的巫教。说明三苗与华夏集团的巫教不同,不采用华夏之巫教,进而制作五种酷虐之刑,杀戮不辜,故此遭到上天的惩罚。说明,双方的战争起因虽然不外乎三苗不服从部落联盟的统治,遂导致讨伐,乘机占其土地,掠其人口等原因外,风俗习惯的不同,乃至宗教方面的冲突,也可能是导致讨伐战争的重要原因。

四、涂山氏与涂山之会

《史记·夏本纪》云:禹"娶涂山",生子启②;《左传·哀公七年》记云:"禹会诸侯于涂山,执玉帛者万国。"③说明涂山是大禹娶妻生子、大会诸侯的重地,是禹之妻族涂山氏的居地。《史记·夏本纪》司马贞《索隐》解释说:禹所娶"涂山氏女,名女娲",可证。

涂山氏的地望,《楚辞·天问》洪兴祖补注引苏鹗《演义》云:"涂山有四:一者会稽(今浙江绍兴);二者渝州(治今重庆);三者濠州(治

---

① 徐旭生:《中国古史的传说时代》,广西师范大学出版社,2003年。
② 《尚书·皋陶谟》《吕氏春秋·音初》《楚辞·天问》《列女传》等亦有记载。
③ 《尚书·益稷》等亦有记载。

今安徽凤阳);四者《文字音义》云:菗山古国名,夏禹娶之,今宣州(治今安徽宣城)当涂县也。"其中,宣州当涂县即今安徽马鞍山市当涂县,乃东晋时淮滨当涂县(今安徽怀远县)居民流亡至江南于湖县(今芜湖市)境而侨置的。故此说显系附会。其他三说各有所据。

会稽说。《说文》:"菗,会稽山也。"菗即涂。《越绝书》卷八:"涂山者禹所娶妻之山也,去县五十里。"即今浙江绍兴境内的会稽山。《吴越春秋·越王无余外传》也主此说。

濠州说。认为涂山即今安徽怀远境的当涂山。《水经·淮水注》引《吕氏春秋》:"禹娶涂山氏女,不以私害公,自辛至甲,四日,复往治水,故江淮之俗,以辛、壬、癸、甲为嫁娶日也。禹娶在山西南;县,即其地也。"今本《吕氏春秋》虽无此文,但其《季夏纪·音初》篇云:"禹行功,见涂山氏女,禹未之遇而巡省南土,涂山氏之女乃令其妾待禹于涂山之阳。女乃作歌,歌曰'候人兮猗',实始作为南音。周公及召公取风焉,以为《周南》、《召南》。"此处记载完全可以与本书的佚文相印证。主此说者,还有《帝王世纪》、《说文》、《左传·哀公七年》杜注、《水经·淮水注》及《江水注》。《汉书·地理志》于九江郡当涂县下亦注云:"应劭曰:'禹所娶涂山,侯国也,有禹墟。'"

渝州说。又称巴郡江州说。认为涂山在今四川重庆江北县。《水经·江水注》:"江水北岸有涂山,南有夏禹庙、涂君祠,庙铭存焉。"

此外,近人还有认为涂山即三涂山。如闻一多《天问疏证》和顾颉刚《古代巴蜀与中原的关系说及其批判》均主此说①。《左传·昭公四年》:"四岳、三涂、阳城、太室、荆山、中南,九州之险也。"杜预注认为三涂山"在河南陆浑县南"。《逸周书·度量解》之"我南望过于三涂,我北望过于有岳";《史记·周本纪》之"我南望三涂,北望岳鄙";《左传·昭公七年》之"晋侯使屠蒯如周,请有事于雒与三涂";这些记载中的"三涂"均在今河南嵩县。顾颉刚认为:"大约就是熊耳山的东南。"

以上诸说之中,怀远涂山说有《吕氏春秋》的记载,时间最早,并

---

① 《论巴蜀与中原的关系》,四川人民出版社,1981年。

且此书还记有江淮民俗与"实始作为南音"的"候人兮猗"为证，证据最为确凿，汉唐间主此说者也最多。再结合"禹巡省南土"、"禹南省"等记载来看[①]，此说是可信的。今涂山一带尚有许多关于大禹传说的遗迹，诸如"禹会村"、"黄熊庙"、"防风冢"、"启母石"、"禹王宫"等也可作为佐证[②]。

　　更为重要的是，今怀远涂山之下有"禹墟"。北魏郦道元《水经注》于"淮水东过当涂县北"句注云："禹墟在山西南县即其地也。"此处所言之"山"无疑是指涂山，"县"当然是指当涂县，地当今怀远县。涂山又作塗山。《汉书·地理志》颜师古注于"九江郡"之"当塗"县条下引东汉人"应劭曰：'禹所娶塗山侯国也，有禹墟'。"可见古当塗（涂）今怀远涂（塗）山之下的"禹墟"见之于东汉应劭和北魏郦道元《水经注》的记载。禹墟附近有"禹会村"，最晚也见之于北宋苏轼《濠州七绝·涂山》之诗（此诗还记有"黄熊庙"等古迹，详见本章"大禹治水及其在安徽的传说"部分）正好与先秦文献记载的"禹会诸侯于涂山"之"禹会"对应。这些是上述其他诸说证据所无法相比的。涂山氏是分布在这一带的部落族氏（方国）。今涂山一带有不少新石器时代晚期遗址。其中涂山之南的禹会村之禹墟有一处大型遗址[③]，尽管曾因治淮工程破坏严重，但至今仍有 50 万平方米的面积。从出土器物看，其主体属于山东龙山文化在这一带的地方类型，也有河南龙山文化的器物。最近，中国社会科学院考古研究所在此发掘，揭示出属于这个时期的约 2000 平方米、厚度约 2 米的呈南北向的长方形大型夯土建筑遗址，在此遗址的南部核心部位有一凸起的方形土台，直径 1 米，为整个遗址的重要组成部分。在紧邻方形土台的西北方，分布有人工做成的一条条规整的小沟（土壤已被烧结），沟内残留有木炭，我们判断应是当时燎祭（祭天）的场所。在方形土台的西边与北边都分布有大型灰坑。在其周边还分布有一些祭祀坑（内有成批陶器），特别是在方形土台的南北成一直线分布有 20 多个长方形小灰坑（内

① 《吕氏春秋·季夏纪·音初》；《淮南子·精神训》；《吕氏春秋·恃君览·知分》。
② 详见本章《大禹治水及其在安徽的传说》。
③ 按：早在《汉书·地理志》注和《水经注》中便有禹墟的记载。

有个别陶器）。每个土坑的一端都有一个圆柱形遗存。它们与方形土台构成一条中轴线，向北正好对着涂山的山前。新发现的禹墟，是一幅大型祭祀遗址全景照。这样一处大型祭祀遗址，在目前的龙山文化遗存中还是首次发现。而且从此处清理的器物来看，多非生活用器，而是祭祀用器。既有龙山文化器物，也有周边多种文化器物。特别是出土有高规格的白陶鬹和黑陶杯。说明此处夯土遗存当与正在形成中的公共权力标志性建筑有关。与涂山氏及涂山之会的地望、时代及文化特征都是吻合的[①]，是涂山氏方国在此处的力证。在离此不远的固镇马楼南城孜还发现面积 20 万平方米的同类遗址[②]，很可能是涂山氏居民活动的遗存。遗址都用白土铺垫，白土下有一层黄土，黄土下有一层灰土。在一些地方，白土之上还铺有一层土。

还有，大禹征伐三苗的地望，在今长江中游的两湖之间至安徽江淮一带。他乘征三苗大胜之威就近在今怀远境的涂山一带大会诸侯，更是情理中的事。

淮河流域地处长江与黄河两大流域之间，再加上淮河及其支流的连贯，水上交通相当便捷，自古以来就是南北乃至东西文化交汇的地区。这种特征，早在新石器时代就很显著。有关这个时期淮河流域的考古发掘表明：除了诸如双墩文化之类的土著文化之外，来自各方的多种文化在该流域发展和交融。其东北有山东地区的北辛文化—大汶口文化—山东龙山文化—岳石文化系统，其西北有中原一带的裴李岗文化—仰韶文化—河南龙山文化系统，向南部辐射；分布在其东南长江下游的河姆渡文化—马家浜文化—崧泽文化—良渚文化—马桥四期文化系统，其西南江淮之间的薛家岗文化系统，向北部辐射。

由于淮河流域在当时就具有多种文化交汇相融的特点，也就是说来自四方的部落方国都与该流域的国族有所交流。这样的交通、地理和政治条件对于致力发展有夏大业的禹来说，实在是太重要了。当时以禹为首领的夏后氏活动中心在淮河支流汝水、颍水上游及河、洛一

---

① 笔者研究认为，涂山氏是由山东迁居此处的，此遗址带有山东龙山文化特征，是最好的印证。
② 杨益锋：《蚌埠市先秦古文化遗址调查简报》，《文物研究》第 6 辑，黄山书社，1989 年。

带,大禹沿汝、颍二水南下治水,在今安徽怀远一带,"娶涂山氏女"①,以婚姻为纽带与东南夷人进一步结成政治军事联盟,从而有效地加以控制,是发展有夏大业至关重要的举措。

在此基础上,大禹乘着自己领导治服洪水和征服三苗等少数族叛乱之威势,选择能够交通四方的他的妻族涂山氏所在地涂山,举行诸侯大会。来自各地的诸侯号称"万国"之多(当时的"国"或"方国"实即处于酋邦时期的氏族、部落),他们都携带"玉帛"之类的礼品,拜倒在大禹的脚下。足见这次大会联接之广、声势之大。"防风氏后至,禹杀之"②。显然,"涂山之会"是大禹联盟天下诸侯、树威立信的一次大会。通过此会,确立了大禹在夷夏众多部落中的统帅地位,是诸侯臣禹的标志。所以禹死后,其子启才能排挤禹原先确定的继承人伯益,推翻传统的禅让制,代之以父子世袭制,在诸侯们的拥戴下,继承禹位称王,建立中国历史上第一个世袭制王朝——夏朝,从而使中国的历史跨入文明社会时期。可以说,"涂山之会"在中华文明形成过程中起到了催化剂的作用。而且,后来夏王朝的亡国之君桀之所以流亡到这一带的南巢(在今巢湖市境,一说在寿县东南),也是与南巢原是夏的联盟或亲戚之国分不开的。③

五、皋陶及其后裔之流布

皋陶是功劳仅次于禹的上古四圣(尧、舜、禹、皋陶)之一,是中国司法之鼻祖。《史记·殷本纪》引《汤诰》记成汤"曰:'古禹、皋陶久劳于外,其有功于民,民乃有安……三公(指舜时的禹、皋陶、后稷)咸有功于民,故后有立。"先秦文献屡次将禹和皋陶并列。皋陶在不同的文献中有作咎陶或皋繇或咎繇。

《史记·五帝本纪》和《帝王世纪》等都记载皋陶生于曲阜,即今山东之曲阜市。曲阜是古帝少昊之墟,皋陶便是少昊氏的后裔。雷学淇《世本辑校》云:"皋陶出自少昊,其后为六,偃姓。"皋陶墓在六(今

---

① 《左传·哀公七年》。

② 《左传·哀公七年》。

③ 详见李修松《先秦史探研》之《涂山汇考》,安徽大学出版社,2006 年。

六安），皋陶死于六、葬于六。

1. 皋陶之功德

据记载，皋陶在尧时始被"举用"，历尧、舜、禹三代，舜时授以重任，舜禹两朝功劳卓著。从零星记载来看，皋陶之功德主要在以下几方面：

第一，辅助帝舜，总揽内外。

《史记·五帝本纪》："帝（舜）曰：'皋陶，蛮夷猾夏，寇贼奸宄，汝作士。五刑有服，五服三就；五流有宅，五宅三居。惟明克允。'"这段话引自《尚书·舜典》，虽然有后世窜入之文字，但也有其真实性。"作士"之"士"，《说文》云："士，事也，从一从十，孔子曰：'推十合一为士'"。可知，这里的"士"即"推十合一"，即将众多的事务归总，"作士"即总揽内外事务，相当于后世的"相"、"丞相"。《史记·夏本纪》云："皋陶作士以理民"，正说明"作士"的职能是"理民"。《尚书》中有《皋陶谟》一篇，虽然成书于战国晚期，有后人增益的成分，但其中不少内容也是可信的。谟，谋也，即智谋之意。唐孔颖达《正义》曰："皋陶为帝舜陈其谋，禹为帝舜陈已成所治水之功，帝舜因其所陈从而重美之。"说明皋陶善谋略，是舜的智囊。《皋陶谟》中所体现的"知人"、"安民"思想，便是他政治智慧的体现。虽然因太过久远，关于皋陶之事功缺乏记载，但从后世对他的评价仍可见一斑。《左传·庄公八年》引《夏书》曰："皋陶迈种德，德，乃降。"意思是皋陶理政，力行道德，因为他德行高尚，所以人们自然宾服。说明皋陶以德治民。《论语·颜渊》记孔子弟子子夏回答樊迟"问仁"时说："舜有天下，选于众，举皋陶，不仁者远矣"。说明皋陶是后世儒者眼中的仁爱之士。虽然这其中难免掺入后人的见解，但从舜时的治理受到后世的高度称赞，显然是与当时作为总揽事务的"作士"皋陶的事功分不开的。所以《孟子·滕文公上》说："尧以不得舜为己忧，舜以不得禹、皋陶为己忧；夫以百亩为己忧者，农夫也"。不仅将皋陶对舜的重要与大禹并列，而且将这种重要性比作土地对于农夫之重要。

第二，主持制定实施"五刑"，成为中国司法之鼻祖。

《竹书纪年》记"帝舜三年，命咎陶作刑。"《史记·五帝本纪》等记皋陶作"五刑"。"皋陶为大理,平,民各伏得其实"。《左传·昭公十四年》记晋大夫叔向和韩子议论刑侯等人之罪时说:"三人同罪,施生戮死可也……《夏书》曰:'昏、墨、贼、杀,皋陶之刑也,请从之。"《后汉书·张敏传》:"孔子垂经典,皋陶造法律,原其本意,皆欲禁民为非也。"《尚书·益稷》记皋陶辅助舜,"方祗厥叙,方施象形惟明。"史游《急就章》:"皋陶造狱而法律存"。所有这些记载,都说明皋陶是我国最早主持制定刑法者,是最早的大法官。

关于皋陶所制定的"五刑"的内容有两种说法,一为墨、劓、剕、宫、大辟。这是商代以后较为成熟的五刑。另一种是《国语·鲁语上》记大夫臧文仲所述:"大刑用甲兵,其次用斧钺,中刑用刀锯,其次用钻凿,薄刑用鞭扑。"这里所说的"大刑用甲兵"在当时是指镇压反叛和不服从部落联盟控制的周边少数族部落。联系前述的引文,大刑所加的是指反叛或不服从的"苗民"或"蛮夷"之属。诸如"放四凶"、"逐三苗"①等,或剿灭,或驱逐而占领其地,或将其全部罚为奴隶,如后来夏启将反叛战败的有扈氏罚作"牧竖"②(即为牧奴)。皋陶所具备的这一职能也说明他在当时的地位不是仅仅如后世的司法官,也包括惩罚反叛或不服从的部落氏族首领(如"殛鲧于羽山"等)和惩罚族众。

《淮南子·修务训》说"皋陶马喙,是谓至信;决狱明白,察于人情"。后世学者认为:"马喙"的意思,"喙"指鸟嘴,当与皋陶族之鸟图腾有关;至于"马"脸则是指他通达人情,断狱明白,铁面无私。而《白虎通·圣人》篇则记作:"皋陶鸟喙,是谓至诚,决狱明白,察于人情。"其实"马喙"是不通的,应是"鸟喙"之误。《左传·昭公十七年》记少昊氏部落群中的各部落氏族的图腾都是各种鸟,而《路史·疏仡记》记皋陶为少昊氏之苗裔,则其氏族之图腾自然亦为鸟③。所以,"马喙"当作"鸟喙"。

传说皋陶善用獬豸断案,据说这种獬豸又叫觟䚦,能辨忠奸、别曲

① 《史记·五帝本纪》。
② 《尚书·甘誓》。
③ 参见李修松《上古时期我国东南地区的太阳崇拜》,《历史研究》2002 年第 2 期。

直。汉代王充《论衡·是应》记："觟𧣾者，一角之羊也。性知有罪。皋陶治狱，其罪疑者，令羊触之。有罪则触，无罪则不触"。据说皋陶"敬羊，起坐事之。"其实，这是原始社会"神判"的一种方法。在现代，仍有落后民族运用习惯法，采用"神判"的方式断案。如有的民族断案时，捉一只鸡来杀，根据鸡被杀时挣扎蹦跳的情形判断是否有罪。如今在北京故宫的御座前还昂然蹲着一只铜铸獬豸，这种獬豸便来源于皋陶利用神判断案的传说。在六安皋陶墓前，也有蹲着的獬豸雕像。獬豸一作"解廌"，《说文解字》："廌，解廌兽也，似牛一角。古者决狱，令触不直。""刑法"的"法"字古作"灋"，《说文解字》："灋，刑也，平之如水，从水；'廌'所以触不直者去之，从廌去"。可见"法"字的古字意思便来源于皋陶断狱"平之如水"，以解廌兽触不直者去之。

第三，辅助大禹，功劳第一。

皋陶与禹共同辅舜，而且皋陶早在尧时已被举荐，资格比禹老。但他心胸开阔，一心奉公。当舜荐禹授政后，"皋陶于是敬禹之德，令民皆则禹。不如言，刑从之，舜德大明。"[1]皋陶运用文武之道协助大禹治理人民，一方面"敬禹之德"，令人民皆学习、效法禹；另一方面，对于不听命令，胡作非为者，用制定的刑法强制他们就范。这里说的"刑从之"，既有对不服从的氏族部落"用甲兵"之义，也有对部落联盟内部敢于不听命令、为非作歹之徒处之以刑之义。所以，使"舜德大明"，亦即使舜荐禹授政的功德大放光彩。可以说，禹在作为部落联盟首领继承者身份"试政"期间之所以能率领人民治服洪水，平灭四凶，赶走三苗，发展生产，成就万世不朽之功，皋陶的辅助之力是十分重要的。《墨子·尚贤下》云："尧有舜，舜有禹，禹有皋陶。"说明禹之有皋陶辅助，如同尧之有舜、舜之有禹一样重要。

《史记·夏本纪》记曰："帝禹立，而举皋陶荐之，且授政焉，而皋陶卒；封皋陶之后于英、六，或在许。而后举益，任之政"。司马贞《索隐》引《帝王世纪》云："尧禅舜，命之作士；舜禅禹，禹即帝位，以咎陶最贤，荐之于天，将有禅之意。未及禅，会皋陶卒。"这两条材料说明，

---

① 《史记·五帝本纪》。

禹即部落联盟首领之位后，因为皋陶最为贤能，向上天神灵举荐，准备禅位给他。为此，学习当年舜的榜样，授政给皋陶，让他协助自己掌握处理部落联盟首领的政务。但未等到禅位，而皋陶先逝。为了报答其功，封皋陶之后代为英、六、许之诸侯。然后举荐皋陶之子伯益为继承人，任用他处理政务。由此更可知皋陶辅助大禹功劳之重大。

2. 皋陶继承少暤及偃、嬴同姓

《史记·五帝本纪》记皋陶“生于曲阜。曲阜，偃地，故帝（舜）因之而赐姓曰偃”。《帝王世纪》所记亦同。曲阜为少昊之墟，少昊氏为嬴姓。《路史·国名记》据《世本》所记少昊嬴姓而定少昊之后裔淮夷亦为嬴姓。《左传·昭公十七年》所记郯国之郯子亦为少昊之后，嬴姓。皋陶既然为少昊氏之后裔[①]，那么《史记·五帝本纪》所记皋陶之偃姓便应为嬴姓，偃、嬴一声之转耳，当时的读音是相同的。少昊是相当于太昊而言的，实即昊，昊为部落首领之徽号。学术界已论证，大汶口文化即少昊氏文化遗存，其族徽性符号“”及其简体“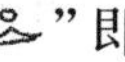”即少昊之昊字。当时族徽亦即首领之徽号。[②]“昊”一作暤，笔者已考证，昊为天上之日，“”是“阳鸟负日飞行于天”的象形，“”是阳鸟负日从作为天梯之山飞升之象形。“暤”从日从皋，“皋”为负日之阳鸟，此字正是阳鸟负日运行于九天之义。《淮南子·精神训》“日中有踆乌”；《山海经·大荒东经》“一日方至，一日方出，皆载于乌”（此乌并非乌鸦，论证详后），正好与此相符合。“昊”、“”、“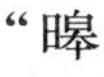”、“暤”意思都是一样的，所表现的都是少昊氏部落所崇拜的太阳神，这种太阳神即少昊氏的神形[③]。皋陶既出自少暤，又是其部落首领，则“皋”实即“暤”，“皋”为负日运行之阳鸟，实即太阳神之神形，所谓太阳之精也。《史记·五帝本纪》所记舜赐姓偃（即嬴，论证详后），其实就是因皋陶

① 雷学淇：《世本辑校》。又：《路史·后记七》云皋陶为少昊氏曾孙。

② 参见李修松《淮夷探论》，《东南文化》1991 年第 2 期。

③ 详见李修松《上古时期我国东南地区的太阳崇拜》，《历史研究》2002 年第 2 期。按：“暤”一作“皡”，根据本文的分析，“暤”是本字，“皡”为后起字。“暤”从白、皋，白义为明，亦源自日光；古人又释白为西方之色，此字从白，亦与少昊作为五方神中的西方之神相关。所以二者比较，“暤”字的字形结构最能反映其本义。

功劳卓著从而命他继承少昊为部落首领,继承"暤"或"皋"之徽号。皋陶之"陶"为尾音,"皋陶"实即皋或暤或昊,即该部落首领之徽号,其首领亦被认为是该部落所崇拜的太阳神转世。正如梁玉绳在《史记志疑·五帝本纪》中所言,"三代之前,必著功德然后赐姓命氏。"皋陶既因功德而被舜确认为该部落首领,则当然继承少暤氏部落之嬴姓。所以说这里所说的舜因曲阜偃地而赐其偃姓,实即因曲阜乃少暤氏所居之嬴地而赐其嬴姓。嬴即偃,正如段玉裁在《说文解字注》中所考证,"偃、嬴,语之转耳",二字乃一音之转,在上古时是互通的。

与上述同样的道理,伯益为皋陶之子,伯益族是皋陶族的分支。[①]《路史·后记七》说柏翳(即伯益)、仲甄、偃三兄弟均为皋陶子。仲甄事夏,封六;其后封英。《史记·秦本纪》说柏翳后来因功被"舜赐姓嬴氏",亦即承认他为少昊氏后裔的正统,确立他作为皋陶部落分支首领的地位,同时也承认他是皋陶的继承者的地位。只有将偃和嬴视为相通的同姓,才能说得过去。否则皋陶、伯益作为父子,不当异姓。所以《路史·国名记》叙皋陶之后英、六不言偃姓,而言嬴姓。马王堆帛书《五行》引《毛诗·北风·燕燕》"燕燕于飞"之"燕"作"婴",《阜阳汉简》之《诗经》作"匽",婴与嬴声韵俱同,匽即偃,故可确证:嬴与偃古音实同,偃姓原即嬴姓。伯益之"益"通鶍,鶍从鸟乙声,即燕。燕通偃。所以益与偃是可以通转的。皋陶之次子仲甄之"甄"从瓦垔声,读"婴"[②],可见与"偃"、"嬴"、"益"均相通。再加上皋陶的少子偃,这三兄弟伯益(伯偃或伯嬴)、仲甄(仲偃或仲嬴)、偃(嬴)其实就如同我们今天所说的偃(嬴)老大、偃(嬴)老二、偃(嬴)老三。他们都属于皋陶部落及其分支的首领,后来被族裔奉祀为祖先神。其后裔的一支后来辗转迁到山西霍太山周围,由于祖先崇拜与山岳崇拜的长期结合,这三兄弟遂逐渐演变为族裔所崇拜的山岳之神,成为霍太山三神。[③]

而且,如前所述,少暤、皋陶之"皋"都是负日之阳鸟,即太阳神之

---

① 《列女传》:"皋子生五岁而佐禹。"曹大家注云:"皋子,皋陶之子伯益也。"
② 见《说文·瓦部》。
③ 详见李修松《涂山汇考》,《中国史研究》1999年第2期。

神形。四川成都金沙遗址出土之四鸟绕日图，其鸟作凤凰之形。伯益之"益"，文献有时作"翳"，翳即翳鸟。《楚辞·离骚》"驷玉虬而乘翳兮"，王逸注"翳"云："凤凰别名也。"《山海经·海内经》："北海之内，有蛇山者，蛇水出焉，东入于海。有五采之鸟，飞蔽一乡，名曰翳鸟。"郭璞注："凤属也。"《太平御览》卷九二七引《神异经》云："天鸡，一名翳。"按翳，《楚辞·离骚》一作鷖，即鷖鸟。又《尔雅·释鸟》："鶠，凤，其雌皇。"《疏》："凤，一名鶠。"《毛诗陆疏广要》释之云："龙乘云，凤乘风，故谓之鶠。鶠，偃也，众鸟偃服也。"袁珂在《中国神话传说词典》①中说："鶠，当即燕，音转而为鶠。燕色玄，故称玄鸟。"《诗·商颂·玄鸟》："天命玄鸟，降而生商"。《楚辞·天问》云："简狄在台，喾何宜？玄鸟致贻，女何嘉？"即记其事。但《楚辞·离骚》又说："望瑶台之偃蹇兮，见有娀之佚女……凤凰既受诒兮，恐高辛之先我。"屈原在不同篇章中记同一传说，说明玄鸟即凤凰。由此可见，皋陶偃姓同伯益嬴姓。此"偃"来源于鷖或翳或鶠，即玄鸟，即燕（鳦），即凤凰。其实少暤氏之神形也是凤凰。《左传·昭公十七年》云："少暤挚之立也，凤鸟适至，故纪于鸟，为鸟师而鸟名。凤鸟氏，历正也……"显然，"少暤挚"即少暤鸷，"鸷"即执伏众鸟之挚鸟，即百鸟之王凤凰。这段记载说明少暤为百鸟之王，少暤之立，作为百鸟之王的凤凰适至，且凤鸟氏之职司排在第一，可见少暤氏之图腾即凤凰鸟②。按：《尸子》云"少昊金天氏邑于穷桑。日五色，互照穷桑。"此穷桑为少昊之国，地在东方。《山海经·大荒东经》："东海之外大壑，少昊之国。"穷桑即日出之地，穷桑之桑即日出之扶桑。《山海经·海外东经》："汤谷上有扶桑，十日所浴，在黑齿北，居水中。有大木，九日居下枝，一日居上枝。"《楚辞·九歌·东君》："暾将出兮东方，照吾兮扶桑。"《淮南子·天文训》："日出于旸谷，浴于咸池，拂于扶桑，是谓晨明。登于扶桑，爰始将行，是谓朏明。"《山海经·大荒东经》："大荒之中，有山名孽摇頵羝。上有扶木，柱三百里，其叶如芥。有谷曰温源谷。汤谷上有扶

---

① 上海辞书出版社，1985 年。
② 《山海经·海内经》记曰："有赢民，鸟足"。"赢"即"嬴"，这进一步证明少昊氏之嬴姓部落之图腾为鸟。

木,一日方至,一日方出。"又《淮南子·墜形训》:"扶木在阳州,日之所曊。"高诱注:"扶木,扶桑也,在汤谷之南。"四川德阳三星堆遗址已出土商代时期的青铜扶桑树,上有作为太阳之精的阳鸟,说明这个传说相当古老,是有根据的。这些都证明扶桑之地即穷桑,扶桑为太阳栖身及升起之神树,少暐为太阳神。

关于伯益的出身,《史记·秦本纪》云:"秦之先,帝颛顼之苗裔孙曰女脩。女脩织,玄鸟陨卵,女脩吞之,生子大业。大业娶少典之子曰女华。女华生大费,与禹平水土……佐舜调驯鸟兽,鸟兽多驯服,是为伯翳(伯益)。舜赐姓嬴氏。大费生子二人:一曰大廉,实鸟俗氏;二曰若木,实费氏……大廉玄孙曰孟戏、仲衍,鸟身人言。"对这段文字的解读是搞清伯益为颛顼之后、还是少暐暨皋陶之后的关键,也是考证作为皋陶及伯益后裔的秦人来自东夷的关键。大业之母乃颛顼之苗裔孙曰女脩,因吞玄鸟卵而孕,生大业。本文已证明,这里的"玄鸟"古人解释为"燕",并非我们今天所说的燕子,而是鳦或翳或鹭或鸥,是凤鸟,是太阳神,亦即少暐氏部落联盟首领之原神。所以女脩吞玄鸟卵的传说所反映的,正说明大业的父系为少暐氏之族,其母系为颛顼之族。由于涿鹿之战,西来的黄帝(颛顼属黄帝后裔)部落与东方少暐氏的鸟图腾部落群(东夷)融合,形成部落联盟,以至部落联盟首领也通过推选轮流来做。如尧为西方部落之人,继任的舜为东方部落之人,再继任的禹为西方部落之人,拟继任的皋陶为东方部落之人。所以双方通婚,故有颛顼后裔之女脩嫁少暐部落之大业之父的事实。大业即皋陶,大业之"业",与伯益之"益"以及"偃"、"鳦"、"鸥"、"翳"、"鹭"等音同,实即作为太阳神的凤鸟。伯益之"益"为凤鸟或太阳神鸟如前已述,伯益(大费)之子大廉实鸟俗氏,当与鸟有关;大廉之玄孙孟戏、仲衍,鸟身人言,可见都与鸟有关。这些进一步证明了以上观点的正确。

3. 皋陶部落之南徙及其后裔之流布

史载皋陶生于曲阜,葬于今安徽六安。裴骃就《史记·夏本纪》之"会皋陶卒"《集解》引《皇览》云:"皋陶冢在庐江六县。"孔颖达于此处《正义》引《括地志》说:"咎繇墓在寿州安丰县南一百三十里故六城东东都陂内大冢也。""庐江六县"、"故六城"都在今六安市。《路史·后记七》云:"皋陶卒崩皋,所谓公琴者。"注"皋"云:"在六安县北十五(里)安丰芍陂中大冢也。《广记》曰'即皋陶冢,楚人谓之公琴。'《寰宇记》:'六安北十三(里)有二古城,一曰六合,一曰白沙,上有皋陶庙,冢在东五里'。郦元云:'楚人谓冢谓公琴'"。大意是说,皋陶最终死于皋(此"皋"当来自皋陶),楚人称墓为公琴,在今六安境内,古代不仅有皋陶墓,而且还曾有皋陶庙。故此,今六安市简称"皋城"。

在今六安市境内的古六国为皋陶之子的封国,前已述及。《路史·国名记乙》则进一步明确说:"六,中甄国,寿(州)之安丰南有故六城,汉九江王都。有皋陶冢,在舒城东南六十(里)陂中。"《左传·文公五年》记楚人灭六与蓼,臧文仲闻而叹曰:"哀哉! 皋陶、庭坚不祀忽诸"。杜注云:"蓼与六皆皋陶后。"六为偃姓,《汉书·地理志》说:"六安国六县,咎繇后偃姓所封国。"值得注意的是《史记·夏本纪》云:"帝禹立,而举皋陶荐之,且授政焉,而皋陶卒;封皋陶之后于英、六,或在许。"联系前述,皋陶有三子伯翳(偃)、仲甄(偃)和偃,这里所封的正好是三国。"六"地已明,在淮河之南。"英"之所在,《史记·陈杞世家》云:"皋陶之后,封于英六,楚穆王灭之。"《索隐》:"二国皆偃姓。"《六安州志》谓州之西有英氏城,地当今安徽金寨至湖北英山一带。其地近六。"许"的地望,《史记·夏本纪》之《集解》引《括地志》云:"许故城在许昌县南三十里",即今许昌之南,地当淮北。这说明,早在禹之时,皋陶之部落已徙居淮河流域。因为当时的所谓"封"与后来分封制的"封"是指封往异地为诸侯不同,不过是表示部落联盟承认其氏族部落及其占有的居地,并将其纳入受保护的范围而已。这样分析,皋陶死于六、葬于六就可以理解了。

皋陶部落属于少暤氏之族,是舜禹时业已衰微的少暤氏的继承者;伯益是皋陶之子,伯益部落为皋陶部落的分支。史载,徐祖为伯益[①],舒祖皋陶。其实伯益既为皋陶之子,徐之嬴姓与舒之偃姓既然原本相同,则皋陶亦为徐淮夷之祖。我们已在另文考证,"大禹会诸侯于

---

① 《太平寰宇记》卷16引《都城记》。

涂山"并"娶涂山氏之女"的"涂山氏"（在今安徽蚌埠市怀远县）就是徐夷。徐在古文字中有余、邻、涂、塗诸种写法，其本字作余。"余"字在甲骨文和金文中的字形都像"构木为巢"的巢居，"余"、"徐"、"舍"等字，都是东南地区民族巢居的象形，也就是干栏式建筑的象形。因为上古时期，包括淮河流域在内的东南地区低下潮湿，虫蛇为害，所以该地居民住房往往采取打桩立柱架空的干栏式木结构建筑形式。所以徐、涂二字可通转，本为一字，为徐夷族名，只不过"涂"表示该族居于水滨而已。

　　舒是指散布于江淮之间的群舒（舒夷），与徐夷本为同族。"徐"、"舒"古音相通。《史记·齐太公世家》："田常执简公于徐州"，《春秋》已作"舒州"；《战国策·齐策一》："楚威王战胜于徐州"，高诱注："徐州或作舒州"。徐之本字"余"，《新方言释词》云："余训何？通借作舍。"《说文》云："余，从舍省声。"所以徐、舒不仅音同，而且本为一字。后来之所以区分徐、舒，只不过因长期居地不同，受方言的影响而导致。所以徐夷与舒夷原本同族。

　　既然涂山氏便是夏以前的徐夷，徐、舒原为同族，均为皋陶之族裔，并且涂山氏为大禹时代的族氏，皋陶亦为大禹时代的贤能之臣，皋陶部落在大禹时已南迁淮河流域，所以皋陶应为涂山氏首领，涂山氏亦为皋陶之族氏。[①] 禹和皋陶之间原本是姐夫郎舅的关系。这样，对于皋陶作为尧舜禹时代的三朝元老而心甘情愿地全力以赴辅助禹，禹要将帝位传给皋陶，因皋陶死得早，不仅分封其诸子，而且将其子益立为继承人，就更加容易理解了。

　　涂山是皋陶族氏所崇拜的神山，早期徙居淮河流域的皋陶的后裔们大体都以涂山为中心成辐射状分布。在此后夏商周三代，皋陶及其嬴姓或偃姓后裔们先后迁居安徽、河南、陕西、山西、河北（秦、赵等国都是皋陶暨伯益的后裔）、江苏、浙江、江西、重庆、四川等地，并且每迁居一地，都将其固有的山岳崇拜带往其地，都要以当地高山作为涂山

---

　　① 詹子庆《夏史与夏代文明》亦有相类似的观点。详见此书之《夏代地域及其邦盟》，上海科学技术文献出版社，2007年。

祭祀天地祖先的场所,加以崇拜。在这种辗转迁徙的过程中,其族团不断繁衍,后来亦不断演化新的姓氏,在如今中华民族的大家庭中,竟然有二三十个姓氏是皋陶的后裔。①

六、夏与东夷的关系及桀奔南巢

由于文献史料关于夏商周时期的安徽历史记载不明确,一般都被包含在东夷的史料之中,所以我们试图从当时东夷的大背景来分析安徽的历史。

1. 夏王朝时期的夷夏关系

根据文献记载,黄帝与蚩尤涿鹿大战后,西来的炎黄部落群与东夷部落群逐步融合,华夏族团和东夷族团形成巩固的联盟。尧舜禹时期,民主推选式的禅让制产生部落联盟首领,实际上形成了东西方首领轮流执政的态势。如尧为来自西方华夏族的首领,舜为来自东夷的首领,禹为来自华夏族的首领,禹准备禅让的继承人皋陶为来自东夷的首领,皋陶死后,禹又拟禅位给皋陶之子伯益。可见,华夏族团和东夷族团在当时部落联盟中的地位同样重要。禹在今安徽怀远境内的涂山一带"娶涂山氏女",就是为了以婚姻为纽带,进一步建立和加强与东夷(当时安徽大部分地区属东夷居地)的政治联盟。禹在此举行"涂山之会,执玉帛而朝者万国",就是这种联盟进一步建立和加强的体现,也是东西方诸侯归心于禹的体现。所以"涂山之会"后,禹子启才能推翻传统的禅让制称王,建立了夏王朝,开创了王位世袭制的"家天下"局面。可以说,禹和启都是在东夷族的支持下取得成功的。夏启的"钧台之享",夏桀的"有仍之会",目的都是为了强化夷夏联盟,借以维护夏王作为"天下共主"的局面。

夏王朝时期,包括今山东、河南东部、江苏北部和安徽大部分地区都是东夷分布区。东夷有众多的族氏,如风夷、于夷、赤夷、畎夷、方夷、白夷、玄夷、阳夷、黄夷等,号称"九夷",诸如淮夷之类的夷人分布

---

① 以上详见李修松《徐夷迁徙考》,《历史研究》1996 年第 4 期;《涂山汇考》,《中国史研究》1999 年第 2 期;《淮夷探论》,《东南文化》1999 年第 2 期。

地区包括今安徽①。

　　有夏一朝,夷夏关系大部分时期较为平稳,但某些特殊时期则错综复杂,夷人对夏王朝亦叛服无常,而且不同地区、不同族系的夷人对夏王朝的叛服也不同。

　　夏启死后,太康继位,因"盘于游田,不恤民事",东夷族的有穷后羿乘机而起,"因夏民以代夏政",夺取了夏王朝的统治权,遂导致"太康失国"。不久,由于后羿自恃善射,沉迷于田猎,"不修民事",被东夷伯明氏的寒浞所杀,夺得了统治权。寒浞竭力铲除夏及亲夏势力,出兵攻灭支持夏后相的斟灌(今山东寿光县东北)和斟鄩(目前学术界多认为在河南偃师二里头),又攻杀了在帝丘(今河南濮阳南)积聚势力并图谋复兴的夏后相。相妻缗逃回母家有仍(今山东金乡境),生子少康。后来少康依靠有虞(今河南虞城一带)的支持,联络夏的余众和某些东夷势力,先后灭掉寒浞和有穷,恢复了夏王朝的统治。史称"少康中兴"。从"太康失国"到"少康中兴"经历了40多年的夷夏斗争,战争的范围主要在河南东部至山东一带。《竹书纪年》也记载了夏后相时期与一些夷人部族的关系,如:"元年,征淮夷、畎夷"。"二年,征风夷及黄夷"。"七年,于夷来宾"。总体上征战多于"来宾"。"征淮夷"则应包括安徽淮河流域。"少康中兴"之后,夷夏关系发生了根本性的变化。《竹书纪年》记云:

　　　　少康即位,方夷来宾,献其乐舞。

　　　　柏杼子征于东海及王寿,得一狐九尾。

　　　　后芬即位,三年,九夷来御。

　　　　后荒即位,元年,以玄王圭宾于河,命九(夷)东狩于海,获大鸟(鱼)。

　　　　后泄二十一年,命畎夷、白夷、赤夷、玄夷、风夷、阳夷,由

----

① 罗琨根据考古发掘资料分析认为:作为被公认为夏文化的中原二里头文化南渐道路大致有两条线:其中一支是东南方向,沿汝水、颍河和沙河及其支流双洎河沿岸直入淮河,进而影响江淮地区。说明夏王朝已经营淮河流域及江淮地区(详见罗琨《二里头文化南渐与伐三苗史迹索隐》,《夏文化研究论集》,中华书局,1996年)。

是服从。

后发即位,元年,诸侯宾于王门,诸夷入舞。

由上可见,有夏一代,都在为控制东方地区长期与东夷作斗争。大体说来,太康到少康之前,双方斗争激烈。但东夷各族系并非铁板一块,有的叛夏,有的支持夏人复兴。少康中兴至夏桀统治之前,双方关系一直较为密切,东夷成为夏王朝统治的支持力量。正如《后汉书·东夷传》所云:东夷"自少康以后,世服王化,遂宾于王门,献其乐舞"。而且,东夷的精英还在夏王朝为官。如:商人属于东夷,商之先公冥便曾为夏王朝之"水正","勤其官而水死"①,是夏王朝治水的大英雄。东夷族的羲和氏长期成为夏王朝主管天文历法之官。说明此时东夷人甚至已融入夏王朝统治者之中。

夏桀时期,统治残暴,夷夏关系急转直下。史载,夏桀为了有效控制东夷,特地在有仍(今山东金乡境内)举行诸侯大会,没想到"有缗叛之"②。虽然桀率大军征讨获胜,但是却导致天下离心,引起更多的叛乱,最终使他逃死南巢(今安徽巢湖市境内)。故史称"桀克有缗以丧其身"③。

2. 南巢与夏桀之奔

众多文献记载,夏代亡国之君桀被商汤击败后,逃奔(一说被流放)至南巢(一作"南巢氏"),例如:

《尚书·仲虺之诰》:"成汤放桀于南巢。"

《国语·鲁语上》:"桀奔南巢。"

《逸周书·殷祝解》:"汤放桀于中野,士民闻汤在野,皆委货扶老携幼以奔,国中虚。桀与其属五百人南徙千里,止于不齐,不齐士民往奔汤。桀与其属五百人徙于鲁,鲁士民复奔汤。桀与其属五百人去,据南巢。"

---

① 《国语·鲁语上》。

② 《左传·昭公四年》。今本《竹书纪年》亦有大蒐于黎的记载。

③ 《左传·昭公十一年》。

《古本竹书纪年》:"汤遂灭夏,桀逃南巢氏。"

《吕氏春秋·仲秋纪·论威》:"此夏桀之所以死于南巢也。"

《淮南子·修务训》:(汤)"乃整兵鸣条,困夏南巢,谯以其过,放之历山。"

《帝王世纪》:(桀)"奔南巢之山而死。"

《列女传·孽嬖末喜传》:"战于鸣条,桀师不战,汤遂放桀,与末喜嬖女同舟流于海,死于南巢之山。"

《说苑·权谋》:"迁桀南巢氏焉。"

《史记·夏本纪》之《正义》引《淮南子》:"汤败桀于历山,与妹喜同舟浮江,奔南巢之山而死。"

《上海博物馆藏楚竹书(二)》之《容成氏》:"汤或从而攻之,降自鸣攸(條)之述(遂),以伐高神之门,傑(桀)乃逃之南巢是(氏)。"①

南巢在何处?《国语·周语上》韦昭注云:"南巢,扬州地,巢伯之国,今庐江居巢县是也。"庐江居巢县,即今巢湖市。《史记·夏本纪》:"桀走鸣条,遂放而死。"《正义》引《括地志》:"庐州巢县有巢湖,即《尚书》成汤伐桀,放于南巢也。"显然,亦是指巢湖市境。《路史·国名记》记云:"巢,南巢氏,桀之封。"《通志·氏族略·以国为氏》谓巢为"有巢氏之后,尧时有巢父,夏商有巢国,其地在庐江"。说明商周时期的巢国即夏之南巢的延续。《书序》云:"巢伯来朝,芮伯作《旅巢命》。"郑玄注:"殷之诸侯,伯爵也,南方远国。武王克商,慕义来朝。""南方远国"显然是与地当今巢湖市之巢对应。周原甲骨文H11:110片记有"征巢"。周初青铜器《班簋》铭文有"秉繁、蜀、巢"。这是关于周代巢国的记载。此巢一直延至春秋时期,为吴所灭。《通典》卷一八一《庐江郡》认为包括今巢湖市在内的庐州乃"汉居巢县

---

① 马承源主编:《上海博物馆藏战国楚竹书(二)》,上海古籍出版社,2002年。按此简记桀最终逃至苍梧之野,与所有文献所记有异,应是因舜帝故事以致错乱。

也"，"古巢伯之国，汤放桀于南巢，即此也"。《初学记》卷八《淮南道》亦记庐州为"南巢之地"。《大明一统志》卷十四《庐州府》则进一步说："巢县，在州城北九十里，本古巢伯国。《书》'成汤放桀于南巢'，春秋时楚人围巢，皆此地，秦为居巢县，汉晋因之。"居巢古城在今巢湖市东北五里。①

一说南巢即南巢之山、历山、中条山，在今山西南部，是夏桀逃死之处。② 我们认为，要搞清这个问题，必须先分析汤灭夏前的一系列战争地点。

学术界一般认为，灭夏前，桀的都城斟鄩即今河南偃师二里头，这里发现了此时期的都城遗址。而汤的兴起之地在南亳，即古商丘，位于今河南商丘东南的谷熟集一带③。引发灭夏一系列战争的导火线是"夏桀为有仍之会，有缗叛之"④，进而导致"桀克有缗以丧其身"⑤。有仍之"仍"即任，太昊风姓之后，在今山东金乡境。《太平御览》卷一三五"皇亲部"引《竹书纪年》："后桀伐岷山，[进]女于桀二人：曰琬，曰琰。桀受二女……而弃其元妃于洛，曰末喜氏；末喜氏以与伊尹交，遂以间夏。""岷山"即"有缗"。"岷山"又作"嵋山"，《韩非子·难四》"是以桀索嵋山之女……而天下离"。"岷山"又作"蒙山"，《楚辞·天问》："桀伐蒙山何所得焉？""蒙"、"岷"一声之转，古音相通。根据胡渭《禹贡锥指》，在今山东蒙阴县南四十里，西南接费县界。夏桀虽然在这里战胜了有缗，获得两个美女，但激起天下离心（内部分裂），导致更大规模的反叛。商汤就是在这样的背景下发起灭夏战争的。

《孟子·滕文公下》："汤始征，自葛载，十一征而无敌于天下"。"葛"在今河南宁陵，为嬴姓国，是少昊暨皋陶之后裔，属东夷中的淮

---

① 关于南巢得名之故，有数说。一说因当时南方低洼潮湿，蛇虫为害，故为巢居（最初构居室于树上，类鸟构巢；后采用打桩立柱架空为干栏式房屋）。南巢为传说中的有巢氏之后裔，因居于南方故名南巢。二说巢湖像鸟巢而名，南巢因巢湖而名。三说因位于古华夏族活动地区南，故名。四说当时江淮地区低洼潮湿，居民多巢居（干栏式住房），所以这一带都称"巢"，南巢位于巢之南，故名。

② 孙淼：《夏商史稿》，文物出版社，1987年。

③ 当时商汤的控制范围应包括安徽亳州部分地区。

④ 《左传·昭公四年》。

⑤ 《左传·昭公十一年》。

夷。商汤的战略是先从外围剪去夏桀的羽翼。《诗·商颂·长发》："韦顾既伐,昆吾夏桀"。韦,在今河南滑县东南;顾,在今河南原阳县西南,一说在河南范县东南,一说在今郑州附近;昆吾在今河南濮阳境,一说在河南许昌。

商汤剪除夏之羽翼之邦后,遂直接开展灭夏战争。史书载:

> 《吕氏春秋·仲秋纪·简选》:"殷汤良车七十乘,必死士六千人,以戊子战于郕,遂禽推移、大牺,登自鸣条,乃入巢门,遂有夏。"
>
> 《史记·殷本纪》:"桀败于有娀之虚,桀奔于鸣条,夏师败绩。汤遂伐三嵕,俘厥宝玉。"
>
> 《淮南子·主术训》:"汤革车三百乘,困(桀)之鸣条,禽之焦门(即巢门)。"

从上述资料来看,灭夏战争还有有娀之战、郕之战、鸣条之战等。"有娀"原是殷人之祖先契之母家(契母简狄为有娀氏之女)。有娀氏地当今何处?《春秋·隐公二年》"公会戎于潜",杜注云:"陈留济阳县东南有戎城",地当今河南兰考县东,此处离契所居的商丘不远,也是商之祖先契之母家"有娀氏"的所在。《说苑·权谋》说,夏桀"起九夷之师以伐之(指商汤)",说明由于商汤连灭葛、韦、顾、昆吾等夏的支撑力量,所以夏桀组织东方各方国(九夷)的军队讨伐之。双方会战于有娀,夏桀大败。

接下来是郕之战。《路史·后记十四》注引《吕览》《周书》云:商汤"戊子战桀于郕"。"郕"或作"成",《小臣单觯》之"在成师",郭沫若谓成即成皋,在今河南荥阳氾水镇。[①] 此处,地势险要,历来为兵家必争之地。并且距夏都斟鄩(今河南偃师二里头一带)不过百里,应是当时夏都的门户。郕之败,使夏之都城门户洞开,灭亡之势已定矣。

---

① 郭沫若:《两周金文辞大系图录考释》。

接下来是著名的鸣条之战。《尚书·汤誓序》记汤与桀双方军队"遂战于鸣条之野"。孔颖达疏引郑玄云："'鸣条,南夷地名'"。联系战后"桀奔南巢"在安徽巢湖市境的分析,此"南夷"之地应在今安徽江淮一带。但此处孔颖达疏引《帝王世纪》又云:"鸣条……或云陈留平邱县,今有鸣条亭是也。"地当今河南开封市附近。可是,《史记·夏本纪》"桀走鸣条",《集解》引孔安国却说:"地在安邑西。"《史记·殷本纪》"桀奔于鸣条",《正义》引《括地志》云:"高涯原,在蒲州安邑县北三十里南阪口,即古鸣条陌也。鸣条战地,在安邑西。"地当今山西夏县西南。仔细分析,三说之中还是以陈留说合理。其一,文献记"战于鸣条之野",说明战场应在旷野之地,这符合陈留一带的地形。而安邑"鸣条"则为山地。其二,综观夏商一系列战争之地,都在今河南、山东一带,鸣条之战不可能一下子远至山西夏县。其三,鸣条之战之前,双方还发生过一次遭遇战,地在陈留境内的莘墟。《元和郡县图志·河南道》汴州陈留县下引《国语》云:"汤伐桀,桀与韦、顾之君拒汤于莘之墟,遂战于鸣条之野"。莘墟,地当今河南开封陈留镇。这两次战争前后相连,地亦相近才是。其四,根据《史记·殷本纪》记载,鸣条之战后,"汤遂伐三㚇,俘厥宝玉"。《集解》引孔安国曰:"三㚇,国名,桀走保之,今定陶也。"地当今山东定陶。可见桀是向南逃走,并非北逃。最终南逃至今安徽巢湖市境内的南巢。

主南巢在山西中条山区之说者,其重要依据是鸣条之战之"鸣条"在山西。同时认为,桀应逃回夏之兴起之地,不当逃至商的联盟东夷之地。我们的论证已说明,鸣条在河南开封市附近,桀奔南巢前的灭夏战争都在山东与河南境内,桀在鸣条彻底失败后是向南逃。东夷各支与夏的关系错综复杂,有些还是支持夏王朝的。从前述分析来看,夏末的南巢与春秋时的巢一脉相承,偃姓,为皋陶之后裔。而皋陶是夏祖大禹最为得力的功臣,是大禹妻族涂山氏(亦即徐夷)的首领。禹娶涂山氏女,实际上是以婚姻为纽带与这一带的夷人结成进一步的政治联盟。这样分析,桀奔南巢就好理解了。

另外,文献还有桀被放于历山,死于历山的记载。如《淮南子·脩务》:"汤整兵鸣条,困夏南巢,谯以其过,放之历山。"《太平御览·皇

王部》引《尹子》："桀放于历山。"《荀子·解蔽》："桀死于亭山。"《山海经·大荒西经》："故成汤伐夏桀于章山,克之。"上海博物馆藏战国楚竹书《容城氏》："桀乃逃之鬲山氏。"①可知,"历山"之"历"亦作"鬲",在某些文献中讹为"章"或"亭"。②联系上述《淮南子·脩务》等的记载,"历山"应在南巢境内。如:《帝王世纪》桀"奔南巢之山而死";《列女传·孽嬖末喜传》桀"死于南巢之山"。这些都说明"历山"即"南巢之山",历山在南巢境内。《竹书纪年》记汤即位二十年,"夏桀卒于亭山(即鬲山或历山),禁弦歌舞"。徐文靖笺按:"《舆地志》曰:巢县卧牛山后有桀王城"。另外,今巢湖市境内有地名"放王岗",传说即流放夏王桀之山。《淮南子·本经》："汤以革车三百乘伐桀于鸣条,放之夏台。"这"夏台"应即历山,"夏"乃放夏桀而名,"台"与放王岗之岗地相对应。巢湖、含山、和县一带古称历阳,有历水,亦当与历山相关。公元前518年巢被吴所灭后,这里被称为"巢邑"、"巢门","巢门"亦作"焦门"③,与前述某些文献记载相一致。

第二节　商代安徽史迹考述

一、商代安徽历史概述

商朝的兴起与安徽的关系相当密切。据研究,商人之祖先阏伯迁居商丘,商人及商人主祀的商星都得名于商丘。商人的先公相土居此为基地,大力拓展疆土,势力达于今黄海之滨。商丘在今河南商丘境,地近安徽。可以肯定,阏伯特别是相土时期的发展,与其居地附近今安徽北部一些地区是有着密切关系的。

商汤灭夏前所都之地亳,史称南亳,在今河南商丘之南的谷熟集

---

① 马承源主编:《上海博物馆藏战国楚竹书(二)》,上海古籍出版社,2002年。
② 《荀子·解蔽》杨倞注亭山"本作鬲山"。
③ "巢湖"亦作"焦湖"。

附近。南亳及商丘一带,当时位于连片分布的孟诸泽畔,向南便达到安徽亳州地区。商汤重新迁回故地,就是凭借这一带土地肥美、灌溉便利等优越的自然条件,经过发奋努力发展起来,奠定灭商基础的。今安徽亳州之"亳"即得名于商汤所都并且作为商朝兴起之地的亳(南亳)。

商汤灭夏后,众多的诸侯前来臣服。商汤乘胜征伐四方,进一步扩展了商王朝的统治区域。从商汤经太甲到太戊,是商王朝发展时期。太甲继承并发展了成汤的事业被后世尊为"太宗"。太戊任用贤臣伊陟和巫咸治理,使国家发展,诸侯归顺,被后世尊为"中宗"。

从商王仲丁到阳甲五代九王,"弟子争相代立",统治不稳定,被称为"九世之乱"。同时,王室也多次迁都,至盘庚时共迁徙了 5 次。盘庚即位后,将都城迁到"左孟门而右漳、滏,前带河,后背山"的殷(今河南安阳小屯一带),安定内部,发展生产,"行汤之政",从而使"百姓由宁,殷道复兴。"此后直至商亡,共 273 年没有徙都。

商王朝发展到武丁统治时期达到极盛。武丁从版筑匠人中提拔傅说为相,大力发展生产,"修政行德",扩张武力。先后征服了西方和北方的游牧民族土方、舌方、鬼方、羌方,东南的夷方、尸方、虎方(包括安徽一带),以及南方的荆楚等,有力地安定了国家,大大地拓展了疆土。武丁死后,被后世尊为高宗。

武丁以后,从祖甲开始,王朝渐露败象。由于他"能保惠于庶民",还是维持了 33 年的统治。祖甲之后,统治阶级内部的矛盾,统治阶级与被统治阶级的矛盾,商王朝与周边民族的矛盾,都越来越尖锐,至商王纣时达到顶峰。

商纣王是一个暴君,激起广大人民群众的反抗,导致统治者内部众叛亲离,周边各族乘机反叛,以致王朝战争不断。纣王先是用兵西方的黎(今山西黎城县东南),却引发了广布于东南地区的东夷各部[其中以分布于河南南部、安徽北部淮河流域中游的淮夷(人方)为重点]大规模的反叛。迫使纣王回师全力镇压。连年的战争,造成了人力、财力的大量消耗,以致国内空虚,社会矛盾进一步尖锐,被西方兴起的周人联合四方反叛者乘虚讨伐。纣王兵败自焚,商朝灭亡。

商朝的疆域比夏代有所扩大。其邦畿东至于海、西及陇山、南过淮水、北达燕山。其间接控制和影响所及的地区更加广泛。当时安徽北部已在商王朝疆域之内,安徽南部则是受到商王朝间接控制和影响的地区。

根据对有关甲骨文资料并结合考古资料和文献记载分析,商朝时期安徽的方国、族邑主要有人方(分布于今河南永城以南淮河以北的浍河、沱河流域一带)、林方(分布于今凤阳一带的淮河中游地区)、盂方(分布于今淮北支流睢水流域)、攸方(今河南永城南部、宿县北部一带)、甾(今宿州东北)、危(今亳州一带)、芒(今安徽砀山一带)、徐(今安徽泗县至江苏泗洪一带)、筑(今安徽宿州符离集一带)、铚(今安徽濉溪南)、霍(今安徽霍山一带)、虎方(可能即舒方,分布于今寿县及其以南地区)、六(今安徽六安一带)等,除部分属于土著外,总体上属于东夷族团,其中很大一部分属于淮夷。

商人原属于东夷的一支,而且淮北的淮泗、濉水流域之古孟诸泽一带曾是商人兴起之地。商汤以一个小国的力量之所以能灭夏,在很大程度上靠的是分布于今皖、苏、鲁及豫东地区夷人的支持。所以,商朝统治时期,除了武丁时曾一度征服部分反叛的夷人,廪辛、康丁时期某些东夷方国遭到征讨,以及殷末与东夷旷日持久的战争外,双方的关系总体上是较为平稳和密切的。

商代淮夷分布比夏代更为广泛。特别是在武乙统治衰微之际,东夷曾有一次大规模的迁徙,淮河流域是其重点区域。经过这次迁徙,东夷中的淮夷广泛分布于淮河南北,势力大为扩张。淮夷势力的迅速壮大,激化了其与商王朝之间的矛盾,故引起了商末帝乙、帝辛时期与以淮夷为代表的东夷之间的长期战争。根据对乙辛时期征人方卜辞的分析,说明分布于今河南南部、安徽北部淮河流域中游地区的淮夷(人方)是征战的主要对象。战争加剧了商王朝人力、财力的消耗和社会矛盾,加速了其灭亡。说明分布于安徽北部地区淮夷的激烈反抗,是导致商王朝灭亡的重要原因之一。

从考古发掘的资料来看,早商时期,商族势力已向南发展达于江淮。在安徽江淮之间发掘的代表性遗址有含山大城墩及孙家岗、肥西大墩子、六安众德寺、寿县斗鸡台、霍邱红墩寺及绣鞋墩等遗址。从文化特征来看,既保留许多原有的因素,又深受北来的商文化影响。与文献记载中的商汤放桀于南巢(今巢湖一带),进而控制该地区的历史相一致。其中皖西地区的遗址出土器物,由于保留了原有的斗鸡台等文化因素,又深受二里岗文化影响,因而被细分为早商文化的皖西类型,与文献及后来甲骨文记载的六国文化相互印证。

中商时期,江淮之间及皖西地区文化进一步趋同。代表性的遗址是含山大城墩遗址第三期,其次有霍邱绣鞋墩、六安众德寺、寿县斗鸡台等处,被认为是中商文化的大城墩类型,是早商文化大城墩类型的继续发展。尽管其出土的陶器表现为较强的地方特色,但淮河流域历年出土的铜器与中原地区相比却差别甚微。

晚商时期,皖北地区继续为商文化所控制。但巢湖和滁州一带遗址出土器物则表明其地域性特征显著增强,说明此时随着商王朝的衰落,王朝的控制力和影响力减弱,处于偏远地区的今江淮之间的方国部落甚至乘机摆脱其控制,发展自己的文化。

皖南地区商代时期的文化遗存,表明该地区当时受到附近宁镇地区湖熟文化的影响。同时,在铜陵、马鞍山、宣城及黄山一带出土的少量商式青铜器则表明,商文化已影响到该地区。

商代安徽地区的农业进一步发展。江淮地区以种植水稻为主,淮北地区则以粟类种植为主。家畜饲养进一步发展。同时,采集和渔猎是这个时期当地居民生产生活的重要补充。

青铜冶铸已经是商朝时期安徽地区社会经济的一个重要生产部门。一系列证据说明,铜陵一带早在商代已开采铜矿,并输出到其他地区,成为王朝重要的铜原料产地。一些地方已能冶铸青铜器。六安发现有早商时期的铜斝、铜瓿,含山、嘉山等地发现有中商时期铜器。晚商时期,皖北及江淮之间发现的青铜器更多,有鼎、斝、爵、瓿、觯、罍、尊、方彝、鬲、卣、瓶、铙、铃、矛、戈、弓形器、刀、镞、凿、斧、削、勺、车軎等,涉及容器、兵器、乐器、车马器及生产工具等种类,其中以容器数量最多。阜南县发现的龙虎尊、饕餮纹尊,器型高大,铸工精致,十分珍贵。该区青铜铸造可能存在锡青铜和铅青铜两个系统,带有地方

特征。

陶器是当时主要生活用器,也是社会经济重要的生产部门,生产技术继续提高,产量进一步增加。在来安、肥西、安庆、枞阳等地遗址发现的原始瓷,表明安徽地区是生产原始瓷较早的地区之一。

作为当时主要生产工具的石器生产进一步发展,玉器生产技术也得到进一步提高。

商族是一个善于经商贩运的民族。早在夏代中期,其先公便发明服牛乘马,用于交通和生产。商被灭后,其中一部分商人还善于"肇牵车牛远服贾,用孝养厥父母"。① 后世商人之名即得名于善于经商之商族。所以,商朝时期,交通和商业都发展较快。此时安徽与商王朝之间、淮夷各部之间、淮夷与东夷之间的交通联系进一步加强。与此相一致,该区域的商业也已发展起来,"朋贝"逐步被用作商业交往中的货币。

安徽地区文化也获得进一步发展。已出土的部分青铜器上有铭文,部分遗址内发现有陶文或刻画符号,说明该区域已使用文字。数量可观的青铜礼器的发现,说明该区域一些方国已实行礼制。随着礼制的推行,音乐艺术得到进一步发展。诸如龙虎尊之类的铜器体现了很高的工艺水平。

二、商朝的兴起与安徽的关系

《诗·商颂·玄鸟》云:"天命玄鸟,降而生商,宅殷土茫茫。"相传商人的始祖契,为有娀氏女在野外行浴时,吞玄鸟卵而孕所生。郭沫若先生分析认为:"玄鸟旧说以为燕子,但是我想和《山海经》的'惟帝俊下友'的'五彩之鸟'是同一东西。在《离骚》中可以找到一个证据……玄鸟就是凤凰。玄就是玄神之意,不当解成黑色。"②我们在上一节已经论证,少昊氏及其后裔帝俊、皋陶、伯益部落的图腾都是凤凰,凤凰即太阳神,也是其首领的徽号或该族的族徽。帝俊是商人的祖

---

① 《尚书·酒诰》。
② 郭沫若:《青铜时代·先秦天道观之进展》。

先,所以商人其实也是少昊氏的后裔,与三代时期分布于安徽淮河流域及其南北的淮夷(包括徐夷和舒夷,都是皋陶暨伯益之后裔)同出于少昊①。

王国维先生研究认为"商之国号,本于地名"②。《左传·昭公元年》记云:"昔高辛氏有二子,伯曰阏伯,季曰实沈,居于旷林,不相能也。日寻干戈,以相征讨。后帝不臧,迁阏伯于商丘,主辰,商人是因,故辰为商星;迁实沈于大夏,主参,唐人是因,以服事夏商。"从这段记载来看,商人和商星都得名于商丘,早在商人先祖阏伯时已迁于商丘。《左传·襄公九年》也说"陶唐氏之火正阏伯居商丘,祀大火,而火纪时焉。相土因之,故商主大火。"《汉书·地理志》、《括地志》、《史记·殷本纪》之《集解》、《正义》等都引此说。

从《左传》的记载来看,商人的先公相土也继承先人居此发展。文献记载,相土以此为基地,大力拓展疆土。《世本》记"相土作乘马"、"胲作服牛"。《易·系辞》说:"服牛乘马,引重致远,以利天下"。说明相土发明了服马驾车运输之法,加速了商族的发展。《诗·商颂·长发》歌颂说:"相土烈烈,海外有截。"其势力竟然拓展到今黄海之滨,据说曾在泰山附近定居,后世称为"东都"。相土还曾任夏王朝司马。③ 应该说,相土时期商人势力的迅速拓展,与其故都商丘作为基地之作用的发挥是分不开的。商丘即周初所封的宋国都城,周人的目的之一就是通过将殷室宗亲微子启分封于商人始兴之地、商之故都,以续殷商宗室之祀,借以安服其心。其地在今河南商丘境,靠近安徽。

史载,汤灭商前的居地亳亦在这一带。《尚书·序》云:"自契至成汤八迁。汤始居亳,从先王居,作帝告。"联系前述,"从先王居"之"居",应即商丘;"先王"应即帝喾高辛氏,在今商丘东南的谷熟集附近至今还有高辛集可以为证。"作帝告"即《史记·殷本纪》之"作帝诰"。《索隐》谓因"从先王居",所以作《帝诰》向先王告知。《括地

---

① 孟世凯先生等也主此说,详见孟世凯《商族源和相关问题》,载于《徐中舒先生九十寿辰纪念文集》,巴蜀书社,1990 年。

② 王国维:《观堂集林》卷第十二《说商》。

③ 参见孟世凯《商史与商代文明》之《商代史大事记》,上海科学技术文献出版社,2007 年。

志》云："宋州谷熟西南三十五里,南亳故城,汤所都也"。宋州即今商丘,谷熟即今之谷熟集。

关于商汤兴起于亳,文献记载颇多,例如:

《墨子·非攻》下:"汤奉桀众以克夏,属诸侯于薄。"

《管子·轻重甲》:"夫汤以七十里之薄,兼桀之天下。"

《荀子·议兵》:"古者汤以亳。"

《史记·殷本纪》:"自契至汤八迁,汤始居亳,从先王居,作帝诰。"

《史记·六国年表》:"汤起于亳。"

从以上史料来看,"亳"或作"薄"。具体而言,这个亳是南亳。《史记·殷本纪》引《括地志》说在今谷熟集之亳即南亳,"汤都也;宋州北五十里大蒙城为景亳,汤所盟也,因景山为名;河南偃师为西亳"。《尚书·立政》"三亳阪尹"之《正义》引皇甫谧云:"三处之地皆名为亳,蒙为北亳,谷熟为南亳,偃师为西亳。"《诗·商颂·玄鸟》孔颖达疏引皇甫谧又云:"殷有三亳,二在梁国,一在河洛之间。谷熟为南亳,即汤都也;蒙为北亳,即景亳,即汤所受命也;偃师为西亳,即盘庚所徙者也。《立政》之篇曰'三亳阪尹'是也。"可见,诸家一致认为汤灭商前的都城为南亳,在今商丘东南的谷熟集一带。今商丘之北的亳名景亳,又叫北亳,是商汤与伐夏的各路诸侯军队会盟之地,即所谓的"受命"之地。在今河南偃师尸乡沟的亳(即已发现的商城遗址)为西亳,乃是商汤灭夏后所居的都城。《孟子·滕文公下》记"汤居亳,与葛为邻"。葛在今河南宁陵,与南亳所在的今谷熟集一带相距很近,确为比邻。这进一步证明了南亳地望在谷熟。

南亳所在的今河南商丘一带,当时位于连片分布的孟诸泽畔。黄河长期冲积所形成的平原土地肥美,利于农业开发;大片的薮泽地带,动植物资源相当丰富。从阏伯居此,到相土再居此发展,到商汤重新迁回故地兴盛,商人就是凭借这一带优越的自然条件,经过奋发努力发展起来,奠定灭商基础的。孟诸泽一带地域相当广阔,包括今河南商丘境到山东曹县、单县一带,向南应达到今安徽亳州地区。① 这一带正是商王朝兴盛之地。今安徽亳州之"亳"即得名商汤所都之南亳。亳州城至今还有汤陵,传说为汤王衣冠冢。②

三、商朝时期安徽的方国、族邑

根据甲骨文和文献记载,商代安徽地区的方国或族邑有:

人方 甲骨文(卜辞)记载,商代末期帝乙、帝辛时期曾发动大规模人方的战争。甲骨文之"人方",亦隶写作"夷方",应即当时东夷所分布的地区,包括安徽淮河流域一带。陈梦家先生云:"卜辞所记'征人方'之役至于淮水而伐人方、林方,则此等邦方属于淮夷之一,当无可疑。"陈秉新先生分析认为,人方在今河南永城以南淮河以北的浍河、沱河流域一带。③ 其主要分布在安徽北部。

武丁时期卜辞有"……甲卜……令人方"④。说明此时人方奉商王号令,臣服于商。廪辛、康丁时期卜辞有"弜易? ⺉人方不出于之"⑤。"弜易? 涂人方不出于之"⑥。"王族其𩫖(敦)人方邑旧? 左右其嚕"⑦。"乙卯卜,贞:王其征人方,亡𢦔"⑧。其中"旧"为人方邑名,根据征人方卜辞,地当今永城以南、淮河以北的浍水附近。"涂人方"意即屠戮人方,说明当时对人方的征伐是很残暴的。

---

① 参见朱绍侯主编《中国古代史》第二章第二节,福建人民出版社,1991年。

② 必须说明的是:《管子·轻重甲》说汤以七十里之薄(亳),兼桀之天下。说汤灭夏前的南亳只有七十里,如同说周人以百里之小国而灭商一样,显然是不确的。其实,灭商前,周人已经"三分天下有其二"。汤灭夏前,除了征服邻邦的葛之外,还先后灭掉了夏王朝所依靠的韦、顾、昆吾等强国,"七十里"之国是不可能有此力量的。合理的解释应是,商汤最初的国土较小,但随着商人的发展,疆土拓展很快。同时,如同当年周文王、周武王一样,周边的诸侯亦已归心于商,形成联盟,联盟之地当然包括相距很近的今安徽北部一些地区夷人。到了商汤发动灭夏战争时,诸侯之心已去夏归商,所以商汤才能在北亳大会诸侯之师盟誓,率领他们一起发动灭夏战争。

③ 陈梦家:《殷虚卜辞综述》第八章,科学出版社,1956年。以下引陈说,均见此书,不再加注。陈秉新、李立芳:《出土夷族史料辑考》第二章《乙辛卜辞征人方》,安徽大学出版社,2007年。

④ 《甲骨文合集》2049。

⑤ 《甲骨文合集》28012。

⑥ 《甲骨文合集》28012。

⑦ 《甲骨文合集》2064。

⑧ 中国社会科学院考古研究所:《小屯南地甲骨》2370。

林方　武丁时卜辞云:"乎取女于林？二告。"①意即,叫人到林方捕取女子好不好。商晚时期征人方卜辞云:"在潜𠂤,王申林方"②;"庚寅,在潜𠂤,申林方。"③陈梦家先生依据殷末征人方卜辞说:"此(林方)在淮水之南,当是淮夷之邦。《水经》'淮水又东过钟离县北',注云'《世本》曰钟离嬴姓也';《路史·国名记乙》'今濠之治东之六里,钟离故城也'。"按:《逸周书·史记》云:"昔有林氏召离戎之君而朝之,至而不礼,留而弗亲,离戎逃而去之,林氏诛之,天下叛林氏。"疑有林"即此林方","离戎"即钟离,林方当在钟离附近,与钟离同为淮夷之邦方。

盂方　卜辞有:"乙巳王贞:启乎兄曰:盂方𠬝人,其出矛自高,其令东迫于高"④;"乙卯王卜贞……余其从多田、多白征盂方白炎……才十月遘太丁羽。"⑤郭沫若先生分析认为:盂方当在今河南睢县附近⑥,位于淮北支流睢水流域。从卜辞来看,盂方原臣属于商,故商向其"登人"(征兵),又曾一度反叛,故有征盂方卜辞。

商、亳　征人方卜辞有:

隹十祀才十月,甲午,正人方,才𡇬,从东;⑦

才十月(又一),辛丑,正人方,[步]于商;⑧

[壬]寅,才商⑨;

才商,步于亳;⑩

才十月(又一),癸丑,正人方,在亳。⑪

陈梦家先生认为:𡇬为殷商在南部的邦国,自𡇬南下商8天,自商

---

①　《甲骨文合集》9741 正。
②　曾毅公:《甲骨缀合编》216。
③　方法敛:《库方二氏藏甲骨卜辞》1672。
④　林泰辅:《龟甲兽骨文字》2.25.6。
⑤　董作宾:《殷虚书契甲编》2416。
⑥　转引自崔恒升《简明甲骨文辞典》,安徽教育出版社,1992。
⑦　罗振玉:《殷虚书契续编》3.29.6。
⑧　李亚农:《殷契摭佚续编》153。
⑨　金祖同:《殷契遗珠》263。
⑩　罗振玉:《殷虚书契后编》上9.12。
⑪　方法敛:《金璋所藏甲骨卜辞》584。

南下亳12天，则此商当为古商丘，在今河南商丘附近；亳当为南亳，在商丘之南的谷熟集附近。商丘一带是商王朝三个中心都邑之一，田在其北部。

雀、弜、雷方、贝、纂　卜辞有：

戊午卜贞，弜不丧才南土祸，告史；

戊午卜贞，弜克贝、纂南邦方；

己未卜，佳雷方其克贝、弜，南土；

己未卜，多田亡祸，在南土；

庚申卜贞，雀亡祸南土祸，告史；

庚申卜，雀亡祸，告史。[①]

此为同版卜辞，"南土"、"南邦方"当在商丘以南的淮水一带，包括今安徽。根据帝乙、帝辛征人方卜辞，在商丘附近。此卜辞中提到的"弜"、"雀"是殷的邦侯，互为邻国，则雷方、贝和纂均当在淮水流域，其中有的可能在安徽境内。

攸　卜辞云："告攸侯耤"[②]；"又（右）牧于丬，攸侯叶啚（鄙）；中牧于义，攸侯叶啚（鄙）。"[③]《孟子·滕文公下》引《书》云："有攸不惟臣，东征，绥尔士女，匪厥玄黄，绍我周王见休，惟臣附于大邑周。"此"有攸"即卜辞之"攸侯"，为商的同姓侯国，所以殷王对其颇为关心。殷末金文有"王由攸"[④]的记载。陈梦家先生说："正（征）人方归途中，三月癸酉在攸侯鄙永，四日后戊寅已在宿县东北六十里的甾丘，则攸当在永城之南部、宿县之北部。"

潜　卜辞云："庚寅，在潜𬉼，王𡉈林方"[⑤]；"壬辰，在潜至于黄旨董沮𬉼。"[⑥]郭沫若先生认为，《左传·昭公二十七年》有"潜邑"的记载，在今安徽霍山县北三十里，当淮水之南，林方亦在淮水之南，则甲骨文

---

①　董作宾：《殷虚文字甲编》2902。

②　《甲骨文合集》9511。

③　曾毅公：《甲骨缀合编》2.32。

④　《三代吉金文存》11.30.3。

⑤　曾毅公：《甲骨缀合编》216。

⑥　方法敛：《库方二氏藏甲骨卜辞》1672。

之"潜"当即在春秋时之"潜邑"一带。① 但陈梦家先生认为此潜为水名,根据征人方卜辞,应在林方附近,不当在霍山一带。

　　戬、栗、ᐟ、杜　征人方卜辞有:

　　才二月癸酉,来正人方,才攸;②

　　癸酉,来正人方,在攸永;③

　　丁丑,在口,[步]于戬;④

　　戊寅,才戬,步于ᐟ;⑤

　　庚辰,才ᐟ,步于ᕫ;⑥

　　才二月口口才ᕫ,田于栗;⑦

　　辛巳才ᕫ,步于汄;⑧

　　壬午才[汄],步于杜;⑨

　　才二月癸未来征人方,才嬿。

　　从以上所引乙、辛时期征人方回程卜辞来看,此五地当在攸与嬿之间⑩,相互之间距离很近,自当亦在宿县、永城一带。

　　戬通甾,《汉书·地理志》载楚国有甾丘。《水经·睢注》:"睢水又东与泲湖水合,水上承甾丘县之淠陂。"甾丘当在睢水北岸,故《大清一统志》认为当在今宿县东北六十里处。

　　ᐟ一般隶作"危"或"厃",陈梦家先生分析认为应在皖苏交界处。一说在今安徽亳州一带⑪。

　　卜辞有"ᕫ邑"⑫,"ᕫ"为邑名,在戬、嬿之间,故应在今永城境内。

----

　① 参见郭沫若《卜辞通纂》574.612。
　② 曾毅公:《甲骨缀合编》189。
　③ 罗振玉:《殷虚书契前编》2.16.6。
　④ 曾毅公:《甲骨缀合编》218。
　⑤ 曾毅公:《甲骨缀合编》218。
　⑥ 曾毅公:《甲骨缀合编》218。
　⑦ 罗振玉:《殷虚书契前编》2.19.3。
　⑧ 曾毅公:《甲骨缀合编》218。
　⑨ 罗振玉:《殷虚书契前编》2.19.5。
　⑩ 陈梦家先生谓"女嬿"即《左传·哀公七年》之"嬿丘",地当今河南永城之北。
　⑪ 转引自崔恒升《简明甲骨文辞典》,安徽教育出版社,1992年。
　⑫ 罗振玉:《殷虚书契前编》2.13.2。

郭沫若先生考证说:"栗当即汉之栗国,杜即汉之芒矣。"①两地均在《汉书·地理志》所记之沛郡范围内,栗当即汉之栗国,地当今河南夏邑县。再根据《清一统志》可知,芒当在今河南夏邑县境,芒得名于芒山,芒山之南八里即砀山,芒即在河南夏邑、安徽砀山带。

罿 卜辞云:"辛酉王卜,在嬠贞:今日步于罿。癸亥卜,在罿贞:[今日]步于 𝈍 ,亡灾。"②陈秉新先生认为此字即鷹字的古文,疑即厥固城,即安徽萧县南的永固镇。③

徐 根据陈梦家和陈秉新先生考证,卜辞所记帝乙、帝辛所征之人方是指分布于淮河流域的淮夷(详本节第四部分),则此"徐"当位于安徽泗县至江苏泗洪一带。甲骨文有"㿰子肃"④,应即"徐子肃",更可证《太平寰宇记》所记之徐地位于淮泗一带不虚。徐的都城在今安徽泗县北,为汉代徐县所在。《汉书·地理志》注云:"徐故城,盈(嬴)姓。"《括地志》云:"徐城县北四十里有大徐城,即古徐国。"徐城县乃隋置⑤。

旧 卜辞有:

王族其罩人方邑旧,右左其 𝍐 。⑥

癸未卜,在旧贞:王步于沝,亡灾。⑦

"旧"字陈梦家先生隶为售,陈秉新先生隶为旧,认为是人方邑名,地在永城以南、淮河以北,距浍水不远。⑧

筑(筑) 卜辞有:

丙戌,伐人方于筑,吉。⑨

陈秉新先生认为此字为版筑之筑的初文,卜辞用为地名,假为竹。

---

① 参见郭沫若《卜辞通纂》574、612。

② 《甲骨文合集》36961。

③ 陈秉新、李立芳:《出土夷族史料辑录》第二章《乙辛卜辞征人方》,安徽大学出版社,2007年。

④ 容庚:《殷契卜辞》。

⑤ 详见李修松《徐夷迁徙考》,《历史研究》1996年第4期。

⑥ 中国社会科学院考古研究所《小屯南地甲骨》2064。

⑦ 方法敛:《金璋所藏甲骨卜辞》574。

⑧ 陈秉新、李立芳:《出土夷族史料辑考》第二章《乙辛卜辞征人方》,安徽大学出版社,2007年。

⑨ 李学勤:《英国所藏甲骨集》2526。

《读史方舆纪要》江南宿州："竹邑城,在州北,秦曰筑邑……《括地志》:'今符离即故竹邑也。'"可知,古竹地在今安徽宿州符离集一带。①

媪(铚)　卜辞有:

乙巳,王卜,才媪贞:今日步于攸,亡灾。②

陈秉新先生认为媪是洍的繁文,读若铚,即汉代沛郡铚县,在今安徽濉溪南。③

剌　卜辞有:

甲午卜,在青贞:王步于剌,亡灾。④

陈梦家先生谓此"剌"即《左传·定公四年》分鲁公以殷民六族中的索氏,在今徐州、萧县、宿州一带。

鸡　卜辞有:"田鸡亡灾,王田鸡。"⑤《国语》有鸡丘,《春秋·襄公三年》"同盟于鸡泽";《春秋·昭公二十三年》"吴败顿、胡、沈、蔡、陈、许师于鸡父",杜注:"鸡父,楚地,安丰县南有鸡备亭。"《水经·决水注》"决水自雩县北迳鸡备亭,在光州固始县东南",地当今河南固始县南。其地近安徽。

霍　卜辞有:"王其至潢霍,亡灾"⑥;"才霍……王占曰:吉。"⑦潢在今河南潢川一带,故郭沫若认为霍当在其附近的安徽霍山一带⑧。

虎方　卜辞关于虎方的记载甚多,如:"虎方其涉河"⑨;"令(命)望乘及舆途虎方。"⑩丁山先生认为即春秋时的"夷虎"⑪。《左传·哀公四年》:"夏,楚人既克夷虎……""夷虎"在何地?《水经·肥水注》:

---

①　陈秉新、李立芳:《出土夷族史料辑考》第二章《乙辛卜辞征人方》,安徽大学出版社,2007年。
②　罗振玉:《殷虚书契前编》2.17.5。
③　《出土夷族史料辑考》第二章《乙辛卜辞征人方》,安徽大学出版社,2007年。
④　罗振玉:《殷虚书契前编》2.8.7。
⑤　罗振玉:《殷虚书契前编》2.3.6。
⑥　郭沫若:《卜辞通纂》586。
⑦　罗振玉:《殷虚书契前编》2.15.7。
⑧　转引自崔恒升《简明甲骨文辞典》,安徽教育出版社,1992。
⑨　罗振玉:《殷虚书契前编》6.63.6。
⑩　商承祚:《殷契佚存》498。
⑪　《殷商氏族方国志·虎氏、虎方》,见《甲骨文所见氏族及其制度》,中华书局,1988年。

"肥水北迳芍坡（陂）东；又北，迳死虎塘东；又北，右合阎涧水，水积为阳湖，阳湖水自塘西北迳死虎亭南，夹横塘西注。"此死虎塘在今安徽寿县东南四十余里处。"死虎"即"夷虎"，因上古夷、尸、屍、死为一字。此地当淮水之南，属群舒，虎与舒古音相通，所以虎方疑即后来的舒方①。郭沫若先生疑"虎方"即"徐方"。②

六　六国之祖皋陶曾为舜之司空。司空即司工，《礼记·曲礼》："天子之工六，曰土工、金工、石工、木工、兽工、草工"，注"此殷时制也，周则皆属司空。"殷之祖与皋陶同为东夷集团，故"六"之得名当来自皋陶主管之"六工"。皋陶之后裔之一嬴秦亦尚"六"之数，当与此有关。

商王朝与"六"的关系颇为密切。六常向王朝贡龟。如："戊戌卜㱿贞，祈祉六来𪔀三□一"③；"□戌卜㱿贞，祈祉六来𪔀[三]"。④ 从"𪔀"的字形来看，显为龟之一种。咸丰《六安州志》："六地亦产龟。"《史记·龟策列传》："神龟出江水中，庐江郡常岁时生龟，长尺二寸者二十枚输太仆官。""六"属淮夷中的舒夷，《诗·泮水》："憬彼淮夷，来献其琛，元龟象齿，大赂南金。"说明殷周时对淮夷的掠夺包括元龟、象齿、琛及铜。"元龟"即上述《龟策列传》中的大龟。

六还向王朝进女。如："戊戌帚六示二𡚴"⑤；"丁巳[帚]六示𡚴，岳。"⑥"帚六"即来自六国的殷王诸妃之一。此外，商还在六国设"六囹"⑦。"囹"即监狱，用于囚禁异族战俘。卜乎还有："……卜，㱿[贞]……苯六。""苯"读若"箁"，《说文》"箁"与"箔"互训。此为一期卜辞，说明武丁时亦加强对六国的钳制。

陈　《逸周书·世俘解》记周武王命"侯来伐靡，集于陈，辛巳至，

---

① 一说虎方即徐方，因"虎"、"徐"古音通（李伯风《东夷杂考·徐夷杂考》）。还有说在今荥阳、中牟、新郑的三角地带；更有说在汉水流域。

② 郭沫若：《两周金文辞大系图录考释》。

③ 商承祚：《殷契佚存》991。

④ 董作宾：《殷虚文字甲编》3358。

⑤ 《甲骨文合集》1834。

⑥ 《故宫藏龟》。

⑦ 一释"囹"义为边陲。

告以馘俘"。注:"侯来,亦将也;靡、陈,纣二邑也。"何光岳先生认为:这个陈在河南淮阳,是风姓陈国,其祖与商祖先同出东方之鸟夷,故此陈为商之近亲属国①。周初以其地封舜之后裔,亦沿用陈之国号。淮阳临近安徽,其地也有可能达于皖境。

四、商王朝与东夷的关系暨乙、辛征人方

商人属于东夷的一支,汤灭夏前商人先后8次迁都,其地望大多在东夷活动的地域。而且,淮北的淮泗、潍水流域之古孟诸泽一带曾是商人兴盛之地。商汤之所以能灭夏,在很大程度上靠的是分布于东南地区的东夷各族团的支持。所以,有商一代,与东夷的关系总体上是较为密切的。从卜辞来看,武丁时期商王朝与夷族方国间有婚姻之好,王朝对其也较为关心,甚至还赐予人方爵命,但有时也对不服从的夷人方国用兵征伐。廪辛、康丁时期开始对人方、虘方等夷人进行征伐。至商王帝乙、帝辛(即纣)时期进而发动对东夷大规模战争。《左传·昭公四年》记云:"商纣为黎之蒐,东夷叛之。"《左传·昭公十一年》云:"纣克东夷而陨其身。"《左传·宣公十二年》云:"纣之百克,而卒无后。"说明正是由于商朝统治者对叛乱的东夷各国族连年用兵,造成国内空虚,矛盾激化,被西方兴起的周人乘机联络众多的国族起兵灭亡。

安徽当时属于东夷范围,安徽境内的夷人方国有林方、人方、虎方、徐方以及攸、六等,与王朝的关系大部分时期较为平稳。廪辛、康丁时关系恶化,某些方国遭到征讨,至乙、辛时期,诸如人方、林方等成为征讨的重点。

殷末青铜器《文父丁簋》、《小臣俞尊》记载有"佳𠱩令伐人方𢇛";"佳王来征人方"。《作册般甗》还记载有"王狃人方舞殳",意即商王将俘虏来的人方首领舞殳用作祭祀祖先的牲肉。殷墟出土的人头骨刻辞甚至有"且乙伐……人方白(伯)"的记载。"伐"字从人从戈,即杀人以祭之义。这条卜辞的意思是说:伐祭祖乙,用人方伯。这两条

---

① 参见何光岳《东夷源流史》第十九章,江西教育出版社,1990 年。

卜辞所言正好对应。所以李学勤先生认为此人头骨很可能就是殷人俘虏的人方首领舞敊的头颅。①

商代淮夷分布区比夏代更加广泛。如果说夏代皋陶的后裔徐淮夷一部分还留居山东地区，与此前迁居淮河中游的徐淮夷尚未连成一片的话，则自商代武乙之后，这种情况发生了重大变化。《后汉书·东夷传》记载说："武乙衰敝，东夷寖盛，遂分迁淮岱，渐居中土。"说明在武乙统治衰微之际，东夷曾有一次大规模的迁徙，淮河流域是迁徙的重点区域。经过这次迁徙，再加上早先迁居此处的徐、淮夷的发展繁衍，山东地区的土著淮夷已与淮河流域的淮夷连成一片，形成分布广泛的淮夷聚居区。

淮夷势力的壮大，激化了其与商王朝之间的矛盾，故引起商末帝乙、帝辛时期与以淮夷为代表的东夷之间旷日持久的战争。《吕氏春秋·古乐》说："商人为象，为虐于东夷"。东夷是包括淮夷在内的。陈梦家先生曾对殷末甲骨文中征人方卜辞进行系统的编排比较，将这次征伐的来回路线分为五段，"始于出发自大邑商（今河南安阳小屯），中经商（今河南商丘）、亳（今商丘南谷熟集一带）而及于淮水，后复由攸（河南永城南、安徽宿州之西北）、商而至于沁阳田猎区"。"自十祀九月至十二月渡淮以后，卜辞记曰'正人方'；自十一祀正月回至淮北攸以后，卜辞记曰'王来征人方'。'正（征）人方'是说去伐人方，指其往程；'来正（征）人方'是说来自征人方，指其归程"。② 征伐路线的南部是分布于安徽凤阳一带的林方。这说明当时所征的"人方"就是指居于河南南部、安徽北部的淮河两岸的淮夷。王朝所需的铜、龟、珍珠、象牙等，多通过讨伐淮夷的战争掠夺之。

陈秉新先生在基本赞同陈梦家先生观点的基础上，进行了进一步分析补证。其云："征人方往程中自大邑商出发，途经雇（戽，今河南原阳县西）、鞏（怀，今河南武陟县西南）、商（今河南商丘附近）、亳（今河南谷熟集西南）、雔（鸿口，今河南濉阳县东）、攸（今河南永城县

---

① 李学勤：《殷代地理简论》第二章《帝乙十祀征人方路程》。
② 陈梦家：《殷虚卜辞综述》第八章，科学出版社，1956年。

南)、汭(涉,浍水)、淮(淮河),在灊(潜)插林方(今安徽凤阳一带)。归程中经永(今河南永城)、攸(今永城南)、戴(甾丘,今永城东)、栗(今河南夏邑县)、宋(芒,永城东北)、剌(今安徽萧县北)、商(今商丘附近)、云(邧,今郑州西北)、曹(怀,今河南武陟县西南)。""以此为基点……又分析考证出乐(沴陵,今河南宁陵县东南)、敔(厉,今河南鹿邑县东)、桑(空桑,今山东曹县北古莘地附近)、霍(鷹,厥固城,今安徽萧县南永固镇)、桥(斟鄩,今河南巩县西南)、笁(竹邑,今安徽宿县符离集)、溫(铚,安徽濉溪南)、叉(萧,今安徽萧县西北)、调(大峒,今河南虞城县北)、喁(虞,今虞城县北)等地名。"说明征人方卜辞中的"齐次"距峒(大峒)、喁(虞城)、剌(萧县北)甚近,绝不可能是山东临淄之齐,而应该就是定陶西古济水之滨的齐次。卜辞言"伐人方于笁"、"在灊次,插林方",则此次所伐之人方、林方必在浍河、淮河流域一带,不在山东境内。"从殷虚卜辞和金文看,殷末征人方不只一次,而且在征人方之役中还曾利用夷人作侦探。而十祀征人方往返共用260天,经历地点40余处,规模之大可想而知。应当就是《左传·昭公十一年》所说的'纣克东夷而陨其身'的那次战争。"[1]陈秉新先生的补证进一步印证了陈梦家先生的观点,说明商纣对东夷的长期征战,主要是征伐包括安徽淮河两岸在内的淮夷。正是以淮夷为代表的广大东方夷人的反抗,加速了殷纣的灭亡。

第三节 夏商时期安徽的社会经济文化

一、夏商时期安徽的考古发现

安徽夏商时期考古学文化的发现,大致可追溯到 20 世纪 30 年

---

① 陈秉新、李立芳:《出土夷族史料辑考》之《导言》,安徽大学出版社,2007 年。

代。1934 年,中央研究院历史语言研究所李景耽、王湘在寿县一带进行史前遗址考古调查,发现夏商时期文化遗址[①]。

新中国成立后,广大文物考古工作者对安徽的夏商遗址进行了调查,并配合基本建设,发掘了众多夏商时期的遗址。在此基础上,一些学者对安徽(尤其是江淮地区)夏商时期的文化特征、分期、性质、社会经济形态、族属等问题进行了研究探索。

1. 年代框架

安徽江淮地区相当于夏时期的文化遗存大致可分为三期。[②][③]

第一期主要文化内涵及特征表现为:陶器以夹砂灰陶和黑陶为主,泥质陶较少,磨光陶占一定比例,还有一定数量的夹砂褐陶和红陶。纹饰以篮纹为主,绳纹次之,还有方格纹、弦纹、附加堆纹等。器型种类主要有矮三足罐形鼎、盆形鼎、侈口深腹罐、圜底罐、子母口沿罐、盆、鸡冠耳盆、敛口盆、豆、瓮、斝、鬶、碗、甗、研磨器、器盖等。以鼎、罐为主,鼎足多为侧扁三角形,有的足根上有一或两个指窝纹。由本期的侈口深腹罐、矮三足罐形鼎、鸡冠耳盆等的形态特征,结合篮纹、绳纹与方格纹的比例,本期年代应相当于新砦期遗存,介于王湾三期文化和二里头文化之间,绝对年代为公元前 2100—公元前 2000 年左右,跨入了夏王朝的纪年范围。

第二期文化遗存的地层单位较少。主要文化内涵及特征表现为:陶器以夹砂灰、黑陶为主,但数量有所减少,泥质陶占一定比例,还有部分夹砂褐陶、红陶等。纹饰以篮纹为主,但数量减少,绳纹比例有所增加,还有少量的方格纹、弦纹、附加堆纹等。器型种类较多,仍以鼎、罐为主,鼎足皆为侧三角形或侧角梯形,正面足根有一或两个指窝纹;罐种类较多,有侈口深腹罐、高领罐、矮领罐、子母口罐等,新出现了花边罐、鬲、觚形杯、尊形器等,还有豆、器盖、甗、鸡冠耳盆、侈口盆、敛口瓮、高领瓮,不见第一期少量出现的双腹盆。本期饰花边的圆腹罐、鸡

---

①　李景耽:《寿县楚墓调查报告》,《田野考古报告》第一册,商务印书馆,1934 年;王湘:《安徽寿县史前遗址调查报告》,《中国考古学报》第 2 期,1947 年 3 月。

②　张敬国:《略论江淮地区夏商周文化分期及族属》,《文物研究》总第三期,1988 年 6 月。

③　何长风:《安徽江淮地区夏时期文化初析》,《文物研究》总第四期,1988 年 10 月。

冠耳盆等均与二里头文化二期者近似,有明显领部的子母口罐与岳石文化第一期者相似,凡此均说明其年代约当二里头文化二期。本期寿县斗鸡台T1⑥木炭,编号:BK83023,经碳－14测定年代为距今3885±100年①。

第三期主要文化内涵及特征表现为:陶器以夹砂灰陶为主,次为夹砂褐陶,泥质磨光黑陶占一定比例,还有少量的夹砂红陶。纹饰以绳纹为主,篮纹次之,还有少量的弦纹、划纹和附加堆纹、几何形印纹、云雷纹等。器型种类主要有短颈鼓腹绳纹罐、侈口罐、子母口小罐、直口罐、平沿盆、敛口盆、大口盆、直口盆、瓮、鬲、瓠形杯、甑、豆、宽沿浅腹盆形鼎、平裆锥足罐形鼎、带把深腹鼎,其中鼎足多为侧三角形,也有锥形或柱形足,有的足根部饰两或三对指窝纹;还新出现了釜、杯、爵、缸、碗。本期的宽肩小口瓮、盆形鼎等皆与二里头文化三期同类器物相似,含山大城墩出土的炭化稻粒,碳－14测试,经树轮校正,距今3600±125年,故本期年代相当于二里头文化三期,绝对年代为公元前18世纪中叶至17世纪。

安徽江淮地区商代文化遗存大致可分为三期。②

第一期主要文化内涵及特征表现为:陶器以夹砂红陶为主,夹砂灰陶次之,有少量的磨光黑陶和极少的印纹硬陶。纹饰以细绳纹为主,有少量粗绳纹、弦纹、附加堆纹、素面等。器物种类主要有鬲、簋、豆、罐、爵、盆等。鬲,足为圆锥形、瘦长实足、足下端较尖、袋足较小较浅、分裆、口沿作卷沿小方唇、胎较薄、腹饰细绳纹。盆,口沿一般卷缘、小方唇、直壁或圆腹。爵,平底、束腰、銎近似圆形。罐,深腹、体瘦长、侈口、圆肩、平底、胎较厚、颈部饰一周附加堆纹。主要器物种类与郑州二里岗下层同类器物相似,故本期年代约相当于二里岗下层略偏晚阶段。

第二期主要文化内涵及特征表现为:陶器以夹砂灰陶为主,泥质灰陶和黄褐陶次之,有少量的夹砂红陶,极少印纹硬陶。纹饰以绳纹

---

① 北京大学考古系碳－14实验室:《碳－14年代测定报告(七)》,《文物》1987年第11期。

② 张敬国:《略论江淮地区夏商周文化分期及族属》,《文物研究》总第三期,1988年6月。

为主,弦纹、素面、附加堆纹次之,陶器表面有少量的刻画文字。器物种类主要有鬲、罐、豆、大口尊、大口瓮、两足器、直口缸、盆、簋。鬲,口沿翻缘方唇、分裆、袋足肥大、实足瘦长较上期略短、足表面光滑不饰纹饰。豆,平折沿、浅盘平底、假腹、圈足粗而高、圈足最细部偏上。罐,侈口、折肩、最大径在肩部、深腹、凹圜底腹饰细绳纹及弦纹。大口尊,体瘦长、喇叭形大敞口、无肩。缸,平沿直壁。陶窑有窑室、窑柱、烟道、火膛、窑算。墓葬为土坑竖穴,头向东,无随葬品。生产工具有石锛、石斧、石镞、石刀、陶纺轮、陶拍、铜镞等。鬲、罐、豆等主要器物种类的形制与郑州二里岗上层同类器物相似,故本期年代约相当于二里岗上层略偏晚阶段。

第三期主要文化内涵及特征表现为:陶质以夹砂灰陶为主,泥质灰陶和泥质红陶次之,有少量的黄褐陶、印纹硬陶和原始青瓷。纹饰以中绳纹为主,弦纹、附加堆纹、方格纹、编织纹、云雷纹次之。器物种类主要有鬲、豆、瓮、罐、大口尊、缸、簋、盆、甗等。鬲,口沿外折、小方唇、足由上期瘦长变为略粗矮、袋足较深、器体近方形。豆,敛口、浅圆腹、平底、柄高且中部略收。罐,侈口、宽沿、方唇、高颈、斜肩。硬陶尊,大口、斜折沿、圆唇、深腹、小平底,矮圈足、腹饰云雷纹。鬲、豆、罐、大口尊等主要器物种类的形制与殷墟一、二期同类器物相近,本期年代约相当于殷墟二期左右。

2. 文化类型

安徽江淮地区的夏代考古学文化可以划分为三个类型即西北部的斗鸡台类型、东南部的大城墩类型和西南部的以薛家岗遗址 H25 为代表的文化遗存①。

斗鸡台类型分布范围为西北部淮河水系区,西至皖豫交界的史涌河流域,东到东淝河一线。主要包括六安、寿县、霍邱等县及淮南市等地。本区已经发掘或试掘的遗址有寿县斗鸡台、青莲寺、霍邱红墩寺等处。遗物主要有陶器、石器、卜骨等,未发现青铜器。其中陶器以夹砂黑灰陶和夹砂褐陶为主,泥质陶较少。纹饰以较细的绳纹为主,有

---

① 宫希成:《夏商时期安徽江淮地区的考古学文化》,《东南文化》1991 年第 2 期。

少量方格纹、篮纹、箍状附加堆纹等。主要器类有鼎、豆、盆、瓮、缸、罐等。根据器物特征可分为三组。甲组:有花边圆腹罐、鸡冠耳盆、尖锥状鬲足、矮领尊等,均与二里头文化同类器特点基本一致或相近。乙组:有尊形器、瓦足盘、浅腹豆、子母口深腹罐等,与岳石文化同类器物特点相同或相近。丙组:有侧面呈扁三角状足罐形鼎、大口平沿罐、高柄浅盘豆、敞口曲壁盆、侈口高领罐等,这些器物为周围地区同时期文化所不见,而与当地龙山时期文化有较多的联系,应为承袭当地龙山传统发展而来。这三组器物从数量上看以丙组居多,甲组次之,而乙组最少,可见丙组器物代表了本区文化的主体,而且丙组器物多不见或极少见于周围地区同时期文化,应为本区所独有。甲乙两组则只能认为是二里头文化和岳石文化与本地区交流而产生的结果,二里头文化又比岳石文化对本地区的影响要强一些。

大城墩类型分布范围为东南部巢湖水系区,包括滁河上游地区。主要有含山、肥东、肥西、和县、来安、全椒等县和合肥、巢湖、滁州等市。已经发掘或试掘的遗址主要有含山大城墩、清溪中学、肥东吴大墩等处。遗物有陶器、石器等。铜器有个别发现。本区陶器以夹砂灰陶为主,夹砂红陶次之,并有一定数量的磨光黑陶片和少量灰白陶片,夹砂陶中多夹有白色蚌屑。纹饰以细密绳纹为主,还有弦纹、附加堆纹、篮纹、云雷纹及几何形印纹等。器类主要有鼎、豆、杯、瓿、罐、盆、瓮、缸等。也可以分为三组。甲组:有圜底罐、宽肩直口瓮、爵以及铜铃等,与中原二里头文化同类器物特点非常相近或基本相同。乙组:有带把罐形鼎、几何形印纹硬陶、云雷纹豆柄等,显然是受到了来自南方的湖熟文化的影响,风格全然不同。丙组:有扁锥足盆形鼎、深腹平底鼎、瓿形杯、瓦足平底盘、长颈罐、浅盘高柄豆、卷沿直壁缸、釜等,这一群器物为周围邻近地区同时期文化所不见或少见,应为当地文化因素。三组器物中以丙组占绝对多数,甲组数量很少,而乙组则更少。丙组的主要器物又基本不见于周围地区。甲乙两组器物只能看做是中原二里头文化和南方湖熟文化对本地区影响的产物。

西南部皖河—菜子湖水系区,包括安庆市和怀宁、潜山、太湖、枞阳等县。经发掘的遗址主要有潜山薛家岗、安庆张四墩等处,发现的材料很少。铜器在张四墩遗址出土有铜削 1 件。① 陶器有鼎、豆、爵、罐等,鼎为锥状足,底近平;绳纹罐,卷沿深腹平底;爵平底三足,壁近直;豆浅盘高柄,柄中部凸出饰多道弦纹。

夏代时期皖北的考古学文化面貌比较复杂,经科学发掘的遗址很少。皖西北区属岳石文化安邱堌堆类型的分布范围。② 另据调查材料,二里头、岳石两种文化因素的遗址共存于宿州市一带。③

到早商二期之时,随着商王朝的巩固,商族势力大规模扩展,往东南方向,在江淮地区,商族势力已达巢湖以东的大城墩一带,确立了早商文化大城墩类型。④ 安徽西部曾被归入二里岗类型⑤,江淮地区后又被细分为"皖西类型"和"大城墩类型"。⑥ 又有学者将这两个类型归并为"大城墩类型。"⑦大城墩类型主要分布在安徽江淮之间,霍山—巢湖一线之北的地区。除含山大城墩遗址外,还有六安众德寺,寿县斗鸡台,霍邱红墩寺、绣鞋墩,肥西大墩子,含山孙家岗等。陶器以灰陶为主、外表多饰绳纹等情形,均同于二里岗类型。但夹砂陶远多于泥质陶,红褐陶所占比例较高,有一定数量篮纹等情形却又与二里岗类型有别。以鬲为主要炊器,并兼用深腹罐、甗等类同于二里岗类型。二里岗类型常见的直壁深腹盆、捏口罐、刻槽盆、平口瓮等均不见或少见于大城墩类型;大城墩类型的二足器、小口广折肩瓮等则不见于二里岗类型。大城墩类型中还有一些当地文化因素,其中有的是由斗鸡台文化延续下来的,如平沿罐、短沿粗陶缸等;有的则可能是属于岳石文化因素,如颈饰附加堆纹的深腹罐、内壁有凹槽的盘形豆、外表有凸棱的碗形豆以及半月形双孔石刀等。

① 胡悦谦:《试谈夏文化的起源》,《华夏文明》第一集,北京大学出版社,1987 年。
② 栾丰实:《岳石文化的分期和类型》,《海岱地区考古研究》,山东大学出版社,1997 年。
③ 张敬国、贾庆元:《宿县、淮北、蚌埠先秦古文化遗址》,《中国考古学年鉴(1989)》,文物出版社,1990 年。
④ 中国社会科学院考古研究所编著:《中国考古学·夏商卷》,中国社会科学出版社,2003 年。
⑤ 邹衡:《试论夏文化》,《夏商周考古学论文集》,文物出版社,1980 年。
⑥ 王迅:《东夷文化与淮夷文化研究》,北京大学出版社,1994 年。
⑦ 王立新:《早商文化研究》,高等教育出版社,1998 年。

基于目前的考古资料,只能将分布于皖中地区的所有中商遗存命名为大城墩类型。① 是当地早商文化大城墩的继续。代表性遗存是安徽含山大城墩遗址第三期。皖西地区经试掘并发现有中商文化遗存的遗址有霍邱绣鞋墩、六安众德寺、寿县斗鸡台等处。陶器以夹砂灰陶为主,其次是泥质灰陶和泥质红陶,有少量黄褐陶。少数器物烧制火候不匀,陶色不纯。器物包括鬲、甗、盆、罐、簋、假腹豆、大口尊、大口缸等。多数器物形制与中原商式陶器相似,但大口宽体圆腹罐、曲腹大口缸等器未见于中原,一些器物肩部饰圆圈纹的做法在中原商文化中也很少见。尽管大城墩类型的陶器表现出较强的地方特色,但历年淮河流域出土的铜器与中原铜器相比却基本没有差别。

晚商时期,江淮一带的商文化分布格局发生了变化。② 皖北地区继续为商文化所控制。但巢湖和滁州一带商文化的地方性显著增强。巢湖以西的六安地区,目前已报道的材料尚无可以确认的晚商文化遗址。地处淮河以北的颍上县王岗乡曾多次发现晚商文物。这些铜器都与中原商式铜器无异。随葬品组合方式也完全同于中原商文化。看来,王岗乡一带曾经是淮河岸边的一个重要晚商文化据点。巢湖和滁州地区是早、中商文化大城墩类型分布区。资料表明,至少晚商早期阶段,商文化仍在这一带滞留,但地方特征显著增强。含山大城墩和滁州卜家墩是当地该阶段晚商遗存的代表。含山大城墩遗址第四期属晚商文化。出土的晚商陶器皆属晚商早期。器类有鬲、甗、盆、罐、簋、豆等。鬲多为窄折沿、裆仍较高,但腹部相对较直。甗的甑部作深腹盆形,与殷墟相同,但下部则呈溜肩直腹式,带有明显地方特点。

皖南地区目前没有相当于夏代纪年范围内的文化遗存,遗址最早为商代。经过考古调查后发现商周时期遗址较多,不均匀地分布在皖南多个地市,其中以沿江地区和皖南山区为多,这些遗址大多分布在

---

① 中国社会科学院考古研究所编著:《中国考古学·夏商卷》,中国社会科学出版社,2003年。
② 中国社会科学院考古研究所编著:《中国考古学·夏商卷》,中国社会科学出版社,2003年。

河流阶地,呈台形,也有的坐落在山坡地带,面积一般在几千至 3 万平方米左右。但经过考古发掘的遗址不多,目前只有马鞍山五担岗、烟墩山、宁国官山、繁昌瓜墩、红灯等遗址。出土陶器以鼎、豆、罐为主,与宁镇地区湖熟文化面貌相似。也发现了少量属于中原商文化属性的遗物。其中在铜陵市及黄山地区的商式铜斝、铜爵及陶斝,表明商文化已影响至皖南地区南部①。而铜陵县西湖镇出土的爵和斝,年代可早到商代二里岗期晚段。此外,在马鞍山、宣城也出土了属商代晚期的大型打击乐器铜铙。

3. 重要遗址

亳州钓鱼台遗址 新石器时代至商周时期遗址。位于亳州市丁固乡钓鱼台村涡河北岸。面积约 2500 平方米,高出周围地面 2 米。该遗址的文化内涵可分为两期,早期为龙山文化,晚期为商周文化。1955 年安徽省博物馆筹备处在此试掘,清理出遗物有石斧、石锛、骨针、陶纺轮、陶盆、陶罐等。其中 1 件西周陶鬲存有西周时的小麦,被中国科学院命名为"中国古小麦"。陶器有灰陶、红陶,纹饰有粗绳纹、网纹、方格纹、篮纹等。还发现 1 座龙山文化时期的曲肢墓葬。遗址文化遗存较为丰富,对研究淮北地区原始文化性质及商周历史具有重要价值。

寿县斗鸡台遗址 位于寿县双桥镇西约 3 公里处,东距小郢村约 410 米,西距三十铺村约 1 公里。遗址为一高出周围地面 3~4 米的土墩,平面略呈长方形,南北长 110 米、东西宽 90 米。1934 年曾作过调查②,1982 年,北京大学考古系、安徽省文物工作队联合进行试掘③。出土生产工具有石斧、石锛、石刀、石镰及骨镞、骨凿、骨锥、陶网坠、陶纺轮、铜镞等,生活用具有鼎、鬲、深腹罐、子母口罐、甗、盆、簋、豆、爵、尊、小口瓮、觚形杯、三足盘、高柄杯。陶器多为夹砂黑灰陶和夹砂褐

---

① 安徽省文物考古研究所:《安徽考古的世纪回顾与思索》,《考古》2002 年第 2 期。

② 李景聃:《寿县楚墓调查报告》,《田野考古报告》第一册,商务印书馆,1934 年。王湘:《安徽寿县史前遗址调查报告》,《中国考古学报》第 2 期,1947 年 3 月。

③ 北京大学考古学系商周组、安徽省文物工作队:《安徽省霍邱、六安、寿县考古调查试掘报告》,北京大学考古学系编:《考古学研究(三)》,科学出版社,1997 年。

陶,器物外表以素面为主,篮纹、绳纹也较多,并有一定数量的方格纹和箍状堆纹。遗迹有占卜遗迹、灰坑等。文化内涵丰富,可分为五期。第一期与豫东龙山文化面貌接近,但也含有某些山东龙山文化的因素,时代与之基本相当。第二期许多器物仍有龙山时代风格,但在有些器物上又可看到二里头文化和岳石文化的影响,时代不会晚于二里头早期。第三期是第二期的自然延续和发展,相当于二里头文化的晚期。第四期与第三期基本衔接,文化面貌基本与以郑州二里岗上层为代表的早商文化接近,但有的因素则与岳石文化相似。第五期为西周早期的遗存,基本面貌与中原西周文化相同,地方特点居次要地位。

六安众德寺遗址 新石器时代至西周时期遗址。位于六安市区东9公里六安—合肥公路北侧,西距皋陶墓1.5公里。因修路取土,遗址南端已被挖去,残存部分东西长95米,南北宽56米,高1~3米。1982年,北京大学考古系、安徽省文物工作队联合进行试掘[①]。可分为五期,第一期相当于北辛—大汶口时期,第二、三期相当于早商时期,四、五期相当于西周时期。二、三期出土有鬲、罐、假腹豆、缸、盆、钵、尊、研磨器等陶制生活用具及青铜镞、残穿孔石饰。夹砂红陶约占一半,其次是夹砂灰陶和黑陶。器表饰绳纹者最多,其他尚有素面、附加堆纹、篮纹、弦纹等。

寿县青莲寺遗址 新石器时代至东周时期遗址。位于寿县县城南28公里处,东距瓦埠湖约12公里,西边紧靠南北向的六安—寿县公路,为一高出周围地表3~4米的土墩。遗址平面呈长圆形,东西约300米,南北约200米,总面积约60000平方米。遗址中央原有一清代寺庙青莲寺。遗址周围地势平坦。1982年,北京大学考古系、安徽省文物工作队联合进行试掘。[②] 该遗址分为六期,第一期为龙山时代,第二期相当于河南龙山文化晚期和二里头文化早期,第三期相当于二里

---

① 北京大学考古学系商周组、安徽省文物工作队:《安徽省霍邱、六安、寿县考古调查试掘报告》,北京大学考古系编:《考古学研究(三)》,科学出版社,1997年。

② 北京大学考古学系商周组、安徽省文物工作队:《安徽省霍邱、六安、寿县考古调查试掘报告》,北京大学考古系编:《考古学研究(三)》,科学出版社,1997年。

头文化晚期,第四、五期为西周中晚期,以第一期遗存较为丰富。第二期未发现生产工具,生活用具全是陶器,陶质以夹砂灰陶为主,器表主要饰篮纹,常见器型有鼎、罐、瓮、豆、盆、碗等。第三期仅发现有陶器,全是碎片陶质以夹砂褐、红陶为主,器表主要饰绳纹,可看出器型的有罐、缸、鼎、鬲、甗、盆、钵、器盖、杯等。

含山大城墩遗址 江淮地区新石器时代至商周时期的聚落遗址。位于含山县仙踪乡,东南距县城约 15 公里,东距仙踪乡所在地 3 公里。遗址呈台形,面积约 2 万平方米。1980—1984 年先后进行了 4 次发掘,揭露面积 1250 平方米[①]。文化层厚 4.5 米,共分 12 层。发现一批墓葬、灰坑和大面积的红烧土建筑遗存,出土石器、陶器、青铜器、骨器、玉器、蚌器等各类文物 300 多件。主要有石刀、石斧、石锛、陶鬲、鼎、豆、簋、瓮、盆、钵、坩埚等。发现西周墓葬 20 多座,商代墓葬 1 座。西周时期的红烧土建筑遗迹。较完整的商代陶窑 1 座,有窑壁、烟道、窑柱。还发现商代卜骨、卜甲和刻画在陶器上的文字。在相当于二里头文化的地层中发现成片的炭化稻谷。这处遗址包涵了从新石器时代至夏、商、周及隋唐各时期的文化层。遗址文化序列为:一期约相当于大汶口文化中期,二期约相当于龙山时代,三期约相当于二里头文化的二、三期,四期约相当于二里岗上层,五期约相当于西周时期。为江淮地区考古学文化研究提供了重要的年代标尺。为研究江淮地区古代文化的特征、中原古代文化与江南古代文化的交流和发展,以及探索淮夷文化等问题提供了一批珍贵的实物资料。

二、夏商时期的安徽农业

1. 农业生产

农业是夏商时期安徽社会经济的基础部门。考古发现的夏商文化遗址大多是定居农业遗址,一般坐落在河流或湖泊旁边的高地

---

① 安徽省文物工作队:《含山大城墩遗址调查试掘简报》,《安徽文博》总第 3 期,1983 年。张敬国:《含山大城墩遗址第四次发掘的主要收获》,《文物研究》第 4 辑,1988 年。安徽省文物考古研究所:《安徽含山大城墩遗址发掘报告》,《考古学集刊》第 6 集,中国社会科学出版社,1989 年。安徽省文物考古研究所、含山县文物管理所:《安徽含山大城墩遗址第四次发掘报告》,《考古》1989 年第 2 期。

上,文化堆积较厚,为2~4米,有的达5米以上。遗址内含有大量的灰层、红烧土、动物骨骼、螺蛳壳和各类生活遗迹。遗址分布比较密集,如江淮地区的含山县,在下棚河流经的4公里地段上,分布着小城子、大城墩、孙家岗、晒凉台等4座夏商时期的遗址,面积均在1万平方米以上,这些遗址靠近水源,土壤发育又好,应与农业生产有关。

农作物方面,江淮地区有多处遗址发现有炭化稻谷。含山大城墩遗址第三期地层(相当于二里头文化二、三期)中发现大量的炭化稻谷,经鉴定有籼型和粳形两种。① 含山孙家岗、肥东大陈墩也发现炭化稻谷。由于淮北地区夏商时期气候较现在温暖湿润,且新石器时代晚期水稻已被广泛种植,据此推断夏商时期也存在种植水稻的可能。淮北北部与黄河流域接壤,在农业种植方面可能以粟为主。

肥东大陈墩还发现一处经过焙烧的地窖,推测与储存粮食有关②。

在江淮地区的夏商时期遗址中,普遍出土有石锛、石斧、石刀、蚌镰等农业生产工具,说明当时已有成套农业生产工具。如寿县斗鸡台遗址夏商时期地层中出有石斧、石铲、石刀等;肥西大墩子出土的石铲;潜山薛家岗夏商时期地层出土有石锛、斧、磨棒等,以石锛最多;含山大城墩出土有石锛、石斧;霍邱红墩寺相当于二里头文化地层中出土有石斧、石锛③;枞阳汤家墩晚商遗址出土有石锛、铲、斧等;怀宁跑马墩晚商地层中出有石斧、锛、铲、镰等④;歙县新州遗址相当于夏商时期地层中出土有段石锛、石斧、石刀。

2. 家畜饲养

家畜饲养在安徽夏商时期的经济生活中占有较大的比重。在淮河流域的遗址内,一般都有猪的骨骼发现,而且数量较多,从当时的

① 丁超尘、张敬国、杨立新、高一龙:《对含山仙踪遗址出土古稻浅见》,《安徽农业科学》1981年第1期。

② 安徽省博物馆:《安徽新石器时代遗址的调查》,《考古学报》1957年第1期。

③ 杨德标:《霍邱县红墩寺新石器时代至周代遗址》,《中国考古学年鉴1988》,文物出版社,1989年。

④ 杨德标、金晓春、汪茂东:《安徽怀宁跑马墩遗址发掘的主要收获》,《文物研究》第8辑,1993年10月。

定居农业生产条件来分析,这应与当时的家庭饲养业相关。牛、羊、狗的骨骼也时有出土。寿县斗鸡台遗址相当于二里头文化时期地层出土有用牛、羊等肩胛骨制成的卜骨30多块,以羊肩胛骨最多。在某种意义上说,祭祀是刺激家畜饲养业发展的动力之一。

3. 采集渔猎

除农业和家畜饲养业外,采集和渔猎仍是经济生活中的重要活动。当时的动植物资源非常丰富,这为采集和渔猎业的进行提供了天然的有利条件,甲骨卜辞中亦有这方面的记载。考古资料更证明了这一点。在这一时期的遗址内,鹿、麂、牛、龟、鱼等动物残骸发现较多,在淮北及沿淮的遗址中,常发现成片和成堆的蚌壳和螺蛳壳,这显然是古人食后丢弃的。另外,这一时期出土的网坠、鱼钩和箭镞,也间接说明了这种辅助经济的存在。寿县斗鸡台遗址相当于二里头文化时期地层出土鹿肩胛骨制成的卜骨和鹿角、陶网坠、骨镞;寿县青莲寺晚商地层出有青铜镞,两翼有铤,翼较短,铤圆而长;含山大城墩出有商代铜镞;潜山薛家岗夏商时期地层出较多的陶网坠、石镞、铜镞等。

三、夏商时期的安徽手工业

1. 青铜器生产

青铜冶铸是夏商时期安徽社会经济的一个重要生产部门。安徽淮河流域、长江流域均是古代重要的铜产地。在肥西大墩子、含山大城墩、孙家岗等遗址中均发现有铜渣和木炭屑,在含山大城墩还发现1件完整的商代熔铜坩埚。枞阳汤家墩晚商遗址出土多块绿色铜矿石和陶范,陶范为铸造铜容器的范模,内侧光滑,有弦纹和云雷纹。通过对潜山薛家岗出土的商代坩埚的 X 射线荧光光谱和 X 射线衍射分析,得出坩埚的主要成分属硅酸盐类,是一种用土壤焙烧而成的黏土质陶制品,坩埚壁内的小石块可能是从河床的沙中选出

的,是人工加入的,目的是为了增强坩埚的强度和耐高温性①。皖南古铜矿遗址最早的可达商末。通过对颍上郑小庄出土晚商铜器的微量元素分析,表明其所用的铜料很可能就是从铜陵地区输入的,这也从一个方面说明了早在商代铜陵地区就已采冶铜矿,并输出到其他地区了②。这些材料证明,夏商时期安徽的青铜冶铸是比较普遍的。

图二十一　安徽夏商时期青铜器

1. 铜铃　2. 龙虎尊　3. 方彝

目前安徽发现最早的青铜器是含山大城墩遗址相当于龙山时代晚期地层出土的青铜小刀。夏代青铜器发现较少,肥西大墩子遗址出土1件单扉铜铃③(图二十一-1),与二里头文化三期者相似。

商代青铜容器大量出现,并出现消耗性铜镞。六安发现的早商时期铜斝、盉④,其形制与二里岗类型者相同。

发现的中商时期青铜器有:含山县孙戚村采集的盉、戈各1件⑤;1954年嘉山(今明光市)泊岗治淮工地出土一批,计斝、爵、盉、罍等4件⑥;含山孙家岗发现的尊、瓿等⑦。

① 毛振伟、陈顺喜、杨德标、袁传勋:《商朝坩埚的X射线荧光光谱和X射线衍射分析》,《文物研究》第9辑,1994年11月。

② 秦颖、王昌燧、冯敏、杨立新、汪景辉:《安徽淮北部分地区出土青铜器的铜矿来源分析》,《东南文化》2004年第1期。

③ 安徽省博物馆:《遵循毛主席的指示,做好文物博物馆工作》,《文物》1978年第8期。

④ 孟宪珉、赵力华:《全国拣选文物展览巡礼》,《文物》1985年第1期。

⑤ 杨德标:《安徽含山县出土的商周青铜器》,《文物》1992年第5期。

⑥ 葛治功:《安徽嘉山县泊岗引河出土的四件商代铜器》,《文物》1965年第7期。

⑦ 杨德标:《安徽含山县出土的商周青铜器》,《文物》1992年第5期。

晚商时期的青铜器发现更多,主要有容器、兵器、乐器、车马器、生产工具等五类,以容器和兵器数量为最多。青铜容器种类有鼎、斝、爵、觚、觯、尊、鬲、卣、罍、瓿等,其中以斝、爵、觚、鬲最为常见。同期组合以斝、爵、觚或爵、觚为主。从用途看,以酒器为主,盛贮器次之。乐器有铙、铃。兵器有矛、戈等。其他铜器有车軎、弓形器、斧、削、刀、凿和锯齿状铜镰。重要的发现有:1957 年,阜南县朱寨区月儿河(润河)发现商代青铜器一批,有龙虎尊(图二十一 – 2)、饕餮纹尊、斝、爵、觚、鬲等①;1965 年,肥西馆驿出土斝 2 件、爵 2 件、觚 1 件;1972 年,颍上县王岗乡郑小庄村东地和北地池塘边各发现墓葬 1 座,出土铜爵 2 件,觯 1 件,铜矛、刀、凿、斧各 1 件,除铜器外,还出土铅斧、铅戈各 1 件;1980 年,在郑小庄村东又发现一批晚商文物,包括铅器和铜器,其中铅器至少 13 件,有鼎、爵、觚各 2 件,簋、甗、卣、尊、弓形器各 1 件,可看出器型的还有觯、削等;1982 年,王岗乡郑家湾村曾挖出晚商时期的铜鼎、卣、爵、尊、弓形器、戈、勺、镞等;1971 年,考古工作者在王岗乡的赵集王拐村征集到铜器 7 件,包括爵 3 件、觚 1 件、铃 1 件、车軎 1 件、弓形器 1 件,其中 1 件铜爵铭"月巳"二字,另 1 件爵铭"酉"字②;1973 年,庐江泥河区出土 1 件青铜大铙;1983 年,金寨县斑竹园出土 2 件带铭铜器,1 件为"父已"铭鬲、1 件为"父癸"铭爵③;1983 年,铜陵西湖出土饕餮纹爵 1 件、饕餮纹斝 1 件;1987 年枞阳县汤家墩遗址出土 1 件方彝④(图二十一 – 3)。

在冶铸技术上,镞、刀、削、铃、戈等小型器物,一般采用两范合铸。青铜容器如斝、鬲、爵等器型的底部,均有三片范浇铸的痕迹。对一些大型铜器和较复杂的铜器,如龙虎尊、鼎、卣、铙、罍等,则采用了分铸法,数次浇铸而成。如龙虎尊,器表作半透雕式,突出龙、虎等动物形象,器面内壁凹陷的动物形象是使用了内范花纹凸出的制作方法,并且有效地使用支钉和两次浇灌冶铸以及多范组合成型等技术,代表了

①　葛介屏:《安徽阜南发现殷商时代的青铜器》,《文物》1959 年第 1 期。
②　阜阳地区博物馆:《安徽颍上王岗、赵集发现商代文物》,《文物》1985 年第 10 期。
③　安徽省地方志编纂委员会编:《安徽省志·文物志》,方志出版社,1998 年 10 月。
④　方国祥:《安徽枞阳出土 1 件青铜方彝》,《文物》1991 年第 6 期。

该区青铜铸造技术的最高水平。① 这一时期的青铜器,有一些锈色发灰或发蓝,与中原青铜器绿锈色不同。从颍上出土的仿铜铅器分析,估计安徽淮河流域青铜器的合金成分,可能有锡青铜和铅青铜两个系统。② 上述青铜冶铸的几个特征,反映了安徽夏商时期的青铜冶铸业已具有较高的水平。

2. 陶器生产

陶器是当时的主要生活用品,陶器制作场所亦是社会的重要生产部门。这一时期的陶器一般是就地烧制的,由专门的工匠来承担,经过选料、淘洗、晾坯、入窑烧制等工序。在霍邱红墩寺遗址,发现二里头文化时期完整陶窑1座。在含山大城墩遗址发现1座较完整的商代陶窑,由火膛、火门、窑箅、窑柱、烟道五部分组成。根据陶窑残存形状,火膛挖入地下,窑室在地面上,为半地穴式的建筑。火从火膛经窑箅入窑室,然后从烟道逸出,结构合理,与郑州二里岗商代陶窑形状大体一致。

陶器的制法,一般使用轮制、模制、泥条盘筑、捏制等技术。大部分陶器上遗有制造时留下的痕迹。许多陶器是通过综合使用上述技术完成的。

陶器的纹饰及相关制法为:夏代主要为拍印的篮纹,商代主要为滚印的绳纹,其他有贴附的附加堆纹和鸡冠耳,模印的方格纹,挖、钻而成的各种镂孔,弦纹和划纹等。另外,寿县斗鸡台二期在1件泥质素面磨光黑陶上发现有宽约1.6厘米的朱红色彩绘。

陶器的烧成温度,一般在850℃~950℃。大部分陶器都系灰陶,灰陶应是陶胎内铁质在还原过程中大部分转化为氧化亚铁的结果。红陶也占较大比例,红陶应是陶胎内所含铁经氧化生成四氧化三铁所致。硬陶的烧成温度高达1200℃,比普通泥质陶器高出200℃。

这时的陶器,如按其功用来说,炊器有鼎、鬲、甗、甑;食器有豆、

① 石志廉:《谈谈龙虎尊的几个问题》,《文物》1972 年第 11 期。

② 杨立新:《安徽淮河流域夏商时期古代文化》,《文物研究》第 5 辑,1989 年。

篹;酒器和水器有觚、爵、尊、壶、斝、杯;其他盛贮器有罐、盆、瓮、缸等。另有诸多特殊用途的陶器,如作为铸铜熔炉使用的陶缸以及陶模、陶范,生产陶器时拍打陶坯的陶垫和制陶印模,捕捞用的网坠,纺织用的陶纺轮,乐器陶埙,以及作为艺术品或者玩赏器的各种陶塑人物。

3. 原始瓷生产

原始瓷器的胎骨多为灰白色,也有近似纯白而略呈淡黄色的,釉质光亮,以青绿色为主,也有淡绿、黄绿和深绿色等。胎釉结合得比较紧密,但也有少数流釉的现象。烧成温度在1200℃左右,硬度在5度左右,吸水率在3%以下,击之有金石声。原始瓷器最早出现于商代早期。安徽是生产原始瓷器较早的地区之一,已经发现商代的原始瓷器。1972年,来安邓丘山商代遗址出土原始瓷罐残片,釉为黄绿色,胎质坚硬,玻化程度较高,但胎土未经淘洗;肥西大墩子出土3件商代原始瓷豆残片,釉为青绿色,器型不够规整,表面粗涩,胎土也未经淘洗,有石英砂颗粒,胎色发灰,器表涂高温石灰釉,底足露胎,釉层厚薄不均,挂釉厚处有小开片和小气泡,釉质晶莹,玻璃质感强。1980年安庆张四墩遗址出土2片商代白胎白釉原始瓷片,胎色白中泛灰,表面富有光泽,透明度高,有细开片,白中泛淡青色,厚薄不均,厚者呈青绿,薄处泛白。[①] 有研究者认为,"这两片白瓷残片,是我国白瓷的源头。"[②]1989年枞阳汤家墩晚商遗址出土原始瓷器30余片,均为青釉,釉层不均匀,脱釉较多,器型有豆、碗、盅、盖、盂等。

4. 石器、玉器生产

安徽夏商时期的遗址中普遍出土石器,主要是劳动生产工具,绝大多数属于实用性生产工具。器类有斧、锛、凿、刀、镰、铲、耜、砺石、杵、磨棒、研磨器、纺轮、网坠、镞等。潜山薛家岗出土的夏商时期石器

---

① 张宏明、沈汗青:《安徽商代以来陶瓷生产史略》,《文物研究》第12辑,黄山书社,1999年12月。

② 胡悦谦:《安徽古青瓷与浙江青瓷的关系》,《安徽省博物馆40年论文选集》,黄山书社,1996年8月。

以锛、镞、凿、砺石的数量最多,其他器类较少。歙县新州遗址相当于夏商时期地层中出土的 1 件石刀上阴刻夔纹图案,极为规整。[①] 1977年枞阳发现 1 件商代石钺,刻有图案,或为族徽,为安徽出土石器所仅见。1989 年枞阳汤家墩晚商遗址出土石器有锛、铲、斧、凿、臼、杵、镞、砺石、穿孔器、靴形刀、球、圭形器、勺形器等 13 种。在制作石器时,先粗打成型坯,再在型坯表面打出或琢出很多小凹面或小坑点,再加磨平、磨光。就磨制工艺而言,生产工具类石器多数只取局部磨光,尤其注意磨光刃部。

夏商时期,安徽的玉石制作技术进一步发展。历年来出土有不少精美玉器。如 1980 年太湖县出土的商代弓形玉璜,通长 28 厘米,径1.5 厘米,两端有钻孔,孔径 0.1 厘米,色白微青,晶莹润泽,玉质坚硬,形制独特,工艺精湛;1987 年在临泉县周桥乡发现有商代的钻孔玉斧、玉璜,玉斧体呈梯形,长 8.5 厘米,上宽 4 厘米,刃宽 5.8 厘米,中厚 0.5 厘米,距上部 2 厘米处有一圆形穿孔,完整无损;霍邱红墩寺出有夏代玉饰件;含山大城墩出土 1 件商代玉饰,绿色,长方形,圆角,两端各钻 1 个圆孔,长 3.6 厘米,宽 1.7 厘米。

四、夏商时期的安徽商业交通

安徽横跨江淮,交通便利,早在新石器时代,多种文化在此相互碰撞,相互交融。夏商时期,安徽交通获得初步发展,不仅已使用牛、马拉车而且已形成一些主要道路。考古材料已经证明我国二里头文化时期确实已经有了双轮车。

淮河流域是大禹治水的重要区域,《尚书·禹贡》记载:禹“导淮自桐柏,东会于泗、沂,东入于海”。说明禹率领人们乘洪水退向大海之机,顺应中国西北高、东南低的地势,将洪水疏导入低处,将沿淮各支流洪水疏导入淮河,将淮河洪水疏导流入大海。这样的疏导,不仅为发展沟洫农业创造了条件,而且也打通了淮河及其各支流的水上道路,为发展水运创造了条件。淮河流域各部落向夏王朝

---

① 黄文:《歙县新州遗址揭示出新的古文化类型》,《中国文物报》1995 年 6 月 25 日第一版。

进献贡赋多是由这些水道辗转运达的。当时淮北大部分地区属于徐州之域，正如《禹贡》所言："海岱及淮惟徐州。淮夷其乂，蒙羽其艺，大野既豬，东原底平。"这一带的贡赋物资通过舟筏，"浮于淮泗，达于河"，运抵夏王朝的都城。淮南属于扬州之域，正所谓"淮海惟扬州"。这一带的贡赋由淮泗入黄河，运抵夏都。《禹贡》虽是后人的追记，上述贡道也不可尽信，但夏代已利用河川运输物资，则是确定无疑的。①

大禹治水及夏王朝统治时期，淮河流域陆路交通也得到了一定程度的开发。《史记·夏本纪》说禹"行山表木，定高山大川"，"陆行乘车，水行乘船，泥行乘橇，山行乘木檋"，"以开九州，通九道，陂九泽，度九山"。淮河流域是其治水的重要地区，又与淮河流域以涂山氏为代表的诸侯部落结为婚姻，形成政治联盟，则当时的"通九道"自当包括通往淮河流域的道路。

《史记·夏本纪》记夏朝初年"封皋陶之后于英、六，或在许"。"六"在今安徽六安境。分封之国与王朝之间经常的交通往来是毫无疑问的。他们的后代发展成为徐淮夷。《古本竹书纪年》记夏后相元年征淮夷，这是文献记载的王朝与淮河流域之间最早的战争。夏末亡国之君桀逃亡淮河以南的南巢，也说明南巢和夏都之间是有道路辗转通达的。

从考古学的角度分析，安徽相当于夏代的斗鸡台文化在形成和发展过程中，曾吸收了周围地区岳石文化、新砦期遗存和二里头文化及江南点将台文化、湖熟文化的因素，说明当时这几种文化分布区与今安徽地区是有交往的。

商代武乙统治衰微之际，东夷曾有一次大规模的迁徙，使山东地区的土著淮夷与淮河流域的淮夷连成一片，分布于从山东到淮河流域的广大地区。作为同族的徐淮夷，他们之间的交通往来必然较为频繁。

商代大部分时期王朝与淮夷之间的关系非常密切。商后期淮夷

① 李修松：《夏商周时期淮河流域交通之发展》，《文物研究》第13辑，黄山书社，2001年10月。

势力的壮大,激化了商王朝与淮夷之间的矛盾,故此引起了商末帝乙、帝辛时与淮夷之间旷日持久的战争。《吕氏春秋·古乐》说"商人服象,为虐于东夷"。"东夷"是包括淮夷在内的。陈梦家先生曾对殷末甲骨文"征人方"卜辞进行了系统的编排比较,从河南安阳的"大邑商"到安徽凤阳的"林方",征伐的路线历历在目,沿途应该是有道路能通达的。殷人通过战争从淮夷分布区掠取大量的青铜、大龟、珍珠、象牙等。淮河流域国族向商王朝进贡比夏王朝更加频繁。六国(今六安一带)不仅向王朝进女,而且进贡龟等土特产,王朝还在六国设有名为"六圉"的监狱,用以囚禁异族战俘。

考古学资料表明,早商时期,商族势力沿涡河、颍河等通道南下已达巢湖以东的含山大城墩一带。至晚商时期,皖北地区继续为商文化所控制,颍上王岗乡多次出土的文物表明王岗乡一带曾经是淮河岸边的一个重要晚商文化据点。大城墩类型商文化的出现及其在巢湖、滁州地区的长期滞留或与商王朝控制长江沿岸的铜矿资源有关。通过对颍上郑小庄出土晚商铜器的微量元素分析,表明其所用的铜料很可能就是从铜陵地区输入的。

通过对潜山薛家岗遗址出土夏商时期遗物的文化因素分析,认为其既有较多中原地区的文化因素,也有大量长江中下游地区的文化因素。由于有不少商代文化因素与同属长江流域的盘龙城和赣北同时期遗存有相同或相近之处,而与其北部江淮分水岭以北的淮河中游同时期遗存具有较大的差别,盘龙城的商代文化因素则更多地表现出与中原商文化的相同性,可以认为这些中原文化因素(尤其是商代文化因素)在薛家岗的出现很可能是通过长江中游顺江而下传播的,也就是说,长江通道作为长江中、下游各文化之间联系的纽带,至少到商代已经发挥着重要的作用。[①]

随着交通的发展,夏商时期安徽的商业也已发展起来。"朋贝"已经是商业交往中使用的货币,安徽的一些商代遗址中即出有贝。

---

① 安徽省文物考古研究所:《潜山薛家岗》,文物出版社,2004年12月。

五、夏商时期的安徽文化

安徽独特的地理和人文环境使得文化风貌具有明显的地域差异，早在新石器时期区域文化特征就得以凸显。随着新的考古资料的大量涌现，证明了"禹娶涂山"、"禹封六英"、"桀奔南巢"的可能性，表明早在夏初中原与安徽长江以北即存在着密切交往，近年来淮河流域在文明起源中的地位也逐渐得到学术界的认同。安徽尤其是淮河流域对中国南北文化交流、冲突和融合起到了桥梁作用。这一时期的考古发现可以反映出本地的一些文化面貌：

文字 文字的出现是文明诞生的标志之一，夏商时期的安徽就已经出现了。肥西大墩孜和含山大城墩遗址商代地层出土一些陶文和符号。在金寨、颍上分别发现带有铭文的铜器数件，铭文的字形、构词等基本与中原同时器相同。这些早期文字的出现为西周时期本地文字的传播、发展奠定了基础。

音乐 早在二里头时期的安徽就出现了较为成熟的乐器，如霍邱出土的单音孔陶埙，而肥西大墩孜出土单扉铜铃，同型的器物目前仅在二里头遗址发现1件。早期乐器的出现反映出当地对音乐的特殊喜好。马鞍山出土的1件商代青铜大铙，呈合瓦形结构，属于大型击奏乐器。到了周代，安徽出现了较为发达的青铜礼乐器，应与夏商时期乐器制作水平有一定沿革关系。

艺术与宗教 当以青铜器为代表，目前安徽发现最早的当属二里头时期的铜铃，铃体一侧有一翅形扉棱独具特色，扉棱也成为后代乐器基本造型之一，被继承下来。属商代的青铜器在安徽南北均有发现，其中枞阳汤家墩的商晚期饕餮纹铜方彝，通高44厘米，重115公斤，呈三段式，盖作四面坡庑殿顶式屋顶形，盖与器身以子母口相接，深腹，斜直壁，盖和跷蹊身四棱均有勾形扉棱，方形座。阜南出土的一批器物最具特色，其中饕餮纹三牛尊和龙虎铜尊造型呈现出浓厚的淮夷文化特色，是商时期青铜器中难得的珍品。商代铜铙在江淮南部及皖南有较多发现，其形制、花纹与湖南、江西等地出土者相类似，但马鞍山铜铙内、外均饰有花纹，是其特有的作风。本地玉石器工艺当是

继承了新石器时代的技术,无论在造型还是在工艺上都显示出相当高的造诣。

寿县斗鸡台遗址出土的卜骨皆只灼不钻,占卜方式与二里头文化相似。而长江中下游地区的铜铙一般单独发现于山河谷地,可能是商代方国统治者祭祀山河的祭器。

此外歙县、枞阳出土的一些石器上所饰的图案,也极为规整、精美。含山大城墩遗址出土的夏代堆塑泥人,形象逼真,体现出当时人们的审美情趣,是一件不可多得的艺术品。

第四章

西周时期的安徽

周代，安徽地区的居民以淮夷为主，他们和其他土著及部分迁居此地的国族一起被周王朝就地册封承认。周王朝也分封一些诸侯于淮北地区。而皖南地区则主要是土墩墓分布地域，与吴越的关系更为密切。

周王朝与淮夷屡次处于战争状态，互有胜负。淮夷盛时一度兵至伊洛地区，黄河之滨。总的看，前期淮夷以服从周王朝为主，向其贡纳士女牛羊，尤其是称为"南金"、"吉金"的铜。晚期依附关系有所松弛。

从地域上看，安徽长江以北地区大都在周王朝分封的势力范围内，所以出土的遗物与中原周文化大率相同。越往南，地方性特点越明显。皖南古铜矿的开采当上溯至商代，这一带是商周王朝铜原料的重要产地。皖南土墩墓文化的主人，在原始瓷的生产与技术改进上，在铜资源的开采与冶炼上都作出了自己的重要贡献，其文明程度可以从南陵牯牛山城址的发现得到一定程度的证明。

第一节 西周时期安徽历史概述

周人原是居于泾、渭流域的古老部族,以擅长农业生产著称。古公亶父时,举族迁至岐山之阳的周原,社会发展加速。季历继位后,进攻西部诸戎,拓展疆域,从而使周成为殷王朝在西方所倚重的方伯。周文王姬昌即位后,进一步向东扩展,联合各方国和部族,基本上完成了"翦商"准备。周武王即位后,便乘商王朝连年用兵于东夷(主要是分布于包括今安徽地区在内的淮河流域的淮夷),国内空虚之机,兴兵灭掉了商王朝。

武王灭商后不久便死去,年幼的成王姬诵即位,周公姬旦辅政。商纣王之子武庚勾结对周公不满的管叔、蔡叔,联合东方广大地区的东夷(包括淮夷)各部发动大规模叛乱。周公"内弭父兄,外抚诸侯"[①],及时协调巩固好内部关系后,便亲率大军东征,经过 3 年艰苦卓绝的征战,终于平定了叛乱,诛杀管叔,流放蔡叔,稳定了局势,巩固了政权。

为了有效控制包括今安徽地域在内的东方广大地区,周王朝一是采取大分封的办法,将亲戚功臣分封到全国各地,让他们率领自己的宗族和私属建立诸侯国,从而有效地控制各地的人口和土地。二是在伊水和洛水之间营建驻有重兵的东都雒邑,称为成周,成为保卫西方宗周和镇抚东方地区的重镇。成周到宗周之间连成一片,形成千里王畿,成为控制全国的基地。同时,还通过制礼作乐,实行宗法制和井田制等,使周王朝形成了有序的政治经济体系,促进了社会经济的发展。

西周中期以后,统治阶级内部逐步分化,矛盾不断加深。被统治阶级不堪压迫和剥削,掀起反抗热潮。周厉王时国人暴动,赶走了厉王。王朝与周边各族的矛盾也逐渐加剧,不断爆发战争。周宣王即位

---

① 《逸周书·作雒解》。

后,虽然曾一度打败了北方的猃狁、南方的荆楚,西方的西戎和东南的淮夷,号称"中兴",但周王朝毕竟已病入膏肓,"中兴"不过是回光返照。周幽王即位后的倒行逆施,进一步导致诸侯离心,天怒人怨。不久,周王朝便在申侯联合犬戎的进攻下灭亡了。

西周时期,安徽长江以北地区已被纳入大分封的范围。江南是受到周文化影响的地区,其中部分地区受到周王朝的控制,特别是这一带开采的铜矿进一步成为王朝的战略物资。当时,在今安徽地区分封的国家,可分为几类:一类是周的同姓国,如分封于今河南平舆北、地达今安徽界首一带的沈;一类是古帝王后裔之封国,如南境达于今安徽北部部分地区的宋,南境达于今安徽临泉、界首一带的陈,今安徽阜阳一带的胡;一类是徐淮夷国家,如徐(今安徽泗县、江苏泗洪一带)、英(今安徽金寨、湖北英山一带)、六(今安徽六安一带)、虎方(即舒方,今安徽寿县、舒城、庐江、潜山、巢湖一带)、蓼(今安徽霍邱、河南固始一带)、巢(今安徽巢湖一带)、桐(今安徽桐城一带);一类是其他土著或外地迁居者,如地当今河南鹿邑、安徽亳州、涡阳一带的赖(厉),今安徽颍上一带的寘,今安徽定远一带的阴等。在上述封国中,只有少数是真正意义上的封土授民之国,大多数为当地土著之国族接受周室分封者,其中徐淮夷(含舒夷)是主体。

根据我们的研究,淮夷是少昊氏鸟图腾部落群中的一支,以今山东地区为重心逐步向苏北、皖北辐射的大汶口文化便是少昊氏文化遗存,淮夷文化可以上溯到大汶口文化。少昊氏的后裔皋陶是淮夷之祖,皋陶部落的故地原在山东曲阜一带,后来逐步南迁至皖西暨淮河流域。徐夷是淮夷之中文明程度较高的一支,分布于安徽江淮之间的舒夷亦属于淮夷群落。到商代后期,淮夷已广布于山东地区(土著淮夷)暨淮河流域的北部、南部和西部地域。

西周一代,淮夷叛服无常,不仅对周王朝控制东国和南国影响巨大,而且经常使王朝本身被动挨打。尤其是西周末年淮夷的反抗,加速了王朝的灭亡。

淮夷发展水平虽较华夏族相对落后,但其主要分布的徐、扬二州地区有着较为丰富的资源。有周一代,周王朝对淮夷除了政治上的沉重压迫外,还在经济上进行赤裸裸的掠夺。淮夷不仅要向周王朝缴纳贡赋,承担力役,而且还要在王朝官吏严格管理下进行商业贸易,向朝廷缴纳货栈税和营业税。由于淮夷所居地区是周王朝掠取长江中游地区铜矿资源的中间过渡地带,所以有关周王朝掳掠淮夷青铜(即"吉金"、"南金")或青铜器(即"戎器"、"戎兵")的铭文屡见不鲜。周王朝发动对淮夷的一系列战争,其中一个很重要的目的便在于此。此外,"毆孚(俘)士女牛羊",即掠夺人口和财富也是其重要的目的。

从考古发掘来看,安徽淮河流域西周时期文化遗存可分为三期。早期以亳州钓鱼台、霍邱绣鞋墩二期、寿县斗鸡台五期为代表,中期以霍邱绣鞋墩三期、六安众德寺四期和寿县青莲寺四期为代表,晚期以霍邱绣鞋墩四期、六安众德寺五期和寿县青莲寺五期及灵璧蒋庙为代表。总体上,其陶质、陶色、纹饰方面均与中原地区西周文化具有相当大的共性,说明该地区当时大体属于周文化范畴。江淮地区出土的西周时期的陶器,既反映了周文化的影响,也反映了淮夷文化的地方特征。皖西南地区以薛家岗遗址上层等为代表的西周时期文化遗存,反映了当地土著文化的特点。位于六安市城东9公里的东城都遗址,属于西周时期的城址,为探讨当时六国的地望提供了线索。

在皖南地区,除了少数遗址(如南陵牯牛山遗址)个性特色较为鲜明外,其他遗址出土器物所呈现的总体特征是与宁镇地区点将台文化及湖熟文化、吴文化的文化序列及面貌相近。广布于铜陵、南陵、繁昌、贵池、青阳、泾县、芜湖、宣州、郎溪、广德、宁国、旌德、绩溪、歙县、休宁、屯溪、马鞍山、当涂等20多个市县的土墩墓群(其中以南陵、繁昌、铜陵等地分布最为密集),反映了西周时期该区吴越民族的特殊葬俗。位于南陵县石铺乡的牯牛山城址,与江苏淹城的建造方式类似,属于水城,体现南方特色。城西南分布有同为西周时期密集的土墩墓群,城西20公里处是大工山古铜矿遗址群分布的中心地带,三者有着密切的关系。

安徽古铜矿遗址大体分布于长江南北两岸地区,可细分为皖南、枞庐(枞阳—庐江),滁马(滁州—马鞍山)3个区域。其中主要分布于长江南岸地区的南陵、铜陵、繁昌、青阳、泾县、贵池、芜湖、宣城、马鞍

山等地的铜矿带,发现铜矿遗址近百处,形成了若干个古代辐射型采冶中心,构成了目前已知国内最大的铜矿遗址群。当时,这一带铜的冶炼基本上采用火法炼铜技术。有的矿区还兼有铸造铜器的功能。铜陵木鱼山遗址发现西周时期的冰铜锭,说明皖南地区是我国乃至世界上最早使用硫化铜矿的地区。

西周时期安徽地区农业生产进一步发展,在社会经济生活中的基础地位更加显著。农业生产工具的类型有铲、刀、镰、斧、杵等,质地有石、蚌、骨、木等,以石器为主,也有少量青铜器。就作物品种而言,淮北地区除了继续以黍稷之类的旱粮为主外,种麦增多;淮河以南以种植水稻为主。家畜饲养得到继续发展。渔猎和采集在经济生活中的地位仍相当重要。

青铜器生产取得一定的进步。淮河流域发现的这个时期的青铜器,基本上可划归周式青铜器的范畴。江淮地区出土的青铜器从西周晚期开始,显示出明显的地方特色,这与周王朝的控制力和影响力渐失是一致的。皖南地区青铜器发展快速。

此时安徽地区的原始瓷分布不平衡,皖北至今发现较少,江淮之间有零星发现(如肥东),而皖南原始瓷发现地区扩大,数量和种类增多,黄山、芜湖、铜陵、池州、宣城、宁国等地都发现有原始瓷遗存。特别是屯溪发现的原始瓷,造型较为复杂,器型特征明显,制作难度较大,技术较为发达,说明这一带已形成一个原始瓷生产中心。

作为这个时期生活生产的基本用器陶器出土最多,有生活用器和生产用器,以及一些工艺品等。制作技术也有所进步。

商业和交通获得一定的发展。周公东征,在3年内先后征服了山东及淮河流域等地反叛的国族,也是周朝统治者在商代的基础上进一步开辟东南地区交通的成功之举。周王朝分封的国家遍布安徽长江以北地区,这些封国与王朝之间必然要进行经常性的交通联系。今安徽境内淮夷诸部经常联合反抗周朝的统治,以及周王朝对淮夷各国的掠夺和镇压,说明淮夷各国之间,王朝与安徽一带的交通必然是相通的。更为重要的是,周王朝为了控制并掠取安徽沿江、特别是皖南地区的铜矿资源,更不惜开通运道并武力保障其交通。

石币、蚌币等货币进一步用于商业贸易。淮夷商人发挥的作用也越来越重要,成为西周时期南方商品北来的主要媒介,诸如铜、龟、犀皮、象齿等多是通过淮夷商人来中转的。

这个时期安徽地区的文化也有一定的进步。出土的青铜器铭文增多,纹饰和造型更加复杂,工艺进一步发展。青铜乐器比夏商时期有较多的出土,说明音乐艺术亦有一定的发展。

第二节　西周时期安徽的封国与方国

西周时期实行"封建亲戚,以藩屏周"①的分封制,首先,姬姓亲戚被分封于中原一带和要害之地;其次,为与周人结为姻亲的功臣们,也占据较好的地方;第三,为古代帝王之后,给予一定优待;第四,为投靠(降)周人的周边方国部族,被就地承认,一般被赐予子、男之爵。今安徽当时基本上地处边荒,安徽境内及边境的国族可分为几种类型:其一,少数为封土授民之国,如宋、陈、沈等国;其二,大多为当地土著之国族接受周室之分封者,其中主体为徐淮夷(含舒夷);其三,为外地迁来之国族。这个时期的徐淮夷(含舒夷)在这一带势力进一步发展,时常联合反抗周王朝,从而导致王朝一次又一次的讨伐。

这一带有据可考的封国和方国大体如下:

宋　公爵,子姓。在今河南商丘。商丘曾是商人之祖阏伯的居地,相土曾以此为基地向黄海之滨拓展疆土,更是商汤灭夏前的兴盛之地。有商一代,商丘是商王朝的中心都邑之一。周初,将商王室宗亲微子启封于附近的孟诸泽旁,《左传·隐公元年》之"宋武公生仲子",孔疏云:"正义曰,宋国公爵。谱云:'宋,子姓,其先契……及纣无道,周武王灭之而封其子武庚以绍殷后。武庚作乱,周公伐而诛之,更封纣兄帝乙之子微子启为宋公,都商丘。'今梁国睢阳县是也。"宋

---

① 《左传·僖公二十四年》。

是西周时期较大的国家,其南境应达于今安徽北部亳州等部分地区。

陈 侯爵,妫姓。舜之后裔胡公满之封国,都于宛丘(今河南淮阳)。陈的疆域应达到今安徽的临泉、界首及亳州城父集一带。

焦 神农之后。《世本》载:"周武王封神农之后于焦,后以国为氏。"《史记·周本纪》:"武王追思先圣,乃褒封神农之后于焦。"此焦应当春秋之后的焦邑,在今安徽亳州境。

赖(厉) 《公羊传》、《谷梁传》作"厉",子爵。此国商代已存在。《汉书·地理志》"淮阳国苦县"注引师古曰:"《晋太康地记》云:'城东有赖乡祠,老子所生也。'"(西汉苦县之赖乡即厉乡,在今河南鹿邑东十里)其国土应达到今安徽亳州、涡阳等部分地区。

沈 子爵,姬姓。文王子聃季载封地,在今河南平舆北。《左传·定公四年》:"夏四月庚辰,蔡公孙姓帅师灭沈,以沈子嘉归,杀之。"沈灭后地属楚,为平舆邑。出土有沈子簋等青铜器。沈国国土后来达到今安徽界首市、临泉县一带,春秋时曾迁都于界首市沈皇集。

徐 子爵,嬴姓,皋陶暨伯益后。都城在今安徽泗县北,为西周时较强的国家,常为淮夷盟主。其地包括今安徽泗县和江苏泗洪等地区。

胡 子爵,妫姓(一说妫姓即归姓),舜之后。在今安徽阜阳西北。一说胡国归姓,为上古时夒之后裔。"胡"金文作"斀"。穆王时器《遇甗》记:"佳六月既死霸丙寅,师雍父戍在古自,遇从。师雍父肩史(使)遇事(使)于斀侯。侯蔑遇历,易(赐)遇金,用乍(作)旅甗。"此"斀侯"即胡侯。当时,胡扼淮夷之西翼,战略地位特别重要。《春秋·昭公四年》:"秋七月,楚子、蔡侯、陈侯、许男、顿子、胡子、淮夷伐吴。"杜注:"胡国,汝阴县西北有胡城。"汝阴即今阜阳。

萧 原为夏时古国,春秋时为宋之附庸。《路史·国名记》:"孟亏封徐之萧,汉故县,属沛。《北征记》:'城周十四里,而临沘水,为夏时古国。"地当今安徽萧县西北。周初东征叛乱之东夷奄、徐、熊盈(嬴)等十七国,其中即有萧国,因为后来封赐伯禽的"殷民六族"中有

"萧氏"一族。[1] 说明夏时萧国，一直延至周初才被灭。《通志·氏族略》："萧氏，故萧国也，其地即徐州萧县……微子启之孙叔大心平南宫长万有功，封于萧，以为附庸。"子姓。周代之萧在血缘上和地理上都与宋关系密切。据《左传》记载，庄公十二年（前682）宋内乱，群公子奔萧，萧助之复国。宣公二年（前607），楚兵围萧，宋、蔡救之未及，萧溃。不久，萧复国，仍为宋之附庸。

　　真　《路史·后记七》："真则徐灭之。"说明真当离徐不远。《左传·哀公十六年》"吴人伐真，楚白公败之。"杜注：真在"汝阴慎县"，地当今安徽颍上县西北。

　　向　《世本》："向，姜姓。"《左传·隐公二年》："五月，莒人入向。"杜注："向，小国也。谯国龙亢县南有向城。"《汉书·地理志》于沛郡县条云："故国。《春秋》曰'莒人入向'，姜姓，炎帝后。"地当今安徽怀远县东北。

　　阴　《路史·国名记乙》："阴，唐虞时国，商世阴君长生之祖……周有阴忌，今濠之定远有阴陵城，项羽失道处也。"地在今安徽定远县。

　　钟离　嬴姓，子爵，在今安徽凤阳临淮关附近，为淮夷国家。《太平寰宇记》引《世本》："钟离，嬴姓，徐之别封土。"

　　庐　《元丰九域志》："庐州，古庐子国也，有庐氏。"地当今安徽合肥一带。

　　英　偃姓，历夏商周三代。《史记·夏本纪》："封皋陶之后于英、六。"说明英为夏时古国。《左传·僖公十七年》：齐人为徐伐英氏。《史记·陈杞世家》："皋陶之后，封于英、六，楚穆王灭之。"《索隐》："二国皆偃姓。"《六安州志》谓州之西有英氏城，地当今安徽金寨及湖北英山一带。

　　六　偃姓，历夏、商、周三代。周成王时器《大保簋》记云："王伐录子耴，厥反，王降征令于大保。大保克敬亡遣。王永大保，赐休余土。用兹彝对令（命）。"此"录"即史籍所记之"六"，为皋陶之后，地在今安徽六安。这是关于周初征伐六国的记载。《仲驹父簋》："录旁仲

---

① 《左传·定公四年》。

驹父乍(作)中(仲)姜簋,子子孙孙永宝用享孝。""录旁"即录方,即六国。《录伯威簋》记云:"佳王正月,辰在庚寅,王若曰:'录白(伯)威!絲自乃且(祖)考又(有)爵(劳)于周邦,右辟四旁(方),重(惠)圅(张)天命。女(汝)肇不彔(墜)。余易(赐)女(汝)箇㠯一卣,金车……"大意是说录伯威祖上有功于周王室,录伯威继承先人,谨慎无过,所以赏赐一系列财宝。因此作器永志,子孙永承。郭沫若先生云:"录国殆即《春秋·文五年》'楚人灭六'之'六'……地望在安徽六安县附近。录国在周初曾与周人启衅,《大保簋》'王伐录子耶',其证也。此言'乃祖考有壽于周邦,佑辟四方,惠圅天命',则威之先人复曾有功于周。盖录子耶被成王征服后即臣服于周,有所翼赞也。"①

虎方 殷商甲骨文记有虎方,说明为殷商时方国。《中方鼎二》:"佳王令南宫伐反虎方之年,王令中先,省南国贯行,执王应,在夒陮真山,中乎(呼)归生风于王,执于宝彝。"又《史密簋》:"佳十又二月,王令师俗、史密曰:'东征。敂南尸、膚(莒)、虎、会、杞夷、舟尸、蘿、不(邳)、所,广伐东国。"这里的"虎"即虎方。薛尚功《钟鼎彝器款识》又有《虎方彝》。说明虎方亦为西周时重要方国。郭沫若认为即徐方,一说即舒方。春秋时,虎方的继承者有"夷虎",鲁哀公四年(前491)为楚所灭。地当今安徽寿县东南。据此,虎方应即舒方。春秋时的群舒为皋陶之后,偃姓,有舒(今安徽庐江县西南)、舒庸(今安徽舒城之舒旭)、舒鸠(今安徽舒城)、舒蓼(今安徽舒城西)、舒龙(今舒城西南的龙河口)、舒鲍(今舒城西南)、舒龚(今安徽潜山北)、宗(今安徽巢湖市柘皋镇,一说在枞阳)等,当由古国英、六等发展而来,与夷虎的所在相近,所以虎方应即舒方。

蓼 《淮南子·氾论训》高诱注:"蓼侯,皋陶之后,偃姓之国侯也。"《读史方舆纪要》卷二十一"寿州霍邱县":"蓼县城,在县西北接固始县界,古蓼国,皋陶之后封此……汉置蓼县。"地当今河南固始之蓼成冈,国土应包括今安徽霍邱、固始二县。

---

① 郭沫若:《两周金文辞大系图录考释》。

巢　偃姓，夏、商、周古国。《竹书纪年》："（周）武王十三年，巢伯来宾。"《水经注》称："巢，群舒国也。"周原甲骨文有"征巢"。《班毁》铭文有"秉繁、蜀、巢"和"伐东国厌（厌即偃）戎"的记载。《陬贮簋》记有："□陬贮棠子鼓鼏铸旅盘。佳巢来仗，王令（命）东宫追以六自之年。"西周晚期的《希侯鼎》又记有"希侯隻（获）巢，孚厥金胄，用乍（作）鞶鼎。""获巢"即俘获巢国之人。这些记载说明，巢在西周时曾发动叛乱，遭到周王朝不止一次的征伐。《书·序》有"巢伯来朝，芮伯作旅巢命。"说明当时巢国朝周，拥戴其为宗主国。《读史方舆纪要》卷二六"巢县"条云："居巢城，在县治东北五里，古巢伯国。成汤放桀于南巢即此。"地当今安徽巢湖市境。

皖　《路史·国名记》谓少昊之后偃姓国。《论衡》："庐江故皖侯国。"《后汉书·郡国志》云："庐江自舒徙居皖。"《读史方舆纪要》、《清一统志》等文献都有同样记载。皖国地当今安徽潜山县境。潜山境内的天柱山又称皖公山，此山为隋代之前的南岳衡山，自古有名，故推测皖国之封应早至西周时期。

桐　偃姓，皋陶之后。周厉王时的铜器《翏生盨》云："王征南淮夷，伐角、溯（津），伐桐、遹（遹），翏生从。执讯折首，孚戎器，孚金。"角，疑即角城，《水经·淮水注》："淮泗之会即角城也。"《太平寰宇记·河南道·淮阳宿迁县》云："角城在今县东南十一里。"故地在今江苏宿迁县东南。"溯"即津字。《说文·水部》："津，水渡也，从水聿声"。又云："古文津从舟从淮。"此"溯"应为津湖旁的小国。《水经·淮水注》："穿樊梁湖北口，下注津湖径渡。"故地在今江苏宝应县南60里。看来，周师进攻角、津二地，是要从东侧包抄南淮夷。桐，《左传·定公二年》"桐叛楚"杜注："桐，小国。庐江舒县西南有桐乡。"地当今安徽桐城北。桐作为江淮间偃姓小国之一，西周时即已存在，且曾成为王朝大军征伐的对象，应是南淮夷群落之一。

第三节　淮夷及其历史地位

一、淮夷族源考

关于淮夷的起源,目前大体有三种观点:一是淮夷属东夷,起源于今山东地区。[①] 二是鸟夷的一支,起源于今河北燕山一带。[②] 三是淮河流域的土著居民。[③] 笔者认为,以第一种说法较为合理,但必须予以进一步深入的论证。

淮夷的淮,甲骨文作"隹",金文也多作"隹",为一种鸟之象形。可知,淮夷应该是以某些以鸟为图腾的部落集团。《路史·国名记》据《世本》定淮夷嬴姓,为少昊之后。少昊氏正是鸟夷集团的祖先。相传少昊氏"以鸟名官",《左传·昭公十七年》说少昊氏以"鸟"名氏,有凤鸟氏、玄鸟氏、伯赵氏、青鸟氏、丹鸟氏等,另有"五雉"、"九扈"、"五鸠"等以鸟为图腾的族氏。其中的"祝鸠氏"即淮夷。"隹"又作"鹤",郝懿行《尔雅义疏》云:"祝鸠、隹,其声相转,雏借作隹。"《说文》:"雏,祝鸠也。"《逸周书·王会解》有"祝淮氏",当是淮夷的一支。

众多的学者认为,分布在山东地区的大汶口文化,其分布地区、时代均与传说的少昊氏相合,故应该就是少昊氏文化。这是正确的。据分析,大汶口文化遗址出土的陶文即少昊之"昊"字,是少昊氏部族的族徽。理由如下:

其一,此陶文在不止一处的大中型墓葬中发现,均刻于陪葬的礼器大口尊之上。大中型墓无疑是原始社会末期氏族贵族或首领的墓葬,同时出土的大玉石钺、陶质牛角号、骨旄柄等都是权力的象征,大

---

① 逄振镐:《东夷古国史论》,成都电讯工程学院出版社,1989 年。

② 何光岳:《淮夷史考》,《安徽史学》1986 年第 2 期。

③ 李白凤:《东夷杂考》,齐鲁书社,1981 年。

口尊是随葬或祭祀用的礼器,所以这个陶文应该是氏族的族徽。安徽蒙城尉迟寺遗址属于大汶口文化在淮北地区的地方类型,其中发现刻有此徽号的大口尊体现出两种功用:其一作为儿童墓葬器;其二呈现的多件(有的多达9件)相套摆放,发掘者认为应与祭祀有关。这更有力地说明此符号必为族徽。[1] 中国历史博物馆曾收藏1件玉琮,其上刻有符号,与大汶口文化中"⚘"的简体"⚐"相同,说明此玉琮应是属于大汶口文化的遗物。[2] 玉琮是"经天营地"之器,《周礼·春官·大宗伯》:"以圆璧礼天,以黄琮礼地。"在古代,祭祀天地的神权掌握在帝王之手;在原始社会末期,应为氏族首领所掌握。这进一步说明,此符号当为族徽。根据文献记载,这一带古老的氏族正是少昊氏。

其二,这个陶文的构成与天文历法有关。王树明[3]、逄振镐[4]等学者都有这个看法。王树明和原莒县博物馆馆长苏兆庆两位先生还曾亲到此文出土地之一的莒县陵阳河遗址实地观察。在发现此陶文的大墓的正东方有5座山峰,春分时节,太阳从正中出山,说明此字正是春分时太阳出山景象的缩影。由此发现,此陶文正是该地区原始居民根据一年中日出的不同位置观测春分的忠实记录[5],而观测春分是观象授时的起点和关键。

将上述分析征之于文献便可知道,这个最早观象授时的原始部族就是少昊氏。

《左传·昭公十七年》记少昊氏集团中的"玄鸟氏,司分者也"。"司分"就是主管观察天文、测算春分、秋分的历官。

《史记·五帝本纪》:"分命羲仲……敬道日出,便程东作。"《集解》引孔安国曰:"敬道出日,平均次序东作之事,以务农也。"《正义》:"立春主东,故言日出;耕作在春,故言东作。命羲仲恭勤道训万民东作之事,使有程期。"《五帝本纪》又云:"日中星鸟,以殷仲春。"《集解》

---

[1] 参见王吉怀《尉迟寺聚落第二阶段发掘获多项重要成果》,《中国文物报》2004年1月21日。

[2] 石志廉:《最大最古的"⚐"纹碧玉琮》,《中国文物报》1987年10月1日。

[3] 王树明:《谈陶尊文字"炟"与"炅"》,《考古与文物丛刊》第二号,1983年。

[4] 逄振镐:《东夷古国史论》,成都电讯工程学院出版社,1989年。

[5] 参见苏兆庆《莒之文明的先声》,1989年中国先秦史学会第四届年会论文。

引孔安国曰："日谓春分之日也。鸟,南方朱鸟七宿星。殷,正也。春分之昏,鸟星毕见,以正仲春之气节。转以推孟、季,则可知也。"春分是春播、开始农业生产的季节,所以人们对春分日的测算是极为重视的,而观测春分又是从观察日出开始的,最初是根据太阳出山时所处的位置来确定的。后来随着经验的积累,为准确起见,又以南方朱鸟七星的出现作为测定春分时的参考。

史书明确记载最早观测天文定历法的人是羲和。《尚书·尧典》:"乃命羲和,钦若昊天,历象日月星辰,敬授人时。"《艺文类聚》卷五引《尸子》亦云:"造历数者,羲和子也。"羲和是谁?《山海经·大荒南经》:"羲和者,帝俊之妻,生十日。"十日即一旬,"生十日"即发明以旬记日之法。旬是月的三分之一,《山海经·大荒西经》:"帝俊妻常羲生月十有二。"常羲即羲和,看来用十二月记时日也是羲和发明的。羲和"主日月"是无疑问的。羲和为帝俊之妻,郭璞注《山海经》认为帝俊即帝舜,舜为东夷人,见证于《孟子·离娄下》,说明最早观象授时是东夷人发明的。而且,帝俊之"俊"即《淮南子·精神训》"日中有踆乌(鸟)"之"踆",为太阳之精或太阳神。所以帝俊显然是少昊氏部族后来的首领,亦即少昊氏之后裔。① 由此,我们可以推知,帝俊时的观象授时是从少昊时期观测太阳开始的。由此也可论证此族徽为少昊之"昊"。

从字形来看,昊为天上之日,此陶文则从日、从鸟②、从山,那时人们认为:太阳升天运行是由于神鸟(即后来的踆鸟或踆乌,即太阳神)负日飞腾所致。所以此陶文的形状结构正是当时人们在春分时观测日出的写实。此陶文更有省去山形简作"ᔓ"之形者,即飞鸟负日的写实。"昊"字的另一种写法是"暤",从"日"从"皋",我们已考证"皋"义为一种鸟,则此"暤"字的结构与"ᔓ"所反映的飞鸟负日飞升于天的意思完全一样。③

---

① 按:少昊氏部族崇拜太阳,其首领少昊及其后裔帝俊等都被视为太阳神加以崇拜。

② 此陶文日下正是在空中展翅飞翔的神鸟轮廓的缩写。按:20 世纪 50 年代在陕西华县出土的庙底沟类型彩陶图案中便有写实的神鸟负日图(采自《考古》1959 年第 2 期)。

③ 详见本书第一章及李修松《上古时期我国东南地区的太阳崇拜》,《历史研究》2002 年第 2 期。

《说文》："晖，皓旰也。"据段注所释，"晖"字的本义就是太阳始出时发射出的灿烂光辉。这个意思同陶文也是相符的。由于太昊之墟在今河南淮阳，与此陶文出土地点相去太远，那么这个"昊"字只能是少昊了。

日出东方，山东沿海在上古时期曾被人们看做是日出的所在。《尚书·尧典》："分命羲仲，宅嵎夷曰旸谷。"《传》云："宅，居也。东夷之地称嵎夷。旸，明也。日出于谷，而天下明，故称旸谷。旸谷、嵎夷一也。羲仲，居治东方之官。嵎，言隅。马曰：嵎，海嵎也。夷，莱夷也。"旸谷即日出之谷，在东夷之地，夷即莱夷，在海嵎。类似的记载在《山海经·大荒东经》中也有。这些地望都在今山东境内。

《山海经·大荒东经》又载："日月所出之山凡六。"这是由于沿海多丘陵，一年四季日出的位置逐渐南移，随着季节的变更，日出的位置位于不同的山峰之上，故原始人误以为日出之山有 6 座。这与此陶文日下有 5 座山的道理是完全相同的。

此陶文既为少昊氏的族徽，则可确证大汶口文化就是少昊氏集团的文化，淮夷是少昊氏集团中的一支，也应当起源于山东地区。

陶文少昊氏族徽发现地莒县是潍水的发源地。据顾颉刚先生考证，潍水之"潍"就是因淮夷所居而得名。[①] 按：潍水之"潍"，古籍常作"淮"。如《左传·襄公十八年》：晋师伐齐，"东侵及潍。""潍"字或作维，或作淮。这种情况，古人多所论及。如张栋铭《春秋地名疏证》："案'潍'通作'淮'，《汉志》数见……至今潍水流域之人皆呼潍水曰'淮河'，是'淮'即'维'也，无烦改字。"用方言来说明这个问题更能令人信服。"潍"与"淮"古代同音。如《曾伯霥簠》"淮夷"作"潍夷"。又甲骨文、金文中的发语词"惟"多作"隹"。这样看来，潍水在上古时确称淮水，因淮夷所居而得名，后淮夷中的一部分迁至今淮河流域，因命其水曰淮。而将原山东淮水之淮作"潍"，一示区分，二示不忘发源之地。

---

① 顾颉刚：《徐和淮夷的迁留——周公东征史事考证四之五》，《文史》总 23 期，1990 年。

二、淮夷的分布

1. 位于东方的土著淮夷

如前所述,今山东一带曾是淮夷故乡,这一带的土著淮夷,直到春秋末年仍然存在并发挥作用。《左传·昭公二十年》:"范献子取货于季孙,谓司城子梁与北宫贞子曰:'……季孙氏甚得其民,淮夷与之……有天之赞,有民之助。'"春秋末年,季孙氏之所以能专权的一个重要原因就是因为得到了淮夷的支持。这支支持季孙氏的淮夷当然在鲁国境内。

比起华夏族来说,淮夷相对落后,但也有一些分支早已建立了国家,其中在山东地区就有奄、丰、莒等国。

奄国即偃地,"奄"、"偃"二字相通。我们在第一章已论证,偃(奄)地为少暤之墟,亦为少暤之后裔居地、徐淮夷之祖皋陶之出生地,皋陶之姓即得于此"偃"。这个"偃"与鷃、鷞、鷖、燕、匽、"嬴"都相通,都是凤鸟,实为少暤氏暨皋陶氏族之图腾。所以奄(偃)属鸟夷集团,亦即淮夷族团。[①]

奄是山东土著淮夷中发展水平最高的一支,所以在周初成为商残余势力所联合反叛的淮夷集团中的盟主,从而成为周公东征伐灭的主要对象。为说明这个道理,兹将有关周公东征的材料排列如下:

> (1)《史记·周本纪》:"召公为保,周公为师,东伐淮夷,残奄,迁其君薄姑。"
>
> (2)《史记·鲁周公世家》:"管、蔡、武庚等果率淮夷而反,周公乃奉成王命,兴师东伐……宁淮夷东土,二年而毕定。"
>
> (3)《史记·太史公自序》:"武王克纣,天下未协而崩。成王既幼,管、蔡疑之,淮夷叛之,于是召公率德,安集王室,以宁东土。"

---

① 参见本书第三章第一节之"五"。

（4）《盠方鼎》：“唯周公于征伐东夷，丰伯、尃古咸戈。”

（5）《书序》：“成王东伐淮夷，遂践奄。”

（6）今本《竹书纪年》成王“二年，奄人、徐人及淮夷入于郱以叛。四年，王师伐淮夷，遂入奄。五年春正月，王在奄，迁其君于蒲姑。”

（7）《尚书·大诰》序：“武王崩，三监及淮夷叛。”又曰：“成王既伐管叔、蔡叔，灭淮夷。”

（8）《周官》序：“成王既黜殷命，灭淮夷。”

（9）《韩非子·说林》：“周公已胜殷。将功（攻）商盖（奄），辛公甲曰：‘大难攻，小易服，不如服众以劫大。’乃攻九夷而商盖（奄）服。”

（10）《逸周书·作雒解》：“三叔及殷东徐、奄及熊、盈以畔”，周成王二年，命周公、召公“凡征熊盈族十有七国，俘维九邑”。

（11）《吕氏春秋·古乐》：“成王立，殷民反，王命周公践伐之，商人服象为虐于东夷，周公遂以师逐之，至于江南。”

按照《史记·周本纪》行文的顺序，“东伐淮夷，残奄，迁其君薄姑”，“残奄，迁其君薄姑”是“东伐淮夷”的结果，说明奄就是淮夷，或是淮夷中的主要国家。再将（1）、（2）、（3）进行比较可知，（2）、（3）均只言淮夷不言奄，也说明了这个道理。有人认为薄姑是国名，其实不然。《周本纪》明言“薄姑”为奄国之君。《盠方鼎》并言“丰伯、尃古（即薄姑）咸戈”，丰伯既为丰国之君，则尃古断无是国家之理，否则是不能并列“咸戈”的。这个尃古只能是《周本纪》所言奄国国君薄姑，失败后，遭到放逐。从同时期的《淮白（伯）乍嬲华鼎》铭文来看，这丰伯可能就是淮伯，前者以国名之，后者以族名之，实为同一人。理由有二：其一，丰在今山东益都县境，临近潍水；淮伯之“淮”自应得自潍水或淮夷，二者地望相符。其二，丰伯、淮伯都称伯，而周初山东地区国家称伯者为数很少，所以“淮伯”可能就是“丰伯”，既然临居潍水，又称淮伯，更在周公征淮夷时被“戈”，故此国应属淮夷。

（5）、（6）所记，除（6）多出徐夷（下节将详论徐夷是淮夷中文明程度高者）外，类于《周本纪》，（7）、（8）与（2）、（3）相同，均只笼统言淮夷，无须细及灭奄之事，只是今本《竹书纪年》将"迁其君薄姑"误为"迁其君于薄姑"。

（8）、（9）相比，《说林》之"九夷"即《作雒》之"俘维九邑"。"维"即潍水流域之淮夷，参加这次反叛的共有九国，故称"九夷"，乃是商奄的附从。故攻商奄前，先攻灭之，借以剪其羽翼，这"九夷"之首应该就是上述临居淮水流域的丰国的丰伯或淮伯，"奄"及潍水流域的淮夷九国都是山东地区的土著淮夷，在商代统称"东淮夷"。东淮夷局处东方，故周代金文和文献常将其包含在"东国"、"东夷"以内称之。

另有盈（嬴）姓国徐夷等也参加了反叛。徐夷也属淮夷，故诸家多未提及。这次周公东征所伐之国为"熊盈族十有七国"，除上述奄及潍水九国外，还有徐夷等七国，文献所载及可考的都是嬴（盈）姓国，未见熊姓国。其实，这里所言的熊姓之"熊"，据顾孟武考证，乃是嬴姓的嬴之误。[1] "熊盈族十有七国"实即淮夷十七国，包括山东境内以奄为首的十国及徐夷等七国，只有这样分析理解，才与其他文献记载相一致。

2. 淮河流域的淮夷

分布于今淮河流域的淮夷因位于周王朝之南部，故又称南淮夷，包括群舒和徐夷，对周王朝叛服无常。《䚡生盨》铭文记周师征南淮夷，明确记录了征伐群舒之一的桐国（在今安徽桐城境）和位于今江苏宿迁东南的角、位于今江苏宝应南之𤞤，以及位于淮河上游的遹，大体反映了南淮夷分布之地。南淮夷中的群舒应来源于夏初所封的"六"，在今安徽六安。当时所封的英，地当今安徽金寨和湖北英山一带[2]，亦与后来的南淮夷连成一片。在本卷商代部分已论证帝乙、帝辛时期商王朝所征的"人方"就是指居于河南南部、安徽北部的淮河两岸的淮夷。

---

① 顾孟武：《有关淮夷的几个问题》，《中国史研究》1986 年第 3 期。
② 详见本书第一章。

淮河流域淮夷中势力最强、文明程度最高的是徐夷（戎），《路史·国名记》据《世本》记：徐与淮夷同为少昊暨皋陶之后，嬴姓。[①] 顾孟武先生考证认为：徐为淮夷中社会发展水平最高的一支，常为淮夷盟主。[②]《韩非子·五蠹》："徐偃王处汉东，地方五百里，行仁义，割地而朝者三十六国。"《淮南子·人间训》、《论衡·非韩》所记略同。汉（汉水）东 500 里之地，正是淮夷分布的范围，《左传·昭公元年》："虞有三苗；夏有观、扈；商有姺、邳；周有徐、奄。"杜注："（徐、奄）二国皆嬴姓。《书序》曰：'成王伐淮夷，遂践奄。'徐即淮夷。"孔颖达《疏》云："《书序》曰'……此徐、奄连文，故以为徐即淮夷……僖公时楚人伐徐，杜云下邳僮县东南有大徐城，彼近淮旁，成王时徐盖亦在彼地也。"陈奂作《毛诗传疏》于《大雅·江汉篇》云："淮夷不一国，而徐为淮夷之大国，故于《江汉》言'淮夷'，而于《常武》特举一'徐国'，徐方平而淮夷诸国胥平，两诗正是一时事……昭元年《左传》'周有徐、奄'，贾逵、杜注并去'徐而淮夷'。徐在淮尤大，故举其国则曰'徐'，举其地则曰'淮夷'。"又《史记·秦本纪》正义引《括地志》："古之徐国，即淮夷也。"凡此都说明徐夷即淮夷，是淮夷中较为发达的一支，这是徐夷作为淮夷的特殊性。故此，金文、史书有时将淮夷和徐夷分开来说，以示区别。徐的地望在今安徽泗县一带，亦即今洪泽湖的西北地区[③]，徐夷所处的这种地理位置决定其北向可威胁鲁国，向西北可仰攻周室，所以有周一代，徐曾成为淮夷盟主叛周，曾成为周王朝在东南的大患。

淮泗一带的徐国，究竟是周公东征后被迫自山东南迁的，还是自商代即定居于此？争议颇多。前者系根据关于周初资料所作的推测，不能令人信服。关于后一说，还是有所根据的。宋人所著《太平寰宇记》卷十六"泗州"引《都城记》曰："伯益有二子，大曰大廉，封鸣俗氏（鸣当作鸟），秦为其后也；小曰若木，别为费氏，居南裔为诸侯，至夏氏末，其君费昌去夏归商，佐汤伐桀，有功入为卿士……汤更封费氏之庶子于淮泗之间徐地以奉伯益之祠，复命为伯，使主淮夷。"这段资料

---

①　详见李修松《徐夷迁徙考》，《历史研究》1996 年第 4 期。同时参见本卷第一章。

②　顾孟武：《有关淮夷的几个问题》，《中国史研究》1986 年第 3 期。

③　《左传·昭公元年》杜预注。《汉书·地理志》临淮郡徐县条下班固自注。

虽是宋人根据前人著作所撰,但断非无据。证之于《史记·秦本纪》便知。其云:柏翳(伯益)"生子二人:一曰大廉,实鸟俗氏;二曰若木,实费氏。其玄孙去夏归商,为汤御,以败桀于鸣条。"这段记载与《都城纪》所述完全相同,之所以未及封徐之事,乃是因为本篇《秦本纪》主题所限,无须枝叶,不过"子孙或在中国,或在夷狄"一句,已将《都城记》的内容隐含其中。甲骨文有"枀子肃"①,即"徐子肃",更可证《太平寰宇记》所记不虚。

事实上,早在夏末,离后来的淮泗之徐较近的睢水中游即有嬴姓之国。商汤所灭的葛国,地当今河南宁陵北,位于睢水中游。《左传·桓公十五年》:"公会齐侯于艾,邾人、牟人、葛人来朝。"杜注:"葛国在梁国宁陵县北。"可知,春秋时这里的葛人活动尚见诸记载。顾栋高《春秋大事表》卷五《春秋列国爵姓存灭表》列其为嬴姓,当为伯益之后裔。沿睢水中游而下至泗水,很快便可达淮泗之徐国。所以,商汤封徐之说是可信的。

再联系前文可知,伯益早在夏以前便随皋陶徙居淮河流域,后为夏所封。其二子,一向北发展,裔孙显于后世者是秦人、赵人;一留居淮北,裔孙显于后世者为淮泗之徐人。(本书商代部分已考证帝乙、帝辛征人方卜辞中的"徐"即淮泗之徐)徐人为淮夷首领,为商之方伯,是颇有势力的。陈梦家先生曾对殷末旷日持久的征人方卜辞仔细分析认为:"征人方路程当自商东向,沿淮水而下。"②诸家考证认为,所经地名皆在睢水两岸或睢涡之间③,显然,征人方矛头的真正指向可能就是淮夷盟主徐国。徐的都城在今安徽泗县北,为汉代徐县所在地。《汉书·地理志》注云:"徐故城,盈(嬴)姓。"《括地志》云:"徐城县北四十里有大徐城,即古徐国。"徐城县乃隋置。

然而,作为周初东南叛乱国之一的"徐"却并非淮泗之徐。这从有关周公东征的材料可以明显看出。《逸周书·作雒》:"三叔殷东徐、奄及熊盈以畔。"今本《竹书纪年》:成王"二年,奄人、徐人及淮夷

---

① 容庚:《殷契卜辞》。
② 陈梦家:《殷虚卜辞综述》,科学出版社,1956年。
③ 陈秉新:《殷代征人方地名汇释》,《文物研究》总第六辑,黄山书社,1989年。

入于邳以叛。"《尚书·费誓》:"徐夷、淮夷并兴。"《史记·鲁世家》:"伯禽以师伐之,作《费誓》,遂平徐戎,定鲁。"《左传·昭公元年》:"周有徐奄。"杜注:"二国皆嬴姓。"奄地即今山东曲阜,后作为鲁国的都城。这些材料都说明这个徐在奄或鲁附近,不可能是远在淮泗之徐。《诗·閟宫》云:"保有凫绎,遂荒徐宅。"凫山和绎山均在今山东邹县境内,《诗》中的"徐"当然也在这一带。《说文》释"邾"云:"邾下邑,从邑余声,鲁东有邾城,读若塗。"而金文记载中,"徐"正是作"邾"。《鲁公伐邾鼎》铭曰:"王令公伐邾,攻战克敌,徐方以静。"显然,这个徐乃是留居山东的徐夷土著。实际上留居曲阜暨潍水一带的徐淮夷土著还有奄(山东曲阜境)、郯(山东郯城北)、莒(山东莒县)、丰(山东益都境)等多个国家。这一带是徐淮夷的故乡,所以今淄博市的淄川西有徐关。《左传·成公二年》:"卫师免之,遂自徐关入。"徐关早在春秋以前就已存在。今山东平阴之西有"留徐",又作"留舒",更证明这一带的徐夷是自虞夏至殷末仍然未徙留居的土著徐人。《尚书·禹贡》:"海岱及淮惟徐州。"《尔雅·释地》:"济东曰徐州",徐州的地域也可以证明有海岱一带的"徐"和淮河边的"徐"。这个道理如同西周时期既有山东之土著淮夷,又有淮河流域之淮夷一样,并不为怪。① 从史料分析来看,周公东征,山东之徐被灭,其地封给鲁的附庸、颛顼之后邾国②,其民亦被赐给鲁国,即周成王所赐鲁国"殷民六族"中的"徐氏"。③ 也不排除其残余逃投南方之徐国的可能。但南方之徐早已投降周王朝,所以成为周的子爵国。对此,《清一统志》及顾栋高《春秋大事表》都有明确的记载。此徐之版图纳入周初分封的范围,并且周王对此徐土还颇为关心。如《诗·大雅·常武》云"率彼淮浦,省此徐土",可以为证。故此这个徐绝不是如有的学者所说的,为周初才从山东逃出来的徐人,而是早已在此立国之徐。《尚书·禹贡》:"海岱及淮惟徐州",即东北至黄海及泰山,南达淮水,包括今苏北、皖北、鲁南

---

① 据考证,西周时有两个胡国,一在河南,一在安徽。
② 《玉篇》;《左传·隐公元年》杜注。
③ 《左传·宣公四年》。

一带,均为徐州之域,应是与徐人的迁徙、分布密切相关的。①

在淮泗之徐的附近,春秋时分别有钟离、钟吾等国,都是嬴姓国。钟离在淮水南岸,后为楚所灭,故城在今安徽蚌埠市东临淮关(属凤阳县)东四里,为徐之分支;钟吾在泗北沂、沭之间,后被吴王阖闾所灭,故城在今江苏宿迁县西北,这两国也应属淮夷。

《诗·大雅·江汉》是尹吉甫宣扬周宣王命召公平服淮夷的诗,其中有"江汉浮浮,武夫滔滔,匪安匪游,淮夷来求。既出我车,既设我舆,匪安匪舒,淮夷来铺……江汉之浒,王命召虎,'式辟四方、彻我疆土'……"从此诗来看,周代淮夷的分布已达"江汉之浒"。《韩非子·五蠹》:"徐偃王处汉东,地方五百里,行仁义,割地而朝者三十六国。"说明周穆王时,汉水以东地方五百里为徐淮夷的势力范围。作为佐证,春秋时期,在淮水上游及淮河以西一带尚有江、黄等嬴姓国。江《汉志》云:"汝南郡安阳县,应劭曰故江国今江亭是。"《续志》:"汝南安阳侯国有江亭,故国嬴姓。"故城在今河南正阳县东南。黄《汉志》:"汝南郡弋阳侯国。应劭曰:'故黄国,今黄亭是。'"《续志》谓弋阳侯国有黄亭,故黄国,嬴姓。故城在今河南潢川县西。

《史记·夏本纪》记徐夷之祖伯益为了让位给夏启,曾避居于"箕山之阳","箕山"乃"嵩山"之误,"箕山之阳"即嵩山之南的阳城,在今河南登封一带,这里曾为禹所都。离此不远的偃师亦曾是皋陶族裔的留居地,据《后汉书·郡国志》注引《皇览》所记,此处周代有"尸乡"之称。《左传·昭公二十六年》之"刘人败王城之师于尸氏",杜注:"尸在巩县西南偃尸城。"可见"偃师"亦作"偃尸"。从甲骨文"尸"、"夷"同字来看,"偃尸"即"偃夷",即皋陶族氏的偃姓夷人。故此,直到汉代,他们的后裔还供奉皋陶祠。可能这一带也曾是淮夷分布区。

《后汉书·东夷传》:"武乙衰敝,东夷寖盛,遂分迁淮岱,渐居中土。"说明在商代武乙时,东夷曾有过一次大迁徙,其中一部分迁往淮水流域。

---

① 詹子庆先生亦主此说。详见詹子庆《夏史与夏代文明》之《夏代地域及其邦盟》,上海科学技术文献出版社,2007。

仔细推究,淮夷迁往淮水的时间还在夏代以前。《孟子·离娄下》:"舜,东夷人也","耕于历山"。① 一说历山在今淮南市境,其地有舜耕脉,西起八公山,沿淮而下,东北接凤阳、怀远地区,背靠水,是一个便于居住开发的好地方。此地虽然不大可能是舜躬耕之所,但是舜之后裔徙居之地,因而附会其先人事迹于当地山川,应该是可能的。若联系禹"娶涂山氏女"②、"禹会诸侯于涂山"③来考虑便更能说明问题。本卷第一章已论证:涂山即今怀远县东南淮河边上的当涂山。涂山氏即徐夷,即淮夷,音涂,即涂山氏之"涂"。当时徐淮夷首领皋陶及其子伯益已南下活动在淮河流域。夏初,皋陶之子所封之英、六、许都分布在淮河南北。

三、淮夷的历史地位

若从少昊氏时的祝鸠氏算起,到"秦并六国,淮泗之夷皆散为民户"④止,淮夷在中国历史上延续了 2000 多年,创造了山东中南部及淮河流域古老的文化,成为沟通南北文化的桥梁,对中原王朝无疑作出了很大的贡献。所以,应该恢复其历史地位。限于史料,仅从以下两方面稍作探讨:

1. 淮夷的政治军事地位

由于淮夷所处的特殊的地理位置,使其西控汉水,南接楚、吴、越,东联东夷,北依三代王室,又是王朝掠取长江流域铜锡资源的中间过渡地带,所以对中原王朝来说,臣服淮夷,便能够控制整个东南,反之,便会处于东、南两面攻击之中,造成大规模的战乱,从而导致王朝的衰败乃至危亡。所以,与淮夷所处的特殊的地理位置相一致,在历史上,淮夷具有特殊的政治军事地位。

古史关于夏代以前的记载,未见淮夷,淮夷被包括在概括东方部落群的"九夷"之中,淮夷之名首见于关于夏代的记载。《古本竹书纪

---

① 《史记·五帝本纪》。
② 《尚书·益稷》。
③ 《左传·哀公七年》。
④ 《后汉书·东夷传》。

年》记有"夏后相元年征淮夷、畎夷"。淮夷之名在文献中第一次出现，便与战争有关。

商代淮夷力量已相当强大，《左传·昭公四年》载："商纣为黎之蒐，东夷叛之。"根据前引陈梦家先生对殷末征人(夷)方甲骨文的分析，这里所说的"东夷"主要就是淮夷。正是由于淮夷对殷商的背叛反抗，纣对其进行了旷日持久的战争，导致国内空虚，阶级矛盾进一步激化，结果被西方新兴的周乘机推翻，所以说，"纣克东夷而殒其身"①。因淮夷的反抗导致了殷王朝的覆灭。

西周一代，淮夷叛服无常，不仅对周王朝控制东国和南国影响巨大，而且经常使王朝本身被动挨打。尤其是西周末年淮夷的反抗，加速了王朝的灭亡。

周武王死后，周公辅助年幼的成王执政，三监便勾结以武庚为首的商残余势力联合淮夷举行叛乱，战火遍及东国、南国。周公不得不亲率大军进行了三年艰苦战争才平定了这次叛乱。这次战争直接关系到新建的周王朝的生死存亡，其激烈程度和规模大人地超过了灭商的战争。

战争的胜利，加上封建诸侯，营建东都，使周王朝有效地控制了东南的广大地区，王朝也获得了一段时间的相对安宁。

但是，局部的反抗仍在继续。

周公东征灭奄后，将长子伯禽封在该地为诸侯，建立鲁国，鲁国建立之初便遭到淮夷的激烈反抗。《尚书·费誓》："公曰：嗟……徂兹淮夷、徐戎并兴。善敹乃甲胄，敿乃干，无敢不弔！备乃弓矢，锻乃戈矛，砺乃锋刃，无敢不善……甲戌，我惟征徐戎。峙乃糗粮，无敢不逮！"《书序》："鲁侯伯禽宅曲阜，徐、夷并兴，东郊不开，作《费誓》。"《史记·周本纪》也有类似的记载，可见，新封的鲁国也是伴随着对淮夷反抗的镇压而走向稳固的。

周穆王时，淮夷的力量又壮大起来，他们乘穆王西征，无力东顾之机，反抗周朝。《后汉书·东夷传》："徐夷(偃王)僭号，乃率九夷以伐

---

① 《左传·昭公十一年》。

宗周,西至河上。穆王畏其方炽,乃分东方诸侯命徐偃王主之。偃王处黄池东,地方五百里。行仁义,陆地而朝者三十有六国。穆王后得骥騄之乘,乃使造父御以告楚,令伐徐。"类似的记载亦见于《礼记·檀弓下》。张华《博物志》卷八引《徐偃王志》谓徐偃王叛周时,"江淮诸侯皆伏从,伏从者三十六国"。这是以淮夷中实力最强的徐夷首领为盟主,以淮夷为主力,联合南方和东方其他夷人的大规模反抗,曾一度迫使周穆王"分东方诸侯命徐偃王主之",即承认徐偃王为东南各族的盟主。后来,周穆王联合南方的楚国,两面夹击,才镇压了这次反抗[①]。为此,周穆王"会诸侯于涂山"[②],借以巩固胜利,加强对江淮流域的控制。

有关记载周穆王与淮夷战争的铜器主要有录戜卣、競卣、录簋、遇甗、㝬鼎、𬘡卣、㪤尊、戜方鼎等,其中铭文称"戍"、"御"、"省"的防御性用辞有8件,称"伐"的进攻性用辞只有𬘡卣1件。看来,此时的周王朝在淮夷集团的联合进攻面前确曾处于防御的地位。

从金文记载来看,防守的两个重要据点:一在㪤(即胡国,在今河南郾城县境)[③],一在甛(或作古、古囗,在今河南叶县)[④]。再加上周所分封的陈(在今河南淮阳)、许(在今河南许昌),构成一条向南、向东抵御淮夷进攻的防御带。这样就使周王朝南方的政治疆域只能局限于淮河上游以北的汝水一带。

后来,周王朝虽然获胜,但经过这次沉重的打击,从此便开始走下坡路了。

周夷王时,再次与淮夷发生战争。《史密簋》记,当时"南尸(夷)、膚(莒)、虎、会、杞尸、舟尸、雚、不(邳)�582(折),广伐东或(国)"。周王乃命师俗、史密率齐师、族人、釐伯等进行讨伐。但未言胜败,说明此时

① 《班簋》载,穆王曾令毛公班伐东国㾓戎,三年才平定下来。毛公班即《穆天子传》卷四、卷五所记之"毛班"或"毛公"。"㾓戎"即指徐偃王为首徐淮夷,徐淮夷偃姓或嬴姓,"㾓"与"偃"、"嬴"通。此器所记,即周穆王讨伐徐偃王反叛之事。

② 《左传·昭公四年》。

③ 参见晏昌贵《西周胡国地望及其相关问题》,《湖北大学学报》1991年第1期。

④ 参见徐中舒《禹鼎的年代及相关问题》,《考古学报》1959年第3期。

周势已衰。《后汉书·西羌传》说:"夷王衰弱,荒服不至。"可以佐证。

周厉王是个暴虐的君主。他统治时期,民族矛盾更加激化,淮夷连续掀起了两次大规模的反抗。

记载这个时期对淮夷战争的铜器有虢仲盨盖、无叀簋、敔生盨、敔簋等。从铭文来看,这时期反抗的主角是南淮夷。

据《敔簋》所记,第一次反抗时,淮夷的军队深入周王朝畿内的伊、洛一带,前锋直达宗周腹地上洛(在今陕西商县境内),俘获了大批周人战俘,使周王朝遭受重创。①

《虢仲盨盖》铭记"虢仲㠯(以)王南征,伐南淮夷",但并未获胜。《竹书纪年》记云:厉王三年"淮夷侵洛,王命虢仲长父伐之,不克"。

厉王当然不会就此罢休。《翏生盨》铭云:"王征南淮尸(夷),伐角、瀱(津),伐桐、遹(遹),翏生从。执嘫(讯)折首,孚戎器,孚金。"这次周厉王亲征,东面打到角(即角城,在今江苏宿迁县东南)、瀱(即津,在今江苏宝应县南),西面打到桐(今安徽桐城北)、遹(即遹,可能即淮水上游的聿娄)。② 其中桐地当是舒夷分布地区。看来,这次淮夷的反抗,联合了舒夷。《鄂侯驭方鼎》所记"王南征,伐角、鄒",即指这次南征所至的角、津和桐、遹之地。

为了控制淮夷,在这次征伐的归途中,厉王乘据处(今河南邓州市)的鄂国君主鄂侯驭方前来献礼之机,对其极力拉拢。③ 鄂侯原是周夷王的姻亲④,这次周厉王拉拢鄂侯驭方的目的,无非是要借助鄂国控制淮水上游,造成对淮夷不利的态势。然而,其结果却适得其反。鄂侯驭方反而乘机联合淮夷、东夷反叛。

《禹鼎》铭文载曰:"乌虖哀哉!用天降大丧于下或(国)!亦唯噩(鄂)侯驭方率南淮尸(夷)、东尸(夷)广伐南或(国)、东或(国),至于歴、内。王迺命西六㠯(师)、殷八㠯(师)曰:'扑伐噩(鄂)侯驭方,勿遗寿幼'。"这次以鄂侯驭方为首,联合南淮夷和东夷广伐南国、东国,使

---

① 从铭文所记周王朝将领敔从淮夷手中夺回被俘的周人四百来看,周王朝必然损失重大。

② 参见马承源《关于翏生盨和者减钟的几点意见》,《考古》1979 年第 1 期。

③ 《鄂侯驭方鼎》。

④ 据《鄂侯簋》铭"鄂侯作王姞媵簋"来看,鄂国姞姓,周夷王时曾娶鄂国之女。

周王朝东南地区又燃起遍地战火,铭文用"乌虖哀哉"、"用天降大丧"这样可怕的话语,可以想见这次战争对周的打击有多么沉重！周王朝出动了宗周和成周二都的全部精锐,采取"勿遗寿幼"的政策,经过反复激烈地较量,最后才击败之,俘获鄂侯驭方。

这次战争虽然获胜,但淮夷的力量并未遭受太大的损失,到宣王时,淮夷的反抗又告激烈。

为有效地防御淮夷的进攻,周宣王在河南南阳一带又分封了申、甫等国①,加强周人在淮北的力量,以求形成有效的防线。随之便开始征伐战争。《竹书纪年》记"周宣王六年召穆公师师伐淮夷,王帅师伐徐戎"。《师寰簋》记这次征伐淮夷,杀戮了敌方 4 位首领,掳获了大量的士女牛羊及吉金,大获全胜,经过这次打击,迫使淮夷臣服。

《驹父盨盖》铭文记周宣王卿士南仲派使者到南淮夷各邦,命淮夷诸邦酋仍复周王朝的旧职,严格地保持向王室进贡的旧俗。结果,淮夷大小邦国均称臣纳贡。《国语·周语上》说周宣王"伐姜氏之戎","丧南国之师",这"南国之师"很可能就是淮夷从征者。

尽管周宣王号称"中兴",征服了淮夷,但周王朝毕竟已病入膏肓,虽有一时的回光返照,不久也就覆灭了,周王朝的覆灭与淮夷不断反抗,给周王朝带来的一次又一次的沉重打击是分不开的。

春秋时期,淮夷仍然是一股不可忽视的力量。兹举三例:

其一,春秋初年,淮夷的实力仍能"病杞"、"病鄫"。

《春秋·僖公十三年》:"公(鲁僖公)会齐侯,宋公、陈侯、卫侯、郑伯、许男、曹伯于鹹。"《左传》:"会于鹹,淮夷病杞故。"同书僖公十四年:"诸侯城缘陵。"《左传》:"诸侯城缘陵而迁杞焉。"杜注:"缘陵,杞邑。辟(避)淮夷,迁都于缘陵。"因淮夷进攻杞国,齐桓公领着诸侯之师筑城于缘陵,将杞都迁过去,对其躲避。显然,淮夷的力量此时还很强,连显赫一时的春秋第一霸主也不得不暂避其锋。

《春秋·僖公十六年》:"公会齐侯、宋公、陈侯、卫侯、郑伯、许男、邢侯、曹伯于淮。"《左传》:"会于淮,谋鄫,且东略也。城鄫。"杜注:

---

① 《诗·大雅·崧高》。

"鄫为淮夷所病故。"和上述情况如出一辙，诸侯们在淮夷进攻面前仍旧不得不避其锋锐，将鄫国迁都了事。

其二，如前所析，春秋末年，季氏之所以能专国政，其中一个重要的原因就是得到了土著淮夷的支持，说明淮夷在鲁国仍然发挥较为重要的政治作用。

其三，春秋末年，吴楚争霸时，淮夷仍然活跃于政治舞台，如《春秋·昭公四年》"夏，楚子、蔡侯、陈侯、郑伯、许男、徐子、滕子、顿子、胡子、沈子、小邾子、宋世子佐、淮夷会于申……秋七月，楚子、蔡侯、陈侯、许男、顿子、胡子、沈子、淮夷伐吴。"这次，淮夷又参加了以楚国为首的盟会以及伐吴战争。

西周春秋时期，淮夷一直活跃于政治军事舞台。其中西周时期，淮夷的安宁与否直接关乎王朝的治乱。淮夷在军事上不断予王朝以沉重打击，在政治上多次改变周王朝东南的政治格局，加速了周王朝的灭亡。其重要的政治、军事地位是周王朝周边任何部族都无法相比的。

2. 淮夷的经济地位

作为先秦时期居于东南地区大的部族——淮夷在历史上理应占有一定的经济地位。

淮夷发展水平虽较华夏族相对落后，但其主要分布的徐、扬二州地区有着较为丰富的资源。《尚书·禹贡》记曰："海岱及淮惟徐州……厥田惟上中，厥赋中中，厥贡惟土五色。羽畎夏翟，峄阳孤桐，泗滨浮磬，淮夷蠙珠暨鱼。厥篚玄纤缟，浮于淮、泗，达于河。淮、海惟扬州……厥草惟夭，厥木惟乔。厥土惟涂泥，厥田惟下下，厥赋下上错，厥贡惟金三品。瑶琨篠簜，齿革羽毛惟木，岛（鸟）夷卉服，厥篚织贝，厥包桔柚锡贡，沿于江、海，达于淮、泗。"

结合孔氏《传》和孔颖达《疏》可知：徐州在上古时期，土地属上中，则农业生产的水平是不会低的。该地向王朝进贡的"五色土"（青、赤、白、黑、黄），是立社分封所用的必需品，象征东、南、西、北、中五方土地，是极其珍贵的。所产的名叫夏翟的雉毛为旌旗所必需的装饰。峄阳孤桐是制作琴瑟的上品木材，泗水之涯所产之石可以造磬。另外，这一带还盛产蠙珠及美鱼。淮夷之民善于养蚕织布，其中黑缯、白缯等丝织品更是其特产。

在铁器使用推广之前，扬州地区土地虽未得到较好的开发利用，但该地的许多物产也是中原王朝所必需的。特别重要的是要向朝廷贡献"金三品"（一说是金、银、铜，一说是指铜的三个等级）。还出产瑶琨之类的美玉，象牙、犀皮、孔雀之羽、旄牛尾毛等珍奇，以及楩、梓、豫章之类的稀见树木。盛产精细的纻布和织成贝纹的布，时常向王朝贡献桔、柚等时鲜水果。

《诗·鲁颂·泮水》："憬彼淮夷，来献其琛，元龟、象齿，大赂南金。"此言淮夷所献之物与《禹贡》基本相合。唯元龟《禹贡》列为荆州所产。荆扬近邻，淮夷献元龟也属常理。甲骨文便记载商代淮夷中的舒夷六国便不断向王朝贡献龟甲。元龟为当时占卜时所用的灵物，是任何物品都无法取代的。

由于淮夷拥有许多珍奇特产，其中像金三品、元龟、羽毛、象齿、缯丝、雉尾、五色土等都是王朝所必需的，所以有周一代，统治者对淮夷除了政治上的沉重压迫外，经济上也进行赤裸裸地掠夺，对淮夷的许多战争都是以掠夺财富为目的的。

《兮甲盘》铭云："（王）令（兮）囲（甲）政（征）飤（治）成周四方賷（积）至于南淮夷，淮夷旧我貟晦（贿）人，毋敢不出其貟、其賷（积）、其进人。其寅，毋敢不即餗（次）即峇（市）。敢不用令，勛（则）即井（刑）虡（扑）伐。""賷"即"責"字，读为"积"。《左传·僖公三十三年》："居则备一日之积。"杜预《注》"积，刍（马饲料）、米、菜、薪"，实即征收实物赋的内容。淮夷也必须向朝廷缴纳贡赋。《师寰簋》有"淮夷繇我貟晦臣"与此盘铭下句相同。貟，或作貴，义同赋字。晦，通贿，《一切经音义》："贿，古文晦同。"晦、贿都从每声。《周礼·天官·冢宰》："六曰商贾，阜通货贿。"郑玄《注》："金玉曰货，布帛曰贿。""进人"，即力役之征。《周礼·秋官·司寇》有"夷隶养牛马"。所以，这句的意思是：淮夷从来是向我贡纳财赋的臣民，不敢不提供贡赋、委积和力役。"寅"即贮字，在此义为市场的财货。餗即次，市中的官舍。峇即市，就是市肆。次和市指征收市场中的库栈税和市廛的营业税。全句

义为:淮夷来市场交易的货物,不准不向司市的官舍办理货物存放和陈列市肆的手续,目的还是不准淮夷商人逃避关市之征。否则"即井(刑)厥(扑)伐",便要重处以扑罚之刑。

由此铭可知,周王朝依仗武力在经济上对淮夷强行掠夺。淮夷不仅要向周王朝缴纳贡赋,承担力役,而且还要在王朝官吏严格管理下进行商业贸易,向朝廷缴纳货栈税和营业税。

从金文材料来看,周王朝对淮夷之物最垂涎的是"吉金"。所以,关于周王朝掳掠淮夷吉金的铭文屡见。如《仲偁父鼎》:"周伯遣及仲偁父伐南淮尸(夷),俘金,用乍(作)宝鼎。"《翏生盨》记周军打败南淮夷后,俘戎器、俘金。《曾伯霎簠》亦记云"克狄淮夷,印燮繁汤,金道锡行,具既卑方。""繁汤"即文籍之"繁阳",在今河南新蔡县北三十里淮水支流汝水南岸,既是当时输入"南金"的要道,又是有名的铜产地。周王朝不仅要开通此条来自南方的铜锡运输要道,而且不惜用武力确保此条运道的通畅。《晋姜鼎》铭"征繇汤□,取华吉金"可证。

《师寰簠》记打败淮夷后,"毆孚(俘)士女牛羊,俘吉金……"不仅俘吉金,且掳获大批士女牛羊。顺便说一下,周人征淮夷,掠夺人口也是一个重要的原因,目的是将所掠人口瓜分给各级贵族臣僚。

限于材料,以上分析肯定是挂一漏万。但这些已足以说明,淮夷在中国经济史上也有着自己的贡献,三代的灿烂文明也应有淮夷的一份功劳。

最后还必须指出:淮夷曾建立有如徐、奄等古老的文明国家,一次又一次叱咤历史的风云,其所创造的文化水平是不容低估的。有两点可资说明:第一,既然淮夷之地盛产吉金,那么,其生产力必然已达到相当的水平;第二,从《兮甲盘》铭文可知,淮夷的商业也已经发展起来。只是由于周王朝的血腥征服以及长期的民族融合,淮夷文化被历史湮没了。

第四节 西周时期安徽的社会经济文化

一、西周时期安徽的考古发现

1. 西周时期安徽考古概述

安徽关于西周时期的考古活动最早可追溯到 20 世纪 30 年代。1933 年,中央博物院历史语言研究所的王湘、李景耽在调查寿县朱家集李三孤堆楚王墓被盗事件时,曾对寿县地区的先秦遗址进行调查,发现有西周时期的古遗址。①

新中国成立后,安徽的考古事业取得了迅速的发展,调查和发现了大量的含有西周时期文化遗存的遗址和墓葬,并对其中的一些进行了发掘和试掘,如 1955 年试掘亳州钓鱼台遗址,1972 年发掘肥西大墩孜遗址,1975 年试掘含山孙家岗遗址,1979—1982 年发掘潜山薛家岗遗址②,1980—1984 年发掘含山大城墩遗址③,1982 年试掘六安西古城、众德寺,霍邱绣鞋墩,寿县斗鸡台、青莲寺等遗址④,1982 年在颍上王岗郑小庄发现一座西周早期土坑墓。1985 年试掘肥东吴大墩遗址⑤,1988 年发掘霍邱红墩寺遗址,1989 年发掘怀远双古堆遗址、南陵江木冲遗址,1992 年发掘怀宁跑马墩遗址⑥,1993 年发掘宁国官山遗

① 李景耽:《寿县楚墓调查报告》,《田野考古报告》第一册,商务印书馆,1934 年;王湘:《安徽寿县史前遗址调查报告》,《中国考古学报》第 2 期,1947 年 3 月。

② 安徽省文物考古研究所:《潜山薛家岗》,文物出版社,2004 年。

③ 安徽省文物工作队:《含山大城墩遗址调查试掘简报》,《安徽文博》总第 3 期,1983 年;张敬国:《含山大城墩遗址第四次发掘的主要收获》,《文物研究》第 4 辑,1988 年;安徽省文物考古研究所:《安徽含山大城墩遗址发掘报告》,《考古学集刊》第 6 集,中国社会科学出版社,1989 年;安徽省文物考古研究所、含山县文物管理所:《安徽含山大城墩遗址第四次发掘报告》,《考古》1989 年第 2 期。

④ 北京大学考古学系商周组、安徽省文物工作队:《安徽省霍邱、六安、寿县考古调查试掘报告》,北京大学考古系编:《考古学研究(三)》,科学出版社,1997 年 6 月。

⑤ 张敬国、贾庆元:《肥东县古城吴大墩遗址试掘简报》,《文物研究》第 1 期,1985 年。

⑥ 杨德标、金晓春、汪茂东:《安徽怀宁跑马墩遗址发掘的主要收获》,《文物研究》第 8 辑,黄山书社,1993 年。

址①,1997 年发掘安庆张四墩遗址②、南陵牯牛山遗址、滁州卜家墩遗址、六安东城都遗址,1999 年发掘庐江大神墩遗址,此外经试掘的遗址还有含山荆王城、巢湖大城墩、神墩,肥东大陈头、龙城,来安顿丘、亳州青凤岭、牛屎孤堆,宿县五柳,灵璧蒋庙,萧县花甲寺,临泉陈家、老邱堆等遗址。重要的墓葬发掘有:1959—1974 年先后三次发掘屯溪飞机场土墩墓群。1992 年,在六安青山乡金陵塘发现 3 座西周晚期墓葬。其中 1 号墓规模较大,为甲字形竖穴土坑墓,连墓道总长 23.4 米,宽 8 米,深 8.5 米。出土黑衣陶罐 26 件,具有明显的地方特点。

这些遗址,大多坐落在河流的二级阶地上,或离水源较近的地方。在淮北地区,遗址多呈漫坡状,略高于周围地面,个别临水的遗址呈高台状,如亳州青凤岭、东钓鱼台,萧县花甲寺等遗址。淮河以南地区则多为台形遗址,是明显高于周围地面的台地,如寿县斗鸡台、肥东吴大墩等遗址。

这些西周时期遗址从文化堆积情况看,有如下三种情况:第一种为单纯的西周遗址,仅有西周一个时期的文化层,数量较少。如淮南市胡家岗遗址、蚌埠市梅古堆遗址等。第二种,有两个以上时期文化遗存,但以西周时期遗存为主,如霍邱绣鞋墩遗址、泗县杨台子遗址、怀远唐古集遗址和凤台孤堆寺遗址等。此类遗址数量略多于前者。第三种,有两个以上时期文化遗存,而以其他时期遗存为主,西周时期遗存在遗址中占次要地位或仅有少量堆积,如霍邱红墩寺遗址、濉溪县华家湖遗址、太湖王家墩遗址、肥西南岗遗址、安庆张四墩遗址等。多数遗址属此类情况。

安徽淮河流域的西周时期文化遗存可分为三期。③

西周早期:以亳州钓鱼台、霍邱绣鞋墩二期、寿县斗鸡台五期为代表。陶器以夹砂灰陶和夹砂红褐陶为主,其次为夹砂黑陶,泥质陶数量较少,有灰、红、黑三种。纹饰以绳纹为主,素面陶次之,还有少量的附

---

① 安徽省文物考古研究所:《安徽宁国市宫山西周遗址的发掘》,《考古》2000 年第 11 期。

② 北京大学考古学系、安徽省文物考古研究所:《安徽安庆市张四墩遗址试掘简报》,《考古》2004 年第 1 期。

③ 宫希成:《安徽淮河流域西周时期文化试析》,《东南文化》1999 年第 5 期。

加堆纹、捺窝纹和弦纹。器类有鬲、罐、豆、盆、簋、甗、碗、瓮等,以鬲、罐数量最多。鬲侈口折沿束颈,弧裆略瘪,锥足,通体饰绳纹。罐型式多样,其中直领罐较典型,侈口圆唇,圆鼓腹,凹圜底,颈以下饰绳纹。盆多为敞口浅腹,亦饰绳纹。豆把较高,盘腹多饰凹弦纹,盘口沿较厚,方唇。生产工具发现有石斧、石刀、石铲、石凿、蚌镰、骨锥和陶纺轮等。

西周中期:以绣鞋墩三期、六安众德寺四期和寿县青莲寺四期为代表。陶器以夹砂灰陶为主,其次为夹砂红褐陶和夹砂黑陶,泥质陶有灰、红、黑三种,数量极少。纹饰以绳纹为大宗,素面陶次之,有少量附加堆纹、弦纹和捺窝纹。器类以鬲、罐为主,还有盆、豆、甗、瓮、簋、尊等。鬲为折沿方唇,束颈瘪裆,袋足较深,有柱足和锥足两种;罐侈口折沿,鼓腹、凹圜底;豆盘较浅;尊为大口,颈较高,多饰附加堆纹。生产工具有肾锛、石斧、陶拍、陶网坠等。铜器仅有绣鞋墩遗址出土的镞1件。

西周晚期:以绣鞋墩四期、众德寺五期、青莲寺五期和灵璧蒋庙为代表。陶器以夹砂灰陶为主,其次为夹砂红陶和夹砂黑陶,泥质陶极少。纹饰仍以绳纹数量最多,有少量附加堆纹、弦纹和捺窝纹。器类有鬲、罐、豆、盆、甗、钵、瓮等,以鬲、罐数量最多。鬲侈口方唇,深袋足。鬲足多为柱状足,有些鬲足足端突出,似一疙瘩,应是将足端面墩平时受力形成的。在青莲寺遗址中出现了一种素面鬲,形体较小,手捏制,侈口补沿,腹壁近直,足内窝较浅,柱足。豆把较矮,豆盘中心明显下凹。罐除凹圜底鼓腹罐外,新出现一种平底罐,短折沿,斜肩,下腹壁斜收。钵均为敛口,平底。生产工具仅见石锛、石刀等。本期铜器有8件。在众德寺和青莲寺遗址发掘属于中晚期的墓葬5座,均为竖穴土坑墓,葬式为仰身直肢。

总体上说,安徽淮河流域西周时期陶器与中原地区西周文化具有相当大的共性,其主要器类组合鬲、罐、豆、甗、盆及其形制特征与中原地区也基本相同,很少见到具有地方特点的文化特征,仅晚期出现的素面鬲、折腹豆带有江淮地区南部同时期文化的因素。说明该地区西周时期文化应属于周文化范畴。

江淮地区出土的西周时期的陶器,一部分如瘪裆鬲、簋的形制与陕西王畿出土的同类器物近同,居于主要地位;也有一类如高跟平足

鬲、折肩鬲和腰部饰堆纹、指甲纹的甗等器物,具有地方特征,可称为"淮式鬲",为淮夷文化的探寻提供了线索。

皖西南地区以潜山薛家岗遗址上层及安庆张四墩、怀宁跑马墩等遗址为代表的西周时期文化遗存,则是一支相对独立的考古学文化。它包含有中原文化的一些因素,如存在斝、鬲、深腹罐、假腹豆等陶器。但总体文化面貌基本承袭了薛家岗四期文化的某些传统,自身特点鲜明,如陶器中的炊器以罐形鼎、附耳甗、鬲形盉为主,并一直延续到春秋时期,它与长江中游地区的蕲春毛家嘴遗址等同时期文化有着密切的联系。跑马墩遗址出土的锥足鼎、带流三足盉、附环耳罐、圈足罐等,与潜山薛家岗商周文化一致,具有皖西南土著文化的特点。

皖南地区西周时期考古学文化的主要特征是,陶器以鼎、鬲、豆、罐为主,流行印纹硬陶和原始青瓷,与宁镇地区点将台文化、湖熟文化、吴文化的文化序列及面貌极为相近。1998 年通过对牯牛山城址的发掘,出土陶器以夹砂红陶数量最多,器类有鼎、鬲、甗、罐、盉、盆等,鼎附有短把手,深腹,圆锥足;鬲有瘪裆鬲和带角状把手鬲两种;甗为束腰、平底、柱足。印纹硬陶有坛、罐、瓮等,纹饰主要有回纹、蓆纹、折线纹、填线三角纹、填线菱形纹和雷纹等,原始瓷数量较少,主要为豆、碗类器物,多施淡黄色薄釉。可分为三期,其年代上限为西周早期,下限约相当于西周晚期或春秋初。从总体文化面貌观察,与江苏宁镇地区同时期考古学文化有许多相同之处,但牯牛山出土器物群仍显示出较强的个性,如双耳平底甗、折肩盉、带角状把手鬲等,反映出本地区应存在着一个以牯牛山西周遗存为代表的文化类型,暂称为"牯牛山类型"。①

土墩墓是皖南地区西周至春秋时期吴越民族的特殊葬俗,自 1959 年发掘屯溪土墩墓后②,1985 年发掘南陵千峰山土墩墓③,1986 年发掘

---

① 宫希成:《皖南遥感考古取得重大进展》,《中国文物报》1998 年 10 月 18 日。

② 安徽省文物局文物工作队:《安徽屯溪西周墓葬发掘简报》,《考古学报》1959 年第 4 期;殷涤非:《徽屯溪第二次发掘》,《考古》1990 年第 3 期。

③ 安徽省文物考古研究所:《安徽南陵千峰山土墩墓》,《考古》1989 年第 3 期。

繁昌平铺土墩墓。① 这类墓葬在皖南地区铜陵、南陵、繁昌、贵池、青阳、泾县、芜湖、宣州、郎溪、广德、宁国、旌德、绩溪、歙县、休宁、屯溪、马鞍山、当涂等 20 多个市县均有发现,总的分布范围约 25 万平方公里,其中以南陵、繁昌、铜陵等地分布最为密集。1996—1998 年,应用遥感技术对南陵县境内的土墩墓进行了初步调查②,探明南陵土墩墓主要沿漳河及支流分布,计发现千峰山、吴家大山、九龙凸、戴家汇等土墩墓群 23 处,确认现存土墩墓 3019 座。像千峰山、九龙凸、繁昌万牛墩等均为大型墓群,一般有数百乃至上千座墓葬,延绵数平方公里。这些土墩墓的分布现状是:有的墓葬在冈峦上,沿着山冈的自然斜坡,由高而低堆筑成大小相近、有一定距离、排列很规整的一座座土墩;有的则分布在平地高岗上,沿地势凸凹不平垒筑一行行土墩墓。山脊上的土墩墓,基本上沿山脊线状排列,呈算珠状,与山脊走向一致,山脊上的墓个体较大;山坡和山脚地带的土墩墓,均为集群分布,有的呈长方形布局,有的则不规则,墓较小。一条山脊及其附属的山坡地带应为一个相对独立的墓区单元,各墓区单元之间均有山冲相隔。③ 土墩墓多是将墓底铲平、不挖墓坑的堆土葬,就地取封土,无夯筑层次;有砂石的墓地,其封土内有的含有大量砂石。土墩墓的大小有两种,以小型墓为主,这类墓一般高 2～3 米,底径 5～8 米,埋葬密集、排列有序、间距略相等,出土物大多是印纹硬陶和原始瓷器,铜器极少;另一类土墩墓较大,一般高约 10 米,底径 15～20 米,这类土墩墓一般一处仅三五个,间距比小型墓群为远,每座墓的边侧都有一个土坑塘,此塘应是取封土时所形成的,这类大型土墩墓,多数出土有较多的青铜器及印纹硬陶和原始瓷器等。土墩墓内未见棺椁及人骨架遗迹,大型土墩墓的墓底有用鹅卵石堆砌棺床,或用不规则石块放置四周作棺床的。④

2. 重要遗址

霍邱绣鞋墩遗址 位于霍邱县城东北 7 公里,陈家埠北 1 公里。

① 杨鸠霞:《安徽省繁昌县平铺土墩墓》,《考古》1990 年第 2 期。
② 刘树人、杨则东、张廷秀:《安徽省南陵县土墩墓及古城遗址遥感调查初步研究》,《华东师范大学学报》环境遥感考古专辑(二)1998 年第 4 期。
③ 宫希成:《南陵千峰山土墩墓群遥感考古研究》,《文物研究》第 12 辑,黄山书社,1999 年。
④ 杨德标:《试论皖南土墩墓》,《文物研究》第 4 辑,黄山书社,1988 年。

土墩高出周围水田约七八米,南北长 102 米,东西宽 70 米,总面积约 7000 平方米。最高点在墩中心,呈漫坡状向周围降低,平面略呈鞋形。1982 年由北京大学考古学系、安徽省文物工作队联合进行试掘。[①] 主要包括商和西周两个时代,可分四期。第一期时代大体相当于殷墟早期;第二至四期均属西周时代,大体分别相当于西周早、中、晚期。出土陶器有鬲、盆、罐、豆、碗、甗、瓮、甑算,生产工具和兵器有石锛、石凿、陶拍和铜镞。以夹砂灰陶和绳纹占有较大比例为突出特点。其文化面貌与中原西周文化有不少相同之处,但也具有鲜明的地方特色,而与鄂东北、豫西南西周时代的遗存相近似。

怀宁跑马墩遗址　位于怀宁县五横乡五横村境内,南距安庆市 20 公里。遗址坐落在一盆地中间,高出周围农田 3 米。残存面积不足 200 平方米。1992 年安徽省文物考古研究所发掘[②]。出土陶器、石器、铜器和骨器等一批遗物。陶器为大宗,主要有鼎、鬲、罐、盂、豆、钵、壶、缸、盘、碗、甗、纺轮等;石器有斧、锛、镞、铲、镰、砺石等;铜器有锸、削、镞。遗址分为两期。早期以夹砂黑皮陶居多,流行锥足盆形鼎,多甗;晚期以夹砂红陶为主,平足鬲多见,足上饰绳纹。其时代早期为商周之际,晚期为西周中期。

宁国官山遗址　位于宁国市河沥溪镇罗溪村,水阳江从遗址的东面 600 米处自东南向西北流过。官山是一条东西向的垅岗,相对高度 25 米,遗址就坐落在官山的东端。这是一处包含了旧石器时代和西周时期遗存的古文化遗址。1993 年安徽省文物考古研究所发掘[③]。遗迹仅发现灰坑 2 个,西周文化遗存的出土遗物包括陶器、原始瓷器、石器和铜器四大类,其中以陶器为主,其次为原始瓷器,石器和铜器数量很少。陶器以夹砂陶为主,印纹硬陶次之,还有少量的泥质陶。器类有钵、罐、豆、鼎、鬲、盆、釜、坛、瓶。原始瓷器有豆、钵、盘、盂、盅、碗

① 北京大学考古学系商周组、安徽省文物工作队:《安徽省霍邱、六安、寿县考古调查试掘报告》,北京大学考古系编:《考古学研究(三)》,科学出版社,1997 年 6 月。

② 杨德标、金晓春、汪茂东:《安徽怀宁跑马墩遗址发掘的主要收获》,《文物研究》第 8 辑,黄山书社,1993 年。

③ 安徽省文物考古研究所:《安徽宁国市官山西周遗址的发掘》,《考古》2000 年第 11 期。

等。石器有刀、斧。铜器仅发现铜镞1件。其年代上限约在西周中期偏晚阶段，下限当不晚于西周晚期。这些出土遗物具有鲜明的地方特色，可能代表了西周时期分布于皖南地区的一种地方文化类型。

安庆张四墩遗址　长江中下游地区新石器时代至西周时期遗址。位于安庆市白泽湖乡三义村村西。遗址北部因受石塘湖冲刷已被严重破坏，现存部分的平面形状略呈弧边三角形，由位于西部的1号墩和东部由南向北排列的2、3、4号墩以及土墩环绕的中央低地共同构成。土墩高出周围地面2~4米，遗址东西长约250平方米，南北最宽约200平方米，面积将近3万平方米。1997年北京大学考古学系、安徽省文物考古研究所联合试掘。[1] 新石器时代遗物发现有：石器有铲、锛、凿、镞，陶器有鼎、甑、罐、盆、豆、杯、碗等。商周时期遗物有：石器有铲、锛、刀、镞等，陶器以夹砂陶为主，红陶、灰陶最常见，器表多为素面或饰细绳纹，器类包括鬲、罐、豆、瓿、盆、碗、纺轮、网坠等。商周时期文化遗存中，石器小型化的特点突出，并发现了大量打制的石器毛坯，陶器群中最具时代特点的鬲、罐、带漏斗形附耳的瓿等器类在鄂东、赣北地区的遗址中也较为常见，但与中原的周文化存在一定的差别，在文化性质上当为吸收了部分周文化因素的土著文化。在时间上，一期遗存的年代相当于西周中晚期，二期遗存的年代相当于西周晚期。

3. 古城址

东城都遗址　位于六安市城东9公里，距皋陶墓北约2公里，北傍淠史杭总干渠南侧的河套地带。现属城东乡三女墩村。该城址原为长方形，现南北长310米，东西宽220米。因河流冲刷和开挖淠史杭总干渠，其东城墙已被破坏无存，实测南城墙和西城墙高9米，紧靠南城墙往南有一条长480米、高62米，人工夯筑的大堤，俗名"跑马埂"。埂两旁有两条小河由南城墙的两个缺口处流入城内，再有小高堰涵口穿过淠史杭总干渠。《水经注·沘水》：沘（淠）水"又西北迳六安县故城西，县故皋陶国也。夏禹封其少子奉其祀。今县都陂中有大冢，民传曰公琴

---

① 北京大学考古学系、安徽省文物考古研究所：《安徽安庆市张四墩遗址试掘简报》，《考古》2004年第1期。

第四章　西周时期的安徽

者,即皋陶冢也。"①1997年,通过对该城址的解剖,发现城内堆积除含新石器时代晚期堆积外,主要为西周时期堆积。其城垣的构筑年代应定为西周。该城年代的确定,为探讨六国的地望提供了线索。②

牯牛山城址 位于南陵县石铺乡先进村境内,发现于1985年,只认为是一般的台形遗址。1997年经遥感探查,判断是一处城址,外围古水道即为当时的护城河,宽20~30米,在南部中段、西部北段和东北角,各有一水口,分别与青弋江和漳河故道相通。牯牛山城址东西约750米,南北约900米,总面积近70万平方米。城址北半部由5个高台地组成,各台地间亦以水道隔开,相互独立,水道均与外围护城河沟通。最北端水平分布的1、2、3号台地堆积情况复杂,灰坑、灰层及红烧土堆较多,可能是以生产活动为主要功能的区域;内侧的4、5号台地,则有大范围的红烧土分布,并有夯土遗迹,推测可能是居住生活区。城址南半部地势较为平坦,文化层深度一般不超过0.5米,包含物甚少。在城址西南角和东南角各有一个面积100多平方米的小土台。城内出土遗物有陶器、原始瓷器、铜器和石器。牯牛山城址的建造方式与江苏淹城类似,属水城,带有南方特色。在城址西南约1公里处,分布着密集的西周时期土墩墓群,与城址年代相当,出土器物特征也相同,二者应是一个整体。在城址以西约20公里即是大工山古铜矿遗址群分布的中心地带,牯牛山城址应与当时铜矿的大规模开采有着密切关系。

4. 皖南古矿冶

皖南沿江地区是我国著名的长江中下游铜、铁、硫、金等多金属成矿带的重要组成部分,铜铁资源十分丰富。矿床类型以矽卡岩型铜矿床为主(如铜陵铜官山),还有少量的沉积岩中层状铜矿床,主要成矿期属于早白垩纪,距今1.3亿年,矿区内氧化带最厚达30米左右,但次生富集现象不明显,表生铜矿物有自然铜、辉铜矿、孔雀石、铜蓝和赤铜矿等。同时铜矿区内气候适宜,山林茂密,燃料、原料资源充足,

---

① 安徽省地方志编纂委员会编:《安徽省志·文物志》,方志出版社,1998年。
② 安徽省文物局:《五十年来的安徽省文物考古工作》,《新中国考古五十年》,文物出版社,1999年。

加上沿江地区水网密布，交通便捷，产铜历史悠久。据史料记载以及出土的青铜器铭文佐证，商周时期该地区就是我国有名的产铜地。20世纪50年代，在对这个地区的一些现代矿山建设和地质勘探中，发现过古代的采矿遗迹和工具，1984年以来，考古工作者对皖南地区的古代铜矿遗址进行了大规模的调查，并选择几处有代表性的遗址进行了试掘，其中在南陵、铜陵等地发现商周时期的铜矿遗址20多处，时代最早的可达商末周初。①

安徽古代铜矿遗址基本位于长江南北两岸的皖南和江淮地区，可以细分为三个区域：皖南、枞庐（枞阳—庐江）、滁马（滁州—马鞍山）。② 其中皖南又是重点，已发现铜矿遗址（点）近百处，主要分布在长江南岸的南陵、铜陵、繁昌、青阳、泾县、贵池、芜湖、宣城、马鞍山等地。因历代开采，形成若干个规模巨大、年代悠久的采冶中心，在采冶中心的周围还零星分布着一些小型采冶遗址，出现了以采冶中心为主的古代辐射型矿区。有大工山西片古矿区、大工山东片古矿区、凤凰山古矿区、狮子山古矿区、铜官山古矿区、铜山古矿区等，构成了目前国内最大的铜矿遗址群。按性质铜矿遗址又可分为采矿、冶炼和铸造三种类型，主要是采矿和冶炼遗址。遗址主要坐落于低山丘陵区，即山腰至山脚缓坡部位，少数位于山间盆地的土台上，遗址附近均有河流经过，山地生长着茂密的森林。从生产格局来看，露天采矿区采出的矿石运往不远处进行冶炼，井下开采的矿石则就地冶炼。

皖南境内的铜矿不少矿体已经出露或接近地表，经过氧化和次生富集作用形成厚约30米的氧化层，内含丰富的磁铁矿、赤铁矿、黄铁矿、自然铜和孔雀石，亦称"铁帽层"，一般在"铁帽"矿体内均有古矿井存在，此外在古矿区范围内，凡有铜脉露头或古人采冶铜矿的地方，

---

① 杨立新：《皖南古代铜矿初步考察》，《文物研究》第3辑，黄山书社，1988年；安徽省文物考古研究所等：《铜陵金牛洞古矿采矿遗址清理简报》，《考古》1989年第10期；汪景辉：《安徽古代铜矿考古调查综述》，《文物研究》第8辑，黄山书社，1993年；安徽省文物考古研究所、南陵县文物管理所：《安徽南陵县古铜矿采冶遗址调查与试掘》，《考古》2002年第2期。

② 杨立新：《安徽沿江地区的古代铜矿》，《文物研究》第8辑，黄山书社，1993年。

均生长一种铜草,秋天开紫色花,花朵呈牙刷形,俗称"牙刷草"或"铜锈草",为铜矿指示物,当时人们在生产实践中已经认识并掌握诸矿共生和植物指示规律的找矿方法了。露天采矿使用于矿体埋藏较浅、矿石品位高、覆盖层薄、剥离比较小的地方,当时先揭去表土,然后直接开采大面积暴露的矿石。井巷采矿主要适用于矿体埋藏较深的区域,即在地面上开凿竖井或斜井,然后沿着矿脉走向进行开拓。井巷开拓在当时至少有两种:早期多采用以井巷为主的联合开拓法,即开拓过程就是采矿过程;晚期是以采场为主、井巷为辅的联合开拓法,采场留有矿柱,采矿在采场中进行。采矿井包括竖井、斜井、平巷等。竖井是从山体表面向下开挖至矿体部位,深度达数米至数十米不等,井口平面呈方形或长方形,边长0.7~2.4米。平巷则为横向开采时所用,顶端多呈弧形,高0.8~2米、宽1~3米。在岩体体石质较差的地段,井下往往还采用木井架以支护加固。取矿方法除使用铜铁工具凿撬矿石外,还使用了"火爆法"或"火闷法"。矿井提升大致有两种方法,一种属于手工提升,一种是依靠辘轳类的机械装置来提升。

安徽古代铜矿基本采用的是火法炼铜技术。早期可能使用堆烧法,晚期采用了焙烧窑。炼铜炉有竖炉和地炉两种。所用燃料早期主要是木炭,晚期可能用煤。炼渣是反映当时冶炼水平的重要标志,早期的渣呈菌状,表面为铁锈色,滴痕明显,含铁量高,系采用铁矿石造渣所致,因而较稠。炼铜的产品形式是铜锭或铜板。在南陵江木冲、铜陵凤凰山、木鱼山等冶炼遗址内均发现有冰铜锭(图二十二),呈菱形,大者重1.58~4公斤,长40~45厘米,宽5~12厘米,厚0.6~2厘米;小者重11公斤,长11~26厘米,宽7~10厘米,厚0.6~2厘米。这些铜锭出土时多呈铁锈色,经化学定量分析和X荧光光谱分析,这批铜锭成分以铜铁为主,并夹杂有硅、硫、铝、砷等多种微量元素。[①] 多数铜锭的含铁量较高,可能为硫铜矿焙烧和还原熔炼不充分而形成的;有的铜锭含铁量低,可能是再次提炼而成的粗铜或纯铜。铜锭和炼渣中锡的含量较高,可能是有意加入的,也可能是矿物本来为铜锡

---

① 陈荣、赵匡华:《先秦时期铜陵地区的硫铜矿冶炼研究》,《自然科学史研究》1994年第2期。

共生矿。在有的冶炼遗址内发现有铅锭和石范,表明当时的冶炼场可能还兼有铸造的功能。

图二十二　冰铜锭

　　铜陵木鱼山遗址西周早期冰铜锭的发现表明皖南是我国最早使用硫化铜矿的地区。[1] 从生产力发展历程看,人类一般首先使用自然铜,然后采冶氧化铜矿,最后采冶硫化铜矿。欧洲大约在公元前两千纪后期便使用硫化矿来炼铜了。而我国先秦时期是否使用硫化铜矿在皖南地区发现铜矿遗址之前一直没有答案。1987年铜陵木鱼山商周遗址试掘,出土的炼渣经测试属于硫化铜矿冶炼所致。由此推断皖南在西周早期已使用了硫化铜矿—冰铜—铜的生产工艺,是我国矿冶史上的一件大事。在对浅层的、较易熔炼的氧化铜矿资源开采以后,必然要开采深层的原生矿床,硫化矿炼铜技术的出现,解决了原生矿物的焙烧、熔炼问题,从而保证了矿冶生产的持续发展,生产出更加充足的铜料,使商周时期的冶炼业得以保持长盛不衰。[2]

　　皖南商周铜矿冶炼遗址的大量存在和先进的铸造技术的出现,充分说明皖南地区的青铜文化,不仅是长江流域青铜文化体系中的一个重要组成部分,在中国古代文明的形成和发展进程中也有着十分突出的地位和作用。[3]

---

[1]　杨立新:《皖南古代铜矿的发现及其历史价值》,《东南文化》1991年第2期。

[2]　华觉明:《中国古代金属技术——铜和铁造就的文明》,大象出版社,1999年。

[3]　张爱冰、陆勤毅:《皖南商周青铜文化研究的意义》,《光明日报》2006年2月14日。

二、西周时期的安徽农业

1. 农业生产

农业是西周时期安徽社会生活的基础。农业活动,包括播种、农田管理、收割、入仓等过程,每个过程需要相应的工具。西周时期的农业用具在考古发掘中是常见的,几乎在每个遗址中都有出土,在一些较大的遗址中出土更多。主要器类有铲、刀、镰、石杵等。考古发现中有很多各类质料的铲,仅剩器身,器柄均已朽毁无存;器身经修整,刃部经打磨,并留有使用痕迹;这种工具可能用于翻土。怀宁跑马墩遗址一期(商周之际)出土石铲1件。

此外,一些斧可能也用于农业生产,只因它与手工业工具的斧、锛等相比除形体一般略大、装柄方式不同外,器身没有太大区别,所以尽归入斧类。这种器类在西周遗址中也是常见的。

刀的典型形制为矩形或半月形,横刃,近背有孔,以双孔为多,一般认为是收割工具。刀在考古发掘中发现有很多。六安众德寺遗址出土有石刀。

西周时期的镰与今天农业用铁镰基本相似。以质料论有石、骨、蚌质。肥东吴大墩遗址出土石镰;怀宁跑马墩遗址出土2件石镰,一件凸背,凹弧背,一端钝,一端平齐,长9厘米;另一件刃凹弧,一端平,一端凸背,一端微弧,一端尖,长16.5厘米。

总的来看,西周时期安徽的农业工具,以质料而论有青铜器、石器、蚌器、骨器、木器、陶器等。考古发现者以石器数量最多,其次为蚌、骨器,铜、木、陶质者少。需要说明的是,结合文献记载和考古发现来看,在当时的实际生产活动中,青铜农具所占的比例应比实际发现者大一些。因为青铜在当时是贵重的金属,工具废弃之后可以回炉铸造新的工具或改铸他器,所以青铜生产工具出土比较少。[①]至于其他质料的工具,因一旦废弃就无法回收利用,所以发现反倒多一些。

---

① 唐兰:《中国古代社会使用青铜农具问题的初步研究》,《故宫博物院院刊》1960年第2期。

西周时期的农作物品种,安徽淮北地区仍以黍稷之类的旱粮作物为主。然而一个明显的变化是种麦增多。如《周礼·职方氏》记:豫州"宜五种",兖州"宜四种"。"五种"是指黍、稷、稻、麦、菽,"四种"指黍、稷、稻、麦。豫、兖二州都包括今安徽淮河流域的一部分。1955年亳州钓鱼台遗址发现西周时期的小麦种子,被命名为"中国古小麦"。① 由于气候转冷,淮北地区种稻比商代有所减少,但是仍较今天普遍。

淮南低下潮湿的环境依旧,所以还是以种植水稻为主。《周礼·职方氏》记:"扬州宜稻。"扬州包括今安徽淮河以南地区。这一时期的遗址中发现的红烧土块中均有稻谷、稻秆印痕。

皖南地区北部的宣芜平原同样种植水稻。南陵千峰山土墩墓M13一陶罐中发现的和陶片黏结在一起的稻粒,除大部分已炭化外,少数仍保持原有的黄色。② 这和史书中记载的吴越之民"饭稻羹鱼"相吻合。

西周遗址中常常发现很多窖穴和灰坑,其中有的应是用于储藏粮食的仓库。屯溪土墩墓出土的青铜尊、提梁卣、原始瓷尊、盉等酒器,说明在当时贵族或富裕之家日常生活中酿酒、饮酒已是较为普及的,这也说明了当时这些家族有着充足的粮食产量。

2. 渔猎采集与家畜饲养

西周时期安徽先民不仅从事农业生产,还从事渔猎采集与家畜饲养,在一定程度上弥补了农业生产的不足。许多遗址出土有石镞、铜镞、铜镖、陶网坠、鱼钩等,如肥东吴大墩、含山大城墩、寿县斗鸡台、霍邱绣鞋墩、怀宁跑马墩等遗址均出土铜镞,怀宁跑马墩、安庆张四墩等遗址出土有石镞。另外,肥东吴大墩第五期(西周中期)、屯溪土墩墓M8出土有镞范。镞除了可作战斗武器,显然还可以用来射杀动物。含山大城墩出土有铜鱼钩,六安西古城、安庆张四墩、潜山薛家岗等遗址都出有网坠,许多遗址中经常发现成片和成堆的蚌壳和螺蛳

① 安徽省博物馆:《安徽新石器时代遗址的调查》,《考古学报》1957 年第 1 期;杨建芳:《安徽钓鱼台出土小麦年代商榷》,《考古》1963 年第 11 期。
② 安徽省文物考古研究所:《安徽南陵千峰山土墩墓》,《考古》1989 年第 3 期。

壳,都说明当时渔猎经济的重要性。家畜饲养也得到发展。在淮河流域的遗址内,一般都有猪的骨骼发现,而且数量较多,从当时的定居农业生产条件来分析,这应与当时的家庭饲养业相关。牛、羊、狗的骨骼也时有出土。经常出土的骨器和鹿角等也说明渔猎和家畜饲养的重要。

三、西周时期的安徽手工业

1. 青铜器生产

西周时期,安徽的青铜冶铸业进一步发展。安徽西周时期的遗址中普遍出土小件青铜器。在多处遗址发现有铸造青铜器的遗迹和遗物,如在肥东吴大墩遗址发现陶范1件,体轻,范面刻有箭槽,十分清晰,中间有流槽,便于铜液注入,残长11厘米;出土青铜小件有铜镞、铜锥、残铜器等。在六安庙台遗址发现有石范。还见于寿县斗鸡台遗址五期(西周早期)、霍邱绣鞋墩遗址二期(西周早期)。怀宁跑马墩遗址一期(商周之际)出土铜锸、铜削,二期(西周中期)出有铜镞、残铜戈。

淮河流域西周时期青铜器约与中原地区西周铜器大体相同,基本上可以划归周式铜器的范畴。

主要发现有:1982年,颍上县王岗郑家湾发现一座西周早期土坑墓,出有鼎、爵、卣、尊、戈、镞等9件铜器,鼎为立耳、圜底、柱足,口径20厘米、通高25厘米;爵2件,均为卵形腹,三棱刀形足,宽流,流上有2个帽形柱,尖尾;提梁卣直口垂腹,圈足。在爵、卣和尊的腹壁均铸有族徽图案和"父丁"二字铭文。[1] 1984年,利辛县柳东乡管台子村出土变体窃曲纹铜鼎1件、夔凤纹簋2件,[2]鼎为折沿方唇,圆腹,圜底,立耳微外撇,三蹄足,腹饰窃曲纹和弦纹。2件簋形制基本一致,均为长方形,侈口,四足,盖与器身大小相同,1号簋长28.8厘米、宽22.3厘米、高17.3厘米,器身四周饰28个夔凤纹和24个乳钉纹,上盖顶

---

① 颍上县文化局文物工作组:《安徽颍上出土一批商周青铜器》,《考古》1984年第12期。

② 安徽省地方志编纂委员会编:《安徽省志·文物志》,方志出版社,1998年。

内饰双夔龙纹,四足各有夔凤纹 2 个;2 号簋略小,口沿下有回纹一周,器身四周饰 28 个夔凤纹和 12 个乳钉纹,上盖顶内有 6 个夔凤纹,四足各有夔凤纹 2 个。[1] 鼎为敛口鼓腹,圜底,三蹄足,长方形立耳,耳饰虎纹,腹饰窃曲纹和兽面纹。簋,敛口鼓腹圈足,腹饰瓦棱纹,两侧有对称的龙形耳,龙嘴衔簋口沿,耳外侧有浮雕人像,圈足饰窃曲纹。匜为瓢形,流口下有一乳钉,后面鋬上部作水平扇形,三蹄足,腹饰变形雷纹。鬲有两件,形制大小及纹饰、铭文均相同,宽沿,侈口,束颈,袋状尖锥足,腹饰窃曲纹,口沿一周有 16 字铭文,口径 15.6 厘米、高 13 厘米,口径大于腹径。

从西周晚期开始至春秋中期,江淮地区出土的青铜器显示出明显的地方特色。如云纹鼎、弦纹鼎、兽首鼎、鬲形盉、簋等,与周式铜器差别较大,风格新颖、造型独特,应与群舒文化有关。如 1978 年庐江泥河出土的鬲形盉、蝉纹鼎。鬲形盉器上部作盘口束颈,下部作空足分裆鬲,鼓腹,正面有一短流,侧置一圆形长柄,上曲高于盘口,顶端作龙首状,吻部突出,探视盉中鋬中空,与器分铸,再实以圆木与器相连,器身素无纹,仅在龙首角、眼、吻部饰两道圈点,并以三道弦纹作分隔界栏。

西周时期是皖南青铜器的快速发展期。[2] 皖南西周青铜器种类主要有饮食器类的鼎、簋、甗和盉,酒器类的爵、斝、尊和卣,水器类的盘和匜,兵器和工具类的剑、斧、戈、矛和镞。纹饰主要有兽面(饕餮)纹、窃曲纹、夔龙纹、蟠虺纹、凤鸟纹、蝉纹、重环纹、涡纹、乳钉纹、圈点纹、编织纹和云雷纹等。可以大致分为南北两个区域。南区以屯溪西周墓为代表,典型器物有鼎、簋、盉、尊、卣等;北区以沿江地区的铜陵、繁昌、南陵等地为代表,典型器物有鼎、甗、盘等。

1959—1974 年,先后 3 次清理和发掘了屯溪飞机场 8 座西周土墩墓,出土青铜器有鼎、簋、盉、三足器、尊、卣、盘、五柱形器(图二十

---

① 李国梁:《安徽宿县谢芦村出土周代青铜器》,《文物》1991 年第 11 期。
② 安徽大学、安徽省文物考古研究所编著:《皖南商周青铜器》,文物出版社,2006 年。

三-1)等107件。屯溪土墩墓出土青铜器的组合与中原西周早期以鼎、鬲、甗、簋为食器,以觚、爵、斝、盉、尊、牺尊、卣、罍、壶、方彝、勺等为酒器,以盘、壶为水器的组合很接近,特别是没有中原西周中期以后流行的盨、簠、匜、杯、饮壶等,说明屯溪铜器是西周中期以前的组合。但屯溪青铜器组合又有明显的地方特点,如尊在组合中占重要地位,簋和鼎也很突出,卣和盉在组合中也显得较为重要,其余的器类还有盘、盉、壶、勺、五柱器、独柱器、跪坐铜人(图二十三-2)等。五柱器,下为空腹鼓形方座,平面稍下凹,上有长形的脊,其上立有等距离五根实心圆柱。在形制上,屯溪青铜器的腹部普遍显得扁圆,各式尊、簋都如此,这是最明显的地方特征。此外,器物的耳普遍显得局促、小巧。簋上的耳有的为兽形,有的背上镂孔,有的还有垂耳,小而不实用,装饰性较强。屯溪盘上的耳紧贴盘壁并与口沿平齐,也体现了这一特点。在屯溪青铜器中仅有父乙尊和公卣2件器带铭文,这两件器恰是中原系统的器物。在其他具有地方特点的器物中,有一件云纹簋内底有一图徽,上为人形,下为弓矢形。还有一件涡纹鼎口沿上有一个类似单组蟠虺纹的纹样,这一纹样在20世纪70年代屯溪出土的蟠虺纹鼎和蟠虺纹盘内底也曾发现。以上两种图案似乎还不是规范的文字。在屯溪M1出土的青铜器中,除鼎为4件,盉和三足残器各为1件外,其余各类铜器均为2件,这种成双的组合也可能是当时的特点。① 另外,屯溪青铜器铅的含量一般偏高,甚而超过了锡的含量,器表的色彩青灰泛白,有的内里锈蚀严重,不似中原铜质橙黄。

1979年在青阳十字铺发现一批西周晚期青铜器,计有鼎、尊、盘、甗、编钟、戈、矛等12件,这批铜器色泽湛蓝,多饰窃曲纹、夔纹,特别是双龙耳尊(图二十三-3)、羊尊,造型新颖,具有地方特色。1981年宣城孙埠正兴村出土重环纹鼎一,绳耳圆饼纹鬲一,夔龙纹钟一。郎溪县出土1件绳耳云纹鼎,口沿立有对称的绳形耳、三锥形足、圆腹、直壁、圜底,腹外壁饰一周云纹和三个竖垂腹棱,腹内壁口下8.5厘米处分布四个小突乳,似作承算之用。

---

① 中国社会科学院考古研究所编著:《中国考古学·两周卷》,中国社会科学出版社,2004年。

1　　　　　2　　　　　·3

图二十三　安徽西周时期青铜器

1. 五柱器　2. 跪坐铜人　3. 龙耳尊

这一时期青铜器的铸法沿袭了殷商以来的浑铸法，一器一范，一器一式，产生了成对器物其形制相仿和大小相似，但其花纹和尺寸不完全一致的现象。屯溪的青铜器不是纯用单一铸法，如有的鼎足铜未全包，三号墓涡纹鼎的铜足内侧可观察到原来内填的黄泥，这应是鼎体和鼎足先分铸再嵌为整体的嵌铸法。郎溪县绳耳云纹鼎底范线为丫形，与铜陵出土的商代铜爵相似。[①]

2. 原始瓷生产

安徽在西周时期的原始瓷器的生产，在区域分布上有明显的不平衡态势。皖北区的原始瓷器至今发现不多，江淮之间在一些古遗址上有零星发现。而在皖南地区，原始瓷器生产明显比商代有了进一步的扩大，其主要表现在出土范围的扩大，瓷器的数量和种类增多，烧制工艺的提高等方面。从出土范围上看，在皖南的黄山、芜湖、铜陵、池州、宣城等地的古遗址中都发现了原始瓷器的遗存，尤其是在南陵县大工山至铜陵市凤凰山一线的古铜矿采冶遗址上，原始瓷器的残片比比皆是；在皖南广为分布的土墩墓的随葬品中，原始瓷器一跃成为最主要的遗物。这一现象表明：皖南地区由于在西周时期大规模从事采冶铜矿的活动，冶炼金属所具有的高温、炼炉等复杂工艺、技术在制造原始瓷上的应用，直接推动了制瓷业的技术进步发展。[②]

肥东吴大墩遗址第五期（西周中期）出土原始青瓷豆1件，素面饰青釉。霍邱堰台遗址出土原始瓷碗。南陵江木冲遗址采集有多件原

---

① 李国梁：《皖南出土的青铜器》，《文物研究》第4辑，1988年10月。

② 张宏明、沈汗青：《安徽商代以来陶瓷生产史略》，《文物研究》第12辑，1999年12月。

始瓷器,均为青瓷,釉层较薄,部分已脱落,器类有豆、盂、碗、盅等,内壁及底部多有轮旋痕迹。宁国官山遗址出土较多的原始瓷器,器型有豆、钵、盘、盂、盅、碗等,制作粗糙,烧裂、变形现象较普遍,釉层脱落的情况也较常见。屯溪土墩墓原始瓷占随葬品的大半,食器居多,常见器型有豆、盂、碗、尊、盉、罐、瓿、壶等,器型一般不大,多实用器。南陵千峰山土墩墓出土日常实用食具原始瓷豆,以灰白瓷土作胎,均为轮制成型,胎壁薄而均匀,质地坚硬,器型规整,器物表面施极薄的淡黄色或豆绿色釉,胎釉结合不紧密,多数釉已经剥落。

这时的原始瓷的胎质有白色泥质和灰白色泥质两种。灰白胎经过简单淘洗,含的杂质多些,质地较为疏松,火候也低,表面多施青灰色釉,使用蘸釉方法,釉层厚,浓淡不均,有泪痕和脱釉现象。白色胎淘洗精细,含杂质少,温高质坚,发声铿锵,采用刷釉的方法施釉,釉色青黄,釉层薄而均匀,釉层与胎体结合牢固,很少泪痕和脱釉现象。烧造温度已超过1000℃,有的将近1200℃。制作技术上,屯溪墓多泥条盘筑,千峰山所出豆、盘内及底部有清晰的轮制细弦纹。制作工艺比商代原始瓷器有显著进步,表面有丰富的纹饰,制法主要有模印和刻画两种。纹饰有几何形印纹、弦纹、斜方格纹及较为罕见的指甲纹;还有压印雷纹、贴附环耳、堆塑等技法。一部分器皿的底部,如豆、盂等,涂刻有各类符号。屯溪土墩墓中的原始瓷成组成套出现(图二十四),形式上与中原地区的列鼎制度十分相似,有可能扮演了礼器的角色。有些器型直接从铜器仿制而来,如尊、盉等。大部分器物有使用过的痕迹。有的盉,器盖与器身黏合为一体,应是专门为随葬而制的,说明原始瓷已有了专门从事冥器生产的更细致的分工。

1　　　　　　　2　　　　　　　3

图二十四　屯溪土墩墓出土原始瓷

1. 尊　2. 盉　3. 盉盘

皖南地区是原始瓷生产的中心区域之一。与周边比较,屯墓原始瓷造型较为复杂,器型少见于其他区域,制作难度较大,技术较发达。屯溪附近存在一个原始瓷器的生产中心。这种高岭土除了淘洗欠精细外,与今天的祁门瓷土很相近,从化学组成上来看,两者都具有高铝低铁的特征,即三氧化二铝含量较高,三氧化二铁含量很低。三氧化二铝有助于莫来石晶体的发育,提高瓷器的机械强度、减少烧成中的变形。这说明皖南先民对高岭土的认识已相当深入。祁门境内丰富的瓷土矿,是皖南原始瓷生产的前提条件。其次,器表中的石灰釉中有2%左右的三氧化二铁,在氧化气氛中烧呈青黄色、还原气氛中呈青绿色。距离屯溪很近的赣北乐平市生产一种配制青釉的熔剂——釉灰。釉料从乐平可沿昌江逆流而上运抵祁门,祁门本身在历史上也是瓷器的重要产地,因此这批原始瓷器很可能就是在祁门烧制的。

3. 玉器生产

安徽出土的西周时期玉器不多,重要的有1965年凤台大孤堆遗址出土一件尖首玉圭,残长20.2厘米、宽4.7厘米、孔径1.8厘米、厚0.4厘米。玉呈淡白色,顶部呈黄色,形制规整,磨制精细。长方形尖首,平底,边有刃,近底部有一规整的钻孔。器体中间厚两边薄,尖顶残,圭尖刃一侧直边。屯溪1号土墩墓出土有乳白色料石圈,半透明,质地粗糙;长扁圆形玉件,一端穿有一孔,下端底面有类似兽形刻痕。3号墓出土有玉环、珠、玦及管状饰等。

4. 陶器生产

陶器是安徽西周时期的基本用器,也是出土最多的器物。西周时期陶器广泛使用于社会生活的各个方面,尤以生活用器最为普遍。从考古学文化看,不同的考古学文化类型之间,在陶器群、器物种类、形制等方面有着明显或比较明显的区别。由此可见,在当时,陶器不只是一种单纯的用具,还可能是使用陶器的族群标志之一,它所反映的思想观念是考古学文化所代表的族群在精神领域的重要内容。同时,陶器也是研究安徽西周文化的基本特征、年代和文化演进的基本依据。

安徽西周时期的陶器用具大致可分日用器具、生产工具及艺术品

等,其中最常见的是日用器具以及与之相同的墓葬随葬陶器。具体到器物的种类则更为繁多,常见日用陶器有鬲、甗、甑、鼎、盂、豆、簋、盘、碗、盆、罐、缸、瓮、器盖等;墓葬随葬陶器由日常用器简化而来,种类明显较少,以鬲、盆、豆、罐最为常见,或为实用器,或为明器。其他还有制陶工具陶拍、陶垫,纺织工具纺轮,渔猎工具网坠等,以及铸造青铜器的陶范等。陶色以灰色为主,其他还有褐陶、红陶和黑陶,纹饰以绳纹最为常见,其他还有几何形划纹、附加堆纹、弦纹等以及仿自铜器纹饰的云雷纹、重圈纹等。制作主要为手制,普遍使用慢轮修整。部分器物采用模制或手模合制。

大量陶器的存在说明,制陶手工业是当时社会经济生活的重要组成部分。但是,与出土的大量陶器相比,有关的制陶作坊和陶窑的发现还较少。

四、西周时期的安徽交通与商业

西周时期安徽的交通与商业获得了一定的发展。[①]

周初,殷商纣王之子武庚勾结三监,联合东南地区的徐淮夷发动大规模的叛乱,战火燃遍今山东、江苏、安徽等地。周公在安定内部之后,亲率大军进行了3年艰苦卓绝的东征,先后征服了山东及淮河流域等地区的夷人方国部落。当时东南地区河川险阻仍然众多,这次大规模的东征,也是周朝统治者进一步开辟东南地区交通的成功之举。周代实行分封制,在安徽分封有众多的封国,特别是英、六、皖、桐、舒等徐淮夷国家。周王朝还打通并武力保护经过淮河流域通往长江流域的通道,掠取长江中下游的铜矿资源。

西周时期,淮夷不断掀起声势浩大的联合反抗。淮夷的势力虽然在周初遭到沉重打击,但至周穆王时其力量又壮大起来。他们乘穆王西征、无力东顾之机,在盟主徐偃王的率领下,联合36国反抗周朝。周穆王联合楚人两面夹击,亲率大军打过淮河,在淮河之畔的涂山大会诸侯,终于取得了胜利。周厉王时,淮夷第二次反抗。宣王时,淮夷

---

① 李修松:《夏商周时期淮河流域交通之发展》,《文物研究》第13辑,2001年10月。

反抗又告激烈。由此可见,从周初到周末,淮夷的一次又一次反抗,动辄形成整个东南地区的联合,说明淮河流域各国族之间交通是较为畅达的,联系是较为密切的。

交通的发展直接促进了商业的发展。安徽西周时期的一些遗址和墓葬出土有石贝、蚌贝等货币,表明商品货币关系的发展。淮夷要按规定向周王朝定期缴纳贡赋。《驹父盨盖》铭文亦记载了周宣王命驹父至"南诸侯"(主要指淮夷),其小大邦国无不奉迎王命,"厥献厥服"的史实。《兮甲盘》记载了西周王朝对淮夷商人的处罚是从重执行的。此盘将淮夷的贡纳与商贾记录在一起,说明淮夷的商业贸易与政治支配下的贡献关系是结合在一起的,即所谓的"贡纳贸易"。

因淮夷广泛分布于淮河流域,淮夷各国商人很可能是西周时南方商品北来的主要媒体。如铜、龟、犀皮、象齿等多是通过淮夷来中转的。

五、西周时期的安徽文化

文字 安徽出土的属西周时期青铜器少数铸有铭文,屯溪土墩墓父乙尊,在一件公卣盖内顶、器内底铸同铭:"公作宝尊彝其孙子永用"10字,字体端庄凝重;利辛和颍上也有铭文铜器出土。屯溪铭文格式、书写风格与中原器相似。除此而外,其他铜器上都未见铭文,这同中原地区西周早中期铜器上多长篇铭文的特点形成鲜明对比。屯溪土墩墓出土的原始瓷器,包括几何印纹硬陶上多见有刻画文字或符号,总计已有33个。它们可能代表器物的序号,也可能是工匠的代码,以示对产品的质量负责,还有可能蕴含更复杂的意义。有学者认为具有文字的性质,与中原古文字不属于同一系统,而与江南古越族有较紧密的联系[①]。

音乐和艺术 安徽西周青铜乐器比夏商时期有较多的出土,器型主要为甬钟,在宣城孙埠、霍邱县叶集和太平县(今黄山区)均有发现。其中孙埠钟较特别,形象很像是铙,长甬上无干五旋,但甬上前后有一对称的小鼻纽,体部较宽,钟声清越,内腔无明显的为调音而锉磨

---

① 王业友:《安徽屯溪发现的先秦刻画文字或符号刍议》,《东南文化》1991年第2期。

形成的沟槽,整个形体像是由铙向钟发展的过渡之物。

西周时期青铜器的造型和纹饰是在商代基础上继承发展起来的,西周早期以写实动物纹为主,中晚期后取而代之的是像窃曲纹、波浪纹这样的几何纹饰。屯溪铜器上出现最多的蟠虺纹则是地方性纹饰,有的中间还填有细密的芒刺,另一种极富特色的纹饰是编织纹,它可能和锯齿纹、折线纹、划纹等一样来自土墩墓中陶器和原始瓷器的纹样。总体上纹饰繁缛复杂、纤细柔美、灵巧有余而不失华贵,不似中原地区的庄重浑厚。在屯溪青铜器的纹饰中,与中原铜器上的纹饰明显不同的是存在大量变形纹饰,如变形兽纹夔纹、龙纹等。在造型艺术上一些融合性和地方性器物独具特色,如南陵的龙耳尊,以两立龙附于双耳,生动活泼,这种尊的造型,可能是皖南的特有器型,并一直延续到春秋时期。屯溪墓出土的器座、五柱器等,器型独特,具有浓郁的越式风格。

第五章

春秋时期的安徽

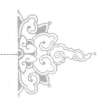

春秋之初,安徽地面还有近 20 个小国族,主要分布于江淮与淮北地区,其中徐、沈、胡、群舒、巢、六、英、州来、钟离等较活跃。周边则有宋、蔡、陈、吴等较大一些的诸侯国。随着楚国的北上与东进,吴的北上与西进,江淮古国族逐步为其所并吞,到公元前 6 世纪中后期,基本成为他们的属国与属民。楚国在焦夷与城父(今亳州市)建立了统治东方的大本营,展开与吴、宋以及中原大国齐、晋在淮河流域的争夺。最后楚国胜出,安徽全境除少数地方为宋、蔡、越所占据外,都在楚国的统治范围内。

大国在安徽地区的争夺,破坏了固有的族群分布格局,也带来了一些新的生产技术、管理方式与社会组织形式,修建了如芍陂等水利工程,促进江淮地区的农业发展与城市建设,尤其是皖江地带的铜矿资源得到进一步的开发利用,使安徽地区成为中原文化、楚文化、吴越文化与徐舒文化的混合融汇之地,为老子以及后来的墨子、庄子等文化巨人的诞生提供了文化土壤,从而使社会经济、政治相对落后的地区,出现了文化上的繁盛景象。

第一节　春秋时期的安徽方国

春秋时期的安徽古国族以夷族的嬴、偃二姓为主体,也伴有其他古族分支或古帝王之后,如归(媿)姓的胡,神农之后的焦,妫姓的陈,子姓的宋,姬姓的蔡、沈,等等。嬴、偃二族原居于泰山至淮河之间,夏商以来不断南下淮河流域,周初周公、成王东征又使一部分人南下,远者到了大江以北的江淮地区,甚至江南,与当地土族融合而成新的国族。大体言之,嬴姓国家以在淮北与沿淮的居多,而偃姓国家主要居于江淮之间。这些居处在两淮地区的古国族,都为弱小国族。楚国春秋早期开始东向发展,灭掉江、黄、道、柏等淮河上游嬴姓古国后,逐渐深入安徽境内。在淮以北,楚人控制了陈、蔡、沈、胡等国,在焦夷、城父等地建立了楚在东方统治的据点。在淮南,楚国逐步灭掉了英、六、州来、巢、群舒、桐、宗等。春秋后期吴国逐渐强大起来,向北发展,与楚国之间发生争战,中原的国家也参与进来,安徽地区成为楚、吴、晋等国争夺的重点,形成拉锯战。大体说来,安徽东部地区受吴文化影响更多一些,西部也是大部分地区受楚文化的影响,而夷族文化构成各种文化的底色。春秋是大国争霸的时期,在楚、吴、齐、晋等大国的争斗与扩张中,两淮古族古国到春秋末期战国初期全部消失了,主要变成楚国统治下的臣民。两淮古国尽管弱小,成为大国争斗的牺牲品,但因其地理上、文化上的原因,在春秋时代的历史上仍然扮演着不可忽视的角色。

一、淮北地区的方国

徐国　《左传·昭公元年》,"周有徐奄",杜预注:"二国皆嬴姓",孔颖达疏云:"《世本》文也。"由此徐为嬴姓国。古代妇人出嫁,史称其娘家的族姓,齐桓公夫人有"徐嬴",即徐国王室的女子,"徐嬴"之名正是徐为嬴姓的表现。嬴姓是古之大族,《说文解字》:"嬴,帝少昊

之姓也。"宋人罗愿《路史·国名记》也说："徐,少昊后,嬴姓国。"所以后世一般相信徐为少昊族的后裔。不过,淮泗流域的东夷国家中,有不少与楚同祖的祝融氏后裔,也有夏之同姓的姒姓国族,还有不少姜姓的国族,以及其他古代大姓或名王的后代立国于此。各个国族土地狭小,往来密切,学术界就有一部分人认为徐非东夷或淮夷族,而是和邾、郯等古族同姓的。① 徐,《尚书·费誓》又称"徐戎"而与"淮夷"并言,也说明这一点。

徐,古文献中还作"徐方"、"徐戎"、"徐夷"、"徐土"等,在其自作的青铜器铭文中又作"郐"等。《左传·哀公四年》载："陈桓执公(齐简公)于舒州",《史记·齐太公世家》同记此事作"于徐州",司马贞索隐云："徐,音舒,其字从人,《说文》作郐",即舒与徐或徐是一字。徐旭生指出："'徐'、'舒'二字,古不只音同,实即一字,群舒就是群徐"。"郐舒的小部落全是从徐方分出来的支部。"② 也有一部分学者认为,徐与舒并不相同,至少春秋时期的徐与舒,居地、称名都已分别。《春秋·僖公三年》载："徐人取舒",说明他们已经是不同的国家了,所以会有攻取之事。群舒偃姓,徐国嬴姓,族姓也有分别。作为同是夷人国族,徐与舒可能存在同源异流的关系。不少学者从徐字所从的"余"字初形推测,徐人早期曾是杆栏氏巢居的民族。也有学者认为,徐的得名与涂山氏有关系。③ 郭沫若认为,徐、虎古音切近,徐方即金文中的虎方,文献又作夷虎。1986 年安康出土西周晚期青铜器史密簋,其中"南夷卢、虎"并称,在汉水流域。④ 春秋时,徐国的疆土主要在今淮河下游的苏北、皖东北境内。《徐沈尹钲》铭文记载徐国沈尹诸故熙驻军在取虑这个地方,又说武器十分完备,以及会合诸侯盟誓等。⑤ 取虑为汉县,在今灵璧县北与江苏睢宁县之间,正是徐国的地方。徐国的青铜器在江苏、江西、浙江等地都有发现,文化与地名方面

① 贺云翱:《徐国史研究综述》,《安徽史学》1986 年第 6 期。

② 徐旭生:《中国古史的传说时代》,科学出版社,1960 年,第 167 页。

③ 董楚平:《涂山氏后裔考》,《中国史研究》1994 年第 1 期;李修松:《先秦史探研》,安徽大学出版社,2006 年,第 387—425 页。

④ 张懋镕:《卢方、虎方考》,《文博》1992 年第 2 期。

⑤ 何琳仪:《徐沈尹钲新释》,《文物研究》第 13 辑,黄山书社,2001 年。

也留下种种痕迹。徐人取舒,说明徐曾经成为江淮群舒的宗主。1980年舒城九里墩发现春秋古墓,出土大量器物,其中一鼓座有铜器铭文,内中有"郐"字,学者或以为是徐器。

春秋时期,徐处在齐、楚、吴三大强国之间,从楚则吴伐,从吴则楚攻,处境险恶,国无宁日,虽然一度取舒,依然是国势日颓,每每成为大国争夺、攻战的对象。公元前512年,吴伐徐,徐子章羽率领部分族众离开徐城,迁到今皖北阜阳至亳州一带,成为楚的附庸,徐的国土则为吴、楚分有。战国以后民族畛域逐渐混同,文化色彩亦趋划一,秦并六国,将原来聚族而居的徐、淮夷,"散为编户",徐人也就融合到全国统一的大家庭之中了。①

关于徐国的世系,古籍文献中提到了只有徐偃王、徐驹王、徐仪楚、徐子章羽。徐仪楚当即铜器铭文②之"徐王义楚",徐子章羽也见于铜器铭文,作"徐王章禹"。此外铜器铭文中讲到的还有:大致与鲁僖、文公时期相当的徐王量(或作粮),鲁宣、成公时期的徐王庚,鲁昭公时期的徐王次又。③

徐国,传说夏时已建国,到春秋后期灭国,立国前后约1500年,在中国东部历史上曾经产生过重要的影响。但是因为资料的不足,徐国史中不少问题有待于考古与研究工作的进一步展开。④

胡国 归姓,《史记·陈杞世家》索隐引《系(世)本》云"胡,归姓",为楚所灭,子孙姓归氏。王符《潜夫论·志氏姓》载"归姓,胡、有、何",是说归姓的国族有胡国、有国与何国。《左传·襄公三十年》载鲁襄公夫人有"胡女敬归、齐归",杜预注"胡,归姓之国",即来自归姓胡国名叫敬和齐的女子。出土铜器《獃叔簠铭》记载:"獃叔獃姬作伯媿滕簠"⑤,獃即是胡,同音假借,簠是胡叔夫妇为其长女"伯媿"外

① 朱玉龙:《徐史述论》,《安徽史学》1984年第2期。
② 陈秉新、李立芳:《出土夷族史料辑考》,安徽大学出版社,2005年;董楚平:《吴越徐舒金文集释》,浙江古籍出版社,1992年。
③ 李学勤:《从新出青铜器看长江中下游文化的发展》,《文物》1980年第8期。
④ 毛颖、张敏:《长江下游的徐舒与吴越》,湖北教育出版社,2005年,第9—56页;孔令远:《徐国的考古发现与研究》,博士论文(2002年)。
⑤ 《殷周金文集成》第四册第4062—4067。

嫁所作，"伯"是排行，"媿"即胡国之姓，古时媿、归音同假借，所以学者们一般认为铭文中的龣就是文献记载中归姓的胡国。媿即鬼，名其族曰鬼，言其姓族则曰媿。鬼族即文献、甲骨文、金文中常见的鬼方，上古是著名的大族，胡国应是鬼方的一支封于或迁于胡地的，《路史·国名记》载："胡，子国，归姓。归姓夔出。"夔上古是和大禹、皋陶、后稷、伯夷、垂等一起在虞舜朝为官的名贤。

胡国的地望，《汉书·地理志》《后汉书·郡国志》并以为当时的汝南郡女（汝）阴县。汉时的汝阴县即今阜阳市，胡国都城具体在今阜阳市西北，有城址等遗迹。胡国的北面是养、顿、项、陈、厉诸国，西边是姬姓的沈、蔡，西南为息及江、黄，南边隔淮水与姬姓的蒋、蓼相望，东和东南是偃、嬴族系的淮夷诸邦，所处地带正是诸夏与淮夷的结合部，所以成为周王朝镇抚东南夷族的重要盟邦，周王室常在这一带驻兵。

据《春秋》《左传》记载，春秋中期楚穆王、庄王时胡已成为楚之附属国。鲁昭公十一年（前531），楚灵王灭蔡后，将胡等淮域的一批小国迁于楚之内地。两年后楚平王继位，又迁他们回原地。鲁昭公二十三年，胡参与楚师伐吴，结果大败，胡君为吴所杀。此后，胡在吴、楚争夺中，益加削弱。鲁定公四年（前506），胡子参与晋、蔡联军"侵楚"的召陵之会。定公十五年，胡仗吴的支持，尽得楚国近胡的城邑与人民，结果楚军来讨，胡国遭到灭国的厄运。

禹龣及传世另一件胡侯之孙铜器铭文都有"胡侯"，说明胡在西周为"侯"爵，地位甚是崇高，与鲁、卫等国相同。《春秋》经传并称"胡子"，应该是春秋时胡成为楚之附庸后的情况，后世文献据此以为胡封"子"爵，与实际情况不尽相符。

另据文献记载，周代淮河流域还有一个胡国，为姬姓。《史记·老子韩非列传》记载郑武公的话中有一句是"胡，兄弟之国也"，说明这个胡国是同郑国一样的姬姓国家。其具体所在，古代以来的学者考证甚多而较混乱，今人杨伯峻以河南郾城之胡当之，较为可取。①

---

① 杨伯峻：《春秋左传注》（修订本），中华书局，1990年，第1141页。

沈国　据《春秋·文公三年》(前 624)记载:"叔孙得臣会晋人、宋人、陈人、卫人、郑人伐沈。以其服于楚也。沈溃。"杨伯峻注:"其地在安徽省阜阳县西北一百二十里之沈丘集,西北距河南沈丘旧县治三十里。"①这个沈地当今临泉县境。这是淮河流域的沈国。《左传·昭公元年》记载金天氏后裔也有一个沈:"……封诸汾川,沈、姒、蓐、黄,实守其祀,今晋主汾川而灭之矣。"汾川即今山西西南部的汾河流域。杜预注:金天氏即少皞,而少皞之族为嬴姓,所以这个沈国为嬴姓。传世铜器有沈子它簋,其文云:"拜稽首敢爰告朕吾考,令乃鹏沈子作祼周公宗……"学者们多以为此簋为淮河流域沈国的器物,即《春秋·文公三年》之沈国所作。沈子作祼于周公宗,说明他应是周公的后人。唐兰以为此沈为蒋侯(周公之子的封国)之后,郭沫若以为实鲁炀公之后。②《世本》云:"沈,姬姓",当即此沈国,西与蔡、项、顿、陈为邻,北接厉、宋,东与胡近。在沈、蔡以东,楚国很早便占据了一些地方,这就是寝(沈)丘,设县以尹辖之,成为楚国统治东方的大本营。所以楚国历史上以沈尹著名者颇多人。沈尹治所沈丘或者就是自沈国分出的地方。也因为它与沈国相近,很多时候沈不敢背楚。在淮河流域,楚国经常迫使小国从楚以抵抗中原大国。城濮之战楚大败于晋,淮域小国纷纷背楚而附晋,但沈国附楚不贰,引起晋、宋等国的讨伐,这就是《春秋·文公三年》的伐沈。成公八年,晋乘楚师自郑撤走之机,又侵沈,俘获沈子揖初。可见沈处在南北两大强国的夹缝中,备受欺凌。"弭兵之会"后,沈国与陈、蔡、胡等淮域小国,既要朝晋,也要朝楚,为此付出极大代价,虽也获得短暂安宁。不久楚国灵王当位,迁许、沈、胡等小国于楚国腹地的荆山,后又复其故土。楚平王十年,顿、胡、沈、蔡、陈等六国在楚国统帅下讨伐吴的州来,由于各国怨恨楚人,打仗不力,沈、胡、陈三国的军队先败,沈子被俘,楚师也跟着大败。鲁定公四年(前 506),晋会诸侯于召陵,准备伐楚,沈国没有参加,会后蔡国出兵灭沈,杀沈子嘉,沈国亡。

---

① 杨伯峻:《春秋左传注》(修订本),中华书局,1990 年,第 527 页。
② 唐兰:《论周昭王时代的青铜器铭刻》上编,《古文字研究》第 2 辑,中华书局,1981 年。

童书业说，"汾水流域附近之国名常出现于江淮汉水之间，如江淮汉水间有随、鄂、沈、黄、唐等国，汾水流域附近亦有之。"[1]他们之间的关系有待于进一步弄清。

宋国　宋是商代王族子姓后裔的封国。商周之际，周武王东进伐纣，纣的庶兄微子启策动前徒倒戈，出力甚多，得到周王室的信任，封为长侯，立国于孟渚泽的旁边，在今山东曹县南不远的地方，即后世常说的薄（亳）邑。后周王室的"三监"管叔、蔡叔、霍叔伙同殷纣王的儿子武庚等联合叛周，周公、成王再次东征，打败了反叛势力。这时微子兄弟已死，周公就迁封微子的侄子、微仲的儿子稽于宋，即今河南商丘市南，称为宋公，继续祭祀商的祖先。过去认为微子一开始便封在宋（商丘市），是错误的。[2]

西周时，周在宋国周围分封了大批诸侯，层层包围宋国，以防其再叛。所以宋一直没有什么发展，局促于商丘市周围地区。进入春秋以后，西边与郑国相接壤的地方多为郑所夺得。所以宋国不断向东、向南拓疆开土，宋襄公一度想继齐桓公而称霸主，虽然没有成功，而宋向东方开拓则获得了较大的成就，今安徽宿州市、亳州市、淮北市、蚌埠市的不少县（市）成为宋的版图。宋国的势力一度到达今山东薛城一带，包有今苏北的大部分地区。因为夹在晋、楚、齐、吴等大国之间，宋的开拓毕竟有限。宋在共公时一度迁都于相城（今淮北市），至今淮北还有宋共公的妃子伯姬之墓。[3] 这为战国以降宋迁相城奠定了基础。春秋时宋国公室多故，贵族政变较多，因此在春秋后期衰弱下来，到战国后期为齐军所灭亡，原属宋国的安徽淮北之地，后辗转而尽为楚有。宋虽不是当时的强国，但在淮河流域，仍是面积较大的国家，尤其是在淮泗地区，宋国一直都是大国。在文化上宋也有自己的特点，与姬姓封国差异很大。《礼记·表记》说"殷人尊神，率民以事神，先鬼而后礼"，殷人迷信巫鬼，这些都为甲骨文的发现所证实。信鬼既笃诚，长此以往形成其民族愚诚而谨守、讲仁而重义，重情谊而轻理智的

①　童书业：《春秋左传研究》，上海人民出版社，1983 年，第 236 页。
②　陈立柱：《微子封建考》，《历史研究》2005 年第 6 期。
③　郦道元：《水经注》卷二十四"睢水注"。

文化风气。所以《汉书·地理志》说宋地"重厚多君子",《史记·宋微子世家》也赞赏宋襄公"修行仁义"。但从另一面看,笃信鬼神而谨厚,又未免显得冥顽不灵,不重实际。所以先秦时期很多愚顽典故都跟宋人相关,如揠苗助长、守株待兔、射天鞭地、宋聋郑昭,等等。还有被人视为笑料的宋襄公"不鼓不成列"。这些意识观念对于淮北地区影响广大,秦汉以后淮北地区文艺风盛,都与宋文化重视形象思维的影响分不开。

养国　是淮北地区一个文献失载的古国。20 世纪 70 年代以来,养国器物不断出土,使我们对于这一古国的历史有了一些初步的认识。

养,铜器铭文又作㳊、鄻、羕等,简写作养。1970 年在湖北江陵一座春秋墓中发现一批青铜器,其中一簋之器身与盖都有铭文 4 行 26 字,内容相同:"养伯受用其吉金作其元妹叔嬴为心媵(饋簋),子子孙孙其永用之。"簋是养伯为其元妹"叔嬴为心"者外嫁所作,"叔嬴"是其元妹的字,"为心"是名,"叔"是排行,"嬴"即养之族姓,与春秋时的黄国、秦国、江国等为同出。以后在河南桐柏春秋墓中出土多件养国器物。出土铭文证明,王符《潜夫论·志氏姓》言养为姬姓不可取。铭称"养伯",说明其可能受封于周王室,为"伯爵",这在嬴姓国家中是不多见的。该墓属春秋中期墓制,说明其时养国可能还在。

养国的地望,可从《左传·昭公三十年》的一段记载中寻出一些线索:

> 吴子使徐人执掩馀,使钟吾人执烛庸,二公子奔楚。楚子大封,而定其徙。使监马尹大心逆吴公子,使居养,莠尹然、左司马沈尹戍城之,取于城父与胡田以与之,将以害吴也。

这个养地,与胡及城父之田相近,自也在其附近,清顾祖禹《读史方舆纪要》考其在河南沈丘县之沈丘集的东北,当今安徽界首市至太和县一带,正在胡国西北,城父西南。楚封吴公子于养,说明春秋后期

养国已不存在，或为楚灭，故地已为楚所有。[①] 也有人认为养在河南桐柏。[②] 据《左传》宣公、成公、襄公年间有关记载，楚贵族有养氏，其族人养由基以善射著名，曾为楚大夫，后为楚王所族灭。此养由基很可能是养国后裔仕于楚者。湖北随县曾侯乙墓出土竹简上有"养君"，应是楚于养地所置的封君。又据一件收集的铜戈铭文："献鼎之岁，养陵公伺之自所造，冶已女。"据考，养陵公可能为楚之县公。[③]

陈国 周代陈为有虞氏帝舜之后。《史记·周本纪》："武王追思先圣王，乃褒封神农之后于焦，黄帝之后于祝，帝尧之后于蓟，帝舜之后于陈。"《左传·襄公二十五年》杜预注："阏父，舜之后，当周之兴，阏父为周武王陶正。"又说："胡公，阏父之子满也。"周所封舜后于陈即阏父之子胡公满，使祀虞帝。为了加强与这一名王之后的联系，周还把元女大姬嫁给了胡公。陈国都城即今河南省淮阳县城。

陈国的疆域，各个时期颇有变化，要以陈都（又名宛丘）为中心，南达颍水两岸，西与许、顿为邻，北与宋、厉接界，东则达于今之亳州市的蒙城、涡阳等地。《左传·僖公二十三年》：楚子玉帅师伐陈，"遂取焦、夷。"杜预注："焦，今谯县也；夷，一名城父，今谯郡城父县。二地皆陈邑。"杜预时之谯县即今亳州市，城父故城在今涡河南岸、亳州东南70里地，即明清之城父集一带。二邑在陈城之东约一两百里，为陈国东部要邑。楚取二邑后成为楚国在东国的重要据点。夷更早并非陈邑，《路史·国名记》云："夷，妘姓，诡诸邑，楚灭之，今亳之城父，陈之夷邑。"妘为上古大姓，夷国当为陈所兼并，至此为楚所有。《左传·昭公九年》：

> 二月庚申，楚公子弃疾迁许于夷，实城父，取州来淮北之田以益之。伍举授许男田。然丹迁城父人于陈，以夷、濮西田益之。迁方城外人于许。

① 杨玉彬：《嬴姓养国族源、地望及兴衰史考察》，《皖北文化研究集刊》第一辑，黄山书社，2009年。
② 徐少华：《郙国铜器及其历史地理探析》，《考古学报》2008年第4期。
③ 徐少华：《周代南土历史地理与文化》，武汉大学出版社，1994年，第216—218页。

这是楚在方城之外进行的一次大调整。《左传·昭公十一年》又载,楚人灭蔡,"楚灵王迁许、胡、沈、道、房、申于荆焉。平王继位,既封陈、蔡,而皆复之"。说明迁许于夷,不过两年左右时间,复国的许则回到了今河南叶县以西的地方。① 1962 年在宿州许村芦古城发现了许国的诸俞之器,铭文中"许"作"鄦",与传世许器相同。春秋中期以后,陈国在安徽地界的土地城邑都为楚有。

焦国　《世本》云:"焦,周武王封神农之后于焦,后以国为氏。"《史记·周本纪》:"武王追思先圣王,乃褒封神农之后于焦。"《集解》引《汉书·地理志》云:"弘农县有焦城,故焦国也。"这个焦国是姬姓的焦,不是神农之后。《左传·襄公二十九年》有明确记载:"虞、虢、焦、滑、霍、杨、韩、魏,皆姬姓也。"这个姬姓的焦正在汉弘农县的焦城,与虢、滑、霍、虞等为邻。神农之后的焦在今亳州市。《左传·僖公二十三年》载,楚成得臣(字子玉)帅师伐陈,遂取焦、夷。杜预注:"焦,今谯县也。"焦国为陈所灭,地入于陈,故楚伐陈而取之。焦人的一部分后来可能迁到姜齐不远的山东嘉祥县,那里也有焦城。

萧国　《路史·国名记》置于少皋后裔嬴姓国之列,又说:"孟亏封徐之萧,汉故县,属沛,《北征记》云:城周十四里,南临汴水。"据《左传·定公四年》记载,周初分封,鲁得殷民六族,其中有萧氏,《山海经·大荒东经》也云:"销姓,使四鸟,虎、豹、熊、罴。"学者或考,萧(又作肖)氏、徐氏、彭氏等为东夷族团原始分工熬硝煮盐之专业氏族。② 少皋嬴姓之萧当灭于宋。《太平寰宇记》以为周封子宋之别为附庸,后并为邑。据《左传·庄公十二年》及《通志·氏族略》:微子启之孙叔大心平南宫长万有功,封于萧,以为附庸。则春秋以后之萧为子姓之后。鲁宣公十二年,萧人不听楚王的劝告,杀掉楚国的熊相宜僚和公子丙,导致楚国出动大军讨伐萧。萧人全力抵抗,但终于城溃,为楚所占。萧虽为宋之附庸,但也有独立的外交关系。如《左传》记载,鲁庄公二十三年萧叔到鲁国朝拜鲁君。齐国国君的母亲有名萧同叔子

①　参考《左传》昭公十三年、十八年及杜预注。
②　吴之邨:《"武夷"名实考》,《安徽史学》1996 年第 3 期。

者①,也当是萧与齐密切交往的结果。萧的周围还有其他一些小国,如鲁僖公三十年,"介人侵萧"。介就是一个小国,《左传》曾记载介君葛庐朝拜鲁君。鲁襄公十年,楚军进伐鲁国西部的时候,回程又攻克萧城,说明小国在大国政治的时代命运多舛。以后又入于宋,为宋之一要邑,宋国多次内乱,它都成为群公子奔逃的据点,是宋国公室的重要支柱。

宿国　风姓,太皞之后。《左传·僖公二十年》:"任、宿、须句、颛臾,风姓也,实司太皞与有济之祀,以服事诸夏。"此宿在鲁国境内,当今山东省东平县境。《春秋·庄公十三年》:"三月,宋人迁宿。"杜预注:"宋强迁之而取其地。"此宿,《读史方舆纪要》宿州条以为,周为宿国地,因宿人南迁于此而得名,又说宋自宿州迁宿人于江苏宿迁,此说可取。《春秋·隐公八年》:"夏六月辛亥,宿男卒。"旧无考,当为宿州之宿国的君主,为男爵,说明应是周代封国。吴之邨以为宿又作宿沙,为专擅煮盐闻名的东夷大族。②《世本·作篇》:"宿沙作煮盐",《淮南子·道应训》:"昔宿沙之民,自攻其君而归神农氏。"

二、江淮之间的方国

钟离　又作终犁、终利、终黎,徐之别封。《史记·伍子胥列传》《索隐》云:"《系(世)本》谓之'终黎',嬴姓之国。"《史记·秦本纪》载"秦之先为嬴姓,其后分封,以国为姓",其中有"终黎氏",《集解》引徐广曰:"《世本》作'钟离'。应劭曰:'《氏姓注》之有终黎者是。'"《东观汉纪》又作"终利"。《路史·国名记》载:"终利,徐之别封。"《元丰九域志》及《太平寰宇记》都说,终犁为徐之别封。据出土铜器铭文,先秦时名"童麗",秦汉以后写作"钟离"。

钟离古国的所在,《汉书·地理志》九江郡属县有"钟离",颜师古注:"应劭曰:钟离子国。"《括地志》以来史地书言其故城在濠州即钟离城,也即鲁昭公四年楚城钟离者,当今安徽凤阳县城东,仍有钟离城

---

① 《左传·成公二年》。
② 吴之邨:《"武夷"名实考》,《安徽史学》1996 年第 3 期。

故址。石泉先生力主钟离在州来（今凤台）以西，多篇文章都曾论及。[①] 今天看来此说已不可取。首先，州来在今寿县，考古工作者经多次考察，已发现有战国时期的城垣；其次，在今凤阳钟离城遗址曾发现汉代的"锺离丞印"封泥。最近在凤阳及以北不远淮河北岸发现两座形制相近大小不等的春秋古墓，其中都有铜器编钟出土，其上也都有铭文"童麗"，学者考证确认即"钟离"，也足以说明钟离在凤阳一带。蚌埠双墩一号墓出土铜器铭文表明，此墓为钟离国君柏之墓[②]，此前发现的凤阳卞庄一号墓为柏之季子（小儿子）康之墓[③]。两墓都为圆形土坑墓，双墩墓封土底部与墓坑外有"玉璧形"的白土垫层，封土和墓坑填土都为五色混合土，墓底为"十"字形的埋葬布局，墓坑填土发现20 多条"放射线"、"土丘与土偶"以及"土偶墙"等十分特异的埋葬现象，显示钟离国文化的特殊性。出土铜戈中还有铭文"徐人之童麗公……"的字样，与文献记载钟离为徐之别封，颇能符合。墓中陶器主要为印纹陶，还有一些彩陶罐等。

钟离还是当时南北方交通往来的重要通道，多次诸侯大会都在此地举行。如《春秋·鲁成公十五年》载："冬十有一月，（鲁）叔孙侨如会晋士燮、齐高无咎、宋华元、卫孙林父、郑公子鰍、邾人会吴于钟离。"据《吴越春秋·吴王寿梦传》记载，吴王寿梦元年朝周适楚，观诸侯礼乐，鲁成公就在钟离国的地方为吴王演奏前代礼乐，让吴王深感自己辟在蛮夷，徒以椎髻为俗，而要进学中原礼乐。

钟离国何时灭于何国，文献记载不明确。据双墩墓出土铜戈铭文正面刻铭："徐子白司此之元戈"，后面刻有"童丽公柏获徐人"。可知钟离国与徐之间曾发生战争，钟离国君柏战胜了徐，俘有徐子、徐王专用的戈。该墓，据说碳–14 测定在 2700 年左右，是在春秋早期。又据《春秋·成公十五年》及《左传·襄公十年》记载，中原国家两度会吴于钟离。又《左传·昭公四年》载楚"葴尹宜咎城钟离"，则其时似已

① 石泉：《古代荆楚地理新探·续集》，武汉大学出版社，2004 年，第 63、296、297 页。
② 安徽省文物考古研究所、蚌埠市博物馆：《安徽蚌埠市双墩一号春秋墓葬》，《考古》2009 年第 9 期。
③ 刘信芳等：《安徽凤阳县卞庄一号墓出土铺钟铭文初探》，《考古与文物》2009 年第 3 期。

属楚,而楚占领此地必在其前。楚国东向发展必然要争夺钟离。为此,楚曾花费大量人力财力于此筑城以为守备。春秋中期以后,吴、楚在江淮地区争夺激烈,都以钟离城为要塞,是以经常易手,楚强则归楚,吴胜则归吴,成为两国争夺的前沿,而大多数时候属于吴。据《谷梁传·昭公四年》记载,齐国贵族庆封投奔吴国,吴封他于钟离,就是替吴看守北方的门户。《左传·襄公二十八年》谓吴封庆封于朱方,杜预注:"朱方,吴邑。"学者或以为朱方在江苏丹阳①,显然不可取。朱方去吴都近甚,不可能封于庆封。鲁昭公二十四年(前518),《左传》又记载:"吴人踵楚,而边人不备,遂灭巢及钟离而还。"又似乎此时钟离才为吴灭。后楚国曾将一部分钟离人迁于汉阳,筑钟离城以处之,今汉阳五里墩有钟离城即来源于此。还有部分钟离国人,可能被吴迁往江东,所以汉代山阴(今浙江绍兴)有大姓钟离氏。

下蔡国 蔡迁州来所建,当今寿县东南。蔡之先为蔡叔度,本周武王弟,因与管叔等助纣子武庚叛乱遭迁而死。其子曰胡,改其父志,率德而行,周公、成王遂封其于淮上,以奉蔡叔之祀,地当今河南省上蔡县。楚灵王末年,为加强对淮河流域汝、颍地区的统治,先后灭陈、蔡以设县。楚平王继位后为获取民心与诸侯的支持,复封陈、蔡。其时蔡平侯在位,被迁于今河南新蔡地立国。至蔡昭侯,因得罪楚令尹,加以助吴军侵入楚都郢城,所以十分害怕楚国报复,遂与吴国结谋,请求迁于吴国边境,以得庇护。蔡昭侯二十六年(前493)蔡在吴国军队的协助下,迁于州来,史称下蔡。

蔡在州来共经历五世,分别为:昭侯申、成侯朔、声侯产、元侯及末代君主蔡侯齐,延续了约47年。蔡昭侯的墓1955年已在寿县西门内发现,仅出土铜器就有500余件,大都铸有铭文。蔡声侯的墓1958—1959年也在淮南八公山蔡家岗发现。1980年又在舒城九里墩春秋墓发现铸铭有蔡侯逆所用的戟,学者们指出蔡侯逆即昭侯之子成侯朔。杨德标先生从墓葬的形制、墓内器物组合等方面论证,该墓和寿县蔡

---

① 杨伯峻:《春秋左传注》,中华书局,1981年,第1149页。

昭侯墓一样，又出土"蔡侯逆（朔）之用戟"，当为蔡成侯朔之墓。[1] 若然，则蔡国迁于下蔡后也有一些发展，势力曾达到今舒城一带。淮南蔡家岗赵家孤堆战国墓出土有蔡侯产剑3件，其中两剑的铭文，黄德宽释为"蔡侯产作威教"，体现其希望有所作为，以雪旧耻的心愿[2]，当也是蔡国一度有所作为的表现。不过，蔡国墓葬所反映的文化方面的情况说明，蔡国不断接受楚文化的影响，迁于下蔡后已逐渐楚化了。

蔡自楚国东进以来，不断地遭楚侵夺，而且随意迁灭，以至于沦为二三等国家。蔡平侯在楚的监护下复国，益加衰弱。殆至蔡昭侯申，又不断地依违于楚、吴之间。加上蔡侯与群公子之间时有争斗，迁入州来以后的蔡国完全成了吴的附庸。吴败后，蔡可能一度又隶属于越，这从蔡侯产剑铭文接近于越式鸟篆可以反映一些情况。也可能正因为此，楚惠王于公元前446年将其并灭。何浩先生据《战国策》等书还考证，楚惠王灭蔡后，蔡还有复国之举，并经历了楚简王、声王、悼王、肃王直至宣王，又存在了近百年之久。[3] 唯是目前尚未见到蔡人复国的实物资料。

六国 六，又作邩，出土春秋中后期铜戈铭文有"邩公邵佗为邩造王口"。[4]《古玺汇编》0130 也有"邩行府之玺"，此当为战国时楚王设在六地的行宫府库之用玺。六偃姓，皋陶之后，历夏商周一千数百年。《春秋·文公五年》第一次提到六国："六人叛楚即东夷。秋，楚成大心、仲归帅师灭六。"由此，六国在文公五年（前622）以前已经成为楚的附庸，其时可能在楚伐徐（前645）前后。六和蓼与东夷同出一源，所以楚人东逼，导致六与东夷国家的联合，企图因此而脱离楚国的控制。结果被楚所并灭，设立了六县。杜预注："六国，庐江六县。"《汉书·高帝纪》："当阳君英布为九江王，都六。"颜师古注："六者，县名，本古国，皋陶之后。"汉六县当今六安市东北。

六国的地理位置十分重要，中原地区通过平缓的汝颍水道可以直

---

① 杨德标：《舒城九里墩墓主考》，《楚文化研究论集》第二集，湖北人民出版社，1991 年。
② 黄德宽：《蔡侯产剑铭文补释及其他》，《文物研究》第 2 辑，黄山书社，1986 年。
③ 何浩：《陈蔡亡国绝祀考》，见氏著《楚灭国研究》，武汉大学出版社，1989 年。
④ 韩自强主编：《阜阳、亳州出土文物文字编》（2004 年印本）。

达淮水,过了淮水就是六国的地界,同时这里又以产神龟著名,所以这个地方很早便建立了国家,商代在此设立监狱,流放监押犯人,攫取此地所产的大龟。春秋战国时期这里的考古学文化还表现出深受中原文化影响的特点。①

蓼国 《左传·文公五年》:"冬,楚公子燮灭蓼。"鲁国臧文仲闻六与蓼灭,曰:"皋陶庭坚,不祀忽诸。德之不建,民之无援,哀哉!"楚国先灭六,接着灭掉蓼,应该是蓼如六国一样,叛楚而与东夷国家结好。楚强而东夷弱,不能救之,加以统治者不得人心,故亡国。皋陶与庭坚,过去颇多学者疑为两人②,但《史记·楚世家》说:"六、蓼,皋陶之后。"《汉书·古今人表》也说"庭坚,皋陶字。"《通志》卷二十六:"蓼氏,世本:舒蓼,偃姓,皋陶之后,楚东之境小国也,舒蓼与蓼国自异。"又曰:"蓼氏,偃姓。皋陶之后。文五年,楚灭之。今寿州霍邱即其地也。子孙以国为氏。"六与蓼正处在楚国东进江淮的交通要道上,楚要进入江淮,必须灭掉两国。所以他们成为楚国东进最先灭掉的安徽方国。蓼国旧城在霍邱西与河南固始县之间,临山,近于古决水。

英国 偃姓,皋陶之后。《史记·陈杞世家》:"皋陶之后,或封英、六,楚穆王灭之。无谱。"而《楚世家》则以为楚成王二十六年灭英。是成王还是穆王灭之,司马迁已言无谱可查。成王在先,姑从之。僖公十七年《春秋》经云"齐人、徐人伐英氏",《左传》也云:"齐人为徐伐英氏,以报娄林之役也。"学者多解此"英氏"为英国,实则不妥。《春秋》、《左传》言国,多作国名加人加爵称,加人也有称其族或国者。此以"氏"称,显系谓其族氏。娄林之役为楚伐徐国,齐为此役而伐英氏,当是英国已为楚并,其族人参与伐徐,是以齐人要为徐伐"英氏",伐英氏即伐楚。楚成王二十六年当鲁僖公十四年,即三年前英已为楚所灭,自无所谓英国。《春秋》经传僖公十七年俱言"英氏"而不曰"英",即言英氏之族,正可与英已为楚灭之互证。唐以来不少学者以为英即蓼之改名,也有说是讹变。书缺有间,不能考知。而《左传》等

① 六安地区文管所:《六安县城北窑厂战国墓清理简报》,《文物研究》第8辑,黄山书社,1993年。
② 杨伯峻:《春秋左传注》(修订本),中华书局,1990年,第540页。

英、蓼互见，似又不然。古英国之所在，张守节《史记·正义》以为在淮南，《六安州志》称：州西有英氏城。当今金寨县东南。《古今姓氏书辩证》云："楚灭英，子孙以国为氏，汉九江王英布，六人。"说明英被楚灭后，一直到汉初仍有后裔居其地。英氏城正南湖北省境有英山、英山河，宋于此置英山县，或者是英氏后人迁居于此而得名。

巢国　《左传·文公十二年》载："群舒叛楚。夏，楚将子孔执舒子平及宗子，遂围巢。"杜预注："宗、巢二国，群舒之属。"《水经·沔水注》："巢，群舒国也。"这个巢，《春秋》杜预注为："庐江六县东有居巢城。"民国年间在寿县三义集出土有窆石及石羊题字汉"居巢刘君冢"。其地正当今六安市的东北，古六县以东，与杜预说相合。一说在今安徽巢湖市境。还有说在桐城南、古浔阳之地的。

古巢国初在六安东北，大约楚国侵灭六、英等以后，巢及群舒部族面临楚的压力，开始向南迁移至舒城、潜山一带。《太平寰宇记》载桐城南有"古巢城"，可能就是巢人南迁后所居。《左传·成公七年》（前584），"吴始伐楚、伐巢、伐徐"，成公十七年"吴人围巢，伐驾，围厘、虺"，杜预注："巢，楚小邑。"可能就在这之前的十年里，巢国灭于楚，成为楚的一个城邑。春秋早期的巢与群舒，主要分布在霍山山脉以东至巢湖西岸皖西地区。楚人东进，自淮水经大别山东侧南下，从而控制江淮地区。吴国北上争雄，由长江北上，经合肥而北向，所以楚、吴必首先在群舒诸国所在的地区争夺，《左传》中，我们经常看到"围巢"、"伐巢"、"城巢"的记录，都与这一大形势相关。

群舒　又作"众舒"，因分为多部而得名。据《左传·文公十二年》杜预注及《世本·氏姓篇》，群舒为偃姓，皋陶后裔。皋陶生于曲阜，曲阜本是"少皞之墟"。① 所以群舒远祖可能与徐一样，生活于山东曲阜东南。《左传·哀公二十七年》有"留舒"地名，《诗经·车攻》有"柳舒"，地当今山东省东阿县旧治东阿镇，或者与舒人有渊源关系。舒人南下过淮河，起初留居之地在淮河南岸，当在六安市东北至合肥以西地带。《左传·僖公三年》："徐人取舒"。此舒，不少学者考

---

① 《左传·定公四年》及杜预注。

证在今六安东北。《史记·楚世家》"灭舒"句下《集解》引杜预说云："庐江六县东有舒城也"。汉晋六县在今六安市北,则古舒城当今六安市东北。大体上讲,春秋前期群舒在淮河南岸不远,楚灭六、蓼以后,也可能是在徐人取舒后不久,舒人南迁至今舒城一带。① 近年在六安、寿县、肥西至舒城一带发现一批有地方特色的青铜器群,一般由兽形鼎(又叫牺首鼎)、侧鋬短流鬲形盉、成对的圆鼎和小罐组成,学界普遍认为是群舒的遗物。其中在寿县、肥西等地出的器物偏早,也说明群舒的文化分布是自北向南发展的。《左传》文、宣、成、襄时期,陈有人名曰夏征舒,楚有公子追舒,说明正是这一时期,舒人在以楚为首的诸侯国征讨下,向南迁移。何琳仪认为,舒国之舒,早期作舍,晚期作舒②,群舒中的舒可能是宗主国,其余舒庸、舒鸠、舒蓼、舒龚、舒鲍、舒龙为附庸国或分支。宗、巢两国,前引杜预注《左传》以为"群舒之属",或当然。宗有宗子,即宗君,与舒子同,也可能与群舒只是同盟关系。

舒,《左传·文公十二年》:"(楚)子孔执舒子平",平为舒君之名,子为《春秋》对于蛮夷君长的通称,而其自己很可能称王,如徐、楚等。舒君被执,其国自此灭亡。舒之地望,《读史方舆纪要》卷二十六言古舒国,汉置舒县,为庐江郡治,《史记·项羽本纪》之《正义》以为"今庐江之故舒城是也"。综合言之,此舒的都邑当在今庐江西南至舒城一带。

舒蓼,《谷梁传》作"舒鄝",《世本·氏姓篇》云:"楚东境小国也",当今舒城东。《左传·宣公八年》(前601):"楚为群舒叛故,伐舒蓼,灭之。"杜预注:舒、蓼,两国名。后世学者也有以为一国者。何光岳说是"舒人与一部分蓼人结合而建立的国家"③,或当然。楚灭舒蓼,使之成为楚东疆的守邑。此前的鲁文公十四年(前613),楚已伐舒蓼,说明楚对东方的开拓是逐步深入,最后灭国而置县。

舒庸,《左传·成公十七年》:

① 陈伟:《楚"东国"地理研究》,武汉大学出版社,1992年,第73—76页。
② 何琳仪:《舒方新证》,《安徽史学》1999年第4期。
③ 何光岳:《东夷源流史》,江西教育出版社,1990年,第87页。

舒庸人以楚师之败也，道吴人围巢，伐驾，围厘、虺，遂恃吴而不设备。楚公子橐师袭舒庸，灭之。

巢已为楚邑，驾、厘等可能在无为县至巢湖一带，虺在今庐江县境，则舒庸居地与之当不相远，《读史方舆纪要》以为即清舒城县治，当今舒城县城内。楚人灭舒执舒子，则群舒宗祀不存，这在古代是部族之大灾难，大耻辱。这可能是舒庸借楚之败而导吴以伐楚的因由，可见其对楚仇恨之深。后来舒鸠也有近似的作为。

舒鸠，何光岳以为是舒人与鸠人结合而成的小国。汉、晋时霍邱县地有松滋，《古今地名考》云"一名祝松，古鸠之地"[1]，其去群舒不远，彼此或者是姻婚之族而有"舒鸠"之号。舒灭后群舒大都成为楚的附庸。《左传·襄公二十四年》载：

吴人为楚舟师之役故，召舒鸠人，舒鸠人叛楚。楚子师于荒浦，使沈尹寿与师祁犂让之。舒鸠子敬逆二子，而告无之，且请受盟。二子复命，王欲伐之。蒍子曰："不可。彼告不叛，且请受盟，而又伐之，伐无罪也。姑归息民，以待其卒。卒而不贰，吾又何求？若犹叛我，无辞有庸。"乃还。

第二年，舒鸠人在吴的迫胁下叛楚，楚令尹子木伐之，引起吴与楚之间的大战。结果吴师败绩，舒鸠遭围攻，最后被灭。定公二年，吴人再次利用舒鸠人诱楚，获楚公子繁。小部族在大国内，又想求自在生活，终于被利用而遭灭。这是古代弱小国家的共同命运。舒鸠的地理方位，据《太平寰宇记》谓在舒城县城之内，则与舒庸相近。

舒龙、舒鲍、舒龚，俱不见于《左传》。《汉书·地理志》庐江郡有龙舒县，注引应劭曰"群舒之邑"，《太平寰宇记》以为在舒城西一百里，龙舒水西，略当今舒城西南之龙河口。舒鲍，《世本》以为"偃姓国

---

① 顾祖禹：《读史方舆纪要》卷二十六引。

也"，《太平寰宇记》云："舒鲍城，在县西一百里龙舒水南，小于诸城。"舒鲍之名，何光岳以为舒人与鲍人的结合，而其附近并不见鲍人之属。还有一种可能，即其地盛产一种鲍（鞄）工所需军用材料，因故而得名。《史记》、《汉书》俱言合肥"受南北潮（湖），皮革、鲍、木输会也"。此鲍，旧注以为鲍鱼，苏诚鉴已指出不可取，当为《周礼》"攻皮之工"之鞄工所需的材料。①舒鲍在合肥西南，其中一地或者产此物种而被"舒鲍"之名？舒龚，见于《路史·国名记》，其言兖州有龚丘与龚丘城。关于江淮间舒龚事，未能多知。

宗国　《左传·文公十二年》记载群舒叛楚，舒子平及宗子为楚所执，其国以后不见于记载，或不久遭灭。《汉书·地理志》庐江郡有枞阳县，学者多考即战国鄂君启节铭文中之"松阳"。宗、松、枞古音近甚，当为一名之异写，枞阳即松阳，也即古宗国。光绪版《安徽通志》卷四十四也云："宗，国名，群舒之属也，即枞阳也。"

桐　古国，早在西周后期已见于铜器铭文。《左传·定公二年》："桐叛楚"，说明之前桐已成为楚的附庸。杜预注："桐小国，庐江舒县西南有桐乡"，当今桐城县北。其地与沿江产铜带密迩，故为周王室所觊觎。桐也是南淮夷中最后为楚所灭亡者。《左传·哀公十五年》（前480）载："夏，楚子西、子期伐吴，及桐汭。"这个桐汭之桐，杜预注以为宣城广德西南有桐水，也有学者考证仍与桐城至舒城一带的古桐国相关。②

皖国　又作皖，《路史·国名记》列于少昊后偃姓国："皖伯爵，汉为侯，《论衡》云：庐江故皖侯国。《续汉志》云：庐江自舒徙居皖。舒之怀宁有皖故城，皖公山、皖伯庙……史云夏姓，非。"注云："《地记》：皖，偃姓，皋陶之后，楚灭之。"地当今潜山、怀宁一带，有皖水、皖山、皖口镇等。近年在皖河流域发现不少商周时期文化遗存③，或与皖国有关。

①　苏诚鉴：《"输会"合肥的兴衰》，《安徽史学》1986年第1期。
②　张胜琳：《吴楚淮域之战若干相关地名地望略考》，载张正明主编《楚史论丛》初集，湖北人民出版社，1984年。
③　《安徽安庆市先秦文化遗址调查报告》，《文物研究》第14辑，黄山书社，2005年。

向国 《汉书·地理志》沛郡向县条:"故国。春秋曰:莒人入向,姜姓,炎帝后。"《后汉书·郡国志》也谓向本国。《春秋·隐公二年》:"莒人入向",杜预注:谯国龙亢县东南有向城,在今怀远县东南 45 里地。《春秋》向之名凡四见。顾炎武以为"莒人入向"之向,或属莒,或属鲁,在山东莒县南 70 里之向城。① 陈怀荃先生以为两汉志与《左传》杜预注皆谓为涡口之向,与莒、鲁之间的向邑分别得很清楚,顾氏之说恐不足以为据。② 《左传·襄公十四年》春,吴告败于晋,晋与诸侯会吴于向。此向为《汉志》向县之向当无问题,近于涡河河口。

州来 《汉书·地理志》下蔡县条:故州来国,为楚所灭,后吴取之。至夫差迁蔡昭侯于此。③ 下蔡所在,《汉书·地理志》沛郡下蔡县条班固自注云:"故州来国,为楚所灭,后吴取之,至夫差迁昭侯于此。"杜预《春秋左传集解》云:"州来,楚邑。淮南下蔡县是也。"《水经注》④以来大都以为在寿春北 30 里的淮河北岸,即今凤台县,清代诸历史地理考证学者亦然⑤,近世以来所编的历史地名词典也多取此说,可以《辞海·历史地理分册》⑥为代表。所以石泉先生说:"州来即后来的下蔡县,在今安徽凤台县,寿县北约三十里淮河北岸,前人对此,皆无异辞。"他本人也以此为根据讨论钟离之所在。⑦ 今天看来是不正确的。州来实为今寿县。根据有以下四点:

一者,《尔雅·释丘》:"淮南有州黎丘",郭璞注:"今在寿县"。郝懿行疏云:"州黎丘者,刘氏台拱《经传小记》云:《盐铁论·论儒篇》:孔子能方不能圆,故饥于黎丘。哀公二年蔡迁州来,四年孔子自陈过蔡,绝粮。《盐铁论》所谓黎丘,盖即州黎之丘也。今按古读来如黎,是州黎即州来,刘说是矣。"⑧

————————

① 顾炎武著、黄汝成集释:《日知录集释》卷三十一,岳麓书社,1994 年。
② 陈怀荃:《黄牛集》,安徽教育出版社,2000 年,第 260—261 页。
③ 《汉书·地理志》中下蔡县属于沛郡,中华书局,1965 年。
④ 郦道元《水经注》卷三十"淮水注"。
⑤ 如顾祖禹《读史方舆纪要》卷二十一凤阳府寿州"下蔡城"条,嘉庆《一统志》卷一百二十六安徽凤阳府古迹"下蔡故城"条等。
⑥ 《中国历史大辞典·历史地理卷》,上海辞书出版社,1982 年。
⑦ 石泉:《古代荆楚地理新探·续集》,武汉大学出版社,2004 年,第 63、296、297 页。
⑧ 郝懿行:《尔雅义疏》,《汉小学四种》本,巴蜀书社,2001 年。

州黎即州来,音义没有问题。这里明言它在淮以南,刘台拱又举了孔子过蔡(即下蔡)而饥于黎丘的例子说明州黎丘亦曰黎丘。

二者,上世纪以来,寿县淮南一带考古工作颇有成就,先后在寿县西门内发现蔡昭侯墓葬,又在淮南蔡家岗发现两座蔡墓,其一被认为是蔡声侯墓。以后又在寿县城东发现一些小型蔡墓。20世纪80年代还在舒城九里墩发现一座大墓,一些学者认为也是蔡墓,墓主可能为蔡成侯朔。① 考古学发现的蔡墓多在寿县及其周围地区,而在凤台县附近不仅没有发现任何早期的城郭,也没有蔡国墓葬,以致许多人开始怀疑下蔡可能并不在凤台,而是在寿县。如有考古学者指出:

> 多数学者认为州来、下蔡即在安徽省的凤台县。但是在凤台县及其淮河北岸,没有发现任何与城或者是春秋时期有关的遗迹现象,相反,在淮河南岸的寿县,不仅发现了数量相当多的春秋墓葬,有的墓葬内随葬有带铭文的蔡戈及其它兵器,著名的蔡侯墓也发现在寿县城西门,有的学者因此提出了寿春的前身是下蔡,而下蔡的前身则是州来的论断。从种种迹象来分析,这样的观点还是很有说服力的。②

是以如今考古学者大都认为州来、下蔡在寿县。

三者,《左传·昭公十二年》:"楚子狩于州来,次于颍尾,使荡侯、潘子、司马督、嚣尹午、陵尹喜帅师围徐以惧吴。楚子次于乾溪,以为之援。"这是记载楚王自南往北,与其他路军队联合围徐的。楚王先自州来,再到颍水入淮之地的颍口即颍尾,继到更北的乾溪。则州来在颍水对面的寿县很明白。如果州来在凤台,楚王就是自东而西北走了。事实上楚王自西方来,至州来而北上。所以州来在颍水之南比在其以东更在理。

四者,《左传·昭公九年》:

<hr />

① 杨德标:《舒城九里墩墓主考》,载《楚文化研究论集》第2集,湖北人民出版社,1991年。
② 张钟云:《楚都寿春城的探索》,载《楚文化研究论集》第5集,黄山书社,2003年。

　　二月庚申，楚公子弃疾迁许于夷，实城父，取州来淮北之田以益之。伍举授许男田。然丹迁城父人于陈，以夷濮西田益之。迁方城外人于许。

　　这是讲楚国面对吴势力日益盛强而在汝、颖、淮北一带进行灭国迁民的行动的，目的在于清除这一地区的不稳定因素，以防形势不利而生变，并尽力打乱这一地区旧有的血族体系，加快楚化进程。迁许于夷城父一带就是其中之一。这里的"州来淮北之田"，即是将州来所属的淮河以北接界于城父所属的土地，加于许人。过去因受州来在凤台说的影响，多在"州来"下加一"、"，使"州来、淮北"并言。如杨伯峻《春秋左传注》即如此，并注云："州来即今安徽凤台县，亦在淮水北岸。淮北范围甚广，疑此仅指凤台县至夷一带。"[①]若然，州来一语就是多余，干脆说"取淮以北田益之"就可以了。而抛开州来国都之在淮以北的旧说，一切就好理解了。"某某之淮北"或"某某淮北"，乃当时常用语，如《战国策·燕策一》有"归楚之淮北"，《史记·楚世家》有"楚之淮北……十五年，楚王与秦、三晋、燕共伐齐，取淮北。"类似的例子还有很多。"州来淮北"文下有"以夷濮西田益之"，其中"夷濮"，文本结构与"州来淮北"相同，杜预注曰："以夷田在濮水西者与城父人"[②]，即夷为大概念，濮水西岸田属之，与我们理解的"州来淮北"完全一致。据卢茂村考察，原州来国以今寿县为中心，"东西长约一百公里，南北宽约二百公里的方国"[③]，当然包括淮河以北的许多地方，其淮北地区谓之"州来淮北"，正当如此。凤台曰下蔡，当源于秦设寿春于寿县，设下蔡县于凤台而有。以后延续很长时间。所以形成大家认为下蔡在凤台的意见。

　　《左传·桓公五年》："州公如曹。"此州国为姜姓，齐之附庸国，学者或以为州人一支迁于凤台县境，故此地州人曰"州来"。也有说它

　　① 杨伯峻：《春秋左传注》（修订本），中华书局，1990 年，第 1307 页。
　　② 《春秋左传集解》第二十二，上海人民出版社，1977 年。
　　③ 卢茂村：《关于"蔡迁州来"及"古州来国"地望考辨》，载《楚文化研究论集》第 5 集，黄山书社，2003 年。

是徐方所属古国之一的。还有认为是莱人迁于淮南的。《左传·成公七年》："吴伐楚，入州来。"春秋前中期，州来为楚东部重要据点之一，后吴楚争夺江淮，州来多次易手，见其地位之重要。据《左传》记载，鲁昭公四年（前538）楚城州来，十三年吴灭州来，十九年楚又城州来，二十三年吴伐州来。吴尝封延陵季子于州来，故又曰延州来，但也有人认为吴自有延州来，非楚之州来邑。未知孰是。后蔡国迫于楚的压力，在吴的帮助下迁于州来。

三、皖南地区的情况

皖南地区古代有不少部族方国，近年来的考古发掘发现不少商周以来的文化遗存。但是见于记载的却很少。《左传·襄公三年》，"春，楚子重伐吴，为简之师，克鸠兹，至于衡山，使邓廖师组甲三百、被练三千以侵吴。"杜预注：鸠兹，吴邑，"在丹阳无湖县东，今皋夷也"。一些旧志也说鸠兹在芜湖旧县城东40里，有句兹港。句兹、皋夷，陈怀荃先生以为皆鸠兹的音变，今芜湖县咸保圩水阳江畔有句兹渡，过去也有人以鸠兹即芜湖者，不确。① 或者以为衡山即旧丹阳县（今在当涂）之横山。② 还有学者认为鸠兹在霍山附近不远。鸠兹与衡山近，或者谓即霍山。以为霍山者则认为鸠兹在霍山、六安一带。据《路史·后记》：《太平寰宇记》认为寿州之霍邱东15里有松滋故城，即古鸠兹，盖本《古今地记》。则古鸠兹之地在江北淮南。较为近实的可能是，鸠兹本群舒之属，后因楚人的迫压而不断南移，最后迁至芜湖一带。由其又名皋夷、句兹，知为东方夷人也。今芜湖县黄池乡有一古遗址叫"楚王城"，紧傍水阳江，据说侯仁之教授认为就是古鸠兹所在。其中很多战国时期的遗物如蚁鼻钱等。据调查，该城始建于战国晚期至西汉初。③

另外，皖南的歙县、黟县、南陵等地，西周春秋时期曾得到较好的开发，屯溪发现多座高等级墓葬，体现了很高的社会发展与文化水平，

---

① 陈怀荃：《黄牛集》，安徽教育出版社，2000年，第266—267页。
② 杨伯峻：《春秋左传注》（修订本），中华书局，1990年，第925页。
③ 谢小成：《芜湖"楚王城"遗址调查简报》，《文物研究》第9辑，黄山书社，1994年。

南陵发现规模较大的古城和密集的土墩墓群，其地必有发展水平较高的社会组织与部族团体，但因没有记载而不为人知。春秋时期皖南西南部的考古学文化与江浙越人、赣北地区的十分接近。《路史·国名记》记载："于越，越之别，《汉书》、《荀子》、《吕览》明作于，昭云是馀于，今隶饶，汉之馀汗，杜佑谓勾践之西界，所谓于越。淮南（王）云：越人有变，必先守馀干者。"若此，则皖南西南部就是越国的一部分。东部则是吴国的势力范围。吴人西出太湖，经今溧阳、高淳到达芜湖地区，其与楚国在江淮地区的争夺主要就是走的这条道路。所以这里的古国部族可能多为吴国所并灭。

第二节　楚势力的东扩及其与齐、晋、吴的争战

春秋时期的安徽是大国争夺的重要地区。先是楚国北上中原，进攻郑、蔡等国家，受到阻碍，转而攻取淮河上中游地区的夷人小国，也有姬姓及其他明王后裔的国族。或并灭或绥服，根据楚国的国家需要而确定。楚国的行为受到齐桓公为霸主的中原国家的反对，他们联合起来伐楚，但也只是阻住楚国对于淮河中游地区一时的进攻。晋文公称霸时采取联吴以制楚的方针，帮助吴国发展军事，培植抗楚的力量，扩大晋国在淮河流域的影响。楚国很快做出反应，伐宋以绝晋、吴的通道。春秋后期，吴国的力量迅速崛起，成为楚国争夺淮北及江淮之地的主要对手，两国在此展开了激烈的厮杀与争夺。总的来看，吴国的政策多数时候是攻而不守，令楚人奔命救助，以疲其师。楚国则努力扩大疆土，尤其是对淮夷诸国，基本上是并其国族，设县而疆之。吴国的政策取得了显著的成效，吴军曾一度攻入楚都，进入楚国的心脏地带，迫使楚王出逃，而淮河流域一时间尽服于吴。但是，由于越国的崛起，在吴国背后给吴致命一击，灭掉了吴，并且不久越自身也衰弱下去，又使楚国成为最后的胜利者，安徽地区大部分归楚所有，成为楚国东部重要的地区。北部则属宋国。大国争战，使得春秋时期的安徽屡

遭战火,也成为诸侯经常会聚的地区。此一时期安徽地面有方国数十个,然而没有一国崛起而成大国、强国,反而一个个为楚、吴所并灭。原因是多方面的,这些因素不仅使春秋时期的安徽成为强国的攻略之地,还因此而变为一种文化因素,对后来安徽地区的社会发展产生了深远的影响。

一、列国形势与齐、楚在淮河流域的争夺

列国形势 春秋时期诸侯列国的兴起,最初要追溯到西周末期周王室的衰落。西周经历近 200 年的发展到了周夷王时,"荒服不朝"[1],贵为天子的周王不得不"下堂而见诸侯"[2]。他的儿子厉王、孙子宣王时,都不断对外战争,弄得财政经常拮据。接着的幽王时,"邦君诸侯,莫肯朝夕"[3]。周王室危机四伏了,而一部分地方诸侯经过长期的经营与并吞,已有了不少的扩充,可以和王室抗礼,申国的君主就利用幽王的荒政,与戎人一起攻杀了幽王。继位的平王于宗周已无力维持下去,在晋、郑、卫等诸侯国的帮助下,东迁雒邑。周王室再也不是统辖天下诸侯、权威至上的宗主。王室的衰微为诸侯国的兴起提供了契机,他们不尊礼法,兼并邻国,扩大自己的势力,改革旧制,提倡新法,富国强兵,争为霸主。

郑国地处中原,春秋初期国君又为周王室卿士,利用周天子的余威,和商业立国的基础,以及地理上的中心地位,一度东征西讨,成为一时的"小伯(霸)"。郑的强盛在郑庄公时,主要表现为他处理与周、卫、宋、滑、鲁等中原国家的关系上。这些国家都是礼教深厚、彼此力量相差无几、发展潜力与空间都很有限。所以郑庄公在位 40 多年,表面看甚是风光,而郑国扩大国土并不很多,并且郑与宋、郑与卫以及郑与周之间都积累了很多的矛盾。郑庄公去世后,郑国出现了昭公、厉公两君争位的局面,各国都为自己的利益拥立一方,出兵郑国,扶持与己相关的人为君主。因此,郑国很快陷入了内乱与外战相交加的局

---

① 《后汉书·西羌传》。
② 《礼记·郊特牲》。
③ 《诗经·小雅·雨无正》。

面,衰落下去了。与此同时,卫、宋、鲁等国也都内部动乱,外有敌国,国土未有大的拓展,而地处周边的秦、齐、晋、楚则迅速崛起,不断展开对周围小国的兼并,尤其是对比自己落后的少数部族方国,尽力兼而并之。所以领土不断扩大,人口迅速增多,声势很快超过中原诸国。《国语·郑语》有一段话对当时四国发展的情形进行了概括:

> 及平王末,而秦、晋、齐、楚代兴,秦景(庄)、襄于是乎取周土,晋文侯于是乎定天子,齐庄、僖于是乎小伯,楚蚡冒于是乎始启濮。

诸国之中,齐国因为有管夷吾的改革而率先称霸。

齐为姜太公吕尚的封国,近于海滨,拥有鱼盐之利,西周以来就是东方大国。齐襄公时齐人杀掉了鲁桓公和郑国君主亹,说明齐的力量已经很强大,敢于干涉别国的内政了。齐襄公还兼并了不少同姓及异姓小国,召集宋、蔡、鲁等共同伐卫,把卫惠公送回国重登君位,隐然已有霸主气象。但在一次内乱中,齐襄公不幸被杀。经过一番厮杀较量,公子小白继位为君,是为齐桓公。他任用管夷吾为相,进行改革,使齐国更加强大。

管夷吾因被桓公尊为"仲父",故史籍又称为管仲,原籍为安徽颍上县管谷村,出身微贱,做过商人,有治国之才,与同乡鲍叔牙友善。鲍叔牙知其贤良智慧,所以经常帮助他。当齐公子纠在政变中失败后,支持公子纠的管仲被囚禁于鲁,后经鲍叔牙全力营救并推荐给齐桓公。桓公不计管仲曾箭射其带钩的旧仇,任他为相,委以重任,进行一系列改革,使齐国国富兵强,为齐桓公称霸奠定了基础。管鲍交谊千古以来传为美谈。稍晚,在颍上不远的楚之期思县边鄙,还有两位交情一样深厚的古人,就是孙叔敖与沈尹茎(又叫虞邱相),沈氏辞相而进荐孙叔敖代之,一如鲍叔牙推荐管仲。淮人珍视友情而又深明大义,于此可见。

关于管仲的籍贯,《史记·管晏列传》云:"管仲夷吾者,颍上人也。"颍水很长,汉时也没有颍上县,司马迁所说的颍上究竟在颍水的

什么地方？颇叫后人猜想。唐司马贞"索隐"云"颍,水名。《地理志》颍水出阳城。汉有颍阳、临颍二县,今亦有颍上县。"司马贞说的"今颍上县"设于隋大业二年(606),即今安徽颍上县,但他没有明说司马迁说的颍上即那时的颍上县。北宋初年成书的《太平寰宇记》卷十一颍州府人物条写道:"管夷吾,颍上人",即今天安徽颍上县人。这本书是利用汉晋至隋唐时期的地志、图经写成的,反映汉晋以后人的一般观念。宋以后的各种通史、地志多采纳这一意见。但是到了近代,学术界产生了很多争议。梁启超说管仲是齐人[1],柳诒徵说他是郑国人[2],李则纲又说他"可能是安徽颍上县人"[3]。还有说为河南郑州、临颍、禹县等地人的。[4] 原因是多方面的,其中之一在于对"颍上"二字的理解。一般人多将"颍上"理解为"颍水上游",如此则管仲自然只能是今河南某地的人。其实春秋战国时的颍上就不指颍水上游,而是下游。《左传·成公十六年》载:

> 诸侯迁于制田。知武子佐下军,以诸侯之师侵陈,至于鸣鹿。遂侵蔡。未反,诸侯迁于颍上。

其时,中原诸侯军队在晋国带领下讨伐郑国。制田在今河南新郑附近。因为陈、蔡两国从楚,接着进伐陈、蔡。鸣鹿在今河南鹿邑县西北、陈国之东,蔡国都此时尚在今上蔡县,陈国西南、汝水之滨。杜预与孔颖达对此"颍上"都没有注解,应该是当时大家都知道它之所在吧,孔颖达时颍上县已经设立。"未反",当然是既未从来的路线即颍水中游的陈、顿返回到制田,也未从蔡直接沿汝水朝西北方向返回制田。清代以来的有关注释,大多没有注意诸侯行军路线与当时的地理方位,故而颇多歧说。侵蔡未返而迁颍上,则此"颍上"既不会在颍水

① 梁启超:《管子评传》第三章,上海书店影印《诸子集成》第5册。
② 柳诒徵:《中国文化史》,东方出版中心,1988年,第228页。
③ 李则纲:《安徽历史述要》(上、下),安徽省地方志编纂委员会编印(1982年),第34页。
④ 杨朝明、于孔宝:《齐鲁文化通史》春秋战国卷,中华书局,2004年,第104页;《管子研究》2008年第4期。

中游的陈、顿一带，也不会指颍水上游的郑之某地，只可能是在蔡国边邻的颍水下游一带。今人杨伯峻又把此颍上说在今河南省的禹县①，显然不可取。不光颍上不指颍水上游，其他如"淮上"、"江上"、"泗上"、"河上"等也多指其下游。② 这在《诗经》、《史记》等书中的相关记载多能体现出来。《左传》的颍上在颍水下游，主要利用《左传》编写春秋历史的《史记》之"颍上"，自当与之相一致。东晋人张湛注《列子》说管仲、鲍叔牙："并颍上人也。"根据汉晋以来资料写成的《太平寰宇记》明确说管仲是今颍上县人，则管仲为安徽颍上人，历史线索清晰，可以形成一个完整的证据链。另外，颍上县还有很多关于管仲、鲍叔牙的遗迹、传说等。③ 而其他说为管子故里的地方，没有听说也有相关的遗迹传闻。因此管子为今颍上县人，证据充分，可以无疑。④

当齐桓公在中原号召诸侯尊王攘夷的时候，适当楚国的楚文王在位。经过一段时间的并兼，这时的楚国已成为南方大国，准备北上中原、东进淮河流域，与中原诸侯相抗礼了。所以《史记·楚世家》言："楚文王十一年，齐桓公始霸，楚亦始大。"

楚国的兴起　楚国族，芈姓，祝融之后，本是中原旧族，不知什么时候迁于南方。《左传·昭公十二年》记楚右尹子革答楚灵王的话说："昔我先王熊绎，辟在荆山……"有人因此提出荆山即楚族在南方最早的居地，在今湖北南漳县。也有说在豫西南、鄂西北丹江流域的淅川一带。楚人在此筚路蓝缕，以启山林，开辟蛮荒之地。西周文王时，楚族首领鬻子（鬻熊）曾归属于周文王，受到礼遇，《史记·楚世家》载楚武王的话说"吾先鬻熊，文王之师也"。与大国周的结好，为楚的发展创造了较好的外部环境。周成王时"举文武勤劳之后嗣，而封熊绎于楚蛮，封以子男之爵"，至此楚国厕身于诸侯之列。作为周的封国，楚要向周王室贡献方物，主要为桃弧棘矢和苞茅，前者是桃木做的弓，棘枝做的箭，为祭祀用品；后者主要用途是缩酒以敬神，也是祭

---

① 杨伯峻：《春秋左传注》（修订本），中华书局，1990年，第892页。
② 古籍"泗上"时有指泗水上游的，但指泗水下游的更多。
③ 颍上县政协文史委员会：《颍上历史文化集锦》，黄山书社，2005年，第255—265页。
④ 详细的论证参考陈希红、陈立柱：《管子故里颍上县综考》，《安徽师范大学学报》2010年第3期。

祀用品。上古祭祀事大,所谓"国之大事,在祀与戎","祀,国之大事也"①,所以特别为周王室与诸侯国君所重视。

大概在西周前期,楚已是南方有名的国族,《左传·昭公九年》载周詹桓伯的话说:"及武王克商……巴、濮、楚、邓,吾南土也。"周之南土四国已有楚,说明楚已闻名于中原。周与楚的关系到了昭王时一度恶化,史书与出土铜器铭文一再讲到周昭王南征而不回。西周后期宣王再度南征,楚国受到压制而中衰。但不久周王室式微而东迁,再也没有能力控制楚的扩张。西周时期楚国有几次迁徙运动,而所处地理环境对于楚的发展都比较有利,主要是周围皆无大国。早期楚的南边是权国,东南为罗国,东北为卢国,距离楚近而皆弱小。罗、卢之东有鄢国,也不大。卢的东北为邓国,较大一些但与楚不直接接壤。西北的谷国也和罗、卢一样弱小。其西北、西南方都是戎蛮部落,大多无君主,成为楚国开拓疆土的好去处。据《史记·楚世家》记载,约当于周夷王时的楚主熊渠,开疆辟土,兴兵讨伐庸、扬粤,甚至于鄂,分封三子为王,长子康为句亶王,中子红为鄂王,少子执疵为越章王,皆在江上楚蛮之地。后来慑于周厉王的暴厉,畏其伐楚,才去其三子王号。周平王时楚主蚡冒开始向百濮蛮人地区开拓进取。后其弟熊通杀其子自立,是为楚武王,他是楚国历史上第一个称王的君主,楚国在熊通当权后迅速发展起来。

熊通三年(前738),楚人侵申。申为姜姓,原在北方,周宣王时徙封于今河南南阳市北,以镇南土。当时汉水以北的国家,以申为大。熊通继位不久便挥师渡汉,远出南阳盆地,希望"观中国之政",其雄才大略、志气高远,于此可见一斑。楚北伐申国只是一次预演,他想让汉北诸国明白,楚是有能力北上的,不要轻易反楚。接着楚王转而进攻南边的权国,灭权而置权县,命斗缗为权尹,中国以县为一级行政单位,自此始。以后楚每灭一国,便把该国公族迁到楚国的后方,严加监管,而对该国故地则置县以统之。不过当时县的辖域大小不等,一般是一个国家设一县,县的规模比后来的要大。当然与后来的县还有不

---

① 《左传》之成公十三年、文公二年。

少区别,主要是楚国县的统治者仍为贵族而非官僚。

楚人伐申灭权让一些中原诸侯感到惧怕。《左传·鲁桓公二年》载:"蔡侯、郑伯会于邓,始惧楚也。"其实郑、蔡距楚都较远,双方会邓谋楚,说明邓国已感到楚的威胁,而将楚之野心报告了郑、蔡。早在西周后期周大夫史伯就说过:"融之兴者,其在芈姓乎"。①

熊通三十五年,楚人出兵讨伐汉东最大的国家随,企图迫其求成而为楚的附庸。楚国提出让随替楚去向周王室报告:"请王室尊吾号。"迫于楚的大军压力,随派使者去向周天子进言。楚的行为说明它已向往逐鹿中原了。随即曾(金文写作曾),为姬姓封国。两年后随来回楚话,说周天子拒绝提高楚君的名号。《史记·楚世家》记载,熊通听了大怒道:"王不加位,我自尊耳。"果然,他立即自封为楚王。对此,周天子莫之奈何,中原诸侯与群蛮也都莫之奈何。此时与百年前熊渠取消三子王号时已大不相同,楚国开始以大国形象成为南方诸侯的代表了。此年,楚邀请一些诸侯国于沈鹿(今湖北钟祥市东)会盟,黄、随两国的国君没有出席。楚国立即有了表示,一面派薳章去责备黄国国君,一面又兴兵讨伐随国。由于楚国出动大军,结果随师大败。楚武王接受大臣斗伯比的建议,没有灭掉随,而是让随侯在表示改悔意愿之后,与武王会盟。随国从此追随楚君,成为楚的附属国,一直到很晚才灭国。三年以后,楚在汉东与贰、轸两国会盟,并一举击败了郧师,使随、绞、州、蓼等国不敢再联合郧国对抗楚,确立了楚在汉水以东的霸主地位。

楚在军事扩张取得胜利的同时,国家内部的建制也进一步完善。王的下面有令尹,总揽军民大政。有莫敖掌军队,有县尹、县公,为一县之令长。还有其他职官也逐渐完备。武王还在军队中创造了一种叫"荆尸之举"的练军之法,农闲时讲武用师。公元前690年,即楚武王五十一年,在伐随的路上武王去世,其子熊赀继位,是为文王。他一上台就把都城迁至郢。

郢都在汉水中游,是江淮之间的要冲,南瞰江汉平原,北望南襄夹

———————

① 《国语·郑语》。

道,东临随枣走廊,西控荆睢山地,是南来北往、东西交通的要道。以郢为都,对楚国制驭蛮越巴濮,抚绥汉阳诸国,乃至窥伺中原诸夏,东出淮上发展,都是极为有利的。

第二年,文王伐申,还军途中转击邓国,占领通往中原的南阳盆地。《史记·楚世家》载:"楚强,陵江汉间小国,小国皆畏之。"并小为大是古代国家生存的必然之路,不能并人,则必为人所兼并。公元前684年,楚军击溃蔡国的军队,俘获蔡君哀侯,楚势力第一次进入淮河上中游地区。四年后楚灭息,再攻入蔡国,说明楚国对淮河流域的进军开始加强了。蔡国的东南边地即今天安徽临泉、阜南与颍上一带,这当是楚势力初次进入安徽。又过了两年灭邓,并乘势进攻中原国家郑,打到郑的别都栎(今河南禹县)。楚的这一次北上占领了不少地区,今河南信阳附近的小国樊、番等国可能都是这个时候遭到楚的并灭。

早期楚国的每一步发展都透露出霸气与大国气象,后来能够统一南中国,成为春秋战国时期的重要国家,在其早期已见出端倪。

齐楚在淮河流域争夺霸权　齐桓公在管仲的辅佐下,一面进行政治经济方面的改革,一面努力扩大齐国的疆土。在灭掉一系列小国后,齐的国土因此向西扩展了许多。桓公六年,齐邀请陈、曹与周一起联合伐宋,开始"挟天子以令诸侯"。同年又邀周、宋、卫、郑在鄄(今山东鄄城西北)会盟。下一年又邀集更多的国家再盟于鄄地。《左传·庄公十五年》载"春、复会焉,齐始霸也",说明齐在中原国家中已建立了领导者的威信。而宋、郑之间的矛盾则揭开了齐楚之争的序幕。

郑与宋相邻,郑庄公时两国之间有过多次的争战,彼此结下了仇恨,随时都有可能爆发战争。就在齐桓公"复会"之年的秋天,齐、宋、邾国共同讨伐郳国,郑国乘机击宋,导致第二年齐、宋、卫三国联军伐郑。郑处在中原腹地,征服郑才有可能称霸中原,所以楚成王十三年到十五年,楚人连续三次伐郑。

这时刚建立霸业不久的齐桓公及卿相管夷吾,也看到了楚人北上中原、东进淮河流域的野心。两人讨论楚国北上进军的问题,管仲提醒齐桓公：“戎狄豺狼，不可厌也；诸夏亲暱，不可弃也。”①管仲的话促进齐国多次集合中原国家的军队救助郑国。同时又与淮河流域的江、黄、徐等国加强联系，结成盟国，以限制楚国的东向发展。为了加强与徐国的联系，齐桓公娶了徐国宗室的女子为妻。此前，桓公十八年齐人还和宋、鲁一起伐过徐，只是楚国进攻淮上国家甚急，才导致齐与淮上诸小国的联合。齐先与宋、黄、江等国在贯（今山东曹县南）会盟，第二年又与他们在阳谷（今山东阳谷县北）会盟，共谋楚事。楚国北上的强劲势头令郑国左右为难，郑国国君想和楚人讲和，但大臣们不同意，以为“齐方勤我，弃德不祥”②。这使得齐桓公感到自己的霸主事业尚未稳固，还受到楚的挑战，必须对楚有所行动。齐桓公三十年（前656），当楚成王十六年，在管仲的策划下，齐以尊王攘夷的名义，集合鲁、宋、陈、卫、郑、许、曹等国的军队，组成八国联军，出师伐楚，齐桓公与管仲亲率军队。中途过蔡，侵入蔡都，蔡人逃散，诸侯军队又移师伐楚。《左传·僖公四年》记楚成王派人对齐桓公说：“君处北海，寡人处南海，唯是风马牛不相及也，不虞君之涉吾地也，何故？”楚的态度很是强硬。管仲代表齐桓公提出楚国当伐的两个理由，一是楚国不供王职，使天子不能缩酒祭祀；二是周昭王南征而不回，与楚有干系。楚国只承认不纳贡一罪。齐桓公为了使楚国屈服，又进兵于陉（今河南郾城县南）。楚王则派使者屈完到军中讲和，并观察动静。诸侯军退驻召陵（今河南郾城县东），齐桓公命令联军列阵，然后与屈完一起乘车观看。但是没有能够镇住屈完，双方最后结盟而还。可以看出楚与齐的力量在当时旗鼓相当。

陈国此时与郑的情形相仿佛，处在楚师威逼之中，有二心于齐。所以齐在伐楚后又与江、黄等联军伐陈。但是楚国毕竟已扩张到汝颍地区，方城内外驻有重兵，淮河上游地区各国已处在楚的夹击之下，齐国距此远甚，不可能时刻确保他们的安全。因此，齐桓公虽然阻止了楚国北上中原，而淮河流域楚人仍占着优势。召陵之盟的第二年，楚

---

① 《左传·闵公元年》。
② 《左传·僖公三年》。

令尹斗谷于菟率军灭掉位于淮河南岸的弦国（在今河南罗山县东、光山县西北）。当时江、黄、道、柏诸国方睦于齐，都是弦的姻国，弦君恃齐而不从楚，又不加强防守，结果楚军乘机把它灭掉。鲁僖公十一年（前649）冬天，楚人又伐黄（在今河南潢川县西北），次年灭之。至此，淮河上游地区基本上纳入楚的版图。楚人继续东进，公元前646年灭掉位于今六安与金寨之间的英国。第二年伐徐，败徐于娄林。娄林，杜预注："徐地，下邳僮县东南有娄亭。"今在泗县与灵璧之间。齐桓公率诸侯之师伐厉以救徐。厉即古厉国，老子的故国，在今亳州与河南鹿邑之间。第二年伐厉不克，救徐而还。第三年，即鲁僖公十七年（前643），齐国为助徐，再次出兵讨伐新被楚国征服的英人。齐国连续三年为徐而与楚战，说明齐在淮河流域与楚的争夺是激烈的。只是随着齐桓公去世，齐的霸业突然衰落，不再能阻止楚国进军淮上的步伐了。

二、楚与晋、吴在江淮的争夺

吴国的兴起　吴在春秋后期称霸，但吴的兴起却有一个很长的过程。《史记·吴太伯世家》说吴太伯、太伯弟仲雍为周太王（又曰古公亶父）的儿子，因为其弟季历贤智，季历又有圣子姬昌，太王欲立季历以传昌，太伯、仲雍兄弟为此而自窜荆蛮之间，自号曰勾吴，蛮人认为太伯仁义，归从太伯，奉之为君长。以后逐渐发展。但是这个说法经过学者们的多年研究，认为只是后来的传说，不一定是史实。太伯所封的虞国在山西，文王时是著名的邦国。《穆天子传》说：大王亶父之始作西土，封其元子吴太伯于"东吴"。吴与虞古相通，这个东吴即在山西的虞国，后世因"东吴"之名而附会于春秋时期兴起的吴国，说是它早期的情况。吴国之封大体在周康王时，1954年江苏丹徒烟墩山出土的青铜器宜侯夨簋，记载了封宜（吴）的情况。西周时镇江、南京至皖南的一些地区，即太湖以北以西地区是吴国早期的领地。这在考古学上已有较多的反映。黄山市屯溪新安江南岸发现西周时期大墓，随葬品以原始瓷器为主，其中还有锥足鼎、簋、盉、五柱器等为中原所不见，但纹饰与中原青铜器颇为相似，尤其是一件铜尊铭文族徽，同黄河流域发现的几乎完全相同。黄山屯溪西周墓出土的器物与墓葬制度和南京地区的大同小异,所以学者们认为仪征、丹徒、溧水、黄山屯溪等地西周墓的发现,说明西周时期周人已达这一带地方,周文化与当地土著文化开始接触、融合,吴文化已经诞生,所谓土墩墓、湖熟文化大体是吴人早期留下的。吴因为是周王室所分封,带来了中原地区先进的文化与生产技术,发展较快,至春秋时,吴国一方面向东发展,吸收越族文化,甚至"断发文身",另一方面将北方迁来的淮夷诸支进一步融化,从而成为本地区主要的民族。以后吴国也不断向东扩张,到春秋中后期,苏州一带已成为吴国的重要地区。①

不过,吴太伯的传说在上古特别盛行,《史记》、《吴越春秋》等所记也不可轻易否认。上古时期自汉水东南行,然后沿长江北岸山麓东进,完全可以到达皖西南的衡山之阳,借助九江一带河湖港汊与岛礁(如小孤山等),不难到达长江对岸。古代这里一直是南来北往的重要通道。《吴越春秋·吴太伯传第一》记载太伯、仲雍"二人托名采药于衡山,遂之荆蛮。断发文身,为夷狄之服,示不可用",有其可能性。其实远在新石器时代,江汉流域的古居民就通过这里和东南方的良渚文化居民相来往。② 再说今皖南地区也发现一些西周时期的城址与墓葬。如位于南陵县石铺乡牯牛山的西周古城,面积近 70 万平方米,城内文化层堆积较厚,平均厚度约 3 米,通过发掘知道有多个堆积复杂、文化内涵丰富的高台子,有大面积的夯土遗迹。古城西南不远处有分布密集的时代与城址一致的土墩墓。这一处古城也是目前所知吴文化圈内最早的西周城址。③

据《史记·吴太伯世家》,吴自太伯到吴王寿梦共历 19 世。《左传》中,南方之吴始见于鲁宣公八年(前 601):"夏,楚为众舒叛故,伐舒蓼,灭之。楚子疆之,及滑汭,盟吴、越而还。"杜预注:"《传》言楚强,吴、越服从",一般认为滑在今无为、庐江间,吴、越与楚在此盟会,

① 董楚平:《吴越文化新探》,浙江人民出版社,1988 年,第 131—183 页。
② 朔知:《初识薛家岗与良渚的文化交往——兼论皖江通道与太湖南道问题》,载《浙江省文物考古研究所学刊(八)——纪念良渚遗址发现七十周年学术研讨会文集》,科学出版社,2006 年。
③ 毛颖、张敏:《长江下游的徐舒与吴越》,湖北教育出版社,2005 年,第 132—134 页。

一方面说明吴国领土扩张已近于巢湖地区,安徽江南的很多地方应当都在吴的统辖之下。初步发展起来的吴国要想北向发展,必然与势力已深入江淮地区的楚国发生争斗,而吴的力量此时还不足以抗楚。就在这时,代齐桓公而为霸主的晋文公力阻楚国北向发展,也努力扩大晋国在淮河流域的影响,他的后人主动实施了联吴以制楚的政策,从而为吴国的北向发展提供了助力。

晋国联吴以制楚 晋国的始祖是周成王的幼弟虞。成王灭了唐国(今山西太原),封叔虞于此,所以史称"唐叔虞"。唐叔之子晋侯燮父迁居晋水旁,因此改国号曰晋。自西周到春秋初期的晋,曾经历了不少的曲折,最大的变化是封于曲沃的晋君庶支最后取代晋君嫡子而为晋君,史称"曲沃并晋",统一分裂了 67 年的晋,并使晋的势力有了进一步的发展。公元前 677 年,献公继位,他是一位雄才大略的君主,消除了群公子的势力,将政权集中于国君之手。又不断扩大军队,出兵攻击附近的小国,还打败了狄人的多次进攻,使晋国的军事力量大增。到重耳晋文公时,对内稳定人心,宽宥政敌,又起用了一批有才干的人当政,对外利用周王室内乱而勤王,并积极向外发展,在城濮之战中大败楚国,在中原诸侯中树立了威权,不久继齐桓公之后成为中原霸主。晋文公要坐稳霸主的位子,必须要和楚国争夺势力范围。所以晋国先后出兵许国,迫其弃楚从晋,又联合诸侯军队进攻郑国,令其讲和,不再与楚往来。晋文公在位不到 10 年便去世了。继位的襄公内修国政,击败狄兵,外败秦军,又联合郑、陈等国,讨伐复从楚国的许国,努力维护晋国的霸主地位。公元前 637 年,楚国大臣成得臣率师伐陈,讨伐其贰于宋国,随即攻取焦与夷地。焦即今天的亳州市,夷为亳州东南的城父镇。这两地为陈在东部的重要城邑。楚军占领之,以后成为楚在东方发展的大本营。后楚王与太子出兵东方,都以此地为据点。这里也是楚与吴在北方争夺的前线,所以战略地位十分重要。

公元前 626 年,楚世子商臣弑君自立,是为楚穆王,他继位后继续与晋国在淮河流域争夺势力范围,迫使一些从晋的国家复奉楚国为宗主。楚穆王三年,晋国联合宋、陈、卫、郑讨伐从楚的沈国。是年秋天,楚国则围困服晋的江国(在今河南息县),以示反抗。晋大夫处父率军伐楚以救江,周王室也派王叔桓公配合伐楚。楚将息公子朱率军迎敌,双方在方城相遇,楚军不战而回。后一年楚灭掉从晋的江。位处淮河中游的六国,和东方诸夷国向来渊源甚深,这时候叛楚而即东夷,正给楚国东扩以口实,就在灭江的第二年,楚派成大心与仲归帅师灭了六国。当年冬天,楚公子燮率军又灭了六国旁边的蓼。鲁国大夫臧文仲听说六、蓼被灭,感慨道:"皋陶、庭坚,不祀忽诸。德之不建,民之无援,哀哉!"①就是说两国被灭,祖先皋陶、庭坚再没有祭祀了。

晋国与楚在淮河流域激烈相争,不相上下,而楚国因为地近之利,征服的地区不断扩大。鲁宣公十二年(前597)冬天,楚国乘邲之战大胜晋军之后,楚王又借口萧曾囚禁楚国的熊相宜僚与公子丙,亲率大军讨伐萧。当时天寒地冻,楚王亲自抚慰将士,最后打败了宋人、蔡人的援兵,击溃了萧军,攻下萧城(今萧县西北)。第二年,楚国又借口宋杀楚使而派大军围困宋国都城,前后达9个月,宋人易子而食,最后屈服纳质,楚才肯撤军,说明此一时期楚国的强盛,今安徽北部已成为其重要的据点。

当晋、楚在淮河流域争夺势力正酣的时候,楚国大臣申公巫臣因个人问题得罪令尹子重、司马子反,逃亡到了晋国,子重等人借机杀了巫臣的族人,分了他的家财。巫臣知悉后大怒不止,写信给子重说:"余必使尔罢于奔命以死。"②他向晋君提出出使吴国的请求,认为联吴以制楚是晋国当下应取的良策。晋景公意识到巫臣要为报复楚国而联吴,这和晋国的战略目标相一致,同意了他的请求。吴王寿梦也非常欢迎大国晋与吴的通好。巫臣亲自带了三十辆战车来到吴国,教其使用战车与排列战阵,这是当时最先进的作战方式。巫臣不断唆使吴王背叛楚国,又把自己的儿子狐庸留在吴国,让他做吴国的外交官行人,替吴联络中原国家。吴国得到晋的支持,公元前584年,吴开始进攻楚的属国巢和徐,并攻入楚在东方的重镇州来,使楚令尹子重、司马子反等,一年间来回七次奔命救助各地。由于晋、吴的联合,"蛮

---

① 《左传·文公五年》。
② 《左传·成公七年》。

夷属于楚者,吴尽取之,是以始大,通吴于上国。"①吴的兴起与反楚,对于楚而言,无异于后院起火。两下扩张相遇于江淮。

由于吴对楚的进攻与威胁,促成晋国积极与吴联络。晋景公十八年(前582)晋国邀集齐侯、宋公、卫侯、郑伯、曹伯、莒子、杞伯同盟于蒲,《左传·成公九年》载,"是行也,将始会吴,吴人不至"。晋国盟会诸侯是为了与吴会见,说明晋国对吴的重视,但是吴国没有出席。六年以后的十一月,中原诸侯才"会吴于钟离,始通吴也"②。

楚国以不安的心情看着吴国与中原国家的接近,也积极计划如何改变这种不利于己的局面。《左传·成公十八年》记载,夏六月楚国"侵城郜,取幽丘,同伐彭城,纳宋鱼石"等。楚国通过一系列战斗,攻下南北交通要冲的彭城(今江苏徐州),让宋国叛逃来楚的大夫鱼石据守,以断绝吴、晋往来的通道。宋大夫西钼吾看到了楚国的用心,明确指出,楚欲"以塞夷庚……毒诸侯而惧吴、晋。"③夷,平也;庚与远通,道也,就是说,楚国想要阻塞南来北往的交通要道彭城,使之成为诸侯之毒害而使吴、晋有所恐惧。

这一时期,楚国又在从陈、沈等取得的安徽北部地区建立了军事据点,如寝丘、繁阳(在临泉县)等,屯住重兵,加之焦、夷等,构成楚在东方的军事网络。此后楚国在东方的军事行动大都是从此开始的。如鲁成公二年楚师过宋侵及阳桥(鲁地),九年楚子重又自陈伐莒等。

为了保持晋、吴之间的联系,以晋国为首的中原诸侯开始反击楚国。七月,宋国派大军围攻彭城。十一月,楚令尹子重亲率大军伐宋以救彭城。宋军感到压力,急忙派大臣华元到晋国告急,请示出兵援助。晋君率军救宋,在靡角之谷(彭城附近)和楚军相遇。两军战至晚间,楚军败退,晋军进而围彭城,迫使守军投降,鱼石被晋人抓住交给了宋人。

楚国希望切断吴晋通道的目的未能达成,转而直接进攻吴国。鲁襄公三年春(前570)楚国出兵伐吴,攻下鸠兹,前锋到达衡山。又派

---

① 《左传·成公七年》。
② 《左传·成公十五年》。
③ 《左传·成公十八年》。

邓廖率领公族组成的车士三百、步卒三千人伐吴。邓军不幸被吴人拦腰截击，结果邓廖被俘，所属部队只有 300 多人逃回。子重因为失败，郁闷而终。鸠兹，过去多以为在芜湖，衡山为当涂县横山。也有说在浙江的。没有任何根据，主要是推测。楚军以战车为作战工具，不可能过江伐吴。春秋时我们还没有看到以战车作战的军队深入江南的例子。再说淮河一线此前正为吴国占领，楚军不可能一下子打到江南。还有，芜湖地区什么时候有鸠兹之名，文献没有记载，汉代这里是芜湖县。这里有鸠兹可能比较晚。《太平寰宇记》卷一百二十九"霍邱县"条云："在汉为松滋县，故城在县东十五里"，又说"按《古今地名记》云：松滋县，一名祝松县，古鸠地也。"《读史方舆纪要》卷二十一寿州霍邱县条有松滋城，顾氏也指出它为汉县，并引《古今地志》云："一名祝松，古鸠之地。"所以我们认为楚军攻取的鸠兹在今霍邱县东，而衡山即霍山县的霍山，也即衡山、南岳山。这里是楚越交往的通道，是以楚军攻克鸠兹，向南突进，并以精选军队占领之。可惜不久又为吴军夺回。后楚人一直把潜邑（衡山以北的重要居邑）作为南进之桥头堡，与吴人争夺衡山地区①，道理也在于此。

　　这一年的六月，晋国为了进一步和吴加强联系，与齐、宋、卫、郑、莒、邾等国在鸡泽会盟，派大臣荀会等至淮水之滨迎接吴王，可算是用尽了心思。但是吴王寿梦没有来。两年后，吴王派使臣寿越到晋国，说明没有参加鸡泽之会的因由，并表示服从晋国，"请听诸侯之好"。因为吴使的诚意，晋国决定再合诸侯以盟吴，并让鲁卫两国先行和吴会盟，加强联系。鲁国的孟献子与卫国的孙文子遵命与吴相会于善道（今江苏盱眙）。晋与楚相争，关键在于吴的态度。晋国积极与吴联系正在于此。

　　公元前 561 年，在位 25 年的吴王寿梦辞世，长子诸樊继位。第二年楚共王也去世，国丧未满的诸樊乘机"伐楚丧"。《左传·襄公十三年》记云：

---

① 《左传》鲁昭公元年至昭公三十年。

吴侵楚,养由基奔命,子庚以师继之。养叔曰:"吴乘我丧,谓我不能师也,必易我而不戒。子为三覆以待我,我请诱之。"子庚从之,战于庸浦,大败吴师,获公子党。

庸浦在今无为、庐江之间,吴军仓促用兵,又遭楚军诱诈,结果大败,公子党被俘。吴于是向晋请援。"春,吴告败于晋。会于向,为吴谋楚故也。"向地在今怀远县西,晋为了安抚吴国,在吴地与吴军一起讨论对付楚国的办法。参加这次大会的国家还有鲁、齐、宋、卫、郑、曹、莒、邾、滕、薛、杞、小邾等,中原与东夷国家大都来了。不过,大会上,晋国对于吴人乘楚之丧伐楚不以为然,并因此而斥退吴国的代表,说明诸侯国家尽管对于楚的扩张灭国不满,但在礼数上仍然恪守谨敬。吴的伐楚引起楚国报复。第二年,楚人伐吴,打到棠地(今江苏六合县)。吴人采取避而不战的策略应对楚军,楚军撤退,楚将子囊殿后,他以吴人不敢应战而不戒备,结果在皋舟的关隘之地,楚军被吴师拦腰截断,楚军前后不能相救,结果大败,公子宜谷被吴人俘去。子囊因为自己失误而断送楚军,一病不起。临死前他对大夫子庚说,"必城郢!"就是要把郢都的城墙修好,说明他已预感到楚国将要遭受吴国大规模的进击。50多年后这一幕果然出现了,吴军打到郢都,迫使楚王出逃,应验了子囊的担心。

这一时期晋国虽然仍在支持吴国,加强与吴的联系,如鲁襄公二十三年(前550)嫁女于吴,但因为内部争斗加剧,江淮战场上主要是吴人独自面对楚军。鲁襄公二十四年,楚国用水师进犯吴国,无功而返。吴国立即报复,召来舒鸠人,利用他们对于楚国的怨恨,教其叛楚。楚康王亲率大军,至于荒浦(今舒城东南),准备征讨舒鸠,使沈尹寿与师祁犁责斥舒鸠人的背叛。舒鸠人恭敬地接待了二人,回告二人说,舒鸠不敢叛楚,并提出愿与楚人盟誓。二人回复楚王,楚王认为应该讨伐舒鸠的反复无常。因为大臣蘧子的反对,楚才退兵以观其变。第二年舒鸠人终于叛楚,《左传》襄公二十五年七月记载:

舒鸠人卒叛楚,令尹子木伐之,及离城,吴人救之。子木遽以右师先,子强、息桓、子捷、子骈、子盂帅左师以退。吴人居其间七日。子强曰:"久将垫隘,隘乃禽也,不如速战。请以其私卒诱之,简师,陈以待我,我克则进,奔则亦视之,乃可以免。不然,必为吴禽。"从之。五人以其私卒先击吴师;吴师奔,登山以望,见楚师不继,复逐之,傅诸其军,简师会之。吴师大败。遂围舒鸠,舒鸠溃。八月,楚灭舒鸠。

杜预注:"离城,舒鸠城。"江永《春秋地理考实》只是简单发挥一下杜注,洪亮吉《左传诂》以为离城即钟离城,并斥杜预注"殊无所据",但没有提供任何证据。今人杨伯峻《春秋左传注》引杜注后说:"(离城)则当在今舒城县之西,为楚军至舒鸠所经之邑。洪亮吉《诂》谓即钟离,不知钟离在今安徽凤阳县东北二十里,远在舒城东北,楚伐舒鸠,断不至行军至此。"①

其实综合考虑即可知道,此离城实即钟离城。首先,由前一年记载知,舒鸠人叛楚实则有吴为之撑腰与诱导也。所以楚军来伐舒鸠,实则与吴战。令尹子木亲率众公子与二师出征,也说明楚国的重视。若只是进伐舒鸠人,只怕楚东方大本营沈尹寿所属军队已足成事。所以楚军不会直接进军舒鸠,而是要寻找与吴军决战的地点与时机。哪里才是最为合适的地点?钟离作为楚东边重镇,与吴地接壤,楚军在此既可以休整、谋划,又可以布出疑阵,引出吴军,无疑是一个理想的地方。所谓"断不至行军至此",没有考虑战争形势与战术安排等方面的问题。

其次,两支楚军形成夹吴而阵的形势,说明是事先安排好的。若离城在舒鸠以西,子木率军自西向东进攻,吴军来救必自东边,这样两军就是东西对峙,子木与后退之子强等人的部队,无论如何难以形成前后夹击吴军的阵势。然则,离城若即钟离城,子木率军先向西南方向的舒鸠进发,吴军追击之,而子强等人的部队向西即后退,两支楚军正好可以形成前后(即南北)夹击吴军的阵式。

---

① 杨伯峻:《春秋左传注》(修订本),中华书局,1990 年,第 1104 页。

311

再次，钟离城西有山曰离山，故钟离城、离城得名与离山相关。离山记载，见于明朝凤阳县令袁文新等编著《凤阳新书》，其中讲到他考察钟离故城，附近即有离山。① 而舒城附近，未听说有以"离"名城者。②

晋、楚长期相争，互有胜负，晋国由于大夫势力上升，内部争斗加剧，也不希望外与强楚为敌。于是在宋国执政向戌的奔走下，晋、楚于鲁襄公二十七年（前546）在宋会盟弭兵，结束了长期争战对立的局面。此后吴、楚就成为争夺江淮地区的主角。

吴楚在江淮地区的争夺 弭兵之会的前两年，吴军攻打巢邑，楚军诱敌深入，打开城门让吴王诸樊率军攻入，而楚将牛臣隐藏在矮墙的后面，一箭射杀了吴王。馀祭继为吴国的新君。晋、楚弭兵之会，吴国没有参加，意味着晋国将不再支持吴国。第二年，楚康王病死，同年底主持国政的令尹子木（屈建）也去世了。郏敖成为楚君，王子围为令尹，楚国出现了君弱臣强的局面。北面的郑国密切关注楚的动向，行人子羽看到楚君势弱的形势，说："是谓不宜，必代之昌。松柏之下，其草不殖。"③即是说君弱臣强难以相安，必取而代之。楚国的内政及其隐含的危机，使吴国看到一个好机会，就是剪除楚国的羽翼越国。公元前544年，吴人伐越，俘虏了一批越人，使之看守舟船。但当吴王馀祭前来观舟的时候，越俘突然刺杀了他。祭昧（夷末）接替了王位。不久，楚君郏敖也被令尹子围杀死，取而代之，是为灵王。楚灵王继位后，一方面继续与晋讲和，结以姻亲，同时联络中原至淮北诸国，努力搞好关系，从而集中力量对付吴国。

楚灵王三年，楚会诸侯于申，因为徐国国君的母亲出自吴国宗室，楚担心徐会亲吴，逮捕了徐君。秋七月，楚王率诸侯之师伐吴，派屈申包围朱方，一月后攻下，抓获齐国逃亡贵族庆封而灭其族，又以诸侯的军队灭掉赖国，迁其人于楚之内地的鄀。朱方，杜预以为吴邑，未指实所在，裴骃《史记集解》以为秦改曰丹徒，当今江苏镇江市东南。从楚

---

① 袁文新等撰：《凤阳新书》拾遗篇第八"拾地遗"，明天启刊本抄写本（安徽省图书馆藏本）。

② 陈立柱：《楚淮古地三题》，《江汉考古》2010年第1期。

③ 《左传·襄公二十九年》。

与诸侯之师伐朱方回师又灭赖看,朱方不当远在长江以南。再考虑庆封为吴封人,即边地情报员,当在吴楚前沿不远,故《谷梁传》说"庆封封乎吴钟离"[1],似较可取,一些学者以为朱方与钟离相近[2],是有道理的。楚王想要把许国迁于赖地,派使斗韦龟和公子弃疾筑城于赖。冬天,吴军伐楚,以报复楚伐朱方。吴军深入楚的棘、栎、麻三地。吴军所入的三地可能在今河南永城至新蔡一带,说明吴军是从淮北西进,越过了楚人在淮南的防线,绕到了背后,对楚人构成极大的威胁,以至于楚人慌忙增筑钟离、巢和州来三城,加强防守。因为水大,三座城池都没有筑成。楚人最后连筑赖城的军队也罢除了。

为报复吴国的进伐,楚国又召集诸侯及东夷的军队伐吴。这次越国也派军队到琐(今霍邱东)与楚王相会。薳射率领驻扎在繁阳的楚军前来与楚王会合,听说吴军到来,薳射率军跟在吴师的后面追击,因为不设防备,结果在鹊岸被吴人打败。杜预注:鹊岸,庐江舒县有鹊尾渚。后世学者有考其在无为至铜陵市北的长江两岸地带者,也有说在今巢湖市及肥西县三河镇的,还有据《水经注》将其定在定远县西北的古鹊甫溪一带的。后说似更在理。楚王坐着驿站的专车到达罗汭(今河南罗山县),吴王派弟弟蹶由来犒劳楚师,被楚人捉住。楚军渡过罗汭,沈尹赤来会楚王,在莱山(今河南光山县)扎营,楚人准备继续进攻吴军。薳射的繁阳之师率先进入南怀,楚王的大军随其后,到达汝清。因为吴人早有准备,楚王只是在坻箕之山检阅军队示威而已。南怀、汝清,高士奇《春秋地名考略》以为在江淮之间,坻箕之山在今巢湖市南。可见楚军此时防守的重点仍在江淮之间、群舒之地。

过了两年,徐国国君仪楚聘礼于楚,楚国把他抓了起来。仪楚想办法逃了出来。楚国担心徐国会叛楚而联合吴,派薳泄率军伐徐。吴国派兵来救徐,令尹子荡亲率大军伐吴。楚军从豫章出发,在城父附近的乾谿驻扎,与吴军战于房钟,结果大败,宫厩尹弃疾也被吴人抓获。子荡认为是因为薳泄没有配合好而归罪于他,将他杀了。房钟,

---

① 《公羊传》记载又不同:"庆封走之吴,吴封之于防。"

② 张胜琳:《吴楚淮域之战若干相关地名地望略考》,载张正明主编《楚史论丛》初集,湖北人民出版社,1984年。

杜预注为"吴地",后世学者多以为在今蒙城县南。可以看出吴在北方的势力这时候已达到焦、夷、州来一线。

鲁昭公八年(前534),楚灵王借陈国内乱之机,灭陈为县,使穿封戌为陈公。楚国的一县之长,称尹,有时也称公。次年,将许国由叶东迁于夷(城父),并以州来所属的淮北部分田地加给许;接着又迁原城父人于陈,将城父在濮水以西的部分田地加给迁陈的城父人;然后再迁方城外(即汝颍地区)的人于许(即叶)地。昭公十一年,楚灵王诱杀蔡灵侯于申,灭蔡为县,使公子弃疾为蔡公。随之又将淮域属楚的诸小国许、沈、胡、申、道、房等,一并迁于楚之内地的荆山附近安置。

楚之灭蔡,杜预认为是因为蔡近楚,"故楚常恨其不服"。除蔡之外,他国莫不如此。当时楚对淮上诸小国不仅重赋敛,并且经常役使他们出征打仗。所以他们对于楚国也是叛服无常。面对吴国势力日益盛强所带来的压力,楚灵王在汝、颍、淮北一带所进行的一系列灭国迁民行动,其目的显然在于清除这一地区的不稳定因素,以防形势不利而生变,并尽力打乱这一地区旧有的血族体系,加快楚化进程。

实行一系列的灭国迁民政策以后,楚灵王开始"大城陈、蔡、不羹",以加强淮北汝、颍地区的防御。鲁昭公十二年(前530),楚王狩于州来,次于颍尾,使荡侯、潘子、司马督、嚣尹午、陵尹喜率师围徐以惧吴。军行,楚王次于乾谿,以为后援。围徐而震慑吴国,正是楚国巩固淮河中游地区地盘的具体行动。

楚灵王在军事上屡有行动,又肆意专杀,赋役无度,在乾谿一带筑章华台,乐不回都,又任意征发附属国家,弄得国力疲惫,政局动荡,人心思变,最后在众叛亲离中被迫自杀。经过一番争斗,公子弃疾继位,是为平王。楚平王为了争取更多的支持,马上"封陈、蔡,复迁邑",即把原来迁移他处的各小国遣回旧地,复其国家,稳定内部,息兵安民。而吴国则乘机灭了州来。令尹子旗请师伐吴,平王说:"吾未抚民人,未事鬼神,未修守备,未定国家,而用民力,败不可悔。州来在吴,犹在楚也。"①他要休养生息,积聚力量,获得民心。为此,第二年还在召陵

---

① 《左传·昭公十三年》。

精简了驻守在方城以外的军队。

楚平王初期的政策收到了一定的效果,给楚国带来了几年的相对稳定。但不久,他近奸佞,信谗言,废忠良,杀大夫伍奢及其子尚。伍氏的封邑在椒,即今天的全椒县。伍奢的小儿子伍员(字子胥)逃亡吴国,后来他助吴伐楚而残郢。平王还大兴土木,弄得民不聊生,又给吴国以可乘之机。鲁昭公十七年,吴伐楚,战于长岸(今当涂县西沿江两岸),子鱼战死,楚师增援,又大败吴军,俘获吴先王乘舟余皇。后吴公子光用计,复败楚师,夺回了余皇之舟。此时吴楚相争已从淮北绵延至长江,安徽从北到南,即自城父—州来—长岸一线,构成吴楚争夺的前沿地带。

鲁昭公十九年,楚国城州来、城父等,以加强东部的防备。吴国则不停地攻伐楚国,令楚人奔命救助,以疲楚师。鲁昭公二十三年(前519),吴国边邑卑梁县(今天长县)的一个桑女与楚边邑钟离县的桑女争桑叶,引起两边的村庄械斗,两县间发兵攻伐,以至两国间大军互伐。吴军伐州来,楚国薳越率领诸侯军队来救,吴人则退到钟离以待敌。楚令尹子瑕死于军中,军中士气受到影响,吴人又利用诸侯小国从楚又恨楚而不能与楚同德同心的情况,先出兵击败胡、陈、沈三国的军队,又让俘虏在许、蔡、顿等国军中鼓噪,导致三国军队奔逃。楚军还没有列阵,看到诸侯军队败逃,也奔逃不止。吴军乘势进入楚地。《左传》说楚太子建的母亲住在蔡国边地的郹地,暗地里与吴人联系,吴人来了则打开门迎接之,吴"取楚王夫人及其宝器以归"。《史记》说为"迎楚故太子建母于居巢以归"。具体地点当在蔡国东南临近淮水与颍水到江淮之间一带。吴军的攻势令新上任的令尹子常赶紧城郢。

第二年,越国联络楚国,用水师侵入吴地。先是越国大夫胥犴劳王于豫章之汭。豫章所在,古来说者甚多,要以说在河南光山与安徽寿县之间者为最多。① 石泉先生认为当"今寿州凤台以西,固始凤阳(?)以东,颍上以南,而六安以北淮水西岸地也。"具体又指出:"今淮

———————————

① 顾祖禹:《读史方舆纪要》;谭其骧主编《中国历史地图集》第1册,地图出版社,1982年。

南寿县、霍邱之间,犹有大小湖沼如西湖、东湖、瓦埠湖;淮北颍上县境有白马湖、长林湖、阳台湖等,甚多;淮北颍水入淮处亦低洼,皆当古豫章水泽所在。"①较为可取。

接着越公子仓归王乘舟,即送给楚王一条王专座的大舟。越公子仓和另一越大夫叫寿梦的人带领军队跟随楚王进攻吴。但是军队到了圉阳(今巢县南)又回去了,吴人则跟在楚军的后边,伺机袭楚。楚国边地之人没有防备,吴人乘机灭掉守巢与钟离,可能还杀死了两地的驻守大夫。所以沈尹戌说:"亡郢之始,于此在矣。王一动而亡二姓之帅,几如是而不及郢?"②吴军攻而不守,很快又退了出来。第二年楚人在州屈、丘皇(两地当今凤阳县西)筑城,又为巢和卷筑廓,加强守备。不久楚平王死去,吴人又乘楚丧而伐之,派公子掩馀、公子烛庸率师围潜(在今六安与霍山之间)。这里是楚与越来往的通道与据点,是以吴国派两公子帅大军前来争夺。楚国当然不敢怠慢,很快出动几路大军求援。莠尹然、工尹麇率师直去救潜,左司马沈尹戌率领都邑亲兵和王的马官之属来补充军队,在穷地(今霍邱县西南)与吴军相遇,令尹子常的水军则到了沙水入淮的地方,而左尹郤宛、工尹寿率师也到了潜地。楚几路大军的进围,见出楚对此战的重视。吴师想退都没有可能。吴公子光认为是夺权的好机会,于是杀死吴王僚而自立为王,这就是著名的吴王阖庐。前线的吴军主帅公子掩馀有国而不能回,自己投奔徐国而去,公子烛庸则奔钟吾。这两个小国是吴国在北部的附庸。楚也因此退兵。迫于吴的压力,公子掩馀与烛庸又自徐、钟吾再逃至楚国。楚"大封而定其徒",城养而使其居,并取养地(今阜阳市西北)附近城父与胡国的土地给他们,"将以害吴也"。③ 因此激怒了吴国。吴人先逮捕钟吾国君,接着伐徐,以水灌城而灭之,徐王章禹奔楚,楚筑城父以处之。至此,淮北东部小国尽灭于吴。

吴王阖庐当位后加紧了对楚的攻伐。他采用楚国亡臣伍子胥的建议:出兵击楚,以疲其师,伺机入楚,因此不断地攻略楚地。"楚于是

---

① 石泉:《古代荆楚地理新探·续集》,武汉大学出版社,2004 年,第 300—303 页。

② 《左传·昭公二十四年》。

③ 《左传·昭公三十年》。

乎始病"①。楚昭王五年（前511），吴人侵楚，伐夷，侵潜（今霍山东北）、六。楚在东方大本营的总指挥沈尹戌率师救潜，吴军立即退走。楚把潜地的居民迁于南岗（今霍邱县城）。吴军一部又沿淮河西进，包围弦国，等到楚军的左、右司马率师来御的时候，吴师又退走不战。

鲁定公二年（前508），在今舒城与桐城之间的小国桐，背叛楚国。吴国感到是出兵击楚的好机会，乃利用舒鸠人诱楚出兵。让舒鸠人告诉楚说，你们出兵到我这里，我们帮助你攻桐，楚为大国，不必猜忌。楚国果然出兵，准备伐吴，吴人故意将舟船集合于豫章，以示与楚人决战，而暗地里又派兵包围楚之巢邑。结果吴军不仅在豫章打败了楚军，而且攻下巢邑，抓获楚公子繁。《左传·定公四年》记载："楚自昭王即位，无岁不有吴师"，正是吴强楚弱、吴加大攻楚力度的总结。

大略同时，蔡昭侯、唐成公朝楚，先后被令尹子常因索贿不成而扣留三年，饱受欺辱。蔡昭侯恨透了楚国，回国后立即朝晋，并以其子和大夫为质，请以伐楚。至此，楚国人心丧尽，众叛亲离，政局动荡，完全陷于交困的深渊。这为吴军大举进军提供了机会。鲁定公四年（前506）冬天，吴和唐、蔡联军出兵伐楚，楚军接连败退，吴军乘胜进军，经过五次接战，吴军打到了楚国都城郢，楚昭王仓皇出逃，涉沮济汉而奔随。随着楚的败北，过去一直附属于楚的国家纷纷叛楚。在今阜阳市的胡国乘"吴之入楚也，胡子尽俘楚邑之近胡者"。弱小的顿国也背楚而朝晋，蔡、唐等则乘机扩大地盘，包括郑国军队，也涉颍济汝，深入楚国方城之外灭了许国。

楚人一方面抗吴，另一方面乞师于秦前来救援。在吴国的背后，越国乘机出兵攻吴，加之吴国内部争权夺利的斗争导致实力受到损伤。第二年夏天，楚秦联军终于把吴人赶出了楚境，并乘机灭了唐国。但是，当楚军在淮河流域开始设防的时候，仍然二度败于吴人。先是舟师为吴太子所败，吴军甚至进兵至今河南固始、潢川、光山一带，灭了附庸潘子臣、小惟子等。随后司马子期率领的陆师又败于繁阳。楚国惧怕吴师再次入郢，慌忙间迁都于鄀（今湖北宜城东南），以避吴之

---

① 《左传》昭公二十七年至三十年。

兵锋,足见这时吴盛楚弱的情形。安徽的大部分地区一时间尽为吴有。

在吴与越的战争中,吴王阖庐受创而死,吴由此怨越而不西伐楚。楚国经过几年的"改纪其政"和休养生息,国力又有了恢复。鲁定公十四年,楚乘吴越开战之际,与陈联兵灭了顿国。第二年春天,又灭了胡国,把胡国的君主胡子豹俘走。鲁哀公元年(前494)楚王亲率大军围蔡,九日九夜。在吴国大举进攻楚的时候,蔡和吴、唐一起攻楚,败楚于柏举,所以楚人恨透了蔡,在蔡城周围筑为高垒,居高而下地攻城。蔡最后投城,男女分成两排,系捆而受降。楚国准备将蔡安置于江、汝之间,而蔡国则请求迁到吴的近边。这时吴王夫差伐越取得大胜,越王勾践臣服,成为吴的附属,吴军乃前来助蔡。最后迁蔡于州来。淮河中游一带仍为吴有。公元前489年,吴国又伐陈。因为与陈有盟约,楚昭王亲率大军救陈。据《史记·孔子世家》,当时孔子正在陈国。楚军屯于城父,占卜进军不利,退兵也不利,楚昭王又病危,临时遗命立储。楚军伏师闭途,迎立越女所生的公子章为王,这就是楚惠王。陈国附吴。吴国在淮北地区站稳脚跟,又借着伐楚伐越的势头,吴王夫差北上争霸,于鲁哀公十一年(前484)大败齐师于艾陵(今山东莱芜)。两年后又与晋在黄池争盟,一时间吴国成为无与争锋的霸主。

吴军北上,使楚国东、北边境的压力有所减轻。哀公九年,楚伐陈,陈成为吴、楚争夺的目标。另一方面越王勾践经过10年的积聚,国势再振,乘吴师主力北上之机,攻入吴都,迫使吴王仓促回师求援。这给楚国以机会,开始主动出击吴。鲁哀公十年(前485)冬,楚公子结(期)帅师伐陈,吴延州来季子率军来救,劝子期"务德而安民"。①十三年(前482),楚公子申乘越人攻吴,又兴师伐陈。两年后,子西、子期伐吴,前锋达到桐水之滨(古桐国附近)。哀公十六年,吴人伐楚慎邑(今颍上县西北),楚王孙白公胜败之。白公胜原是楚平王太子

---

① 这个延州来季子,是否吴公子季札,学者间意见不一,参见《楚文化研究论集》第五集,第176—180页。

建的儿子,建出走郑国遭死,子嗣逃逸。胜一直想为父亲报仇,从吴国回来后,胜被封于楚吴交接的巢为大夫,号曰白公,多次请求伐郑,未被批准,对令尹子西怀恨在心。于是借入朝敬献败吴所得,因而作乱,杀死公子西、公子期,又自立为王。后为叶公子高所平定。鲁哀公十七年,楚公孙朝率师取陈麦,进而灭陈。是年,孔子卒。

至此,楚国逐渐恢复了原来被吴所占据的淮河中游地区的土地,而且有所扩大。公元前476年,越人侵楚,楚公子庆、公孙宽追越师至越地。秋天,叶公子高伐东夷,三夷男女与之誓盟,说明楚国的势力已威逼越人了。至此,安徽大部分地区成为楚的领地。

三、安徽古国族的社会状况与其早亡

安徽古国族到春秋初还有近20个,以前自然更多。这些国家为什么没有能够像齐、晋、秦、楚一样成为一方霸主,天下雄强,而是很快被楚国等灭亡了呢? 即便是"为周宾客"的大国宋,也没有真正地成为霸主[1]。西周时徐国曾一度成为东方夷族的盟主,联合数十个国族,西伐周至于河、洛,逼近成周。徐的发展主要是基于周人的东征,东方夷族遭受打击,联合起来对抗周王室,大家尊徐偃王为盟主,诚如他自己将死时所言:"吾赖于文德,而不明武备,好行仁义之道而不知诈人之心,以至于此。"[2]这些话或者不为徐偃王的原话,而是后人的传言,但也说明大家推他为盟主,是他讲仁修穆。也正因为如此,徐偃王的联盟骤兴亦骤衰,一身未竟而国破家亡,算不上真正雄强之国。两淮古国族未能兴旺发达,有多方面的原因。从其地理环境说,这些国家所处大都是水乡泽国,国族所立之地犹如汪洋中的岛国,沙漠中的绿洲,不利于国家的整片开拓与凝聚。当时交通工具主要为舟船。传言徐偃王为通上国,在宋、蔡之间阙为深沟。吴王夫差北上,要在宋、鲁之间开运河前进。[3] 都说明淮北地区,西周春秋时期还是水乡河网之地。楚国为防备吴的侵入,在钟离、州来、厉等地筑城,因为这里的水

---

① 刘海燕:《春秋宋国未能称霸中原的原因初探》,《中州大学学报》2005年第1期。

② 《淮南子·氾论训》。

③ 《国语·吴语》。

319

太大，城筑不起来，被迫罢除，说明春秋中后期，沿淮淮北还因为水势浩渺而筑城不易。城市是文明的储藏器，没有城市的民族很少有较高文明的发展。两淮地区因为地理条件的局限，发展受到很大的限制。这在考古研究中也能看得出来。两淮夷人的考古聚落，一般规模都很小，城也很少，西周至春秋前期尤其少见，大概只有大别山东麓的六国筑有城池，其所使用的器物，造型简单，注重实用，文化区域分布都是一个个小聚落。① 正因为如此，其社会组织结构也较简单原始，许多国族虽然名为国家，实际上不过是一个稍大一些的部落而已，氏族组织还是其基本的社会单位。像群舒之属，大体上只是舒之各个分支，故奉舒为宗子。而英国遭楚灭亡后，史书名之曰"英氏"②，也表明其失去独立性之后，成为楚国境内的一个部族或部落，附属于楚。有的学者从群舒的器物造型与用途也指出："仍是原始祭祀的流风。它与饕餮纹含义完全不同，没有丝毫狰狞恐怖之态，应是氏族社会氛围的反映。""仍然保持着氏族社会拙朴之美的余风，弥漫着浓郁的原始气息。"③以其社会形态看，两淮古国族大多可能还处在早期部族奴隶制阶段。社会发展水平较低，其与制度完备、城高沟深、社会文明、积极开拓的国家相处，命运便可想而知了。

正因为其社会组织尚停留在较原始的阶段，发展水平相对落后，其对于文明社会的杀伐强武也不十分在意。史家已一再指出这一点，不少国族都是因为不设防备而被人灭掉的。"舒庸人以楚师之败也，道吴人围巢、伐驾、围厘、虺，遂恃吴而不设备，楚公子橐袭舒庸，灭之。"④不设防备而使国家遭亡在夷族国史中是很普遍的。东夷大国莒，也有这样的情况。《左传·成公九年》载楚国伐莒，"庚申，莒溃。楚遂入郓。莒无备故也。"《左传》"君子"评之曰："恃陋而不备，罪之大也。备豫不虞，善之大者也。莒恃其陋而不修城郭，浃辰之间而楚克其三都，无备也夫！"与夷人国家相反，中原国家则特别注意国家的

---

① 王迅：《东夷文化与淮夷文化研究》，北京大学出版社，1994 年，第 115—125 页。
② 《左传·僖公十七年》。
③ 刘和惠：《楚文化的东渐》，湖北教育出版社，1995 年，第 61、60 页。
④ 《左传·成公十七年》。

守备。《左传·昭公十八年》载郑国大火,执政子产"授兵以观"。子产说:"我闻之,小国忘守则危,况有灾乎! 国之不可小,有备故也。"子产因为失火而授兵以观,防止别国乘机来袭,防备之心强也,与夫夷人莒国因为自己简陋,便认为别人不会有所企图,不设防备,相去可为远也。其他夷族小国,如弦、黄、胡等也是因为不设防而为楚国所乘所灭的。缺少防人之心,这在不为刀俎即为鱼肉的春秋战国时代,其被人所灭只怕是必然的,发展壮大更是无从谈起。楚国的谋臣申公巫臣曾对不设守备的莒君渠丘公说,"夫狡焉思启封疆以利社稷者,何国蔑有,唯然,多大国矣。唯是或思或纵也。勇夫重闭,况国乎?"[1]他不仅批语莒君不设守备,而且指出大国之所以大,都是利用智谋,时刻思虑着开拓疆土,所有的大国,正是开拓兼并的结果。不设守备,不去力图谋取他国的土地,只想着自由自在地生活,这样的时候进入文明时代以来已越来越少了。像老子批评"强梁",提倡"小国寡民",率性而为,庄子不屑于"机心"、"机事",等等,都是夷族小国思想心态的具体表现,不要说成为强国,就是自保也不可能。《战国策·西周策》指出:"邾、莒亡于齐,陈、蔡亡于楚,此皆恃援国而轻近敌也。"莒国到了战国初年亡于齐,又是恃越援而不设备的结果。"仁义者自完之道也,非进取之术也!"[2]可以看出古人早已认识到夷人国家思想文化方面的一些特点。[3] 从部族奴隶制时代到统一国家的发展,实际上就是不断兼并、弱肉强食的时期。时刻谨守尚不免最后灭亡的命运,而不设守备,率性而为,讲信仁义的夷族小国,只能早早成为大国兼并的对象了。在发展中求生存,古今的道理是一致的。

唯是,仁义精神虽然不足以使人进取,发展国家,壮大军队,但对中国文化精神的塑造,其功居伟,将来或者会成为中国文化对于世界的真正有价值的贡献。因为以仁义之心与人交往正是其他文化,尤其是西方文化所忽视的。

---

① 《左传·成公八年》。
② 《战国策·燕策一》。
③ 陈立柱、洪永平:《淮河文化概念之界说》,《安徽史学》2008 年第 3 期。

第三节　春秋时期安徽经济的发展

　　春秋时期的安徽,各个地方的发展早晚有很大的差别,因而在经济发展程度上地区之间也很不一致。皖北因地理位置接近于中原,其生产和生活方式深受中原文化影响,农业发达,五谷丰登;江淮之间原为群舒的居地,以后又为吴楚争夺的焦点,交通较为便利的地区如沿淮及芍陂周围地区,发展较好。而皖南地区因地形、地貌的复杂而具有不同的经济和文化形态,一些地方的文化颇有吴越文化的特色,今天依然可以看到的大量的土墩墓、印纹陶与原始青瓷是其代表。尤其是这里富有铜矿,铜矿开采成为这里发展的一个动因。大体上皖南东部与沿江地带属于吴国的势力范围,西南部越文化的特色更浓一些。

　　从经济的层面讲,生产技术早期较原始,铜工具的使用较广泛,晚期因为铁器与耕牛的出现,生产技术水平开始有较大的提高。皖北地区农业发展水平较高,这从出土的农具与国家力量可以显示出来。孙叔敖修建芍陂,促进了江淮地区的开发,而沿江地带的铜矿开采则很是突出,显示了生产与科技水平的进步。

一、春秋时期安徽的农业生产

　　生产技术水平的提高　“农业是整个古代世界的决定性的生产部门”。[①] 春秋时期,淮河流域一些地区还在使用木石工具作为生产工具,但同时也使用青铜农具。如舒城九里墩春秋墓葬出土有铜镰。近似形制的铜镰在涡阳也有出土。1984 年安徽涡阳县双庙区盛双楼村发现的绳纹红陶罐里,装满锈成一团的青铜器。其中器物多数被哄抢者取走出卖,但文物部门仍收回了 132 件及一些铜器残片,经整理较

---

　　① 恩格斯:《家庭、私有制和国家的起源》,《马克思恩格斯全集》第 21 卷,人民出版社,1974 年,第 169 页。

完整和能分辨出器型的有生产工具 93 件、兵器 22 件、其他杂器 17 件。农具共有 81 件,包括镰、铚刀、锸、镬四种。镰较完整的有 55 件。镰身素背,正面有蓖纹,延至刃部形成锯齿。柄部上、下有二突脊,作捆缚木柄用。所有铜镰均经长期使用,磨损严重,有的仅剩窄窄的脊棱。另有工具 12 件,包括斧、锛、钻头、鱼钩、削五种,兵器如剑、矛、镞等,以及铃、镇、辙、盖弓帽、辖、带钩等杂器。这批青铜用具与战国时期的楚国钱币同出一罐,说明是战国时期窖藏的。但其中农具磨损严重,显然都是经过长期甚至很早以前使用的,其镰刀的形制与九里墩春秋墓出土的很为接近,其中的 A 型、B 型镞具有春秋早中期同类器物的特点,剑等具有春秋晚期或战国初期的特征。研究者也认为它是将过去使用过的青铜用具当做废料加以收集保存的。长期以来,商周时期的农业生产中是否广泛使用过青铜农具一直是有争议的问题。皖北地区近几十年来屡有青铜农具及其他生产工具出土,阜阳博物馆收藏的有 B 型锸 2 件、锛 10 件、A 型镰 7 件、斧 3 件、铲 2 件、凿 2 件,这些器物的出土地广泛分布于阜南、颍上、临泉、蒙城、蚌埠、灵璧一带。"涡阳这次出土的数量众多的青铜农具和工具,更从实物资料方面说明我国春秋战国时期确实广泛使用过青铜农具,至少在淮河流域是如此。"①

春秋后期,楚国和吴国铁器冶铸业都已发展起来。《国语·齐语》记载管子对齐桓公说:"美金以铸剑戟,试诸狗马;恶金以铸锄、夷、斤、斫,试诸壤土。"恶金即指铁,说明齐桓公时齐国可能已经铸造铁制农具。南北都有铁制的工具,则淮河流域应该也开始使用铁器。

从能够冶炼铁,到冶铁技术的改进,又到铁器实际应用,再到铁器广泛运用于生产活动,是一个较为漫长的过程。刚开始使用铁器时,质量差、数量少。从考古发掘看,春秋到战国早期的铁器,多出自墓葬,数量很少,器型简单,形体薄小,不少是用金、玉、青铜作柄的,有的铁器还错金嵌玉,它们无疑是作为珍贵物品埋葬的,这表明铁在当时

① 杨玉彬、刘海超:《安徽涡阳县出土的东周青铜器》,《考古》2006 年第 9 期。

还是一种稀有的珍贵金属。① 根据考古报告,现在已发现的铁农具,最早的时代是春秋末,而且春秋末以至战国早期的铁器出土的数量还很少,只是一些小铁锄、铁削、铁短剑等。② 这说明,春秋晚期到战国早期(前5世纪),铁器的使用还不普遍,而且只有小件铁器和小农具。《老子》一书中有"天地之间,其犹橐籥乎?"这"橐籥"即用于冶铁鼓风的皮囊。老子是涡淮地区人,说明这里的人们已能冶铸铁器。齐国当时的叔夷钟铭文中有"造鐵徒四千","鐵"可能是铁的初字或省文,说明齐灵公时已有采铁冶铁的官徒了。根据考古资料,春秋晚期的铁制农具已经大致出现了铲、锄、锛和削四种类型,这可以在同时期或更早的青铜器中找到它们的原形。除铁削外,其他三种都与农业有关系。铲和锄是挖土或松土工具,锛属斧类,是木工工具,也可砍伐树木,是开垦山林陂池不可缺少的工具。

春秋时的人名常用牛或耕字来命名,或名牛字耕,或名耕字牛。例如孔子弟子冉伯牛名耕,司马牛名耕或犁。《国语·晋语九》记载:"范、中行氏不恤庶难,欲擅晋国,今其子孙将耕于齐,宗庙之牺为畎亩之勤",这也说明,作为一种新生事物的牛耕,已出现于春秋时期。《论语·雍也》篇说:"犁牛之子骍且角,虽欲勿用,山川其舍诸?"也是例子。早在楚庄王时,淮河流域便可能使用牛耕。《左传·宣公十一年》记楚庄王借陈内乱之机灭陈以为楚县,申叔时以"牵牛以蹊人之田,而夺之牛",比喻处罚过重,向庄王进谏。这"蹊人之田"的牛应该就是耕牛。③ 由于战争的需要,春秋时期马使用的数量增多。中原地区的畜牧业则基本上变成了农业的附庸,专门从事畜牧业生产的人很少。

水利事业 春秋时期,由于土地的开垦和农业生产的需要,农田水渠的开发修造及简易的陂塘灌溉工程,均有一定的发展。此外,防洪治河工程也有起步。《国语·周语》上有"防民之口甚于防川,川壅而溃,伤人必多"的警句,可见当时的堤防已有一定的规模。

---

① 韩汝玢:《中国早期铁器(公元前5世纪以前)的金相学研究》,《文物》1998年第2期。
② 杨权喜:《试论楚国铁器的使用和发展》,《江汉考古》2004年第2期。
③ 李修松主编:《淮河流域历史文化研究》,黄山书社,2001年,第114页。

这一时期，淮河流域低洼潮湿，水网密布，便于农田水利的兴修，而铁器和牛耕的使用更带动了淮河流域水利事业的发展。

这里的湖沼主要以天然居多，而人工湖沼的开挖则说明了生产力的发展和社会的进步。《左传·成公十六年》记载："郑子罕伐宋，宋将钼、乐惧败诸汋陂。"杜预注：汋陂，宋地。在今亳州市北。《水经·淮水注》载："涣水又东，苞水注之。水出谯城北自汋陂。"陂是蓄水灌溉的，《方言》说："陈楚荆扬曰陂"，把储水叫做陂是长江到淮北地区的方言。《礼记·月令》注也说："畜水曰陂，穿地通水曰池。"《左传·昭公二十年》："十二月，齐侯田于沛。"杜预注："沛，泽名。"《公羊传·僖公四年》有"大陷于沛泽之中。"沛泽，一般认为在今江苏沛县境，当时可能很大，不限于今沛县。《左传·襄公二十年》："夏，盟于澶渊，齐成故也。"澶渊位于今安徽砀山县境内。上述史籍提及的陂泽均为淮北地区的湖泊水系。

据《左传》，在靠近中原的淮北地区，传统的沟洫灌溉进一步得到发展。《左传·襄公三十年》记子产施政，"田有封洫，庐井有伍"，即田里沟洫井然有条理。由于郑国开挖沟洫灌溉成效显著，惠泽百姓，人民讴歌道："我有田畴，子产殖之。"郑与宋、蔡为邻，郑的情况也能反映一些淮北地区的历史。长江流域更是水泽纵横，湖泊众多，漫濈无际。在今天的湖北黄梅至安徽的望江、太湖、安庆一带，古有著名的彭蠡大泽，还有"九江"，九者多也，足见其支流纵横。

芍陂 楚庄王时期，孙叔敖在楚国主持兴建了一系列陂塘，筑陂蓄水，以为灌溉。据《淮南子·人间训》记载："孙叔敖决期思之水，而灌雩娄之野，庄王知其可以为令尹也。"这就是我国早期的大型引水灌溉工程期思（今河南淮滨与期思一带）—雩娄（治今河南商城与安徽金寨之间）灌区。也有一些学者认为期思陂即芍陂。据《汉书·地理志》与《说文》，决水与灌水都出雩娄县，而名决与灌，刘玉堂认为"应是纪念孙叔敖"决水灌田之举。[①] 近年出土有春秋晚期铜器"虎（雩）

---

① 刘玉堂：《楚国经济史》，湖北教育出版社，1995年，第138页。

娄公佗戈"①,说明至少春秋晚期零娄已成为楚国的一个县。孙叔敖作为"期思之鄙人"②而能兴修水利,灌溉零娄县的土地,其人居地应距零娄不远,或当期思与零娄交界处。此陂应在今河南商城与安徽金寨一带。孙叔敖居于期思之边鄙近零娄一带,所以才可能深刻了解当地经济生产与决水灌溉的关系,因而有决水灌田之举措。《水经注》说灌水出汉庐江郡金兰县大苏山,与《汉书·地理志》淮水同,但与同书灌水异,郦道元的说法应该是后来的情况。孙叔敖在此决水灌溉,获得成效,为修建芍陂积累了经验。这两地相去也不远,地质状况接近,当也是孙叔敖经常往来与较熟悉的地方。孙氏决水灌溉的举措,改善了当地的农业生产条件,提高了粮食产量,所以他对此深有认识,以后颇多相近的作为。《七国考·楚食货》记载,孙叔敖"截汝坟之水,作塘以灌田,民获其利",就是其中之一。

孙叔敖开凿芍陂兴修稻田的具体时间,史书没有记载。楚庄王十二年(前601)伐舒蓼,平定群舒,与吴越结盟,一时声震江东。江淮之间诸方国先后沦为楚邑,成为楚国疆土的一部分,概称为楚之"东国"。其时孙叔敖作为楚之令尹,掌握楚国军政大权,当也在前线督军作战,为巩固新占领的地区,有可能鉴于他在期思重视水利灌溉的经验,申命军民因势利导,利用芍陂一带的地形特点,筑坝堵水,修为芍陂。"宣导川谷,陂障源泉,灌溉沃泽,堤防湖浦以为池沼。"③殷润国家,以便百姓,是他的一贯主张。《史记·循吏列传》云:"孙叔敖者,楚之处士也。虞邱相(也有说是沈尹茎)进之于楚庄王,以自代也。三月为楚相,施教导民,上下和合,世俗盛美,政缓禁止,吏无奸邪,盗贼不起。秋冬则劝民山采,春夏以水,各得其所便,民皆乐其生。"他深知水利对于治理国家的重要,因而主张修建各种水利工程。

芍陂是一个大型的陂塘蓄水工程。其得名,据说是"以水迳芍亭,积而为湖,故谓芍陂"。芍陂始见于《汉书·地理志》:"庐江郡……沘

---

① 韩自强:《楚国有铭兵器的重要发现》,《纪念中国古文字研究会成立三十周年国际学术研讨会》(2008年10月,长春)。

② 《荀子·非相》,《吕氏春秋·赞能》。

③ 《孙叔敖碑》,收洪适《隶释》卷三。

水所出,北至寿春入芍陂。"另据清光绪《寿州志》载,历史上芍陂水源有三:一淠水;一肥水;一龙穴山水。据郦道元《水经·肥水注》记载,芍陂是积而为湖。陂周百二十里许,在寿春县南八十里,为楚相孙叔敖所造。陂有五门,吐纳川流,西北为香门陂。据考察,东陂是一天然堤坝,人工堤坝主要施于西、北两面,西陂长 20 多公里,北陂仅几公里,整个陂塘南高北低,向淮河倾斜。孙叔敖根据当地的地形特点,选定淠河之东、瓦埠湖之西的长方形地带,将东面的积石山、东南面龙池山和西面六安龙穴山流下来的溪水汇集于低洼的芍陂之中,分别在西、北、东三面修建五个水门,以石质闸门控制水量,"水涨则开门以疏之,水消则闭门以蓄之",起到防洪、除涝、水产、航运等综合效益。天旱有水灌田,又避免水多洪涝成灾。后来又在西南开了一道子午渠,上通淠河,扩大芍陂的灌溉水源,使芍陂达到"灌田万顷"的规模。人们感念孙叔敖的功德,所以在陂水北面修建了孙叔敖祠庙,经常祭祀他。郦道元到这里考察时还见过祭祀他的庙宇。[1]

芍陂稻田,成为楚国的粮库,很快成为楚国的经济要地,极具战略和政治意义,为楚国全面控制东国和发展南北交通奠定了物质基础。楚以州来为中心,由钟离、巢城和焦(今亳州市)、夷(亳州城父集)所形成的三角地带,实际成为楚控制"东国"的腹心之地。楚国更加强大起来,打败了当时实力雄厚的晋国军队,楚庄王也一跃成为"春秋五霸"之一。

芍陂、漳河渠、都江堰和郑国渠号称我国古代四大水利工程,而孙叔敖开凿的芍陂[2]是我国现存最早的大型水利工程,两千多年来,对江淮农业及经济的开发和发展一直发挥着重要的作用。

芍陂之外,据传孙叔敖还修建了阳泉陂与大业陂,一在今霍邱县西,一在霍邱县东北,规模都比芍陂小。胡三省《资治通鉴注》引《华夷对镜图》对此有记载:"芍陂……与阳泉(陂)、大业(陂),并孙叔敖所作。"唐代编《元和郡县图志》也有相近的说法:"寿州安丰县有芍

---

① 郦道元:《水经》卷三十二"肥水注"。

② 《后汉书·郡国志》注引《皇览》文认为,楚国大夫子思(可能为战国时人)造芍陂。事实可能是子思又对芍陂进行了较大规模的规划与整治。

陂,灌田万顷,与阳泉、大业陂并孙叔敖所作。"

另外,江南地区还有胥溪。我国南方,主要靠水上交通往来。据说春秋时,吴王为了运粮而采用伍子胥的建议,在今江苏宜兴、溧阳、高淳各县及今安徽的宣城、芜湖之间,利用自然湖泊与水道,开成一条运河,即后世所称的"胥溪",也称"胥江"。这条运河沟通了太湖和长江,大大方便了苏皖交通,利用它不仅可以吸收皖南物资,且易与楚人争长江之险,一直到唐末的杨行密吴政权,还曾使用过这条运河。

二、农业生产的发展和赋税制度的变革

春秋时期,中原地区由于是"都国诸侯所聚会",而又"建国各数百千岁",已经得到较好的开发。随着人口的增加,农业生产技术也有了一定的提高,而淮河流域的宋、徐、鲁、陈、蔡等国在春秋以前,或为中原大国,或者近于中原,也都获得了不同程度的发展。

农业生产力的发展,主要受几个条件影响:第一,生产工具的变革。春秋中期,随着冶铁工业的发展,出现了铁制农具,由此出现了牛耕。犁耕的出现在农业发展史上是一个划时代的变化。而随着土地较大面积的开发,浅耕变成了深耕,生产方法也跟着改变了。第二,人工施肥。大约在春秋时期人们已知"粪田",《礼记·月令》说"季夏之月可以粪田畴",即可说明。到战国时,文献中有关"粪田"的记载就比较多了,春秋时人工施肥也已经开始。老子《道德经》说:"天下有道,却走马以粪。"老子是涡淮流域的学人,《道德经》一书主要产生于淮河流域,说明该流域人们的思想意识中对施肥的重视。第三,水利灌溉。春秋以前的文献中几乎没有有关人工灌溉的记载。人工凿渠始于春秋。第四,人口增加。人口增加的原因是多方面的,就农业生产而言,无疑意味着农业劳动力的增加。[①]

土地的开发 铁器、牛耕的使用,水利灌溉的进步,使得淮河流域的土地开发速度加快。最为显著的是三代以来的丘地农业得到了进一步的拓展,经济迅速发展。例如商丘(今河南商丘境)、雍丘(今河

---

① 傅筑夫:《中国古代经济史概论》,中国社会科学出版社,1981 年,第40—45 页。

南杞县境）等地分别成了宋、杞等国的都城；寝丘、赫丘（宋地）等原淮河流域的台地以及周围地区也得到了开发。据《尔雅·释丘》，淮南古有州犁丘，犁、来双声，州犁即州来，为州来国建立的地方。这里能成为一方国家的据点，也是成为高丘之地的原因。与此同时，农田的规划与整治水平也有明显提高，出现了平整而便于灌溉的良田，如《左传·昭公十三年》记载的"濮西田"约在今安徽阜阳茨河一带；《左传·昭公九年》记载的"州来淮北之田"，约在今安徽凤台至颍上、阜阳一带。当时楚国还分封贵族采地于各地，其中不少就在安徽，目的就是要加强边远地区的开发。如孙叔敖子求封于寝丘，在今临泉县，伍氏家族封于今全椒的椒山脚下，所以伍举又叫椒举。《路史·国名记》谓："堂，棠也，伍尚封号，棠君今扬之六合，秦汉时棠邑"。其地距椒山不远，或为伍尚治地。楚太子建出守城父（今亳州城父镇），死后他的儿子胜被召回封于居巢一带，称为白公胜。据记载，孙叔敖尝为期思之鄙人，在今安徽与河南之间，有可能是其父祖封地在此。贵族带领族人进于封地，利用他们带来的新技术，开垦土地，发展生产，对各地的经济发展也起到了促进作用。

不过，总的看当时土地的开发和农业生产发展的水平毕竟是有限的，草木畅茂的荒地和大面积的水域仍随处可见，所以渔猎、采集在一定程度上还是作为农业生产的重要补充，上文说孙叔敖"秋冬则劝民山采，春夏以水"，都是具体的表现。

稻麦种植 关于这时的粮食作物，有"五谷"、"六谷"、"八谷"、"九谷"及"百谷"之说。《诗经》中所记载的有黍、稷、麦、禾、麻、菽、稻、粱、苣、荏、菽、稔、粟等名称。其中，有些是一物两名或数名，有些是一物中的不同品种，若将其合并归类，去其重复，主要的还是黍、稷、稻、麦、麻、菽六种。[①] 据考古发掘得知，在寿县斗鸡台遗址曾发现炭化稻谷和稻谷壳；在肥东大陈墩发现一处经焙烧过的地窖，据推测当与储存水稻一类的粮食有关。

黍和稷在当时是重要的粮食作物。黍北方人也称之为黍子，稷又

---

① 周自强：《中国经济通史·先秦经济卷》，经济日报出版社，2000年，第1124页。

名粟,即今天的谷子或小米。黍和稷是古代北方种植最普遍的谷类作物。淮北仍以黍、稷之类的旱粮作物为主。一般说来,北方以粟麦为主,包括淮河流域在内的东方地区自西周时起,麦的种植逐渐增多,至春秋时已成为最主要的农作物之一;南方则以稻米为主,但二者的差异并不显著。吴越两国的强大基础就是有发达的稻作农业,这在《吴越春秋》和《越绝书》等古籍中有充分的反映。吴越在春秋初期尚为"断发文身"的蛮族,而冶铁技术的传入及铁农具的使用,大大促进了当地农业生产力水平,其显著的结果就是使南方经济后来居上。春秋后期,吴越两国已经以大国的姿态向北方争霸,并跻身于"霸主"行列。

1955年,考古工作者在亳州的钓鱼台遗址发现大量炭化麦粒,种植年代在西周时期,这说明安徽栽培小麦的历史,至迟可推到西周时期,春秋时期当继续有所发展。《周礼·职方氏》记载:豫州"宜五种",兖州"宜四种"。"五种"通常是指黍、稷、稻、麦、菽,"四种"是指黍、稷、稻、麦。豫、兖二州都包括今安徽淮河流域一部分,都种麦。

经济作物　江淮地区气候温暖湿润,有种植桑麻的天然的优越条件。春秋时期,桑麻等用于纺织的作物种植已很普遍,此外葛、苎、菅等也有种植。《诗经·陈风·东门之池》:"东门之池,可以沤麻……可以沤苎……可以沤菅。"陈地出产的麻、苎麻和菅草都是织布的原料。陈国的东部已达到今亳州、涡阳一带。寿县蔡侯墓出土的蚕形玉饰也可以说明淮河流域蚕桑业的发展。《史记·伍子胥传》还记载了这样一件事:"楚平王以其边邑钟离(今凤阳)与东吴边邑卑梁氏(今天长)俱蚕,两女子争桑相攻,乃大怒,至于两国举兵相伐。吴使公子光伐楚,拔其钟离、居巢而归。"两国边地的女子因为争桑叶而打架,并引起一场国家间的战争,说明养蚕业的发达以至出现了桑业供给不足而要争抢的情况,为此不惜动用国家军队的力量进行争夺。

畜牧养殖业　《诗经》、《管子》等史籍反映不少淮河流域春秋时期的社会生活,其中有大量经济作物和动植物的记载。《左传·隐公五年》载,当时人们要进行"春蒐夏苗,秋狝冬狩"的四季狩猎活动。在淮河流域,由于气候温润,水草茂盛,尤其适宜牛羊等家禽和家畜的饲养,这从考古发掘大量的猪、鹿、牛、羊、鸡、鱼、龟等遗骸可以为证。

文献中这类记载也有不少,如:《诗·召南·羔羊》记有"羊羔之皮";《周礼·职方氏》记豫、兖二州,"其畜宜六扰";扬州"其畜宜鸡狗鸟兽"。《师寰簋》记云,"征淮夷……殴俘士女牛羊",说明淮夷分布的淮河流域出产牛羊。从《诗经》有关春秋时期篇章可以看出,当时渔猎、采集仍然在经济生活中占有一定地位。

　　特别要指出的是,此时淮河流域的养鱼业也已发展起来。楚国可能是先秦时期最早池塘养鱼的国家之一。《吴越春秋》记载越王勾践在会稽时,范蠡说有鱼池两处可以养鱼。又据《吴郡诸山录》有吴王鱼城在田间,证明至少在公元前5世纪以前,长江下游地区池塘养鱼已是相当普遍了。20世纪60年代在河南信阳孙砦遗址发掘出一面积约670平方米、呈长方形的鱼苗养殖池遗迹。坑口下两米深处的池中有一道纵隔梁将大池分为两个单元,而纵隔梁两边又各有四个小隔梁,共将大池划分为10个小池。从坑底青灰色淤泥中发现有完整的鱼骨架并伴有很多鱼苗遗骸,同时发现有大量种类复杂、编制精致的编织物,以及木制桨、橹、草鞋等物。这些发现表明该区不仅能进行鱼类的人工养殖,而且已熟练地掌握了鱼苗繁殖过程中的防暑、御寒和"鱼巢"的设置等。安徽的大部分地区处在信阳与东南吴越之间,养鱼业自然也有较大的发展。

　　土地关系与赋税　土地的开垦与人口的增加,使得国家的赋税征收也发生了变化。据《左传·襄公二十五年》记载,楚蒍掩任司马时,令尹子木曾命他整治军赋的征收。为此他曾大规模统计、规划山林、土地与水泽:

　　　楚蒍掩为司马,子木使庀赋,数甲兵。甲午,蒍掩书土田,度山林,鸠薮泽,辨京陵,表淳卤,数疆潦,规偃猪,町原防,牧隰皋,井衍沃,量入修赋。赋车籍马,赋车兵、徒卒、甲楯之数。既成,以授子木,礼也。

庀者治也,芜掩治赋的几个方面,历来的解释不尽相同。[1] 但主要方面则是调查统计各种不同类型的土地、山林、水泽及其收入情况,并据此计算出各自所应出兵赋的多少,然后编成簿籍,上交给令尹子木。这实际上是一次全国性的土地山林水泽等收入的大调查,是重新制定赋税的标准所必须做的准备工作。又据《淮南子·人间训》记载,在居巢一带做大夫的白公胜(楚太子建的儿子),曾"大斗斛以出,轻斤两以内(纳)",也可能反映一些土地赋税关系方面的变化。

三、春秋时期安徽的手工业

青铜器与江南的铜矿开采 在淮河流域的安徽舒城、霍山、寿县、淮南以及豫南、苏北、鲁东南等地区的许多地方都出土过成批的青铜器,其中的吴器、徐器、陈器、蔡器、黄器等各具特色,而又以楚器为最多,并且质地精良。今安徽宿州埇桥区褚栏平山村出土的蹲人耳簋,其造型一反商周以来的呆板,形象生动,纹饰细腻精美,为青铜器转型期的代表性器物。[2] 寿县西门内蔡侯墓出土了 486 件青铜器,舒城九里墩春秋墓出土铜器 170 多件。这些出土青铜器大致包括礼器、乐器、车马器、生产工具等,而其中生产生活工具明显增多,出现了诸如簋、敦、缶、炉、铜镜、洗、带钩、短剑、镰刀等新的器物。蔡侯墓出土的莲瓣方壶,结构复杂,华美气派,采用了熟练的分铸法令器物别具一格,浑然天成,显示了春秋时期皖人的高超技艺。蔡侯墓不少铜器的镶嵌技术也有很大提高,主要是先在器表铸成浅槽,刻成各种花纹,再将红铜片镶嵌进槽内,经磨平后因为红铜片与其他青铜色泽不同,从而构成绚丽的花纹。这种技术在全国并不多见。

1991 年六安市九里沟系列墓葬出土了鼎、盏、缶等楚式青铜器。其中鼎的纹饰由繁趋简,鼎足由矮蹄足直立到蹄足稍高外撇,由深腹圜底到浅腹圜底,符合春秋至战国时楚式鼎的变化规律,也从一个侧面反映了这一时期楚文化东进,皖西先秦文化(或者说以群舒文化为

---

① 刘家和:《关于芜掩庀赋》,《古代中国与世界》,武汉出版社,1994 年;刘玉堂:《楚国经济史》,湖北教育出版社,1995 年,第 35—42 页。

② 李修松主编:《淮河流域历史文化研究》,黄山书社,2001 年,第 216 页。

代表的方国土著文化)开始了与楚文化的融合过程。

1981 年宣州孙埠出土了 4 件青铜器,其中有 1 件为青铜乐器。关于该件青铜器的名称,学界有不同的看法。据考这些青铜器是春秋时期遗物,具有明显的地域文化特色。王爱武认为是"桡",是研究春秋时期长江中下游青铜文化的实物资料之一。①

盛行于徐、楚、吴等南方诸侯国的军乐器钲以及吴越用于祭祀或宴飨的乐器句鑃、军用的錞于也各具特色。錞于,属周实内空悬挂式敲击乐器,据考古发掘,錞于最早在山东沂水刘家店子墓以及安徽宿县(今宿州埇桥区)芦古子城被出土,均属于春秋中期,为淮夷的产品。此后,在安徽寿县蔡侯墓、江苏镇江、江西修水等长江下游也有发现。

春秋初年的《诗·鲁颂·泮水》记载:"憬彼淮夷,来献其琛,元龟象齿,大赂南金。""南金"就是南方的铜。春秋中晚期传世和出土的徐国青铜器虽数量不多,但种类齐全,有食器、酒器、水器、乐器、兵器及其他杂器等。徐器出土于徐国本土者不多,大部分出土于其他地方。见于著录的徐器主要有郭沫若《两周金文辞大系图录考释》所录的 7 件,有徐王量鼎、宜桐盂、允儿钟、王孙遗者钟等,铭文字体秀美,花纹细致,铸造精良,技术娴熟,具有典型的南方风格。春秋中晚期应为徐器发展的鼎盛时期。1988 年安徽省庐江县岳庙乡出土的 4 件青铜器,有兔首鼎、盘口鬲形盉、匜形勺、龙首釜,均具有鲜明的区域特色,特别体现在形制、纹饰和风格上。出土的群舒青铜器从时代和地望看,与聚居于淮水流域的淮夷和南淮夷有关。② 西周晚期到春秋早期,淮河以南长江以北的江淮地区,地方小国星罗棋布,有英、六、宗、巢、桐和群舒——包括舒蓼、舒鸠、舒庸、舒鲍、舒龙、舒龚等,均属南淮夷诸邦国。新中国成立以来通过田野考古发掘,在南淮夷诸邦国境内出土了几批青铜器物,当属于春秋早期的器物。如 1971 年在肥西县柿树岗小八里村出土的蟠虺纹鼎、盘、匜、小方簠等。③ 1959 年至 1989

---

① 王爱武:《浅析宣州市孙埠出土的青铜乐器》,《文物研究》第 12 辑,黄山书社,1999 年。

② 万全文:《徐国青铜器略论》,《文物研究》第 7 辑,黄山书社,1991 年。

③ 马道阔:《安徽庐江县出土春秋青铜器——兼谈南淮夷文化》,《东南文化》1990 年第 1 期。

年在安徽舒城先后出土了一批青铜器,从纹饰看有几何形状的弦纹、云纹、回纹等,有动物形状的诸如鸟兽、虫鱼类饰纹,还有卷云纹、蟠带纹、兽首纹等。虽然为零星出土,但据推断,舒城泥河出土的鼎为春秋中期,而在桐城、合肥等地发掘的重环、纹鼎、兽首纹等应为春秋晚期的器物。① 安庆大敦寺遗址出土了一件双翼圆脊青铜镞(铤残)。

在我省寿县发现的春秋时期的蔡侯墓,出土的铜器有蔡侯妹出嫁吴国的媵器——两尊、一盘以及吴王嫁女于蔡的陪嫁器——一组编钟、两件铜鉴等,伴有大量的青铜铭文。春秋初年,蔡国(今河南上蔡东)由盛而衰,迫于战乱,都城一迁至新蔡,再迁至州来(今寿县),因此这些青铜器明显具有楚器的风格。例如出土的盉及盉形器都有蟠虺纹浮雕装饰,与屯溪出土的乳丁纹簋、铜陵出土的蟠虺纹鼎耳腹部装饰类似。

再以1988年安徽省舒城县河口镇幸福村发掘出的春秋墓葬为例,其中编号为M1的大型墓葬中出土的青铜器共分鼎、簋、盉、缶4种,其种类、款式及文饰方面都表现出春秋早期青铜器的时代特征②,与1959年在安徽舒城龙舒乡凤凰嘴出土的铉鼎、兽首鼎、盉等陶器与编号为M1的春秋大型墓葬出土文物应为同一时代,而1982年安徽怀宁金拱乡杨家牌也出土了类似这一时期的器物。这些器物的风格有别于中原地区,也不同于安徽其他地区出土的楚器和蔡器,具有较明显的区域性特征。据考,春秋时期出现的一些刻纹铜器当属于青铜工艺中的新器物。其形制多为匜、鉴、盘等水器,器壁甚薄,系加热后锤打而成。其雕刻法为赞錾凿法,线条流畅,纹饰有宴乐、狩猎、祭祀、战争等图案,工艺精湛,与徐器、楚器有别,应为吴国所产,具有鲜明的江南地方特色。③ 1987年及1990年在铜陵市金口岭附近先后发现了两座春秋墓,出土的铜器12件中,有鼎、甬钟、剑、戈、矛、镞、铜喜等,两处墓葬虽无铭文,但器物风格特征较明显。其中的鼎为浅腹、圜底,三足外撇,是典型的南方"越式鼎",而甬钟则与繁昌出土的甬钟相似,

① 李国梁:《群舒故地出土的青铜器》,《文物研究》第6辑,黄山书社,1990年。
② 安徽省文物考古研究所、舒城县文物管理局:《安徽舒城县河口春秋墓》,《文物》1990年第6期。
③ 林留根,施玉平:《试论东周刻纹铜器的起源及其分期》,《文物研究》第6辑,黄山书社,1990年。

甬钟一面有枚有纹,一面有枚无纹,器表呈铁锈色;铜器饰纹简单,直接采用陶器饰纹,与中原铜器有较大的差别,为研究皖南先秦青铜文化提供了重要的实物资料。

自 20 世纪 70 年代以来,我省先后在铜陵凤凰山等春秋遗址中发现了铜坯和铜渣,在贵池徽家冲东周窖葬中发现铜锭。在南陵戴镇、桂山、工山等地发现的春秋时期遗留的铜渣数量,更是多得惊人。这些发现,为今铜陵及附近矿区的炼铜历史,提供了丰富的实物资料。炼渣是古代炼铜后遗留在地表的主要遗物之一。经考古发掘,铜陵古代铜矿遗址分布规模较大,约有冶炼遗址 20 处,采矿遗址 9 处。[①] 在铜陵木鱼山和铁石岙遗址内,红烧土残炉壁块、生活器皿残片及炼铜废渣随处可见,遗留的废铜渣堆积如山,其冶炼规模可见一斑。在这个遗址内还发现了锨、锛、鱼标等石质工具铸范。从春秋时期铜陵铸铜的规模看,已初步形成了集开采、冶炼和铸造三位一体的规模,远远超出了家庭手工业作坊形式,应该是由官府(国家)统一管理的冶炼基地。

铜陵古代铜矿遗址大多坐落在山坡或山坳中,在今铜陵及附近的青阳、南陵、繁昌、贵池、泾县等地的墓葬和窖藏中曾出土了大量的西周至战国时期的青铜器,表明当时已经形成了采矿、冶炼和铸造三位一体的铸造青铜器的场所。徽家冲出土的铜锭,含硫量高达 2.08%,这表明冶炼时使用的是硫化铜矿。而这种矿石需经焙烧、精选后才能入炉熔炼,技术要求比自然铜和氧化铜矿石都高。后来又在南陵发掘了江木冲、刘家井、西边冲等炼铜遗址,发现炼铜炉及残迹 15 座,残房基 4 座,出土一批重要的冶铜遗物和生活器皿。尤其是冰铜锭的发现,表明当时已掌握了采冶硫化铜矿技术,大大提前了中国冶炼硫化铜矿的历史。[②] 炼铜业的发展,使得安徽成为春秋战国时期我国铜的重要产地之一。全省半数以上市县出土了春秋战国时期的青铜器,总数多达数千件。器具种类明显增加,生活器具出现了缶、镜、带钩、编

---

① 汪景辉:《对铜陵地区古代铜矿的几点认识》,《文物研究》第 7 辑,黄山书社,1991 年。
② 《五十年来的安徽省文物考古工作》,《新中国考古五十年》,文物出版社,1999 年,第 186 页。

钟,生产工具有刀、斧、凿、锉、锯、錾、削、铲、锄、妥等;铸造、纹饰技术的进步更为突出,不仅过去使用的浑铸、分铸法有了进一步的发展,而且出现了新的焊接技术。寿县蔡昭侯墓出土的青铜莲瓣方壶,也表现出很高的技术水平。安徽的青铜及其制品,被中原视之为"南金",享有很高的声誉,是重要的贡品,《禹贡》《诗经》及一些青铜器铭文都提及江淮所产青铜输入中原的事。有些学者利用地球化学示踪原理测定,安徽北部地区的很多青铜器,其铜料来源即皖南地区,特别是铜陵一带的古铜矿区,一小部分来自湖北的铜绿山地区。① 另外,皖南地区曾多次出土窖藏青铜器,也是本地青铜制造业发达的具体表现。②

烧制青瓷 制陶业是一门很古老的手工业,经过漫长的发展,到了商代,安徽先民已能烧制原始瓷器。到了东周时期,原始瓷器的生产有了进一步的发展,在区域分布上呈现明显的不平衡态势。皖北区的原始瓷器至今发现不多,江淮之间在一些古遗址上有零星发现。而在皖南地区,原始瓷器的生产规模比商代明显有了扩大,技术方面也有很大的进步,其主要表现在出土范围的扩大,瓷器的数量和种类增多,烧制工艺的提高等方面。从出土的范围上看,在皖南的黄山市、芜湖市、铜陵市、宣州市、池州市及周边地区的100多处古遗址中都发现了原始瓷器的遗存,尤其是在南陵县大工山至铜陵市凤凰山一线的两周古铜矿带的采冶遗址上,原始瓷的残片比比皆是;在皖南广为分布的数以千计的两周土墩墓的随葬品中,原始瓷器一跃成为最主要的遗物。这一现象表明:安徽皖南地区由于在两周时期大规模从事采冶铜矿的活动,冶炼金属所具有的高温、炼炉等复杂的工艺、技术在制造原始瓷上的应用,直接推动了制瓷业的技术进步发展。③

这时的原始瓷种类进一步增多,有鼎、钵、碗、豆、碟、尊、盂、壶、罐、杯、瓶、盘、簋、盅、圆座、漏斗、虎形器等,其中豆、盂、罐、尊、碗为最常见器物,反映出原始瓷器已经真正走进了人们的社会生活。在胎质与釉色上,胎质有灰白与白色两种。灰白胎经过简单淘洗,含的杂质

---

① 秦颖等:《安徽淮北部分地区出土青铜器的铜矿来源分析》,《东南文化》2004 年第 1 期。
② 陆勤毅等:《皖南商周青铜器》,文物出版社,2006 年。
③ 张宏明,沈汗青:《安徽商代以来陶瓷生产史略》,《文物研究》第 12 辑,黄山书社,1999 年。

多些,质地较为疏松,火候也低。表面多施青灰色釉,使用蘸釉方法,釉层厚,浓淡不均,有泪痕和脱釉现象;白色胎淘洗精细,含杂质少,温高质坚,发声铿锵。采用刷釉的方法施釉,釉色青黄,釉层薄而均匀,釉层与胎体结合牢固,很少泪痕与脱釉现象。制作工艺比以前有显著进步,器型制作精巧,在装饰上除广泛印制几何印纹,与使用模印技术,还采用动物形象作为装饰,制成器物的流、提梁、耳等,达到了装饰与实用的完美结合。

玉器制作　安徽江淮地区的玉器文化很早就已相当发达,到了春秋时期我省出土玉器的地区主要有寿县、淮南、六安、潜山、舒城和长丰等,主要见于春秋晚期墓葬中。此外,各地还有零星玉器出土,如萧县的金寨遗址、濉溪赵集遗址、肥东张集遗址等。其中出土的较早的、具有楚国风格的玉器,主要见于寿县蔡侯墓。该墓共出土 51 件玉器,其中有璧(2 件)、璜(2 件)、环(2 件)、龙形佩饰(2 件)以及一些几何形玉饰件、圭形器等,具有浓厚的楚玉风格。其中瓦形碧玉呈长方形,色泽青润,两侧各有小缺口与背面相应处对钻成穿孔,正面中部饰束带纹、云纹。蚕形玉饰形状弯曲似玉璜,两面均刻带形纹 7 道,带纹上有 6 道斜线纹,1 道人字纹,使蚕呈动态,头部以穿孔作为蚕的眼睛,颇为珍贵。[①] 1988 年,安徽省舒城县河口镇幸福村发掘出春秋墓葬,其中编号为 M1 的大型墓葬出土的除了铜器、陶器、瓷器、漆器外,还有玉器 76 件(其中 21 件出土时置于长方形漆盒内);玉器薄厚均匀,胎质光滑,有绿、青、乳黄、深灰、花褐等多种颜色,其中有少数玉器颜色透明且有玻璃光泽。[②]

纺织业　安徽纺织业历史悠久,《尚书·禹贡》记载,徐州贡品有"玄纤缟",扬州贡品有"织贝",豫州贡品有"絺纻",这说明分属徐、扬、豫三州的安徽地区,很古以来就以纺织著名。1959 年,舒城县龙舒公社春秋墓出土的青铜器,表面黏附着很多绢、布残迹。绢为平纹组织,缕细均匀,且有光泽,每平方厘米内经线 25 缕、纬线 17 缕。细

---

①　《寿县蔡侯墓出土遗物》,科学出版社,1965 年,第 14—15 页。

②　安徽省文物考古研究所、舒城县文物管理局:《安徽舒城县河口春秋墓》,《文物》1990 年第 6 期。

布经纬的缕数,几乎与现在的棉布相等,反映了当时纺织技术已经达到较高水平。

《诗经》之《周南》、《陈风》、《郑风》、《曹风》、《鲁颂》等颇多反映安徽及临近地区种植或采集桑树、柞树、樛树、葛等树木和植物的情况,诸如《葛覃》篇"葛之覃兮,施于中谷,维叶萋萋……葛之覃兮,施于中谷,维叶莫莫";《樛木》篇"南有樛木,葛藟累之……南有樛木,葛藟荒之……南有樛木,葛藟萦之……",等等。《陈风》诸篇记陈地出产纺织原料大麻、苎麻、菅草等,《郑风》诸篇有"衣锦"、"缟衣"等记载,《曹风·蜉蝣》有"麻衣如雪"的诗句,鲁诗之中又有"束帛"之类。这些与《尚书·禹贡》所记有关淮河流域出产的织物可以互为印证、补充。如:徐州"厥篚玄纤缟"(即细的黑缯、白缯);扬州"厥篚织贝";豫州"厥贡漆枲絺纻,厥篚纤纩(纤,细绵)"。

漆器 春秋时期,楚国的髹漆工艺颇为发达,受其影响,淮河流域的漆器业也已发展起来。安徽春秋时期的漆器资料主要见于舒城九里墩春秋墓,青阳龙岗春秋墓,舒城河口春秋墓,六安九里沟春秋墓,以及著名的寿县蔡侯墓等。九里墩春秋墓是一座较大的贵族墓,随葬的漆器较多,而大多数已残腐,遗留有大量的漆皮,可辨器型有鼓、盆、杯等。九里沟春秋墓有彩绘漆棺,还发现有马甲片髹漆,一面黑,另一面红。另外还有很多残漆皮。蔡侯墓也随葬有大量的漆器,均已残朽,仅见漆皮。据发掘报告称:"墓坑底部几乎到处都有残漆皮存在,其薄如纸,层层叠压,厚达2厘米。铜器上也有黏附着漆皮的。漆皮黑底,绘有红色花纹。"①蔡侯墓出土的漆皮残纹已表现不少楚器文物的风格,说明受到楚风的影响。安徽发现的漆器器型多样,胎质以木胎为主,也有皮革胎、竹胎、陶胎的,纹饰有云雷纹、弦纹、夔纹等。在安徽舒城的春秋古墓发掘中,出土的漆器造型精美,光可鉴人。这一时期皮革制品的制作也有进步。淮河流域水草茂密,兽类繁多,皮革制品来源丰富,便于采集和加工。有些考古发掘证明,当时用于作战护身的青铜甲是以皮革作为衬里的。

---

① 《寿县蔡侯墓出土遗物》,科学出版社,1956年,第16页。

四、商业与水陆交通

商业　春秋时期的商业,前期黄河流域较发达,后期商业开始扩展到长江流域,并由长江中游的楚向长江下游的吴越转移。当时各国争相称霸,除了扩张领土,榨取附属国的岁贡之外,也包含了掠取商业税收和利润的目的。南方诸国的势力逐渐北上,与争夺黄河流域的商业利益也有一定关系。①

相对而言,江淮地区河网交错,水陆交通便利,水路航运事业占着优势,方便南来北往以及物品的会聚,如铜、龟、犀皮、象齿等多是通过淮夷来中转的。《诗经·鲁颂·泮水》是歌颂鲁僖公文治武功的诗篇,其中有"憬彼淮夷,来献其琛,元龟象齿,大赂南金"的诗句,是说淮夷以贡纳的方式,向鲁国献上大龟、象牙、玉石、铜铁等宝物。同时,鲁国也一定赏赐粮食、丝织物等农副产品作为回报,这是通过贡纳方式来进行产品交换。这一带会聚有陇、蜀之丹、漆、旄,荆、扬之皮、革、骨、象,江南之楠、梓、竹、箭,燕齐之鱼、盐、旃裘、衮,豫之漆丝絺纻,以及南海之玉石、丹砂、犀、玳瑁、珠玑、齿革等等②,可以说是辐辏之地。淮夷商人之外,还有其他淮河流域国族的商人。《庄子·则阳》记载:"孔丘之楚,舍于蚁丘之浆。"注云:"蚁丘,山名;浆,卖浆家。"似春秋时楚人已发明豆浆,并在店铺经营而为孔子所适。《左传·宣公十四年》记载楚王因为宋杀其使者而愤怒,"楚子闻之,投袂而起,屦及于窒皇,剑及于寝门之外,车及于蒲胥之市。秋九月,楚子围宋。"因为愤怒而车及于"蒲胥之市",说明此市场距离王宫也不是太远。

商、周以后,楚地丰富的物产就源源不断地输入中原,春秋后楚国与中原各国经济交往更加活跃。郑、陈、蔡等是楚人北上与齐、晋争霸的中间地带,同时也是楚与中原诸夏经济交流的枢纽,称为"东夏"。此外,从货币的流通上也可以看出各地商品交流的情况。如1974年3月河南郑州二里岗出土一罐春秋时期分属于周、宋、郑、晋诸国的空首

---

① 周自强:《中国经济通史·先秦经济卷》,经济日报出版社,2000年,第1289页。
② 《史记·货殖列传》、《汉书·货殖传》。

币,共 287 枚。"这批周、宋、郑、晋等国货币之所以共出一罐之内,正说明了这是商人四出经商汇聚各国货币的结果。"①《左传·成公三年》记载:

> 荀䓨之在楚也,郑贾人有将置诸褚中以出。既谋之,未行,而楚人归之。贾人如晋,荀䓨善视之,如实出己,贾人曰:"吾无其功,敢有其实乎? 吾小人,不可以厚诬君子。"遂适齐。

这里不仅反映郑国商人在楚做生意,而且参与政治活动,楚国不仅没有怪罪,反而让其出走,说明对商人政策的开放。《管子·轻重戊》:"桓公即为百里之城,使人之楚买生鹿,楚生鹿当一而八万,楚民即释其农而田鹿。"因为齐国大量购买生鹿而使鹿的价格大大提高,楚人因而齐农养鹿。《左传·襄公二十六年》又有"如杞、梓、皮革,自楚往也。虽楚有材,晋实用之。"即楚国不仅人才大量流入晋国,多种货物特产也频频北上,输往中原与晋国。《左传·僖公二十三年》记晋重耳即后来的晋文公对楚成王说:"子女玉帛则君有之,羽毛齿革则君地生焉。其波及晋国者,君之余也",也说明楚与晋等中原国家做生意是经常的。

鲁成公十二年,晋楚于宋国西门之外的盟约有"同恤菑危,备救凶患。若有害楚,则晋伐之。在晋,楚亦如之。交贽往来,道路无壅"②的内容,就是彼此之间道路畅通,不能影响交聘与物资的往来。襄公十一年,晋鲁等十三国在亳(宋地)订立的盟约有"毋蕴年,毋壅利……救灾患"③的内容,即不准凶年蓄积粮谷而不救灾民,以及壅塞道路阻碍商旅往来。这些从一个侧面反映了列国间的商品交流在社会生活中已占有重要的位置,以致需要各国间用盟约的方式加以固定下来。又据《管子·小匡》记载:"今夫商群萃而州处,观凶饥,审国变,察其

---

① 周自强:《中国经济通史·先秦经济卷》,经济日报出版社,2000 年,第 1291 页。
② 《左传·成公十二年》。
③ 《左传·襄公十一年》。

四时,而监其乡之货,以知其市之贾,负任担荷,服牛辂马,以周四方。料多少,计贵贱,以其所有,易其所无,买贱鬻贵。是以羽旄不求而至,竹箭有余于国,奇怪时来,珍异物聚。"说明商人虽然集中于城里,却需要有眼观六路、耳听八方的本领,不仅要洞悉当地物资的盈缺、价格的差价、购销需求的信息,而且还要经常往返于各个不同地区,"以其所有,易其所无"。既如此,则交通运输问题就成为商品经济发展的关键,各个邦国对此也高度重视。

由于生产力的提高,社会分工日益细密,农民除了粮食、布匹、菜蔬以外,部分农具和少量实用物品需要向市场购置;手工业者制造出来的农具、陶器、车轮、皮革器也都投入交换领域,以换回粟米、布帛等生活用品;贵族、官僚为了满足自己的欲望,需要用剥削所得的多余的农副产品换回奢侈品;于是商人为了牟取暴利,也就不顾关梁之难、道途之险,而奔走四方了。安徽境内发现的大量货币,说明当时商业活动的繁盛。但大宗买卖还是由贵族阶级自身进行的。他们享有各种特权,转运货物,可以免征关津税,而且得到政府的支持。楚国商人的地位一般认为是较高的,晋随武子的一段话反映了一些情况:

> 昔岁入陈,今兹入郑,民不罢劳,君无怨仇,政有经矣。荆尸而举,商、农、工、贾不败其业,而卒乘辑睦,事不奸矣。[1]

其中"商、农、工、贾"并举而商居先,至少不低于农业。

从发展演变的形态来说,先秦时期的商人可以分为三个阶段。第一阶段是春秋以前的商人。在这个阶段,商人以家族经营为基本单位,他们还没有完全离开土地,《周礼·地官·载师》和《汉书·食货志》都记载西周春秋时期的商人要"受田"。《汉书·食货志》也说:"士工商家受田,五口乃当农夫一人。"[2]"士"与"工商"所受之田是国家分给他们的劳动报酬,所纳租税与受田百亩的"农夫"不同,因此受

① 《左传·宣公十二年》。
② 《汉书·食货志》。

田多少也不一样。职业世袭,其身份、社会地位、经营商品的种类范围等都受到官府的严格管制,从属于官府,即所谓的"工商食官"。第二阶段是春秋时期的商人。在这一阶段,伴随着井田制度开始破坏和封建制度的萌芽,直接影响到农业人口的稳定,以个体(家庭)为主的商人纷纷出现。由于社会动荡,商人的身份构成也十分复杂,有弃农经商、贵族没落而经商、官商转化为私商以及工商结合者等。官府对工商业者的政策也出现了变化。井田制度的破坏,引起国家对农民的组织管理制度发生一系列的变化,从而影响到国家对工商业组织管理制度的变化。前述楚蒍掩为司马,"子木使庀赋,数甲兵"就是代表。第三个阶段,商人阶层则主要是根据社会经济发展的规律而自发形成的,他们在封建社会的序幕中,在战国的大舞台上呼风唤雨,有力推动了社会的经济发展,商品经济得到较快发展,中国古代第三次社会大分工的最终完成就是在这一阶段。①

当然,对春秋时期商品经济发展的程度也不能估计过高,这首先是因为农村市场还是很有限的。农村、农业与手工业相结合,自给自足,除了盐、铁等必需品之外,很少购买其他生产资料;出售的剩余农产品也有限。农产品与手工业品的交换,大都在地方的小集市中进行,不必外求,正如《管子·教修》所说:"市不成肆,家用足也。"《盐铁论·水旱》也说:"古者千室之邑,百乘之家,陶冶工商,四民之求,足以相更。故农民不离畦亩而足乎田器,工人不斩伐而足乎材木,陶冶不耕田而足乎粟米。百姓各得其便,而上无事焉。……是以王者务本不作末……是以百姓务本而不营于末。"因此商业没有太大的发展空间。其次,政治割据带来的市场分割,也使商品经济受到很大限制。②当大小都城不断涌现之后,由于封建割据,处处关卡林立,反而阻碍了商业和手工业的流通和进一步发展。当时各国都有各自制定的封锁道路、闭关自守的政策。《左传·宣公十四年》:"楚子使申舟聘于齐,曰:'无假道于宋';亦使公子冯聘于晋,不假道于郑。……(申舟)曰:

---

① 朱红林:《论春秋时期的商人》,《吉林大学社会科学学报》2006 年第 1 期。
② 周自强:《中国经济通史·先秦经济卷》,经济日报出版社,2000 年,1295 页。

'郑昭宋聋,晋使不害,我则必死。'王曰:'杀汝,我伐之。'……及宋,宋人止之。……乃杀之。"楚、晋、宋为当时大国,彼此间使节"假道"稍有不慎便会招致杀身之祸,则普通商人出行的艰难更是可想而知的。

交通　春秋战国时期列国的称雄争霸为当时交通状况的改善提供了有利条件。诸侯之间频繁的会盟、联络,或兵戎相见,大大小小的军事行动彻底打破了从前那种小国寡民的沉闷格局。为了政治、军事上的利益,各国君主把兴修道路、改善交通状况作为国之大事,设置专官管理。《左传·襄公三十一年》记载,子产因晋国道路失修,盗寇充斥而对晋国表示不满。交通干道在各国重视开发下逐渐呈网络状发展,主观上是军事进攻与防御、政治外交与会盟所必需;客观上,沟通了分裂时期各地区间的联系,方便了商人频繁的经济活动。陆路以外,又有邗沟等大小运河之开凿和天然河道之利用,加上沿海航行之进步,水上交通网络也日臻完备。

春秋时期因为气温比较温湿,淮河流域河网密布,湖泽众多,所以交通以水路为主,行船是重要的交通工具。后来所谓淮河为南船北车的分界线,在先秦时并不完全是这样。《左传》中吴越国人北上西进,都是坐船,所谓"吴用木也"①,用木就是用船。鲁定公四年,吴与唐、蔡伐楚,吴军乘船先至淮河,把船藏在"淮汭"(今史河口),然后才经大别山口前往汉东。② 淮汭,杜预注:"吴乘舟自淮来,过蔡而舍之。"蔡此时在新蔡,过蔡则在蔡以西,已近方城,显不可取。淮汭当在古浍(又作澮、淮等)水、今史河口。③ 吴越北上的路线经常是溯江至海,由海路入淮,再由淮水或其支流到达各个地方。④ 楚国军队东进淮河流域,或者车进,所谓楚"用革也"⑤,或者乘船而来,即用舟师。当时长江水势浩渺,风大浪高,所以还难以成为交通航线,这就是为什么吴楚

---

①　《左传·定公四年》。

②　《左传·定公四年》。

③　陈立柱:《楚淮古地三题》,《江汉考古》2010年第1期。

④　参考《国语·吴语》、《史记·吴太伯世家》、《水经》卷三十"淮水注"。

⑤　《左传·定公四年》。

争战主要都在淮河流域进行的缘故。① 从文献记载的情况看,当时安徽地面有几条与外界交通的要道。一是与楚国的交通。有两条道路可以往来,一是自楚都郢北上,过方城东进到城父(今亳州至涡阳)一带,这一条道应该是楚国早期开拓的,楚人北上蔡陈,然后就到了这里。一条是自楚都过汉水,东进大别山与桐柏山之间的三关,即大隧、直辕、冥阨,直到淮河中游的州来(今寿县),由此可以北上淮北各地,进入中原,南下经过淝水与巢湖,进入长江可到达吴越。鲁宣公八年,楚与吴、越在滑汭会盟,就是在这条水道上。还有由州来向东可以进至钟离。所以州来在当时已是江淮地区的交通枢纽。钟离也是一个交通中心,吴楚为之经常争战。这里北上可通中原,南下可以到达吴越。中原的霸主晋国为了拉拢吴国对抗楚,几度与吴约会,地点就是在钟离。

春秋时期江淮地区的交通,因为吴楚的争夺以及淮河中游水势的变化,使得州来及衡山之阳的九江一带,更加重要。周代以前,六安的位置比州来即寿春要重要,夏封皋陶之后于六、英。商代,六安不仅是中原国家南下江淮的重要通道,又以产神龟而著名,所以这个地方很早便建立了国家,商代还在此设立监狱,流放监押犯人,攫取此地所产的大龟。其时寿春一带可能还是水泽一片,不适于人居。据《山海经·海内东经》等记载,淮河中游古代有一大泽叫"淮极",汉以后还有"淮海"之称,如李善注枚乘《七发》:"汝水出鲁阳山东,北入淮海。"②淮河又称"淮海",显然是因为面积广大,今天自濛洼蓄洪区到霍邱、寿县以南的湖区都还是低洼地带,可以看到古代该地区水天一体、浩渺广大的影子。这样一来六安的地位就重要了。西周以后,水泽退去,寿县淮南一带直承汝颍水道,所以地位渐重要。先是有州来建国于此,接着是蔡国迁入,后来楚也都居于此。楚人占领这里,而吴军一再争夺,正是其战略地位重要的表现。中原人南下也不断地来到这里,以致春秋战国时期这里已为楚国占领很长时间,而文化上还经

---

① 史念海:《春秋时期的交通道路》,《人文杂志》1960 年第 1 期。

② 《昭明文选》卷三十四。

常表现出南北混杂的现象,深受中原地区的影响。[1]

　　自寿春南下经群舒之地即到衡山(今霍山县之南岳山)之阳,可以过江与越来往。春秋时越国多次派军队助楚抗吴,并且送给楚王乘舟即大舟。[2] 因为出与越之间隔着吴,过去我们不知道越人是从什么渠道送来的,现在看来正是自九江一路。他们自浙赣走廊来到鄱阳湖畔,然后北上过九江进入江淮地区。九江一带古代是一个大湖泽,港汊交错,洲渚众多,借助河湖港汊与岛礁,便于逐段通过。所以这里反而成为一个南来北往的通道。早期长江水大浪高。吴楚之间战争很少有在长江一带进行的,清朝一些学者说楚人舟师,顺江而下即可与吴争战。近代以来的研究表明,吴楚战争主要都是在淮河流域。但衡山,楚人还是努力争夺,一直以潜(今霍山县东)为南下的重要据点,《左传》中楚人多次在潜地驻军,或会合越军,或合楚军诸部而与吴战。吴人也多次争战潜邑。《左传·襄公三年》:"楚子重伐吴,为简之师,克鸠兹,至于衡山。"一度攻到衡山脚下。但很快又被吴军反扑,说明占领这个地方的重要。占有衡山之阳即控制了南下鄱阳湖地区即长江以南的通道。而"越人欲为变,必先田馀干界中,积食粮,乃入伐材治船。"[3]也是把这里当做北上的据点。所以衡山之阳可谓是"江淮走廊"南端的重要关口。

　　江南地区,相对落后一些。但吴越在这里也有不少开拓。从太湖西经溧水、高淳、郎溪便可到达芜湖一带,这里是著名的"中江",吴军进入江淮地区的主要通道。从芜湖沿青弋江又可到达南陵、宣城等地。吴人开发江南的铜矿正是走的这些路线。越人除走浙赣走廊到达鄱阳湖北上,还可以溯新安江到达屯溪、歙县等地,翻过山经秋浦河也可到达长江以北。[4]

　　楚币的初步铸造　春秋时期商业、交通发展,商业交易的中介物货币产生了新的变化,所谓"农工商交易之路通,而龟贝金钱刀布之币

① 六安地区文管所:《六安县城北窑厂战国墓清理简报》,《文物研究》第 8 期,黄山书社,1993 年。
② 《左传·昭公二十四年》。
③ 《汉书·严助传》。
④ 陈怀荃:《黄牛集》,安徽教育出版社,2000 年,第 161—172 页。

兴焉。① 新兴的货币就是以铜与金为货币。

春秋时期,楚国一些地方还在使用海贝的货币,如淅川下寺春秋中期前段的楚墓就出土了 4432 枚海贝。② 这些海贝应当是从沿海各地进入楚国市场的。楚国什么时候开始使用金属货币的,文献没有明确的记载。《史记·循吏列传》记载一件事,可以给出一些启示:

> 庄王以为币轻,更以小为大,百姓不便,皆去其业。市令言之相曰:"市乱,民莫安其处,次行不定。"相曰:"如此几何顷乎?"市令曰:"三月顷。"相曰:"罢,吾今令之复矣。"后五日,朝,相言之王曰:"前日更币,以为轻。今市令来言曰'市乱,民莫安其处,次行之不定。'臣请遂令复如故。"王许之,下令三日而市复如故。

货币可以更易大小,这说明楚庄王时期或以前,楚国已经使用金属货币了。楚地盛产黄金、铜料,用之铸钱是很自然的事,何况与中原交往贸易到春秋时已很繁盛了。饼金是黄金货币最早的形制,见于战国早期的墓葬,所以一般认为,楚国至少在春秋后期已经使用金属货币。铜贝最早出现于商代,楚国的铜贝受中原文化的影响,继承了商周传统的货币形式。楚铜贝又称蚁鼻钱,是目前所知楚国铸行的最早的货币,看来春秋时期已经流行是可以相信的。1952 年,安徽寿县在治淮工程中发现一枚大型铜贝,素面无纹,凹背厚唇,重 190 克。③ 这枚铜贝显然不是装饰品。学者们根据楚国以外的其他地区春秋时期出土的早期铜贝的情况判断,它应该是楚国早期的原始铜贝,可能充当过作为一般等价物的原始铜贝。④ 楚国早期的原始铜贝在安徽出土,这说明安徽地区由于与中原交往的密切关系,可能是楚国金属货币的诞生地。

---

① 《史记·平准书》。

② 《淅川下寺春秋楚墓》,文物出版社,1991 年。

③ 朱活:《蚁鼻新解》,《古钱新探》,齐鲁书社,1984 年。

④ 刘玉堂:《楚国经济史》,湖北教育出版社,1995 年,第 292—293 页。

后来楚国又有了"三钱"之币，即金币、银币、铜币，这在各个诸侯国中是最齐备的，为楚国商品经济的发展起到了极大的推动作用。

五、城市的兴起

春秋时期，由于列国互不统属，各自为政，军事上兼并战争频繁，筑城自保成为一种有效的防御手段。为安全起见，几乎每一个较强大的诸侯卿士都会修筑坚固的城池以自卫。例如鲁国的"三桓"：孟孙氏筑成，叔孙氏筑郈，季孙氏筑费。在安徽地面上，由考古发现知，春秋时期的六、钟离等，都是地区性的都邑中心，今天还有古城址遗存。[①]当时楚国在江淮地区也建筑了一些城。如《左传·昭公四年》记载，楚派军队在巢、州来、钟离等地筑城："咸尹宜咎城钟离，薳启强城巢，然丹城州来。东国水，不可以城。彭生罢赖之师。"这几个地方都是因为水大而一时筑城未就。宋在共公时曾迁都相城，即今天的淮北市，为战国以后宋国定都于此打下基础。

随着社会分工和商品交换的发展，各诸侯国的都城，都有"市"的设置。有的市在城内，有的市在城外。"市"的地区分布扩大，"市"的数量和面积亦有所增加。都城以外的其他城邑，也设有市场。《周礼·地官·司市》所说的市有大市、朝市、夕市之分。中间的市称大市，日中进行，以"百族"即自由民和贵族派人来买东西为主。东边的市称朝市，早晨买卖东西，以商贾为主。西边的市称夕市，傍晚交易，以贩夫贩妇为主。官府设有管理市场的专职人员。据《左传》、《史记》等载，春秋时代的市官，鲁国叫"鲁正"，宋、郑、卫叫"褚师"，齐国叫"市掾"，楚国叫"市令"。《周礼·地官·贾师》载，春秋时期，遇凶饥岁，商品供不应求时，贾师负责"禁贵卖者，使有恒贾"。这种多元发展只是政治中心的多元化，只是战国城市大发展的前奏。

春秋以前的城市，基本上是为贵族服务的消费中心，不具备以商品经济为基础的经济职能，它们与市场、与普通人民的经济联系甚少。农村几乎只是城市超经济剥削的对象，没有成为城市的贸易对象。私

---

① 《五十年来的安徽省文物考古工作》，《新中国考古五十年》，文物出版社，1999年，第186页。

营工商业兴起后,城市以自己生产的产品或贩运的商品与农村进行交换,形成了一个个小区域市场,从而促进了城乡交流与城市建设的发展。

《左传·庄公二十八年》载:楚伐郑,"众车入自纯门,及逵市"。"纯门",郑外郭门。"逵市",郑国城外大路之市场。《管子·乘马》云:"方六里命之曰暴,五暴命之曰部,五部命之曰聚,聚者有市,无市则民乏。"市场上交易的商品,有粮食谷物、牛羊牲畜、珍珠宝玉、衣服鞋帽、酒肉食品等,可谓丰富多彩,琳琅满目。在市内,同品类的货物都集中在一处出售,所以有"羊肆"和"屠羊之肆"、"蒲胥之市"等。

有市必有关税的征收。《左传·文公十一年》载:"宋公于是以门赏耏班,使食其征,谓之耏门",意思是说宋国的国君将关门税收的特权,赏给了一个叫耏班的人。

春秋列国以"国"即都城为中心,"国"外还有"郊""野"或"郭";在地方则为"都"与"鄙"。都,源于诸字,本指国都以外有宗庙先君之主的诸卿大夫封邑。[①] 如孙叔敖,文献说他是期思之鄙人,期思为楚国灭蒋而设立的县,就是说他是楚国期思县边鄙之人。当时的县常常很大,灭一国常设一县,所以县城距离边地经常很远。春秋时期,安徽的绝大部分地区处在楚、陈、宋、吴、越之"都"与"鄙"的范围,各国在其所占之地设立县(后来又有郡),以统治当地。如邡、州来、钟离等。县以下的组织可能为邑、里之类。"邑"按居民的多少有大小邑之分。如《左传·昭公四年》载,吴伐楚,"入棘、栎、麻",这三邑即是小聚落,在今天的无为与庐江一带。楚国为了北上争霸中原,还筑城父、陈、蔡、不羹等大城;为了胁迫吴国而城州来。像城父则是楚在东方的政治军事中心,自然是安徽境内的较大的城市。这些都是楚国在安徽及周边设立的通都大邑,以后发展为重要的城市。

---

① 《左传·庄公二十八年》。

第四节　春秋时期的安徽文化

春秋时期,随着楚文化东渐和吴文化西进,安徽文化以土著文化为基础,以楚文化为主线,融合徐舒、楚、吴和中原文化,进入勃兴时期。本根于江淮的徐偃王之仁义思想,体现了淮夷文化之传统尊严;肇始于涂山的"南音",发皇为南土文学之祖与初型;兴起于陈宋故地的老子学说,以及至楚而鼎盛的江淮青铜艺术,亦成为中国文化南系之主干。江淮地区凭借徐、楚、吴和中原文化汇聚之地的优势,成为中国文化南系孕育和兴起的中心地区。楚文化一般认为有六要素即青铜铸造工艺,丝织工艺和刺绣工艺,髹漆工艺,老庄哲学,屈原诗歌和庄子散文,美术和乐舞,都与江淮文化有密切关系。

一、楚文化的影响及多种文化的交汇

安徽江淮地区方国与楚文化东渐　夏商周之世,安徽江淮地区属淮夷文化区,为淮夷文化的中心区域。周初以降,山东境内的东夷部族一部分与周人融合,一部分则流入淮夷地区,安徽江淮地区的淮夷诸偃的文化也随之进入一个繁荣时期,从西周早期至春秋中期,淮夷文化在江淮地区的发展步伐较快,并且颇具创造性。春秋初期,安徽江淮之间仍分布着众多夷人方国,统称为徐夷或淮夷。其中代表性的国族是徐和舒。徐为江淮地区大国,春秋鲁僖公之世,"徐人取舒"①,尽得江淮群舒之地,徐国当日势力甚至已经达到今河南、湖北的境上。齐桓公之世,徐与齐联盟,与强大的楚国为邻,成为此间江淮地区抵抗楚国东进的主力。但徐始终未能把该区域的众多部落方国组合成为一个强大的国家,春秋中后期,安徽江淮诸国渐次归属于楚。

楚国势力东进江淮大约始于春秋中期。楚成王十六年(前656

---

① 《春秋·僖公三年》。

年），齐桓公伐楚，楚人北上受阻，转而东进淮上。楚成王十七年，楚灭弦（今河南潢川县境），二十年灭黄（今河南光山县境），以后又灭英（今安徽金寨、霍山县境），楚人势力抵达安徽西北边境。成王三十五年楚伐陈，占领焦、夷（今安徽亳州市、涡阳一带）二邑。楚穆王四年（前622）灭六（今安徽六安县境）、蓼（今安徽霍邱、寿县境），十一年侵群舒（今安徽舒城、庐江、桐城一带）。楚庄王十三年（前601），灭舒蓼，楚境抵至滑汭（今安徽无为、巢湖一带），至此安徽江淮大部分属于楚的版图。

自楚成王灭弦，到楚、吴相遇于江淮，这是楚东进的第一阶段。这个时期楚文化对江淮地区的影响甚微。据李国梁统计，在群舒故地舒城、庐江、肥西、六安、寿县、怀宁一带发现的春秋早中期群舒古墓，出土青铜器70多件。这些青铜器风格基本一致，"学术界称之为'舒器'"①。这些舒器的文化内涵除含有中原因素外，与本地早期文化有明显承袭关系。如在这一地区许多商周遗址中发现的陶盉，即是"舒器"鬲型盉的初型。舒城春秋古墓出土的铜罍，亦与六安西周墓出土的宽沿陶罐十分相似，在铸造、纹饰方面具有鲜明的地方特征。这些器物上的动物形象和稚气可掬的奇特造型，仍然保持着氏族社会拙朴之美的余风，弥漫着浓郁的原始气息。这些都说明，在春秋早中期，江淮间的文化没有发生本质变化，仍以土著文化为主，楚文化的成分较少。

1991年六安县城北九里沟窑厂取土时发现青铜鼎、盏、缶各一件，器物年代大约为春秋中期后段。这几件铜器的造型、纹饰，与荆楚一带出土的同期楚器风格接近。这是目前江淮地区发现的最早的楚文化遗存。今六安一带是楚人东进江淮最先占领的地区，也是重要的军事驻地。这些铜器可能是楚人带来的，因变故而仓促埋于此，不能作为该地文化楚化的物证。

从楚人东入江淮到占领滑汭，短短半个世纪的战争和军事占领，实难对当地土著文化产生本质影响。随着时间推移，在江淮地区政治

---

① 刘和惠：《楚文化的东渐》，湖北教育出版社，1995年，第60页。

生态变迁的基础上，春秋中期以降，安徽江淮地区文化逐渐楚化，以至成为楚文化勃兴的中心地区。

多种文化的汇合　春秋之世，在楚文化东渐江淮的过程中，一方面安徽江淮本土文化受楚文化影响而发生变化，另一方面江淮土著文化也开始渗入楚文化的因素中，为楚文化圈的形成起到了重要作用。如从蔡侯墓出土的青铜器物中，我们可清楚地看到江淮文化影响楚文化的明显痕迹。如蔡侯墓中的小口鼎，直领、小口、宽肩、圆腹、圜底、蹄足、肩附一对直立耳。此鼎中原未见，是江淮地区的流行器类。蔡侯墓中这类遗留有明显江淮文化因素的铜器，还有敦、尊、盘等。总之，春秋时期，江淮地区成为徐舒文化、楚文化、吴越文化和中原文化风云际会的中心，多种文化的交流碰撞，促进了楚文化圈的形成。

楚文化东渐，从学术地理变迁层面而论，它有两层含义。一是楚文化对江淮文化的影响，在文化交流与融合方面，以楚文化为主，楚文化居于主动地位。二是楚文化的学术地理中心东移，导致楚文化的特质、内核发生演变。楚文化东渐安徽的文化史意义，兼具上二者，以后者为主。

一些楚史专家认为，楚文化有六要素：一是青铜铸造工艺；二是丝织工艺和刺绣工艺；三是髹漆工艺；四是老庄哲学；五是屈原诗歌和庄子散文；六是美术和乐舞①。楚文化这六要素之形成，都与江淮文化有密切关系。现就其中与安徽楚文化密切相关的青铜工艺、老庄哲学、髹漆工艺的形成过程略作疏陈如下。

老子、庄周是古陈宋人，其地在今安徽淮北和河南东南部区域。老庄哲学属于楚学，但需注意的是，此楚为陈楚，也就是江淮之楚，而非荆楚之楚。

髹漆工艺确实是楚文化的一大特色。安徽寿县蔡侯墓已有漆器随葬，且数量很大。蔡侯墓发掘报告记载："墓坑底部几乎到处都有残存的漆皮存在，其薄如纸，层层叠压，厚达 2 厘米。铜器上也有黏附着

---

① 《安徽文化史》（上），南京大学出版社，2000 年，第65 页。

漆皮的。漆皮黑底，绘有红色花纹。"①刘和惠说："当时临摹的一块绘有云纹的漆皮残片，观其纹饰风格，与楚墓出土的漆器是完全一致的"②，蔡侯墓葬的漆器可作为楚髹漆工艺的代表。

从楚文化东渐角度看，髹漆工艺成为楚文化的一个标志，其流行方向可能是由楚而渐蔡，抑或相反为由蔡而渐楚。从蔡侯墓残存漆皮情况可推之，墓中随葬的漆器数量大，种类多，髹漆工艺水平高。这说明蔡国宫廷崇尚漆器的生活习俗流行已久，蔡地漆器工艺制作水平已很高，而漆器从出现到进入生活至演变为时尚，其间有一个漫长进程，因此漆器在蔡国流行当在昭侯之前。蔡昭侯卒于公元前491年，下距战国近20年，而目前出土漆器的楚墓，"差不多都是战国时期的"③。综合以上情况看，或可谓蔡地的漆器和崇尚漆器的习俗，随着蔡沦为楚的附庸而后归属于楚，亦为楚人所接受而传播盛行于楚文化地区。

楚式青铜工艺与安徽关系最密切者，莫过于寿县蔡侯墓青铜器群。关于该铜器群的文化属性，尤其是与楚文化的关系，至今认识虽不尽一致，但主流性的观点有三。一是与楚文化关系而言，它属于"楚器"，是楚式青铜器"最重要的一个器群"，"为本期断代的标准器群"。④ 二是自中国青铜器而言，它被考古学界"目为春秋晚期的标准器……中国青铜器发展的第五个界标"。⑤ 三是自其文化属性的内涵而言，它具有明显的中原、江淮及楚的多元文化特征。第一点讲蔡侯墓器群在楚器中的位置，它标志着楚式青铜器独有形制与风格的形成⑥；第二点讲以蔡侯墓器群为代表的楚器在中国青铜器发展史上位置："第五个界标"，即中国青铜工艺进入第五期的标志；合二者以言之，蔡侯墓铜器无论在楚式青铜器还是中国青铜器发展史上，都堪称此间楚器的代表。明于此而与蔡侯墓铜器所具有的多元文化特征汇通审视，盖可曰蔡侯墓铜器在作为楚器之文化地理属性中，有"荆楚"

① 《寿县蔡侯墓葬出土遗物》，科学出版社，1956年，第16页。
② 刘和惠：《楚文化的东渐》，湖北教育出版社，1995年，第47页。
③ 刘和惠：《楚文化的东渐》，湖北教育出版社，1995年，第48页。
④ 刘彬徽：《楚系青铜器研究》，湖北教育出版社，1995年，第71页。
⑤ 刘和惠：《楚文化的东渐》，湖北教育出版社，1995年，第41—42页。
⑥ 刘建国：《蔡侯墓文化属性试析》，《楚文化研究论集》第二集，湖北教育出版社，1991年。

成分,更有江淮楚之成分,甚至或以后者为主。

综上所述,楚文化的上述三个特色的整体文化形貌主要是在江淮地区孕育形成和表现出来的。从地一风同的文化形成规律看,在此进程中,荆楚文化对它们确实发生过或多或少的影响,但江淮地域文化风尚的影响则当是更为本质性的因素。亦如橘生淮南则为橘,生淮北则为枳所发生的变异一样。

《晏子春秋》卷六"内篇·杂下"记,齐国晏子使楚国,楚王为侮辱晏子,在宴请晏子时,安排吏卒押送一名盗窃犯到席前。楚王曰:"缚者曷为者也?"对曰:"齐人也,坐盗。"王视晏子曰:"齐人固善盗乎?"晏子避席对曰:"臣闻之,橘生淮南则为橘,生淮北则为枳,叶徒相似,其实味不同。所以然者何?水土异也。今民生长于齐不盗,入楚则盗,得无楚之水土使民善盗耶!"这则成语中楚王与晏子的争论,对我们理解江淮楚文化甚有启发。对楚文化东渐江淮而形成的江淮楚文化之区域属性归属,有两种讲法。一种说法为,江淮楚文化尽管形成于江淮,但它仍是楚文化。这和楚王说"齐人固善盗"的思路相似。即齐人尽管是在楚为盗,但"善盗"之名仍得记在齐人的名下,因为他是"齐人"。一种说法为,它是江淮的楚文化。以"橘南枳北"的成语为喻,这种讲法的重点是淮北之枳的形成,至于淮南之橘不过是作为枳形成背景而提及。正如晏子断定"坐盗"者为"楚盗"时而连带提及的齐人一样,此齐人不过是证明斯人"生长于齐不盗,入楚则盗",进而谓"楚之水土使民善盗"的背景证明而已。而若从"楚"字所蕴涵的先秦文化地理范围推求,江淮楚文化之形成,则又非简单的楚文化东渐所能概括。

《说文》:"楚,丛木。"其义盖为适于林莽,用为楚国之国号是后来的事。李白凤在谈到楚为国号时说:"直到(周)昭王时,凡指称南楚的事率称'南国',或称'荆'及'荆楚'。清马骕《左传事纬》:'荆者,楚之初号也;后乃改称为楚。'从《左传》可以看出,凡称'楚'的多半是追述之文,许多学者未尝深究此理,不认为金文的'楚'字是误书,便

以为是错字。"①据李氏所论,联系《史记·货殖列传》所言的三楚,先秦"楚"字概言之有三义。一指周之"南国"。西周的"南国"包括江淮地区诸淮夷方国,这一带多林莽之地,或可以"楚"称之。二指先秦时期的楚国,它可曰"楚",可曰"荆",亦可曰"荆楚"。其三为区域文化习俗之名,"三楚"是也。《史记·货殖列传》的东楚、西楚和南楚的"楚"字即有此义,江淮地处"三楚"中心。从楚字上三义可知,先秦楚文化与江淮地区文化有两重关系。作为"南国"之楚,江淮、江汉地区上古皆为"楚"地,就此而言,两地土著文化盖皆可曰楚文化,故而不存在楚文化东渐问题。作为楚国之楚而言,则确有楚文化东渐江淮之历程,它与楚政治中心东移江淮相伴而行,终而使江淮地区成为楚文化的中心区。总之,江淮楚文化的形成勃兴肯定受到了荆楚文化影响,其所受影响的程度与影响的具体路径则有待进一步的研究,但有一点可以肯定,即勃兴于春秋中晚期,至战国而成为中国文化南系代表的楚文化,江淮是其形成的重要中心区。

二、道家学派的产生

道家思想源头　道家兴起于今天的淮河地区,其思想上承该地区的文化传统,近则肇端于春秋之世的学术分裂,滥觞于春秋时期的隐者,形成于老子。从春秋战国学术地理推求,"荆楚为真正楚国故地,中古时代,荆楚民风褊狭轻剽,而富感情,先秦不能大异,此与道家思想各居极端,产生道家思想之可能性不大,故荆楚可能只为附庸地带耳"。"至于齐、魏、梁地",则是道家"发展所及",而非道家兴起之地。"道家地理中心,大抵在淮水以北之楚境,即陈蔡故地,北至于宋,实陈宋等国旧疆,涡、淝、颍、汝流域,即今河南东南、安徽西北地区"②。该区域诸国所居之地,多为前代故墟,域内之民多属有文化传统的古老民族,其历史文化悠久。《庄子·天下》说:"古之道术有在于是者,关尹、老聃闻其风而悦之。"陈宋诸国故地地跨安徽淮北和淮河沿岸部分

---

① 李白凤:《东夷杂考》,齐鲁书社,1981年,108页。
② 严耕望:《战国学术地理与人才分布》,《严耕望史学论文选集》上,中华书局,2006年,第35页。

地区,其"古之道术"要之就是本地区的文化传统,它是道家兴起的重要文化资源与思想源头。与三代安徽淮河地区文化传统有着密切关系的代表人物,如夏禹、皋陶、管仲等人,其传说的事迹与思想对道家兴起,不能说没有积极影响。

《尚书·益稷》:禹"娶(妻)于涂山",《史记·夏本纪》:"夏后帝启,禹之子,其母塗山氏之女也。"《左传·哀公七年》记:"禹合诸侯于涂山,执玉帛者万国。"这些材料说明,禹治水的经验形成于涂山,禹成为诸侯盟主也得力于其妻族涂山氏的支持,涂山氏与夏王朝关系密切。涂山氏的地望,在今安徽怀远县东南的淮河之畔的当涂山一带①,今之涂山离老子出生地涡河流域甚近。因此,道家或者说老子受大禹思想和夏文化的影响,不为无据。史称夏文化贵黑尚左,老子也如此。如"玄之又玄"、"玄德"、"君子居则贵左"。②《尚书·大禹谟》记:舜欲让位于禹。禹谦让不受,荐皋陶。舜帝曰:"来禹。降水儆予,成允成功,惟汝贤。克勤于邦,克俭于家,不自满假,惟汝贤。汝惟不矜,天下莫与汝争能。汝惟不伐,天下莫与汝争功。""降水",洪水。"儆",戒也。舜说禹能顺水下流的自然之性,以疏导之方得治水之功,唯禹唯能。禹为人处世谦虚,功成不居,勤俭,不争,终而成为"天下莫与汝争能"、"天下莫与汝争功"者③。禹的这些思想与处世之道,是老子思想的重要文化源头。如《老子》第二十章:"夫唯不争,故天下莫能与之争",就是禹"汝惟不矜,天下莫与汝争能。汝惟不伐,天下莫与汝争功"处事之道的概括。舜因循水之性,疏而不堵的治水之方,更是从思维方式上启发了老子的自然主义。如老子尚水,常以水为喻,如"上善若水",水"几于道"④。

《尚书·大禹谟》有关禹之思想与治道的记载,虽不免有后人加工润色,但其所依据的传说,定是授受有自,决非面壁所能虚构。就中国文化多把本国本地区之善行德政聚而誉为某些英雄人物的思想传

---

① 李修松:《先秦史探研》,安徽大学出版社,2006 年,第 405—410 页。
② 朱谦之:《老子校释》第一、十、三十一章,中华书局,1984 年。
③ 孔颖达:《尚书正义》,《十三经注疏》本,中华书局,1980 年,第 136 页。
④ 朱谦之:《老子校释》第八章,中华书局,1984 年。

统而论,禹的上述思想也是当时以涂山为中心的淮河地区先民思想的结晶,自然也会成为这一地区诸国的思想文化传统而流传与发皇。因此,谓大禹思想作为"古之道术",乃道家或老子思想的一个源头,有学术地理上的根据。

皋陶。在《尚书·虞书》诸篇中,皋陶为舜和禹的主要辅臣,且是与禹、契、后稷等并列的名臣。《史记·夏本纪》:"皋陶卒。封皋陶之后于英、六,或在许。""六"在今安徽六安一带,其后裔向南发展成散居于安徽江淮之间的偃姓群舒;"英"盖在今安徽金寨县东南;"许"在今河南许昌之南。"英""六"和群舒散居的地区,属于淮夷文化中心区,亦在涂山氏活动范围内。据此有些学者认为,"皋陶为涂山氏首领"[1],亦"为淮夷之祖"[2]。皋陶思想形成于这一地区,殆自然也是斯地的"古之道术",为道家的一个思想源头。

《尚书·舜典》记,舜任命皋陶为"士",《史记·五帝本纪》:"皋陶为大理。""士"与"大理"都是主刑狱之官。《吕氏春秋·审分览》:"皋陶作刑。"《后汉书·张敏传》:"皋陶造律,原其本意皆欲禁民为非。"注引史游《急就篇》曰:"皋陶造狱,法律存也。"这些材料和诸多关于皋陶的传说,都说明皋陶为虞夏时期著名的理官,史家多谓其为中国律法的创始人。皋陶执法以严明著称,以爱民为怀。《尚书·皋陶谟》记载他主张治国要"慎乃宪"。"慎"就是慎重,"宪"乃法度,治国要慎重执法,也就是要"明于五刑,以弼五教"[3]。即为刑法之官,治民需以五刑辅助五教的推行,用刑之意,是期望于无刑。因此,法者非威民之具,而是以辅教之不足者也;执行刑罚者要有体恤之心,法律要以明确、公正为用。皋陶上述思想成为中国古代希望有所作为的历代君臣治官理民的圭臬,清末著名法学家沈家本誉其为"万世所当取法"[4]。皋陶其人在秦汉而下中国文化史上形成如是崇高地位,就其思想传播大路径审视,其思想盖为道家源头,为老子等道家人物继承发

① 李修松:《先秦史探研》,安徽大学出版社,2006年,第405、410页。
② 童书业:《春秋左传研究(校订本)》,中华书局,2006年,第27页。
③ 孔颖达:《尚书正义》,《十三经注疏》本,中华书局,1987年,第134页。
④ 沈家本:《历代刑法考》,中华书局,1985年,第9页。

扬,继而由道家演变为黄老,成为君主南面之术。王利器曰:"黄老之学,萌芽于战国,特至汉初,始有治黄老之学者撮录而笔之于书,是为《文子》。""马骕《绎史》八三曰:'《文子》,《道德经》之疏义,语必称老子,尊所闻以立言也。'予今进一解曰:'《淮南》,《文子》之疏义'"。① 王利器谓《文子》为黄老之学,其思想上承《老子》,下启《淮南子》,是论有据。文子说:"皋陶喑('喑',失音,不能说话,或曰缄默,不说话)而为大理('大理',刑法之官),天下无虐刑,何贵乎言者也……不言之令,不视之见,圣人所以为师也。"②文子在此推崇的"不言之令,不视之见",当然是黄老思想;从其"圣人所以为师"者"皋陶"也,又可推之,其所师者不仅有老子,亦远绍到皋陶。而战国汉初黄老道家提出"圣法之治"以对抗"圣人之治"的"圣法",溯其所由来,盖也可追溯到皋陶的"慎乃宪"的思想。

管仲(?—前645),名夷吾,字仲,春秋时期著名政治家,今安徽颍上县人。《汉书·艺文志》道家类著作,先列《管仲》,接着是《老子》,似管子先于老子。无论从管仲的出生地域,还是管子、老子的生卒年代求之,管仲思想作为道家,或者说老子思想所承接的"古之道术",皆大体有据。但《管子》非管仲所作,其书"著作年代,早者在战国,晚者在汉初",内容则是战国汉初学者撮管仲遗说,附会增益,托管子之名以行。故《管子》中有管子遗说存乎其间者,但其已不是道家先驱者管子的思想③。《管子》与《史记·管子列传》比较,后者盖更接近管子思想原貌。《史记·管晏列传》记,管仲曰:

> 吾始困时,尝与鲍叔贾(做生意),分财利多自与,鲍叔不以我为贪,知我贫也。吾尝为鲍叔谋事而更穷困,鲍叔不以我为愚,知时有利不利也。吾尝三仕三见逐于君,鲍叔不以我为不肖,知我不遭时也。吾尝三战三走,鲍叔不以我为怯,知我有老母也。公子纠败,召忽死之,吾幽囚受辱,鲍叔

---

① 王利器:《文子疏义序》,《文子疏义》,中华书局,2000 年,第 6、3 页。
② 王利器:《文子疏义》卷二《精诚》,中华书局,2000 年,第 87 页。
③ 罗根泽:《〈管子〉探源》,罗根泽《说诸子》,上海古籍出版社,2001 年,第 368 页。

不以我为无耻,知我不羞小节而耻功名不显于天下也。生我者父母,知我者鲍子也。

这就是著名的管鲍之交。这则材料说明,管仲青少年时代的生活经历,充满了挫折与屈辱。他在坎坷中不仅摸索到了一套自我保全与发展的办法,并且还提出了自己行为合理的理由,以赋予自己行为的意义。如他贫穷,于是与人分财就自己多得,且多得是合理的,因为"我贫"。管仲、召忽辅公子纠与齐桓公争位,公子纠事败被杀,召忽也自杀以全事君之道,而管仲则转而事齐桓公,理由是"我不羞小节而耻功名不显于天下也"。他的这些行为,在当时盖只有鲍叔能理解与认同,于社会普通人看来,管仲盖是集贪、愚、不肖、怯而无耻等污垢之名于一身的人。《老子》七十八章曰:"受国之垢,是谓社稷主。"《庄子·天下篇》:"老聃曰:'知其白,守其辱,为天下谷。'人皆取先,己独取后,曰受天下之垢。""白",即光彩荣誉。将上述管仲生活经历与老子、庄子所言合观,管仲所为正如老庄所言,是人皆求"白"("取先"),己独守辱("取后")。即自己承受着众多的社会垢名,终而功业成为一代名臣,心胸拓展为"天下谷"。《老子》二十二章曰:"曲则全,枉则直……古之所谓'曲则全'者,岂虚言哉! 诚全而归之。"老子这里明确说道,其委曲反能保全,以屈反能求伸的人生智慧,是得之于古人。审视管仲的生活经历,谓管子、鲍叔是老子所言的"古之所谓'曲则全'者",不也可曰"岂虚言哉"。

《管晏列传》记管仲在齐为政之道有二。其一为"俗之所欲,因而予之;俗之所否,因而去之"。故其令"如流水之原,令顺民心";其论则"卑而易行",齐由是而"富国彊兵"。《老子》四十一章曰:"夷道若类,上德若谷。"马叙伦曰:"各本作'谷','俗'之省也。言高上之德,反如流俗,即和光同尘之义。"[1]其二是"其为政也,善因祸而为福,转败而为功"。如齐桓公二十三年(前663),齐桓公伐山戎以救燕国,至孤山而还。燕庄王感激桓公救燕,送桓公到齐国境内。按送诸侯不出

---

① 朱谦之:《老子校释》,中华书局,1984 年,第 169 页。

国境的礼制,于是桓公与管仲将燕庄王送齐桓公止步处于与燕接壤的土地全划归燕国,天下诸侯闻之而咸服桓公。又齐桓公五年(前681),齐鲁柯之会,齐桓公在鲁臣曹沫胁迫下,答应归还齐鲁战争中鲁败而为齐占领的土地。事后"桓公欲背曹沫之约",管子力劝桓公,履行承诺,将所占领的土地归还鲁国,以树立信用,"诸侯由是归齐"。在记述管仲治齐的上述事迹后,司马迁说:"故曰:'知与之为取,政之宝也'。"《史记索隐》曰:"《老子》曰:'将欲取之,必固与之',是知此为政之所宝也。"①将司马迁的"故曰"云云,与《史记索隐》所言合观;可知"与之为取",乃本之于《老子》的"将欲取之,必固与之"。也就是说,从逻辑上讲,管仲治齐之道,合《老子》之术。而从历史过程看,管仲在老子之前,故管仲治齐的所行所为,盖是老子"将欲取之,必固与之"思想的源头。

春秋隐者:道家的先驱　道家作为诸子百家的一个学派,与古代学术有密切渊源关系,具体言之,西周的"王官之学"是其重要思想源头。章学诚《文史通义·原道中》曰,诸子之前的"王官之学"时代,"师者,守官典法之人……学者所习,不出官司典守,国家政教","而未尝于敷政出治之外,别有所谓教法也",此谓"治教无二,官师合一"。"治教无二",故学术为官府专有,唯官有学,而民无学;"官师合一",则是官吏之外无师;与学相关的书策礼器,亦为官府所垄断。

春秋之世,礼崩乐坏,"王官之学"分裂为百家"私学"。《汉书·礼乐志》:周衰,"王官失业,《雅》、《颂》相错"。错,即杂乱。"王官",就是执掌礼乐之官,他们失去赖以谋生的职业,于是就流落民间。《左传·昭公十七年》:"仲尼曰:'天子失官,学在四夷。'"《论语·微子篇》中具体记载了王官失散于四夷的一幕:"大师挚适齐,亚饭干适楚,三饭缭适蔡,四饭缺适秦,鼓方叔入于河,播鼗武入于汉,少师阳、击磬襄入于海。"孔安国注:"鲁哀公时,礼坏乐崩,乐人皆去。阳、襄皆名。"②"阳、襄皆名",是讲挚、干、缭、缺、叔、武、阳、襄都是人的名

---

① 《史记·管晏列传》。
② 刘宝楠:《论语正义》,《诸子集成》本,上海书店,1986 年,第 397—398 页。

字,皆为鲁官府的乐师。以"周礼尽在鲁"而著称的鲁国,哀公之世,官学再也支撑不下去,礼乐之官四散,逾河蹈海,适楚适蔡,流落四夷。鲁尚如此,他国则更无论矣。

官学学者散落民间,同时把三代为官府所垄断的礼乐文化知识带到民间,为礼乐文化下庶人导夫先路。《庄子·天下篇》:

> 天下大乱,贤圣不明,道德不一……天下之人各为其所欲焉以自为方。悲夫!百家往而不反,必不合矣!后世之学者,不幸不见天地之纯,古人之大体,道术将为天下裂。

庄子这里讲的是官学分裂为私学的大路径,及官学与私学的不同。"古人之大体",指官学;"百家",指私学。《庄子·天下篇》所谓的古者与后世者,虽未指其确切年代,通观《天下》上下文,其古之道术是与老子、墨子相对而言的。如:"古之道术有在于是者,墨翟、禽滑厘闻其风而说之。""古之道术有在于是者,关尹、老聃闻其风而悦之。"从庄子上言可知,他所说的古,必在春秋之前,而所言的后者,即是指老子、墨子等人。而"古之道术"和"关尹、老聃闻其风而悦之"之"其风",则要赖人而存而传而成风尚,方可为老子等后世学者闻而悦之。从春秋之世学术发展趋势推之,这批人盖多是散落民间的官学学者,其中有些人离群索居而成为隐者,道家兴起与这些隐者有很大关系。

《论语》记载,孔子周游列国时,遇到一些"避世"的"隐者"。《论语·宪问》(下引《论语》只记篇名)记:子曰:"贤者辟(避)世,其次辟地,其次辟色,其次辟言。"又曰:"作者七人矣。"

孔子这里是说,这样"辟世"、"辟地"、"辟色"、"辟言"的隐者他已遇到七位了。钱穆曰:"《论语》所记的孔子所遇的隐士,如长沮,桀溺,荷蓧丈人,石门(晨门),荷蒉,仪封人,狂接舆,适得七人之数。"[1]

就《论语》记载的内容看,这七位隐者有三个主要特点。其一,他

---

① 钱穆:《论语新解》,三联书店,2002年,第386页。

们都是有礼乐文化修养者。如《宪问》中的石门晨门说孔子"是知其不可而为之者"。荷蒉者闻孔子击磬之声,则曰:"有心哉,击磬乎!"即是说,这磬声有深意呀!随后又引用《诗经·匏有苦叶》"深则厉,浅则揭"的诗句,讽刺孔子的救世是不自知而不知止,不能随世而变通。荷蒉闻击磬的乐音而知孔子之心意,并引用《诗经》规劝孔子,这样的言行绝不是无知识的庶民所能有的。其二,他们都对社会感到失望,甚至绝望。如《微子》中的楚狂接舆唱着歌道:"凤凰呀,凤凰呀!为何这样倒霉?以往的不说,未来还可追呀!算了,算了!现在的执政诸公都危乎其危!"桀溺则对子路说:"像洪水一样的坏东西到处都是,你们同谁去改革它呢?你与其跟着(孔丘那种)逃避坏人的人,为什么不跟着(我们这些)逃避整个社会的人呢"。① 其三,他们都是遁迹草野的隐者。如《微子》中的"晨门",即负责晨夜开关门的人;"长沮"、"桀溺"则是"耦而耕"的农夫;"荷蓧丈人",则是用拐杖挑着除草工具的老人。他们退隐江湖,避世,亦避人,不愿与人接触。如孔子见闻楚狂接舆之人与歌声,知其为佯狂避世的贤人,"欲与之言。则趋而辟(避)之,不得与之言"。孔子说荷蓧丈人是"隐者",叫子路再去拜见他,荷蓧丈人好像知道子路要去似的,等子路赶到前一晚借宿的荷蓧丈人家时,丈人却离家出走了。

这些隐者嘲笑孔子,认为孔子的救世努力是徒劳。孔子师徒对他们的生活态度总体来说是不赞成的。如《微子》中子路就曾批评隐者道:"不仕无义。长幼之节,不可废也;君臣之义,如之何其废之?欲洁其身,而乱大伦。"同时对这些"隐者"也持有适度的同情、理解与尊重。如《宪问》:孔子曰:"贤者辟世(逃避恶浊社会而隐居),其次辟地(择地而居),其次辟色(不好的脸色),其次辟言(恶言)。"将上述七位隐者之言行、形貌和孔子师徒对他们的态度,以及孔子之世官学失守,学散四夷的社会大势汇通审视,这些隐者盖多是官学学者流落民间,对社会失望的"避世""隐者",其所行所为颇富道家思想。

他们活动的中心区域基本上在今安徽淮北及其周边地区。《论

---

① 杨伯峻:《论语译注·微子》,中华书局,1995 年。

语·微子》中孔子师徒在路途之中遇楚狂接舆、长沮、桀溺和荷蓧丈人之事,《史记·孔子世家》将其系于孔子师徒由叶国到蔡国之下,相遇之地不出"淮北陈蔡叶地区。故此诸人亦皆在淮北颍(水)汝(水)流域"①。而据孙以楷考证,孔子与楚狂接舆相遇的地方,在今安徽颍上县境内②,颍上古"八景之一"的"文地春风",相传即孔子凭吊管仲的地方。《论语》中孔子遇到的七位隐者,就有四位是遇见于该地区。"隐者"离群索居,刻意避世、避人,世俗之人本难得与他一见。而孔子在路上却不期然而遇到四位,可证春秋时期该地区隐者甚多,"道家可能就是出于这种人"③。今安徽北部、河南东部地区之所以孕育出道家思想,且成为"道家地理中心",是与本地区的"古之道术"传统和斯地隐者有着密切关系的。

老子的生平与著作 老子是先秦道家学派的创始人。《史记·老子韩非列传》曰:"老子者,楚苦县厉乡曲仁里人,姓李氏,名耳,字聃,周守藏室之史也。"又曰可能是与孔子同时的楚人老莱子,还说可能是晚孔子129年的太史儋。司马迁倾向老子是李耳,即老聃。《老子韩非列传》载,孔子曾向老子问礼,据此,老子当与孔子同时而略早。关于老子的籍贯,历史上有多种说法,如楚国的苦县、相县,陈国苦县、相县,及宋国的相县、沛县等。概而言之,关于老子的籍贯,有人认为在今河南鹿邑,也有认为属于今安徽涡阳④。

《老子》五千言,分"道篇"与"德篇"两部分。"道篇"因"道可道,非常道"开头而得名,"德篇"因"上德不得,是以有德"开篇而得名。现存本《老子》是道篇在前,德篇在后,由之《老子》又名《道德经》。1973年底,湖南长沙马王堆三号汉墓出土了《老子》帛书,《老子》帛书有两种写本,现在通称为甲、乙本。甲本字体在篆隶之间,不避汉高祖刘邦讳,据此推算,抄写年代最晚在汉高祖时代(前206—前195)。乙本字体为隶书,避刘邦讳,而不避惠帝刘盈讳,抄写年代当在惠帝或吕

---

① 严耕望:《战国学术地理与人才分布》,《严耕望史学论文选集》上,中华书局,2006年,第35页。
② 孙以楷等:《道家文化寻根》,安徽人民出版社,2001年,第10页。
③ 冯友兰:《中国哲学简史》,北京大学出版社,1996年,第55页。
④ 孙以楷:《老子是宋国相人》,《浣云集》,安徽大学出版社,2005年。

后时期(前194—前180)。这两种写本，距今都有两千多年，是目前见到的《老子》较古的本子。这两个本子的《老子》皆分《德》、《道》二篇，乙本篇末标有《德》、《道》篇题。两个本子的内容和现今《老子》的内容基本相同，但帛书甲、乙本《老子》都是《德》在前，《道》在后，次序与现今的通行本正好相反。1993年在湖北出土的郭店竹简中，又有战国抄录的《老子》甲、乙、丙三个版本，是目前所见的最古的《老子》抄写本。据报道，最近北京大学又收藏了一批汉代竹简本较完整的《老子》。

《老子》是否老子本人所著，学术界至今仍有争议，但多数人认为，它基本上反映的是老子本人的思想。

老子之"道" "道"是老子思想体系的核心，《老子》八十一章(下引《老子》只注第几章)直接论"道"的有三十七章，"道"字出现七十四次。老子的"道"是宇宙本体，万物之规律，其"道"是与宇宙万物相对而言的。老子常以"天地"指称经验世界之总和，如一章曰"无名，天地之始；有名，万物之母"。此"天地"与"万物"为同义语。又如六章曰"谷神不死，是谓玄牝。玄牝之门，是谓天地根"。这里"天地"的范围也是包括宇宙万物。

老子认为道与天地有常久与变易之别。二十三章曰："飘风不终朝，骤雨不终日。孰为此者？天地。天地尚不能久，而况于人乎？"这是讲世间万物万象都处在变化迁流之中，皆是变化无常而不可"久"。与之相对应的宇宙万物所依循的规律，老子命之曰"道"。二十五章曰：

> 有物混成，先天地生。寂兮寥兮，独立而不改，周行而不殆，可以为天下母。吾不知其名，强字之曰"道"，强为之名曰"大"。大曰逝，逝曰远，远曰反。故道大，天大，地大，人亦大。域中有四大，而人居其一焉。

这段话是《老子》中论"道"较为详细、全面的一章，把"道"的基本特点都讲到了，它具有形而上和形而下两方面的属性。

形而上之道。"天地"是宇宙万物之总体,"天地"亦是时空之开始。"道""先天地生",故它是超时空的,但此"先"是逻辑之先,而非时间之先。其次,"道"具有绝对性,永恒性,运动性。"独立不改",此"独立"是绝对独立,即其存在不以任何条件为前提。"不改"即常,也就是具有不变性,永恒性。因为道是不以任何条件为前提的"独立"存在,因而它具有"不改",也就是永不变易的属性。而"道""不改"之属性,又说明"道"是超乎"天地"的独立存在。从其超乎"天地"的存在,以及"寂兮寥兮",即无声、空虚、无形的特点可知,"道"不能成为万物之一,故只能是一个可体悟而不可言说的"对象"。第一章"道可道,非常道"盖是申明此意。即可以用语言表达的道,就不是常道,因此"常道"不属于"有",而却能范铸万有。

形而下之道。"域中有四大"之"域中"即时空界。时空世界乃现实世界或者说形而下的世界。在此世界中,道的特点是"周行而不殆",即运行不息,周而复此。道虽不是具体事物,但它是宇宙万物恃之以成的规律,道在运动中创造世界及其万物,故曰道"可以为天下母"。道创生万物后,并没有消逝,而是存于万物之中而继续养育万物。五十一章曰"道生之,德畜之,长之育之,亭(成)之毒(熟)之,养之覆之",讲的就是此意。物由道而生而养,而万物生成后,道就寓于物之中,成为该物之为该物的属性,此属性即物之"德",它源于道,又合道,故"德"是"道"的显观。

综上所述,道为超时空存在,故其具有恒常的特点;从其无声、无形看,又具有虚的特点;从其长、覆、育万物看,它又具有实的特点。道若无超时空特点,它就不能成为宇宙之本体;若有形,它就是万物之一物,而不能范铸万物;若不具有长、育、覆万物之功能,它就不能成为万物之宗。第一章曰:

道可道,非常道;名可名,非常名。无,名天地始;有,名万物母。故常无,欲以观其妙;常有,欲以观其徼。此两者,同出而异名,同谓之玄。玄之又玄,众妙之门。

这段话用高度抽象的语言表述了老子之道的上述特点。

反者道之动。道是宇宙之本体,又是宇宙万物运行的规律,万物皆道所生,所以万物的规律也体现了道的内容。二十五章用"大"、"逝"、"远"、"反"四字表述道的内容,或者说万物运行规律。因为"道"是"众妙之门",故"大";大即没有边际,无所不包。因为"道""周行不殆",故曰"逝";"逝",行也,不停地运动。因为"道"生万物,从空无变成实有,远离空无,所以"远"。三者统归于"反"。"反"是万物运行的总规律,"反者道之动"(四十章)是也。"动"即运行。"反"即向相反的方向发展,发展到相反的方向之后,又要向相反的方向发展,回到原初的状态,故"反"具有对立转化和返本复初两个含义。老子提出了许多对立转化现象,都是对"反"的说明:

> 祸兮,福之所倚;福兮,祸之所伏。(五十八章)
>
> 有无相生,难易相成,长短相形,高下相倾,音声相和,前后相随。(二章)
>
> 天下皆知美之为美,斯恶已;皆知善之为善,斯不善已。(二章)

《老子》中这样的话很多,主旨都是从不同角度说明"相反相成"和任一事物都向其反面转化之理。

十六章曰:"夫物芸芸,各复归其根。归根曰静,静曰复命,复命曰常。""芸芸",纷杂茂盛之貌。"归根"之"根"指物之所出,"归根"即回归本原。"静"是本原之状。"复命",复归本性。"常",指万物运动变化中的不变之规律。这些是从循环复归一面讲"反"之义。循环中又孕育着新的循环,故曰"周行不殆"。老子的"归根复命"观念,在中国思想史的两个方面产生了重要影响。一是人应复归其本性,"此唐李翱及其继承者宋学之复性说可为其代表,而中国佛教与道教之修养论,亦可谓在基本上亦立于此一立场"。其二是复古开新,"就古今此一时间之推移,作历史方向之复归",中国文化讲"返本开新"亦与此意相通。"老子复归思想,实兼此二方向。而尤其不可忽视的,是他所

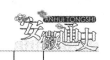

展示的二方向是属于原型的"。①

老子之"道"在思想史上有巨大的理论贡献。第一,老子在中国思想史上首次提出哲学范畴之道,此前中国思想还没有超出人生政治的范畴而真正进入哲学领域。老子提出哲学范畴之"道"探讨宇宙本原,且成理论体系。第二,老子完全否定了宗教世界观。老子之前,作为世界创造者的观念有上帝、祖先、天命、鬼神,春秋时期宗教世界观虽发生动摇,但人格神还未完全否定。《老子》中人格神的"天"已不见踪迹,其"天"都是自然之天。

老子的"无为而治"。老子从"道"的学说出发,以"自然"观念为理论基础,对"无为而治"作了系统阐述,提出"为'无为'则无不治"的政治思想。

老子的"自然"观念。老子曰:

人法地,地法天,天法道,道法自然。(二十五章)

功成事遂,百姓皆谓"我自然"。(十七章)

希言自然。故飘风不终朝,骤雨不终日。(二十三章)

"道"之尊,"德"之贵,夫莫之命而常自然。(五十一章)

是以圣人欲不欲,不贵难得之货;学不学,复众人之所过,以辅万物之自然而不敢为。(六十四章)

《老子》中"自然"一词,并不是指客观存在的自然界,而是表述一种莫知其然而然的不加人为任其自然的状态。如"道法自然",是讲"道"一任自己的自然状态,并非说"道"效法"自然",在"道"之外另有所谓的"自然";事情成功了,百姓都说"我自然"的"自然",亦是指非人为的不知其然而然的自然状态。"道"、"德"之尊贵,就在其不加干预而顺其自然。将此"自然"观推及于政治,就是"希言自然",即少发号施令,这种施政方式就是"无为"。

"无为而治"。老子的"无为"是针对"有为"而言的。六十四章

---

① 陈鼓应:《老子注译及评介》,中华书局,1994年,第126—127页。

曰："为者败之,执者失之。是以圣人无为故无败;无执故无失。""为者败之",即出强力而为者必败,如"天下"是神圣的东西,强力而取之者必败之,想"执"而不放者必失之。正确的态度是"无为"、"无执",其所应破除的就是"为"、"执",也就是"有为"。老子认为,其时的"有为"政治给社会带来了深重祸害。

老子说:

> 天下多忌讳,而民弥贫……法令滋彰,盗贼多有。(五十七章)
>
> 民之饥,以其上食税之多,是以饥。民之难治,以其上之"有为",是以难治。(五十七章)

天下的禁忌、禁令越多,老百姓越穷;法令酷滥,则盗贼必多;即违背"自然"之理而为,君主"有为",则百姓必然难于治理。解决的办法就是"无为而无不为"。"无为",仅是说不妄为,并非鼓吹什么事情都不做,其主要目的是消除独断的意志和专断的行为。正面的说法叫做"好静"、"虚静"。"虚"与"静"就主体而言,都可作为"无为"的注脚。主体"无为",不仅自己能依乎道而行,亦能观照万物万事依于道而迁流,从中悟见到万事万物发展的必至之势。因此,老子的"无为"与"虚"、"静"观念,所透露出的主体生活虽呈静敛态度,但推及于现实世界却能化生出支配现实世界的力量,由"无为"而生出实用之功效。就是说,统治者法道而行,不妄为(无为),其理想目标就能实现,这就是"无为而无不为"。

老子曰:

> 为学日益,为道日损。损之又损,以至于无为。无为而无不为。取天下常以无事,及其有事,不足以取天下。(四十八章)
>
> 道常无为而无不为;侯王若能守,万物将自化。(三十七章)
>
> 为无为,则无不治。(三章)

上引三章,每章都讲到"无为","无不为"及其功用之效果。此"无为"都是指人的主观心境与生活态度,由"无为"而至"无不为"则涉及支配社会。"取天下常以无事"之"无事",就是"无为",即不妄为,效果是"取天下",即天下得到治理。反之若"有事(指悖道多事)",也就是"有为",结果是"不足以取天下"。王侯若能"为无为",天下"则无不治"。正是因为老子的"无为"观念有如是的实用功能指向,故历代许多学者都谓老子教人"南面之术",司马迁《史记》盖也是有见如此,将老子与韩非、申不害法家人物合传。

老子以"无为"为据,提出了一些具体原则,用之于具体的人事,以求"无不为"之用。如"守柔"、"处下不争"、"小国寡民"等。老子曰"天下莫柔弱于水,而攻坚强者莫之能胜……弱之胜强,柔之胜刚"(七十八章)。又曰"坚强者死之徒,柔弱者生之徒。是以兵强则灭,木强则折"(七十六章)。这些都是讲柔能胜刚,"守柔曰强"(五十二章)。老子曰:"上善若水。水善利万物而不争……夫唯不争,故无尤。"(八章)又曰:"圣人处上而民不重(重:累,不堪),处前而民不害(害:受害),是以天下乐推而不厌。以其不争,故天下莫能与之争。"(六十六章)人不争则不树敌亦无敌,无敌即"无尤(怨咎)"。我以海纳百川的胸襟治民理政,不与天下争,则天下没有我的敌人,天下人所行也不与我发生冲突,故没有人能与我争。此"守柔"、"不争",以及"不敢为天下先"的生活之道,处世原则,蕴藏了极为高明的智慧。

把老子之"无为"思想推及政治领域,就是"小国寡民"。八十章曰:

> 小国寡民,使有什伯之器而不用,使民重死而不远徙。虽有舟舆,无所乘之;虽有甲兵,无所陈之。使民复结绳而用之。甘其食,美其服,安其居,乐其俗,邻国相望,鸡犬之声相闻,民至老死,不相往来。

这段材料,为人所熟知,是老子政治思想的经典表述。老子这种舍弃文明而回归朴素社会的理想,乃其"无为"观念的必然产物,但是一个不切实际的幻想。

三、以青铜器为代表的工艺美术

先秦时期，安徽地区的青铜铸造技术已达到较高水平。夏、商、西周时期的青铜器在安徽均有发现，春秋战国时期，青铜器分布更为广泛，出土地点几乎遍及全省各地，且多成群组出现。其中群舒、舒和楚式青铜器占主导地位，其工艺精美，富有地方特色，成为中国青铜文化艺术南系的代表。

徐舒青铜器　徐、舒（群舒）属淮夷，"原为同族，均为皋陶后裔"[1]，都是江淮古老部族。西周春秋时期，群舒分布于今安徽淮河之南的江淮地区，其活动的中心地区在今安徽舒城、庐江、怀宁、六安、巢湖一带，群舒铜器在这一带多有发现。徐为淮夷中社会发展水平最高的一支，其故城在今安徽泗县治东北。春秋时期徐国地望有多种说法，"要之均在今泗县境内，今洪泽湖的西北"[2]。春秋中前期，徐国势力从今安徽泗县一带向西扩展，尽得安徽江淮群舒之地，徐文化亦进入江淮地区。此间安徽江淮地区出土的青铜器，有的具有群舒土著文化特色，有的呈现徐舒等文化融合的艺术特征，史家将二者统称为徐舒青铜器。

徐舒青铜器[3]在器型上大致呈现出下列三种风格：一是土著风格。徐舒青铜器中，有些器类及形制，如方簠、缶形盉及瓿形盉等，都具有鲜明的地域特色，而此中代表性作品有牺形鼎、兽首鼎[4]等。

牺形鼎，西周末春秋早期的青铜炊器，因具有牺形首而得名，1974年安徽舒城县五里公社出土。鼎身通高 27.3 厘米，通长 28.3 厘米，腹围 70 厘米，足高 8.2 厘米。腹作牺形，兽首突出，双角高耸，兽背为

---

①　李修松：《淮夷探论》，《先秦史探研》，安徽大学出版社，2006 年，第389 页。

②　徐旭生：《徐偃王与徐楚在淮南势力的消长》，《中国古史的传说时代》，广西师范大学出版社，2003 年，第194 页。

③　本节关于徐舒青铜器的器型风格、纹饰类别，参考毛颖、张敏《长江下游的徐舒与吴越》，湖北教育出版社，2005 年，第9—56 页。

④　关于牺形鼎、兽首鼎的主要材料，参考《安徽省志·文物志》，方志出版社，1998 年，第334—369 页。

盖,盖上置环纽,两附耳位于牺身两侧,三足上粗下细。耳外侧饰圆点纹(空心连珠纹),盖顶饰水波纹。兽首两目圆睁,角饰雷纹,首颈下部蟠虺纹和蟠龙纹。此鼎形制奇特,同出的铜器群,也大多都具有地方特色,为他处所罕见。

兽首鼎,春秋时期的青铜饪食器,亦称牺鼎,1988年安徽庐江县岳庙乡出土。鼎身通高27.8厘米,口径20.6厘米,足高8.6厘米。器作兽形,兽首突出,双角耸立,双目圆睁,兽身为鼎,兽背至颈项为鼎口,圆形,直口折沿,平盖置于口上,盖正中有鼻纽,附耳,重腹,圜底,三蹄足,足根较粗。腹部经双耳下饰一周蟠虺纹,耳外侧、盖面中部一周饰蟠带纹,双角正面饰重环纹。整个器体造型浑圆,体态憨厚,十分可爱。在安徽怀宁、舒城县也发现了类似的兽首鼎,其中在舒城出土的一件兽首鼎,兽首的双目镶嵌松石,表现了较高的铸造工艺。兽首鼎仅见于安徽江淮之间西部古群舒之地的舒城、庐江、怀宁等地,地域特征明显,是古群舒的代表性器物。

二是中原风格。徐舒青铜艺术受北方影响,主要体现在以下两方面。一是春秋早、中期的浅鼓腹圜底蹄足鼎,以及春秋中晚期用于取暖的器具,与此间北方这类器物的形制风格相近,呈现出明显的中原艺术特色。二是形成于中原地区,但到春秋时期在中原地区已趋衰落的盂、觯等器物,而在徐舒江淮地区反而却较为广泛地流行。

三是南方风格。春秋安徽江淮地区的徐、群舒及姬姓诸国,如蔡国等,处于吴楚两强之间,与楚、吴的经济文化交往甚为密切。此间江淮本土文化除随楚文化东渐而开始楚化外,吴文化也向江淮地区传播。此间吴文化流传到江淮地区的代表性作品,首推吴王光鉴。吴王光鉴①,春秋晚期吴国青铜器,因作器者为吴王光而得名,1955年出土于安徽省寿县蔡侯墓。其器自铭"荐鉴",即吴王光为其女叔姬寺吁所作的媵器。《说文》:"鉴,大盆也"。其功用有四:一是照容,二是盛水,三是盛冰以降温,四是浴器。《庄子·则阳》:"灵公有妻三人,同鉴而浴",可知特大的鉴可作浴器。吴王光鉴,可盛水或置冰,其形体

---

① 《安徽省志·文物志》,方志出版社,1998年,第351页。

较大,抑或可兼沐浴之用。鉴形为大口、圆腹、平底。高 35.7 厘米,口径 60 厘米,底径 32 厘米。两兽耳相对,各铸一套环,腹内有四个小圆环。蔡侯墓出土形制同样的鉴两件,内各有一件瓢形小匜和奠缶。鉴外壁上腹饰有虺纹、圆圈纹等细密花纹,有学者称作羽翘纹和云点纹;下腹饰垂叶纹。两器均有铭文,各有铭文 8 行 52 字。从铭文可知,吴国为姬姓后裔,以及蔡吴联姻等情况。吴、蔡同为姬姓,而吴女嫁蔡侯这种同姓通婚现象,表明有周一代同姓不婚之制,已被打破。结合当时吴强蔡弱,吴人势力西进江淮的大势看,这种通婚不仅是当时两国政治关系的反映,更是吴文化进入江淮,影响徐舒本土文化的一个缩影。

吴文化进入江淮,与当地文化发生交流融合,渐而使一些徐舒青铜器呈现出与吴国青铜器近似的风格。如潜山出土的铙与宁镇地区横溪出土的铙之共同点,较其与越、楚等地的兽面纹铙更多一些。春秋晚期,江淮地区出土的盥盘、铙、钟、钲、汤鼎等器物,又呈现出楚、吴、越青铜器风格互为影响的艺术特色。

文化交流从来就是双向的。徐舒为江淮古老部族,所居地域为四方文化交汇之地,亦为中国文化南系的中心地区,其青铜艺术既受到吴、楚、越的影响,又对吴、楚、越发生影响。如牺形鼎,作为周末春秋初群舒的土著风格器,其影响"达长江以南江、浙、皖、赣、湘地区,如江西贵溪、浙江绍兴、湖南湘潭等地多出土仿铜陶瓷质牺首(形)鼎"[1]。又如徐舒江淮地区之缶形盉、甗形盉,与吴、楚之盉的形制明显不同,其渊源盖出自江淮地区的陶盉,并流传至豫南、皖南、湖北、湖南等地区,绍兴出土的盉则已是其演变发展后的精华之作了。

徐舒青铜器主要器类有食器、酒器、水器、乐器、兵器、杂件器等。食器主要有鼎、鬲、簠、盂等,酒器主要有尊、盉、觯等,水器主要有匜、盥盘、浴缶、鉴等,兵器多为徐国王室有铭文的戈、矛、剑等,杂器主要有小炙炉、炉盘、炭箕等。徐舒青铜器中,以乐器最为著名,而乐器亦较其他器类为多。徐舒青铜乐器主要有铙、镈钟、钮钟、钲成等,其中

① 毛颖、张敏:《长江下游的徐舒与吴越》,湖北教育出版社,2005 年,第 49 页。

具有较高价值的青铜乐器,为1980年在安徽省舒城县九里墩春秋墓出土的鼓座。

鼓座①,春秋时期乐器青铜底座。器呈圆圈形,圈下无底,上部略有残缺,外围有四个铺首衔环,环与底平,有两个对称的虎头及四条缠绕的龙盘踞在座上,另有两个龙尾式的钩形饰。鼓座两虎竖耳、瞪眼、张口作吼状,龙翘独首。器身满饰蟠虺纹,造型奇特,在现存诸家青铜器著录中尚未见此类器物。鼓座沿圈外侧上下各有一圈铭文,上圈98字,下圈52字,字多为反书。铭文锈蚀较重多数字迹模糊,从可辨的楚、淮、余(徐)等字看,铭文所记事与舒、徐、蔡、吴、楚诸国有关,这反映出春秋时期,群舒与上述诸国交往密切。而"东土至于淮"诸字说明群舒东部的疆域,以及与徐的关系,为徐舒同源的直接佐证。关于鼓座的国属,目前认识尚不一致。有徐器、舒器诸说,一般认为是舒器。鼓座自铭为"隽鼓"。古隽、晋二字可通假,《周礼·地官·鼓人》"以晋鼓鼓金奏",故"隽鼓"盖可曰"晋鼓",此鼓座亦可名之曰"晋鼓鼓座"。亦有人说是建鼓之座。二说孰是,目前尚无定论。

在传世及出土的徐舒青铜器中,乐器较其他器类为多的现象,与徐人爱好音乐的传统有关。《尚书·禹贡》记载,徐州的物产和贡物有五,其中有:"峄阳孤桐,泗滨浮磬。"峄,山名,在今江苏邳县境内。峄阳即峄山的南侧。孤桐,独生的桐树,木质好,是制琴的优质材料。泗,即泗水,淮河支流。浮磬,石与水连,半淹半露,好像浮起来的样子。此石是制作石磬的优质石料,故称浮磬。峄地和泗水一直是徐国的中心地区,其地所产的孤桐、浮磬列入《禹贡》之中,成为当地五种著名进贡物品之两种。这足以说明徐人喜爱音乐,有着悠久的传统。

徐人爱好音乐,还表现在青铜乐器的革新和审美方面。李白凤说:"徐夷在生活方面似乎与商民族的好尚也有不同,从青铜器制作方面来看,商民族好饮酒,所以酒器种类特别多,而徐夷族似乎音乐方面有着特殊的爱好,仅从出土的乐器来看,徐夷在乐器制作方面是起着

---

① 《安徽省志·文物志》,方志出版社,1998年,第356页;毛颖、张敏:《长江下游的徐舒与吴越》,湖北教育出版社,2005年,第43—44页。

革新作用的。"①李氏是论有据。如《两周金文辞大系》著录徐器 7 件，其中酒器（镐）1 件，乐器（钟 3、钲 1）4 件，鼎、盂各 1 件。这也从数量这一个侧面说明，徐人对音乐确乎有着特殊的爱好。徐人好音乐，及其乐器革新不仅体现在青铜乐器多，亦表现在乐器铭文内容和书法风格方面。徐器中文化艺术价值最高的是青铜铸铭器。它不仅铸工高超，饰纹繁缛，有很高的艺术水平，而其铭文，尤其是钟类乐器铭文，内容丰富，辞藻华丽，文辞至简，用韵精严典雅，如徐王子旃钟、甚六镈钟、钮钟等。何琳仪认为徐舒金文措辞典雅，犹存《诗经》遗韵②。徐器书风既端庄凝重，又俊逸舒朗自成一家，影响深远。因此，徐人好音乐，推动乐器革新，不是简单地乐"韶乐"或喜"郑声"的喜欢音乐，而是将文学审美，书法艺术一并寓于乐器之中，将文学、书法诸艺术与音乐融为一体。

楚式青铜器 楚式青铜器形成于春秋时期，随着楚文化东渐，江淮地区成为楚国政治经济文化中心，楚国与当地的徐国、群舒的青铜工艺融合，促使楚式青铜工艺水平达到一个新的高度。其中最能代表江淮楚地青铜工艺美术水平的是安徽寿县出土的蔡墓青铜器。1955年在安徽寿县发现的蔡侯墓，出土文物极为丰富。经考证，墓主是蔡侯申，入葬年代为春秋末期。蔡墓青铜器风格新颖，具有与北方中原青铜器不同的特色，有以下主要特点。

一是数量大，种类多，有新型器物。蔡侯墓所出青铜器计 480 多件，数量大。主要器物有鼎、鬲、簋、敦、豆、壶、尊、鉴、盘、匜、编钟、钲、戈、矛、剑等。这些青铜器的组合、类别和数量，当是按礼制规范的要求设置和制作的，从中不仅可以看到其时诸侯丧礼的格局，亦反映出当时寿县地区青铜制作工艺齐备和工艺水平甚高。蔡墓中出土的铜敦，制作精美，款式十分新颖。它"器体长圆，堪属敦的时代最早的 1例，蔡国或其附近有可能是敦的发源之地"③。蔡墓中出的乔鼎，又称

① 李白凤：《徐夷考》，《东夷杂考》，齐鲁书社，1983 年，第 97 页。

② 毛颖、张敏：《长江下游的徐舒与吴越》，湖北教育出版社，2005 年，第 48 页。

③ 刘建国：《蔡侯墓葬文化属性试析》，《楚文化研究论集》第二集，湖北人民出版社，1991 年，第 234页。

高足鼎,高足、深腹、有盖,其瘦而高的特点,与中原地区的矮足鼎有明显的视觉差别,是融南北风格创造出的一种鼎的新形制。

二是铜器铭文富有艺术美。出土的蔡国青铜器多铸有铭文,仅蔡侯墓铜器中有铭文的就有 60 余件,铸有铭文的器类有鼎、簋、钟、盘、鉴、戈等。蔡侯墓青铜器铭文除记事、记名功能外,似乎还透露出某种艺术追求。其主要表现为:"一是铭文排列整齐对称,不似以前青铜器铭文大小错落;二是字体变长,长宽比例为 1:4;三是饰于器内显著地位。"①因此从蔡侯墓铜器铭文中,不仅能了解春秋时期蔡国礼器制度,蔡与楚、吴的关系以及青铜铸造技术,亦能看到其工艺美术方面的特色。

三是铸造考究,形制精美。蔡侯墓青铜器精品多。如莲瓣方壶,春秋晚期青铜酒器。器方口,长颈,圆腹,盖顶雕镂八瓣莲花,颈部置双兽耳窄游环,下腹作十字带区划。壶身饰有繁缛的蟠虺纹,圈足四角有四兽负载。又如龙嘴盉,也是春秋晚期青铜酒器。盉为方形,鼓腹,曲尺圈足。素方盖中置一小纽,镂空厚唇。器身前置龙口流喙,作两度弯曲,附着犀牙,背附镂空兽形鋬,腹部两侧有环状纽。这些壶、盉,以及蔡侯墓的莲瓣方簋和于鼎等青铜器,制作考究,工艺复杂,形制精美,与传统形制有异,亦是当时的时尚之作②,具有相当高的艺术价值,是蔡国青铜器精品。

蔡侯墓青铜器在铸造技术上使用了焊接方法。如莲瓣方壶上的莲瓣、兽耳、兽足,龙嘴盉的龙口流喙、镂空兽形鋬与足,升鼎的耳、足和器壁的附饰,以及大孟姬盘的四只爬兽,等等,都是用焊接法与器身相连的。焊接技术能使器物造型更趋灵活而精美与逼真。如莲瓣方壶四兽背承壶底,头部昂起,呈似欲驮壶而走之状;大孟姬盘的四只爬兽,头部伸入口沿,似欲爬入盘内。这些造型都颇为逼真,富有动感之美。

蔡侯墓青铜器在镶嵌工艺方面,则以红铜镶嵌工艺最具特色。如

---

① 《安徽文化史》,南京大学出版社,2000 年,第 136 页。
② 刘和惠:《楚文化的东渐》,湖北教育出版社,1995 年,第 45 页。

蔡侯墓出土的铜敦中,有一件通体镶嵌红铜夔龙花纹,器与盖的间沿各有一道S形纹饰,十分精美。蔡侯方鉴的器颈以变形凤鸟为主纹,器身以夔龙为主纹,通体镶嵌红铜纹饰,制作精细,堪称红铜镶嵌工艺的代表之作。红铜镶嵌工艺改变了青铜器的青铜的单一色彩,使得花纹更加突出,大大增强了器物的艺术效果。

四是蔡器楚风。蔡侯墓出土铜器中最能表现楚器文化艺术特征的是升鼎。蔡侯墓葬出土束腰平底鼎七件,鼎铭自名"升"鼎。《仪礼·士冠礼》:"若杀,则特豚,载合升。"郑玄注:牲"煮于镬曰亨,在鼎曰升,在俎曰载"。《吕氏春秋·孟秋纪一》:"农乃升谷……先荐寝庙。"高诱注:"升,进也。……四时祭祀,不忘亲也。"由这两条材料可知,将牲由镬进于鼎谓之"升"。"升鼎"乃祭祀或宴飨时荐升牲体之用的礼器,即礼制中的牢鼎。蔡侯墓出土的升鼎,形制为束腰、平底、浅腹,无盖,器身内收形成轻灵的弧线,威武雄强中透露出机敏的神情。器口沿二耳外侈,器身的六个云片状的扉棱,给鼎那庄重的体态以向上张扬的动势和灵巧生动的感觉。三只兽蹄短足,立于鼎的平底之下,稳健地托起鼎身,显得凝重有力。蔡侯墓升鼎是典型的楚式升鼎,此种鼎器,还见于安徽寿县出土的战国末期的楚王墓,以及稍早于蔡侯墓的河南淅川下寺2号楚墓。"这种鼎是楚人改创的新体制,为楚文化代表性的器物"[①],它也是蔡器楚风的代表性器物。鼎为国之重器,蔡侯墓升鼎所呈现出的楚风,折射出蔡器已开始楚化。当然这个楚化是江淮楚文化之楚化。

四、文学艺术的成就

神话传说 先秦安徽文学或是与音乐和歌舞融为一体,或是同史学与哲学交合在一起,其主要形式则是神话传说和民歌民谣。江淮地区著名的古代神话传说有大禹治水、夏启"上天得乐"、有巢氏传说等。

大禹降伏无支祁的传说。传说大禹治水到淮河桐柏山,淮河、涡河水神无(无,又作巫)支祁作乱。无支祁"形若猿猴,缩鼻高额,青躯

---

① 刘和惠:《楚文化的东渐》,湖北教育出版社,1995年,第42页。

白首,金目雪牙,颈伸百尺,力踰九象,搏击腾踔疾奔,轻利倏忽,闻视不可久(其猴性浮躁,故听闻不能久而专注)"①。禹擒拿无支祁,命他帮助治淮疏导洪水,河道疏通后,禹怕无支祁再兴妖作怪,将无支祁"颈锁大索,鼻穿金铃",锁于盱眙邑山脚下一个水井里,要他永世导淮安澜入海,不发水灾。禹擒无支祁的神话,一直在江淮地区流传。盖自元代开始,无支祁这一神话人物进入戏剧、小说之中,成为孙悟空这一人物形象的重要素材与初型。"元代吴昌龄《西游记》杂剧中写孙行者,有'巫支祁是他姊妹'语,明吴承恩著《西游记》,更把无支祁的神变奋迅的状貌移之于孙悟空"②。从此,无支祁这一神话人物就融入孙悟空之中而流传至今。

夏启"上天得乐"的传说见在于《山海经》。《山海经·大荒西经》云:"西南海之外,赤水之南,流沙之西,有人珥两青蛇,乘两龙,名曰夏后开(开即启字,汉景帝名启,汉人避讳,改启为开)。开上三嫔于天,得《九辩》与《九歌》以下。此大穆之野,高二千仞,开焉得始歌《九招》。""三嫔于天",即三次到天庭做客,嫔通宾。《楚辞·天问》也有同类的记载,只是讲得比较简略:"启棘(急)宾(嫔)商(帝),《九歌》《九辩》"。但二者所说的事情则是相同的:夏启三次到天庭作客,从天庭获得到了《九歌》与《九辩》。《九歌》、《九辩》,皆天帝乐名,这里所谓"得《九辩》与《九歌》以下",实际上就是指夏启上天偷到了《九歌》、《九辩》,带到人间。这是中国神话中著名的有关"乐"的起源故事之一。

《尚书·益稷》记,大禹治水,"娶(妻)于涂山";《史记·夏本纪》:"夏后帝启,禹之子,其母涂山氏之女也。"涂山氏的地望,在今安徽怀远县东南的淮河之畔的当涂山一带。③ 涂山氏部族是禹的妻族,夏后启的舅家,终夏一代,夏与涂山氏及其周边部落的关系都非常密切。夏后启生于涂山,长于涂山,其母涂山氏女则是兼父母之职责于一身(传说禹婚后四日即往治水,其子启的养育全归于涂山氏之女),

---

① 《太平广记》卷四六七"李汤"条。

② 袁珂:《古神话选译》,人民文学出版社,1979 年,第308 页。

③ 关于涂山的地望,参阅李修松《涂山汇考》,《先秦史探研》,安徽大学出版社,2006 年。

将夏后启一手抚育成人。启之母为涂山氏族的贵族,有着良好的修养与文学音乐天赋。其《候人兮猗》歌谣,成为"南音"之祖。家庭教育,以及涂山一带江淮地区音乐歌舞习俗的熏陶,盖使夏后启具有作《九歌》、舞《九代》、歌《九招》的非凡音乐才能。由是而推之,夏启"上天得乐"的传说亦是起源安徽江淮之间,也是当时涂山一带的先民喜爱歌舞,能歌善舞的反映。

在安徽江淮地区流传的神话传说还有许多,如有巢氏的神话传说,讲的是汉民族对其始祖发明巢居的想象,及对巢居发明者的歌颂。因居巢而得名的有巢氏部落,相传就是生活在今安徽巢湖一带,该地至今还流传着一些以巢父为名的贤者故事。如《巢县志》记载,老巢县城东城门有一方池,叫洗耳池,池边有一条巷叫牵牛巷。相传巢父在池边牵牛饮水时,批评许由"浮游于世,贪求圣名",许由自惭,并立即用池中清水洗两耳、拭双目,表示愿意听从巢父的忠告。后人为颂扬许由知错就改的美德,遂将该方池取名洗耳池,成语"洗耳恭听"的典故即来源于此。

上述神话与传说不尽真实可信,但它是安徽江淮地区原始先民思想与生活的反映,其神奇的构思,大胆的想象与夸张,"不特为宗教之萌芽,美术所由起,且实为文章之渊源"[①],先秦安徽上古文学,即发轫于斯。

南音 上古安徽文学滥觞于江淮地区的"南音"。《吕氏春秋·音初篇》云:"禹行功(或作'水'),见涂山之女,禹未之遇而巡省南土。涂山之女乃令其妾待禹于涂山之阳。女乃作歌,歌曰:'候人兮猗!'实始作为南音。周公及召公取风焉,以为《周南》、《召南》。"高诱注:"'南音',南方国风之音",即南方国家民歌的曲调;"'周公及召公取风焉',取涂山氏女南音以为乐歌也"[②]。这是说周公、召公征淮夷时,采撷由涂山氏女首创而后流行于南方诸国的"南音",加工整理而成为《诗经》十五国风之《周南》、《召南》二篇。

① 鲁迅:《中国小说史略》,人民文学出版社,1958 年,第 7 页。
② 陈奇猷:《吕氏春秋校释》,学林出版社,1995 年,第 334—335 页。

《吕氏春秋》去上古未远，其"'候人兮猗！'实始作为南音。周公及召公取风焉，以为《周南》、《召南》"的论断，一定有所依据，不是空穴来风，在现存典籍中仍有踪迹可寻。如《候人兮猗》中的兮、猗都虚词，有如今人之"啊、哦"，是情动于衷而发于外之辞，具有很强的歌咏之意蕴。其歌辞用"兮、猗"，尤其是用"兮"字为助词的特点，一直保存在江淮地区的古歌谣中。如在《说苑》、《吴越春秋》、《论语》、《史记》等典籍中保存的一些江淮地区古诗歌，其歌辞都有用"兮"字作为助词的特点，若溯其源头所自，则当是肇始于涂山氏女《候人兮猗》为代表的"南音"。它不仅影响到江淮地区的古歌谣，甚至对江淮地区的哲学文章也有明显的影响。如《老子》中就喜欢用"兮"字。如"渊兮，似万物之宗……湛兮，似或存"（四章）；"祸兮，福之所倚；福兮，祸之所伏"（五十章）等皆是明证。这些材料说明，《候人兮猗》确乎是"南音"之始，也就是中国南方诗歌创作之祖，因此安徽江淮地区当是"南音"的主要发源地。

西周之世，周人南征"淮夷"、"徐夷"，史书屡有记载。周人在东征之中，就地采风而回删饰成乐歌，《诗经·国风》的《周南》、《召南》二篇的曲调，盖主要是成于此。今观"二南"之诗，其形式上喜比兴，多虚字，尚文采，与中原地区的质实诗风有很大的区别；内容上则多以妇女劳作、恋爱、归宁、思夫等为反映对象，其中尤以"贵妇思夫"之作最具特色，这与《候人兮猗》等之遗风当不无联系。此外，《诗经·陈风》乃是流行于陈、宋之间（其地在今河南东部与安徽淮北一带）的民歌，其风格也与"二南"相近。《诗经·小雅·鼓钟》之"淮水汤汤"、"淮水湝湝"、"淮有三洲"等，所描绘的均属淮上风光，很可能也是采自江淮地区，并用与雅乐和奏，所以《鼓钟》结尾说："以（奏）雅以南，以籥不僭。"这里的"南"，就是《吕氏春秋》所说的"南音"。诗大意为，无论乐舞是雅是南是籥，都不越礼乱分。由此可见，在西周时期，安徽江淮地区的诗歌，不仅是"南音"主干，且已传入中原地区，并登上雅乐之堂。

春秋及其前时期，安徽地区在青铜艺术、书法等方面也取得了很大的艺术成就，其中徐系铜器的装饰艺术和书法艺术水平尤为注目。

徐立国较早,商代即有徐国,且又处于四方风云际会的江淮地区,文化发展水平高于楚、吴、越诸国,在徐、楚、吴、越文化相互影响融合,孕育出中国文化的南系过程中,徐盖发挥了重要作用。

徐系青铜器的装饰艺术,就其纹饰自身而言,大致可分为两类:一类为动物纹,包括变体龙纹、变体鸟纹、蟠螭纹、蟠虺纹、羽状纹等;一类是几何纹,包括波曲纹、云雷纹、重环纹、点纹、火纹、S形纹、填线三角云纹等。就铜器纹饰的文化类型论,它亦可分为两类,"一类与中原西周中晚期至春秋早期纹饰相似而略有变化,如变体龙纹、波曲纹、重环纹等,多施于群舒故地出土的春秋早中期具有土著风格的铜器上;一类与楚、吴、越等地纹饰可同归功于南方系统,如火纹、绚纹、S形纹、填线三角云纹、蟠螭纹、蟠虺纹、突目式蟠螭纹、羽状纹等,多饰于春秋中晚期传世徐器及出土器"①。由此可知,徐器的装饰艺术,不仅纹饰丰富多彩,亦在创造中国文化的"南方系统"方面居于重要地位,而其铜器铭文书法艺术对中国文化南系的形成与影响则更为深远。

郭沫若在论述所著录的两周青铜器铭文的文化特色时说道,"地之比邻者,其文化色彩大抵相同。更综而言之,可得南北二系。江淮流域诸国南系也,黄河流域北系也。南文尚华藻,字多秀丽;北文重事实,字多浑厚,此其大较也。徐、楚为南系之中心,而徐多古器。"②李白凤认为,徐器的青铜文字风格,"不仅发展成为春秋以后的吴、越文化,甚至荆楚文化也受到它极大影响,这种纤细柔媚的文字风格甚至对田齐文字也有些影响。在器物的花纹方面,它的影响也是巨大的,试把春秋以后滨海铜器的制式及花纹和中原铜器作一比较,即可以看出其风格变化的差异……我甚至怀疑在我国文化传统方面,东南方面所表现的'南风不竞'的风格方面也和徐夷的文化传统有关。——后世的'北碑,南帖'似乎也与之不无关系。"③

郭沫若、李白凤上论,都涉及徐、楚文化关系,而李氏所论,实又可

① 毛颖、张敏:《长江下游的徐舒与吴越》,湖北教育出版社,2005年,第34、36页。
② 郭沫若:《两周金文辞大系考释·初序》,《两周金文辞大系图录考释》第六册,科学出版社,1957年,第5页。
③ 李白凤:《徐夷考》,《东夷杂考》,齐鲁书社,1983年,第97页。

包括在郭氏"徐、楚为南系之中心"的判断中。从中国文化南系在江淮地区孕育形成的大路径审视中国文化南系中的徐、楚文化关系,盖可曰中国文化南系之发轫是肇端于徐,至楚而乃大。这一判断有两点根据。一是从青铜器文化看,徐器先于楚器。关于楚式青铜器形成的时间,楚史学界有两说。一以刘彬徽为代表,认为形成于春秋中晚期之际;一以俞伟超为代表,认为形成于春秋晚期至战国早期。[①] 不论取何说为是,楚式器都是形成于徐(徐舒)式器之后,两者大体是相为前后的关系。而楚式风格青铜器形成时期,正是楚文化东渐风头正劲之时,江淮徐舒故地亦是楚式风格器成型的重要区域,此间"徐国势虽衰,但青铜文化却相当发达"[②],对楚式青铜器之形成自然有不可忽视的影响。二是中国文化南系形成的中心地区在徐舒故地,其得益于徐文化者颇多。如老子哲学和文学的"南音"皆形成于江淮徐舒故地,老子思想风格则更近于江淮风尚,与荆楚民风迥异的事实,盖可为证。因此,郭沫若谓"徐、楚为南系之中心",即中国文化南系是以徐、楚文化为中心的论断,证据更充分。

---

① 刘建国:《蔡侯墓文化属性试析》,《楚文化研究论集》第二集,湖北人民出版社,1991 年。
② 刘和惠:《楚文化的东渐》,湖北教育出版社,1995 年,第 71 页。

第六章
战国时期的安徽

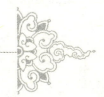

战国前期,楚国先后兼并了下蔡与杞国,又打败了越国,安徽大部分地区进入楚的版图,只有北部一小部分属于宋。因为魏、楚的进逼,宋国的都城战国初可能自睢阳迁到了淮北的相城。宋亡后其地并于楚。楚国不断向淮河以北推进,竞争的对手主要是韩、魏、齐。战国后期楚国开始走下坡路,楚怀王恃其国大,不恤其政,因而不断遭到秦的攻伐,至其子顷襄王时终于丢弃祖业,退守淮域之地的陈城。25年后再迁都钜阳(今阜阳市北),12年后又迁至江淮地区的寿春,公元前223年为秦所灭。

安徽的淮北与淮南分别成为宋与楚的政治中心,对于本地区的经济开发与文化发展无疑是重要的,寿县、淮南出土的下蔡与楚国的青铜制器成为这一时期中国青铜文化的代表,而处于"楚夏之交"的淮北,是楚国与中原诸国贸易往来的主要通道,兴起了不少新的城镇。正是这种政治经济格局,造就了安徽作为"三楚"文化中心的地位。

第一节 战国前期安徽及周边 地区的政治军事斗争

春秋战国之际是中国"古今一大变革之会"①，春秋时期战争的主要目的在于争霸，而战国时代战争的主要目的则在于兼并，扩大疆土，消灭对手，并而有之。所以战国时期的国家比之春秋时期有了较大的发展，所谓"战国"之名，当时已有之，战国七雄魏、秦、楚、燕、韩、赵、齐，正是在兼并战争中脱颖而出的。

战国初年，安徽地区为楚、吴、宋、越所分有。蔡国依吴而居州来，曰下蔡。但吴国很快为越所灭，蔡并于楚。迁于泗水下游的杞国，接着为楚所灭。安徽的大部分地区成为楚国的疆土。战国时期，宋国都城迁到了相（今淮北市），到宋君偃统治时期，宋一度有所发展，灭滕伐薛攻取楚的淮北之地。后被齐国灭掉。楚人东进，及与东北方向国家相争，主要以安徽两淮地区为大本营。楚与魏、韩相斗，又自齐人手中夺得宋国的部分土地（魏则有砀山及淮北市一部分地方），占有淮河流域、长江中下游地区的大部分地方，带甲百万，地方五千里，到楚威王时达于鼎盛，成为当时疆域最为广大的国家。

一、战国前期列国形势和楚与各国的争战

战国初期的列国形势 一直与楚国对峙的北方大国晋，至春秋末已形成政在家门、权归六卿的局面，六卿即赵、魏、韩、智、范和中行氏六家大夫。在新旧势力斗争的同时，六卿之间也展开了激烈的较量。公元前453年智氏被灭掉。此后，晋公室名存实亡，"三家分晋"局面形成，韩、魏、赵实际上已成为3个独立的国家。公元前403年，周王室正式册命三晋国君为诸侯，韩、魏还分得晋国在黄河以南新获得的

---

① 王夫之：《读通鉴论·叙论四》。

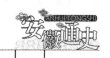
土地,这成为他们进军中原的基地。

三晋中以魏发展最快。公元前445年,魏文侯即位后,求贤若渴,先后任魏成子、翟璜、李悝为相,以吴起为西河郡守,以乐羊为将,以西门豹为邺(今河北临漳西南)令。李悝在魏文侯的支持下进行变法,推行"尽地力之教",发展生产;废除官爵世袭制,按功劳和能力选拔官吏,所以发展很快。西与秦战,攻城略邑,北借道于赵而灭中山,势力最强,韩、赵皆朝魏,魏逐渐由黄河以北的国家发展成为中原强国。韩国于公元前375年灭郑,并将国都迁于原郑国的都城(今河南新郑)。魏于公元前371年,攻占了楚的鲁阳(今河南鲁山),在黄河以南拥有了广大的土地,公元前361年迁都大梁(今河南开封)。魏、韩两国完成了政治中心的南移。

秦国在战国初期国力有限,社会经济发展缓慢,社会关系变革也不明显。公元前408年,当魏取秦河西地后,秦简公为摆脱被动挨打的局面,开始效法中原各国,实行实物地租,即"初租禾"。公元前387年,秦惠公卒,子出子即位,年仅二三岁,其母及宦官当政,国内动荡不安。公元前385年,秦庶长菌改杀出子及其母,迎立出奔在魏的公子连,是为秦献公。秦献公长期生活在魏,目睹李悝变法的成效,当政后即着手进行政治改革。次年,宣布"止从死",废除了用人殉葬制度。其后又制定户籍制度和建立县制,并于公元前383年修筑栎阳(今陕西富平东南)城,自泾阳(今陕西泾阳西)迁都于此。秦献公的上述改革与都城东移,有利于统治的加强与边防的巩固,为后来商鞅变法奠定了基础。

燕国地处东北,战国中期后才逐步强大起来。齐国不断侵略鲁、卫两国的土地,公元前412年攻占了鲁的莒与安阳(今山东阳谷东北)。后来又攻取了鲁国的郕(今山东泗水西北)与卫国的贯丘。其他各国,如郑、宋、鲁等国虽进行了不同程度的改革,但国力一直有限,实力不仅没有扩展反而不断削弱。故战国初,各国斗争形势以三晋相联为枢轴,攻秦伐齐逼楚,实际上是春秋时期大国激烈争夺的继续和发展。对安徽及其周边地区发生较大影响的,主要是楚、越、宋等。楚、宋详于后,这里介绍越的情况。

越国,据《史记·越王勾践世家》记载,"其先禹之苗裔",是夏后帝少康之庶子所建立的国家。越与吴国相近,其统治部族与当时土著可能不是同族。但"文身断发",随从了当地的风俗习惯。公元前601年,楚伐舒蓼,在滑水之滨(今巢湖、庐江之间)与吴、越结盟而还,说明越国很早便染指安徽地区。越在吴之南,能来江淮与楚吴结盟,应该是走皖南过来的。所以皖南之地应该已是吴越的土地。到了允常,开始称王。允常与吴王阖庐差不多同时。当时晋国利用吴以牵制楚,而楚也利用越以牵制吴。公元前496年允常去世,勾践继位,后被吴国征服,入质于吴。回国后勾践"省赋敛,劝农桑",卧薪尝胆,奋发图强,重用范蠡、文种等人,改革内政,裕其众庶。使"其民殷众,以多甲兵"①,取得了很大成就,"田野开辟,府仓实"②。公元前482年,越王勾践乘吴王夫差在黄池争夺盟主、国内空虚之机,出兵攻吴。一举攻占吴都,俘虏吴太子友。吴王夫差赶回后,与越讲和。过了4年,吴国发生天灾,越国再度伐吴,大败吴军。三年后又使大军围吴城三年之久,公元前473年攻破吴都,迫使吴王自杀。越王勾践乘机引兵北上,大会诸侯于徐州(今山东滕县东南),宋、郑、鲁、卫、陈、蔡等执玉之君皆入朝。越向周天子纳贡,周元王赐勾践胙,封以为伯。勾践号称霸主,并有了原来吴国的所有属地,包括安徽的东部,尤其是今皖南的全部地区。越王勾践颇有一些春秋时代霸主的气派,他把吴国侵占宋的土地归还给宋,把吴侵占的泗东鲁地,也归还给鲁。卫国发生内乱,勾践派人去处理。鲁与邾国发生边界纠纷,勾践也派人去仲裁。对于淮河以北原吴国的土地,由于楚势力的迅速扩大,也可能淮北的吴人与土著不服于越,致使越人"灭吴而不能正江淮北。楚东侵,广地至泗上。"③

越王勾践曾把国都迁至琅琊(今山东胶南琅琊台西南),以加强对北方的控制。到战国初期,越王翳又迁到吴④。《墨子·非攻下》篇

①　《国语·吴语》。
②　《国语·越语下》。
③　《史记·楚世家》。
④　蒙文通:《越史丛考》,人民出版社,1983年,第121—123页。

说,"今天下好战之国,齐、晋、楚、越",《节葬》篇也云:"昔者圣王既没,天下失义,诸侯力征,南有楚、越之王,而北有齐、晋之君,此皆砥砺其卒伍,以攻伐并兼为政于天下。"墨子是春秋战国之际人,其时正是越王勾践北上争霸的时候,说明战国初期越国的声威还是很响亮的。进入战国以后,安徽周边处在齐、越、宋、魏与楚国之间,所以有关的征战纠纷主要发生在他们之间。

安徽及周边地区的争战 春秋末期,安徽主要地区为楚、吴、宋三国所分有,大体上自城父以南至州来下蔡为分界线,以西为楚国的东部,以东属吴,而北部则为宋国的一部分。随着越灭吴,楚国乘机将版图推进到淮泗地区。战国早期楚国的迅速东进有两次重要的攻取,就是灭蔡与灭杞。

公元前 447 年,楚军攻蔡。蔡在昭侯时迁州来,依重于吴,因为内部斗争激烈,政治版图未见有什么扩大,文化上则吸收了吴、楚及当地不少先进的技术,使其青铜工艺达于中国青铜器发展的第五个标界。[①] 这在寿县发现的蔡昭侯申的墓中有具体的表现。其中出土的青铜器不仅数量多,工艺也极其精良,体现了蔡、吴、楚文化融汇的特点。下蔡立国于公元前 493 年,46 年后版图入楚。楚灭蔡,占有淮水中游重要的枢纽地带,其南下与东进都有了重要的保障。寿县城郊出土的鄂君启节有舟节,制作于楚怀王初年,其中讲到鄂君启的船队过江,过彭蠡,过松阳,入泸江到爰陵。泸江即今青弋江,爰陵即汉宛陵县,今宣州市城关,说明其时楚地至少已包括青弋江与宣城一带。这当是楚人占有州来(下蔡)以后南下拓殖的。

公元前 445 年,即楚惠王 44 年,楚又灭掉杞。杞,旧说在山东安丘县东北,其地在齐都临淄东南,属齐国腹地,春秋末战国初已为齐田常的封邑,楚国不可能远征齐国腹地而取杞。所以很多学者不信楚所灭的杞在安丘,纷纷提出新的意见。何浩、王恩田等人提出楚所灭的杞在鲁国东北泗水支流的洙水流域,即今山东新泰市,较旧说合理得多。但鲁东北的洙水流域仍在宋、鲁、邾、莒等国之北,楚越数国而取

---

① 郭宝钧:《商周青铜器群综合研究》,文物出版社,1981 年。

杞,可能性也不大。还有人认为在鲁西①。陈伟别出新见,认为楚所灭之杞在泗水下游一带,即汉代夏丘县,当今泗县城关。② 自地理上观之,陈说最在理。《太平寰宇记》宿州虹县条引《舆地记》说,夏丘得名于尧封夏禹为夏伯,邑于此。这当是杞曾居此祀禹而留下的传说,一如夏的另一支裔在浙江会稽祀禹,而其地有禹陵一样。《史记·楚世家》于灭杞称"东侵",于随后的灭莒曰"北伐",正表明杞在莒南而不是其西北的洙水流域。杞为夏之后裔,据《史记·陈杞世家》,殷时或封或绝。周初得其苗裔封于雍丘(今河南杞县),曰东楼公,东楼公传西楼公,凡21世。春秋中后期与鲁、晋等国之间交往频繁,经常见于《春秋》《左传》。当时鲁国不停侵凌边邻邾、鄅、杞、莒等,弄得他们要到霸主晋国去告状,请求给予公正处理。孔子曾入杞求礼,得夏时,当即《夏小正》。据夏纬瑛研究,《夏小正》反映春秋时期淮河流域的物候特征。③《春秋·哀公九年》(前486)"春王正月,葬杞僖公"。这是《春秋》关于杞国的最后记事。据《史记·陈杞世家》记载,其后杞还有潩公在位16年,潩公弟哀公10年,潩公子出公12年,潩公孙简公立1年,被楚所灭,总共39年时间。杞迁夏丘,不知何时,若是洙水流域的杞国迁此,或者在春秋后期至战国初年。其时,越伐吴,淮北地区处于无控状态。或者是这个时候,杞自洙水迁于夏丘。这里距原徐国娄林地近甚,《后汉书·郡国志》记载,徐县有娄亭,与夏丘紧邻。杞之族人早已居此,而杞不堪于鲁的逼迫而南迁于同族的左近? 也有可能是越王念同祖之谊,调节鲁、杞之间的矛盾,而将杞迁于泗水下游,以避鲁难。后楚国东进,遂灭于楚。该地区颇多娄姓之人与地名。如灵璧西娄庄镇,明清时还叫"娄子庄",而灵璧县东北,与泗县西北相邻地区,至今还有"夏楼镇"。以夏楼名村、名镇者,在泗县、灵璧周围的山东、江苏与安徽各地,至今还很常见,也是杞之族人分布于此的证明。楚威王时,苏秦到楚国劝说威王,认为楚国疆域广大,具备霸王之

---

① 王尹成主编:《杞文化与新泰》,中国文联出版社,2000年,第65页。
② 陈伟:《楚"东国"地理研究》,武汉大学出版社,1992年,第123页。
③ 夏纬瑛:《夏小正经文校释》,农业出版社,1981年。

资，其中说楚国"东有夏州、海阳"①。海阳是楚国最东南的一个县，当今江苏泰州。夏州当为最东北的县，钱穆指出即汉之夏丘县②，当今泗县城关镇。又，楚怀王死的时候，苏秦曾对田婴说："君何不留楚太子以市其下东国？"③"下东国"的所在，前人讨论虽不少，要以在淮北泗水中下游一带为可信。④ 苏秦在楚与在齐说楚的东北边地，一曰下东国，一曰夏州，名称有别而实则一地，正是今泗县所在地，为楚国此一时期在东北的边地。南方楚地水乡泽国，居地多在高处，故所在曰陵、曰潴、曰台、曰滋、曰州者多，夏州即是楚语，夏丘当是东方商夷文化区的叫法，即当地人对于杞人所居之地的称名。而丘则为早期东方居民的居住点，所谓"降丘宅土"者。⑤

越国迁都琅琊以后，在北方颇有开拓与发展。据《史记·越王勾践世家》司马贞"索隐"所《纪年》文，越王朱勾三十四年灭滕，三十五年灭郯。又据《战国策·魏策四》记载，"缯恃齐以捍越，齐和子之乱而越人亡缯"。"缯即鄫，亦泗上小国，蒙文通考越灭鄫在公元前404年前后"。⑥ 滕、鄫、郯处泗、沂二水中下游地区，说明越人曾控制这一地区。琅琊西边是莒，越也曾攻取莒的土地，《墨子·非攻》中记载："东方有莒之国者，其为国甚小，间于大国之间，不敬事于大，大国亦佛之从而受利。是以东者越人夹削其壤地，西者齐人兼而有之。"越还伐过大国齐。《北堂书钞》引《世本》云："越甲至齐，雍门狄请死。王曰：'此工师之罪，子何事焉？'车右曰：'王不见工师之为乘而见车鸣。'车右遂刎颈而死，越军闻之遂退。"此事也见于《说苑·立节》。鲁自哀公以来尝欲依越而伐三桓。鲁哀公二十三年，鲁派叔青入越联系，二

① 《史记·苏秦列传》。

② 钱穆：《史记地名考》，台湾三民书局，1984年，第384页。

③ 《战国策·齐策三》。

④ 诸祖耿：《战国策集注汇考》，江苏古籍出版社，1985年，第66、559页；陈伟：《楚"东国"地理研究》"绪论"，武汉大学出版社，1992年。

⑤ 顾颉刚：《说"丘"》，《禹贡》半月刊第1卷第4期；《州与岳的演变》，燕京大学《史学年报》1933年第5期；唐兰：《与顾颉刚先生论"九丘"书》，《禹贡》半月刊第1卷第5期；劳榦(干)：《由九丘推论古代东西的民族》，《禹贡》半月刊第1卷第6期；高广仁：《说"丘"——城的起源一议》，《海岱区先秦考古论集》，科学出版社，2000年。

⑥ 蒙文通：《越史丛考》，人民出版社，1983年，第129—130页。

十七年,哀公亲自入越请兵。他所去的越国就是琅琊。《孟子·离娄》说"曾子居武城,有越寇"。这个"越寇",应该就是帮助鲁哀公伐三桓的,因为鲁人攻三桓之一的季氏费邑,越军前来增援。可以看出,越在今山东南部、江苏北部、安徽东北部,颇有一些作为。楚国的东向发展,势必导致与越国的争夺。《墨子·鲁问》载:

> 昔者越人与楚人舟战于江,楚人顺流而进,迎流而退,见利而进,见不利则其退难。越人迎流而进,顺流而退,见利而进,见不利则其退速。越人因此若势,亟败楚人。公输子自鲁南游楚,焉始为舟战之器,作为钩强之备,退者钩之,进者强之,量其钩强之长,而制为之兵。楚之兵节,越之兵不节,楚人因此若势,亟败越人。

墨子曾南游于楚,献书于楚惠王,惠王辞以老。公输般与墨子同时代,其时越处在越王朱句的初年,也在盛期,或者双方之战正在其时。由《鲁问》篇可知,楚、越水战曾不止一次,地点当在今皖江至江苏一带。

楚威王时,越又兴兵伐楚。《史记·越王勾践世家》载:

> 当楚威王之时,越北伐齐,齐威王使人说越王曰:"越不伐楚,大不王,小不伯"……于是越遂释齐而伐楚。楚威王兴兵而伐之,大败越,杀王无强,尽取故吴地至浙江。

楚越之战的结果,似不如司马迁所记越人彻底失败,楚人尽有江东。公元前312年,秦、魏、韩与楚、齐对立,楚调发大军进攻在曲沃与商於之地的秦军,而越王派使者以越王所乘坐的大船"乘舟"及战船300艘、箭5万支,支援魏国[①]。这不仅说明到了前4世纪后半期,越人实力仍然很强,赠送给人的战船就有300艘,而且说明越人此时还控

---

① 郦道元:《水经》卷四"河水注"引《纪年》。

制着江、淮至魏国的水道。所以楚威王时虽然战败越人,并没有能灭亡越国。其时楚之国势达于鼎盛,越人战败而与中原国家联系,非常可能。至楚怀王时,楚国终于进军到江东,占有其地。《战国策·楚策一》记载张仪说楚王:"大王尝与吴(当为越)五战三胜而亡之,陈(阵)卒尽矣。"越与楚五战而三败,彼此互有胜负,而且楚之甲兵损失很大,虽然最后楚战胜了越人,但说明越的力量仍然不弱。《史记·六国年表》记楚怀王十年"城广陵"。广陵在今江苏扬州市北,其地当在楚、越界上,城之以为备战。《楚策三》还记载五国伐秦,杜赫对昭阳说:"魏折而入齐、秦,子何以救之? 东有越累,北无晋,而交未定于齐、秦,是孤楚也。不如速和。"

楚怀王十一年(前318)合纵伐秦,其时楚有"越累",当是楚、越之间五次战争而让楚国损失不小,从而成为负累。《楚策一》楚王问于范环章也说道:"王尝用(召)滑于越而纳句章,昧之难,越乱,故楚南塞濑湖而野江东。"濑湖即伍员奔吴所经之濑水,在今安徽芜湖县以北、江苏高淳县南。楚国这次是用召滑于越为反间,促成越国内乱,又经过五战三胜最后战胜越国,使江东之地成为楚的野鄙。不过,吴越江南,地广人稀,其都邑之地为楚所有,其余地方还有一些越王子孙拥立的君长,当属可能。所以到了秦统一全国时,还降服不少越王子孙。

越国的败亡,使安徽东部地区从越人手中转为楚的版图。

二、宋国迁都问题与宋君偃的扩张

宋在春秋后期是二等大国,宋景公时灭掉曹国而有其地,疆域扩大到济水之滨,拥有了当时天下最繁庶的商业都市陶(今山东定陶)。所以入于战国,宋虽因内乱而衰弱,但仍然是不可忽视的国家,宋王偃时号称"五千乘之劲宋"[1]。公元前295年,苏秦入齐说齐闵(湣)王,讲到当时天下十国,"皆以相敌为意"[2]。这十国中,除通常所谓的战国七雄外,还有宋、越与中山国,说明到了公元前3世纪初宋仍然是可

---

① 《战国策·齐策二》。
② 《战国策·齐策五》。

以攻守而与他国为敌的国家。《史记·越王勾践世家》记载,勾践灭吴,"归吴所侵宋地于宋",春秋后期吴所侵宋之地主要在安徽淮河以北与江苏省北部地区,吴灭而宋恢复了这些地方。公元前341年,魏齐马陵之战时,外黄属宋地,《战国策·宋卫策》载:"魏太子自将,过宋外黄。"外黄在魏都大梁(今河南开封市)与宋都商丘之间,说明其时宋界至少仍在大梁东南。《战国策·赵策四》记载宋突对宋相仇赫说:"……不如尽归中山之新地。中山案此,言于齐曰:'四国将假道于卫,以遏章子(指齐将匡章)之路,齐闻此必效鼓。'"其时齐与诸侯军攻秦而屯兵函谷关。据宋突言,宋在公元前3世纪初还曾攻取中山国的土地。宋国的南界,战国时先后有所变动。《史记·春申君列传》载春申君语:"秦、楚之兵构而不离,魏氏将出而攻留、方与、铚、湖陵、砀、萧、胡,故宋必尽。"砀在今砀山县南,相在淮北市,铚在今宿州西南,属濉溪县地,则齐灭宋前的"故宋"地南部,当今阜阳、淮北、宿州、亳州诸市的一部分或全部。宋末代君主偃(谥康王)时,曾"南败楚,取地三百里"[1]。《战国策·宋卫策》也说,康王"于是灭滕,伐薛,取淮北之地。"宋从楚人手中夺取的淮北之地300里,大致即《汉书·地理志》所说宋灭三分其地,"楚得其沛"之沛地,也即西汉时沛郡,南部一直到淮水边上的下蔡和今怀远县近淮河的地方,说明整个安徽淮河以北的地方大都在沛郡的范围,则宋南取楚地,近于淮水之滨。

钱穆先生著《先秦诸子系年》,卷三附《战国时宋都彭城证》,列十五证并二事,以为"宋都彭城,不都睢阳,断可定矣"。文中指出宋之东迁,初"非在文公之晚世,即共公之初年矣"。共公初迁相,战国以后则迁彭城。[2] 其说在学术界产生很大影响,如李学勤先生在《东周与秦代文明》中引《韩诗外传》载齐宣王的话后说:"该时宋国已迁都到今江苏徐州",注文即引证钱穆书。在另一处他还说:"宋是子姓国,始封君是商王族微子启,原都于今河南商丘,到战国时迁到今江苏徐州,在泗上诸侯之列。"[3]历史地理学家史念海先生也讲到战国时期宋

① 《史记·宋微子世家》。

② 钱穆:《先秦诸子系年》,商务印书馆,2001年,第374—380页。

③ 李学勤:《东周与秦代文明》,上海人民出版社,2007年,第86、95页。

国的都邑与交通,接受了钱穆的说法。① 古史地理研究专家钱林书先生也认为:"战国时商丘改称睢阳,后因受韩、魏等国的进逼,(宋)迁都彭城(即今江苏徐州市)。"②另外,杨宽先生在新版《战国史》正文中说宋"在战国初期宋昭公、宋悼公时可能迁都彭城(今江苏徐州)。"注文中又将钱先生提出的宋迁都彭城的证据主要归结为二点:一是《史记·韩世家》记载韩文侯二年(前385)"伐宋,到彭城,执宋君"。韩文侯二年当宋休公十一年,作者认为被执之宋君实为宋休公前之宋悼公。二是公元前390年齐进攻魏的襄陵,其后两国多次在此交战,襄陵在今河南睢县,正当商丘西。又公元前365年魏取宋之仪台,仪台在今商丘东南。如果这时宋都还在商丘,将处于魏的三面包围之中。杨先生最后指出,"钱穆《先秦诸子系年考辨》对此有考证。"③《先秦诸子系年考辨》与《先秦诸子系年通表》,合为《先秦诸子系年》,说明杨先生受到了钱氏说法与考证的影响。在"绪论"部分讨论史料问题时,杨先生也说到钱书"还附带考证了一些重要的史实,如《战国时宋都彭城证》、《淳于髡为人家奴考》等,都有高明的见解",其欣赏钱说自不待言。正文中也说"战国时宋迁都彭城,睢阳一带当早为魏国所占有"。④ 不过,杨著新版《战国史》书前面附有2幅战国时期地区形势图(1幅明标为公元前350年"战国前期中原地区形势图"),其中宋之国都,又全都标在睢阳而不是彭城,由此可见杨先生在这个问题上的看法未能确定。

我们认为钱先生提出的证据并不能证明他之观点。仅以其提出的前四条证据为例:

其证一,举《水经·睢水注》文汉高祖五年"为梁国",谓"汉以睢阳为梁,盖承战国地理言之。宋亡已在战国晚年。窃疑睢阳为梁,犹在宋亡之前,盖宋先已迁都而东矣。故汉乃以睢阳为梁国。此战国时宋东迁,不都睢阳之证,一也。"没有提出任何根据,只是"窃疑"即为

① 史念海:《战国时期的交通道路》,《中国历史地理论丛》1991年第1辑。
② 钱林书:《春秋战国时期的国家、都城、疆域及政区》,《历史教学问题》2000年第2期。
③ 杨宽:《战国史》,上海人民出版社,2003年,第280—281页。
④ 杨宽:《战国史》,上海人民出版社,2003年,第32、426页。

一证,实在牵强。而实际情况郦道元说得很明白:

> (渠)又东径大梁城南……《竹书纪年》:梁惠成王六年四月甲寅,徙都于大梁是也。秦灭魏以为县。汉文帝封孝王于梁,孝王以土地下湿,东都睢阳,又改曰梁。[①]

睢阳曰梁,本于汉梁孝王迁居所改。战国后期宋灭于齐,诸侯借口共攻齐,魏得齐新取的宋地,设大宋与方与二郡,楚得其淮北之地为沛郡,秦则得到当时最为富庶的陶,封予秦相魏冉。此事杨宽《战国史》[②]已有考述。睢阳曰梁与宋之迁都与否,风马牛不相及。

其证二,举《水经·泗水注》谓春秋时外黄尝为宋之别都,及《汉书补注》王先谦举证张耳为魏外黄令,即说"是外黄在齐、魏马陵之战时,固已属梁,否则魏军不得逾人之别都以为战。外黄与睢阳相近,外黄既为魏有,睢阳之西蔽已失,敌氛及于国都。此宋在战国时东迁,不都睢阳之证,二也。"至于《战国策·宋卫策》言马陵之战时魏太子申"过宋外黄"文,钱文在夹注中仅曰:"盖袭史文而增'宋'字,不足据",从而将古籍中明言外黄属于宋的资料,摒而不论。钱先生这样说实不足取。首先,战国时期,军队经过别国土地而征伐,甚平常。如秦国伐齐过三国地,楚军救邯郸而过魏地。至于合纵连横军队出战,都要经过他国领地。其次,张耳与项羽、刘邦,同为战国末至汉初人,秦末大起义时之风云人物,《史记·张耳陈余列传》有详载,其去齐魏马陵之战(前341年)至少超过100年,怎可以以魏亡前外黄属之而言百年前其地"固已属梁(魏)"?《史记·魏世家》惠王三十年述太子申"过外黄","集解"云:"外黄,时属宋",说明前人也是认可《战国策》的记述的。第三,《战国策·宋卫策》"魏太子自将"章记太子御者言曰:"将出而还,与北(败)同,不如遂行。"如太子申未出国,不得谓"将出而还"与失败。综合起来看,太子申显然已出国境,"过宋外黄"之记载

---

① 《水经》卷二十二"渠(沙水)注"。
② 杨宽:《战国史》,上海人民出版社,2003年,第396页。

乃是事实,钱先生未作任何分析即谓"盖袭史文而增'宋'字",显然不可信,又因此而将之列为宋已东迁之第二证,不能成立。

其证三,举三证说宋必东迁而不都睢阳。一为《水经注》引《竹书纪年》载梁惠王二十九年,"齐田朌及宋人伐我东鄙,围平阳",及朱右曾注云:"平阳故城在兖州府邹县西三十里";二为《魏策》载苏秦说魏合纵曰:"魏地东有淮颍沂黄煮枣无疎",因谓魏境已远包淮沂等地;三为《史记·韩世家》"集解"引《纪年》"齐宋围煮枣",谓魏境已东达曹州。这三条材料中,第三条煮枣,《后汉书·郡国志》谓其当济阳郡冤朐县,在大梁东北,距离大梁不远,与睢阳是否为宋都说不上有什么关系,可以不论。第一条,梁惠王二十九年,正当马陵之战时即公元前341年,前文说到距大梁不远的外黄尚为宋所有,其东的陶等直到宋亡前尚为宋邑,而远在山东邹县的平阳已是梁国的东部边地,实在不可想象。其时鲁、邾(邹)两国尚在,平阳距邾国都仅20余里(古里小于今里),梁是如何取得此地的,文献无征。因此,齐宋所围魏之平阳不太可能在邹县。退一步说,就算邹县有梁之鄙地,其在大梁东北方向,与睢阳之在大梁东南,相去甚远,不足以说明宋都东迁,或已迁彭城。至于第二条引苏秦语,《史记·魏世家》作"东有淮颍、煮枣、无胥",而无沂黄等。于此,张琦《战国策释地》早已指出:"盖沂黄字衍,淮亦誇言之。"其次就魏国疆域而言,其东未曾达于沂水[1],南至淮水也无确据。退而言之,就算魏地东至沂水,也不足以说明宋已东迁彭城,两者没有必然联系。外黄、陶等地乃宋灭曹所有,以南至于东南才是宋的本居之地,这里的广大地区直到宋亡前大都为宋所有。因此据魏国东北方向扩张来说宋已不都睢阳,没有说服力。

其证四,引《水经·淮水注》文,谓襄陵惠成王十七年已属魏,其"在外黄睢阳间,距睢阳尤近。宋于其时殆已避梁而东矣。此宋东迁不留睢阳之证,四也。"钱先生这里是说襄陵距睢阳近甚,襄陵既已为魏地,则睢阳距强敌魏国太近,宋必迁都以避之。钱先生这样考虑表

---

① 钟凤年:《战国疆域沿革考(魏)》,《禹贡》半月刊第2卷第11期;李晓杰:《战国时期魏国疆域变迁考》,《历史地理》第19辑,上海人民出版社,2003年;杨宽:《战国史》,上海人民出版社,2003年,第279—280页。

面上看不无道理，但不能说已充分注意到了当时的具体情形。首先，睢阳距襄陵，直线距离在 120 里以上，并非近在咫尺。其次，战国时各国相攻伐，边地犬牙交错，而且经常有所改变，一国新地错入他国之中，原属平常。魏作为当时的强国，曾攻入弱宋都城附近，也不足怪。若是宋都已为魏有，如此大事而各书皆未载之，纵横家言也不提及是说不过去的。魏旧都安邑曾三面处在秦、韩包围之中，仅有东边一线通过赵、魏、韩共有之上党地区与外界相连。宋都附近之地，一度为魏攻取，一如魏都之形势，无甚可怪。宋灭曹以前，宋都距曹国南山不过数十里地，宋都北门即曰"曹门"，宋宗邑亳更在曹、宋界上，并无妨宋国数百年基业。① 这样看来，钱先生之说又未必尽在情理之中。

钱先生提出的其余证据也都如此。② 至于杨先生归纳的两条"主要证据"，本身并没有直接说明宋已迁都彭城，或宋之都商丘（即汉睢阳）已为魏国占有。其第二点，上文辨其证四已指出不可取。至于《韩世家》说韩文侯二年"伐宋到彭城，执其君"事，杨先生以为所执宋君为宋悼公，而韩文侯二年当公元前 385 年，其时《宋微子世家》记为宋休公十一年，因为文献未见宋休公被俘事，杨先生根据《纪年》载宋悼公在位十八年（《宋微子世家》作八年），谓是悼公被韩俘虏杀死，接着休公继位，悼公谥"悼"，正因为此。关于此点，钱文说得极简单，杨先生有较多的引证与辨析。我们认为，此所谓主要证据也不能成立。首先，韩伐宋到彭城，执宋君，只能说明双方尝战于彭城，宋君被俘，以及彭城可能为宋所有，并不一定表示宋都彭城；其次，宋、韩《世家》都没有说到宋悼公被俘事，尤其没有说到宋之某君被韩所杀，被俘与被杀是两回事；第三，《逸周书·谥法解》讲到谥"悼"者有三种情况，曰：年中早夭、肆行劳祀、恐惧从处，都没有涉及被俘遭死者。春秋战国时期，谥曰悼者多有其人，如晋悼公、郑悼公、燕悼公、楚悼王等，史书并没有明言他们都是遭杀而谥曰悼的。而楚悼王死于自己的宫中，时吴起遭到贵戚的攻伐，乃"之王尸而伏之"③，悼王显然不是被杀而死。

---

① 陈立柱：《微子封建考》，《历史研究》2005 年第 6 期。
② 对于钱文证据的诸一辨析，参见陈立柱《战国时宋都彭城辨》，《安徽史学》2009 年第 3 期。
③ 《史记·孙子吴起列传》。

所以杨先生的解释未尽在理。

事实上,宋不曾迁都彭城的直接证据是很多的。亦举几例以为说明:

其一,齐田婴尝封彭城。《史记·孟尝君列传》"索隐"引《纪年》云:"齐威王十五年薨,婴初封彭城。"婴即田婴孟尝君,为齐国相,曾得彭城以为封地,公元前322年改封于薛(今山东滕县东南)。彭城既为田婴封地,此与宋已迁都彭城显系矛盾,史书未曾讲过齐威王曾攻取宋都而封臣子事。

其二,楚有"彭城君"。《战国策·楚策一》有"昭奚恤与彭城君议于王前"章,鲍彪注彭城君:"彭城属楚,知为楚人。"春秋时彭城为宋所有,顾栋高《春秋大事表》卷四甚至认为彭城为宋春秋时所并六国之一。战国时一度属楚、属齐,当也曾属于宋。此彭城君无论属楚属宋,既曰封君,说明彭城已封给臣下做封地,不可能再为国君之都居。昭奚恤为楚宣王时(前369—前340)人,接着的楚威王曾率大军东出淮泗,在"徐州"即薛地大败齐军。[①] 薛在彭城正北百余里偏东,威王能打到这里,必是宣王时已占据淮泗彭城及其附近之地,立下基础。是以鲍彪注彭城属楚,彭城君为楚人,合于当时形势,可信。

以上两条材料,钱穆先生也注意及之,但说"疑齐、楚彭城非一地,盖如巴蜀分属秦、楚,上党分属三晋之类。"此说实不可取。巴蜀、上党为区域名,彭城为一城池名,区域地面广大,可以分属多国,城池如果也是三国各有一部分,如何可以为其中一国之都邑? 而宋君若都彭城,夹处时时要伐灭宋的齐、楚之间,其危殆尤甚于近魏楚之边地也。彭城得名于古之大彭国,其地正在今之徐州市内,别处未闻。

其三,《战国纵横家书》(四)载苏秦(代)致燕昭王信言:"……奉阳君鬻臣,归罪于燕,以定其封于齐。公玉丹之勹(赵)致蒙,奉阳君受之。王忧之,故强臣之齐。臣之齐,恶齐、勹(赵)之交,使毋予蒙而通宋使。"由苏代话,知齐为了让赵相奉阳君李兑组织诸侯攻秦,以为齐攻宋之掩饰,派公玉丹到赵,说要将宋的蒙地送给李兑以为封邑。

---

① 《史记·楚世家》。

蒙为宋地而齐封之,当是宋弱而齐强,强为之。由于苏秦交恶齐、赵,才使得蒙地没有给李兑,并且通知宋使说明情况。① 蒙在商丘东北边上,距商丘尤近于襄陵,说明齐灭宋前尚为宋有,则商丘不为魏有而是属宋更加可能。《战国纵横家书》1973 年出土,文物出版社于 1976 年出版,而钱先生著作修改本,据其《新版增订本识语》,成于 1954 年,其未能见识新出土之材料也。这也是因襄陵与仪台而谓宋都商丘(睢阳)已为魏所占有的有力反证。不光如此,在蒙邑西北、距商丘更远一点的宋宗邑亳(薄),也是直到"宋亡后地才入齐"的。②

其四,《史记·楚世家》载,楚顷襄王十八年,有人以弋射说楚王曰:"……外举定陶,则魏之东外弃,而大宋、方与二郡举矣。"魏在定陶以外设有大宋、方与二郡,杨宽指出,"大宋郡以宋的旧都睢阳(今河南商丘南)为中心,方与郡以方与(今山东鱼台东南)为中心"③。楚顷襄王十八年当公元前 281 年,其去宋亡已五六年,二郡自是魏夺得其地而设立的。《荀子·议兵篇》已明确指出这一点:"齐能并宋而不能凝也,故魏夺之。"大宋、方与二郡为魏国从齐人手里夺得的宋地,则商丘为魏所有不在宋亡以前可知也。

根据春秋后期至战国时期宋及周边国家争战兼并的形势,宋国的都城可能有所迁动。宋文公时期,楚军围宋前后 9 月余,宋都破败不堪,以致共公继位后迁都相城。宋平公时楚又拔宋之彭城,以封予宋叛将鱼石。彭城为南北交通要冲,楚拔之以断吴、晋、宋的联合抗楚。这个地方虽然重要,但是腹背(南北)受敌,自然不适合作为都邑。宋元公八年(前 524)宋城又大火④。《战国策·楚策一》载:楚宣王(前369—前 340)时楚将景舍乘救赵之机,夺得魏国睢、濊(涣)之间的土地。⑤ 古睢水自春秋宋都西北方,穿城而过流向东南。⑥ 睢、濊之间已为魏地,又为楚所夺得,则睢阳邻于楚、魏之边地,宋若未迁都无以自

---

① 杨宽:《战国史》,上海人民出版社,2003 年,第 385 页。
② 钱林书:《春秋战国时期宋国的城邑及疆域考》,《历史地理》第 7 辑,上海人民出版社,1990 年。
③ 杨宽:《战国史》,上海人民出版社,2003 年,第 396 页。
④ 《史记·宋微子世家》。
⑤ 诸祖耿:《战国策集注汇考》,江苏古籍出版社,1989 年,第 714—715 页。
⑥ 中美联合考古队:《河南商丘东周城址勘查简报》,《考古》1998 年第 12 期。

安。还有两事也可以说明这一点：

一是《史记·宋微子世家》"集解"引《世本》云："宋更曰睢阳"。《世本》作者与时代，说者甚多，以战国左丘明为最早。如此则睢阳之名乃宋人所自更变。宋国都城，《左传》一直曰"宋"、"宋城"，"宋城"变而为"睢阳"，大概只能理解为宋公迁居新地，旧都不足以代表国家，更而为睢阳，睢水之阳一城池也。

二是《吕氏春秋·安死》载："宋未亡而东冢扬"。高诱注："东冢，文公冢也。文公厚葬，故冢被发也，冢在城东，因谓之东冢。"战国以后的宋君若仍居睢阳，绝不会让先君墓冢遭人盗掘的，因为看护祖先坟墓乃古代人君头等大事。而若宋君已迁居他处，睢阳在三国边陲，远于宋君所在，墓冢看护难免不周，盗墓的情况就有可能发生了。那么，宋国迁都于何地呢？

根据目前所掌握的情况，我们推测宋所迁都更可能是相城，当今淮北市。"相"与"宋"上古二字双声叠韵，"相城"实即"宋城"，因其处于"俗都"之地位，故名曰"相城"。下面略为证明。

《水经·睢水注》："睢水又东径相县故城东。宋共公之所都也。国府园中，犹有伯姬黄堂基……斯堂即伯姬焚死处也。城西有伯姬冢。"诚如钱穆所说，共公在宋都遭楚人攻略毁坏之后，迁都于相，兼以避敌。[1] 这是宋迁相城的明证。共公所迁，奠定了以后宋人立都于此的基础。《史记·曹相国世家》"正义"引《舆地志》谓："宋共公自睢阳徙相子城，又还睢阳。"由伯姬冢在相城，知此说为推测。伯姬为宋共公夫人，从夫谥，故又叫共姬，《左传》鲁襄公三十年（宋平公三十三年）："宋伯姬卒，待姆也"，即因守妇人保傅不具、夜不下堂之礼，遇火而死，因而受到"君子"的讥议。其事广见于《春秋三传》、《淮南子》、《史记》、《汉书》、《水经注》、《列女传》及后来各种戏文中。伯姬后死共公几十年，由《左传》襄公二十六年记载，其子平公在位时，经常入夕问安，说明彼此一起生活。若共公时已回迁旧都，伯姬不该死在相城并葬在那里。不过，我们也不认为共公迁相城后就一直在那里，战

---

① 钱穆:《先秦诸子系年》,商务印书馆,2001 年,第 377 页。

国后再迁彭城,如钱穆所说。可能是平公末年或后来不久某一宋君曾回迁旧都。这由宋元、景公时宋人的很多活动仍在睢阳可以看出。[①]战国以后,尤其是魏国大举进攻中原后,某一宋君迫于魏、楚的压力又再迁于相。宋人何以选择相城作为新的都邑所在?

春秋中后期以来,楚国地接于宋,一直觊觎宋的土地。宋之西北则逼于三晋。睢水为宋之国脉所系,从地缘政治学的角度看,宋人沿睢水,东南保于相城,是很自然的选择。相比较彭城地处南北交通要冲,为大国所觊觎,相城则在宋国腹心之地,南、西、东三面有低山丘陵,可以为之险要。宋国实行两都制是有传统的,《左传》哀公十四年载宋景公语:“薄(亳),宗邑也”,即宋公居睢阳宋城,而圣都宗邑在北部边地。宋君居相城,睢阳为圣都,一如当初的亳(薄)一样。相城之名相,尤其能说明这一点。

相城,《元和郡县志》、《太平寰宇记》等皆以为商之先人相土所居。也有说因相山或相水而得名的。[②] “相”实与“宋”字密切相关。

宋,《说文》云:“居也,从宀从木,读若送。”徐铉注释进一步发挥说:“木者所以成室,以居人也。”但段玉裁注明确指出:“此义未见经传”。[③] 是以后来学者多另求新解。王国维说它古音与“商”相近,他在《说商》中指出:“余疑宋与商声相近,初本名商,后人以别于有天下之商,故谓之宋耳。”[④]杨宽据孙志祖《读书脞录》卷七“木有桑音”条进一步指出:“古代‘宋’和‘商’同声可以通用,‘宋’古从木声,而‘木’古有‘桑’音。”如《列子·汤问》“越之东有辄木之国”,注“木字为又康反”;又《山海经·东山经》“南望幼海,东望榑木”,注“扶桑二音是也”。直到春秋战国时代,如《国语》、《庄子》、《韩非子》等书还常把“宋”称作“商”。[⑤] 宋与商通,古读桑音,则为阳部字。相,古音亦在阳部,宋与相古又都属心纽。如此则宋与相为双声叠韵字,“相城”实即

① 参见《左传》鲁昭、定、哀诸公时期的有关记载可知。
② 周振鹤编著:《汉书地理志汇释》相县条,安徽教育出版社,2006 年,第 163 页。
③ 段玉裁:《说文解字注》,上海古籍出版社,1981 年,第 342 页。
④ 王国维:《观堂集林》卷十二,中华书局,1959 年。
⑤ 杨宽:《西周史》,上海人民出版社,2003 年,第 386 页。

"宋城"之异写。"相城"、"宋城"又都可以单独曰"相"、曰"宋",也可以说明这一点。

相城之名相而不是宋,与相之另一义可能有关,这就是它的"辅相天地"之意。

上古,天子、诸侯为天下国家掌管祭祀之人,代表上天神灵以治天下国家,是为上天之"相"①,所谓"天工人其代之"②,主于祭祀,是以有"政由宁氏,祭则寡人"③之说。宋共公迁都新地,而旧都仍然是宗庙社稷所在、神灵钟会之地。与之相比,新都就处在辅助之"相"或"下都"的地位,后世又曰"陪都"。相在古代本有教导、辅助、治理等意思,如《尔雅·释诂》"相,导也。"郭璞注:"谓教导之。"《易·泰》卦象辞:"辅相天地之宜",《尚书·大诰》:"周公相成王",《尚书·立政》:"相我受民"。相城之名相出于此。这可能是宋君居相城而文献未言宋国迁都之因缘所在。

相与睢也有密切之关系。睢,《说文》云:"仰视也",徐灏注笺:"睢之本意但为仰视。"又《说文》:"相,省视也,"段玉裁注:"《释诂》、《毛传》皆云:'相,视也'"。二字的本意都为看视,由二字皆从目也可以知道("商"也有看视而商量之意)。不仅如此,相与睢上古还是双声字,都属心纽。还有,《水经·睢水注》云:"然则相又是睢水之别名也,东南流入于泗,谓之睢口。"睢与相,本义相同、双声、别名,则位于睢水之滨的相城得名与睢水也相关联。"睢口"下有下相县,因于相水,尤可以说明这一点。相在古代还是天上近于太微的著星,而九月翼轸偕岁星早晨出现于东方的天象叫"天睢",④说明睢水之名睢或相,上古可能与天命神意还相关系,否则不会天地并著而皆有之的。商、宋、睢、相四名,音义密切关联。

还有其他一些间接的证据。

---

① 详参陈立柱《说"天在山中"》,《文史》第 59 辑,中华书局,2002 年;陈晓芸、陈立柱:《说"国必依山川"》,《史学月刊》2005 年第 8 期。

② 《尚书·皋陶谟》。

③ 《左传·襄公二十六年》。

④ 《史记·天官书》。

墨子尝为宋大夫,因子罕之计而遭囚,后奔走于鲁、齐、越、楚等地。曾止楚攻宋,又使其弟子三百人守宋城,推荐弟子曹公子入宋谋官。继墨子为巨子的孟胜,死时使人至宋都,传巨子之位与田襄子。[①]则宋为墨子本出之地与其组织之大本营当可相信。墨子死后墨家一分为三,曰相里氏、相夫氏、邓陵氏。邓陵为楚公子食邑,邓陵氏自为南方之墨,而相里、相夫居宋城,其名氏所来当与其所居街区有关,即以所居街里为氏。墨家之徒多为手工业者,集聚而居,所以会以其所居为氏。相里、相夫之名与相城相关,不待多言。

又,《水经·济水注》:"荷(济)水又东径东缗县故城北,故宋地……邹衍曰:余登缗城以望宋都者也。"东缗县故城,即《春秋》僖公二十三年"齐侯伐宋,围缗"之缗。据叶圭绶及当代山东学者考证,缗即今山东金乡县城。[②]邹衍在缗城所望之宋都为何? 钱穆认为:"东缗……地距商丘、铜山,远近略相似。即衍所指系旧宋都,亦无碍于此篇之阐说也。"(按:邹衍为公元前4世纪后期至3世纪前期人,若其游缗在宋亡以前而所望非彭城,则迁都彭城说就大有问题了。)缗城与相城正好南北相对,相山以北至鲁西南一带为平旷原野,相山的高程现在为342米,或者也是这一带最高的山峰,正是邹衍所望之地?

宋地处齐、楚、赵、魏诸强国之间,战略地位十分重要,故一直为诸国所垂涎,各国为此不停地加强外交往来。《战国纵横家书》(八)记载苏代的话说,"薛公(孟尝君)相齐也,伐楚九岁(当作五岁),攻秦三年,欲以残宋,取淮北地。"孟尝君用5年时间伐楚,合诸侯之兵3年攻秦,目的在于迫使强国屈服,不干涉他对外兼并,以便取得宋及淮北之地。赵国派楼缓入秦为相,派仇赫相宋,是想联赵、秦、宋以却齐,从而得到宋的陶。燕昭王与苏代阴谋,派苏代到齐国为"死间",即愿为燕国而不避死难的间谍,顺应齐闵王要灭宋的欲望,由燕助齐攻宋,引起诸侯不满,从而疲惫齐国的国力,离间齐赵关系,加深齐赵矛盾,以便于借助秦、赵之力合而破齐。齐、楚两国打仗,宋请中立,结果被齐国

① 关于墨子及其弟子事迹,前人已有较多讨论,近人的研究可参看《古史辨》第四册系列论文,上海古籍出版社,1982年;郑杰文:《20世纪墨学研究史》,清华大学出版社,2002年。

② 叶圭绶撰、王汝涛等点注:《续山东考古录》,山东文艺出版社,1997年,第662—665页。

迫而从齐。当时子象为楚到宋国对宋王说,齐与楚战,打不过楚就请宋援,宋必要受到楚的攻击;若齐强,则齐必并吞宋国。可见宋国实在处于危机之中。① 楚国要东进北上发展,攻宋是必然之举。所以楚国一度准备伐宋,因为墨子的劝说才罢手。与齐不相邻属的秦国,欲攻魏之安邑,担心齐国救魏,也以宋国委之于齐,派人告诉齐王说:"王苟能破宋而有之,寡人如自得之。"秦得到安邑后,又以齐国攻宋为齐之罪,举兵伐齐而败之,强齐从此以后变成不堪一击的弱国。②

可以看出,宋国在当时的国际关系中,实在是处于十分重要的地位,关系着各个国家的发展与未来的形势。当时有一种说法:"与其得地百里于燕,不如得十里于宋"③,不仅说明宋的富有,也是其地理位置重要的体现。秦国正是利用了这一形势,削弱诸大国势力,从而推动天下的统一。因此,处在复杂的国际关系之中的宋国,其实已成为诸大国蚕食的对象与外交的筹码。

春秋后期以来的宋国,内乱不断,战国时弑君而立者仍然多有其人,最后三位君主都不是正常继位的,说明末世的宋国经历着剧烈的变化。宋君偃篡位后,很想有一番作为。《孟子·滕文公下》记万章的话说:"宋小国也,今将行王政,齐、楚恶而伐之。"宋行王政的具体内容不可尽知,而"置太子为王,下亲其上而守坚"④,可能是其中之一。还有招募勇锐扩大实力,也是其强国的一项措施。《吕氏春秋·顺说》载宋偃王语:"寡人所说者勇有力也,不说为仁义者。"这是战国诸雄所以雄强的共同作为。为了鼓舞士气,加强国人对于本族宗神的信仰,对于外族神灵与国君的敌忾,宋偃王还曾实行过"黑巫术"。《史记·宋微子世家》载:偃王"盛血以韦囊,悬而射之,命曰射天"。天是西部民族的神名,射天即是行用厌胜一类的黑巫术。《战国策·宋卫策》还记载宋偃王写诸侯之象,命而射之,企图"威服天下鬼神"。

做了一系列准备后,君偃十一年自称王,这是宋国国君称王的开

---

① 《战国策·楚策一》。

② 《战国策·燕策二》。

③ 《战国策·燕策二》。

④ 《战国策·赵策四》。

始,并展开了一系列的军事行动,"东败齐,取五城,南败楚,取地三百里,西败魏军,乃与齐、魏为敌国。"①上文说到宋还曾获得中山国土地,可能也曾进攻过北面的中山国。偃王的军事行动取得了显著成效。齐曾占有彭城,或者就是这个时候重又夺了回来。南取楚地300里,差不多到了淮水岸边。一时间宋国的疆域有了较大的发展。宋偃王曾以太子为王,治理国家。后来发生内乱,太子失败出走,宋王偃重又恢复了王位,"而善太子者皆有死心"②,说明内部很不稳定。宋太子王可能是史书经常见到的宋元王。③《吕氏春秋·知度》云:"宋用唐鞅,齐用苏秦而天下知其亡",即《荀子·解蔽》所说的"唐鞅蔽于欲权而遂逐子",结果为宋君所杀。

内乱削弱了宋的国力。这时诸侯又以宋为筹码彼此交易。在这种情况下,齐闵王起用秦昭王的好友韩奭(珉)为相,主持攻宋。《战国策·燕策二》指出,齐兴兵伐宋,"三覆宋,宋遂举",齐国伐宋经过了好几次的征战,说明宋的抵抗是激烈的。最后终于灭亡,宋偃王逃到了魏国,死于温地。

齐国灭宋,很快引起燕、赵、秦、魏等国的不满,秦国首先出兵伐齐,燕军甚至打下齐都临淄,攻下齐城70余座,只有莒、即墨二城未下。齐的失败,使其获得的宋地,大部分为魏夺取,魏因此设立了大宋、方与二郡,楚则取得了淮北之地,设为沛郡,安徽淮北地区,除了砀山与淮北很小一部分属魏外,其余大都归属于楚国的版图之内。

三、楚国的发展与达于鼎盛

战国初期,楚国惠王(前489—前432)当位。经过白公胜之乱,惠王更加成熟,针对楚国的情况,执行安邦息民、伺机发展的战略。所以他西与秦结好,保持西部边境的和平局面,同时积极向东开拓。因为越国灭吴,楚国的领地迅速向东推进,尤其是灭蔡与杞,不仅使楚国版图扩大许多,恢复了吴所侵夺的地方,而且为进一步开拓提供了保障。

---

① 《史记·宋微子世家》。
② 《战国策·赵策四》。
③ 《吕氏春秋·君守》、《史记·龟策列传》。

在内部,有大臣叶公子高(沈诸梁)等人为之运谋与主政。惠王在位57年,是楚国君主在位时间最长的一位,奠定了楚国进一步走向强盛的基础。惠王卒,子简王立,第二年,简王出兵,从齐人手中夺得莒地①,使楚国的势力自泗水下游推进到沂水中游。公元前413年,简王出兵伐魏,一直攻到上洛,扩大了楚国的外围地区。战国时期,楚与中原国家一样,在新得的土地上设郡,以加强边防。如汉中郡、新城郡等。原来楚国县比较大,后来在边郡中又设县,渐渐郡也大于县了。

楚国进一步发展的同时,也积聚了不少矛盾,日益成为进一步发展的障碍。楚国的王权政治与中原的不尽相同,就是中央的令尹、司马等军政大权主要由王的众公子或世家大族(屈、景、昭三家),尤其是王的直亲贵胄掌握。这种强干弱枝的政治传统一方面避免了王权的旁落,另一方面也使政治守旧,变革不易,缺少锐意进取的精神。这在变化迅速的战国无异于停步不前。

春秋战国之际,楚国又出现了封君制,即赐给宗亲贵胄以土田,即"封邑",并给予"君"的爵号。封君是更为尊荣的封赏,当时中原国家也有,但与之相比,楚国的封君时间早,人数多,所食封邑也较大。楚国早期著名的封君有析君、鲁阳君、阳文君、阳城君等。楚惠王以后,令尹常常也有封君的名号,这使令尹的权势更加膨胀,实力更大。楚国的封君,现在所知有54人之多,不少出于世袭。所以到了楚悼王时,楚国终于演变成了"大臣太重,封君太众"、"上逼主而下虐民"的局面②,对楚国的政局,尤其是王权与国家实力的增强,产生了不利的影响。这种局面在惠、简王时还不太明显。简王在位20年死,子声王立。声王在位6年,为"盗"所杀,即不明所以的暗杀,不是反对王的贵族,就是反抗暴政的庶民。声王的被杀也可以说是楚国积弊日深的直接反映,它为外国的侵犯提供了机会。此时北边三晋正联合起来,四面出击。楚悼王二年,三晋联军败楚师于乘丘(在今山东巨野县西南)。乘丘为宋邑,时为楚师所占领。悼王十一年(前391),三晋合兵

---

① 《史记·楚世家》说楚灭莒。综合其他文献看,灭莒的应是齐国,楚自齐国手中夺得莒地。参考蒙文通《越史丛考》,人民出版社,1983年,第132—133页。

② 《韩非子·和氏》。

再次伐楚,在大梁(今河南开封西北)、榆关(今河南中牟县一带),两败楚师。楚国厚赂秦国,秦师出兵攻取韩的六邑,三晋转而对付秦国,楚才减轻了压力。

大约同时,中原国家多开展了改革运动。三晋竞相改革,于竞争中不断发展。齐国新兴势力田氏,夺取了姜齐政权,成为齐的统治者。秦国也在积极地进行土地税租方面的变革。当时凡变革较多的国家都增加了新的活力,国力增强,发展得更快了。在国际斗争中不断扩张兼并,扩大实力与版图。而那些守旧的国家,不仅国力日蹙,而且土地也在不断地减少。这样的形势刺激了新继位的楚悼王(前401—前381),他开始考虑招揽人才,振兴楚国的事情。正在这个时候,吴起来到楚国。

吴起是卫人,先后仕于鲁、魏,是法家的先驱之一,能治国、善用兵。他先是到鲁国拜曾参为师,学习儒术,后改师学兵法,在鲁国担任大夫。齐人伐鲁,吴起为了求得鲁君的信任,"杀妻求将",领兵打败了齐军。但鲁国的国君不信任他,还辞退了他的军职。吴起听说魏文侯贤明,李悝在那里变法取得了成就,就来到魏国。在魏国,吴起很快受到重视,立为大将,守西河。又和李悝一道进行军事方面的改革。他根据士兵的特点进行编制、训练与作战,创立"武卒制",提倡"内修文德,外治武备"①的治国方略。吴起领军,"士卒乐死,敌国不敢谋"②。守西河,使秦国不敢东向,赵、韩宾从,为魏国早期的强盛作出了贡献。公元前396年,魏文侯去世,武侯继立,吴起受到排挤,后来出走楚国。因为他在魏国政绩卓著,一到楚国,便受到楚悼王的重用,任为楚国北方重镇宛(今河南南阳市)守,防御韩、魏。一年后,擢为令尹,主持变法。

吴起变法的要点是"损有余而补不足",就是要剥夺一些旧贵族封君的有余,来补充军政开支的不足。这是针对楚国的实际而采取的措施。为此,吴起首先"为楚减爵禄之令"③,对无功劳的贵胄,实行均

————————

① 《吴子·图国》。
② 《史记·吴起列传》。
③ 《说苑·指武》。

其爵、平其禄的政策,规定封君三世而收爵禄,以解决封君太众的问题。同时对有军功或其他功劳者,授予爵禄。

其次,裁汰不急之官,精简无能、无用的官吏,"明法审令",健全法制,"塞私门之请,一楚国之俗"①。

第三,迁徙一部分贵族到边远地区,以实广虚之地,开发边境,促进生产的发展与边区的开拓。

第四,为了强兵争利于天下,吴起"破驰说之言纵横者","禁游客之民,精耕战之士"②,既注意耕战并重,又禁止游手好闲,保障军队供给,加强训练。

吴起变法的内容涉及很多方面,虽然遭到旧贵族的反对,"皆甚苦之"③,但得到楚悼王的全力支持,取得了丰硕的成果。对内打击了旧贵族势力,使得爵禄分赐更趋合理,促进了耕作的发展。对外,"南平百越,北并陈蔡,却三晋,西伐秦,诸侯患楚之强"。④

南平百越是吴起的重大贡献,楚国因此占有洞庭、苍梧之地,势力扩展到岭南一带,促进了岭南各地与长江、黄河流域的经济文化交流。北平陈、蔡,是从魏、韩两国夺得原陈、蔡两国的土地,这些地方在春秋后期已并入楚国版图,后为韩、魏所取。在吴起变革与积极开拓下,楚国"兵震天下,威服诸侯"。⑤

正当变法顺利进行,楚国又开始在国际舞台上产生影响的时候,公元前381年,楚悼王病逝。原来对吴起怀恨在心的人,乘机作乱,围攻吴起。吴起伏在悼王的尸身上,反对者就用箭射他。吴起被射杀,楚悼王的尸体也中了箭。吴起被射死又遭"车裂"之刑。那些射中悼王尸身的人,也被新继位的肃王,按法夷灭宗族,据说有70多家。畏罪逃亡国外的阳城君被收其国。所以吴起虽死,旧贵族的势力也受到一次沉重的打击。吴起变法收到一定的成效,但时间毕竟不长,变法

---

① 《史记·吴起列传》、《战国策·秦策三》。
② 《史记》之《吴起列传》、《蔡泽列传》。
③ 《吕氏春秋·贵卒》。
④ 《史记·吴起列传》。
⑤ 《史记·蔡泽列传》。

的成果未能全部巩固下来。后来的宣、威二王受其益而将楚国推向鼎盛,终因改革不够彻底,楚国的发展后劲不足,随着秦国的迅速崛起而很快衰败下来。韩非子曾总结说:"楚不用吴起而削乱,秦行商君法而富强"①,历史证实了这一点。

接着是楚肃王继位,他当政 11 年后弟熊良夫继位,是为楚宣王(前 369—前 340)。

宣王之初,承肃王的政策,休养生息,等待时机。这时秦国加强了对魏国的攻势,魏都安邑处在秦国的包围之中。公元前 361 年,魏国将都城迁至大梁,政治中心转移到了中原腹地。魏占有中原大片土地,仍然是三晋中的强国,对赵、韩形成压力。楚肃王死的同一年,魏武侯也去世了,魏国出现两公子争立的情况,韩、赵乘机采取"弱魏"的战略,拥立亲近自己的公子。三晋由过去的联合对外,变成了争战对抗的局面。这时,西面的秦国与东面的齐国也开始强大起来。秦国不断东进,侵夺魏的领土。北方国家对立的形势为楚国的再次北进提供了契机。

公元前 354 年(楚宣王十六年),赵攻卫,迫卫朝赵。卫原来朝魏,赵攻卫引起魏国出兵救援,进而围攻赵都邯郸。到了第二年,魏国仍然围邯郸不去,赵只得向齐、楚求救。齐威王命田忌、孙膑率师往救。孙膑的救援方略是通过围魏以达到救赵的目的。所以大军向魏都进发。魏国军队迎战齐军于桂陵(今河南长垣西北)。结果魏军大败,将军庞涓被俘,此即著名的"桂陵之战",也叫"围魏救赵之战"。过不多久,魏军又包围了邯郸。赵国的另一位使者到了楚国说明请兵情况,楚之君臣进行了一番讨论,《战国策·楚策一》记载了当时讨论的情况:

> 邯郸之难,昭奚恤(令尹)谓楚王(楚宣王)曰:"王不如无救赵,而以强魏。魏强,其割赵必深矣。赵不能听,则必坚守,是两弊也。"景舍曰:"不然。昭奚恤不知也。夫魏之攻

---

① 《韩非子·和氏》。

赵也,恐楚之攻其后。今不救赵,赵有亡形,而魏无楚忧,是楚、魏共赵也,割必深矣。何以两弊也?且魏全兵以深割赵,赵见亡形,而知楚之不救己也,必与魏合而以谋楚。故王不如少出兵以为赵援。赵恃楚劲,必与魏战。魏怒于赵之劲,而见楚救之不足畏也,必不释赵。赵、魏相弊,而齐、秦应楚,则魏可破也。"

从楚之君臣的分析讨论看,他们对于当时各国纷争的形势十分熟悉,如何应付也有充分的思想准备。大家的想法虽有分歧,而保存实力、削弱魏国则是共同的,体现了楚国休兵息民与伺机进取的战略。楚宣王采纳了景舍的意见,并派景舍起兵救赵。景舍按既定方略,"少出兵",所以邯郸仍然为魏军所攻破,而景舍则乘机夺取魏的睢水、濊(涣)水之间的土地,有一部分当安徽西北,淮北市以西地区。

桂陵之战魏军虽然战败,但同时魏以韩的军队在襄陵又打败了齐、宋、卫的联军。齐国只得请仍在前线的景舍出来调解。魏国害怕三面受敌,同意罢兵。所以这一次救赵,楚国既夺得了魏国的一部分土地,又救赵助齐,与两国结好,魏国也不敢与楚为敌,而同意楚国作和事佬。北向发展,楚国充分利用了对手之间的矛盾。一次,楚宣王问群臣北方为什么惧怕昭奚恤,江乙说了一个寓言,巧妙地作了答复,这就是狐假虎威的故事。狐喻昭奚恤,虎喻楚宣王,事见《战国策·楚策一》。楚国能为北方诸国所畏惧,正是楚惠王以来执行休养生息、伺机进取方略的结果。

公元前340年,楚宣王去世,子威王立。这时候在中原称雄的是魏惠王(前369—前335)。他迫使赵结盟于漳水之上,让泗上十二诸侯与他一起朝周王,又与齐、秦修好,召集逢泽之会,"乘夏车,称夏王,朝为天子,天下皆从"[①],一时间令行于天下。

逢泽之会,韩未参与,会后魏国出兵攻韩,韩求救于齐,齐大军由田忌、田婴为将,孙膑为军师,攻魏救韩,而魏则以太子申、庞涓为将,

---

① 《战国策·秦策四》。

主动迎战齐军。孙膑以减灶的方法诱敌深入,在马陵(今山东莘县西南)伏击魏军,魏军大败,太子被俘,庞涓自刎。这一仗魏损失大军十万,从此转衰。西边的秦也乘机进攻魏国,夺其土地。魏人公孙衍献计于魏王说:"何不阳与齐而阴结于楚? 二国恃王,齐、楚必战"①,从而达到削弱齐、楚的目的。魏相惠施也提出"以魏合于齐、楚以案(按)兵"②的办法,来达到以楚毁齐的目的。两人的建议不谋而合。魏惠王采纳了惠施的建议,于公元前334年到徐州(今山东微山县东北)朝见齐君,尊之为王,齐威王也承认魏惠王的王号,史称这次相会为"徐州相王"。

徐州相王是战国中期的一件大事,意味着魏国霸业的衰落,从此进入秦、齐、楚争霸的阶段。魏、齐相王"卑秦、楚",使得两国大为不满。楚威王寝不安、食不饱,经过一番准备,第二年即威王七年(前333),亲率大军伐齐,与齐将申缚遇于泗水之上,进围徐州,大败申缚。赵、燕也乘机讨伐齐国。此即"徐州之战"。楚威王要求齐将参与筹划"徐州相王"的齐相田婴,驱逐出国。齐国大臣张丑说楚威王,如果田婴被逐,齐必用田盼子,他比田婴更加聪慧而多智谋,这对楚国并不是什么好事,楚威王这才作罢。当时的策士们分析齐国战败后的形势说:

"(齐)委南听罪,西说赵,北说燕,内喻百姓,而天下乃齐释……郢(楚)为强,临天下诸侯。"③

策士之言指出了楚威王败齐给楚带来的声威。齐之败,一时而屈从三国。败齐前,景翠大军还打败越国,杀死越王无强,迫使越国退出淮泗地区。楚国此一时期北方进伐所依托的力量,主要来自江淮地区。

在西方,秦在商鞅变法中逐渐强大起来,对魏、韩、西戎加强了攻

① 《战国策·魏策二》。
② 《战国策·魏策一》。
③ 《战国策·秦策四》。

势。其与楚国之间,大体上维持和平的局面。楚宣王时,楚曾从蜀国手中夺得秦的褒汉之地,并沿汉水西上,取得一些土地。所以到楚威王后期,楚国版图,西起今大巴山、巫山、武陵山,东近于海,南及五岭,北至汝、颍、泗、沂,囊括了长江下游与淮河流域的绝大部分地区。当时著名的纵横家苏秦来到郢都王宫,对楚威王说:

> 楚,天下之强国也。大王,天下之贤王也。楚地西有黔中、巫郡,东有夏州、海阳,南有洞庭、苍梧,北有汾陉之塞、郇阳。地方五千里,带甲百万,车千乘,骑万匹,粟支十年,此霸王之资也。夫以楚之强与大王之贤,天下莫能当也。①

其中虽然不免有夸饰的地方,而大体上可以反映楚国在威王时期的盛况,楚国成为当时天下领土最为广大的国家,盛极一时。

第二节 战国后期楚的衰落与败亡

楚威王的继承人为怀王,早期借威王之余威,尝有伐魏之举,中年也曾乱越而灭之。但是,怀王贪佞而又意气用事,既缺少宣、威二王审时度势、伺机行事的智慧,又忠奸不分,内惑于郑袖,外欺于张仪,缺少应付国际形势复杂多变的能力,楚国在怀王时屡遭秦、魏的攻略,被人视为"名富大而实虚空"②,最后怀王也客死他乡。继位的楚顷襄王"专淫逸侈靡,不顾国政"③。所任相国州侯,是一位善作态而惑君的弄臣。所以楚国在秦人的攻击下,步步后退,终至抛弃祖基,徙都陈城(今河南淮阳),依靠扩张之地的淮河流域维系国命。继顷襄王当位的是楚考烈王,他任用春申君黄歇为相,主持国政。春申君号为战国

---

① 《战国策·楚策一》。
② 《战国策·魏策一》。
③ 《战国策·楚策四》。

四公子之一,但他不能知人善用,合纵五国攻秦,用将不当而败北,又私心自用,培植个人势力,以至于楚迁陈多年不仅没有多少发展,甚至不能安居,被迫再徙钜阳(今阜阳以北),又迁寿春(今寿县),一再退守。昔日楚人问鼎中原、雄霸天下之锐气,至此挫败殆尽,尚有地方3000 里的楚国,再也未见有何起色。其后 10 余年,楚国只是苟延残喘。公元前 223 年,楚都寿春终于为秦国大军攻陷,楚王负刍被俘,楚国灭亡了。经过战国时期的融合发展,到了秦代,带有较多原始氏族组织色彩的安徽古国部族,终于散为编户,成为中华民族大家庭中的成员。楚由战国中期天下第一大国,百年间而衰亡,古往今来也颇为人们所关注。

一、由极盛到骤衰

楚威王在位 11 年死,子熊槐立,是为楚怀王(前 328—前 299)。其时,魏国听闻楚丧,出兵攻取陉山(今河南漯河东)。不久,魏国遭到秦的连续进攻,实力受损,楚国乘机攻魏。怀王六年,大司马昭阳率军攻魏襄陵,取其八城,获得大胜。接着东向攻齐,齐威王忧虑。恰逢陈轸为秦使齐,见齐国有难,主动提出帮忙。陈轸去见昭阳,对他说,你破魏杀将,已立大功,官至最高的上柱国,再来攻齐,如果不胜,就会"身死爵夺,有毁于楚",何必呢? 所以他把昭阳攻齐比作"画蛇添足"。① 昭阳感到陈轸的话有道理,便停止了攻齐。楚国将帅为爵禄而战,不是为国家着想,这在楚威王死前已是如此了。威王尝问莫敖子华,楚国也有不为爵禄而为国家考虑的"社稷之臣"吗?② 就是认识到楚国大臣不能为国家社稷考虑。昭阳的做法证实了他的忧思。

就在楚怀王继位的同一年,张仪入秦为相。张仪本是魏人,战国时期著名的纵横家。因为在魏、楚等国游说不得势,而且遭受侮辱,入秦求仕。秦王赏识他,任以为相,执行弱魏的政策,打击魏的实力,想利用魏国处境困难的局面进行连横,迫使魏国从秦。张仪先派公子桑

① 《史记·楚世家》。
② 《战国策·楚策一》。

攻魏,取其蒲阳(今山西隰县),继而又归还魏国。接着又遣公子繇到魏国做人质,以表示亲善。在一拉一打之后,张仪便亲往魏国,对魏惠王说:"秦之遇魏甚厚,魏不可无礼于秦。"①魏国无奈,主动献出上郡15个县给秦。与此同时,秦还出兵攻赵,取其土地,震慑中原国家。秦国因此声威大震。公元前325年,秦惠文王正式称王。

张仪的行动让三晋感到威胁,三国多次会晤,魏又尊韩为王,并与韩一起朝赵。魏、韩同时也与齐国会晤商量抗秦问题。与此同时,张仪也在加紧连横活动,破坏东方诸国的合纵抗秦。所谓连横,即事一强而攻众弱,这是张仪推动的,使秦连横而平诸侯。所谓合纵,即合众弱而抗一强,实际上就是防备强秦并吞山东国家。公元前323年,张仪与齐、楚大臣在啮桑相会,拉拢齐、楚,不使他们与三晋联合,并因此而迫使魏国向秦屈服。啮桑,徐广以为在梁与徐州之间,清顾观光说在蒙城北37里,当今宿州西,古铚邑地。

针对张仪的连横活动,魏将公孙衍则推动合纵,发动魏、韩、赵、燕、中山"五国相王",以与秦、楚对抗。因为齐国认为中山不够资格称王,五国合纵收效甚微。为了破坏五国的联合,秦国故意免去张仪的相职,让他到魏国为相,拉拢魏、韩与秦的关系,并努力让魏国从属于秦。魏惠王不从,秦便用武力进攻魏的曲沃(今山西闻喜)、平周(今山西介休西),迫使魏、韩朝秦。

公元前318年,公孙衍为魏相,他再一次倡导合纵以抗秦,联络了魏、韩、赵、燕、楚五国,西戎义渠可能也参加了。六国共同伐秦,公孙衍主其事,楚怀王为纵约长。怀王开始的态度很积极,率诸侯之兵攻秦,但楚相昭阳认为,五国破秦后必攻楚,所以战争还没有胜利,楚便单独与秦讲和,导致合纵伐秦失败。这给秦国以巩固后方的机会。

公元前316年,巴、蜀相互攻伐,俱都告急于秦,希望能得到秦的支持。秦惠文王抓住这一时机,当即灭掉蜀国,接着再灭巴国,然后扶持听命于秦的势力掌权,主事的相权掌握在秦所派往的人手上。巴蜀面积广大,又极富庶,其地为秦所有,从战略上不仅成为秦的粮仓,而

---

① 《史记·张仪列传》。

且掌控长江上游,对楚形成包围冲击之势,所谓"得蜀则得楚,楚亡则天下并矣"①,就是对于秦有巴蜀之利的概括。楚国东结齐,西联秦,是制衡秦国的关键,楚人带头破坏合纵,实在是目光短浅。

巩固了后方,秦国转而再向中原国家发动进攻。公元前 313 年,秦国准备攻齐,这时正值齐、楚交善,秦惠文王便与张仪商议计策,张仪自告奋勇前往楚国游说。

楚威王时,张仪曾来楚游说,希望得到重用。结果,张仪不仅没有得到重用,还被诬偷盗楚令尹的宝物,惨遭毒打。第一次游楚的经历让张仪对这个国家有了深入的认识。本次游楚,张仪已是做过魏、秦两国相职、闻名诸侯的人物。所以一到楚国,便受到楚怀王的热情接待,"虚上舍而自馆之",就是亲自到馆驿迎接张仪。张仪深知怀王好名而贪心,便提出给楚国商於之地 600 里,与楚结兄弟之好,要楚怀王"闭关绝齐"②。怀王听了大悦而许之,群臣毕贺,以为如此"则是北弱齐,西德于秦,而私商於之地以为利,则此一计而三利俱至"。只有陈轸不以为然,说不一定是好事。他指出:

> 夫秦所以重王者,以王有齐也。今地未可得,而齐先绝,是楚孤也,秦又何重孤国? 且先出地(后)绝齐,秦计必弗为也;先绝齐后责地,且必受欺于张仪;受欺于张仪,王必惋之,是西生秦患,北绝齐交,则两国兵至矣。③

陈轸讲的道理本来很简单,但是怀王听不进去,并叫陈轸赶快闭嘴,自己则立即派使者去齐绝交。据说第一位使者还没有回来,怀王又派第二位使者前往,急不可耐地要断绝与齐的关系。张仪回国,怀王让一位将军使者随之入秦,接受商於之地。

张仪回到秦国,先是诈称堕车受伤,三月不上朝,躲避楚使不见。怀王不知是诈,还以为"仪以寡人绝齐未甚邪"? 于是又使一名勇士

---

① 《华阳国志·蜀志》。
② 《战国策·齐策二》。
③ 《史记·张仪列传》。

到宋国,"借宋之符,北骂齐王"。① 符可能是符咒之类,宋人信鬼,或者其符咒以灵验著名,故借之。怀王的行为近于无赖,自己寸土未得,国际形象已彻底破坏了,真是利令智昏。司马迁评曰:"怀王贪而信张仪。"②

等楚、齐彻底绝交后,张仪只承认献地 6 里,不承认有 600 里之说。怀王这才觉到受骗,恼怒至极,举兵伐秦。公元前 312 年,楚、秦大战于丹水之阳,楚国大败,大将屈匄及裨将逢侯丑等 70 余人被俘,甲士 8 万遭斩首。秦人乘机又攻入汉中,取楚地 600 里,设汉中郡。另一路由景翠率领的楚军本是要攻韩,削弱韩援助秦军的力量,结果被秦、韩所围,也战败。

两路大军伐秦惨败,楚怀王不仅不吸取教训,又倾全国之力再一次进攻秦国。秦人诱敌深入,在蓝田将楚军围住,楚军不利而退。韩、魏则乘楚与秦战,出兵南面击楚,前锋一直打到邓地(今湖北襄樊北)。楚国被迫割两城以求和。第二年,秦军又攻召陵,楚国无力还击。

楚怀王因为贪秦之地,结果损兵折将,不仅丧失大片土地,还把盟友变成了敌人。其后齐、韩、魏多次联合攻楚,方城以外的大片土地为韩、魏占去。秦国和、战艺术的运用达到了绝妙的程度,张正明说,秦"和于此则必战于彼,和于彼则必战于此"。③东方诸国就是在这样不断地和、战中一个个被削弱,以致最后被秦所并吞的。

秦取召陵的同一年又使用一拉一打的战术于楚。秦王派使者到楚国去,提出要用汉中之地的一半,也就是张仪说的"商於之地六百里",交换楚的黔中郡,目的是要对楚的后方形成包围,用意十分明显。楚怀王听了对秦使说,如果能把张仪交给楚,楚国可以把黔中送给秦。秦使返报,秦惠文王感到犹豫,不好对张仪启齿。张仪听说,自请使楚。秦王担心楚人会对张仪不利,张仪以为无妨:

---

① 《史记·楚世家》;《战国策·秦策二》。

② 《史记·张仪列传》。

③ 张正明:《楚史》,湖北教育出版社,1995 年,第 318 页。

> 臣善其左右靳尚，靳尚又能得事于楚王幸姬郑袖，袖所言无不从者。……且大王在，楚不宜敢取仪。诚杀仪以便国，臣之愿也。①

张仪对秦国忠心耿耿，有勇有谋，对楚国上下也看得十分深透，认为都是一群贪利之徒。所以勇敢地出使楚国。

到了楚国，怀王把他软禁起来。靳尚受张仪指使，对怀王爱姬郑袖说，秦国为了救张仪，准备把上庸六县地送给楚，把一位美人送给大王，把一些善于歌唱的女子作为妾媵，以后大王要以秦女为贵，而以夫人为贱了。夫人不如让大王把张仪放了，这样可保夫人常贵。果然，在郑袖不断缠说下，怀王放了张仪，而且厚待如故。

张仪看到怀王如此容易摆脱，而且醉心于土地美女，又对楚怀王采取了软硬兼施的手段。他先言秦国强大，随时都会发动对楚的战争；再说秦、楚向来交好，若怀王奉太子为质，秦国肯定会送美女为之箕帚。彼此结好，终身不相攻，这是再好不过的计策了。

怀王在张仪这样的说客面前，不仅尽释前隙，而且变得完全没有主见了。《战国策·楚策一》记怀王回答张仪的话：

> 楚国僻陋，托东海之上。寡人年幼，不习国家之长计。今上客幸教以明制，寡人闻之，敬以国从。

怀王要把整个国家拿来听从张仪的安排了。不光如此，还派使者以车百乘入秦，献"鸡骇之犀"、"夜光之璧"给秦王，相约和亲。

正在这时，出使齐国重修旧好的屈原回国，闻听张仪的事情后，要怀王立即杀掉张仪。怀王后悔，但已追之不及。

张仪回国后不久，秦惠文王卒，子秦武王立。他不喜欢张仪，第二年张仪自秦入魏，任相国一年便去世了。张仪的连横策略，成功地打击了魏、韩、楚国的力量，推进了秦国统一天下的进程。

---

① 《史记·楚世家》。

秦武王继位后便东向发展,"欲车通三川,以窥周室"①。齐国看到秦、楚结好,秦国东向进攻三晋与周,认为秦有并吞东方国家的野心,齐宣王便主动写信给楚怀王,讲明与秦相交的利害,要合楚、魏、齐、燕等国力量,由楚为首,共同对付秦国。楚国君臣讨论齐王的意见。昭睢认为和齐善于和秦。与此同时,秦国也派使者到楚国游说,重提割让汉中之地,以改善秦楚关系。怀王不想得罪秦国,于是便派景翠出兵救助,但又命之观望,待秦人破韩之宜阳后开始退兵,再进兵宜阳。

秦破宜阳,楚军到来,秦兵退走。"景翠得城于秦,受宝于韩,而德东周"②,就是说他把从秦人手中得到的韩地交还于韩,韩人为之感激而献宝于景翠,又救了东周,一举而三得,说明楚国所取的还是见利而进的方略,没有看到与秦和好,为秦所用,终有一天要为秦国所害。二年后秦人再攻宜阳,经过苦战终于拿下宜阳,势力深入中原内地,建立了南下攻楚、东击韩、魏的桥头堡。就在这一年,秦武王与大力士孟说比武举鼎,折断筋骨而死,国内一时间出现争夺王位的混乱。后武王异母弟稷立,是为秦昭王。昭王年少,太后(宣太后)听政,太后异父长弟魏冉主政。宣太后是楚女,芈姓,人称芈八子,她的身边有一大批拥有楚王族血统的人,也笼络了很多楚国的人才。如果说春秋时期是"楚才晋用"的话,到了战国则是"楚才秦用"了。对秦国发展起过重要影响的甘茂、李斯等都是楚国人。

宣太后与魏冉继续实行联楚的政策,他们为秦昭王娶了楚女做夫人,又"厚赂于楚"。楚人"背齐而合秦",也娶了秦女为夫人。就在这个时候,楚国利用越国内部动乱累及三世的局面,出兵灭了越国,建立江东郡,领土扩大到东南地区。春秋以来,楚人向东开拓一向顺利,积极进取,但是西部上游的巴、蜀,近在咫尺,西向就是没有多少发展。巴人来攻,楚只是筑杆关以自守,并不曾采用攻而有之的战略。

公元前304年,楚怀王与秦昭王盟于黄棘(今河南南阳市南),秦

---

① 《战国策·秦策二》。

② 《战国策·东周策》。

把上庸地还归于楚。秦国和楚的政策是明智的,君王争立造成的内部消耗有待于恢复,东向发展也需要楚国的支持。第二年,秦攻魏,又攻韩。稍后,齐则联合韩、魏攻楚,指责楚国"负其从(纵)亲而合于秦"[①]。楚怀王以太子横为人质,请秦出兵救援。秦派客卿通率兵救楚,三国军队退走。国土面积仍是天下最大的楚国请求秦人来救,也可见其虚弱中空了。

公元前301年(楚怀王二十八年),秦出兵进攻与楚接邻的韩之穰城(今河南邓州市),又派庶长奂会魏、韩、齐共攻楚。楚遣昭睢率军抗秦,另一路由唐蔑(昧)率领抵抗四国联军。联军进攻方城,双方夹泚水对阵,相持达数月之久,齐将匡章派"练卒"(即精干部队)乘夜攻楚,在垂沙(也作重丘)大败楚军,唐蔑被杀,楚国叶、宛以北全部失守。垂沙之败是楚国和秦背齐而被秦国利用的结果。

楚人在国际争斗中的接连失败,内政不修也是关键。吴起变法失败后,楚国封君太众的局面不断加剧。封君们只关心自己的爵禄利益,较少考虑国家社稷问题。大司马昭阳以外,令尹子兰、上官大人、靳尚等,莫不如此。左徒屈原(名平)曾为修明法度,选贤任能,积极献言。他也力主和齐,对抗秦国。因为上官大夫进谗,楚怀王疏远了屈原。屈原感到忧愁,写作了《离骚》,表达自己想为国家做事而得不到重用的心情。到了顷襄王时又遭流放,他的《九章·哀郢》讲的就是这次流放的情况:"凌(陵)阳侯之氾滥兮,忽翱翔之焉薄?""当陵阳之焉至兮,淼南渡之焉如?"屈原流放至陵阳,"九年而不复"。据学者们考证,此陵阳即今青阳县陵阳镇。[②] 后来屈原又出陵阳,过庐江(今青弋江)而至江北。《招魂》篇说:"路贯庐江兮,左长簿",王逸注:"庐江、长簿地名也。"《汉书·地理志》庐江郡下:"庐江出陵阳东南,北入江",看来屈原可能是要北上楚都。《汉书·地理志》述寿春、合肥地区的都会、风俗,说"始楚贤臣屈原被谗放流,作《离骚》诸赋以自伤悼。后有宋玉、唐勒之属慕而述之,皆以显名"。似乎认为屈原到了江

---

①　《史记·楚世家》。

②　蒋骥:《山带阁注楚辞》,上海古籍出版社,1958 年;张中一:《屈原新考·放逐陵阳考证》,中国文史出版社,1991 年;陈怀荃:《黄牛集》,第 294 页。也有认为陵阳不在皖南者。

淮地区。《九章·悲回风》也说"浮江淮而入海兮,从子胥而自适"。

不仅屈原受不到重用,当时楚国的贤才如陈轸、昭睢、甘茂等皆不为所重用,致使面对强秦威胁之中的楚国,没有深谋远虑之人。《战国策·楚策三》记载苏子对于怀王当时朝政的观感:

> 今王之大臣父兄,好伤贤以为资,厚赋敛诸臣百姓,使王见疾于民,非忠臣也;大臣播王之过于百姓,多赂诸侯以王之地。是故退王之所爱,亦非忠臣也。是以国危……至于无妒而进贤,未见一人也。

怀王有如此的父兄大臣,难怪其内外政策经常失误了。垂沙之战的第二年,楚攻韩之庸氏,秦派华阳君芈戎(宣太后同父弟)攻楚,大破楚军,斩首3万,大将景缺战死,襄城(今河南襄城)失守,危及方城。楚怀王感到惧怕,派遣从秦国逃回的太子横为质于齐,与齐结好。秦为防止楚、齐联合抗秦,也派泾阳君到齐国做人质,并对楚国采用攻、和并用的手段,继续吞食楚国的土地。这时韩、魏已经虚弱,没有能力对秦国组织有效的抵抗,秦要并吞山东各国,已需要对楚动手了。

公元前299年(楚怀王三十年),秦稳住齐国后,一面命庶长奂攻楚,取其八邑,另一面写信给楚怀王,要与他在武关约会,重修旧好。怀王犹豫不决,昭睢已看出秦王对楚不善,认为秦是虎狼之国,不能相信,应该出兵自守,不能前去。怀王庶子令尹子兰认为背秦不好,应该去。秦昭王其实设的是骗局,他让一名将军假冒自己,在武关设置伏兵,待楚怀王一到,便闭关,将怀王送到秦都咸阳。秦昭王以藩臣之礼待之,怀王这才后悔不听昭睢之劝。秦国要楚割取巫、黔中二郡地给秦,再彼此结盟。楚怀王大怒:"秦诈我而又强要我以地。"[①]不愿答应秦的要挟,秦国扣留怀王,不许回国。

怀王被拘于秦,一时间造成楚国无主的局面。大臣们有的提出让做人质于齐的太子横回国继位,有的提出另立储君。经过一番争议,

---

① 《史记·楚世家》。

决定迎太子回国。使者到了齐国，齐王想乘机要挟太子横，以取得楚的淮北之地，因为齐相孟尝君的劝阻而止。孟尝君认为，不许太子回国，如果楚国另立新君，齐国空有人质而又背上不义的名声，不划算。太子横回到楚国，被立为新君，是为楚顷襄王（前298—前263）。秦国看到挟制怀王未得到好处，便于顷襄王继位的当年，发兵出武关攻楚，大败楚军，斩首5万，取析（今河南西峡）等16城而去。此前，楚北方重镇宛，已在垂沙之战后为韩所取，析城在宛以西。这样屏护楚都郢城的西北门户失守，北方已完全暴露在秦军面前，秦军随时都可以深入楚地，攻其都城所在的本土。

公元前297年，韩、魏等国在齐相孟尝君的策动下，攻秦至函谷关，楚怀王乘机逃出咸阳，后被发觉，秦人阻绝了怀王回国的通道。怀王又从小道逃往赵地，以求迁回奔楚。赵国惧秦，不敢接纳。怀王又想逃向魏国，秦兵追至，被迫又回到咸阳，第二年病死。秦将其灵柩送回楚国，"楚人皆怜之，如悲亲戚"[1]。

怀王在位30年，因为贪图小利不识大体，意气用事又缺少主见，把一个盛极一时的楚国带入地削兵挫、诸侯震怒的境地，楚国一下子成为弱国，怀王自己也客死于秦，楚国数百年的基业，骤然间衰落下来。

二、楚人退守淮河流域

削弱了大国楚以后，秦的战略目标很明确，就是远交近攻，近取韩、魏，和楚以靖南边，待魏、韩彻底屈服于秦之后，再攻楚以扩大疆土，奠定统一天下的基础。所以就在楚怀王被骗入秦的当年，秦邀齐相孟尝君田文入秦为相，变齐、秦对立为彼此交好。但在赵国的策动下，孟尝君在秦国不受重用，而且差一点遇害，依靠其豢养的食客"鸡鸣"、"狗盗"之徒，才得以脱身秦国，重回齐国为相。[2] 孟尝君愤恨于秦，很快便联合韩、魏、齐一起攻秦，三年而破函谷关，迫使秦国归还

① 《史记·楚世家》。
② 《史记·孟尝君列传》。

韩、魏不少土地。这一年,楚怀王客死于秦。齐国乘胜伐燕,覆其三军,获其二将。赵国则进攻中山,宋偃王也乘机灭滕伐薛,攻取楚的淮北之地。只有楚国无甚作为。

因为受到山东诸国的进攻,秦国认识到继续联合楚国的必要。楚顷襄王四年,楚国大饥,秦主动予楚粟米5万石。同时,因为赵、宋的崛起和内部斗争的原因,齐国也主动与秦结好,任秦人吕礼为齐国相。和好了齐、楚,秦国出动多路军队进攻韩、魏,以报复先前两国的入侵。

与此同时,秦昭王写信给楚顷襄王,说:"楚倍(背)秦,秦且率诸侯伐楚,争一旦之命,愿大王之饬士卒,得一乐战。"①楚国君臣忧惧,决定与秦通好,第二年便迎娶秦女为王夫人。

秦王恫吓于楚,是想取得宛地,而让楚人不敢以为非。宛(今南阳市)本楚地,是楚国北方门户与冶铁中心,也是地富民殷之地,为韩所占。秦取宛,封公子市于宛,赦罪人充实于其间。秦得宛,大大扩大了秦的国力。

公元前288年,秦昭王在宜阳称西帝,遣魏冉到齐,尊齐湣王为东帝。齐秦相和,秦先出兵攻魏上党,韩、魏服从。秦、齐又共攻赵,取赵地。东西两强通过一时间的联合,各取所需。苏代这时自燕入齐,说齐湣王去帝号。他分析说,天下惧怕秦,如果你去帝号而与天下诸侯相和,乘机攻取宋的土地,可以达到"国重而名尊,燕、楚以形服,天下不敢不听。此汤、武之举也。"②

齐湣王听从了苏代的劝说,与赵相会,约攻秦去帝号。秦国不久也取消了帝号。公元前287年,苏代与赵相李兑组织五国(韩、赵、魏、燕、齐)军队合纵攻秦,大军西进至荥阳、成皋(今荥阳北)一带,秦国被迫归还韩、魏、赵的土地。齐国组织合纵伐秦的目的是想乘机灭宋。所以不久便进攻宋国。宋大败,民众散亡,宋偃王奔魏而死,土地归齐所有。

齐灭宋,魏、赵、齐、楚之间的缓冲地带没有了,彼此的矛盾迅速升

---

① 《史记·楚世家》。
② 《战国策·齐策四》。

温,秦国乘机联合楚、燕与三晋伐齐,并首先派蒙武率军,攻取齐九县地,又参加由燕将乐毅主导的多国联军伐齐。齐军在济水之西与临淄西北两战而大败,军队损失严重,燕军乘胜直入齐地,攻占齐国大片土地,掠其宝货,报了 30 年前齐破燕的大仇。

楚国的昭阳密切地关注北方诸侯的动向,他看到秦国一时和强以取弱,一时又联弱以攻强,各个诸侯国一个个被击败。面对东邻齐国的惨败,他意识到了楚国未来的命运,那就是下一个齐国。所以他对楚顷襄王说:

　　"五国已破齐,秦必南图。"楚王曰:"然则奈何?"对曰:"韩氏,辅国也,好利而恶难。好利,可营也;恶难,可惧也。我厚赂之以利,其心必营;我悉兵以临之,其心必惧。彼惧吾兵而营我利,五国之事必可败也。约绝之后,虽勿与地,可也。"①

楚国没有能使韩国退出五国联盟,便自己派淖(昭)齿率 1 万人救齐。昭齿杀掉了齐湣王,没有能达到救齐以强楚的目的。

这时秦军已是无敌于天下了:"以秦卒之勇,车骑之多,以当诸侯,譬若驰韩卢而逐蹇兔也,霸王之业可致。"②韩卢是著名的猎狗,蹇兔是跛脚的兔子。以韩卢逐蹇兔,各国的命运可想而知了。赵惠文王应秦昭王之邀,在渑池相会,也屈从于秦。

楚国一直奉行和秦的政策,为秦征服三晋、打败强齐提供了机会。现在轮到自己面对强秦的进攻了。据《史记·楚世家》记载:楚国有一位贤士猎人,他对楚王说:

　　……夫先王为秦所欺而客死于外,怨莫大焉。今以匹夫有怨,尚有报万乘,白公、子胥是也。今楚之地方五千里,带

---

① 《战国策·楚策一》。
② 《战国策·秦策三》。

甲百万，犹足以踊跃中野也。而生受困，臣窃为大王弗取也。

说现在楚地还有"方五千里"已有些夸大了。但夸大的话往往能感动人。顷襄王立即遣使于诸侯，复为合纵以伐秦。但是为时已晚。公元前280年，秦左更司马错率军从上游进攻楚的黔中郡，秦将白起则率大军自北方进攻楚的邓城。面对秦军的南北合围，楚割上庸与汉水以北的土地给秦，以求和。第二年，白起率军继续南下攻鄢（今湖北宜城）。鄢是楚的别都，郢都的门户，战略地位十分重要。楚人固守鄢城，白起引鄢水灌城，从城西淹到城东，百姓随水流，死于城东者数十万。

鄢距郢只有200里地，鄢破，白起麾军南下，所向披靡。楚国军心民心涣散，已不能组织有效抵抗。公元前278年，秦军攻陷郢都，又西烧楚先王陵墓于夷陵。顷襄王背着祖先的牌位，带领文武百官逃往淮河流域，保于陈县。长期亲秦排齐的楚王，终于失却老家，"去终古之所居"①。此后的楚国，因其地大，可以不断退守，又存在了55年。

楚国的新都陈县城，原是陈国的故都。楚灭陈后曾进行过修缮。顷襄王迁陈，又一次进行了大规模的筑高加固工作。楚国君臣选择淮北地区作为逃保之地，与楚对这里长期经营相关。战国中后期，两淮地区已是楚国重要的经济文化区，出土的鄂君启节车节中讲到做生意的地点，就是自阳丘、方城，向东沿淮河南北进行的，这里正是当时所谓的"楚夏之交"的地区。

顷襄王本是一位庸主，一切政事决于大臣，"左州侯右夏侯，辇从鄢陵君与寿陵君，专事淫逸侈靡，不顾国政"②。父亲困死于秦，他无甚所谓，已然过着糜烂的生活。结果郢都失陷，退保于陈城。郢都失陷前，有一位楚王族后裔叫庄辛的人，深以国事为忧，曾进言顷襄王，要他用心于治理国家，被顷襄王骂为老糊涂。庄辛感到楚国要亡，便逃去赵国避难。5个月后郢都果然失陷。

---

① 《楚辞》之《九章》、《哀郢》。
② 《战国策·楚策四》。

在迁都于陈的路上，顷襄王想到了庄辛，便派人到赵国去请他回来。顷襄王后悔没有听从庄辛之言，希望在治理国家方面能得到他的指点。庄辛提出，楚国绝长去短，仍有数千里地，楚王若能振作起来，"亡羊补牢，未为晚也"。他还举了很多例子说明有人以百里之地而昌大兴国，也有人拥有天下，很快亡国，等等。顷襄王听罢，"颜色变作，身体战栗"，封庄辛为阳陵君，任以为政。并在庄辛的策划下，楚军"舆举淮北之地、十二诸侯"①。这新获取的"淮北之地"不能确知，或者为宋偃王当年所取，又为齐、魏夺得的"下东国"或"新东国"土地，在淮泗一带。

又据《史记·楚世家》记载，楚顷襄王二十三年（前 276 年），楚国还集结了东部大军 10 余万人，收复了江旁十五邑，以拒秦。这十五邑，张守节《史记正义》以为在黔中郡，似不可取。以当时楚国情形看，应当在今湖北东部、大别山以东的地方②，也包括今安徽西南沿江地带。这里盛产铜矿，所以楚国要拼力收回。在这前后，江南的巫、黔中二郡，与秦也有争夺，后全部失陷。

楚国本土江汉平原，秦人占领后设立南郡。公元前 272 年，秦又在宛设南阳郡。这两个郡以东则为楚国的西界。正北方面，楚与韩魏地接壤，大体以上蔡及以北为界。东北方向与鲁、齐为邻，南达长江以南，有长沙、九江、江东等郡。所以楚国的领土，这时还有差不多方圆 3000 里地，仍是秦之外的最大国。

占领郢都以后，秦把主力转移到北方，打击赵、韩、魏的势力，夺得不少土地。韩、魏服从，这时秦昭王又把矛头对准楚。公元前 273 年，秦命白起与韩、魏一起攻楚。楚国上下震动，经过一番商议，派能言善辩的左徒黄歇出使秦国，他上书秦王陈说伐楚并非秦之善策：

　　　　天下莫强于秦、楚。今闻大王欲伐楚，此犹两虎相斗，而
　　　鸷犬受其弊，不如善楚……楚国，援也；邻国，敌也。……今

---

① 《新序·杂事第二》；《战国策·楚策四》。
② 张正明：《楚史》，湖北教育出版社，1995 年，第 349 页；刘刚：《"江旁十五邑"与陈郢至云梦之路》，《鞍山师范学院学报》2007 年第 2 期。

王中道而信韩、魏之善王也,此正吴信越也。臣闻:敌不可易,时不可失。……王既无重世之德于韩、魏,而有累世之怨矣。……韩、魏之不亡,秦社稷之忧也。今王之攻楚,不亦失乎?且王攻楚之日,则恶出兵?王将借路于仇雠之韩、魏乎?兵出之日,而王忧其不返也。是王以兵资于仇雠之韩、魏。王若不借路于仇雠之韩、魏,必攻随阳、右壤。随阳、右壤,此皆广川大水,山林谿谷不食之地,王虽有之,不为得地,是王有毁楚之名,无得地之实也。……秦、楚合为一,临以韩,韩必授首……王一善楚,而关内二万乘之主注地于齐,齐之右壤,可拱手而取矣……然后危动燕、赵,持齐、楚。此四国者,不待痛而服矣。①

据《韩非子·奸劫杀臣》,黄歇为楚庄王②即顷襄王的弟弟,即后来的春申君。他极力陈说秦伐楚有利于韩、魏,不利于秦。若秦、楚和好,秦可以服天下。其中对秦兼并天下提出的具体方案,为后来任秦相的范雎所利用。楚国和秦以避害的思想,从长远看是不利于楚国的。秦、楚和,秦可以放心地攻打三晋,拓展领土空间。一旦并有三晋,楚便难免要单独直接面对一个强大的敌国。但楚人惧秦,和秦亲秦是楚国避免秦之攻击一直执行的政策,似乎很难改变。

秦昭王认为黄歇所言有理,叫他回国促成秦、楚和好。第二年,楚便遣黄歇侍奉太子完入质于秦。

就在黄歇出使秦国这一年,三晋出兵攻燕,秦助三晋。楚以景阳为元帅,扬言也要攻燕,而其实袭魏。上蔡及以北地区,可能就在这个时候为楚国收回。

公元前270年,魏人范雎入秦,向秦昭王提出"远交近攻"的方略,认为秦"必亲中国而为天下枢,以威楚、赵。赵强则楚附,楚强则赵附。

---

① 《战国策·秦策四》。

② 楚有两庄王,春秋时有一个。此庄王为顷襄王,钱穆:《先秦诸子系年》,商务印书馆,2001年,第469—470页。亦说黄歇是黄国之后。

楚、赵附则齐必惧，惧必卑辞重币以事秦，齐附而韩、魏可虚（虏）也。”①"中国"指的是韩、魏所在的中原，就是说中原之地极重要，亲和中原能使齐国卑辞重币以事秦。秦昭王认为范雎之计可取，任以为相，从此秦在范雎"远交近攻"的指导下，节节胜利。

公元前266年（楚顷襄王三十三年），秦因太子质于魏而卒，借口伐魏，取刑丘（今河南温县东北）。楚乘机约齐攻魏，兵至魏都大梁近郊，魏向秦求救。秦出兵，齐、楚军闻风而退。

公元前263年，楚顷襄王病，使者入秦告于黄歇，让太子回国继位。黄歇对范雎说：

> 今楚王恐不起疾，秦不如归其太子。太子立，其事秦必重而德相国无穷，是亲与国而得储万乘也。若不归，则咸阳一布衣耳。楚更立太子，必不事秦。夫失与国而绝万乘之和，非计也；愿相国熟虑之。②

范雎把黄歇的话告诉秦昭王，昭王要黄歇回国探听虚实，再作计议。黄歇知道秦国是想以此邀利，便将太子打扮成楚使的车夫，逃出关卡。黄歇则在馆舍装病不出，估计太子完全出了秦的势力范围，才向秦禀报实情。秦王大怒，要黄歇自尽。范雎与黄歇友善，出来替他说话，认为黄歇以身护主，其情可谅。太子立，必然用黄歇为政而亲秦。昭王同意黄歇回国。

黄歇回国3月，太子完继位，是为楚考烈王（前262—前238），任用黄歇为相，楚称令尹，主持国政，封在下蔡，改曰寿春，是为春申君，赐他包括淮北12县的土地。《史记·春申君列传》说："后十五年岁，……并献淮北地12县，请封于江东。"一个"并"字说明其封地当不止于淮北12县。这个地方之所以改叫"寿春"，据《寿州志》记载是因为这一带古代普遍生长椿树，其树易长而且长寿。或者是因为此，改为

① 《战国策·秦策三》。
② 《史记·春申君列传》。

寿春①。之前则曰下蔡,见于鄂君启节与宋玉《登徒子好色赋》。"寿春"一名也见于战国铜器,20 世纪 60 年代天津收集的楚式小鼎有铭文"寿春府鼎"②,可见寿春之名必在战国时期已经出现。《史记·楚世家》说"楚东徙都寿春,命曰郢",是有根据的。寿县有春申君城、春申坊等,当是春申君分封于此留下的。考烈王在位 25 年,都是春申君黄歇当政。

三、春申君治楚

楚考烈王继位的当年(前 262),秦发动对楚的进攻,以试探楚的态度。春申君割州陵给秦以求平。州陵在今湖北咸宁市西北,说明楚之西界还在长江中游一带。

秦国看到黄歇当政,执行和秦的政策,便放心于楚,转而进攻三晋,发动了著名的长平之战。赵国大败,从此衰弱下去。秦国的又一个劲敌被打倒。公元前 258 年,秦又发大军围住邯郸,数年不去。平原君赵胜夫人为魏信陵君魏无忌姊,写信给魏王及信陵君求救。魏安釐王遣将晋鄙领军救赵,因为惧怕秦人,又命晋鄙在中途坚壁自守,勒兵不进。邯郸处在危机之中。

平原君见赵危机,想到去楚国求救兵。他挑选勇敢而有才略之人,准备突围去楚。有一门客曰毛遂,未被选上,自荐愿与平原君一道出使楚国。到了陈城,平原君向楚考烈王陈述救赵之利害,从早晨说到中午,考烈王犹豫不决。毛遂主动向前询问,遭到楚王的呵斥。毛遂于是按剑而上,指斥楚国徒有强大之名,百万甲兵,斗不过白起数万之众,不仅失掉故都老家,而且辱没先人(指怀王被秦囚死)。最后说"合纵者为楚,非为赵也"。连威胁带指斥,强迫考烈王答应合纵出兵。考烈王羞愧难当,唯唯应是,"歃血而定纵"③。这就是"毛遂自荐"典故的由来。楚国派春申君黄歇与大将景阳一道,引兵救赵。

这时魏信陵君也利用魏王宠姬窃取兵符,偕屠夫朱亥单车驰入晋

---

① 崔恒升:《"寿春"地名考释》,《文物研究》第 11 辑,黄山书社,1998 年。
② 《天津市新收集的商周青铜器》,《文物》1964 年第 9 期。
③ 《史记·平原君列传》。

鄙军中,与晋鄙合符起兵。晋鄙生疑,被朱亥以铁锤击杀。信陵君夺军北上救赵。魏、楚联军到来,秦军大败,秦将郑安平投降,邯郸围解。

第二年,秦攻韩、赵,景阳的军队又救之。《淮南子·氾论训》说景阳"威服诸侯","功名不灭者,其略(谋略)得也。"《汉书·艺文志》兵形势家著录有《景子》十三篇,一般认为即景阳所著,说明他还是一位军事谋略家。

当秦与赵在长平胶着对垒的时候,楚国乘机出兵攻取了鲁之徐州。徐州即薛,原为齐地,鲁乘五国合纵破齐时袭取。考烈王八年(前255),楚军继续北上,攻灭鲁,迁鲁君于莒,实际上已灭鲁。6年后又迁鲁顷公于下,"为家人,绝祀"。楚国领土扩张到泗水上游,泰山南麓。曾游学稷下、三为祭酒的荀卿,据说被春申君任为兰陵(今山东苍山兰陵镇)令。司马迁说"当是时,楚复强"。[①] 事实上,当时赵国元气大伤,韩国屈从于秦,又朝魏,魏忙着并卫,齐国衰弱之极,秦在西方,鲁作为泗上小国,楚攻而灭之,是乘机而为,很难视为楚国复强的表现。

《史记·六国年表》楚表载考烈王十年(前253),"徙于钜阳"。钜阳的具体所在,顾祖禹《读史方舆纪要》认为即汉代细阳城故址所在,在颍水支流细水之滨。李天敏具体作了详细的考证,指出今安徽太和县东北的原墙集是为宋代万寿城的故址,万寿城故址是唐代百尺镇,其地当于汉代细阳城故址,细阳即钜阳的音变,同地而异名,在颍水支流茨水(古细水)东北沿岸。[②] 还有考证在原墙集镇再东北一点的宫集镇的。[③] 两者相距甚近。不过,自胡三省以来,研究者对楚国是否迁都钜阳一直是疑信参半,最近有学者著文详细讨论楚迁钜阳,认为不可信。[④]

我们认为《史记》"表"之所作与"纪传"不完全一样,"表"一般都

① 《史记·春申君列传》。
② 李天敏:《钜阳考》,刊于安徽博物馆建馆三十周年特刊《安徽文博》,1986年。
③ 汪景辉:《楚都钜阳城试探》,载《楚文化研究论集》第六集,湖北教育出版社,2004年。
④ 陈伟:《楚"东国"地理研究》,武汉大学出版社,1992年,第157—158页、164页;徐少华:《楚都钜阳及其相关问题考辨》,《九州》第3辑,商务印书馆,2003年。

有历谱牒或前代记为根据,它们是早期传下来的官方记载,一般较可信,而纪传虽也有根据,时有传闻资料以为辅助,而"表"所依据的是正式的官方记载,可信度更高,并且传抄误写的可能性亦小①。云梦秦简出土《编年记》,进一步证明《年表》所记比《秦本纪》等纪传更可靠。② 至于《春申君列传》所言"去陈徙寿春",当是另一种文献所传,司马迁照实直录。《史记》中前后所记略有不同的地方很多,主要是古史传闻异辞的结果。司马迁据实而书,正是"信以传信,疑以传疑"③,为后世进一步考实提供了可能,应该肯定。《六国年表》主要依据《秦记》等记载,是秦国传下来的官方记载④,同时也参考了其他诸侯史书记载。我们如果不能指出《史记·六国年表》楚迁钜阳错在何处,或致错的缘由,根据以后的文献又不能说明《年表》必错无疑,那是驳不倒《年表》的。否则不能让人信服,也难以建成新说。因此用《春申君列传》及以后的资料(来源可能即《春申君列传》)来否定《六国年表》的记载,不可取。事实上不仅《年表》明确记载楚迁钜阳,也有资料显示,此时楚都陈城确实遭遇到外敌包围的威胁。《韩非子·有度篇》记载:

> 魏安釐王攻赵救燕⑤,取地河东,攻尽陶魏(卫)之地;加兵于齐,私平陆之都;攻韩拔管,胜于淇下;睢阳之事,荆军老而走;蔡、召陵之事,荆军破;兵四布于天下,威行于冠带之国。

这是对于安釐王功业的一个概括。其时秦、韩、齐、卫、楚一时间皆受挫于魏,正所谓"兵四布于天下,威行于冠带之国"。其中讲到魏

---

① 陈梦家:《西周年代考·六国纪年》,中华书局,2005 年,第 63 页;藤田胜久:《〈史记〉战国史料研究》(中译本),上海古籍出版社,2008 年,第 90—113 页。

② 高敏:《云梦秦简初探》(增订本),河南人民出版社,1981 年,第 109 页;藤田胜久:《〈史记〉战国史料研究》(中译本),第 94—125 页。

③ 《史记·三代世表》。

④ 《史记·六国年表》"序"。

⑤ 顾广圻云:"当云攻燕救赵"。参王先慎《韩非子集解》引,《诸子集成》本。

曾三败楚军。先是在睢阳长久相持,最后逼走楚军。接着又在蔡与召陵两地,击破楚军。睢阳当今商丘市南,在陈城的东北方向,召陵在陈城的西南不远,而蔡当即上蔡,在召陵之南,陈城的南偏西面。楚军在睢阳与魏军长期相持,最后不敌而去,但在召陵与上蔡被击破,当为保卫陈郢而殊死搏斗。如果三地都为魏有,则魏与楚的三次战役,又似乎是楚为陈城的安全,主动进攻魏军。而从韩非的语气看,战争似乎是魏王的主动作为。到底如何,史缺有间,不能尽悉。韩非与魏安釐王是大略同时而稍晚的人,所言多为亲历,当可信据。楚军在这样三个地方败于魏军,实际上已意味着魏从三个方面形成了对于楚都陈城的包围态势。楚王在这样的情况下还能待在陈城而不迁徙吗?

　　当然,《韩非子》没有明说魏攻楚是哪一年。但是就魏国当时的形势看,说是在楚国迁都钜阳的前夕,应该是较有道理的。一则此时魏较强大,挟助赵两败秦军的威势向外扩张。又《韩非子·饰邪》谓安釐王"数年东乡(向),攻尽陶、卫",此时陶为秦地,被魏国尽数夺取。《吕氏春秋·应言》亦云:"存魏(或曰当为赵,亦可能为韩)举陶,削卫地方六百里",就在楚国迁都钜阳后一年即公元前252年,卫怀君"朝魏,魏囚杀怀君。魏更立嗣弟,是为元君。元君为魏婿,故魏立之"[①],说明魏之强正在魏安釐王二十年之后一段时间。再后来魏便弱下去了。邯郸之役后,魏公子无忌"留赵十年不归。秦闻公子在赵,日夜出兵东伐魏。"[②]又据《史记·魏世家》,安釐王三十年之前,魏已质太子于秦,说明魏已衰落下来,伐楚不太可能是在稍后的时候。如果结合后来的楚都寿春城规模巨大,一定为长时间规划与建筑的结果,则迁于钜阳只是不得已,很快着手寿春城的建设,则钜阳为被逼所迁更容易理解。

　　寿春,最初为州来国所在地,后吴迁蔡于州来。楚灭蔡后其地称"下蔡",考烈王继位当年(前262)以其弟黄歇为相,封为春申君,赐淮北地12县。封邑在何处,文献没有明确记载。几个方面情况说明,改

————————

① 《史记·卫康叔世家》。

② 《史记·魏公子列传》。

名寿春的下蔡即其封邑。一者，寿春更名正在此时。"寿春"一名已见于战国铜器，考证者很多，其中铭文学者皆释为"寿春府鼎"①。之前顷襄王后期，这里还叫下蔡，宋玉作《登徒子好色赋》，曰"惑阳城，迷下蔡"②可以为证。二者，寿春有春申君城、春申坊等③，当是春申君分封于此留下的，否则春申君城难以解释。今在寿县城南乡发现一小城城址，东西长约440米，南北宽约420米，城垣残高1~2.5米，位置正当传闻之春申君城。另外，在今城东也有一大片战国时期的古遗存，东西长约1500米，南北宽约1000米，曲英杰认为是楚迁都之前的寿春城④。是否如此，有待于证实。但迁都前此地有城则没有问题。三者，春申君的封号应该亦与封地的易名相关系。寿春的得名，前文已指出与本地早期普遍生长椿（古作春）树相关系，其树易长而长寿。下蔡本为楚人对于蔡灭后旧地的称谓，与上蔡相对。"蔡"，古"杀"字多借用之；又曰"下"，则"下蔡"自属不雅又不吉利之辞。黄歇"游学博闻"，当是"下蔡"一名被认为不吉利，遂改曰"寿春"，取其长而寿之意。四者，封地曰"淮北"12县，正说明封邑宜在淮南。古州来的地方很多是在淮以北的，所谓"州来淮北之田"⑤即其例。后请封于江东，"因并献淮北12县"⑥。一个"并"字说明所献不止于淮北12县，淮北12县只是顺带献之，所谓"因并献"也，真正要献的是其封邑寿春。因为楚王要在这里建设新的都邑。从其后来在吴大规模兴建吴城为新封邑可知，其原来的封邑已献出。综合言之，寿春之名与春申君相关系则可知也。

据《春申君列传》，春申君受封十五年（前248）改封于江东⑦。改

---

① 《天津市新收集的商周青铜器》，《文物》1964年第9期。

② 宋玉：《登徒子好色赋》，《昭明文选》卷十九。

③ 《太平寰宇记》卷一二九寿州"寿春县"条。

④ 曲英杰：《长江古城址》，湖北教育出版社，2004年，311—312页。

⑤ 《左传·昭公九年》；并参卢茂村《关于"蔡迁州来"及"古州来国"地望考辨》，载《楚文化研究论集》第五集，黄山书社，2003年。

⑥ 《史记·春申君列传》。

⑦ 日本学者平势隆郎认为"后十五岁"非考烈王十五年，而是春申君相楚十五年，当考烈王十二年，参见周振鹤主编《中国行政区划通史》先秦卷（李晓杰著，复旦大学出版社，2009年）第443页所引。未知所据。

封的原因,《战国策·楚策四》"虞卿谓春申君章"言求封为避祸而远楚(王)。其时"楚王之春秋高矣",并且当"魏齐新怨楚"时。《春申君列传》则记黄歇语:"淮北地边齐,其事急,请以为郡便",从而改封。两者的记载不一样。如果结合楚迁钜阳,准备营建郢都于寿春来考虑,则一切矛盾皆可以迎刃而解,即:

　　楚王匆忙迁于钜阳后,不久决定建设新都。应当是龟使神差(营都必占卜),寿春成为新都的候选。作为令尹的春申君当然要知趣,于是借齐、魏与楚新近结怨,淮北地区形势紧急,需要立郡以应急,献出包括淮北12县在内的全部封地。寿春城自然最关要。考烈王赞赏,准备改封春申君。改封(也要占卜)前①,虞卿告诉春申君求封要"远楚"以避祸。这种情况下,春申君通过某种渠道讽言楚王,改封自己于江东。所谓"魏齐新怨楚",也印证了楚与魏、齐的对立,和魏与楚在陈郢周边的争战。

　　公元前251年,秦昭王病死,韩惠王及各国将相入秦吊祭,楚国派春申君吊祠于秦。秦文王继位,立一年卒,秦庄襄王立。其元年,秦灭东周。魏国形势紧迫,召信陵君返国,受上将军印。当初信陵君夺军救赵,不敢回国,居赵十年。魏安釐王请他回国,为合纵以谋抗秦。信陵君遣使以伐秦遍告诸侯,诸侯尊其贤,重其义,踊跃参与。于是信陵君合魏、韩、赵、楚、燕五国兵以攻秦,破秦将蒙骜军于河外,进逼函谷关,秦兵不敢东向。秦派人重赂魏故将晋鄙的部属,使之进谗信陵君于魏王。魏王夺其兵权,诸侯兵罢去。当初,魏遣使至楚请兵,黄歇接见,未向考烈王禀报,便对来使说:"子为我返,无见王矣。十日之内,数万之众,今(令)涉魏境。"②可见黄歇权势之大,已凌主上。

　　信陵君罢兵权,秦人于是大举攻魏,取20城,建东郡,对魏都大梁形成包围之势。东郡地接于齐,秦设东郡遂断"山东从(纵)亲之要(腰)"③,各国震恐。于是,赵、魏、韩、楚、燕五国再次合纵抗秦,楚考

---

　　①　《战国策·楚策四》记虞卿语有"……君之封地,不可不早定也!"说明春申君献出早先的封地后,到再封于江东时,中间有一段间隔。

　　②　《战国策·韩策一》。

　　③　《战国策·秦策四》。

烈王为纵长,春申君实主其事。诸侯军至函谷关,秦出兵反攻,诸侯兵未战而退走。据《战国策·楚策四》记载,战前赵使魏加见春申君,问他是否已安排好了指挥合纵军队的指挥官。春申君说将以临武君为将。魏加指出,临武君与秦战,常败于秦,见秦军有如"惊弓之鸟",不适合指挥伐秦。临武君,或以为楚将,或者说为赵国军事家庞煖,被春申君命为合纵军队的最高军事指挥。结果诸侯兵遇秦军即退。考烈王为此而责备春申君,并对他有所疏远。

五国合纵攻秦失败后,秦兵大出,对韩、魏形成三面包围之势。各国岌岌可危,楚国尤其不安。春申君门客朱英分析了楚国 20 年来的形势与当前的局面。他对春申君说:

> 人皆以楚为强而君用之弱,其于英不然。先君时善秦二十年而不攻楚,何也?秦逾黾隘之塞而攻楚,不便;假道于两周,背韩、魏攻楚,不可。今则不然,魏旦暮亡,不能爱许、鄢陵,其许魏割以与秦。秦兵去陈百六十里,臣之所观者,见秦、楚之日斗也①。

他认为,郢都失陷后,楚国之所以又存在了几十年,全赖形势不利于秦国及时伐楚。如今,秦已可利用韩、魏之地而直指郢陈无阻碍了。春申君感到势态严重,公元前 241 年,复将都城迁于淮水之滨的寿春,亦命曰郢。

楚考烈王无子,黄歇很是忧虑。这时赵人李园携其女弟(妹)来到楚国。其妹名李环,貌美,李园想献给楚王,听说楚王不宜子,又转而投靠黄歇,成为黄歇舍人,并将其妹献给黄歇。不久,李环怀孕,李园便与她密谋,想把她献给楚王。一天,李环乘机对黄歇说:

> 楚王之贵幸君,虽兄弟不如也。今君相楚二十余年,而王无子,即百岁后将更立兄弟,则楚更立君后,亦各贵其故所

---

① 《史记·春申君列传》。

亲,君又安得长有宠乎?非徒然也,君贵用事久,多失礼于王兄弟,兄弟诚立,祸且及身,何以保相印江东之封乎?今妾自知有身矣,而人莫知。妾幸君未久,诚以君之重而进妾于楚王,王必幸妾。妾赖天有子男,则是君之子为王也,楚国尽可得,孰与身临不测之罪乎?①

黄歇大以为然,遂将李环献给楚王,送入宫内。后李环产下一子,被立为太子。李园因此受宠而用事。他很害怕黄歇泄露秘密,便暗中畜养死士,寻找机会杀掉黄歇。

公元前238年,考烈王病重,将死。门客朱英向春申君黄歇献计,对他说,在此关键时刻,你既可以获福,也可能惹祸,要看你如何安排了。楚王一旦归天,你立时夺取王位自立,是为获福;如不先下手为强,一旦楚王病死,李园必先杀你以灭口,那就是惹祸了。

黄歇认为李园势弱,自己待李园又不薄,李园不会伤害自己。朱英见黄歇不能听进自己的意见,担心祸连自己,离黄歇而去。17日后,考烈王去世,李园果然在王宫内伏下死士,待黄歇一进门,死士齐出,将其杀死,斩其头颅,投诸宫门之外,并且很快又诛杀其全家。李环所生子悍立,是为楚幽王(前237—前228)。

春申君相楚25年,"虽名相国,实楚王矣!"②楚国的一切军政大事,决于其人。又以礼贤下士闻于诸侯,有门客3000人,"其上客皆蹑珠履"。不少人投奔于他是想有一番作为的,如汗明、唐且(雎)、或人等③。而汗明侯三月乃得见,既见之又不能用其言。赵国名将廉颇与赵王之间有矛盾,出走于魏,春申君遣密使迎之于楚,又让考烈王封以为大将,但并不曾发挥其才能,以至于廉颇郁郁寡欢,死于寿春。可见他蓄养门客只是沽名钓誉。对于强敌秦国,一味地以和为主,偶有合纵抗秦之举,又不能尽心以成其事。春申君治国,可以说一派末世权臣的心态:大厦将倾,难以挽回,于是乎维持现状,不思进取,于个人则

---

① 《史记·春申君列传》。
② 《史记·春申君列传》。
③ 《战国策·楚策四》。

享受生活,私心为用。结果不免于身死人手。

四、抗秦与败亡

公元前238年,楚幽王继位,这一年正当秦王政十年,秦相吕不韦被免职,秦王政亲政。恰好韩国派间谍入秦,事情被发觉,由此触发了客卿与宗室之间的矛盾,秦王政下逐客令,凡诸侯人来事秦者,尽数驱逐。李斯,楚上蔡人,用事于秦,因功为长史,也在被逐之列。临行前李斯上书秦王谏逐客,其词辩而壮,这就是著名的《谏逐客书》。他指出,秦之所以富有而强大,全赖于用天下之士,割诸侯之地,取六国之物,没有外来之客卿,便没有秦国今日的强大。所以逐客是资敌国而业诸侯。①

书上,秦王政遂废逐客令,并立即遣人把走到骊山的李斯请回咸阳。之后秦在李斯等人的谋划下,开始了统一天下的最后决战。

公元前236年,赵攻燕,秦以救燕为名,命王翦攻赵,取阏与等九城,领土扩大到漳水流域。第二年,攻赵的同时,又命辛梧率四郡兵,会同魏国,对楚发动进攻。当时楚国执政李园,闻秦、魏军攻楚,立即派人对辛梧进行游说,晓以利害,说秦之所以重视将军你,是因为有梁(魏)、楚在。如果你缓出兵,梁不敢攻楚,楚事秦必缓而不急。那样秦王必对楚不满,怨益深,而你的重要性就体现出来了。辛梧觉得在理,遂止兵不前,魏国也因此拖了几个月才出兵。秦这次攻楚没有取得实际成果。

在北方,秦军大败赵,斩首10万人。此后一段时间,赵将李牧抗秦,他善用奇兵,屡胜于秦,秦转而攻韩。韩经过秦的长期打击已无力抵抗,一举而灭之。

公元前229年,秦用重金贿赂赵王宠臣郭开,要他诬蔑李牧谋反。赵王信以为真,撤换了李牧。李牧不服,被杀,秦将王翦、杨端率两路大军乘机攻赵。第二年灭赵,虏赵王迁。其子嘉逃奔代,史称代王。

秦灭赵这一年,楚幽王立十年死,无子,同母弟犹代立,是为哀王。

---

① 《史记·李斯列传》。

哀王立三月，为其庶兄负刍之党所杀，负刍立为王。

公元前227年，秦军继续攻燕，燕太子丹使上卿荆轲以献地图为名，乘机刺杀秦王，结果未遂被杀，秦命王翦、辛胜攻燕，败燕、代联军于易水之西。第二年秦军攻下燕都蓟（今北京城西南），燕王及太子丹走保辽东，秦将李信追赶不懈，燕王被迫杀太子丹献于秦。

与此同时，秦又派王翦之子王贲率军攻楚。韩亡后，秦军攻楚之路畅通，王贲一举拿下楚国十几座城池。回军又击魏，围魏都大梁。秦军引黄河、大沟水灌大梁，三月城坏，魏王投降。秦在魏东部设砀郡，治今砀山县南。这一年是楚王负刍三年，公元前225年。三晋已亡，秦人攻楚灭楚之事提上议事日程。《史记·王翦传》载：

始皇问李信："吾欲攻取荆，于将军度用几何人而足？"李信曰："不过用二十万人。"始皇问王翦，王翦曰："非六十万人不可。"始皇曰："王将军老矣，何怯也！李将军果势壮勇，其言是也。"遂使李信及蒙恬将二十万南伐荆。王翦言不用，因谢病，归老于频阳。

频阳在今陕西铜川，是王翦的老家。

公元前225年（楚王负刍三年），秦派李信、蒙恬（当为蒙武）率20万大军攻楚。李信兵分两路，自己一路攻平舆（今河南平舆西北），即沿汝水而下。蒙武一部攻寝（今临泉东），俱胜。这时楚国故都鄢、郢一带有楚军活动，李信转而进军鄢、郢。获胜后北上，准备与蒙武军会师于城父（今亳州东南）。还没有到达城父，遭到尾随其后三日三夜的楚军偷袭，李信军大败。楚军冲破秦军2座营垒，杀死7名都尉，秦军败逃。这是秦统一天下前遇到的最有力的抗击。

李信失败，楚军西进，秦王政不得不亲到王翦老家，请他复出。王翦坚持非60万人不可。为了彻底击败楚军，秦王将全国精锐部队都交给王翦了，命王翦立即攻楚。

公元前224年（楚王负刍四年），王翦、蒙武率60万秦军攻楚。军队到达陈城、平舆一线，楚国也倾全国力量，西面抗击秦军。王翦没有

立即决战,而是坚壁而守之。楚军一再挑战,王翦不应,而是用大量时间整饬军队。秦军经过连年征战,人困马乏,王翦练其体魄,养其精神,并且与士卒共进食。过了很长时间,王翦听说士兵爱做投石、超距(跳跃)之类的游戏,知道可以相机出战了。

正在这时,楚军向东转移,可能是给养出了问题。王翦选择精壮部队,乘机进击,结果大败楚军于蕲南(今宿州南)。秦军乘胜南下,楚王负刍五年(前223),一举攻下寿春,俘获楚王负刍。楚亡,秦设楚郡领其地。可能是秦攻楚都不久,楚将项燕又立楚王子齐为王,他本在秦为客卿,封昌平君,作秦相十余年,后被秦王派作新取地陈郢的守备,秦王游陈,他被楚将项燕立为王,反秦。后大将项燕兵败自杀,昌平君也死。① 第二年,王翦军又平定江南地,秦设长沙、九江、会稽三郡。

同年,王贲率秦军攻取辽东,虏燕王喜,燕亡。又攻代,虏代王嘉。公元前221年,王贲又攻入齐都临淄,虏齐王建,齐亡。至此,六国尽亡,秦统一天下,建立了大一统的秦王朝。

楚在宣、威王时期达于鼎盛,成为当时天下最强大的国家,方圆5000里,带甲百余万。然而,怀王一世而失掉本土,又50年而亡国。和韩、魏等屡屡遭受侵伐相比,楚国衰亡的路上没经过几次大的阵仗,可以说是数百年基业,毁于一旦。偌大的楚国何以如此经不起敲打?古往今来的人们给予了较多的关注。

当初,白起率数万秦军一举攻破鄢、郢,因功受封为武安君,秦昭王事后问他,何以"以寡击众,取胜如神"?白起回答说:

> 是时楚王恃其国大,不恤其政,而群臣相妒以功,谄谀用事,良臣斥疏,百姓心离,城池不修,既无良臣,又无守备。故起所以得引兵深入,多倍城邑,发梁焚舟以专民,掠于郊野以足军食。当此之时,秦中士卒,以军中为家,将帅为父母,不约而亲,不谋而信,一心同功,死不旋踵。楚人自战其地,咸

---

① 钱伯泉:《安徽寿县出土的楚王镐铭文考辨》,《文物研究》第6辑,黄山书社,1990年。

顾其家,各有散心,莫有斗志,是以能有功也。①

白起对比了秦、楚当时的现实状况,可以说是综合国力的一次比较分析,从中可以看出,楚虽称富大,其实一派末世景象。

秦人善于分析形势,探讨其中因缘,秦相吕不韦组织编写的《吕氏春秋》,也多处讲到楚国后来存在的问题。其中《察今篇》说到楚人法先王而不善察今:

> 荆人欲袭宋,使人先表澭水。澭水暴益,荆人弗知,循表而夜涉,溺死者千有余人,军惊而坏都舍。向其先表之时可导也,今水已变而益多矣,荆人尚犹循表而导之,此其所以败也。

然后,作者又用"刻舟求剑"和"其父善游、其子(婴儿)也必善游"来说明:"此物性,亦必悖矣。荆国之为政,有似于此。"

战国末至秦汉时期的子、史类著作,分析荆楚灭亡因缘的还有很多,如《荀子》《淮南子》等书,不备举。

今人王贵民作《楚史盛衰与其意识形态关系之探讨》②,他从上层建筑、意识形态诸方面提出楚国存在的许多致命弱点:

> 楚地教化甚浅,伦理思想不深,政治理论、政治制度疏略,重力而不重智,尚强权而不崇德义,擅刑戮而不立法制,信禨祥、敬鬼神而不切人事,偏文采而不重实际,其民族精神有进取而少坚守,偏浮躁而少深沉,其直接影响于政治、军事者均斑斑可考。

楚史专家张正明有楚国历史、文化方面著述多种,于楚之盛衰颇

---

① 《战国策·中山策》。
② 王贵民:《楚史盛衰与其意识形态关系之探讨》,《安徽史学》1986 年第 6 期。

多思考。他认为"楚文化是一种平原文化":

> 楚文化在平原上如鱼得水,一到山地就如鱼失水了。它像水之行于地,总是往平处和低处流去,遇到高处就停下。它太发达、太成熟了,机制是程式化的,模式是偏颇型的,年代愈晚就惰性愈重。如果不受到强劲的刺激,不发生剧烈的变化,它就无法适应多样化的生态环境。秦文化与楚文化不同,它是黄土高原文化,带山砺河,对平原和山地都能适应。楚国之所以未能削平六国,统一九州,史学家可以指出好多原因来,从文化上看,实为基于深固难徙的平原特性和平原特色。楚人拒巴蜀而远之,秦人取巴蜀而有之,一失一得,已经预示了楚败秦胜的终局。①

以上分析都能给人以启发。楚曾经统治过南中国,其思想文化影响至今。

第三节　战国时期的安徽经济

战国时期,安徽长期在楚国的管辖之下,后期还是楚国的政治、经济与文化中心。铁制农具和牛耕的使用与普及,促使农业生产出现了空前的繁荣。由于生产力的提高,社会分工日益细密,农民除了粮食、布匹、菜蔬以外,部分农具和少量实用物品需要向市场购置;手工业制造出来的农具、陶器、车轮、皮革器也都投入交换领域,以换回粟米、布帛等生活用品;贵族、官僚为了满足自己的欲望,需要用剥削所得的多余农副产品换回奢侈品,这为商人奔走四方牟取暴利提供了条件。安徽境内发现的大量货币,说明了当时商业活动之繁盛,但大宗买卖还

---

① 张正明:《楚史》,湖北教育出版社,1995 年,第305—306 页。

是由贵族阶级自身进行的。他们享有各种特权,转运货物,可以免征关津税。1958年在寿县发现的鄂君启节是战国时期楚国的商业运输通行证,其铭文规定陆上运输以车50乘为限,水路以150只船为限,说明战国中期以后官僚和商人转运物资的数量已经相当庞大了,也反映了淮河、长江流域商业贸易的兴盛。通行证注明的运输路线大致经过今湖北、湖南、江西、河南、安徽等地,商品贸易往来范围之广令人惊叹。

一、农业生产的发展

铁器与牛耕的推广　我国早期的铁器,以楚地出土最多。到战国中期(公元前4世纪),情况有了很大的改变,最近10年来,在全国各地都发现有战国中、晚期的铁农具或其他铁器出土。也就是说到战国中期以后,铁制生产工具在生产上已占主导地位,铁农具的使用已经相当普遍。此外,在文献中也有记载,孟子曾有"许子以釜甑爨,以铁耕乎"①? 的发问,意味着战国中期,铁农具已经成为农业生产上不可缺少的工具。孟子是在滕国与许行对话说到铁耕的,许行是楚国人,说明当时淮河流域以铁制犁具进行牛耕作业的农业生产活动已是较为普遍的现象了。

《管子·轻重乙》说:"一农之事,必有一耜、一铫、一镰、一锥、一铚,然后成为农。"这些是当时一户农民必须具备的常用生产工具,也都是铁制品,现已出土的楚国铁器,正以生产工具为大宗,可以说明这一点。如犁铧、镢、锄、铲、锸、耙、镰等几乎都有。其中锄还分为两种,即凹形铁口锄和全铁制成的六角形锄,以前者居多。"耜"本是一种古老的农具,但在战国时逐渐演变成复合的"犁"。牛耕的出现和进一步推广,在安徽东北部灵璧及河南、山东境内发现属于这一时期的铁犁铧可以为证。灵璧县城关七里乡出土战国时期的铁犁铧2件,犁铧呈"V"字形,前锐后阔,外侧为刃,锐端起脊。造型虽较原始,但已

---

① 《孟子·滕文公上》。

形成后世犁铧的基本形态①。江淮之间也已相当普遍地使用铁器。如1933年安徽寿县楚王墓出土有铁锸、铁弩矢等器物。当时封土下的墓口,系用生铁浇灌掩盖,说明这里已可大规模炼铁与制造铁制品。20世纪50年代,寿县朱家集出土铁镢、铁铲,舒城秦家桥战国楚墓出土有铁质杯形器,也是具体表现。另外,在巢湖市唐嘴水下遗址调查中,也发现春秋战国到汉朝时期的很多铁制工具,如铁锸等。②

这一时期青铜农具仍部分使用。虽然楚国春秋时期青铜农业生产工具在考古上未能获得更多发现,但类型如斧、锛、镰、削、锥等数十余种之多青铜工具,不时在各地都有发现。例如:1953年寿县楚幽王墓出土凿、锉、刀、削、錾、锯等一大批工具,其中有镢、镰、铲等23件农具。淮南蔡声侯墓也出土过铜镢等7件农具。另外,涡阳出土的战国时期青铜器窖藏中亦有铜镰等农具。

农田水利事业的发展 战国时期,各国开挖沟渠,修筑了很多的堤防,修筑堤防的技术也有了明显的进步,水利事业进一步发展。

据《管子·霸形》篇记载:楚人攻宋、郑,在睢水中游拦河筑堤束水,"夹塞两川,使水不得东流。东山之西,四百里而后可田也……"意思是说,楚人拦河筑坝,以致河的上游泛滥成灾,淹没了宋国数百里良田。楚人筑此堤防必然高大而又坚固,否则难以达到泛滥成灾的效果。虽说楚人此次筑堤的目的在于军事而非农业,但它毕竟反映了当时楚人的筑堤技术与经验。在楚国担任兰陵县令的荀子,在其著作中就特别强调"修堤梁"以兴利除害。③ 说明到了春秋战国时期,楚人已十分重视堤防建设。

南方平原地区以水稻为主要粮食作物,而且盛行"水耨",对农田水利的需求尤为迫切,所以楚国最主要的蓄水工程是"陂",也就是大大小小的堤防。楚国境内的荆蛮、扬越和淮夷各族,都是擅长农田水利设施建设的。同其他水利工程相比,堤防重在防洪,次在灌溉。但

---

① 李国梁等:《安徽文物考古新收获——记我省文物珍品展览》,《安徽文物》特刊(1986年)总第6号。

② 《巢湖市唐嘴水下遗址调查报告》,《文物研究》第14辑,黄山书社,2005年。

③ 《荀子·王制》。

无论是防洪或是灌溉，都直接服务于农业生产，为农业生产的发展提供了良好的条件，从而大大地促进了农业经济的发展。

大约在战国晚期，楚人继续兴修和扩建了更大的水利工程——芍陂。《皇览》云："楚大夫子思……造芍陂"①，当指此事。子思可能是战国时楚顷襄王时人，应当是继孙叔敖之后续修芍陂者。据研究，战国时因为芍陂水源之一的朱灰革水量减少，人们又开渠引淠水注入陂中。这条人工渠道全长18公里，通过今望城岗，所以必须截岗，工程量不小。② 这不仅扩大了水源，而且增加了防洪能力与灌溉面积，使得这一带的社会经济迅速发展起来，经济地位进一步提升。楚怀王时期，以芍陂为中心的广大地区成为楚王养马（新大廄）的所在。包山简记载：

> 简153　啻蘆之田，南与录君距疆，东与陵君距疆，北与鄝君距疆，西与鄱君距疆。其邑，笑一邑，郊一邑，并一邑，郚一邑，余为一邑，郙一邑，凡六邑。
>
> 简154　王所舍新大廄以啻蘆之田，南与录君执疆，东与陵君执疆，北与鄝阳执疆，西与鄱君执疆。

录即六，古代六国的所在，入楚为封君之地，当今六安以东；陵即汉阴陵县，在今定远县；鄱为古小国，也为楚封君之地；鄝即古蓼国，在今霍邱西北与河南固始之间。在这4个封君之地的中间，正是以芍陂为中心的安徽江淮北部地区，其中有6个城邑，是为楚王新大廄的所在，显然是因为这里的经济较发达的缘故。

大沟——鸿沟水系工程始建于魏惠王时期，系自河南原阳北引黄河水南流入今郑州、中牟间的圃田泽；又自圃田泽开凿大沟（鸿沟）引水东流至大梁（今开封）折而南流至陈（今河南淮阳），连通淮河支流颍水。鸿沟是一些水道的总称，包括汲水（在下游又称获水）、狼汤渠

① 《后汉书·郡国志》四刘昭注引。

② 夏尚忠：《芍陂纪事》；刘和惠：《楚文化东渐》，湖北教育出版社，1995年，第33—35页。

（向南在今河南淮阳县南流入颍水）、睢水、鲁沟水、涡水（向东南流入今安徽怀远县入淮水）等多条水道。① 鸿沟的开凿使济、汝、淮、泗成为通渠，形成完整的水利运输网络，黄淮之间的宋、郑、陈、蔡、曹、卫等国均大受其利。这样，江、淮、河、济4条大川所构成的不同水系相互连接，"此渠皆可行舟，有馀则用溉骴，百姓飨其利。至于所过，往往引其水益用溉田畴之渠，以万亿计，然莫足数也。"② 其所谓"田畴之渠，以亿万计"，足以说明灌溉系统纵横交错，农田水利事业发达，充分显示了战国时期劳动人民的智慧。而安徽许多地方都在这个鸿沟水系工程相连通的大水系之内，自然也飨其利。

农业灌溉的起源较早。《诗经·小雅·白华》说："滮池北流，浸彼稻田"，已经说到稻田的灌溉。前述春秋时期楚庄王时（公元前7世纪末）楚相孙叔敖建造芍陂，是我国蓄水灌溉工程中最早而且也是较大的。不过大规模的普遍的农业灌溉则开始于战国时代。如秦昭王时（公元前3世纪初），蜀守李冰筑都江堰。秦王政元年（前246），韩使水工郑国作渠曰郑国渠，溉地400多万亩，使关中成为沃野，无凶年，秦以富强，卒并诸侯。此时列国都有兴建，大小溉田沟渠甚多，不可胜数。可以肯定地说，我国农业生产精耕细作的优良传统奠基于战国时代。

楚国有着较为系统的堤防设施和水利灌溉工程，在水利工具方面，除了继续使用桔槔汲水外，还使用运用机械原理提水的辘轳。据考古发现，楚人已能使用辘轳提取矿井中的水或矿物，辘轳可能是一种装有滑轮的起重机械③，在湖北、皖南的古铜矿井中都有发现，当然也可成为深井或近水汲水的工具。

战国中期楚灭越，淮河流域绝大部分成为楚国的疆土。而到战国后期，楚考烈王迁都于寿春（今寿县），江淮地区成为楚国的政治经济中心，进一步促进了安徽地区的开发。

农业生产技术和农作物产量的提高　战国时期，铁制农具的使用

---

① 史念海：《中国历史地理纲要》，山西人民出版社，1991年，第41页。

② 《史记·河渠书》。

③ 《湖北铜绿山春秋战国古矿井遗址发掘报告》，《考古》1975年第2期。

及普遍推广,是当时农业发展的一个重要标志。铁农具的使用不仅提高了工作效率,使深耕成为可能,而且使更多的荒地被开垦成为农田,大大促进了个体小农经济的发展,同时耕作方法也有了进步,诸如开荒、翻土、挖沟、整地、耨耕、除草、施肥、灌溉等已被人们熟知和掌握。铁农具和农耕相结合,给精耕细作提供了良好条件。于是人们开始改良土壤、深耕细作、播种匀苗、施肥除草,以进一步提高农作物的产量。诸子书中包含了实行轮作、施肥保墒等丰富的农业生产技术内容。《孟子·梁惠王上》说:"深耕易耨。"《吕氏春秋》中《工农》、《任地》、《辨土》、《审时》4 篇,被认为是楚人农家许行一类人的作品,可能是《神农》一书的摘记[①],记述的是楚国农业生产技术,涉及重农理论和奖励农业的政策,具体介绍了从辨土、整地、耕地、播种、定苗到中耕、除草、收获以及不误农时等一整套的农业生产技术和原则,较好地反映了战国时期楚国农业科学技术的发展水平。

《月令》是《礼记》中的一篇,主要记载了一年 12 个月的天象和农业生产的相关政令,是一篇中国古代农业研究史上重要的文献,其内容与《吕氏春秋·十二纪》、《淮南子·时则训》的记载基本相同。《月令》篇具体阐述了孟春、仲春、季春、孟夏、仲夏、季夏、孟秋、仲秋、季秋、孟冬、仲冬、季冬 12 个月的天文、历象、物候等自然现象,王者根据天文、气候的变化,适时发布政令,率三公九卿,劝勉农桑,躬耕藉田,抚恤幼孤,赈灾济贫,演习乐舞,修订祭典,顺应季节的变化以达到治国安民的目的,故名"月令",大体反映了战国时期人们对于农业生产的基本认识。这方面的专门农书,《汉书·艺文志》提及《神农》20 篇,《野老》17 篇。《野老》篇的作者,班固指出"在齐楚间",安徽正当其中,反映的正是江汉至淮泗之间的农业生产的理论成果,可惜今已散佚了。

战国时期,由于人口增殖及生产力的提高,除了边远地区以及贫瘠之地,北方基本上是一年一熟,春秋时期普遍采用的轮作制逐渐被

---

① 齐思和:《中国史探研》,中华书局,1981 年;刘玉堂:《楚国经济史》,湖北教育出版社,1995 年,第158—171 页。

代替了,此即所谓"尽地力之教"。一年两熟的也不罕见,《荀子·富国》篇明确记载:"今是土之生五谷也,人善治之,则亩数盆,一岁而再获之。"说明一年两熟制也在一些地区推广,不再是个别现象了。战国时代肥料受到重视,人们认识到使用肥料可以使土地持续耕种而不休闲,肥力不减。《孟子·滕文公上》:"凶年粪其田而不足,则必取盈焉。"《荀子·富国》:"掩地表亩,刺草殖谷,多粪肥田,是农夫众庶之事也。"《吕氏春秋·任地》:"地可使肥,不可使棘。人肥必以泽,使苗坚而地隙;人耨必以旱,使地肥而土缓。"《孟子·万章下》还说:"耕者之所获,一夫百亩;百亩之粪,上农夫食九人,上次食八人,中食七人,中次食六人,下食五人。庶人在官者,其禄以是为差。"《老子》也言:"天下有道,却走马以粪",说的是使用牲畜的粪肥田。《荀子·致士》还载有"水深而回,树落则粪本",指落下的树叶也可以作根部的肥料。《吕氏春秋·季夏纪》记载:"是月也,土润溽暑,大雨时行,烧薙行水,利以杀草,如以热汤,可以粪田畴,可以美土疆。"指在夏季高温多雨之时,将杂草焚烧沤入水中,可以作肥田之用。类似的记载很多,说明使用肥料不仅非常普遍,知道什么季节如何沤肥,而且种类方式多样。

楚人最主要的耕作方式为火耕与水耨。《史记·平准书》记:"山东被河灾,及岁不登数年,人或相食,方一二千里。天子怜之,诏曰:'江南火耕水耨,令居民得流,就食江淮间。欲留,留处。'"《史记·货殖列传》也记载有:"楚越之地,地广人稀,饭稻羹鱼,或火耕而水耨。"《盐铁论·通有》和《汉书·武帝纪》也都说:"江南之地"盛行"火耕水耨"。长期以来,学术界大都将"火耕水耨"视为先秦时期楚越地区稻作农业的耕作方式,并以此作为楚越经济生活历来有着共同特点的主要依据。这是需要具体认识的。楚人立国于荆睢山地之初还是以种粟为主。种粟先要烈山泽而焚之,这又要和"刀耕"相结合,因此火耕、刀耕都主要是种旱粮的粟。后来,随着楚人向江汉平原乃至洞庭湖平原纵深的推进,稻就取代粟而成为楚国的主要粮食作物,与此同时,兼有北粟南稻之利的楚人又从楚蛮和越人手中学来了种稻所用的"水耨"技术。也就是说"火耕"与"水耨"本来是两种不同的耕作方式,楚人对它们的使用经历了由单一使用前者到二者并用的历史过程。这种稻作技术需要良好的人工灌溉条件,同时将除草与沤肥有机结合起来,显然已非原始的稻作农业所能拥有的技术,而是江淮楚地农业技术发展到一定水平的表现①。

战国时代农田的开发进一步加快。楚国在吴起变法时曾经下令:"令贵人往徙广虚之地"②主要是要借助贵族的力量开发荒地。新的生产技术促进了荒地的开垦与粮食产量的提高。因此农业的经营开始精耕细作,一般的小自耕农耕种的田地能够达到百亩(约合今28.815市亩)左右。《庄子·则阳》说的"深其耕而熟耰之,其禾蘩以滋",指的就是这种在小块土地上精耕细作的情况。

战国时期的粮食作物有"五谷"、"六谷"和"九谷"等说法。春秋以前,黍(即黍子,去皮后称作黄米,既是主要的粮食作物也是酿酒的主要原料)、稷(或称粟,即小米,是北方农民最主要的粮食作物)是人民的主要粮食,战国时期被菽粟所取代,可能是由于黍的产量较低的缘故。菽有大菽、小菽之分,大菽即大豆(又称荏菽、戎菽),可以在春秋两季播种。麦,有大麦、小麦之分。大麦也称为麰,《孟子·告子上》:"今夫麰麦,播种而耰之,其地同,树之时又同,浡然而生,至于日至之时,皆熟矣。"赵岐注曰:"麰麦,大麦也。"大麦生长期短,可以及早接济口粮,且耐酸性强,有较强的适应自然环境的能力。战国时期,冬小麦在黄河、长江流域已普遍种植。《礼记·月令》:"孟夏之月,农乃登麦,天子乃以彘尝麦,先荐寝庙。是月也,聚畜百药、靡草死、麦秋至。"仲秋之月,"乃劝种麦,毋或失时,其有失时,行罪无疑。"郑注曰:"麦者,接续之谷,尤重之。"长江流域的主要粮食作物是水稻。麻也是古人的一种粮。《月令》还提及孟秋、仲秋之月"食麻与犬"。所食的麻,当是一种麻所结的果实,即所谓麻籽,也称为黂或苴。

上述六种作物,是当时人民的主要粮食。古人把这些粮食煮饭来吃,即《战国策·赵策四》的"恃粥耳";或炒成干粮,在出征或远行时,

① 刘玉堂:《楚国经济史》,湖北教育出版社,1995年,第130—135页。
② 《吕氏春秋·贵卒》。

调和了水浆来吃,这种干粮称为"糗"。携带时,往往装在竹器"箪"里,水浆则装在瓦壶里,即所谓"箪食壶浆"。用米麦磨粉制饼也是从春秋战国期间开始的。①

据《周礼·职方氏》等书记载,安徽粮食作物的分布大体上是这样的:淮北地区除黍、稷及稻、粱外,麦的种植继续增多。《战国策·东周策》称"今其民皆种麦,无他种",说明种植小麦已非常普遍。江淮流域为水乡泽国,适宜种稻,农作物以水稻为主。《史记·货殖列传》载:"楚越之地,地广人稀,饭稻羹鱼",指的就是这种情况。

从考古发掘看,战国时期楚地的农副产品种类繁多,板栗、樱桃、梅、枣、柿、梨、柑橘、菱角、莲子、荸荠、莲藕等在日常生活中已经较为常见。这也从一个侧面反映了当时的农业生产水平已有了较大的提高。果蔬方面,1957年在信阳长台关楚墓出土很多果蔬之类的遗骸,品种繁多。计有柿核16粒、葫芦子7粒、松塔1个、梅400余颗、花椒四五百粒、枣4颗,反映了淮河流域当时蔬菜果品种植的一般情形。当时橘、柚在长江流域已普遍种植。屈原《橘颂》可以为证:"受命不迁,生南国兮。深固难徙,更壹志兮。"《周礼·考工记》也说:"橘逾淮而北为枳",橘树似乎已不能在江北种植。蔬菜、水果的园圃也较普遍。《管子·问篇》有:"理园圃而食者几何家?"已有专门种植菜园的菜农。

农产品除作为主食加工为粝米、繫米和面粉等之外,也是加工为副食品的重要原料。战国时期粮食加工的副食品有酒、醴、酱、酰(醋)等。《史记·货殖列传》说:"通邑大都,酤一岁千酿,醯酱千瓨、浆千甔……此亦比千乘之家",说明战国时期已经出现了专门酿制和贩卖酒、酰、酱的工商业户,有人以此作为发家致富的重要手段之一。

土地买卖 处于政治和经济制度急剧变革、商品货币经济较为发达、赋役繁重以及战争频繁的战国时代,农民与土地的结合方式是很不稳定的。战国以来,不断有自耕农由于种种原因而丧失其小块土地,以至"无置锥之地"成了一句习语。与此同时,以小块土地为主、

---

① 周自强:《中国经济通史·先秦经济卷》,经济日报出版社,2001年,第1492—1493页。

从事个体劳动的自耕农,普遍存在。战国时代封建地主中的多数,是当时新兴的贵族、官僚地主和"庶民"中的地主。他们所有的土地,是通过军功事功赏田、土地兼并、土地买卖等途径而获得的。《管子·轻重篇》所说"今欲调高下,分并财,散积聚,不然则世且并兼而无止",也是反映战国时代兼并土地的实际情况。由于铁器、牛耕的进一步普及和水利事业的进一步发展,从而使农田的拓展更加迅速,荒地越来越少。所以到战国中后期,便有了私人之间进行耕地买卖的记录。赵将赵括以"王所赐金帛归藏于家,而日视便利田宅可买者买之"①,说明当时买卖土地的现象已较为突出。过去有人认为土地买卖是在商鞅开阡陌、废井田以后才开始的,实际上商鞅在秦变法之前,韩、赵、魏、齐等诸侯国早已先后废除井田制,而买卖土地的现象也并非"至秦"才有。"除井田,民得买卖"②表明了中国古代"除井田"的结果是土地私有制的形成,而"民得买卖"即是土地私有化的一个重要标志。

战国以来,不断有自耕农由于种种原因而丧失其小块土地。《韩非子·诡使》篇提到官僚、贵族地主兼并土地,士卒"身死田夺"的史实。到战国后期,"无置锥之地"的农业劳动者逐渐增加。《吕氏春秋·为欲篇》说:"无立锥之地,至贫也。"所以《汉书·食货志上》总结说:"至秦则不然,用商鞅之法,改帝王之制,除井田,民得卖买,富者田连阡陌,贫者无立锥之地……或耕豪民之田,见税什五。故贫民常衣牛马之衣,而食犬彘之食。"

以上所列是当时北方地区的情况,至于南方楚地又当如何呢?过去我们不知道楚国土地买卖的情况。1987年发现的包山楚简第151、152两支中,出现了土地买卖的资料。其中讲到一个叫潘戌的左御曾受封一块地,他死后两个儿子先后继承这块地,但都没有后嗣,左尹便指定潘戌弟弟的儿子继承。这个人被债务所迫而卖了这块地,由一个也任左御的人购买,并取得同伍的证明。而同伍中有一人提出异议,认为潘戌并无后嗣,成为讼案。左司马指示左令判决此案,经过调查,

---

① 《史记·廉颇蔺相如列传》。

② 《汉书·食货志》。

左令认为潘戍确有后嗣，讼案于是了结①。这个案例说明，战国中期楚国的授田已不再行井田，而是实行什伍制，与秦国接近。包山楚国的资料虽然是湖北的，一个国家的法令应该是统一的，所以它也可以说明安徽地区土地同样存在买卖的事实。

春秋战国是自然灾害频发的一个时期，各种难以抵御的灾害如水灾、旱灾、虫灾、风灾等，对农业、农民以及社会生活造成了不同程度的影响。先秦的文献中对农业灾害多有记载，据卜风贤先生统计，春秋战国时期共发生农业灾害88次，其中有雨灾、旱灾、风灾、雹灾、霜灾、低温灾、冻害、蝗灾、虫灾、畜病、鼠害、沙尘暴、水土流失等②。上述种种战乱、天灾等人为和自然的原因造成了土地占有方式的不稳定，加剧了土地占有的不均。

司法　战国中后期，安徽地方的司法审理等工作，包山出土的楚简也有一些反映。试举两例。

> 简34　八月辛巳之日，付举（符离）之关敔（圉）公周童耳受期，己丑之日不详符离之关人周敚、周瑶以廷，升门又败。
>
> 简39　八月己丑之日，符离之关敔公周童耳受期，九月戊申之日不详，周敚、周瑶以廷，升门又败。
>
> 简91　"九月戊申之日，佁大敓（即大造沈）六令周霞之人周雁讼付举（符离）之关人周瑶、周敚，谓葬于其土。瑶、敚与雁成，唯周顥之妻葬焉。"

付举，据考即符离，③是楚国在北方的重镇，因为有一些小山，而成为楚在北方的重要关口。文献也有记载。《战国策·秦策三》："楚苞九夷，又方千里，南（当为北）有符离之塞，北（当为南）有甘鱼之口。"敔通圉，即监狱。简文说符离监狱长官周童耳负责审理周敚、周瑶的案

---

① 李学勤：《包山楚简中的土地买卖》，《缀古集》，上海古籍出版社，1998年，第152—155页。

② 卜风贤：《周秦两汉时期农业灾害时空分布的研究》，《地理科学》2002年第4期。

③ 刘信芳：《包山楚简解诂》，台湾艺文印书馆，2003年，第47—48页，50页、87—88页。

子,在八月辛巳之日受理,己丑之日对簿公廷,未能审清,九月戊申日,大造沈叫六的人,命令周霞的属下周雁接受周瑶、周敦的案子,案子涉及的当为周氏鬷之妻安葬问题,结果两人达成协议,最终结案。又如:

简38　八月己丑之日,弎咎君之司败臧矦受期,癸巳之日不详,弎咎君之司马驾与弎咎君之人南辂、登(邓)敢以廷,升门又败。

弎咎即柘皋,当今巢湖西北 40 里柘皋镇①。这里为封君之地,此柘皋封君有司马官叫驾的人,与柘皋封君的另一个叫南辂的人对簿公廷。司败即司寇,管理司法的职官,说明封君辖境内有专门的司法机构,负责各种官司,而官司的进行有一定程序。

畜牧和渔猎业　战国时期的畜牧业已经有了显著的发展,畜牧业主要有国家(官府)饲养、地方大户饲养和小农饲养三种形式。

关于官府饲养,《淮南子·人间训》载:"田子方见老马于道,喟然有志焉,以问其御曰:'此何马也?'其御曰:'此故公家畜也。'"《周礼》中有关管理马牛的官吏有牛人、圉人、牧师、巫马、驭夫、趣马、兽医等。云梦睡虎地秦简中也有司马、厩啬夫、皂啬夫、牛长、食牛者、皂者等称谓。长沙马王堆 3 号汉墓出土的帛书《相马经》,大约是战国晚期楚人的著作,相马术的产生说明了马在人们日常生活中的重要性。马的鉴别,为牛、羊、猪、鸡、犬的鉴别提供了借鉴,并且促进了兽医学的产生和发展。

庄子在阐述其哲理时喜欢以牛讲道或以牛设喻,如《庖丁解牛》等,也说明了庄子故里蒙城在战国时期养牛的普遍。

据《史记·货殖列传》记载:"……陆地牧马二百蹄、牛蹄角千、千足羊,泽中千足彘……此其人皆与千户侯等。"又说:"屠牛羊彘千双……此亦千乘之家。"一般农家饲养的主要是猪、狗、鸡、鸭等小家禽家畜类。《孟子·梁惠王上》:"鸡豚狗彘之畜,无失其时,七十者可以食

---

① 刘信芳:《包山楚简解诂》,台湾艺文印书馆,2003 年,第49—50 页。

肉矣"，《庄子·山木》记载有"故人喜命竖子杀雁而烹之"，古之"雁"即鹅，说明淮河流域家禽和家畜的饲养已经较为普遍。

关于捕鱼业，《尚书·禹贡》说：徐州"淮夷蠙珠暨鱼"，指的是今蚌埠一带出产的珍珠，以及"鲔鱼"。鲔鱼为王家的祭品用鱼，《大戴礼记·夏小正》及《周礼》都说到这一点，直到宋代淮河中游一带还进贡这种鱼。①《禹贡》又说荆州"九江纳锡大龟"。这个九江，据《汉书·地理志》庐江郡寻阳县下班固自注："寻阳，《禹贡》九江在南"，即今安徽望江至湖北黄梅一带。《史记·龟策列传》褚先生补文说庐江郡每年贡大龟20枚于太仆官，具体的产龟地点就在古之决水，今之史河流域，《水经·决水注》说得最明白："褚先生所谓神龟出于江、灌之间，嘉林之中，盖谓此水也。"《庄子·外物》篇提到"枯鱼之肆"，说明鱼类市场已经出现。人们对于野生动物也形成了初步的保护意识。《管子·七臣七主》中讲到"春无杀伐"，包括不准竭泽而渔、覆巢毁卵、焚林而田、刳兽食胎等，说明人们已经认识到保护资源，因时而用的道理。

二、手工业生产的发展

东周时期，伴随着赋税制度的改革和封建制度的建立，社会经济呈现空前繁荣的景象，而手工艺的发展尤为显著，不仅分工细密而且技术精良。在战国七雄的全部地区，都发现有战国中、晚期的各种铁农具或铁器制品，这一时期各国几乎都有冶铁场所，冶铁业已成为各国最重要的手工业部门。战国晚期出现了很多以冶铁起家的大商人②，反映冶铁业在经济上已经取得非常重要的地位。此外，官府的手工业还包括木工、金工、皮条工、刮磨工、陶工等部门，每个部门还有具体分工，因而有"百工"之称。手工业使用的原料有金、铁、皮、革、角、骨、齿、箭、羽、脂、胶、丹、漆等，这些都是金工、皮革工、设色工、刮磨工所必须使用的主要原料，由此出现了《考工记》这样具有相当水平的

---

① 胡渭：《禹贡锥指》"徐州"章。
② 《史记·货殖列传》。

手工艺专业书。烧制青灰砖瓦出现于战国,已有筒瓦、空心砖等。[①] 纺织业更为发达,丝帛麻葛的织造遍布城乡。竹木器、漆器以及皮革、酿造、玉器等行业,都普遍有了发展,而且能制造玻璃。据《周礼·考工记》记载:"郑之刀,宋之斤,鲁之削,吴粤(越)之剑",都是当时最著名的手工艺品。"吴粤(越)之剑",据《庄子》等书是指"干越",即古邗国所产,《说文》云:"邗,国也,今在临淮,一曰邗本属吴",地当汉代的临淮郡,在今安徽东北部、江苏北部一带。这些战国时期著名的手工精品都产出于淮河流域,说明安徽北部的手工业已是十分发达了。江淮地区的寿春为楚国后期的都城所在,当然更是南方的手工业中心。以李三孤堆大墓为例,墓中出土文物包括被盗的不下数千件,礼器中仅鼎一项就有 5 种形式 40 件左右,其中包括著名的楚大鼎。鼎之外青铜礼器还有簠、簋、敦、豆、甗、镐、鬲、炉、俎、缶、鉴、壶、盘,等等。此外还有铜量和各种工具,如削、刀、斧、錾、锯、锉、凿、铲、钁、镰等,既有农用的,也有木工与石工工具。另外大墓还有铁工具出土。在寿春城内及其附近必然还有大型的官营手工业作坊。

冶铁业的发展 早期的金相学研究提供了中国古代冶铁技术水平和体系的相关证据。最迟在公元前 5 世纪,使用铸铁——用液态生铁经退火处理所铸成的农具和手工业用具得以推广和使用,作为新的生产力,极大地促进了农耕技术和手工业生产的发展,为战国中后期的社会变革和社会发展奠定了重要的物质基础。[②]

最早冶炼和较多使用铁器的地区是在楚国。南方地区森莽丛生,要砍伐森林,开垦荒地,发展农业生产,就必须有易于铸造、价格便宜、"坚实而锐利"的铁工具,否则难以进行大规模地开发生产。正是由于生产发展的需要,当时楚国的冶铁技术发明早、发展快,处于领先地位。战国时的铁器不仅有锻造的,还有铸造的。从新中国成立以来见于考古发掘的报道以及有关资料记载可知,楚国铁器多数发现于战国中晚期。安徽出土的铁工具,包括皖南铜陵、南陵古代矿冶遗址出土

---

① 丁邦均:《寿春城考古的主要收获》,《东南文化》1991 年第 2 期。
② 韩汝玢:《中国早期铁器(公元前 5 世纪以前)的金相学研究》,《文物》1998 年第 2 期。

的铁器以及其他一些古墓葬出土的铁器,汇总起来已有不少。战国中期以前,安徽各地出土的生产工具,仍以青铜生产工具占主导地位。战国以后出土的楚国铁器,则以生产工具为大宗。楚国铁农具不仅在铁器中所占比重较大,而且种类相当齐全。铁制的手工业工具也相当多,如凿、刀、锯、斧、锉等。铁器的广泛使用,促进冶铁业兴旺起来。前述著名的"郑之刀,宋之斤,鲁之削,吴粤(越)之剑",应该都是铁制品。只是因为铁器易于腐蚀,今天所能见到的不是很多。

在灵璧县城关七里乡,曾出土战国时期的铁犁铧2件,犁铧呈"V"字形,前锐后阔,外侧为刃,锐端起脊套在木质犁床上使用,构造虽比较原始,但已具备后来铁犁铧的基本形态。1933年,寿县楚王墓出土有铁锸、铁凿、铁弩矢等器物。冶铁作坊用"橐"鼓风以提高炉温,不仅能生产生铁和熟铁,而且还掌握了渗碳钢等炼钢技术。1984年寿县双桥战国土坑墓出土钢矛2件就是例子。炼钢技术在楚国,目前所知至少春秋时代已开始。①

当时冶铁业也是一个新兴产业,发展冶铁业可以增加国家收入,所以《管子·轻重篇》借管仲之名主张用"民得其七,君得其三"的民营冶铁而由官府收税的办法发展冶铁业。这种对资源配置和产业结构调整的影响,对生产力和社会经济发展起了积极的推动作用。春秋以后出现了煮盐、冶铁、开采丹砂、放牧牲畜的大富豪,就是当时资源配置、产业调整和社会经济发展的产物。

我国冶炼生铁可能是从冶铸青铜的实践中发展和引申出来的,高超的青铜冶铸工艺可能成为冶铁的借鉴,虽然缺乏这方面的记载,但从早期生铁冶铸工艺和器型来看,与青铜铸造非常相似,从冶炼原理上也是说得通的。近年安徽肥西、含山、铜陵、南陵、繁昌、青阳、贵池等地所出早期铜器和冶铸遗存,以及贵池徽家冲东周铜锭的检验分析,可以作为佐证。②

青铜器制作的新成就 战国早中期,楚人在青铜各项铸造工艺上

---

① 《长沙新发现春秋晚期的钢剑和铁器》,《文物》1978年第1期。

② 卢茂村:《浅析寿县楚王墓出土的生产工具》,《文物研究》第11辑,黄山书社,1998年。

更趋精密和成熟,甚至出现了细工线刻工艺和首创了鎏金工艺,可以说楚国的青铜铸造工艺已达到当时一流水平。具体而言,楚国的青铜铸造新工艺大致有分范合铸、失蜡法、焊接和铸镶错嵌法等。所谓分范合铸法,又称为合范分铸法,即指器身连同附件不是一次铸成的。应用错嵌工艺的青铜器,主要有曾侯乙编钟上的错金铭文、编磬的磬架横梁上的错金花纹和错金鹿角与立鹤。此外,还有错嵌绿松石的铜器和嵌玉铁带钩等。战国时期,楚国又出现了鎏金和线刻工艺。鎏金工艺或许是楚国首创的,河南信阳长台关楚墓所出土的鎏金铜带钩是已知年代最早的鎏金青铜器。至于线刻工艺,楚国虽也有之,但并不发达。此外,在战国时期,楚已出现了复合剑的铸造技术。战国时期的青铜器,广泛地使用了镶嵌红铜花纹的新技术。淮南蔡声侯墓出土的铸有金丝鸟篆文的蔡侯铲、剑,在镶嵌金属工艺的基础上,又出现了"金银错"。1977年、1979年,长丰战国楚墓出土一批错金银车马器和4件错金银铜戈;寿县双桥战国墓出土错银铜弩机和铜带钩。1958年在寿县邱家花园发现的楚国青铜牛,眼、眉和鼻用白镣镂错而成,周身和前后蹄镶嵌成舒展卷曲的图案,嵌中有镶,把嵌错工艺结合起来,制作之精美,被认为是战国青铜工艺的杰出代表。出土的楚系青铜精品,大多是这一时期的产品,它们或造型精巧,或纹饰绚美,或风格清丽,或工艺绝伦,代表了全盛时期楚系青铜文化的水平,已超过同期中原地区而独秀于一时。即使是在楚文化的滞缓阶段,楚的青铜业也没有受太大影响,只是因战乱把制作的重心放到兵器上而已。楚国兵器冶铸水平之高,在诸国中首屈一指。数量上相对减少了的礼乐器,这时仍不失其楚系风采,寿县李三孤堆的楚幽王墓所出铜器很能说明这一点。楚国青铜业的发达,商业的发展可能是重要的促进因素。①

　　青铜器在江淮流域各地不仅发现很多,而且涌现不少新的器型。例如:1972年在安徽亳州市北关便曾发现战国时期铸铜作坊遗址,出土大量陶范和坩埚残片;淮南蔡家岗蔡声侯墓出土铜器百余件。寿县朱家集(今属长丰)楚王墓仅1933年一次被盗器物便达4000多件,而

① 裘士京、张靖:《试论商业因素对楚系青铜文化的影响》,《文物研究》第13辑,黄山书社,2001年。

在现存700多件中仍以青铜器居多。铜器中鼎有桥鼎、钝鼎、蟠鼎、球形小口鼎等,另有甗、簋、壶、尊、缶、敦、俎、豆、盘、鉴、勺、量、箕、炉盘等,还有兵器及生产工具之类。其中珍贵铜器比比皆是,仅有铭之器便达30余件,有楚王名者8件。1935年、1938年此墓又两次被盗,各掘出器物数百件,其中亦有大量的青铜器。铜器铸造技术大为进步,不仅采用浑铸与分铸、大焊和小焊,发展了镶嵌技术,而且还普遍使用金银错这样的尖端技艺。

朱家集楚王墓出土的"铸客鼎",通高113厘米,口径93厘米,重达400多公斤,是迄今发现西周以来最大、最重的铜鼎。造型优美,纹饰繁丽,铭刻书体苍劲俊秀,工艺难度很高。据分析,铸造时,需用16个大坩埚同时冶炼铜汁,再同时浇铸,反映了浑铸技术的进步。淮南蔡声侯墓出土的3把错金银蔡侯铲,用金银镂丝巧妙装饰,铸有金丝鸟篆文字,体现了高超的工艺。其工序大致为:先在铸范的母范上预刻纹饰凹槽,待器物铸成后,再在凹槽上加工錾凿,以便在槽内嵌入金银丝。有的金银错纹饰细如毫发,则是待器物铸成后,在器表錾刻凹线后,再嵌入金银丝的。镶嵌金银丝、片,都要先用火适当加温,金银丝还须截作点线,然后用捶打使之嵌入浅槽;不宜捶打的,则用玉石或玛瑙制的工具把金银丝或片挤压入槽内。最后再用厝石打磨器表,使之自然光滑。还要用椴木炭加清水打磨,或用皮革打磨,使之光可鉴人。舒城秦家桥出土的2件刻纹铜壶,用细如发丝的线刻工艺制作而成,纹饰流畅,非钢刀莫能为之。一些地方出土的楚式铜镜轻薄而精细美观,大都铸刻双层曲折的飞舞形象,独具特色。新中国成立以来,在安徽淮南、蚌埠等地分别出土有该时期的四山纹铜镜、四叶纹铜镜,颇为精美。1988年安徽省舒城县河口镇幸福村发现古墓葬,如M2出土的器物,出土一些战国晚期的器物,其中三弦纽、宽弦纹铜镜等就属于此类。

由于炼铜业的发展,安徽成为春秋战国时期我国铜的重要产地之一,全省半数以上市县出土了春秋战国时期的青铜器,多达数千件。青铜器具种类明显增加,生活器具出现了缶、镜、带钩、编钟等,生产工具有刀、斧、凿、锉、锯、削、铲、锄等。铸造、纹饰技术的进步更为突出,不仅过去使用的浑铸、分铸法有了进一步的发展,而且出现了新的焊接技术。与此同时,青铜器的生产开始摆脱原先主要为宗庙祭祀和贵族服务的礼器而逐渐转向实用、坚固的生活和生产用器,并且朝着商品化方向发展,如铜镜、铜筷、带钩及符节、印玺、度量衡器等,轻便实用且花样翻新。

度量衡器 度量衡器包括度器、量器和权衡器。度器即计算长短的标准器具;量器为称量用具;衡器,古代分为衡与权,衡指的是秤杆,权为秤锤,《广雅·释器》所谓"锤谓之权"者。安徽发现的度量衡器,主要有寿县楚幽王墓葬中出土的 1 件铜尺,它和长沙战国楚墓中出土的 1 件铜尺比较接近,长度分别为 22.5 厘米和 23 厘米,2 件铜尺的形制也类似。量器,主要是在安徽、江苏等地发掘的几件铜量器具。1935 年寿县朱家集楚王墓出土的二大一小 3 件铜量,现藏于安徽省博物馆,其中大铜量水测容积为 1140 毫升。在安徽先后出土的寿县大铜量、淮南铜量(1975 年征集)、凤台铜量均为同类量器。衡器,在湖南、湖北、安徽、江苏等地都出土了不少天平和砝码,时间为春秋末至战国时期。江陵雨台山 410 号战国初期楚墓出土的 4 枚铜砝码,是已知最早出土的砝码。1959 年凤台出土了铸造砝码的铜范。从出土的砝码看,均为环形,故又称"环权"。1933 年安徽寿县朱家集出土了 1 套铜环权,共 6 枚,其中第 4 枚刻有文字,据考为"官环",即由官府监制、颁发的一种环权。各地出土的环权个数不一,1945 年长沙近郊出土的一组环权,共 10 枚,应是最完整的一套砝码。1954 年长沙左家公山 15 号墓、1958 年常德德山墓分别出土了 1 件木杆铜盘天平,是迄今所见最完整的 2 件天平。1982 年 8 月,安徽省巢湖发现了据考为战国晚期的古墓葬,出土的铜器有鼎、壶、剑、盘、砝码等物品。其中铜砝码共 6 枚,系铜锡合金,是已知楚国历史上最早使用的砝码,其使用的上限可推至春秋晚期。砝码是春秋战国时期楚国发明的称量衡器的组成部分,称"权",相当于今天的秤砣。此外,在阜阳也发现 6 枚砝码,寿县发现有 1 枚特大形的砝码。在度量衡器中,尤以天平、砝码出土的最多。据考,这一时期出土的楚国的铜类砝码,在成色、大小、形状等方面均有差异,从一个侧面反映了由于战乱所导致的经济与社会的

混乱。

在安徽已发现的度量衡器中,量器比较重要。李三古堆大墓出土的 3 件两大一小,大的水测容积为 1140 毫升,小的水测容积为 216 毫升。淮南发现的铜量水测容积为 1125 毫升。阜阳的水测容积为 1110 毫升。三件大铜量本为同一规格的量具,容积不等是由于在地下 2000 多年酸性腐蚀程度不等造成的,淮南的一件保存最好,接近于标准器。战国至秦汉时期,1 升量大约在今 194 至 225 毫升,可知出土小铜量实为 1 升量器。阜阳出土的铜量上有铭文"鄟大府之笿",据《说文》,"笿"受五升,可见几件大的量器都为 5 升量器。据此可知,楚国量器 1 升在今 210～225 毫升,大小量器是 1 比 5 进制。

此外,楚国量器还有盆与鼓。《荀子·富国》云:"今是土之生五谷也,人善治之,则亩数盆,一岁而再获之。然后瓜桃枣李一本数以盆鼓。"荀子著书于楚国淮泗地区的兰陵县,此处之盆可能也是楚制。据《考工记》,一盆当二鬴为 20 斗。鼓为战国时量制,还见于《左传》、《礼记·曲礼》等书。郑注《礼记》谓"容十二石者为鼓",《管子·地数》注也说:"鼓,十二斛"。看来鼓的容积是盆的 6 倍,约 12 石(斛)。

安徽各地发现大量的战国时期度量衡器物,充分说明当时商业发展已达到较高的水平,也表明楚国的量制是较为完备的。这些器物造型各异,有圆形、菱形、球形等,既是楚器种类新的丰富和发展,也反映了楚国商业与青铜铸造的密切关系。①

漆器制造业与纺织业的发展　战国时期漆树的种植更加普遍。《禹贡》说兖州"厥贡漆丝",豫州"厥贡漆枲絺纻"。在兖、豫两州的贡品中,都以漆居首位。《史记·货殖列传》也说"陈、夏千亩漆","山东多鱼、盐、漆、丝",可见河南以东包括安徽种漆已很普遍。近年各地楚墓出土漆器数量之多和质量之高令人惊奇,说明当时南方地区必然栽培有很多漆树。国家也直接经营漆园,如庄周"尝为蒙漆园吏"。蒙

---

　　① 张宏明:《谈谈巢湖市发现的楚国砝码》,《文物研究》第 7 辑,黄山书社,1991 年;刘玉堂:《楚国经济史》,湖北教育出版社,1995 年,第 226—230 页;刘和惠:《楚文化东渐》,湖北教育出版社,1995 年,第 196—197 页。

在今亳州市蒙城县①,蒙之漆园当由宋国官府所经营,今有漆园城遗址位于蒙城县东北2公里处。漆树的大量种植,必促进漆器业的发展。但是由于漆器多为木胎,难以长久保存,所以尽管漆园城旧址常有战国时期文物出土,但其中未见漆器。不过战国楚墓出土的大量漆器朽坏留下的漆皮,充分说明当时楚国漆器制造业一定十分发达。

漆器制作是楚地手工业生产的一个重要部门,在先秦诸国中楚漆工艺水平之高是罕见的,然而楚文化出土的完整漆器至今却较少发现,倒是在一些楚墓出土的铜器上发现了楚漆器工艺的踪影。②

战国漆器的类型以日常生活用品用具为主,包括家具、饮食用具、妆奁器具等,还有乐器、兵器、丧葬用具等类型。主要胎骨以木胎、夹纻胎和竹(篾)胎三种,颜色有黑、红、黄、绿、蓝、白等10多种,色彩华丽。战国早期漆器的木胎还较厚,往往在精雕的木器上髹以彩漆;中期以后,木胎趋于精巧,往往用薄木卷曲成胎,或者外贴麻布。器型种类繁多,有杯、盘、奁、盒、筿、樽、弓、耳杯、剑鞘、秘、棺、椐等,一般于器表髹黑漆、器内髹红漆为底色,再施以云鸟、几何纹、狩猎等美丽的彩绘,至今色彩鲜丽。有的边缘还镶以金边或铜边,称金钿或铜钳器。在安徽舒城秦家桥战国楚墓出土的16件漆器中,有樽、奁、耳环、梳篦等日常用品。需要指出的是,漆器的胎骨虽以木、竹居多,也还有其他材料。只不过这些材料在漆器生产中只占很小的比重而已。

安徽六安城北16号墓出土的特色陶器,器表亦均通体髹黑漆,出土时仍光可鉴人。其中之壶与钫,在黑漆底上又饰以红、黄之色绘制的各种花纹,构图新颖,线条流畅,在一定程度上反映了楚国彩绘艺术的水平。安徽长丰杨公楚墓还出土有3~5对漆盾。近些年来在六安市区的东面和北面发现大量战国晚期的楚墓,已发掘的有300多座,其中不少都有漆过的残留物。③

根据对漆器残片的观察,当时髹漆工艺主要分3个步骤:打底、上漆与装饰。装饰的手法又包括彩绘、针刻、错嵌描金与贴金等,具体过

---

① 一说在今河南商丘市东北。

② 皮道坚:《楚艺术史》,湖北教育出版社,1995年,第125—143页。

③ 冯志余、宫希成:《六安楚墓的发现与研究》,《楚文化研究论集》第五集,黄山书社,2003年。

程十分复杂。

春秋时期安徽地区是纺织业较发达的地区,战国时期继续有所发展。《史记·货殖列传》记载淮河流域许多地方桑麻五谷的种植十分著名。江淮地区的情况,考古学上也有一些反映。如舒城秦家桥战国楚墓,就出土有棕色平纹绢残片及麻织品。① 楚国家政府专门设有管理织造的"织室"之官,见于《古玺汇编》。该书还著录1枚楚"东国织室"玺印,何琳仪认为"东国"设在安徽淮北②,说明这里的织造业比较发达,否则楚国不会将东方织造中心设于此。下蔡也有类似的职官,《玺汇》收有"下蔡织镶"1枚玺印③,当是管理下蔡地区织造与镶饰之类的官吏。综合考古发现和文献记载,楚国丝织品的种类很多,主要有纱、罗、绢、绨(指厚实有光泽的平纹染色丝织物)、组(指用经线左右交叉成一定角度编织的窄带状织物,多用作带饰或衣衾的领和缘)、绮(指平纹地斜纹起花织物)、绦(指用彩色丝线编织而以纬线起花的窄带织物)、纨(是质地细腻有光泽的丝织品)、缟、缣(又称双丝细绢,是经重平组织的双纬织物)、縠(为平纹熟丝织品)等,大体囊括了先秦时期丝织品的所有种类。④ 战国后期安徽是楚国的政治经济中心,楚国的一般情况大体上可以反映安徽的基本情况。

玉器 战国后期,今安徽全境属楚,因而安徽也是楚国玉器的重要出土地区。玉器出土于墓葬,虽然安徽出土的楚墓数量不太多,但部分地区出土的楚国玉器十分精美,工艺水平很高。前述巢湖战国晚期的古墓葬除了铜器之外,还发现了残玉璧、玉璜等物品。

安徽出土的楚玉主要是战国晚期的,发现楚玉的地点有寿县朱家集李三孤堆、寿县双桥、长丰杨公和舒城秦家桥等地。李三孤堆大墓因为被盗,其中埋玉的情况不能尽知。长丰杨公战国墓出土的玉器是目前看到的数量最多而且品质最精的。⑤ 这批玉器多为青白玉。正反

① 《舒城县秦家桥战国楚墓清理简报》,《文物研究》第6辑,黄山书社,1990年。
② 何琳仪:《古玺杂识》,《辽海文物学刊》1986年第2期。
③ 黄锡全:《古文字中所见楚官府官名辑证》,《文物研究》第7辑,黄山书社,1991年。
④ 刘玉堂:《楚国经济史》,湖北教育出版社,1995年,第226—230页。
⑤ 杨鸠霞:《长丰战国晚期楚墓》,《文物研究》第4辑,黄山书社,1988年。

面均有纹饰,纹饰以涡纹和谷纹为主,另外还有弦纹、斜方格纹、龙首纹等。玉璜多呈扁平弧形,有的两端刻成龙首纹,有的弧背上透雕两个相同的鸟纹或全身透雕成云纹,璜身两面刻谷纹、卷云纹等。玉佩造型新颖,具有极高的艺术价值。

根据有关文献等资料分析,当时的豫西、豫南、皖西及江淮地区都产玉,玉器制作更加精美。长丰楚墓4次共发掘出了大量玉器,其中仅2号墓尸体上密密地排列着璧、璜、佩、管、圭等50多件玉器,实属罕见。用玉器殓尸既体现死者的身份高贵,同时也反映当时人们有以玉护体的观念。有的学者认为2号墓以玉护体与《吕氏春秋·节丧》所说的"含珠鳞施"相一致,汉代的玉匣应是由它演变过来的①。这些玉器雕工熟练,技法高超,纹饰精美,有的运用透雕和浮雕的手法,把龙凤的种种形态表现得栩栩如生。河南淮阳平粮台楚墓也普遍随葬玉器,少者1件,多者达46件,器型除常见的礼器外,还有牛、象、猪、羊、狗、兔、鱼等,多是工艺水平较高的工艺品或佩饰。这个地方距离安徽很近。1954年安徽治淮工程中出土的碧玉俑,1959年安徽省治淮陈列馆移交省博物馆的兽面纹玉璧也都体现了很高的玉器雕刻水平。

安徽战国时期楚玉大体上可分为礼器和装饰品等两大类,而又以礼器中的玉璧为代表,出土数量最多。礼器类玉器包括璧、璜、环和圭等4种,其中璧、璜、圭属于礼仪用器中六瑞之列。环则为信器,形状大致有龙形、几何形(包括三角形、扇形、条形等)以及觿形。长丰杨公楚墓出土的6件龙形玉佩,运用了透雕技法,或饰以流云纹,或饰以卷云纹,呈龙凤形,栩栩如生。装饰类玉器主要见于战国晚期的楚墓中,在长丰杨公、舒城秦家桥等墓葬有出土。装饰品类玉器中玉佩的制作最为精美,代表了战国时期楚玉的最高工艺水平。

安徽战国楚玉主要出土于楚都寿春及其周围地区,即今寿县、长丰、淮南、六安等地。这一带在战国后期属楚都寿春(今寿县)的王畿地区,楚墓分布密集,因而随葬的楚玉也较多。而今潜山、舒城、枞阳

① 刘和惠:《楚文化的东渐》,湖北教育出版社,1995年,第205页。

位于楚都的南部外围地区,也有不少战国楚墓和楚玉出土。上述地区均位于安徽中部的江淮之间,而安徽北部(淮北地区)以及南部(江南)至今少见楚玉出土。具有楚国玉器风格的玉器,在安徽最早出现于春秋晚期,如寿县蔡侯墓;但楚玉大量出土则是在战国时期,尤其是战国后期,说明战国时期古安徽地区的文化面貌包括玉器文化已经是楚文化的重要组成部分。另外,无一例外的是,安徽战国时期楚玉均出自于墓葬中。

尽管由于盗墓等原因,安徽出土的战国楚玉数量不及湖北、湖南等省,但安徽战国楚玉的类型、风格、工艺与上述地区出土的楚玉大体一致。在湖北、湖南等地楚玉流行的涡纹、谷纹、卷云纹、弦纹等在安徽战国楚玉中同样盛行,玉佩多流行龙凤造型或装饰。[①]

琉璃器 琉璃又称料器,其结构属于玻璃态物质。战国琉璃器型主要有璧、璜、环、瑗、珠、管及印章等,多为装饰品,尤以珠、管类最为常见。据统计,战国时代的琉璃(即早期的玻璃)制品,出自湖南楚墓的最多,出自河南、安徽楚墓的次之。在阜阳市郊和亳州均出土了战国玻璃质装饰品——蜻蜓眼玻璃珠,这在国内算是稀有发现。亳州北关柴家沟16号战国早期墓出土蜻蜓眼玻璃珠10粒,呈抹角方形,高、宽、厚均0.8厘米。中间穿孔较粗,孔径0.35厘米,珠体呈淡青色,有明显的气泡眼。孔周分布4个白色圆块,中心加黄色点,点周围又加一黄色圈,白黄相间,近似蜻蜓的眼睛。珠子颜色典雅,造型古朴精巧,反映出高超的铸造水平。经科学鉴定为铅钡玻璃,为探索我国玻璃的起源提供了宝贵的材料。

从品种上看,楚墓出土最多的玻璃制品是珠,其次是璧;玻璃管、玻璃剑饰、玻璃印章等都很少。这些小型器物,多为装饰用品。研究表明,战国琉璃器的出土说明我国是世界上最早的玻璃产地之一。

陶、瓷器 1973年亳州柴家沟战国墓出土了陶盉。这是一件饮食用具,直口、平唇、鼓腹、拱底。三蹄形高足,外撇。肩下左右有1对称环形附耳,两耳之间分别为嘴和把手,均作兽首形。有盖,盖面隆

---

① 方成军:《简论安徽出土的战国楚玉》,《文物研究》第14辑,黄山书社,2005年。

起，上有 3 个兽形捉手。胎质为泥质红陶，制作精致。

淮南市博物馆收藏的战国青釉直条纹双系罐，是安徽省迄今发现为数稀少的战国青瓷器藏品，该器物高 22 厘米、口径 20.4 厘米、最大腹径 34.2 厘米，是目前所知战国时期最大的原始青瓷器。此罐与上海博物馆的青釉直条纹双系罐相似。1974 年在安徽淮南谢家集红卫轮窑厂战国墓出土原始青瓷釉瓷罍，胎质坚硬呈灰白色，通高 23 厘米，底及口径分别为 17.6 厘米、20.4 厘米，最大腹径 35 厘米。近耳处的口边饰 5 组涡纹，口、腹施釉不及底，保存完好，造型美观，是一种不可多得的原始青瓷器。

三、交通与商业的发展

战国时期，水陆交通进一步发展，从而带来商业的更为活跃，商业规模的进一步扩大，鄂君启节就记载了鄂君启府的商队，一次可有 150 艘船、50 辆车的规模，运行于南半个中国的地方，今鄂、湘、豫、皖的一些边远地方都有商人的行踪。用于贸易的货币种类繁多，表明货币经济发达，城市商业空前繁荣，以至于"楚之郢都，车毂击、民肩摩、市路相排突，号为朝衣鲜而暮衣弊"[①]，安徽地区形成了几个经济与商业中心。

水陆交通的拓展 前述战国时代魏国在今河南东部开凿成中原最大的水利工程——鸿沟，沟通了江淮河济四大水系。对此《史记·河渠书》曾有过总结：

> 自是以后，荥阳下引河东南为鸿沟，以通宋、郑、陈、蔡、晋、卫，与济、汝、淮、泗会。于楚，西方则通渠汉水、云梦之野，东方则通沟江、淮之间。于吴，则通渠三江五湖。于齐，则通淄、济之间。于蜀，蜀守李冰凿离堆，辟沫水之害，穿二江成都之中。此渠皆可行舟，有余则用溉浸，百姓飨其利。

---

① 《太平御览》卷七百七十六引《新论》。

鸿沟使得中原地区与南方的交通更加方便,安徽淮北地区成为交往的中心地带。战国以后,宋国的都城迁到相城①,更使这里成为宋国的政治经济与交通中心。皖西阜阳地处汝、颍、涡、淮之间,人工运河鸿沟的开凿使阜阳成为水运的中心。阜阳城南的清河,相传为楚灵王所开渠道。自淮、颍引水向北穿大小运河,直抵当时的胡城附近,称通商渠。它不但方便了沿岸地区的排涝抗旱,也方便了自此以后的舟楫之利。

春秋以来安徽淮河以北的地区一直是楚国在东方的大本营,如楚在繁阳(今太和北)驻有重兵,称为"繁阳之师",在沈地(在今临泉至阜阳一带)设尹,统管东方地区的政治军事,战国时又设"东国织室"于此。这里还是楚人出方城北向前往中原的"夏路"②之所在,其重要性不言而喻。春秋以来,诸侯之间聘问会盟频繁,战争不断。会盟时扈从如云,交战时兵车千乘,因此诸侯国都注意开辟水陆交通。交通状况如何,已成为衡量国政的一个标准,如郑子产到晋都,见沿途道路弊坏,就批评晋执政者治国不善。所以作为楚国交通中原诸国的大道,"夏路"承担着政治经济与商业贸易往来通道的重任。楚国北通中原,春秋时本来以郑为近路。韩灭郑后,韩、魏与楚长期为敌国,楚国只得向东北方向的陈、宋发展,所以陈地成为新的"楚夏之交"的通途。处于夏路中间的陈(淮阳至亳州)地,"通鱼盐之货,其民多贾",善于经商③,就是深得夏路交通之便。

至于江淮地区,一向是水网密布,水上交通十分便捷。战国时因为造船技术的进步,长江由过去的天险变为通途,从楚都江陵的郢城乘船可直接到达安徽的松阳(枞阳)。安徽这种重要的经济地位与便捷的交通,使得地处江淮要冲的寿春成为楚国重要的都邑。楚灭蔡后,下蔡成为楚在东方较为繁华的城市,如宋玉《登徒子好色赋》就提到住在陈城或钜阳的宋玉"东家之子",其"嫣然一笑,惑阳城,迷下

---

① 陈立柱:《战国时宋都彭城辨》,《安徽史学》2009 年第 3 期。
② 《史记·越王勾践世家》。
③ 《史记·货殖列传》。

蔡"。下蔡后改为寿春,天津收集到 1 件"寿春府鼎"①,应该是地方性府库。

"鄂君启节"反映的商业与交通状况　鄂君启节,1957 年发现于寿县丘家花园,是楚怀王六年(前 323)楚国政府发给鄂君启府商车船队的水、陆运输凭证,也就是楚国的商业运输通行证。鄂君启节铭文可以说是战国后期楚国重要的商业贸易与主要交通道路的直接见证。

鄂君启节计舟节二、车节三,共 5 枚,青铜质地,仿竹节形式。错金铭文合计 311 字,内容涉及经济、交通、制度、商业、文化等诸多领域,今分别珍藏于中国历史博物馆和安徽省博物馆。《周礼·秋官·小行人》云:"达天下之六节,山国用虎节,土国用人节,泽国用龙节,皆以金为之;道路用旌节,门关用符节,都鄙用管节,皆以竹为之。"郑注:"有国者,君道,欲其守而不变,故用金;道路、门关、都鄙,皆臣道,欲其有自然之节,故用竹。"由此不难看出,鄂君启非同于一般的商贾贩卖,而是属于特权阶层的封君兼"官商"。鄂君启节因用青铜铸造,故又名鄂君启金节。

鄂君启节铭文反映了当时楚国商业与关税的情况。商税大约开始于春秋,战国时期因为商品交易量的扩大,许多国家增加了关卡税收,商品贸易往来经过关卡都要征税。《周礼·地官·司货》说:"凡所达货贿者,则以节、传出入之。"郑注:"商或取货于民间,无玺节者至关,关为之玺节及传出之。"所以运送货物经过关卡,都要交验符节,检查是否已经完税,如果没有交税,或者货物与符节所载不符,就要补交税,或者不能通关。可见贩运货物的符节与关税是联系在一起的。鄂君启节载有许多地名,或者为关口,或者为市里,有检验商税之责。鄂君启身为封君,他的府商如果没有楚王发给的贩运货物的符节,也要照章纳税,所谓"不见其金节则征",这说明楚国的商税制度已经相当健全了。

根据节文的内容,鄂君府商活动有以下明确规定:

一是免税的限量。舟节规定"屯三舟为一舿(舿),五十舿(舿)"。

---

① 《天津市新收集的商周青铜器》,《文物》1964 年第 9 期。

据研究,一舸的载重量不会小于 300 斛,一艑 900 斛,战国时一斛当今 20 公斤有余,则 50 艑的载重量就是 900 吨上下。舟节共 2 枚,可以分路同时进行,则鄂君府商水路贸易可免税的总量略当今天说的 1800 吨重。车节规定"车五十乘",当时一车的载重量约 1000 公斤,50 乘的重量就是 50 吨。当然,这些应该是最高限额。

二是免税的期限。节文明确规定鄂君府商的车、船贸易"岁赢返",赢即盈,声同相通,就是满一年而回返大工尹府,验证其有否违反规定的情况发生,没有则可以继续持有此节。

三是禁止贩运一些可能用于军事方面的物资。车节规定"毋载金、革、黽、箭"。金当指铜铁一类;革为制造甲胄之类的皮革;黽通箮,可以做箭杆的竹子;箭,也是可以做箭的竹子。这些在当时都是属于军用物资,所以在禁止贩运之列。舟节没有这方面的规定,说明鄂君府商的水、陆贸易路线是不一样的,陆路在北方,与诸国接近,而水运则基本在楚国内地。因此鄂君府商的经营范围大体可以说除军用之外的民生日用的各种货物。

四是不得向地方索取。节文有"毋余(予)李(通理、吏)飤"。鄂君府商持有金节是特殊待遇,一般持有金节的都为政府官吏,其经过之地,地方政府是要接待的,如供给食宿之类。而府商不是政府官员,不得享受持金节一样的政府官员的待遇,所以节文明确规定"毋予吏飤"。①

鄂君启节所载地名都为关市,因而也都是水路交通要道。车队、船队从鄂君启的属地出发,可到达楚国各地,节铭注明的运输路线大体经过今湖北、湖南、江西、河南、安徽等地,贸易范围相当广泛,同时也说明战国中期以后楚国随着商业的发展,在管理上也是很具体严格的。

按照上述鄂君启节铭文的内容,大贵族兼大商人的鄂君启府商货物的运输,陆路以 50 辆车为限,水路以 150 只船为限;陆路车运经过 9 个城邑,线路跨今河南、安徽、湖北三省;水路船运经过 11 个城邑,航

---

① 刘和惠:《楚文化的东渐》,湖北教育出版社,1995 年,第 137—140 页。

程分布地区包括今湖北、湖南两省的大部分和河南、安徽两省的一部分，还深入到了广西一角。由此可见，当时的富商巨贾不但运输车船多、货运量大，而且运输里程长。

鄂君启节的陆上行程路线大致范围是这样的，自鄂君启的封地鄂（今湖北鄂城，一说在西鄂）出发，北上先是过水路到达伏牛山隘口的方城（今河南叶县西），向东南东北各有一条陆路车道，经畐焚（今河南遂平）、繁阳（今安徽临泉东南）北上可到达高丘（今安徽宿州市北符离附近）①，东南行经菟禾（今河南泌阳北）到达下蔡（今寿县）、居巢（今寿县东南、六安东北，一说在巢湖西北岸今肥西县内）为南路。回程终点是楚都郢（今湖北江陵），中间经过没有再标示出来。车节的路线说明从楚都郢城到安徽两淮地区，经过淮北的方城向东南、东北存在可以经商的车道直达安徽的两淮，北上的一路大概就是所谓的"夏路"②。车节在今湖北范围还有其他路线。

水路即舟节所示通往安徽江淮的路线是，从郢城沿江顺流而下，经过彭泽湖（今江西九江北、安徽望江一带）到达松（枞）阳，然后沿长江再到庐江即今青弋江，经过青弋江转道今水阳江到达爰陵，即今宣城市。这是南路。在楚威王大败越人之前，安徽江南地区主要是在越国的势力范围内。此后尤其是楚怀王开始，皖江以南才归属于楚，楚人才可以到这里做生意。从松阳北上，也可到达下蔡等地。但是经过的具体地点没有标示出来。

鄂君启节颁行于楚怀王六年，发现于楚国最后的都城寿春古城遗址之中，说明楚失江汉本居之地后，鄂君启家族也随楚王东迁，并最后定居于寿春。而鄂君启节一直随着家族，说明百年间它可能一直都是这个家族进行货物贩运的凭证，一直发挥着作用。

鄂君启节发现后，学者们对它不断有所考释，发表的论著不下数十篇（部），其中文字所指的实际地点，甚至包括文字本身，直到今天还没有取得一致的意见，还在讨论之中。因其铭文十分重要，今参合

① 李家浩：《鄂君启节铭文中的高丘》，《古文字研究》第 22 辑，黄山书社，2000 年。
② 《史记·越王勾践世家》；《战国纵横家书》二十四，文物出版社，1975 年。

诸家考释,隶写如下,供参考。

舟节铭文163字,重文符号2个:

　　大司马邵(昭)陽(阳)败晋币(师)于襄陵之戠(岁),题(夏)层(际)之月,乙亥之日,王尻(居)于莰(哉)郢之湫宫。大攻(工)尹脽以王命,命集尹惩糈、裁(织)尹逆、裁(织)敏(令)阢,为鄂君启之賡(府)賔(商)铸金节。屯(纯)三舟为一舿,五十舿,戠(岁)罷(翼)返。自鄂市,逾油,让(上)滩(汉),商(适)屑(郧),商(适)芸(鄀)易(阳)。逾汉,商(适)邔。逾题(夏),内(入)邡。逾江,商彭弨(泽),商(适)松(枞)易(阳)。内(入)濿(泸)江,商爰陵。让(上)江,内(入)湘,商(适)𣎑,商邺(洮)易(阳)。内(入)灄(耒),商鄙(郴)。内(入)消(资)、沅、澧、滰。让(上)江,商(适)木闸(关),商(适)郢。见其金节则母(毋)政(征),母(毋)舍槫(传)飤(食)。不见其金节则政(征)。女(如)载马牛羊以出内(入)串(关),则政(征)于大賡(府),母(毋)政(征)于闸(关)。

车节铭文146字,重文符号4个:

　　大司马邵(昭)剔(阳)败晋币(师)于襄陵之戠(岁),题(夏)层之月,乙亥之日,王尻(居)于莰(哉)郢之遬宫。大攻(工)尹脽以王命,命集尹惩糈、裁(织)尹逆、裁敏(令)阢,为鄂君启之賡(府)賔(商)铸金节。车五十乘,戠(岁)罷(翼)返。母(毋)载金革黾箭。女(如)马、女牛、女德(犆),屯(纯)十以堂(当)一车;女(如)稰(檐)徒,屯(纯)廿＝(二十)稰(檐)以堂(当)一车;以毁于五十乘之中。自鄂市,商(适)易(阳)至(丘),商(适)邡(方)城,商宵(象)禾,商酉焚,商緐(繁)易(阳),商高至(丘),商下郗(蔡),商居郹(巢),商郢。见其金节则母(毋)政(征),母(毋)舍柠(转)

飤(食),不见其金节则政(征)。

楚币的制造与流通　商品交换发展,必然引发交换媒介的革命。《史记·货殖列传》说:"农工商交易之路通,而龟贝金钱刀布之币兴焉。"[1]战国时期的铸币业发展迅速,种类多,流通量大,铜铸币广泛进入流通领域,而黄金也从贵重商品中游离出来,在货币舞台上充当重要角色,成了王公贵族与富商大贾们青睐、利用、珍藏的对象。《管子》一书借助管仲之口说,"使吾得居楚之黄金,吾能令农毋耕而食,女毋织而衣。"可见其时黄金在货币中的地位以及货币在国民经济中的地位。又说"以珠玉为上币,以黄金为中币,以刀布为下币。三币,握之则非有补于暖也,食之则非有补于饱也。先王以守财物,以御民事,而平天下也。"[2]说明当时人们对拥有货币的重要性已有了相当深刻的认识。

随着商品流通领域的扩大,货币也有进一步的发展。楚国的金属货币现已知的有金币、银币和铜币3种,即所谓的"三钱"。铜币中又有铜贝和布钱两样。"三钱"齐备,唯楚独有,足见楚国货币系统的发达,也是商业繁荣的具体表现。

春秋时代以前,贝、麻布、工具或铜块之类的实物,都曾充当过其他一切商品的一般等价物。战国时代出现的4种铜币中,布币主要流通于魏、赵、韩三国,刀币主要流通于齐、燕、赵三国,圆钱主要流通于东周、西周、秦国以及赵、魏两国沿黄河的地带,而铜贝则主要流通于楚国。

铜贝的形状仿自天然贝(海贝壳)。铜贝是楚国常用货币,流通量很大,所以历年来在各地出土很多,以楚国东境出土最多,约占已知出土总量的90%,而在楚国东部地区又以安徽出土的次数最多,数量也最大。试举几例:1955年寿县出土2枚,1957年涡阳还出土了楚铸币"旆钱当祈"共60多枚,1971年临泉出土110枚,1976年固镇出土

① 《史记·货殖列传》。
② 《管子·国蓄》。

3856 枚,1982 年广德县誓节村出土楚国铜贝 1 坛,1982 年巢县出土 1 罐"哭"字贝 1000 余枚,1983 年临泉发现铜贝 2355 枚,计 6 公斤,1985 年肥西新仓乡出土"哭"字贝 9240 枚,计 25 公斤。[①] 此外,在安徽的一些地方还出土有"景"字贝、"翠"字贝、"乐"字贝、"帜(君)"字贝等楚国铜贝。货币的数量大,反映了商业的发达;式样多,说明钱币的使用还带有地域性。

铜贝上常钤有文字,但是很难识别,最多的一种是近"哭"字形的字体。此字古文字学家提出了多种解释,至今没有形成共识。最近陈隆文从铜贝穿孔携带方便角度重新作出解释,即倒转过来看字的形状,认为是鄂字的古写,其地盛产铜,为楚国制币中心,钤上鄂字标志是在这里铸造的。[②] 这种铜贝,宋代以来人们称它为"蚁鼻钱"或"鬼脸钱"。"蚁鼻钱"以个计值并带有文字的铸刻,这在当时铜币的圆、布、刀、贝四大体系中是较为先进的,它主要流行于当时楚国统治的地区。

铜贝的铸造,文献无考。目前已发现几件青铜贝范实物。其中 1982 年安徽繁昌县横山收购站发现的 2 件制造铜贝的钱范比较完整。其中一件,长 27 厘米,宽 11 厘米,一次可铸 64 枚。[③] 这是我国现存唯一有明确出土地点和附近有古铜矿遗址的铜贝钱范,证明安徽也是当时楚国铜贝的铸造地区之一。

楚国还使用铜布,分大小两种,这种布钱面文有 4 字,背文有 2 字。面文前 2 字有"殊布"、"庄布"、"邦布"、"沛钱"、"旆钱"、"扶比"等释。后 2 字有"当釿"、"当十斤"等释。朱活认为"旆钱"即大钱,"釿"为铜的单位重量标度,4 字的意思就是"当一釿的大钱"。[④] 布钱目前在安徽淮河以北地区发现最多,当是楚国占有淮泗、吴越地区之后,由楚国淮北县邑所铸的地方性货币,或者是受北方铸币的影响。此外,楚国还有圆形铜币和小方(刀)形铜布等出土,圆形铜币是正面

①　刘和惠:《楚文化的东渐》,湖北教育出版社,1995 年,第 174—177 页。
②　陈隆文:《先秦货币地理研究》,科学出版社,2008 年,第 139—147 页。
③　陈衍麟:《繁昌拣选的楚贝铜范》,《钱币文论特辑》,1988 年。
④　朱活:《蚁鼻钱新解》,《古钱新探》,齐鲁书社,1984 年,第 203 页。

铸有"下蔡四朱"的小圆钱,背面文为"四朱"。面文还有"虎蔡"等形制,显然是下蔡地方制造的货币。只是目前发现的数量比较有限。

战国时代货币经济的发展,不但表现在铜币的大量铸造发行和广泛流通上,而且还表现在贵金属黄金较多地使用,在经济生活中具有价值尺度、流通手段、贮藏手段、支付手段等职能。黄金币材的质量均一,耐久不变,利于携带、贮藏,可随意分割而又不损其价值,在分裂时期各国都能够认可并且畅行无阻,有利于战国晚期的社会统一。

《管子·轻重篇》说:"楚有汝、汉之黄金。"《国蓄篇》:"金起于汝、汉。"汝、汉,即河南的汝水、湖北的汉水,自然包括介于此间的江淮之地。《战国策·楚策三》也说:"黄金……出于楚。"《禹贡》讲荆州、扬州的贡品有金三品(金、银、铜),它所说的各州贡品实际上也就是战国时代各个地区的特产。资料表明,当时的楚国境内多产黄金,而考古发现又表明,出产黄金较多的楚国同时也是战国时代使用黄金货币较多的地区。因此可以说,金币是楚国重要的货币形式之一。战国时代出土的楚国金币,有金饼和金钣两种,金饼不多,大量为钣金。安徽出土的楚金币,最早可追溯到东晋永和元年庐江郡春谷县(今繁昌县境),以后也经常有出土物见于记载。根据出土的情况看,已知的先秦金银币都是楚国的。金币是在战国时期大量发展起来的,战国晚期则达于鼎盛,今湖北、安徽、江苏等地甚至在山东、河南、浙江及至陕西等地均有楚金币出土,尤以安徽出土的为最多,截至 1988 年在安徽出土的地点就有 78 处之多。[①] 例如:1970 年 5 月阜南三塔出土金币 42 块(郢爰 25 块,金饼 17 块)。1979 年寿县东津公社花园大队出土楚金币 19 块,并伴出金叶残片、小金粒等。1986 年 2 月安徽寿县出土了整版"郢爰"38 块,共重 10055 克。寿县所出的金饼,每块重达 500 克左右。安徽阜南三塔地区楚墓曾出土金饼碎块。郢爰在安徽、江苏两省发现较多,含金量一般都在 90% 以上。完整的金钣,据实测,一般重在225 克至 280 克之间。

在出土的大量金币中,只有"郢爰"为全国性货币,其余多为地方

① 刘和惠:《楚文化的东渐》,湖北教育出版社,1995 年,第 161—169 页。

性货币。爰者,换也,即交换的货币。"郢爰"为楚国国都所造。在寿县城南的东津乡,1979 年、1986 年 2 月与 4 月 3 次出土楚金币约 18635 克。这个地方正是楚都城的中部偏东一点,当为王宫或贵族府邸的所在地。"郢爰"之外还有"陈爰",当为楚顷襄王所徙陈城(今河南淮阳)所造。还有钤印"〔邟〕锾"、"〔鄝〕爰"、"卢金"等多种币文,当为地方性的币种。值得一提的是,还有一种钤有一合文的金币,在河南扶沟古城、襄城北宋庄遗址内都有发现,上海博物馆也有收藏。其中之合文,李学勤释为"少贞",读为"小鼎"①。何琳仪读作"锁钉",锁为地名,在安徽霍邱,钉是经过冶炼的金钣,锁钉就是锁地的金钣②。黄锡全认为何说比较合理,少钉读沙钉,即沙地铸行之金钣。锁与沙汭,均沙水流经处,都在楚都周围③,这就是说,在安徽沙河流域的锁地,还曾经铸行一种钤有本地标识的地方性金币。此外还有无字(印)金钣、金饼等。如 1979 年安徽寿县出土的爰金中有无印金钣 8 块。无字(印)金饼在今安徽阜南和寿县以及河南的扶沟、江苏的盱眙等地均有发现。爰金形状比较复杂,饼形、钣形、马蹄形、麟趾形等都有。比较标准的钣金一般取像于龟背形状。

郢爰等楚金币有的背面或侧面有细小的刻文,这些刻文都是用刀具刻画的,比较清晰,经过学者们的研究知道它是一至十数目字的俗写,这些数字有些为编号,有些可能是称量的计数。值得注意的是这套数码在我国商业账簿史上一直沿用了 2000 多年之久。过去不知道这套数码始于何时,出土的楚金币上的刻画遗迹提供了溯源的线索,这也从一个方面反映了楚国商业文化的面貌。

以银为币,是楚国独创。楚国的银布是我国最早铸行的银质币种。1974 年在河南扶沟出土了 18 块铲状银币(银布)就是楚国制造银币的物证。币成铲形,本是中原地区货币的特点,楚银币呈布形,说明楚人制币参照了中原的币形,体现了两种货币文化的融合,从此也

① 李学勤:《东周与秦代文明》,文物出版社,1991 年,第 319 页。
② 何琳仪:《古币丛考》,文史哲出版社,1996 年,第 252—254 页。
③ 黄锡全:《先秦货币通论》,紫禁城出版社,2001 年,第 353 页。

可见楚国与中原各国商业贸易关系的密切与相互影响。[①]

金银币,属于称量货币,需要切割使用,故非等量货币。但它已属初级铸币,充当一切商品的一般等价物的商品,反映了楚国商品流通领域的活跃。1970 年在安徽临泉艾亭集西南出土的 50 件"爰金"中,有 8 件被切割,属于新中国成立以来的首次发现。郢爰是在扁平的金钣上打出一块块金印,印文为"郢爰",使用时从大版上切下,依重量定其价值。

现在的有关研究表明:楚币有金、银、铜多种币材多种形态,金币、铜币是主币,银币可能只是辅币,金银币还停留在称量货币的水平上,铜币已有了等量货币的特征,是流通较为广泛的一种。

商业发展的一般情况　战国时期,楚国疆域横跨南半个中国,物产丰富,商贸活跃,在战国时代的各国经济贸易中举足轻重。战国前期,楚国因为韩、魏的阻隔,继续向南、向东北方向扩张。向南开拓巩固了后方,加强了国家的物质基础;向东北发展则加强了与宋、齐、鲁等国家的联系。所有这些使得处于江淮地带的安徽地区,其重要性得到进一步加强。东迁以后,楚国依托的主要是江淮地区,即使是迁于陈城的时候,其经济与文化中心也都在江淮,以致最后迁都于寿春。所以战国时期的安徽经济贸易形势大体上是:南方地大物博,特产丰饶,多有北方所需之物;江淮为楚国的政治经济与国土中心地带,物产也多,经济发达;而淮北则是楚与中原交通往来与商业贸易的通道。因此安徽地区整体上已成为楚国最重要也是核心的区域,经济贸易有了一个突飞猛进的发展。

楚国与中原国家贸易的物品十分广泛,输出的物品比较重要的是矿产资源及林木渔牧等特产。楚国的矿产资源居列国之首。《史记·货殖列传》说:"江南……金、锡、连、丹砂",又说:"豫章出黄金,长沙出连锡。"《尚书·禹贡》荆、扬二州"厥贡惟金三品",孔安国传认为金三品就是"金、银、铜",这是其他州所没有的。可以看出楚地有丰富的矿产资源,尤其是当时各国都特别需要的金与铜。迄今为止,长江

① 赵德馨:《楚国金属货币币形》,《江汉论坛》1983 年第 5 期。

中下游沿江地带已发现像湖北大冶铜绿山、安徽铜陵与南陵等多处大型采矿与炼铜遗址,这些在中原地区是没有的。所以一些人估计当时列国所需铜料的90%是南方楚国产出的,不是没有道理。

楚地的林木资源也特别丰富,种类繁多,尤其是特种木材,多为中夏所稀缺。《货殖列传》说:"江南多竹木",《国语·楚语》:"楚之所宝者……金木竹箭之所生也",《战国策·宋卫策》也言:"荆有长松、文梓、梗、楠、豫章"。这些楚国特产的木材大量销往北方,"楚有材,晋实用之"①,春秋时已是如此了。

另外,像齿革羽毛、龟鼋珠玉、橘柚菁茅,等等,也都是中原所需的楚国特产。楚国丰富的物产不仅为楚国商人提供了牟利的机会,也吸引着外国商人不顾"关梁之难,盗贼之危"②,前来贩运货物。

另一方面,中原地区的物品也不断进入楚国境内,《楚辞》里讲到的"秦篝齐缕"、"郑卫妖玩","晋制犀比"等等,楚国人喜爱的珍玩,都是从中原输入的。据说齐都临淄出土陶器上有"楚贾购□□里豆"的字样,显然是楚商前往齐国定购陶器的明证。③ 抟土烧陶这样简单的物品都要进口,商业繁盛的程度由此可见一斑。

楚国地大物博,内部的商品交易也十分频繁,前述鄂君启的府商,所到之地都在楚国境内,南及潇湘,北至陈夏,车船齐出,规模广大,交易频繁。大体上,楚国向岭南输出先进的技术与手工业制品,岭南输入江淮的多为海产品,如珠、贝、锡、金等。而处于楚夏之交的淮北,交易南来北往的货物,因此颇多行商坐贾。④《荀子·王制》云:"南海则有羽翮、齿革、曾青、丹干焉,然中国得而财之;东海则有紫珠鱼盐焉,然而中国得而衣食之。"正是通过淮河流域的商业中转,才使南方的特产远销至黄河流域,东海的物产销售到中原与楚地。

伴随商品交换的扩大,战国时期市在物价、税收管理上,形成了一套制度。有关春秋战国的物价管理,据《周礼·地官·司市》载:"市

---

① 《左传·襄公二十六年》。
② 《墨子·贵义》。
③ 吕振羽:《殷周时代的中国社会》,三联书店,1962 年。
④ 《史记·货殖列传》。

之群吏,平肆,展成,奠贾"。平肆,注云:"平其肆之货物,不使其名实相紊也。"又据秦律《金布律》规定:"有买卖也,各婴其价;小物不能各一钱者,勿婴。""婴"其价,即在出售的商品上系签标明价格。"秋籴以五,春籴以束,是又倍贷也"。《管子·国蓄》又载:"夫物多则贱,寡则贵,散则轻,聚则重。"国家利用谷物、货币和万物三者间的供求关系所引起的价格波动,采取措施,调节物价,抑制兼并,就能达到打击富商大贾囤积居奇,稳定市场的目的。战国时,齐国实施盐铁专卖,寓税于价,达到了"见予之形,不见夺之理"。其生产的盐很多是销往楚国的。除盐铁外,《管子·山至数》还主张把专卖施用于粮食一类。《管子·轻重丁》主张利用赋税政策来调剂民食,防止商人因地区间的丰歉哄抬或压低市场粮价。战国时,市税征收总量更大。《管子·乘马》载:"则所市之地,六步一"。《孟子·滕文公下》载,戴盈子曰:"什一,去关市之征,今兹未能,请轻之,以待来年,然后已,何如?"说明从春秋到战国商品税逐渐递增,而且所增幅度不断扩大。战国时,伴随商品经济的充分发展,市内划肆经营也逐步臻于系统和完善。

券的使用是春秋战国商品经济发展的产物。至战国,券的使用更为广泛。《墨子·杂守篇》载:"金钱、牛马、畜产,皆为直平价,与之券书之。"李悝《法经》对市中券的使用,规定更为详尽。《杂法篇》载:"诸买奴婢、马、牛、驼、骡、驴,已过价不立市券,过三日笞三十,卖者减一等。立券之后有旧病者,三日内听悔,无病欺者,市如法,违者笞四十"。又"即卖买已讫而市司不时过券者,一日笞三十,一日加一等罪,止杖一百。"总之,市券维护了市场交易秩序,限制了奸商贩卖有病的奴婢和牲畜;此外作为一种经济凭证,在某种程度上保证了国家市税的征收,限制了偷税漏税现象的发生。①

春秋战国严格的关市交易管理,对于保证市的正常秩序和稳定、维护市的正常运行,无疑起了一定的作用。城市中私营工商业兴起使城市初具了以商品经济为基础的经济职能,从而使城市与自然经济的农村真正划清了界线;使城市摆脱了春秋中期以前各城市之间的经济

---

① 侯强:《春秋战国市场管理体系考》,《安徽史学》1998年第2期。

上的孤立状态,初步形成了区域市场。春秋中叶以后,私商迅速发展了起来,到战国时,私人经商的大小商人都已出现,从行业上看买卖珠玉、黄金、马、冠(帽)、鞋、粮食、丝织品、狗肉、酒、兔、茅草,等等,应有尽有。商业和贸易尽管存在着潜在的风险,但由于有利可图,贵族、官僚及普通商贩各显神通,奔走四方。安徽境内发现的大量货币,充分说明了当时商业活动之盛,但大宗买卖还是由贵族阶级自身进行的。他们享有各种特权,转运货物,可以免征关津税收。

战国时期安徽及周边地区的经济、风俗与商业活动,《史记·货殖列传》曾有一个基本的概括,体现出古人对这一问题的认识:

> 夫自鸿沟以东,芒、砀以北,属巨野,此梁、宋也。陶、睢阳亦一都会也。昔尧作成阳,舜渔於雷泽,汤止于亳。其俗犹有先王遗风,重厚多君子,好稼穑,虽无山川之饶,能恶衣食,致其蓄藏。越、楚则有三俗。夫自淮北沛、陈、汝南、南郡,此西楚也。其俗剽轻,易发怒,地薄,寡於积聚……陈在楚夏之交,通鱼盐之货,其民多贾。徐、僮、取虑,则清刻,矜己诺。彭城以东,东海、吴、广陵,此东楚也。其俗类徐、僮……夫吴自阖庐、春申、王濞三人招致天下之喜游子弟,东有海盐之饶,章山之铜,三江、五湖之利,亦江东一都会也。衡山、九江、江南、豫章、长沙,是南楚也,其俗大类西楚。郢之后徙寿春,亦一都会也。而合肥受南北潮(湖),皮革、鲍、木输会也。与闽中、干越杂俗,故南楚好辞,巧说少信。江南卑湿,丈夫早夭。多竹木。豫章出黄金……总之,楚越之地,地广人希,饭稻羹鱼,或火耕而水耨,果隋蠃蛤,不待贾而足,地埶饶食,无饥馑之患,以故呰窳偷生,无积聚而多贫。是故江淮以南,无冻饿之人,亦无千金之家。沂、泗水以北,宜五谷桑麻六畜,地小人众,数被水旱之害,民好畜藏,故秦、夏、梁、鲁好农而重民。

战国时代的商品生产虽然有所发展,但总的说来,它在当时各生产部门中所占的比重较小；当时投入市场的商品，绝大多数是独立经营的农业生产者靠自己生产满足自己的直接需要以后余下的部分。地主和贵族从农民那里剥削来的地租，亦主要不是用于交换，而是他们自己享用。各种官营手工业，同样是或主要是以生产使用价值为目的，作为商品投入市场的比重不大。随着时间的推移，各封国内因经济、政治发展不平衡，不可避免地出现了综合国力的差异，有的富强，也有的衰弱，从而开始了新一轮的政治版图的整合，而最终确立的一统天下的封建统治制度又从根本上制约了商品经济的发展。

四、战国时期安徽的城市

城市的大批出现　中国城市的大批出现是在战国时期。一方面是生产力的发展，特别是生产技术的提高，带动土地的大量开发，从而也推动人口的增长，国家政府不断增郡设县，过去的小聚落逐渐扩大规模，筑城设守，变成郡县治所，带来城市的迅速扩张。大多数地方性城市就是这样发展起来的。如楚考烈王分封给春申君靠近齐国的淮北12县，就是楚国在东方拓地设立的。还有一方面，就是水陆交通的发展带来交往与贸易的增多，交通便利的地方逐渐聚集更多的人口，也形成一定规模的聚落，最后发展成人口繁盛的都市。像处在"楚夏之交"的陈在战国时期的进一步繁荣，处在"天下之中"的宋国的陶，淮水之滨的寿春，睢水沿岸的相，还有楚与中夏交往通道上的高丘等。列宁指出："城市是经济、政治和人民精神生活的中心，是前进的主要动力。"①城市的兴起必然促进整个社会的进一步发展。中国社会到了战国时期出现了急剧的变革，与此是密切相关的。

安徽在战国时期也出现了一大批城市。北部宋国境内，相（今淮北相山）、萧、铚（今濉溪临涣镇）是春秋时期就有的古城，而高丘则是新发展起来的城市。相城因为地理上的原因，战国时期还是宋国的都城，成为淮北的一大都会。铚县古城遗址已经发现，呈方形，东西长1409米，南北宽1400米，周长5606米，占地面积195万平方米，是安

---

① 列宁：《列宁全集》第19卷，人民出版社，1958年，第264页。

徽目前已知仅次于楚都寿春古城的先秦古城址。高丘为鄂君启府商陆上北进最远的关市。今泗县、灵璧一带，春秋末至战国初因为杞人的迁入也形成一个中心聚区，战国时发展成为楚在东北边地的重镇，称为"夏州"①，汉代在这里建有夏丘县。蕲，《史记·楚世家》：楚王负刍"四年，秦将王翦破我军于蕲，而杀将军项燕。"其地在宿州市南，蕲县古城遗址已经发现，城平面呈方形，周长5公里，面积2.2平方公里。② 位于细水之滨的钜阳，一度成为楚的都邑③。在皖北还有慎城（颍上江口镇）、下城父（亳州城父集）古城址以及太和郑故城、沈国故城等，近年来都为考古所发现。郑故城在今太和县城北30公里张阁乡，俗称宋王城。附近出土文物有楚币、铜镜、剑、戈等。沈子国故城位于临泉县西郊。城址北临泉河，东南是流鞍河，三面环水。城址南北长1.5公里，东西宽约1公里，为长方形台地。现部分夯土城墙和4个城门遗迹依稀可见。城址西北500米的泉河南岸有商代至战国时期的墓群。该城址所出土的战国时期文物有青铜楚式鼎、"郢爰"金币以及大量楚铜贝、仿铜陶礼器等。宋国曾南伐楚地三百里④，势力一度达到淮水之滨。所以安徽北部的城市受到楚、宋两方面的影响。

江淮地区因为处在南北交往的中间地带，水陆交通比较发达，春秋时期已经出现一些古城，像潜山的皖，凤阳的钟离，六安东北的六城，寿县的州来，天长的卑梁，六安的零娄，全椒的椒邑，巢湖的柘皋，舒城的舒等。战国时期这些城市进一步发展，同时又出现了一批新的城市。如合肥，因"受南北潮"而成为"皮革、鲍、木输会"⑤之地，意思是说合肥地处南方特产向北方转运的通道上，因而成为规模较大的商业都会。春秋时长江还是天堑，吴、楚交往几乎未见有走长江水道的。到了战国，长江已是通途，安徽的沿江出现了松阳这样的水陆大码头。鄂君启的商队从湖北的鄂州东来做生意，就是从长江沿江而下，过彭

---

① 《史记·苏秦列传》。
② 张宏明：《蕲县古城遗址》，《安徽著名文物古迹》，黄山书社，1997年。
③ 《史记·六国年表》。
④ 《史记·宋微子世家》。
⑤ 《史记·货殖列传》。

蠡泽到达松阳,松阳因而成为商队贸易的中转站与必经的关市。

　　皖南地区的开发较晚一些。战国早期皖南处在越国的势力范围之内,大约楚威王以后成为楚的势力范围。所以怀王初年颁行的鄂君启节已讲到楚商做生意直达于爰陵(今宣城市)。西汉时爰陵已是皖南重要的经济中心,当然是在战国时得到了较快发展的缘故。爰陵以外还有陵阳,这是屈原曾经到过的地方。芜湖县有楚王城,经调查它兴起也很早,战国以来一直使用,城址内曾发现许多战国时期的楚币蚁鼻钱。汉代在此设芜湖县,正是战国时期得到了较快的发展。

　　春秋以前,"城虽大,无过三百丈者;人虽众,无过三千家者"的情况较普遍,进入战国"千丈之城,万家之邑"已不是少数。战国时期安徽城市的兴起除去前面所说的一般原因外,还有一些特殊的情况。一是楚国政治中心的东移,使得安徽成为楚国最重要的地区,围绕楚都必然会兴起一系列的城邑。过去安徽是楚国东部边远地区,虽然得到一定程度的开发,但总是有限的。楚国迁都于此,意味着对周围地区政治经济的辐射进一步加大。江淮地区以及皖南的开发就是例子。二是北部地区成为楚夏之交的直接通道,必然也带来经济贸易的进一步发展,促进城市的兴起与发展。

　　郢都寿春　《史记·楚世家》载,楚考烈王二十二年(前241年),"楚与诸侯共伐秦,不利而去。楚东徙都寿春,命曰郢……王负刍五年,秦将王翦、蒙武遂破楚国,虏楚王负刍,灭楚名为郡云。"寿春作为楚国最后的都城,总共只有19年。据勘察,寿春城的遗址面积达26.35平方公里,相当于现代寿县城关的6倍,比楚国极盛时期的都城江陵纪南城即纪郢面积都大,在战国历史上是仅次于燕下都的大都市和整个江淮流域最大的经济都会。因此它在楚国历史乃至整个战国时代都有着重要的历史地位。

　　楚国的都城曰郢,东迁于陈城,曰郢陈。① 楚考烈王十年(前253),楚又迁都钜阳(今阜阳以北),应该也是退保其地,所以未曾命曰郢。江陵纪南城为郢,迁于寿春又命曰郢,看来楚人是把做了充分准备且正式

————————

① 《史记·秦始皇本纪》。

迁入的城邑才叫做郢的。楚国在退保淮河流域以后,实力大受损伤,仍然能建筑寿春这样规模的大都会,应该有着多方面的原因。

一则寿春地区经过数百年的开发到了战国后期已经有了相当的发展。寿春本是州来国的都邑,为楚占有后又成为楚在东方的重镇,楚国多次在此筑城备守。下蔡迁入后又成为蔡国的都城。经过两个诸侯国数百年的经营,这里无疑已得到较好的开发。尤其是孙叔敖修芍陂后,这里的农业经济发展得到了很好的保障,也为这里的持续发展奠定了基础。

二则寿春的地理位置优越,交通发达,形势险要,容易成为中心城市,即适合于建都立国。寿春具有水陆交通之便,为南北运道的冲要,自春秋以降,中原通往江南地区的西道,是沿颍水或涡水入淮,复沿淝水、施水入长江,寿春适居冲要。所以《水经·淝水注》说这里"水陆舟车,是焉萃止"。寿春距颍水、淮水会合处不远,实亦当"楚(南方)、夏(中原)之交"。鄂君启节铭文记载,车道从方城(今河南叶县西南保安乡)经菟禾、畐焚、繁阳到下蔡即寿春与居巢,成为鄂君启府商在淮河一带商业活动的中心城邑。所以《汉书·地理志》也说"寿春、合肥受南北湖,皮革、鲍、木之输,亦一都会也……后有宋玉、唐勒之属慕而述之,皆以显名。"伏滔《正淮篇》对于寿春的地理形势曾有一个整体的概括:

> 彼寿阳者,南引荆汝之利,东连三吴之富;北接梁宋,平涂不过七日;西援陈许,水陆不出千里;外有江湖之阻,内保淮肥之固。龙泉之陂,良畴万顷,舒六之贡,利尽蛮越,金石皮革之具萃焉,苞木箭竹之族生焉,山湖薮泽之隈,水旱之所不害,土产草滋之实,荒年之所取给。此则系乎地利乎也。①

三则楚人东迁后不久可能便考虑在此建都,因此经过了较长时间

---

① 《晋书·伏滔传》。

的准备。由于魏国的进攻形成对于陈城的三面包围[1]，楚国被迫再迁钜阳。很可能迁入钜阳不久，楚人便考虑规划建筑寿春为郢都。十余年后寿春城的建设有了基本的规模，于是借伐秦不利而完成了迁都寿春的大事。如此前没有较长时间的准备，伐秦失败匆匆迁都，既不会命之为郢，寿春城也不可能有这样大的规模。

春秋战国时期，在总结前代经验的基础上，产生了一种新的城邑选址理论，正如《管子·乘马》所说，"凡立国都，非于大山之下，必于广川之上，因天材，就地利。"寿春郢都的选择，可以说正是这种理论的具体实践。

由于寿郢城池早废，具体的城址位置在哪里，一直有几种说法：在今寿县县治说，在今寿县西 40 里说，在今寿县西南四十里之丰庄铺说，已陷入寿县南之瓦埠湖中说，等等。[2] 经过多年的考古发掘与卫星航拍，现在已经确知郢城寿春位于今寿县城南及东南部，其中包括今城东南一角。遗址内地势平坦，海拔 19～22 米，北有淮河、八公山、淝水三道天然屏障，东有淝水、瓦埠湖（实为淝水河床）自然形成的护城河。全城南北长约 6.2 公里，东西宽约 4.25 公里，城郭周长 20.9 公里。城墙内外有护坡，池随城流，最宽处达 40 米，最窄处仅只 5 米，一般宽 20 米，深 3 米左右。寿春都邑城区总面积 26.35 平方公里，超过了楚都江陵纪南城、齐临淄古城、侯马晋城、邯郸赵城及郑韩故城，仅稍逊于燕下都遗址。城区内有大型宫殿区、祭祀区、市场和众多的手工业作坊。城内整齐的水道体系与城外河流相通。南北向有从芍陂（安丰塘）通过引水渠引入的两条水道：一从城西南角入护城河，一从王圩子西入城，向西北流经今县城东入淝水。东西向则由九里沟贯穿全城入淝水（瓦埠湖）。其既具灌溉、调节水流、城市供水的功能，又充当水上交通线，并将城内划分成一定数量的相对独立的单位，有利于管理和防卫。从陆上交通来看，见于记载的城门有棘门、石桥门（草市门）、芍陂门、象门、沙门、金门等，也必有与之相应的交通干道向各

---

①　《韩非子·有度》。

②　高介华、刘玉堂：《楚国的城市与建筑》，湖北教育出版社，1995 年，第 144—146 页。

方展开,形成陆上通道。水路和陆路在当时构成了寿春城较为完善的交通网络。①

发掘表明,城区内埋藏丰富,城周围分布着相当密集的陶管水井,并且规模很大。城内手工业也当有较大规模,大致包括造船、铸币、制陶、冶炼、铸造、制玉、纺织等。1987 年发现了一处制陶遗址。对于手工业作坊区的格局分布,目前尚不十分清楚。而新郑郑韩故城发现了冶铁、铸铜、制陶、制骨、制玉等手工业作坊遗址,都颇有规模;在曲阜鲁故城宫殿区东、西、北三面都发掘有环绕着铸铜、制陶和制骨等手工作坊遗址。这些可以作为对寿郢的参照。

1985 年安徽省考古所发掘寿春城遗址内柏家台夯土台基,遗址呈曲尺形,东西最大长度 210 米,南北最大宽度 130 米,残高将近 1 米。当初上面建有一组建筑物。考古人员发掘了其中一座建筑物,其基址面阔约 53.50 米,进深约 42 米,总面积达 2000 多平方米,出土大量筒瓦、板瓦等建筑材料以及大小型石柱础、长方形铺地砖和槽形花纹砖等。据分析,该建筑基址当是楚都寿春城内宫殿建筑的一部分,可见当时宫殿规模之宏大,说明战国时砖瓦之类的材料已在宫殿建筑中普遍使用。这座建筑物的材料、结构与式样说明楚国的建筑装饰水平已达到相当高的程度,为研究楚国的建筑提供了重要的材料。②

第四节　战国时期的安徽文化

自公元前 584 年"吴入州来(今安徽寿县)",伐楚、伐蔡进入江淮地区,到公元前 473 年越灭吴,越取吴而代之,雄踞淮河下游与楚为邻,至公元前 323 年,楚灭越,吴越之地尽归入楚国版图,到公元前 223 年秦灭楚的近 400 年中,江淮地区成为徐舒楚吴越文化交汇、交流的

---

①　丁邦均:《寿春城考古的主要收获》,《东南文化》1991 年第 2 期。
②　刘和惠:《楚文化的东渐》,湖北教育出版社,1995 年,第 131—132 页。

中心地区。此间江淮地区文化交流融合以徐舒宋土著文化为基础，以楚化为主线，在交流、碰撞中，徐舒楚吴越文化相互影响，彼此差别逐渐消失而融合创造出了江淮楚文化。随着楚国政治版图扩大，江淮楚文化向东向南传播，发展成为地跨江汉、江淮地区，以及长江中下游地区的三楚文化。因为皖北地区文献记载较多一些，文化面貌也更清晰一些。

一、楚文化的融合

早期文化的影响　春秋及其前时期，江淮地区的徐舒文化发展水平高于周边的吴、楚、越地区。徐为江淮古国，终商周二代，徐一直是中原之"南"江淮地区的强国，形成了具有自己特点的徐舒文化。徐舒文化，尤其是其青铜文化对吴、楚、越均有影响，如礼制方面的对鼎制。对鼎即双鼎，指同一墓中随葬的形制、纹饰、大小基本相同并匹配成对的一组或几组鼎，学界称此为对鼎制。它可能是徐舒部族传统的用鼎制度，与中原地区大小依次递减的列鼎制度不同。在吴、楚出土的随葬青铜器中，亦发现器物呈偶数，正鼎成对列鼎的对鼎制现象。吴、越青铜器受徐舒影响的主要器类有：铎，徐国乐器鉦继承了商铎形制，它对吴越的勾鑃产生了明显的影响。另外如吴国钵鬲合体的形盉，盆鬲合体的形盉，以及鼻纽平盖扁棱鼎等都明显受到徐舒器的影响①。

徐文化对楚的影响，楚史学界多认为，"徐、楚俱属南方文化体系，风格较近，在文化交流中，融合亦易。因此二者文化面貌区别不大"②。自战国时期江淮楚文化发展而言，是论有据；而自春秋时期江淮楚文化发展视之，则是徐文化渐楚者为多。如楚文化中的道家学派之形成发展即是明显的例证。

吴越文化对江淮地区的影响，主要表现在两个方面：

一是器物进入江淮地区。频繁的战争、会盟、礼聘往来和联姻媵

---

① 毛颖、张敏：《长江下游的徐舒与吴越》，湖北教育出版社，2005 年，第49—50 页。
② 刘和惠：《楚文化的东渐》，湖北教育出版社，1995 年，第72 页。

嫁等活动,促使大批吴越器物流入江淮地区。如在寿县的蔡国墓和群舒墓出土的器物中,有一些吴越风格的器物,如寿县蔡昭侯墓出土的"吴王光鉴",淮南蔡家岗蔡声侯墓出土的吴王诸樊剑、吴王夫差戈、越王勾践的赐戈等。这些都反映了吴越文化在江淮地区的传布。

二是吴越习俗传入江淮地区。吴越文化与中原文化有着相当的差异,如盛行土墩墓的葬俗,崇拜鬼神和"断发文身"的习俗,"吴语"方言,以及文字上的"鸟虫书"等方面。诸如此类的文化习俗,盖自春秋时期起就相继传入江淮地区。如"大约从春秋中期开始,吴越楚蔡等国流行鸟虫书,并进而被统称为'楚系文字'"①。又如吴越盛行的土墩墓之特殊葬俗,在夏商之际就已出现。春秋早期江淮地区一些贵族墓开始堆筑封土,如安徽舒城的河口墓。春秋晚期安徽寿县的蔡侯墓、舒城九里墩一号墓等古墓,也普遍出现高大封土堆。江淮地区坟丘墓葬的坟丘,可能是吴越土墩墓土墩的移植,它在春秋早期扩展到江淮地区,春秋晚期进而扩展到中原地区②。

江淮地区楚吴越文化的融合　在江淮徐舒古文化的基础上,经过数百年的碰撞与交流,楚吴越文化逐渐融合形成江淮楚文化。如楚式风格的青铜艺术,吴越楚青铜兵器技术的融合发展。

春秋战国时期,楚徐舒吴越青铜器文化发展的大趋势是楚化。如吴国的刻纹青铜器,是吴的特色器物,但在吴故地和吴国出土的这类器物,则呈现出由吴风格而吴楚风格而楚风格的演变趋势。其中吴风格刻纹铜器,是典型的吴土著风格。吴楚风格刻纹铜器,"时代上具有过渡特征或题材上呈现交融风格","其人事题材继承吴国风格,而神人怪兽形象则取材于楚国文化"。楚风格刻纹铜器,器上的次要纹饰尚存吴或吴楚的风格,而主要纹饰则是楚国风格,如"题材多神人、怪兽,布局多四方连续,手法多散点透视"③等。从吴刻纹青铜器风格的演变中,可以窥见此间楚吴越文化融合以楚化为主线的大趋势,吴越楚青铜兵器制作技术的发展也体现了这一趋势。

———————————

①　毛颖、张敏:《长江下游的徐舒与吴越》,湖北教育出版社,2005 年,第 398 页。

②　毛颖、张敏:《长江下游的徐舒与吴越》,湖北教育出版社,2005 年,第 372 页。

③　毛颖、张敏:《长江下游的徐舒与吴越》,湖北教育出版社,2005 年,第 194 页。

吴国擅长制作青铜兵器,尤以剑著称。传说吴人干将与其妻莫邪铸造的"干将"、"莫邪"二剑,锋利无比,至今仍为利剑之代称。越的青铜制造技术本落后于吴,而在江陵出土的越王勾践剑,却成为吴越青铜器兵器之冠,究其原因,盖是越灭吴后,继承了吴国和邗国的青铜冶炼技术,又吸收了江淮徐舒文化,并间接受到楚文化的影响,其青铜技术得以后来居上①。而吴越的青铜制作技术又为楚所吸收,促进了楚青铜技术的提升。江淮地区出土的属于战国中后期的楚国兵器不仅数量多,而且质量明显提高。如此间楚的青铜剑,剑身光泽耀眼,锋利异常,硬度和韧度适中,而且注意了防锈。从楚剑制作技术发展过程看,"楚剑即仿自吴越剑,也最为成功"②。

春秋战国之际,吴越文化交流,促进吴越地区的文化面貌渐趋一致,如吴越地区出土的青铜农具、兵器的种类、形制、纹饰、功能等方面都基本接近,属于同一个体系。楚人势力及于吴越地区更是促进了长江中下游地区文化技术的交流。如1977年在安徽贵池徽家冲出土一批青铜器,从其一件铜鼎的铭文考知这批铜器属于楚器,而其中另一件鼎的形制与湖南长沙楚墓、江苏六合程桥东周墓所出鼎相近。这说明当时长江中下游各地的生产技术,已经冲破地域性的隔离和封锁,相互交流,日趋一致。贵池徽家冲出土的这批铜器中还有耨和耘田器等农业与手工业生产工具,耨和耘田器是江浙吴越故地常见的生产工具,而在此前安徽沿江江南地区,此类农具少见,这表明其时长江中下游地区生产技术交流频繁。

楚文化的融合与发展　楚国统一江淮和长江中下游地区后,在政治、经济和文化方面,采取了一系列的措施推进楚文化的发展,有力地促进了区域内楚文化的融合。首先,封邑置县,促进江淮地区城市兴起。楚在江淮古国旧地州来、六、舒、潜、巢、钟离等处广置县邑,逐渐形成了一批小区域内的中心城市。这些城市的建设在很大程度上都受到了楚国城市建设格局的影响。特别是楚都寿春与楚国强盛时期

---

① 毛颖、张敏:《长江下游的徐舒与吴越》,湖北教育出版社,2005年,第384页。
② 毛颖、张敏:《长江下游的徐舒与吴越》,湖北教育出版社,2005年,第213页。

的都城纪南城,虽然建城的时代不同,地域有变,但楚人的文化却一脉相承,贯注其间,无论是选址、布局、城墙、城门都和纪郢保持着很大的相似性。同时因时代推移,技术提高,寿郢的营建又有所创新。寿春城巧妙地利用了当地的自然环境,在城内建成了纵横交错、整齐划一的水道系统。这既利于战备攻守,又有益于内外交通,是寿春城的一大特色。江淮楚国境内城市的兴起,构成了以寿春为中心的广泛辐射网,改善了大中城市与边鄙的联系,增强了楚的地缘政治统治和文化影响力。

其次,发展生产与流通,促进江淮与江汉之间的经济文化联系。一是兴修水利,使江淮地区农业生产技术得到快速提升。二是加强三楚地区的经济联系,促进商品流通。寿县出土的"鄂君启金节"真实地反映了战国中期江淮地区与荆楚地区交通商贸规模之大,联系之紧密。三是楚国货币在江淮地区的广泛流通。楚国货币主要有金币、铜贝(蚁鼻钱)多种,在安徽南北各地都有大量发现。如 1979 年在寿县东津乡一次出土楚金币"38 块 1 万多克,为各地历年出土总量的五分之一"[①]。安徽出土的楚蚁鼻钱不下数万枚,数量大;南至广德,北到宿县、临泉皆有出土,楚币在安徽流通地域广。在繁昌县还发现了 2 件铸造蚁鼻钱的铜范母,是国内已发现的 5 件同类铜范母中最完整的 2 件。这些都表明,战国江淮地区的经济已与楚融为一体,成为楚国经济的重要地区。

其三,楚国的文字和量衡器在江淮地区普遍推行。楚国文字属于南方文字体系,江淮地区发现的战国时期铭文铜器有"鄂君启金节"、大(府内)之器及李三孤堆楚王墓铭文铜器,这些铭文铜器多为楚贵族使用,其铭文属楚系文字。在舒城秦家桥战国晚期楚墓出土的铜、漆器上,也都发现有文字,其文字风格与楚王墓铜器铭文结构基本一致,这说明至迟在战国晚期,楚文字已流行于江淮地区。

楚国的量器在江淮地区也有发现,如寿县和凤台出土的"大(府内)"铜量,它是楚国官府制作的标准量器。天平称盘和砝码是楚国

---

① 《安徽文化史》(上),南京大学出版社,2000 年,第 73 页。

发明的衡器。这些楚国衡器在江淮地区有多处发现。如寿县李三孤堆楚王墓出土了天平称盘 4 件,六安古城遗址出土了铜砝码 2 件,合肥市郊出土了铜砝码和天平称盘 5 件,在凤台县还发现铸造砝码的铜范 1 件。这些砝码有菱形或环形,砝码依重量和尺寸大小递减,与后代的权性质一样。文字和度量衡的统一是文化融合的重要象征,上述诸器物证明,至战国晚期,楚文化已在江淮大地扎根成长,开始流行于江淮百姓的日常生活之中。

三楚文化风俗的形成 楚统一长江中下游地区,特别是楚都东迁钜阳、寿春后,江淮地区成为楚国政治、经济、文化中心,楚文化亦以江淮地区为中心,"完成了文化融合最后一个阶段——共同文化心理的形成"①。

楚文化东渐江淮及长江下游地区的 400 多年时间里,其发皇、勃兴一直是与其文化地理中心的东移相伴而行。这一点早为楚史学界所注意到。刘和惠说:"楚文化是在江汉地区孕育成长的。随着楚人的东进,她从汉淮传到江淮,从长江中游传到长江下游。到了战国晚期,楚人东徙,楚都东迁,东方不仅成了楚国政治、经济的中心,同时在文化上也取得了东方土著居民的认同,完成了文化融合最后一个阶段——共同文化心理的形成。可以说,楚文化发源于江汉地区,但最后扎根却在江淮、江海的东方大地。"②

司马迁《史记·货殖列传》把彭城以东的江淮地区称为东楚,彭城以西的淮北、江汉地区称为西楚,淮河以南直到江西、湖南称为南楚③。江淮地区为三楚的中心。司马迁叙述三楚风俗时说,"西楚也,其俗剽轻,易发怒,地薄,寡於积聚。江陵故郢都,西通巫、巴,东有云梦之饶。陈在楚夏之交,通鱼盐之货,其民多贾";"南楚也,其俗大类西楚。郢之后徙寿春,亦一都会也。"

司马迁这里讲西楚、南楚风俗是以楚国的都城:郢、陈、寿春为中

---

① 刘和惠:《楚文化的东渐》,湖北教育出版社,1995 年,第 16 页。
② 刘和惠:《楚文化的东渐》,湖北教育出版社,1995 年,第 16 页。
③ 《晋书·伏滔传》认为淮南属于"东楚",参阅《安徽文化史》(上),南京大学出版社,2000 年,第 68 页。

心展开的。郢,楚国最早的都城,其地在汉江以西。陈地之南为楚,其西及北为夏,故曰"陈在楚夏之交"。公元前278年秦将白起攻占郢,楚人东迁于"陈"(今河南淮阳),最后定都于"寿春"(今安徽寿县)。司马迁之所以用这种方式讲西楚、南楚风俗,其意盖有二。一是都城自来为一国风俗形成和传播的中心,都城风俗亦是一国风俗的集中体现,因此讲一国或一地风俗,当然要以其都城或都会为重点。二是表明楚国文化风俗的地理中心是在变化之中,并非固定于一地。即三楚风俗源于郢,经陈而至寿春最终形成。说到东楚风俗时,司马迁则曰"东楚""其俗类徐",即东楚风俗大体与徐的风俗相近。

汇综司马迁以上所述,三楚之楚俗,实为楚俗与宋俗的融合,其中西楚、南楚文化风俗的地理中心迁移路径是由郢而陈而寿春,东楚习俗的地理中心区则在宋。宋在战国占据皖北大部,东至于徐海。寿春为皖中。据是可推知,安徽江淮地区不仅是三楚的地理中心,亦是三楚风俗形成的中心地区。从先秦秦汉思想文化史推求,该地区也是最具代表性的楚文化孕育形成的重要区域。

最能代表先秦楚文化之成就与特色者,莫过于《楚辞》与道家,二者与《诗经》、儒家双峰对峙,成为中国文化南北两系的代表。道家兴起于安徽淮北与河南东南部的江淮地区,本书春秋部分有专篇介绍,兹不赘述。《楚辞》也是滥觞和兴起于安徽江淮地区,继而扩散到三楚大地的。

"楚辞"一词,始见于《史记·酷吏列传》:"买臣以楚辞与助俱幸"。安徽江淮地区的"南音"与楚辞有密切的渊源关系。李则纲说:"从历史发展来说,楚国势力未达到淮河流域以前,叫做'南音';楚国势力达到淮河流域以后,才叫'楚歌'、'楚辞'。'楚辞'和'南音'是一脉相承;楚辞和楚歌,是一物异名。"[①]

《吕氏春秋·音初篇》记,《诗经》的"南音"(南方江淮地区的歌谣)始于涂山(今安徽怀远县境内)之女的《候人兮猗》,周公及召公征伐淮夷时采集这些歌谣,编集成为《诗经》十五国风中的前两篇,即

---

① 李则纲:《安徽历史述要》(上),安徽省地方志编纂委员会出版(1982年),第28页。

《周南》、《召南》。后来，"楚人兼并了二南及陈国之地，同时也就兼容了此地的文学。《二南》及《陈风》（十五国风之一）的诗首先成为楚国民歌的一部分，这是孕育楚辞的一个重要来源。"①"南音"、"楚歌"、"楚辞"的渊源关系，在现存先秦江淮地区的古歌中仍可见其痕迹。如楚辞句读参差，尾用"兮"字的传统形式，溯其所由来，盖是源于《候人兮猗》为代表的"南音"；江淮古歌《渔父歌》、《接舆歌》与《九歌》基本句式相近，而《孺子歌》的结构形式则已近于《离骚》等。现代楚国风俗史研究也证实，"传唱于江淮流域的'南音'、'南风'、'楚歌'，被楚人改造、升华成了奇诡、瑰丽、缠绵、哀婉的新诗体——'楚辞'"②。

《汉书·地理志》记述各地风俗，把屈原作《离骚》诸赋，特别列于"寿春"、"合肥"之下：

> 寿春、合肥……一都会也。始楚贤臣屈原被谗放流，作《离骚》诸赋以自伤悼。后有宋玉、唐勒之属慕而述之，皆以显名。汉兴，高祖王兄子濞于吴，招致天下之娱游子弟，枚乘、邹阳、严夫子之徒兴于文、景之际。而淮南王安亦都寿春，招宾客著书。而吴有严助、朱买臣，贵显汉朝，文辞并发，故世传《楚辞》。

屈原、宋玉等楚辞大家籍贯本在荆楚，但其创作的楚辞却不列于楚旧地的今湖北省，而是系于今安徽的寿春、合肥地区，这充分说明，在班固之世的史学家心中，楚辞是盛于安徽江淮地区，而非楚国故地的江汉地区。这则史料还说明，汉代楚辞创作流行的中心地区仍在江淮地区。一些文学史家认为，在楚辞的诸多文学特征中，"最基本的乃是楚族的方音以及基于这种方音构成的乐调——楚声……楚声音调非同寻常，对楚辞有关键的意义。"③《汉书·王褒传》记，汉宣帝时，曾征聘善于吟诵《楚辞》的九江被公，召其入宫诵读。被公，人名，汉代

---

① 程千帆、程章灿：《程氏汉语文学通史》，辽海出版社，1999 年，第 46 页。
② 宋公文、张君：《楚国风俗志》，湖北教育出版社，1996 年，第 3 页。
③ 程千帆、程章灿：《程氏汉语文学通史》，辽海出版社，1999 年，第 44 页。

九江郡的治所在寿春（今安徽寿县），它亦是楚国最后的都城和汉代淮南王国都城。这则史料至少说明，在西汉宣帝之世，今安徽寿县一带流传的诵读《楚辞》的乐调，即"楚声"，最为雅正，最为近古。因此，有理由推测，今安徽寿县一带的江淮地区，盖是楚声音调形成的重要地区。综上所述，归纳以言之，"楚辞"发展有一条明显的主线："'南音'导其源，'楚辞'盛其流；从'南音'到'二南（《周南》、《如南》）'，从'二南'到'楚辞'，从'楚辞'到后来的'汉赋'，一脉相承"①，安徽江淮地区是其孕育、形成和发展的重要区域。

二、道家学派的发展——庄子思想

司马迁《史记》将老子、庄子、韩非、申不害合传，谓庄子"其学无所不窥，然其要本归于老子之言"、"申子之学本于黄老而主刑名"，韩非亦是"喜刑名法术之学，而其归本于黄老"（《老子韩非列传》）。据司马迁是论，庄、韩、申不害三人之学，皆可归入道家，为战国道家学派的发展。但司马迁此处的"老子"与"黄老"，就其与道家学派关系而言，其义则有所不同。"本于老子之言"、"明老子之术"的庄子，循老子之道，主无为，尚自然，继承和发展了老子的思想，为道家主流，流传至今的道家主要即此老庄一系。申、韩属"刑名法术之学"，溯其源则"归本于黄老"，"黄老"是战国汉初老子学说发展出的一个旁支，汉武帝后逐渐衰落。

战国道家学派的演变与发展，呈现出明显的地域特色。道家兴起于陈、蔡、宋故地，即今之皖西北、豫东南地区，战国时期道家学说向周边地区传播。老子学说东传至齐，演变为稷下黄老之学；北传至韩，助成韩非、申不害本于黄老的刑名法术之学的形成，以及三晋法家的兴起。在道家故地，道家学派的发展，主要是庄子学说及庄子学派的形成。

庄子生平　庄子，名周，约公元前369—前286年，战国道家代表人物。《史记·老庄申韩非列传》："庄子者，蒙人也，名周。周尝为蒙

---

① 李则纲：《安徽历史述要》（上），安徽省地方志编纂委员会出版（1982年），第30页。

漆园吏,与梁惠王、齐宣王同时。"古代以"蒙"为地名的有多处,司马迁没有说明"蒙"属何国,以至庄子"蒙人也"之"蒙"在何处,至今认识尚不一致。主要有两说,一说"蒙"在商丘附近,因"蒙泽"而得名,战国时为宋之地。《左传·庄公十二年》:"宋万弑(宋)公于蒙泽",据此庄子是战国时宋之蒙人。一说庄子故里是"楚之蒙",即今安徽蒙城县。《颍川府志·舆地卷·蒙城》:"《禹贡》豫州之域也,殷盘庚自奄迁于北冢。罗泌《路史》曰:'北冢,蒙也。'春秋为楚东境。《史记》:'庄子者,蒙人也'。"①这说明,庄子故里"蒙"就是"北冢",战国为楚地。另外司马迁说庄子为"蒙"人时,还说到"漆园",曰庄子"尝为蒙漆园吏"。庄子为吏的漆园当在蒙,亦即蒙境内应有漆园。商丘的"蒙"因"蒙泽"而得名,商丘及其附近历史上并无"漆园"。《尚书·禹贡》记载九州物产曰:"荆河惟豫州……贡漆。"今安徽蒙城古属《禹贡》豫州,其地产漆,素有"北楚漆园之称"。因此,既有蒙,又有漆园者,只有安徽的蒙城,故庄子"尝为蒙漆园吏"之蒙在今安徽蒙城。蒙地也有说在河南省甚至山东省的。

《史记·老庄申韩非列传》谓庄子:

> 其学无所不窥,然其要本归于老子之言。故其著书十馀万言……以诋訿孔子之徒(谓诋讦毁訾孔子也),以明老子之术……楚威王闻庄周贤,使使厚币迎之,许以为相。庄周笑谓楚使者曰:"千金,重利;卿相,尊位也。子独不见郊祭之牺牛乎? 养食之数岁,衣以文绣,以入大庙。当是之时,虽欲为孤豚,岂可得乎? 子亟去,无污我。我宁游戏污渎(昏浊之小河)之中自快,无为有国者所羁,终身不仕,以快吾志焉。"

从这则材料可知,庄子学识渊博,继承了老子思想,厌恶政治,淡泊名利,追求逍遥自由。关于庄子思想的主要内容,陆明德《庄子音义·序录》曰,庄子"依老氏之旨,著书十余万言,以逍遥、自然、无为、

---

① 《安徽文化史》(上),南京大学出版社,2000 年,第 109 页。

齐物而已"。陆氏概括的《庄子》大旨,简洁可信。

庄子之道　庄子基本承袭了老子"道"的范畴。《庄子·大宗师》(下引《庄子》,仅注篇名)曰:道"自本自根,未有天地,自古以固存;神(神与生同义)鬼神帝,生天生地;在太极之上而不为高,在六极之下而不为深,先天地生而不为久,长于上古而不为老"。道的存在不依赖于其他任何条件,故曰"自本自根";有"天地"道存在,未有"天地"时,道亦存在,这叫"自古以固存"。"不为深"、"不为高",指道无处不在,宇宙万物都在其统辖之中;"不为久"、"不为老",指道的生命未若万物之有穷期。道生天生地生鬼神,是宇宙最高主宰,亦是世界的本根。《知北游》曰:

> 合彼神明至精,与彼百化,物已死生方圆,莫知其根也,扁然而万物自古以固存。六合为巨,未离其内;秋豪为小,待之成体。天下莫不沉浮,终身不故;阴阳四时运行,各得其序。惛然若亡而存,油然不形而神,万物畜而不知。此之谓本根,可以观于天矣!

"彼",指天地;"神明",喻天地自然的灵妙;"百化",万物之变化。庄子此言之"本根"有两点要义。一是道为世界本原:大至广袤宇宙,无论是东西南北,亦或上下,都在其范围之内;小而渺小至于秋毫,皆要依赖道而成为形体。二是道作为宇宙万物之本源,其不言不显,不为人所知。如万物之养育("万物畜"),其之生之死,或形成方成圆,阴阳四时运行有序,莫不本之于道。但道是自然产生而不见形迹("油然不形"),茫茫然仿佛不存在,其作用也不为万物,包括人所知。"道由然不形而神"的特点,用《知北游》庄子自己的话说,就是"天地有大美而不言,四时有明法而不议,万物有成理而不说"。

庄子认为,作为世界本根之道,不是某一具体的物质。《知北游》借孔子的口说道:

> 有先天地生者物邪? 物物者非物。物出不得先物也,犹

其有物也。犹其有物也，无已。

"物物者非物"，自终极而言，化生万物的不是某一具体之物，庄子谓之"非物"。世间具体之物都是有限的，而"非物"则是无限的，此"非物"就是道，它必生于天地之先。"天地"者，万物之总名也。"物出不得先物也"一语，上一"物"字是万物之"物"，下一"物"字是先天地生之"物"，其和《老子》"有物混成，先天地生"的"物"字用法相同，此"物"指称道；"物出"意即万物之所由出，"不得先物"意为万物不先于道而存在。"犹其有物也"之"犹"，作"由"；"其"指道；其义为由道而有天地万物。有了天地万物，万物便生生不息，庄子谓之"不已"①。正因为道不是某一具体之物，因而"道不可闻，闻而非也；道不可见，见而非也；道不可言，言而非也。知形形之不形乎！道不当名"②。庄子是论和《老子》一章"道可道，非常道；名可名，非常名"的思想一致。

庄子的"得道"、"真人" 庄子之道与老子之道基本内涵是一致的，但也有不同于老子处。如老子讲"为道"，不讲"得道"，可庄子却讲"得道"。

《让王》曰："得道者，穷亦乐，通亦乐，所乐非穷通也。道德于此，则穷通为寒暑风雨之序矣。""道德于此"之"德"，当作"得"。这是讲"得道"者的心态，即通达时快乐，穷困时亦快乐，所乐的不是穷困或通达。只要身之得道，穷达就汇通为一而非二，自己如此，亦如寒暑风雨循序变化，皆一之于自然。"得道"者穷通皆乐的胸襟，表现在思想行为方面，就是"无思无虑"。

《知北游》曰："无思无虑始知道，无处无服始安道，无从无道始得道。""无处无服"之"处"，指居处；"服"，事也。"无从无道"，即无途径无方法。人无思虑、居处，行事则"无从无道"，这是由有为而返归自然，此为得道。它应从"知其所不知"开始。

《大宗师》曰："知天之所为，知人之所为者，至矣。"郭象注："天

———————

① 陈鼓应：《庄子今注今译》"知北游"篇，中华书局，2001年。
② 陈鼓应：《庄子今注今译》，中华书局，2001年，第580页。

者,自然之谓也"。庄子这里不是讲天人之分,亦非要求人由已知去认识未知。他说:"人之所为者,以其知之所知,以养其知之所不知"。"其知"之"知",读"智"。庄子在这里告诉人们,人所能做的事,就是以己之智,养己所不能知之者。己"所不知者",就是道,或曰天。"人之所为者"的目标就是将人与天合一。

《大宗师》曰:

> 其好之也一,其弗好之也一。其一也一,其不一也一。其一与天为徒,其不一与人为徒,天与人不相胜也,是之谓真人。

庄子认为,人为天所生,天和人是合一的,这是不以人的喜好或认识为转移的客观事实。人喜欢也罢,不喜欢也罢,天人都是合一的;人认为天人合一也罢,不合一也罢,它都是合一的。认为天人合一的,就是与自然同类;认为天人相分的,就是与人同类。不视天人为对立者,就是"真人"。

《大宗师》曰:

> 真人,不知说(通"悦")生,不知恶死;其出不訢(古"欣"字),其入不距(同"拒");翛然而往,翛然而来而已矣。不忘其所始,不求其所终;受而喜之,忘而复之。是之谓不以心捐道,不以人助天,是之谓真人。

这段话首先讲"真人"生死如一的人生观。即不悦生,不恶死,出生不欣喜,入死不拒绝。接着讲其"安化"的人生态度。如来去皆无拘束,既不忘己之来源,又不求己之归宿,遇事欣然接受,忘却生死任其复归自然。如是者,就叫不以心智损害道,不以人力助天然,这就是"真人"。

《大宗师》借女偶口曰:

　　　吾犹告而守之,三日而后能外天下;已外天下矣,吾又守
之,七日而后能外物;已外物矣,吾又守之,九日而后能外生;
已外生矣,而后能朝彻;朝彻,而后能见独;见独,而后能无古
今;无古今,而后能入于不死不生。杀生者不死,生生者不
生。其为物无不将也,无不迎也;无不毁也,无不成也。

　　这是讲达到"真人"境界的过程。此"外天下"等之"外",犹遗、
忘。"外天下"、"外物"、"外生",就是把天下万物、生死等具体事物的
相互关联,或者说分别,以及诸物事之存在自身忘记了。如《大宗师》
所谓的"忘其肝胆,遗其耳目"。"朝彻",成玄英疏:"死生一观,物我
兼忘,惠照豁然,如朝阳初起,故谓之朝彻也"。"见独",洞见独立无
待之道。因道是"自本自根",不依赖其他任何条件而存在,故曰
"独"。"独"是《庄子》的一个重要概念,本之于《老子》。老子形容
道,曰"独立不改",不过老子是形容客观的道,而庄子则是指人见道
后的精神境界。"见独"后,人就突破了时间限制,进入不受生死观念
束缚的不生不死的精神境界,这个境界就是"真人"境界。

　　《大宗师》又借颜回之口,讲述了得道为真人的过程。这个过程
为"忘礼乐"而至"忘仁义",最终达到"坐忘"。"坐忘"就是"堕肢体,
黜聪明,离形去知,同于大通,此谓坐忘。""大通",犹大道。因道能通
于天地万物,故谓道为大通。"堕肢体"、"离形",指摆脱溢出于人自
然性分之外的生理欲望,对人性分之内的欲望,庄子是肯定的,其自然
天道观念决定了这一点。"黜聪明"、"去知",是指摆脱普通的知识活
动,或曰"忘知"。得"坐忘"境界的关键是"忘知",靠否定知识中的一
切差别,把它们都忘了,以达到心理上与道同体的境界。

　　"得道",可以使人得到精神上的最大满足,满足的标志就是忘记
一切,包括自己。《大宗师》曰:"鱼相忘乎江湖,人相忘乎道术"。鱼
在江海中得到最大满足而忘怀一切,人游于大道在无差别境界中而忘
怀一切,逍遥自在。为此,庄子举了正反两个例证。

　　《达生》曰:"忘足,履之适也;忘要,带之适也;忘是非,心之适也
……始乎适(始,本也;本性常适)而未尝不适者,忘适之适也"。鞋与

带子大小或松紧不合脚与身者,人就感到不舒服,老是记着脚与腰;相反者,人就感到舒适,舒适的标志就是忘了足与腰之存在。心之舒适的标志,就是忘记了是非,以至于忘记了舒适,即"忘适之适也"。

《大宗师》:"泉涸,鱼相与处于陆,相呴(xu 嘘吸)以湿(用湿气互相嘘吸),相濡(沾湿)以沫,不如相忘于江湖。与其誉尧而非桀也,不如两忘而化其道。""相濡以沫"之爱,刻骨铭心,但其成于患难之中,要快乐相处,则"不如相忘于江湖"。推而广之,与其赞扬尧而非议桀,不如把两者的功过是非都忘了,融化于大道。总之,在庄子看来,人的身与心之快乐,要之皆在一个"忘"字。"忘而化其道",能忘始能化,"化其道"就是随着道的周行而变化,或者说"随物变化"。自己化成什么,便安于什么,不固执于某一生活环境,某一目的,以至自己的生命。

齐物与逍遥 齐物、逍遥观念是庄子思想的重要组成部分,其中齐物是基础,逍遥是一种人生境界。

"齐物"的思想 齐物思想主要见于《齐物论》,其中心是齐一万物,万物平等。主旨有二:一为齐万物,一为齐是非。

齐万物 《齐物论》曰:"物固有所然,物固有所可。无物不然,无物不可。故为是举莛(草茎)与楹(木柱),厉与西施,恢诡谲怪(形形色色的怪异),道通为一。"一切事物都有它是的地方,都有它可的地方;同时也有其"不然"、"不可"的地方。庄子认为事物都有这两面性,因此《德充符》借仲尼口说:"自其异者视之,肝胆楚越也;自其同者视之,万物皆一也。"庄子采取"自其同者视之"的态度,认为"物固有所然"而成为一物,而有一物,即有一物之用,而物之功用性能是本于自然,得之于道,为道的全体大用的一部分。因此经验领域中"莛与楹,厉与西施,恢诡谲怪",等等,各色人与物,其大小、美丑之分别是人主观的判定,而自物之功用层面视之,皆因于自然,都为道之用的一部分,故曰"道通为一"。这是从物之用方面讲万物是齐一而无差别的。

《齐物论》又曰:"天下莫大于秋毫之末,而大山为小;莫寿乎殇子,而彭祖为夭。天地与我并生,而万物与我为一。"这段话在逻辑上包含了三个方面的万物齐一之义。一是从物之性方面看,万物是齐一的。郭庆藩注："夫物之生也,形气不同,有小有大,有夭有寿。若以性分言之,无不自足,是故以性足为大,莫大于毫末。无余为小,天下莫小于大山。"①如毫末,就其为毫末之属性言,样样齐全;就此而言,天下没有东西比秋毫大的东西。泰山就其成为泰山的属性而言,它并不多什么,就此而言,天下没有东西比泰山更小。而世界上没有任何东西在其属性上少什么,就此而言,所有事物都可曰大可曰小,大小是没有差别的。二是万物的大小、寿夭是相对的,不是绝对的。每个东西都比比它小的东西大,比它大的东西小,因此任何一物都是大的,也都是小的。如泰山为大,而与天地相比较,则泰山又为小。彭祖至寿,与天地比较,则彭祖又可曰为夭。三是物我齐一。就人而言,天地与我并生于太虚之间,天地亦不得为大;万物又与我并生于天地之间,草木虫鱼等亦与我相类,故曰"万物与我为一"。既然物我可齐一,那死生也可齐一,庄子生死如一的人生观,就是以其"方生方死,方死方生"的死生齐一观念为基础的。

齐是非 庄子不仅主张"齐万物",亦主张"齐是非"。《齐物论》曰:"夫道未始有封(封域),言未始有常,为是而有畛(界线)也……有分有辩……分也者,有不分也;辩也者,有不辩也……故曰:辩也者,有不见也……大道不称,大辩不言……言辩而不及。"道无所不在,所及之处无彼此之分,故曰"道未始有封";"言"没有恒常不变的定说,这叫"言未始有常";"为是而有畛",是说人们为争一个"是"字而划出了许多的界线,于是有"分"而争辩起。"分也者,有不分也;辩也者,有不辩也"。郭象注:"夫物物自分,事事自别,而欲由己以分别之者,不见彼之自别也。"②物事之"分"与"别"是"自分"、"自别",自然如此,这叫"有不分也","有不辩也"。换言之,它不是由言辩"分"、"别"出来的,故曰"大道不称,大辩不言"。而持言辩以分别事物者,乃是"于无封无域之(道)中而起有分有辩之见者,此乃一曲之士,偏滞之人,亦何能剖析于精微分辩于事物者也"③。这是说,言辩只能认识到事物

---

① 郭庆藩:《庄子集释》"齐物论第二",《诸子集成》本,上海书店,1986 年,第 39 页。
② 郭庆藩:《庄子集释》"齐物论第二",《诸子集成》本,上海书店,1986 年,第 41 页。
③ 郭庆藩:《庄子集释》"齐物论第二",《诸子集成》本,上海书店,1986 年,第 41 页。

之理的一部分,而不能见及其全体,故曰"辩也者,有不见也","言辩而不及"。"不见"就是看不到事物全体,"不及"就是认识不到事物"自分"、"自别"的本质真相。"这就是说,一切的见解和主张都是片面的;代表这些主张的言论,必然都是错误的"①,因而是与非是没有差别的,这叫"齐是非"。

庄子否认是与非之差异,进而完全否定"辩"在明辨是非中的作用。《齐物论》:

> 既使我与若(你)辩矣,若胜我,我不若胜,若果是也,我果非也邪? 我胜若,若不吾胜,我果是也,而果非也邪? 其或是也,其或非也邪? 其俱是也,其俱非也邪? 我与若不能相知也。则人固受其黮闇(暗昧不明,所见偏蔽),吾谁使正之? 使同乎若者正之? 既与若同矣,恶能正之! 使同乎我者正之? 既同乎我矣,恶能正之! 使异乎我与若者正之? 既异乎我与若矣,恶能正之! 使同乎我与若者正之? 既同乎我与若矣,恶能正之! 然则我与若与人俱不能相知也,而待彼也邪?

这段话的主旨为辩论之胜负,未足以定是非,判对错。理由是胜者未必是,负者未必非,也可能均是或均非,这一切都是不可知的,因为辩之胜负未必与真"是"有关。如请第三者来评判,第三者的看法或与两人中一人同,或与两人都不同。如是者都不能评判双方的是与非,因为第三者的意见若与任何一方相同,仅表示此方多一个支持者,并不能表示此方的意见为是;若第三者的意见与双方都不同,不仅不能解决两方的争论,且又徒增一重纷争。总之,辩论永远不足以定是非,也找不到一个确切的客观标准来评判是与非,是非是没有绝对的界限,因此庄子主张"和之以是非",这就是"齐是非"。

两行 庄子也知道,尽管圣人、"真人"的思想进入"齐万物"、"齐

---

① 冯友兰:《中国哲学史新编》第二册,人民出版社,1984年,第114页。

是非"的"万物与我为一"的境界,但他仍然是个人,要生存在充满着是非争论的世俗社会之中,按庄子"物固有所然,物固有所可"的观点论,社会上既然有了是非,那是非就一定有它存在之道理,它也就是一种自然现象,也是自然运行的一种表现,为此庄子主张"两行"。《齐物论》用一个故事解释"两行",讲一个养猴人给猴子分食物,说早晨给三升,晚上给四升,众猴"皆怒"。他说,那就改为早晨给四升,晚上给三升吧,众猴"皆悦"。由此庄子曰"名实未亏而喜怒为用,亦因是也"。"因是",即因循物之自然,这里指顺猴子的喜好。食物还是那些,可猴子的喜怒却不同,既然猴子喜欢朝四而暮三,反对朝三而暮四,那我们就不必执著于以"朝三"为是,以"朝四"为非,也不必去争论"朝四而暮三"和"朝三而暮四"的是非对错,顺着猴子的自然喜好是了。这就叫"圣人和之以是非而休乎天钧,是之谓两行"。郭庆藩疏:"天均者,自然均平之理也。"①就是说圣人不执著于是非的争论而保持事理的自然均衡,这就叫作"两行"。"两行",王先谦注:"物与我各得其所,是两行也。"②庄子《齐物论》"和之以是非"的"两行"观点,表现在生活态度方面,就是《天下》篇所说的"不谴是非,以与世俗处"。

"逍遥"的思想 《逍遥游》为《庄子》首篇,其中心主旨是讨论人如何获得自由,这也是庄子思想的核心。徐复观说:"庄子思想的出发点及其归宿点,是由老子想求得精神的安定,发展成为要求得到精神的自由解放。"③战国时代,各国为驱民耕战,刑杀一纲独张,"治人如治水潦,养人如养六畜,用人如用草木"④,百姓所受的压迫、束缚比老子之世更为惨烈。这种残酷的生存境况,在庄子的精神体验中,有如人之倒悬或身披枷锁,因此解悬和去"桎梏",就成为《庄子》的一个话题。如《德充符》说要"解其桎梏";《养生主》曰:"安时而处顺,哀乐不能入也,古者谓是帝之悬解";《大宗师》曰:"安时而处顺,哀乐不能入

---

① 郭庆藩:《庄子集释》"齐物论第二",《诸子集成》本,上海书店,1986年,第35页。
② 王先谦:《庄子集解》"齐物论第二",《诸子集成》本,上海书店,1986年,第11页。
③ 徐复观:《中国艺术精神》,华东师范大学出版社,2001年,第37页。
④ 戴望:《管子校正》卷二"七法第六",《诸子集成》本,上海书店,1986年,第30页。

也,此古之所谓县(县通悬)解也。而不能自解者,物有结之。""帝之悬解",帝者,天也,自然之义;悬,如倒悬之悬,束缚之义;悬解,就是解除倒悬;帝之悬解,就是天然地解除倒悬。庄子这些话,既说明了他对解除倒悬,获得自由的渴望,又表明了他求自由乃求之于己心的价值取向。如他说,安时而处顺,哀乐不能侵入内心,这就是"悬解"。故"悬解"是"自解",为心灵的解放。不能如是者,必为外物束缚而不得自由,"不能自解者,物有结之",即是申明此义。

人获得自由的精神状态,庄子称之为"逍遥游"。《释文》曰:"逍亦作消,遥亦作摇","逍遥游者,篇名,义取闲放不拘,怡适自得"。[1]徐复观说:"消者消释而无执滞,乃对理而言。摇者随顺而无抵触,乃对人而言。游者象征无所拘碍之自得自由的状态。总括言之,即形容精神由解放而得到自由活动的情形。"[2]

"有待"与"无待" "逍遥游"涉及"有待"、"无待"。"有待",即依赖一定条件而存在的自由;"无待"即不依赖于任何条件的绝对自由。庄子认为,人之所以不自由,主要在于自己不能支配自己,而须受外力牵挂。受外力牵挂,就会受其限制,以至支配。这种牵挂,庄子称之为"待",或"有待"。如《逍遥游》"犹有所待者也",《齐物论》"吾有待而然者也"。

庄子认为,现实中一切事物都是"有待"的,无论是扶摇九万里的大鹏,还是飞跃不过数仞的斥鷃,都不能例外。它们飞高还是飞低,都得凭借外界的力量,故而都是不自由的。《逍遥游》曰:

> 夫知效一官,行比一乡,德合一君而徵一国者,其自视也亦若此矣。而宋荣子犹然笑之。且举世而誉之而不加劝,举世而非之而不加沮,定乎内外之分,辩乎荣辱之境,斯已矣。彼其于世,未数数然(急促的样子)也。虽然,犹有未树也。夫列子御风而行,泠然(飘然)善也,旬有五日而后反。彼于

---

① 郭庆藩:《庄子集释》"逍遥游第一",《诸子集成》本,上海书店,1986 年,第 1 页。

② 徐复观:《中国人性论史·先秦篇》,三联书店,2001 年,第 350 页。

致福者,未数数然也。此虽免乎行,犹有所待者也。

一种人能获得一官半职,无论其才能与政绩多好,尚都不能超脱功名利禄的束缚,自然谈不上逍遥。还有一种如宋荣子之类的人,能把名誉与宠辱都置之度外,且能分辨自我与外物、荣与辱的界线,且不汲汲于追求世俗之声誉,但其仍然"犹有未树",即仍不能无所不可,因而也不能逍遥。即便如列子者,能"御风而行",还是要依赖风的力量,仍是"犹有所待者也"。宋荣子、列子所为,也是一种自由,但这是相对的自由,因为还"有所待"。

庄子追求一种不依赖于任何外界条件的绝对自由,他称之为"无待"。《逍遥游》曰:

　　若夫乘天地之正,而御六气之辩,以游无穷者,彼且恶乎待哉!故曰:至人无己,神人无功,圣人无名。

"辩"通"变"。这是用比喻说"无待",否则又是"有待"。人要得到无所依待("恶乎待哉")的自由,其工夫乃在"至人无己,神人无功,圣人无名"。束景南说:"'无己',主要反映了庄子去知去欲的知识观;'无功',主要反映了庄子'无为'的政治观;'无名',主要反映了庄子独善其身的人生观。"[①]在此三无中,"无己"是关键。徐复观说:"庄子的无己,与慎到的去己,是有分别的……总说一句,慎到的去己,是一去百去;而庄子的无己,只是去掉形骸之己,让自己的精神,从形骸中突破出来,而上升到自己与万物相通的根源之地。"[②]束、徐所论,可信。因此,"逍遥"是一种精神自由,非形体逍遥,所以《逍遥游》中的逍遥之地全是"无何有之乡"。突破形骸束缚而"无己",庄子给出的路径是否定知识,齐万物,齐是非,"坐忘","见独"。这样就达到了逍遥境界。

---

①　转引自陈鼓应《庄子今注今译》,中华书局,2001 年,第 17 页。
②　徐复观:《中国人性论史——先秦篇》,三联书店,2001 年,第 352 页。

庄子的社会政治思想 在中国传统思想中,存在着入世、出世两种对立的态度。儒、墨、法诸家为前者,佛家属后者。道家似乎同时具有这两种倾向,又与二者都不同。老庄向往原始的自然和谐,对文化和现实社会采取激烈的反叛态度,使其有出世倾向;同时他们又热爱人生,尊重生命,高度关注现实社会,这又使他们坚持"不离"社会而与世俗处。这种心情在庄子身上表现得尤为突出。

庄子的社会政治思想以其自然观念为基础,向往原始的自然和谐,对现实社会和礼乐文化采取激烈的反叛态度,《胠箧》篇是这方面的代表作。《胠箧》:"窃钩者诛,窃国者为诸侯,诸侯之门而仁义存焉。"①庄子这里的批判矛头不仅直指统治者,而且连带指向仁义礼知,认为人的智慧是在"为大盗积(积聚)";圣人是在"为大盗守"。典型的例证,就是田氏代齐。他说:昔日齐国法圣人之治,成地方2000余里的大国,田成子则"杀齐君而盗其国"。这位齐国最大的盗贼,窃人之国却可以"身处尧舜之安,小国不敢非,大国不敢诛"。所以如此,原因就在田成子"不乃(仅)窃齐国",亦将"圣知之法"一并"而盗之",并以"圣知之法以守其盗贼之身",使田氏世世"专有齐国"。圣人就这样异化成"为大盗守者"也。

庄子也承认,仁义道德固然可以为好人所用,成就善人,同时其也可以为不善者用,助成罪恶,且后者的作用更为昭著。他说:

> 跖之徒问于跖曰:"盗亦有道乎?"跖曰:"何适而无有道邪?夫妄意(猜测)室中之藏,圣也;入先,勇也;出后,义也;知可否,知也;分均,仁也。五者不备而能成大盗者,天下未之有也。"由是观之,善人不得圣人之道不立,跖不得圣人之道不行。天下之善人少而不善人多,则圣人之利天下也少而害天下也多。故曰……圣人生而大盗起。掊击圣人,纵舍盗贼,而天下始治矣。

---

① 《庄子·胠箧》。

"跖"，人名，相传为春秋末期著名的盗贼，史称"盗跖"。这段话立论之本意为一切道德规范，可为善人所用，也可为恶人所用，而天下"善人少而不善人多"，权衡利弊，圣人是"利天下也少而害天下也多"。由是言之，圣人及其仁义非但不能防止罪恶，简直就是在积聚罪恶，助长罪恶，用庄子的话说则叫："圣人生而大盗起"，"圣人不死，大盗不止"，"重圣人而治天下，则是重利盗跖也"。因此，"掊击（打倒）圣人，纵舍（释放）盗贼"，以至于"绝圣弃知"，是得天下太平不二之良方。为此庄子说：

绝圣弃知，大盗乃止；掷玉毁珠，小盗不起；焚符（符节）破玺（印玺），而民朴鄙（纯朴）；掊斗折衡（秤），而民不争；殚残（尽毁）天下之圣法，而民始可与（参与）论议；擢（扰）乱六律，铄绝（销毁）竽（形与笙相似）瑟（琴的一种），塞师旷（春秋著名乐师）之耳，而天下始人含（内敛之意）其聪（听觉）矣；灭文章，散五采，胶（粘住）离朱（人名，古之明目者）之目，而天下人始含其明（视觉）矣；毁绝钩绳（钩绳，正曲直的工具）而弃规矩，攦（折断）工倕（传说尧时著名巧艺者）之指，而天下始人含其巧矣。故曰：大巧若拙。削（削除）曾（孔子学生，以孝行著称）、史（史鱼，春秋时期卫国大夫，以正直敢谏著名）之行，钳（闭）杨、墨（杨朱、墨子）之口，攘弃仁义，而天下之德（人的德性）始玄同（玄同：语出《老子》五十六章，意为不露锋芒，消解纷扰，和光同尘，达到物我同一）矣。彼人含其明，则天下不铄（炫耀）矣；人含其聪，则天下不累（忧患）矣；人含其知，则天下不惑（迷惑）矣；人含其德，则天下不僻（邪僻）矣。彼曾、史、杨、墨、师旷、工倕、离朱，皆外立其德（向外炫耀其才能）而以爚（搅乱）乱天下者也，法之所无用也。

这段极为激愤之辞，所申明者为一个主旨，即一切人为的东西，无论物质的文明，抑或精神的文明，都是对自然的破坏，都与人类的自然

本性背道而驰,所以社会生活中的各种约束乃至整个社会文明,如道德智慧、典章制度、财货器物等都应该去掉,从而回归到真正的自然中去。

《天地》篇记载,子贡在南游楚而返晋国时,遇到一位种菜的"丈人",他挖地道到井里,用瓮取水浇菜园,"用力甚多而见功寡"。子贡告诉他,有种叫槔的机械,用它可以一天浇百洼,"用力甚寡而见功多"。"丈人"听后忿然而讥笑着说:"有机械者必有机事,有机事者必有机心。机心存于胸中,则纯白不备;纯白不备,则神生不定。"这是说技术破坏了人的自然纯真,导致人精神不定,因而他"羞而不为也",而非不知有这种机械。庄子认为,儒家的仁义对人性的破坏较技术则是又有过之。《徐无鬼》曰:"夫仁义之行,唯且无诚,且假夫禽贪者器。""无诚",是讲仁义使人丧失纯真而堕落为虚伪。人借仁义之名,行沽名钓誉之实,仁义于是而成为贪婪如禽兽者("禽贪者")猎取功名的工具。《天运》篇借老子的口说:"夫仁义憯(毒害)然乃愦(乱)吾心,乱莫大焉。"仁义毒害和扰乱人心,没有比这更大的祸乱了。所以,儒家的仁义之类的伦理,应该完全否定。

庄子对自然的推崇,其说乃由老子而来,故而其社会理想的正面主张,亦落在"无为"观念之上。《至乐》曰:"天无为以之清,地无为以之宁。故两无为相合,万物皆化生……故曰天地无为也而无不为也。"这是讲天地都具有无为的特点,正是无为而使其能无不为:万物皆化生,即万物皆由它所生所出。

庄子认为,人本之于天,天无为,人不得已而要履行治天下之职责时,也当无为。《在宥》曰:"故君子不得已而临莅天下,莫若无为。"《刻意》曰:"不为福先,不为祸始;感而后应,迫而后动,不得已而后起。"庄子这种"不得已"而应世的态度,与儒、墨热情救世的态度形成鲜明对照,但庄子这种看似消极的态度,却有其庄严的深意在。即只有这样,才能无为,不扰人,也不扰己,真正做到处物而不伤。《应帝王》曰:"汝游心于淡,合气于漠,顺物自然而无容私焉,而天下治矣。""淡"、"漠"都是说清静无为。这与老子的清静无为说相同,但老子主要是从驾驭人事之术的层面立论,而庄子所注重的则是自然与公心。

要真正治理天下，就必需尊重生命，对万物亦不随意伤害，让他们顺其本性自然而生存，这是天地间最大的公心，也是天人合一，处物而物不伤的最高境界，这是庄子政治思想最可宝贵之处。与无为而治思想相应，《胠箧》篇袭取老子思想，构建了一个与老子小国寡民相类似的理想社会。《马蹄》篇则幻想至德之世，它是一个无知无欲的朴素社会。

《天道》曰："上必无为而用天下，下必有为为天下用。此不易之道也。"[1]君主无为，臣下有为，这与儒家观念相近。《缮性》曰：

> 古之所谓隐士者，非伏身而弗见也，非闭其言而不出也，非藏其知而不发也，时命大谬也。当时命而大行乎天下，则反一无迹；不当时命而大穷乎天下，则深根宁极而待；此存身之道也。

时行运达而大行于天下时，使社会之人人、物物都能返本归根，谓之"反一"；以无为治天下，看不到有所为的痕迹，这叫"无迹"。这则材料的思想与孟子"穷则独善其身，达则兼善天下"的观点极为相似。上引《天道》、《缮性》的两则材料，可能出自庄子后学，它表明庄子思想在战国之世的发展过程中，出现了道与儒融合的趋势。

三、战国时期的江淮风俗习尚

战国时期，安徽江淮地区为三楚的中心，其在徐舒本土风俗基础上形成的战国风俗习尚，以楚风俗为主，同时又融入了吴越、中原文化习俗的因素。

江淮地区的辛、壬、癸、甲日嫁娶之俗　汉代许慎《说文解字》"塗"字条下曰："九江当涂也，民俗以辛、壬、癸、甲之日嫁娶"。"九江"，九江郡，秦代设立，郡治寿春（今安徽寿县）；"当涂"，当涂国，汉武帝时设立的封国[2]，以其境内的涂山而得名。古代以天干记日，甲、

---

① 郭庆藩：《庄子集释》"天道第十三"，《诸子集成》本，上海书店，1986 年，第82—83 页。
② 参阅王先谦《汉书补注》卷二十八上《地理志》"九江郡"，中华书局，1993 年，第714—715 页。

乙、丙、丁、戊、己、庚、辛、壬、癸,共 10 日,周而复始。汉代九江郡当涂国一带流行的以辛、壬、癸、甲日为婚嫁的吉庆之日的风俗,源于当地大禹治水娶涂山氏女的传说。清代段玉裁《说文解字注》"塗"字条下注曰:"汉当涂即今安徽省凤阳府怀远县(今怀远县),县东南有涂山……《水经注》引《吕氏春秋》'禹娶于涂山,不以私害公,自辛至甲四日,复往治水,故江淮之俗,以辛、壬、癸、甲为嫁娶日也'。许(慎)云'当涂民俗以辛、壬、癸、甲之日嫁娶',正与《吕览》合"。段玉裁谓安徽寿县、怀远一带江淮地区以辛、壬、癸、甲之日嫁娶的风俗,源于大禹娶涂山氏女的传说,有历史根据。

《尚书·益稷》记大禹语曰:予"娶于涂山,辛壬癸甲。启呱呱而泣,予弗子,惟荒度土功"。"子",作"字"解,抚育之意。"荒",大也;"度",谋划度量。这段话的意思是,予(我)娶涂山之女为妻,婚后四天就离家去治水。我儿子启出生下地,我也顾不上抚育他,惟以极大精力来谋划度量治理水土之事。江淮地区人民为纪念大禹治水之功,歌颂大禹公而忘私的精神,把辛、壬、癸、甲日视为婚嫁的吉庆之日,以示对大禹的怀念、敬仰与学习。以辛、壬、癸、甲为嫁娶日的习俗,开始盖流行于今安徽怀远县一带,后来渐渐扩展到江淮地区,至迟在战国就已成为"江淮之俗"。

江淮的歌谣习俗　安徽江淮地区最早见于历史记载的诗歌是涂山氏之女的《候人兮猗》。《候人兮猗》被《吕氏春秋·音初篇》定为"南音之始",也就是我国南方江淮流域诸国诗歌创作之祖。肇始于《候人兮猗》的江淮古诗歌,其中一部分被周人采风汇集而成为《诗经》十五国风的《周南》、《召南》,成为庙堂歌乐。春秋战国时期,江淮地区逐渐归属于楚国版图,江淮歌谣由之而以楚歌之名盛行于世。"古之诗,今之辞曲也"。[①] 这些江淮古诗歌,或者说楚歌,也就是古代江淮地区的古歌谣。

先秦江淮地区的歌唱习俗有两个显著特点。一是歌谣内容包括社会生活的方方面面。它有情歌,如《说苑·善政》记载的楚译《越

---

① 郑樵撰,王树民点校:《通志二十略》(上),中华书局,1995 年,第883 页。

女歌》：

> 今夕何夕兮，搴洲（舟）中流。今日何日兮，得与王子同
> 舟。蒙羞被好兮，不訾诟耻。心几顽（烦）而不绝兮，得知王
> 子。山有木兮木有枝，心说（悦）君兮君不知。

这类的情歌小调，多以恋爱、归宁、思夫等为反映对象，似体现了《候人兮猗》之遗风。

有讽刺社会政事的，如《论语·微子》记：楚狂接舆歌而过孔子曰："凤兮凤兮，何德之衰？往者不可谏，来者犹可追。已而，已而！今之从政者殆而！"

《史记·孔子世家》把这则故事系于孔子去叶返蔡之下，故孔子盖是在淮北古陈蔡叶地区遇到楚狂接舆的，接舆应是淮北地区人，《楚狂接舆歌》是江淮歌谣。

有丧歌，它是哀哭死者的歌曲。先秦各地区皆有丧歌，江淮地区丧歌的特点是"鼓盆而歌"。《庄子·至乐》记"庄子妻死，惠子吊之，庄子则方箕踞鼓盆而歌"。"盆"，瓦缶，古时的乐器。庄子为安徽淮北地区人，其地"鼓盆而歌"的丧俗，后渐而成为楚地丧俗。

有劳作歌谣。如《诗经·召南》中的《采蘩》、《采蘋》，是江淮地区妇女采摘野菜、蔬果时唱的歌。《楚辞·渔父》记的《沧浪歌》，是水上渔夫唱的渔歌。还有歌咏江淮山水风光的，如《小雅·鼓钟篇》里有"淮水汤汤"、"淮水湝湝"、"淮水三洲"等，描写的均是一派淮上风光[1]。这些歌谣，语调轻松、愉快，唱起来富有很强的抒情艺术效果。

二是江淮地区男女老少几乎皆能吟唱。如《孟子·离娄上》记："沧浪之水清兮，可以濯我缨；沧浪之水浊兮，可以濯我足。""这是孔子到楚国，听到儿童唱的"[2]《孺子歌》。《新序·节士》记："延陵季子兮不忘故，脱千金之剑兮带丘墓"，这是徐人赞美吴季札节义讲信之

---

① 《安徽文化史》（上），南京大学出版社，2000年，第171页。
② 李则纲：《安徽历史述要》（上），安徽省地方志编纂委员会出版（1982年），第28页。

歌。《史记·项羽本纪》记,刘邦兵围项羽于垓下,项羽夜闻汉军四面皆"楚歌",项羽也慷慨吟唱楚歌,曰:"力拔山兮气盖世,时不利兮骓不逝。骓不逝兮可奈何,虞兮虞兮奈若何!"而美人虞姬也能以楚歌相和。

从这些历史文献所保存的零星材料可知,先秦江淮地区的歌唱习俗,不仅歌谣内容涉及社会生活的各方面,而且各种各样的人都喜欢唱歌,都能唱歌。如上引歌谣的歌唱者,有儿童,有狂人,有徐国民众、江滨渔父、战场士兵等。由此可见,先秦江淮地区是歌谣之乡,歌谣已成为江淮民众寄托和表达情感的重要方式,也是日常的重要娱乐方式。

尚左 中原诸国习俗尚右,江淮风俗则以左为尊。老子曰:

> 夫唯兵者不祥之器,物或恶之,故有道者不处。君子居则贵左,用兵则贵右。兵者不祥之器,非君子之器,不得已而用之……吉事尚左,凶事尚右。偏将军居左,上将军居右,言以丧礼处之。杀人之众,以哀悲泣之,战胜以哀礼处之。①

"物"指人。老子认为,就道或者正常情况而言,以左为上,左尊于右;在非常情况下,如战争、凶事、哀礼,则尚右。也就是平时贵左,用兵则贵右;吉事尚左,凶事尚右。陈鼓应说,老子这里"所谓'贵左'、'贵右'、'尚左'、'尚右'、'居左'、'居右'都是古时候的礼仪"②。礼仪也就是礼仪习俗,老子所言的常事、吉事尚左的礼仪习俗,与中原地区的风俗习惯不同。

《老子》七十九章曰:"是以圣人执左契,而不责于人。""契",就是借据。古时借债,在一块木板或竹板上刻上文字,从中辟分为二,二人各执一半。左契是负债人订立的,交给债权人收执,类似于今天借据的存根,为收债的凭据。老子这句话是说,圣人虽握有借据的存根,但

---

① 任继愈:《老子新译》(修订本)第三十一章,上海古籍出版社,1978年。
② 陈鼓应:《老子注译及评介》,中华书局,1994年,第192页。

不强迫人家还债。高亨说："古者契券以右为尊。《礼记·曲礼》'献粟者执右契'。郑注：'契，券要也，右为尊'……圣人所执之契，必是尊者，何以此文云执左契，今验（《老子》）三十一章曰：'吉事尚左，凶事尚右。'用契券者，自属吉事，可见老子必以左契为尊，盖左契右契孰尊孰卑，因时因地而异，不尽同也。"①高亨左右孰尊孰卑，因地而异的论断，有据。老子所言之尚左，不是个人观念，也非一己之喜好，所讲的是一地之礼仪风俗，具体而言当是老子所生活于其中的江淮流域的习俗，亦是楚人的社会习俗。

据《左传》所记，春秋中原诸国，多以右为上，左为下。如周王伐郑，虢公林父将右军，周公黑公将左军；郑曼伯为右拒，祭仲足为左拒；皆先书右而后书左。宋、晋等国皆如是。惟有叙述楚师，则先左而后右，如桓公八年记，随季梁曰："楚人上左。""上"，即尚。僖公二十八年记："子西将左，子上将右。"这些材料都说明，楚人尚左②。楚人官职也是左尊于右。如左司马、右司马，以左司马为上；有左尹、右尹，以左尹为上；有左史、右史，以左史为上。《左传》记载的楚人尚左，不分吉凶，一律以左为尚，此与老子所言的尚左有所不同，但与中原诸国以右为尚之俗相较，其俗尚左则是一致的。

尊凤崇龙　江淮地区有尊凤崇龙的习俗，其中的尊凤为本土习惯，崇龙盖是受中原龙图腾的影响。江淮地区土著先民为淮夷，"淮夷"之淮字从"隹"，《说文》："隹，鸟之短尾总名也"，可知淮夷是鸟夷的一支。他们居住在水边，故在"隹"字上加一个"水"字偏旁，意为居住河边的鸟夷。"淮夷应该是以某些鸟为图腾的部落集团。"③《说文解字》："凤，神鸟也"，凤盖为淮夷部族的鸟图腾，江淮先民尊凤或源于此，楚人也有尊凤的习俗，后来受到中原文化龙图腾的影响而又崇龙，尊凤崇龙也就逐渐成为江淮习俗。

先秦江淮地区尊凤崇龙风习俗在出土文物方面多有体现。如徐

---

① 转引自陈鼓应《老子注译及评介》，中华书局，1994 年，第 355 页。

② 杨伯峻：《春秋左传注》（修订本），中华书局，1990 年，第 122 页。

③ 李修松：《淮夷探论》，《先秦史探研》，安徽大学出版社，2006 年。

舒青铜器上的"变体龙纹"是徐舒青铜器的基本纹饰之一。[①] 具体器物方面，有龙纹兵器，如安徽寿县战国楚幽王墓出土的剑柄上雕有龙纹的青铜剑；佩饰物方面，则有安徽长丰杨公乡战国墓中出土的大量玉佩，有的为透雕龙凤合体形：龙头作昂首回顾状，龙身屈呈S形，凤尾连凤身，凤首下瞰，凤尾翘起；有的为一龙双首形，造型生动，惟妙惟肖。住宅方面，在安徽寿县柏家台战国楚宫殿遗址中，发现大量饰有凤鸟纹的圆形瓦当。工艺品方面，有寿县战国楚幽王墓出土的龙凤青铜塑像，还有楚幽王墓的龙凤楚棺，棺材为朱红色，上面和四周都饰有浮雕的龙。这些都真实反映了江淮地区崇凤尚龙的习俗。[②]

丧葬礼俗 战国江淮地区墓葬习俗受楚文化影响较大，它有如下主要特点。一是墓葬选址喜南北走向的岗丘地。楚人多选择坡丘高地建墓，特别喜欢南北走向的岗丘地，贵族或平民都是这样。江淮民众也有这样的习俗，如长丰县杨公乡9座战国楚墓墓址均体现了这种葬俗。这种选择墓地的葬俗，"既受气候地理条件的制约，也同民族心理倾向和传统有关"[③]。二是在墓葬形制为土坑竖穴式。无论是大型墓、中型墓还是小型墓都属于长方形竖穴土坑墓，这种"土坑竖穴"[④]式墓属于楚式墓。三是墓中有棺和椁。在楚国贵族的墓中，棺椁的数量与墓主人地位与身份是一致的。长丰杨公乡8号楚墓为1椁2棺，舒城凤凰嘴1号楚墓为1棺1椁。[⑤]战国后期楚国礼制遭到一定程度的破坏，如庶人也用椁，他们也是棺椁俱全。四是随葬品中有楚式风格的仿铜陶礼器。随葬品的品种和数量与墓主人的身份等级是一致的。随葬品包括礼器、乐器、金玉服饰、兵器及生活用品等，其中最能说明身份等级的是礼乐器，能不能用礼乐器，这是贵族与一般庶民的主要区别。级别较高的贵族，都用青铜礼器；级别越高，用铜礼器越多，铜鼎越大、越重。战国时期楚国礼崩乐坏，"礼不下庶人"的传统

① 毛颖、张敏：《长江下游的徐舒与吴越》，湖北教育出版社，2005年，第34—35页。
② 宋公文、张君：《楚国风俗志》，湖北教育出版社，1996年，第480—505页。
③ 宋公文、张君：《楚国风俗志》，湖北教育出版社，1996年，第191页。
④ 宋公文、张君：《楚国风俗志》，湖北教育出版社，1996年，第194页。
⑤ 吴兴汉：《安徽楚墓研究》，《楚文化研究论文集》第二集，湖北人民出版社，1991年，第102—108页。

遭到破坏,一些很小的楚墓,也用仿铜的陶礼器,这些墓数量不少,愈往后愈普遍。如舒城凤凰嘴 1 号楚墓中出现了一组仿铜陶礼器,组合形式为鼎、豆、壶、盘、勺;舒城马厂支渠 3 座楚墓,也均有仿铜陶礼器;宣城 1 号楚墓亦有仿铜陶礼器的组合。这些墓葬具有晚期楚墓的显著特点,因此郭德维先生《楚系墓葬研究》认为,这些墓主可能多数是一般庶民,他们虽然不能有青铜礼器,但却用陶礼器,这就打破了“礼不下庶人”的界限。五是带有台阶墓道,墓圹下部填土,多为白膏泥或青膏泥。安徽境内考古发掘的大、中型楚墓及部分小型战国楚墓都反映出这一习俗。白膏泥的主要成分,为含水氧化矽、氧化铝、氧化铁等金属,分子紧密,黏性极大。青灰泥也是一种颗粒较细的黏土。棺椁周围填充一定数量的此类膏泥,加之夯筑得宜,可使墓室与外面空气隔绝,对墓葬中物品起到保护作用。所以,凡是用膏泥密封得严实的墓室,内中的葬具和葬品都保存得比较完好。

四、楚国礼仪制度

春秋战国时期,楚国的祭祀、饮宴婚冠、迎宾、丧葬等礼仪制度,基本是遵循周制,亦有其自己的特点。

祭祀之礼 《礼记·祭统》曰:“礼有五经,莫重于祭。”此祭就是祭祀之礼,即吉礼,为“五礼”之首。按《周礼·春官·大宗伯》“以吉礼事邦国之鬼神示(祇)”的规定,吉礼祭祀的主要对象是天神、地祇和人鬼。关于楚国的祭礼,可从《国语·楚语下·观射父论祀牲》一文见其大概。

观射父论祭祀用牲,在叙述了自天子至庶人祭祀用牲的等级规定后,指出祭祀的主旨是使“上下有序,则民不慢”,因而祭祀礼仪不可僭越,要严格依循等级进行,祭祀的主要对象为天神、地祇与人祖。针对楚昭王对祭牲“何其小也”的提问,观射父提出置办祭品的两条原则:不求硕大,但需齐备,所以如此者有二,一是祭祀要在体现祭祀者严肃恭敬的态度;二是要兼顾百姓的承受能力:“敬不可久,民力不堪,故齐肃以承之”。接着观射父对祭祀的意义做了全面论述。他说,祭祀可以“昭孝息民,抚国家,定百姓也,不可以已(停止)”。

《观射父论祀牲》一文可以说是关于楚礼仪制度的礼学专论,将它与《国语·楚语》其他篇章中关于礼的论述合观,可以推知楚国祭礼的仪式规则,祭礼用牲的等差规定,祭祀的主要对象,以及对祭祀社会功能的认识,都与周礼大体一致。楚的祭祀礼仪,即使不是直接承袭周人,也受周人影响很深。当然在具体施行过程中,楚人祭祀也有不同于周人的地方,主要不同有以下几方面。

楚人的祭祀对象与周一样,也是按天神、地祇、人祖三大系统划分,但楚人以太与大水神为其独尊的天神,且以太为天地之总尊,大水神地位则仅次于太,从受享祭品看,此二神地位在其他天地神祇之上。这一点与周制有很大差异。

在祭祀范围与权限方面,楚人比周人宽松。依周制,祭祀天、地、四方,是天子的特权,诸侯只能祭祀其封地所在之方以下,大夫只祭五祀以下。在《观射父论祀牲》中,观射父所言的天子、士与庶人的祭祀范围与周制一致。讲到诸侯、卿、大夫祭祀权时,说诸侯可以祭天、地、三辰(日、月、星)以及其土之山川;卿、大夫之祭则曰各"祀其礼",这个礼是周礼还是楚礼,观射父没有明确。这些都与周制有异。

在楚人实际的祭祀中,从楚墓出土的青铜礼乐器组合与墓主身份看楚人祭祀用器的礼制,楚"上层贵族使用的礼器,其铜礼器的鼎、簋相配的等级界限,楚与周礼一致,一直到战国末年楚幽王墓仍恪守周礼的九鼎八簋之制","楚保守周制,不仅表现在数量相配制度上,就连器型也是固守的。例如方座簋……楚王室也用。从(楚)昭王之諻方簋到战国末年幽王墓的方座簋同样为周式簋"①。但是楚人遵守周礼鼎、簋相配制度,"看来这只限于楚王和附属于楚的小国之君,如蔡侯、曾侯,对其他贵族似无约束力"②,而在下层僭用礼器的情况,"则如江河溃堤,已泛滥无方"③。在祭祀范围方面,从一些出土的楚墓,如望山一号楚墓和包山二号楚墓的情况看,楚人在实际祭祀中,楚人的

① 刘彬徽:《楚系青铜器研究》,湖北教育出版社,1995年,第501—502页。
② 刘彬徽:《楚系青铜器研究》,湖北教育出版社,1995年,第503页。
③ 刘彬徽:《楚系青铜器研究》,湖北教育出版社,1995年,第499页。

士和大夫"都可祭祀天、地、日月、星辰、方祀、五山等"①。这在周礼为僭制,属于淫祀。这种现象可能与楚"不与中国之号谥"(《史记·楚世家》)的传统文化意识有关,也可能是当时"礼崩乐坏"的社会大趋势的表现,非楚一国所独有的现象。

在人祖祭祀方面,周制非常注重嫡庶之别,《礼记·大传》明确规定"庶子不祭",即庶子无权设庙自祭其祖。"楚人对此却毫不理会,不仅身为楚昭王支脉的大夫昭力它以昭王为昭氏始祖来祭祀,就连爵秩仅在士位的悼(昭)固,也祭祀了作为其高祖、曾祖、祖父的连续三位楚王"②,而楚平王庶子楚昭王之弟司马子期按周制是无权自祭平王、昭王的,可他却自祭其父平王,又至祭肉于昭王。对此,作为楚之宝的观射父却全无异议,可见这种行为符合楚的祭祀礼仪制度。

楚人祀天的对象与周人相同,但周人以祖配天的祀天之制则不为楚人所重,这使楚与周的祀天之礼存在很大差别。如《楚辞·九歌》中祭祀对象主要为自然神灵,而《诗经》中祭祀的对象主要为祖先神灵;《诗经》中反映的祭祀心理是"敬鬼神而远之",而《楚辞》中反映的主题是"事鬼神而近之"③。

婚姻之礼　婚姻之礼属于嘉礼范畴,楚国主流的婚嫁礼仪风俗及婚姻形态与周制属于同一模式,如周制的婚礼有六道程序,即"六礼",也就是纳采、问名、纳吉、纳征、请期、亲迎等,楚国也是如此,但楚又有自己的特点。

周人婚嫁强调父母之命,媒妁之言,而楚人则是媒妁之言重于父母之命,以自愿婚嫁居多。《离骚》:"望瑶台之偃蹇兮,见有娀之佚女。吾令鸩为媒兮,鸩告余以不好。雄鸩之鸣逝兮,余犹恶其佻巧。心犹豫而狐疑兮,欲自适而不可。"这里写一男子想娶一女子,其所首先想到的不是父母之命,而是媒妁之言。之所以想到媒人,原因在"欲自适而不可","不可",就是礼制不允许,也就是想自己亲自去提亲而礼制却不许可。当然周礼也讲"取妻如之何?匪媒不得",同时更强

① 胡雅丽:《楚人祭祀钩沉》,《楚文化研究论集》第五集,黄山书社,2003年。
② 胡雅丽:《楚人祭祀钩沉》,《楚文化研究论集》第五集,黄山书社,2003年。
③ 许婷:《〈诗经〉与〈楚辞〉祭祀诗的比较》,《湖北广播电视大学学报》2007年第7期。

调"取妻如之何？必告父母"（《诗经·南山》）。在周人的婚姻制度中，父母兄弟有相当大的主导权。《诗经·将仲子》曰："岂敢爱之？畏我父母……岂敢爱之？畏我诸兄……岂敢爱之？畏人之多言"。这种因父母兄弟或社会的干预而使有情人终不能结为伉俪的诗句，"在《楚辞》中根本找不到。《楚辞》中有的只是失恋者哀婉悱恻的悲情，而没有爱情被父母兄弟扼杀后所发出的悲泣"①。《九歌·湘君》："心不同兮媒劳，恩不甚兮轻绝……交不忠兮怨长，期不信兮告余以不闲。"这几句诗表明，楚国婚姻双方有很大自主权，如果一方不愿意，即使经媒人说合，也可改变。

二妻制　楚国家庭形式和中原地区一样，有一夫多妻和一夫一妻两种，但楚一夫多妻的形式和中原地区又有所不同。楚国王公贵族的多妻制是一妻多妾的妻妾制，这是周礼贵族通行的婚制，是制在春秋战国中原诸国遭到破坏，而在楚却被严格遵守。如《庄子·则阳》记："夫（卫）灵公有妻三人"；《左传·僖公十七年》记："齐侯之夫人三：王姬、徐嬴、蔡姬，皆无子。"这种一夫同时并立二或三位正室的例子，"楚国的王公贵族阶层中却找不到"，"历代楚王也没有并置二后的例证"②。但在楚国的下层社会却似有一夫二妻的家庭形式。《战国策·秦策一》陈轸说秦王曰："楚人有二妻者，人译（引诱）其长者，詈（骂）之；译其少者，少者许之。"楚人的这二位妻子在名分上盖无妻妾之分，皆为这位楚人的正室。《礼记·曲礼下》曰："天子之妃曰'后'，诸侯曰'夫人'，大夫曰'孺人'，士曰'妇人'，庶人曰'妻'。""庶人曰'妻'"一语可证，"妻"在庶人则为正室之称谓。"因此，一夫二妻制在楚国当属于庶人阶层的一种婚姻现象与家庭结构"，但它不是楚庶人婚姻形态的通制，"只是个别非正常现象"③。在楚人婚姻礼制中，王公贵族遵守妻妾名分的妻妾制度，而庶人家庭却有二妻的婚制现象，殆与楚文化传统和地理环境有关。

我国先秦时期的女神崇拜有两种类型：一是西部地区的一女崇拜

---

① 宋公文、张君：《楚国风俗志》，湖北教育出版社，1995年，156页。
② 宋公文、张君：《楚国风俗志》，湖北教育出版社，1995年，第163、162页。
③ 宋公文、张君：《楚国风俗志》，湖北教育出版社，1995年，第162页。

型,如西王母、女娲、高唐女神,涂山氏等,皆属于一女崇拜的对象;一种是东部地区的两女崇拜型,如帝尧之二女。楚地处一女崇拜型的西部地区,故楚王公贵族的一妻多妾制,除受周人妻妾名分的传统礼制影响外,或与其一女崇拜型的文化传统有关。据《周礼·职方氏》和《汉书·地理志》等史书记载,江淮、江汉楚地是女多男少,有的地方高达"二男而五女",人口性别比例失调,庶人又无政治经济条件实行妻妾制,这样一些因素,盖是促成楚庶人一夫二妻婚姻现象出现的客观原因。

迎宾之礼 迎宾待客之礼属于宾礼。《周礼·春官·大宗伯》载"以宾礼亲邦国",这是讲天子与诸侯国以及诸侯国之间的往来交际之礼,包括朝聘、会同等内容。

朝聘 《礼·王制》曰:"诸侯之于天子也,比年一小聘,三年一大聘,五年一朝。"郑玄注:"比年,每岁也。小聘使大夫,大聘使卿,朝则君自行。"[1]从周代礼制讲,"朝聘"一般指诸侯国朝见天子,春秋时期诸侯朝霸主也称"朝聘"。楚国的朝聘之礼与周制大致相符。朝聘之礼,依礼制是在宗庙进行,主人要为客人举行飨礼。飨礼要用乐,所谓"乐至则无怨,礼至则不争"(《礼记·王制》);主人要为来宾赋诗,来宾也应答赋。春秋战国时期,楚为大国,周边诸多小国多朝于楚,如《左传》僖公十八年"郑伯始朝于楚。楚子赐之金"等。"聘"的意义则较广泛,一般指诸侯使大夫聘于诸侯,并且携带礼物,以示尊重,如《左传》桓公九年记:"楚子使道朔将巴客以聘于邓,邓南鄙鄾人攻而夺之币。"

会同之礼 朝觐是天子接见个别来朝的诸侯,会同则是四方诸侯齐会,会同地点既可在京师,也可在外地,甚至在王国境外。春秋时期,天子地位下降,会同之礼往往成为诸侯大国借天子之名谋求自己利益的政治行为。楚作为诸侯大国,为谋求本国利益,经常组织或参与诸侯"会同"。最典型的是公元前546年的"弭兵大会",楚、晋会同12个诸侯国在宋国都城举行盟会,并签订了盟约。盟约规定,楚、晋

---

① 孔颖达:《礼记正义》卷十一《王制》。

的仆从国,要既朝楚,又朝晋,即承认晋、楚为共同的霸主。从《左传》、《史记》等典籍关于楚国会盟的记载看,楚国的会同之礼有歃血而盟和签订盟约等主要程序。

歃血而盟 古时会盟,参加会盟的各方口含牲畜之血或以血涂口旁,表示结盟的信誓,是谓歃血。《史记·平原君虞卿列传》记,赵平原君率毛遂等20人赴楚与楚王商谈合纵抗秦事,经毛遂力争,楚王同意合纵抗秦,于是“毛遂曰:‘(合)从(纵)定乎?’楚王曰:‘定矣。’毛遂谓楚王之左右曰:‘取鸡狗马之血来。’毛遂奉铜盘而跪进之楚王曰:‘王当歃血而定(合)从,次者吾君,次者遂。’遂定(合)从於殿上。毛遂左手持槃血而右手招十九人曰:‘公相与歃此血於堂下。’”这里记载的是楚国通行的歃血而盟的仪式,它也是中原诸国通行的仪式。

签订盟约 “歃血”后必须签订盟约,以示正式结盟,并信守承诺,但因各国都把自我利益放在首位,所以一旦盟约内容有碍于本国利益时,往往就成为一纸空文。公元前579年(楚共王十二年),晋、楚等国举行弭兵会盟,而公元前576年楚就违背盟约,进攻参加会盟的郑、卫二国,为此,“子囊曰:‘新与晋盟而背之,无乃不可乎?’子反曰:‘敌利则进,何盟之有?’”①。但也有盟约非常牢固,如随与楚的盟约是长期的,“世有盟誓,至于今未改,若难而弃之,何以事君?”②。

饔燕之礼 《周礼·春官·大宗伯》:“以饔燕之礼,亲四方之宾客。”“宾客”,指朝聘者。饔燕之礼是用于迎接诸侯、他国使者的一种礼仪。楚国的饔燕之礼以盛大隆重而闻名。《左传·成公十二年》记,晋国郤至到楚国聘问,同时参加会盟,楚王设宴招待郤至,楚国子反为饔燕的相礼人。“郤至将登,金奏作于下,惊而走出。子反曰:‘日云莫矣,寡君须矣,吾子其入也!’宾曰:‘君不忘先君之好,施及下臣,贶之以大礼,重之以备乐……下臣不敢。’”这是说,郤至刚要进入宴会大堂,下面就击钟奏乐,郤至大吃一惊而退了出来。子反说,时间不早了,寡君等着呢,您还是进去吧。郤至说,贵国君主不忘记先君

---

① 《左传·成公十五年》。
② 《左传·定公四年》。

的好处,赐给下臣重大的礼仪,又加上全套音乐,他不敢当。从这则材料可知,楚国接待外宾的礼节非常之隆重,以至于使晋郤至惊而走出。

丧葬之礼 丧葬之礼为凶礼的重要组成部分,楚国的丧葬礼制大体上继承了周制,又有楚自己的特点。从考古出土的楚墓青铜器群推求,楚贵族丧礼的等级界限之严格不亚于周礼,楚贵族保守周礼的程度不亚于中原地区。如在青铜礼器使用制度方面其鼎、簋相配的等级规定,楚与周礼一致,一直到战国末年的楚幽王墓仍是恪守九鼎八簋之制。①

随着楚国势力渐大,大约"从春秋中期开始,楚自身的特点已慢慢表现出来"②,最突出的有以下几方面。首先是战国楚贵族墓葬器物组合中陶礼器的普遍使用。中原地区东周墓"一般出青铜器的大墓不出陶器,而出陶器的小墓又不出铜器","楚墓则不然,有些类别很高的贵族墓也出日用陶器和仿铜礼器"③。具体而言,春秋时期楚上层贵族一般不使用仿铜礼器,战国上层贵族墓的随葬品,以"青铜礼器、乐器、车马兵器、玉器为主,然而也少不了仿铜陶礼器,并且有的还随葬一些实用陶器……仿铜礼器的运用已非常普遍","这是一个很大的变化"④。战国楚上层贵族墓陶礼器的使用,体现了楚丧葬之礼的变化与改革,楚"丧礼改革包括使用陶制的明器陪葬和用木制的俑代替杀殉奴隶陪葬"⑤,盖是这些改革使楚丧礼的特点慢慢凸现出来。

其次,楚墓随葬品器物组合中包括楚特有的器物。在现已出土的墓主身份稍高的战国楚墓中,几乎每墓都出土有漆木器,漆木器中最具楚文化风格的是镇墓兽、虎座飞鸟、虎座鸟架鼓等。"这些器在旁处见不到,因而成为最具特色的东西"⑥。这些独具特色的器物组合表现了楚丧葬之礼的鲜明特点。

第三,战国楚墓多有墓道。按周礼制,只有天子墓才能用墓道,但

---

① 刘彬徽:《楚系青铜器研究》,湖北教育出版社,1995 年,第 501—502 页。
② 郭德维:《楚系墓葬研究》,湖北教育出版社,1995 年,第 107 页。
③ 郭德维:《楚系墓葬研究》,湖北教育出版社,1995 年,第 11 页。
④ 郭德维:《楚系墓葬研究》,湖北教育出版社,1995 年,第 20 页。
⑤ 皮道坚:《楚艺术史》,湖北教育出版社,1995 年,第 123 页。
⑥ 郭德维:《楚系墓葬研究》,湖北教育出版社,1995 年,第 21 页。

楚墓在战国早期就有使用墓道的,中原地区到战国中期以后,才见使用墓道,而且限于墓主身份较高的墓,一般中小型墓从未发现使用墓道。但楚墓却不完全一样,最早见到墓道的楚墓并不大,墓主身份等级也不一定高,相反有些时代较早身份较高的大墓并不一定使用墓道。这些现象说明,战国楚墓使用墓道,"不能说是对周礼的僭越,而只能说楚不一定沿用周的礼制"①。

战国楚之礼仪制度,其大体是遵循周制,亦有楚的特点。自楚异于周礼的特点视之,有人谓此为楚"不受制",即楚人礼仪不受周礼的节制规范。为此荀子谓曰"不然"。他说:"王者之制也,视形势而制械用,称远迩而等贡献,岂必齐哉!"杨倞注:"即《礼记》所谓'广谷大川异制,民生其间者异俗,器械异制,衣服异宜'。"这是说,王者的礼仪制度要因地制宜而有所变通,同一制度要允许异俗、异制、异宜。如计税赋,要计算输送路程远近,区别等次,不能不分远近而数量同一。据荀子是论,楚礼仪制度与周礼相较所体现出的楚的特点,不是楚"不受制",而是"视形势而制械用"。荀子这一判断,符合楚礼仪制度和周礼关系的实际。

五、工艺美术的成就

战国时期,安徽地区的工艺美术蓬勃发展,青铜器、漆器、玉器等的艺术成就斐然。

青铜器 战国时期安徽地区的青铜铸造技术有较大进步,不仅采用浑铸与分铸、大焊和小焊,发展了镶嵌技术,而且还普遍使用金银错这样的尖端镶嵌技艺。② 各种铸造技术的进步,使得青铜器的造型式样更加丰富,青铜工艺达到了历史最高水平。战国时期,青铜器在安徽地区使用日益普遍,安徽有半数以上的市县出土了战国青铜器,出土地域范围广,出土青铜器数量大,精品多,艺术价值高,在全国占有重要地位,而最具代表性的是安徽寿县朱家集李三孤堆楚王墓青

---

① 郭德维:《楚系墓葬研究》,湖北教育出版社,1995 年,第 57 页。
② 李修松:《战国时期淮河流域手工业述论》,《东南文化》1992 年第 2 期。

铜器。

　　1933 年发现的安徽寿县朱家集李三孤堆楚王墓,虽遭多次盗掘,现存青铜器仍有 700 多件,出土青铜器数量大;铜器种类齐全,有各种礼器,还有大量日用生活器,如饮酒器、食器、水器和容器,以及量器、兵器、生产工具等。[①] 李三孤堆楚王墓青铜器,尤其是青铜鼎器,器型风格以粗壮、雄浑,不尚雕饰为主要特点,其造型和装饰呈现出由精美华丽向雄伟浑朴的转变。

　　李三孤堆楚王墓出土的"大铸客鼎",鼎高 113 厘米、口径 87 厘米,腹深 52 厘米,重达 400 多公斤。铸造时,需用 16 个大坩埚同时冶炼铜汁,再同时浇铸,工艺的复杂性和难度很高,反映了当时安徽地区浑铸技术的进步。[②] "大铸客鼎"是迄今发现的两周最大最重的青铜鼎,其体积与重量只有商代的司母戊鼎方可与之相伯仲,两鼎一前一后分居商、周二代青铜重器之首。"大铸客鼎"不仅体量巨大,其造型也凸现出力量与气势,具有王者气象。该鼎的三足为蹄足造型,三只蹄足粗壮雄健,蹄部厚实,蹄足根部铸有高浮雕翻转涡纹,涡纹简括有力,给人以力量升腾之感,似乎由此三蹄足托起这巨大之鼎身是轻而易举之事,呈现出一种拔山盖世的气势。

　　同墓出土的"楚王畲鼎"和"熊肯匜鼎",其造型方面亦采用了与"大铸客鼎"相近似的表现手法:器型构成方面,突出直线,减少斜线,尽量显现铜鼎的气势与力度。如"楚王畲鼎"的蹄足造型亦如"大铸客鼎"同样粗壮有力,且其运用直线来构成鼎的外部轮廓,如近乎笔直的鼎足附于鼎腹外壁,附耳呈方硬有力的转折。这些表现手法使该鼎轮廓分明,造型豪放粗犷,此鼎通高仅 55.6 厘米,体重也远不及"大铸客鼎",但"其威猛凌厉的气势,却有过之"。它"在所有商周铜鼎中别具一格","极富新意"[③]。"熊肯匜鼎",鼎有外伸流口,方耳外折,圆腹直壁平底,三蹄足。蹄足笔直粗壮,鼎形轮廓方硬,造型简朴。鼎流口略微扬起,以及一对外折近平的方形鼎耳,增添了几分活泼的动感之

　　① 刘和惠:《楚文化的东渐》,湖北教育出版社,1995 年,第 190—197 页。
　　② 王传厚:《楚大鼎及其出土后的经历》,《文物天地》1981 年第 2 期。
　　③ 皮道坚:《楚艺术史》,湖北教育出版社,1995 年,第 243 页。

美,但仍掩盖不住其逼人的阳刚之气。

李三孤堆楚王墓青铜器在装饰方面则表现出"以素为贵"的审美倾向。在李三孤堆青铜器群中,楚系青铜器一些常用的镂空透雕与嵌错装饰技术,几乎未见运用,装饰向简朴方向转变。其青铜器上花纹的制作也多转向采用操作便利的模印方法,铜器装饰花纹也越来越抽象化和几何图案化。如"环梁方壶",器腹饰有模印纹饰,其线条细如游丝,纷繁回旋,变而不乱,仔细观察这些几何化了模印纹饰,仍可发现龙、凤纹,蟠螭纹的踪迹,只是它们只保留了眼、嘴、爪等传神部分,身躯或以几何图形表示,或极度简化,不显首尾。李三孤堆楚王墓青铜器中还有相当数量的素面日用青铜器,即铜器通体素面无纹。楚王墓青铜器上述装饰特点,显示了此间楚青铜艺术趋向简朴的审美意向。

以上述诸器为代表的李三孤堆楚王墓铜器,造型方面崇尚力量、气势,追求粗犷雄伟;装饰方面趋向简洁素朴,"以素为贵";"各器造型都有新意,不主故常"①。这些都表现出战国后期安徽地区楚系青铜器艺术风格的一种新倾向,即对"传统的秀丽纤细,富丽繁缛作风的厌倦"②。这一审美意向的转变,"开启了青铜器艺术的一个新阶段,给予汉代青铜器造型以直接影响,汉代出土的一些镶尊就与李三孤堆楚墓所出几乎别无二致"③。

漆器 春秋战国时期,安徽是重要的漆器出产地区,也是东周漆器出土较为集中的地区之一。其春秋古墓出土有漆器的主要有舒城的九里墩墓和河口墓、青阳龙岗墓、六安九里沟墓、寿县蔡侯墓等。

这些古墓出土的漆种类较多,器型有鼓、盒、马甲、竹弓、豆、樽、枕、竹节器和髹漆石编磬等。胎质以木胎为主,还有皮革胎、竹胎、竹编胎以及陶胎和石质胎。漆颜色以黑色、朱红色为多,施纹多以黑色漆为底,朱红色漆绘纹。纹饰主要有云雷纹、弦纹、夔纹。安徽出土的春秋漆器中最具漆器工艺价值的要属石编磬髹漆工艺和贴金漆器

---

① 皮道坚:《楚艺术史》,湖北教育出版社,1995年,第245—246页。
② 皮道坚:《楚艺术史》,湖北教育出版社,1995年,第243页。
③ 皮道坚:《楚艺术史》,湖北教育出版社,1995年,第246页。

工艺。

安徽石质胎漆器见于舒城县九里墩墓，该墓是一座较大的贵族墓，随葬漆器甚多，多已残腐，"其中石编磬髹漆最为重要"①。该墓出土 5 件石编磬，其中一件外壁涂黑漆，绘朱红色云雷纹，这是石质髹漆的重要例证。贴金漆器发现于蔡侯墓中，该墓有大量随葬漆器，漆器均已残朽，仅见漆片，有些漆片上还发现有金叶。金叶有圆形、云形、兽面形、燕尾形等类型，多粘在漆皮上，这是贴金漆器的重要物证。在漆器工艺发展史上，"贴金箔髹饰漆器工艺非常重要"②。

战国时期，漆器大为流行，楚是此间重要的漆器出产国，新中国成立以来发现的 5000 多座楚墓中，有近千座出土有漆器③，其中有不少是在安徽地区。从出土的漆器实物看，安徽地区战国时期漆器使用已相当普遍，一般下层贵族，甚至平民，死后也用漆器随葬，漆器种类繁多，造型新颖，工艺更加精美。漆器发展的总体趋势是日益实用化，以日常生活用品居多。

如安徽舒城县秦家桥战国墓出土漆器 16 件，有樽、奁、盒、耳杯、梳篦等，还有木桶 20 个、竹笥等。这些漆器基本都是日用生活器。其中有 2 件漆耳杯，为战国时期楚国的饮酒器。两杯形制相同，均为木胎，椭圆形，小平底，新月形耳微上翘。杯内涂红漆，口沿器外涂黑漆，口沿内绘方形几何纹、云纹。杯两耳及口沿外绘三角纹、勾连云纹，器身外部绘云纹 4 处。这 2 件漆耳杯制作技艺精湛，为战国漆器的精品。该墓还出土金扣漆盒 1 只，它是战国时期楚国的生活用具。漆盒木胎，盒身、盒盖都用镀银的铜扣镶边，子母口扣合，盖及身各有 1 道镀银铜扣，盖上部反器底的圈足也镶以镀银的铜边。盖及身各有凹弦纹 2 道。器表面涂黑漆，用红漆绘云纹、变化凤纹和几何纹。器内涂红漆，上下各用黑漆涂成圆块，用红漆绘云气纹和变形凤纹。这只金扣漆盒，使用了在漆器木胎口沿上用金、银、铜等金属为扣（统称金扣）包镶的工艺，漆盒铜扣上的错金花纹生动流畅，体现了实用性和艺

---

① 院文清：《春秋漆器概论》，《楚文化研究论集》第五集，黄山书社，2003 年。
② 院文清：《春秋漆器概论》，《楚文化研究论集》第五集，黄山书社，2003 年。
③ 张正明主编：《楚文化志》，湖北人民出版社，1998 年，第 62 页。

术性的完美统一,具有很高艺术价值。

在安徽战国古墓中还发现漆衣陶器,就是在陶器表上髹漆绘画而制成的陶质器物。如安徽六安城北战国楚墓出土的髹漆陶器,器表通体均髹黑漆,出土时仍光可鉴人。其中之壶与钫,在黑漆底上又饰以红、黄之色绘制的各种花纹,构图新颖,线条流畅,在一定程度上反映了安徽地区漆器彩绘艺术的水平。①

玉器② 安徽地区出土的玉器最早可追溯到新石器时代,玉器种类有工具,如玉铲、玉斧、玉刀等;礼仪用品,如玉璧、玉琮等;还有玉璜、玉龟、玉环等玉制品。商周时期,安徽玉器多为礼仪之器。战国时期,安徽玉器进一步世俗化,更多地成为当时贵族佩带的装饰品,其造型与制作工艺均达到当时楚国玉器的最高水平。其中安徽长丰县杨公乡战国楚墓所出土的玉器,是"迄今所见最精美的战国楚玉器"。该地战国楚墓出土的"龙凤纹玉佩"、"龙凤青玉佩"、"雕刻玉璜"、"龙形青玉佩"等玉器,皆为战国楚国玉质装饰品。其"造型奇特,精雕细刻","无论构思设计、艺术样式,还是在制作技艺方面都体现崭新的风貌。楚艺术如云霓陆离、缥缈灵动的风格在这些晚期的玉器作品中被表现得淋漓尽致"。③

长丰县杨公乡战国楚墓出土的"龙凤纹玉佩",长21厘米,宽11.2厘米,厚0.8厘米。玉质黄白色透明,为和阗玉质。玉佩采用镂雕和浮雕手法,雕刻出龙凤形图案。龙头有角,口略张,上唇上卷,下唇内敛,椭圆形眼。龙作昂首回顾状,龙背部有一圆孔,龙尾连接凤身,满雕不规则排列的卷云纹。凤首下瞰,尾翘起。龙体转折弯曲呈S形,形成龙体翻转游动的强烈动感,气度威猛不凡。"此器最能体现楚艺术流畅而峭拔劲健的风格,如此造型奇特,形体较大,制作精细的玉佩,在战国玉器中实属罕见"。④

龙凤青玉佩,玉质为青色和阗玉质。器长15.4厘米,宽6.8厘

---

① 褚金华:《六安城北楚墓》,《文物》1993年第6期。

② 安徽省文物志编纂委员会:《安徽省志·文物志·玉器》,方志出版社,1998年。

③ 皮道坚:《楚艺术史》,湖北教育出版社,1995年,第306页。

④ 皮道坚:《楚艺术史》,湖北教育出版社,1995年,第306页。

米,整器呈拱桥形,左右花纹对称。采用镂雕和浮雕手法雕刻龙凤形图案。上部为二龙合体,一端龙头作昂首前眺似吼状,造型刚健婀娜,线条流畅婉转,呈现一种意气风发的动势。在拱形龙身下对称镂雕两直立凤鸟,凤鸟相背而立,鸟尾相连,长冠卷尾,意态昂扬。龙体通身满饰细致规整的浅浮雕流云纹,与凤鸟部分的繁复细密的透雕镂孔在形式感上造成疏密简繁的对比。此器设计之独具匠心,雕琢精湛,为战国玉器精品,是研究战国时期玉雕艺术的珍贵实物资料。

雕刻玉璜、龙形青玉佩皆制作精美,其作风与以上两玉器相近似,也是通体饰勾连云纹和沿饰阴线弦纹,器或琢为龙、凤形,或以龙、凤等形象为器身附加装饰,形象活泼矫健,轮廓线条流畅而富于曲折变化,均表现出云霓陆离缥缈灵动的艺术风格。

长丰县杨公乡战国晚期楚墓出土的这些玉器雕工熟练,想象丰富,构图巧妙,奇异多姿。其中璜、佩的整体造型尤为新颖,运用透雕和浮雕的手法,把龙凤的种种形态表现得栩栩如生。[①]“它们那富有新意的器型纹饰以及新的系列化设计,体现了一种追求精巧、繁丽、新颖与多样化的时代风尚,也反映了上层社会对原本主要用作礼仪规范的玉器之艺术欣赏价值的发现”。[②]

战国时期安徽地区的工艺美术成就还表现在陶器、琉璃、金银器等方面。陶器工艺方面,如 1974 年在安徽淮南谢家集红卫轮窑厂战国墓出土的青釉瓷罍。该器为战国时期的原始青瓷器,器胎质坚硬呈灰白色,通高 23 厘米,底径、口径分别为 17.6 厘米、20.4 厘米,最大腹径 35 厘米。近耳处的口边饰 5 组涡纹,口、腹施青釉不及底。保存完好,造型美观,是一件不可多得的原始青瓷器。[③]

琉璃,即原始玻璃工艺方面,如安徽亳州北关柴家沟 16 号春秋末战国早期墓出土的蜻蜓眼玻璃珠,共 10 粒,为春秋战国之际的玻璃装饰品。珠呈抹角方形,大小基本一致,高、宽、厚均 0.8 厘米,中间穿孔较粗,孔径 0.35 厘米。珠体呈淡青色,有明显气泡眼。孔周分布 4 个

---

① 李修松:《战国时期淮河流域手工业述论》,《东南文化》1992 年第 2 期。
② 皮道坚:《楚艺术史》,湖北教育出版社,1995 年,第 308 页。
③ 安徽省文物志编纂委员会:《安徽省志·文物志》,方志出版社,1998 年,第 303 页。

白色圆块,中心加黄色点,点周围又加一黄色圈,黄白相间,近似蜻蜓眼状,故名蜻蜓眼玻璃珠。每粒珠子的两面都有 8 个蜻蜓眼。珠子颜色典雅,造型精巧,反映出当时高超的铸造水平。柴家沟 16 号墓年代属于春秋战国之际,此时中国与西域或东南亚尚无来往,因此该墓出土的玻璃珠当是国产的。其复杂的铸造技术和化学成分,说明此间我国玻璃工艺达到了相当高的水平。亳州古玻璃珠的发现,为研究中国古代玻璃史提供了重要实物资料,也是证伪中国古代玻璃外来论的重要佐证①。

战国时期,安徽金银器的制作工艺水平也很高,产生不少艺术精品。其代表性作品为安徽寿县出土的楚王银匜。银匜体呈瓢状,无足,通体光素,以匜流为中线由底部至口沿略微收缩,将匜做成两个半边瓢形相结合的造型,颇为别致。匜流下的器腹部和匜的外底部别刻有“楚王室客为之”和“室客十”等文字,笔画纤细秀丽。“此银匜以造型见长,通休无纹的素朴简约作风与银的材质美感相得益彰,与楚艺术中占主导地位的雕缛繁缛趣味则大相径庭,这可能预示一种新的审美趣味的出现,也可能是为使来访国宾感受到一种深藏不露的泱泱大国之风而作的设计处理”。②

① 安徽省文物志编纂委员会:《安徽省志·文物志》,方志出版社,1998 年,第 465—466 页。
② 皮道坚:《楚艺术史》,湖北教育出版社,1995 年,第 311—312 页。

附录一
先秦时期安徽大事编年

史前

距今 240 万年左右,繁昌人字洞发现有人类活动。

在安徽巢湖流域出现早期人类活动迹象,在繁昌人字洞遗址发现诸多人工打制石器、骨器和人类活动遗存,说明这里是早期人类活动地点之一。

距今 80 万年至 20 万年,水阳江畔有古人类存在。

在安徽南方的水阳江流域开始有古人类生存,虽未发现人类化石,却发现若干石器地点,属于南方典型砾石文化系统。

距今 30 万年至 20 万年,和县有晚期直立人活动。

在安徽和县一带已有古人类生存,属于晚期直立人。在和县龙潭洞陶店镇汪家山北坡的龙潭洞发现的人类化石被称为和县人。

距今 20 万年左右,巢湖有早期智人活动。

在安徽巢湖一带有古人类生存,属于早期智人。在巢县银山发现人类化石,被称为巢县人。

距今 8000 年左右,宿州小山口发现安徽最早新石器时代遗址。

安徽北部地区有新石器时代先民居住。遗址主要发现于淮北的东部,现已发掘属于该文化的遗址有宿州的小山口遗址和古台寺遗址。这类遗存代表了安徽北部地区早期史前文化的一种新类型,其时代与山东地区的后李文化相当。

距今7000年前后,蚌埠及周围地区出现双墩文化。

在安徽淮河中下游一带生活着新石器时代原始先民。在蚌埠市北郊原吴郢乡(今小蚌埠镇)双墩遗址出土有数以万计的陶片、兽骨及石、蚌、骨角器等遗物,在这些陶片上发现刻画符号600余个。以该遗址文化特征为代表的考古学文化被称为双墩文化,此类特征在怀远、凤台、定远等地也有发现。

距今6000至5000年,潜山及其周围出现薛家岗文化群落,并建有城池。

在皖西南一带生活有新石器时代原始先民,在考古学上以潜山薛家岗遗址的文化面貌为代表,被称之为薛家岗文化。其分布范围长江以北,大别山以南,巢湖以西,宿松、湖北黄梅以东的广大地区内。

距今5000年左右,含山凌家滩遗址出现大量玉器等文物。

安徽巢湖流域有原始先民居住,以含山县凌家滩遗址为代表,出土的一批具有显著地方特色的陶器,墓葬内大量玉器的出土也是江淮地区的一种特殊的文化现象,该遗址是江淮地区一个新的原始文化类型。

距今5000至4000年,大汶口文化与龙山文化相继进入沿淮淮北地区。

安徽淮河两岸、长江南北均有原始先民居住,遗址分布众多,其中以蒙城尉迟寺、萧县金寨、黄山区的蒋家山等遗址为代表,考古学文化面貌上相继属于大汶口、龙山文化。

夏商西周时期

虞夏之际(约公元前21世纪),大禹治水。

尧舜以来的大洪水随着气候的趋稳、降雨恢复正常,沿着我国西北高、东南低的地势渐次回落。大禹在其父鲧治水失败后受命领导人民治水,将积水由高处疏导向低处,使之汇聚于湖川及低凹湖泊之地,最终流入大海,获得成功,促进了经济社会加速发展,被推举为部落联盟首领。大禹治水的地域,包括今安徽淮河流域一带。

虞夏之际(约公元前 21 世纪),禹征三苗于江淮。

禹治水的过程中,继尧、舜之后乘三苗遭遇特大自然灾害之机再次征讨之,将其彻底击败,赶往南方山区。当时三苗的地望,在今长江中游的洞庭湖、鄱阳湖和江淮一带。

虞夏之际(约公元前 21 世纪),禹会诸侯于涂山。

夏王朝建立前,大禹乘治水成功和征服三苗的威势,就近在他的妻族涂山氏所在地"大会诸侯",四面八方的方国部落首领携带玉帛之类的礼品前来与会,纷纷拜倒在大禹的脚下。防风氏后至,被大禹所杀。此会是大禹树威立信和诸侯归禹的盛会,为夏王朝的建立奠定了基础。传说禹还曾南巡至霍山即衡山。

虞夏之际(约公元前 21 世纪后期),皋陶之后封于英、六。

大禹成为部落联盟共主之后,遵照传统,举荐辅助自己功劳最大的皋陶为继承人,但不久皋陶卒。为彰显其功,封皋陶诸子为英国、六国等诸侯。六国的地望,在今安徽六安市一带,六安有皋陶墓,英在金寨一带。

夏朝末年(约公元前 17 世纪),桀奔南巢。

夏桀暴虐无道,阶级矛盾、民族矛盾激化,引发东夷大规模反抗。商汤乘机联合广大的方国部落征讨夏桀,在鸣条之战中将其彻底击败,传说夏桀辗转逃亡至今安徽巢湖市一带,称南巢,或者说被商汤流放于南巢,最后死于其地。

夏末商初(约公元前 17 世纪),商汤兴起于亳。

夏桀统治残暴,引起东夷大规模反抗。商汤乘机兴兵,广泛联合其他反抗力量,灭了夏朝,建立了商朝。商汤灭夏前的都城亳,史称南亳,在今河南商丘之南的谷熟集附近,靠近今安徽亳州。商汤兴起灭商的基地包括今安徽北部部分地区。

商朝末年(约公元前 11 世纪),商纣征伐淮河流域人方。

商末政治黑暗,社会矛盾、民族矛盾激化。据甲骨文记载,帝乙、帝辛统治时期,曾连年对分布于今淮河流域一带的人方进行大规模征

战。战争耗尽了财力和人力,被西方兴起的周人乘机灭亡。史书记载"纣克东夷而陨其身",纣即帝辛,当时的人方属于东夷。

周初(约公元前 11 世纪中期),周公东征伐淮夷。

周武王过世,年幼的姬发即位为周成王,周公姬旦辅政。商纣王之子武庚勾结对周公不满的管叔、蔡叔,联合东方广大地区的东夷(包括分布于淮河流域的淮夷)各部发动大规模叛乱。周公"内弭父兄,外抚诸侯",及时协调巩固好内部关系后,便亲率大军东征,经过三年艰苦的征战,终于平定了叛乱,诛杀管叔,流放蔡叔,稳定了局势,巩固了政权。

周初(约公元前 11 世纪末 10 世纪初),封建诸侯。

周王朝实行"封建亲戚,以藩屏周"的分封制,姬姓亲戚被分封于中原一带和要害之地;其次为与周人结为姻亲的功臣们,也占据较好的地方;第三为古代帝王之后,给予一定的优待;第四为投靠(降)周人的周边方国部族,被就地承认,一般赐予子、男之爵。今安徽当时地处边荒,其地域及边境国族可分为:①少数为封土授民之国,如宋、陈、沈等;②大多为当地土著之国族接受周王室分封者,包括徐淮夷(含群舒);③部分为外地迁来之国族。

周穆王时(约前 900)伐淮夷徐夷。

西周中前期,分布于淮河流域的徐淮夷(含分布于江淮一带的舒夷)势力进一步发展,时常联合反抗周王朝。周穆王时,位于今安徽泗县至江苏泗洪一带的徐国君主徐偃王,乘穆王西征,无力东顾之机,"乃率九夷以伐宗周,西至河上。穆王畏其方炽,乃分东方诸侯命徐偃王主之。"据传说"陆地而朝者三十有六国。"后来,穆王联合楚人,两面夹击,加以徐君过于仁厚,最终被镇压下去。穆王还曾率军至江淮、九江一带,讨伐越。

周厉王时(约公元前 9 世纪中期),淮夷伐周至伊、洛。

据西周时期有关铜器铭文记载,周夷王时淮夷反抗,周师讨伐。至周厉王时,由于他统治残暴,淮夷连续掀起两次规模巨大的反抗。第一次反抗时,淮夷的军队深入周王朝畿内伊、洛一带,前锋直达宗周腹地,使周王朝遭受重创。厉王命虢仲讨伐,未能取胜。厉王亲率大军征讨淮河流域夷人,一直打到位于今安徽桐城一带的桐。但时过不久,淮夷再次反抗。受厉王倚重的鄂侯驭方联合南淮夷、东夷广伐南国、东国。周王朝出动宗周和成周二都的全部精锐,采取"勿遗寿幼"的三光政策,经过反复激烈较量,最后才将其击败。

周宣王时(公元前 9 世纪后期),征伐淮夷。

周宣王时淮夷反抗又告激烈。为有效防御淮夷的进攻,宣王在今河南南阳一带分封了申、甫等国,加强周人在淮北的力量,以求形成有效的防线。随后便开始大规模征伐,杀戮了淮夷 4 位首领,掳获了大量的士女牛羊及吉金(青铜),大获全胜,迫使淮夷臣服。然而,此时的西周王朝已病入膏肓,周宣王的"中兴"不过是回光返照,西周王朝不久就覆灭了。

春秋时期

春秋初期(约公元前 8—前 7 世纪前期),安徽方国林立。

安徽地区除宋、陈、徐(皆有安徽之一部分)等国家较大外,尚有小的方国部族近 20 个,社会发展一般较落后,大都处在原始部族向文明国家的转变时期,其中多数为嬴、偃二姓的夷族,少数为中原上古著名大族的后裔,如焦、胡等。皖南考古也发现一些古城、古国,文献失载,主要是土墩墓文化的创造者。一些人认为吴之先曾居皖南。

春秋前期(公元前 8—前 7 世纪),宋东向扩张。

宋原来"与周为客",是一个较大的国家,春秋时逐渐东向扩张,占有安徽淮河以北部分地区,势力一直扩张至今徐州以东,至宋襄公时企图利用诸侯之间的矛盾而称霸,不成而死。宋人在文化上虔诚多君子,变通不够,又笃信鬼神。

周庄王十五年(前 682),萧成为宋附庸国。

宋万弑宋闵公于蒙泽,叛乱,立子游为宋君。群公子奔萧。萧叔大心及戴、武、宣、穆、庄之族以曹师伐之,立桓公,宋封大心为附庸,从此成为宋国的附庸势力,与宋之公室时有争斗。鲁庄公二十三年,萧

叔朝鲁公。周襄王二十二年介人侵萧。周定王十年楚灭萧。后复之。萧地是楚国东通齐鲁泗上的要道,一再受到楚国的攻伐。

周惠王二十年(前657),徐人取舒。

其时楚国开始向淮河流域扩张,徐国为了对抗楚人的东向扩张,控制了淮河沿岸及江淮之间的地方。或者以为徐人的势力已扩大到汉水以东的地方。为了应对楚国的进犯,徐国联系了淮河上游的一些夷族国家,如江、黄等国。

周襄王七年(前645),楚伐徐。

徐即诸夏故也。楚败徐于娄林(今泗县)。诸侯救徐,齐人为此伐厉(河南鹿邑与涡阳之间)、伐英氏。

周襄王十五年(前637),楚取陈之焦、夷。

焦即今亳州市,夷即今亳州城父镇,楚第一次占有安徽地面的城邑,以后这里成为楚在东方南征北战的据点。

周襄王三十一年(前621),楚灭六、蓼。

楚派成大心与仲归帅师灭六国。当年冬天,楚又灭了六国旁边的蓼。鲁国大夫臧文仲听说六、蓼被灭,感慨道:"皋陶、庭坚,不祀忽诸。德之不建,民之无援,哀哉!"六在此前已附属于楚。六和蓼与东夷同出一源,所以楚人东逼,导致六与东夷国家的联合,企图因此而脱离楚国的控制。结果被楚所灭。此地为楚国进军江淮的要道。

周襄王三十三年(前619),楚与吴、越盟于滑汭。

滑汭当今巢湖西北、肥西东南一带,说明三国势力相会于江淮。其后不久楚吴展开了在江淮地区的争夺。

公元前7世纪后期至前6世纪初,楚灭群舒。

先是,楚灭六、蓼后进入江淮地区,群舒迫于楚的压力,臣服之,但因为不情愿,叛服无常。周顷王四年(前615)"群舒叛楚"。夏天,楚子孔执舒子平及宗子,遂围巢。周定王六年(前601)楚灭舒蓼,设县而疆之。周简王十二年(前574)楚人灭舒庸。周灵王二十四年(前548),楚屈建帅师灭舒鸠。周敬王十二年(前508),桐叛楚,从吴。群舒人虽然仍以族群方式存在,但已没有独立性,部分人可能过江而进入江南地区,其地众多的文化遗存与江北相接近说明之。征服群舒,楚国控制了江淮之间的西部。

公元前7世纪后期至前6世纪初,孙叔敖主持修建芍陂。

楚人进军江淮的同时,由楚令尹孙叔敖主持,利用当地的地形与水源在今寿县南,修建大型陂塘蓄水工程芍陂,不仅可以蓄水排涝,而且可以灌溉农田,使这里成为楚国的经济要地,为楚国全面控制东方及以后迁都淮域奠定了物质基础。

周简王二年(前584),吴始伐楚。

主要是伐巢、伐徐。楚子重奔命救之。吴入州来。子重自郑奔命。子重、子反于是乎一岁七奔命。蛮夷属于楚者,吴尽取之,是以始大,通吴于上国。

宋共公(前588—前576)时,迁都相城。

宋在西周后期至春秋初期一度有所发展,楚国的东进改变了这一趋势,宋因处在中原与南方交往的通道上,一再受到楚、吴的进攻与打压,周定王十二年九月(前595),楚围宋城,至第二年五月,前后达九月,致使宋人易子而食,城破不堪,继位的宋共公不得不迁都相城(今淮北市)。在楚军不断打击下,宋国开始衰落下去。

楚灵王在淮北的迁国运动(前533—前529)。

为与吴国争夺淮北地区,进行一系列迁国行动,先是将在方城外叶地的许迁到夷(城父),将夷地的陈人迁到陈城,又灭蔡以为县,复将沈、胡等六国一并迁于楚的内地,然后又围徐以惧吴。一系列的灭国迁民行动说明楚国在消灭这一地区的不稳定因素,加速楚化的进程中,也使这里的民风激荡,思想活跃,后来这里产生了老子这样的大思想家。

周敬王元年(前519),吴、楚鸡父之战。

先是吴在晋国等的帮助下与楚争地,争夺的焦点在颍水一线向南至皖西一带。周敬王元年(前519)吴边邑卑梁与楚边邑钟离发生争

桑事件,最终导致两国于鸡父(当沿淮附近)大战,吴国打败以楚为首的蔡、陈、胡、顿、许、沈等七国军队,吴势力深入皖西北。

周定王六年(前601)越人主动联合楚国攻吴。

越大夫胥犴劳楚王于豫章之汭(江淮之间)。越公子仓归楚王乘舟,仓及寿梦帅师从楚王伐吴。吴人踵楚,楚边人不备,遂灭巢及钟离而还。春秋时楚、越之间隔着吴国,周定王六年(前601)楚在群舒之地的滑汭"盟吴、越而还",以后越国多次助楚抗吴。越与楚之联系,主要沿新安江等到达皖南,越黟山(今黄山)至鄱阳湖东,再北上至古九江一带过江,进入江淮之间。

周敬王八年(前512),吴灭徐。

徐国的都城在泗县与江苏泗洪之间,嬴姓国家,齐桓公时徐曾即诸夏而抗楚,也与吴国相友善,但为楚国一再相逼与讨伐,在吴楚争战中备受欺凌。因处理吴国降将不当,公元前512年,遭吴国水淹而亡。徐王章羽奔楚,子孙分散,其文化影响南中国。

周敬王十四年(前506),吴军攻入楚都。

吴国在伍子胥等人的带动下,联合唐、蔡进攻楚,五战而攻入楚都。后吴国北上争霸遭越袭击而衰亡,楚国最后占有安徽的大部分地区。吴、楚之争主要在安徽江淮与淮北地区,对该地区历史文化及与周边地区的关系产生重要影响。

周敬王二十七年(前493),蔡迁州来。

蔡本居河南上蔡,为楚所迫迁于新蔡,但仍然经常遭到楚的欺压,为求得吴国的保护,蔡昭侯二十六年迁国于州来(今寿县),延续四代再为楚国所灭。蔡对于这一地区的开发作出了贡献。

春秋时楚国一些重要人物封于安徽。

著名的有伍氏家族,出过伍奢、伍举、伍子胥(员)等,封于古椒邑(今全椒);楚出太子建于城父,其子白公胜为居巢(今六安东)大夫;孙叔敖家族封于期思之边鄙,可能当今河南商城至安徽金寨一带,其子封于寝丘(在今临泉)。分封既是为了镇守新夺取的地区,也有利于开发楚之边地。

春秋时期安徽青铜业的进一步发展。

安徽各地都发现了春秋时期的青铜器,青铜器的数量巨大,种类也十分复杂多样,像蔡侯墓出土的青铜器,甚至成为春秋后期中国青铜铸器水平的代表。安徽青铜器水平的提高与皖南地区铜陵、南陵等地铜矿的大量开采密切相关,文献中经常提到的淮夷贡献"南金",主要就是皖南与江淮地区开采的。

战国时期

吴王夫差二十三年(前473),越灭吴。

经过多年的争斗,吴最终为越所灭,安徽进入楚、越、宋争夺的战国时代。

楚惠王四十二年(前447),灭蔡。

蔡在昭侯时(前493)迁州来,依重于吴,吴灭从越。楚灭蔡,占有淮水中游重要的枢纽地带,为其南下江南、东进淮泗拓展空间奠定了基础。

楚惠王四十四年(前445),灭杞。

杞本为夏后苗裔,几经迁徙,约在越王勾践北上时,自鲁东北的洙水流域迁至夏州即汉代夏丘县(今泗县城关),继续存在了四世39个春秋为楚所灭,其独具特色的文化对于这一地区的民风习俗产生较大影响。

宋国迁都于相(前5世纪)。

相即今淮北市。早在春秋后期的宋共公时曾一度迁相,后迁回。战国以后迫于楚、魏的打压,大概在宋昭公、宋悼公时再自宋城(后曰睢阳)迁于相,宋政治中心东移,对淮北地区的社会发展产生深远影响。过去认为迁于彭城,不可取。

秦惠王十四年(前324),齧桑之会。

秦使张仪与楚、齐、魏大臣相会,盟齧桑,地当今蒙城以北,奠定秦

国统一天下的基础。

楚怀王时(前328—前299),置新大廐于江淮。

据包山楚简,楚怀王将新大廐(马舍)置于以苟陂为中心的江淮地区(其中6个邑),说明这里已成为楚国重要的经济中心。

楚怀王时(约公元前四世纪末),楚灭越。

楚在威王时曾重击越国,楚怀王十年(前319)城广陵,说明楚势力已深入今江苏扬州一带,后则利用越乱而灭之。安徽除北部一小部分属宋外,余皆为楚领地。

宋偃王时(前333—前286),宋国一度扩张。

偃王为宋之末代君主,十一年(前323)称王,希望有所作为,灭小国藤,东伐薛等,西败魏,南取楚国淮北之地三百里,势力至于淮水之滨,一时间称强。公元前286年,齐国利用诸侯之间的矛盾,三伐宋而取之,偃王败亡,齐也因此遭到诸侯的讨伐,几乎亡国。

楚顷襄王二十三年(前276),楚军收复江旁十五邑。

即楚国东保陈城的第三年,顷襄王集结东部江淮地区的军队10万余人,收复江旁盛产铜矿的15邑,大体当今湖北东部至皖西南一带,阻止了秦军进一步东进。

楚考烈王元年(前262),封黄歇为春申君。

楚任左徒黄歇为令尹,封为春申君于下蔡,改曰寿春,赐淮北12县地,后改封于吴。考烈王在位25年都是春申君当政,楚国进一步衰落。

楚考烈王十年(前253),徙都于钜阳。

楚因受到魏国三面进攻与威胁,自陈迁都于钜阳(今太和东北)以避祸,并且开始筑建楚国历史上规模最大的都城郢都寿春。

楚考烈王二十二年(前241),楚迁都于寿春。

以楚王为纵长,春申君主其事,赵、魏、韩、楚、燕五国最后一次合纵抗秦。诸侯军至函谷关,秦出兵反攻,诸侯兵未战而退走。楚国因此而迁都寿春,命曰郢。

楚考烈王二十五年（前238）病死。

考烈王死，春申君被李园伏士击杀，楚幽王即位，李园当政，一度击败秦将李信的军队，但楚国衰落之势不可逆转。

楚幽王十年（前228），卒。

幽王卒后，经过一番争斗，负刍立为王。

负刍五年（前223），楚亡于秦。

头一年，秦将王翦、蒙武帅60万大军攻楚，第二年攻下郢都寿春，楚王被俘，国亡。后楚将项燕反秦于淮（江）南，兵败自杀。安徽战国时代结束。

附录二
先秦安徽重要历史人物小传及资料表

人名	籍贯	年代	事迹	主要资料出处
有巢氏	巢湖，一说江淮之间	传说时代	古者禽兽多而人民少，有圣人教之巢居，号有巢氏，又曰大巢氏，昼拾橡栗，暮栖木上，故命之曰"有巢氏之民"	《庄子·盗跖》、《太平御览》卷七八引项峻《始学篇》、《博物志·杂说上》、《韩非子·五蠹》等
涂山氏女	怀远，一说河南嵩县	虞舜禹朝	大禹之妻，是始作"南音"，生子启为夏王朝开国之君，传说死后化为石	《尚书·皋陶谟》、《楚辞·天问》、《吕氏春秋·音初》、《史记·夏本纪》、《越绝书》等
皋陶	生于曲阜，死于六安	虞舜朝	偃姓，东方夷族领袖，是始作士，为中国司法之祖，死于六安，子孙封其地	《尚书·尧典·皋陶谟》、《史记·五帝本纪》
徐偃王	泗县	西周中前期	西周时徐国君主，曾为东方夷人三十六国盟主，攻周至洛水之滨，后失败而亡	《史记·秦本纪》、《荀子·非相》、《韩非子·五蠹》、《淮南子·人间训》、《后汉书·东夷传》、《博物志》卷七等
余（厥）斯于	凤阳	西周	钟离国先公	凤阳卞庄一号墓出土铭文，舒城九里墩墓鼓座铭文，《殷周金文集成》一八五
徐驹王	泗县	约当西周中后期	徐国君主，曾率东方夷国攻打周王朝至河上，或以为即徐偃王	《礼记·檀弓下》

钟离君柏	凤阳	春秋早期	钟离国君,墓葬发现于今蚌埠双墩	钟离君柏墓出土铭文
季子康	凤阳	春秋中期	钟离公柏小儿子,墓葬发现于今凤阳卞庄	凤阳卞庄一号墓出土铭文
管夷吾	颍上	春秋早期	春秋时期政治家,又称管仲,年轻时穷困,后相齐桓公,九合诸侯一匡天下,成其春秋第一霸业,尊为"仲父",子孙仕于齐	《管子》、《左传》庄公八年至僖公十七年、《史记·管晏列传》、《史记·齐太公世家》等
鲍叔牙	颍上	春秋早期	齐国大夫,少与管仲一起做生意,后荐管仲于齐桓公为相,以身下之,"管鲍之谊"为世称颂,子孙仕于齐	《史记·管晏列传》、《史记·齐太公世家》、《左传·庄公八年》
徐王鼯（量）	泗县	春秋早期	徐国国君	《出土夷族史料辑考》297—298
罗儿	泗县	春秋后期	徐王,字次又,即位前称罗儿,学者考证即《左传》昭公四年吴出之徐子	《左传·昭公四年》、《东南文化》1991年第1期
甚六	泗县	春秋后期	徐王孙,寻楚胡之子,善华夏与南土音乐	《东南文化》1983年第3—4期
蹇叔	濉溪	春秋中前期	初仕于干国,干亡居铚,后经百里奚推荐而仕于秦,以哭师谏主著名,为秦称霸西戎作出贡献	《史记·秦本纪》、《史记·李斯列传》、《左传》僖公三十至三十二年、《韩非子·难二》
徐子章禹（羽）	泗县	春秋后期	徐国末代君主,国灭于吴,出徐城入居城父,为太子时名羽	《左传·昭公三十年》、《殷周金文集成》十七、十八
徐王义楚	泗县	春秋后期	为太子时聘于楚,逃归,引起吴楚间一场大战,后继位为王	《左传·昭公六年》、《出土夷族史料辑考》323—324
诸稽耕	泗县	春秋后期	徐偃王后代,徐国令尹,曾作炉盘	《出土夷族史料辑考》328—329
伍举	全椒	春秋中期	楚大夫,伍奢父,伍参子,封于全椒椒山,又曰椒举	《左传·襄公二十六年》、《左传·昭公九年》、《国语·楚语》
伍奢	全椒	春秋中后期	楚大夫,曾为楚太子建师,因直谏遭谗而见杀	《左传·昭公十九年》、《国语·楚语》

(续表)

伍尚	全椒	春秋中后期	伍奢子,曾为楚棠君(公),至仁孝,因父而遭死	《左传·昭公二十年》
孙叔敖子	临泉	春秋中后期	因父功而封,子孙继之十余世	《吕氏春秋·异宝》、《淮南子·人间训》、《韩非子·喻老》等
伍员(子胥)	全椒	春秋后期	楚大夫,因父而遭害,逃亡吴,助吴胜楚入郢,后遭吴王杀害	《左传·昭公二十年》、《左传·定公四年》、《史记·伍子胥列传》等
容居	泗县	春秋后期	徐国大夫,使邾而展大国之礼	《礼记·檀弓下》
伯辰父	泗县	春秋早期	徐国太子,铸有鼎	《出土夷族史料辑考》295—296
沈子它	临泉	春秋早期	沈国君主,子爵,周公之后,或以为鲁炀公之后	《沈子它簋》
萧叔大心	萧县	春秋前期	宋国公子,因助平乱而封于萧为附庸,世代居萧	《左传·庄公十二年》、《左传·僖公二十八年》
舒子平	舒城	春秋中期	为群舒宗主,灭于楚	《左传·文公十二年》
老子	涡阳,一说河南鹿邑	春秋后期	道家创始人,曾任周王室守藏室史,著《老子》五千言,对中国历史文化产生深远影响	《史记·老子韩非列传》、《老子》、《庄子》
延州来季子	寿县	春秋后期	吴国公子,封延陵为延陵季子,立为吴王而不就,转州来而曰延州来季子,好礼而尚德,为吴国最有学问之人	《左传·襄公三十一年》、《左传·昭公二十七年》、《左传·哀公十年》
胡王豹	阜阳	春秋后期	胡国君主,归姓,因乘楚乱而扩张,鲁定公十五年为楚所灭	《左传·定公五年》
胡子髡	阜阳	春秋后期	胡国君主,归姓,鲁昭公二十三年死于吴军之攻	《春秋》经传昭公二十三年
杞缗公维	泗县	春秋后期	杞国后期国主,自鲁北迁国于夏丘(今泗县),四世后国亡于楚	《史记·陈杞世家》、《江汉考古》2001年第1期
养伯受	太和	春秋中期	养国君主,嬴姓,春秋中期当国	《周代南土历史地理》216—218

蔡昭侯申	寿县	春秋后期	蔡国君主,昭侯二十六年迁国于州来,曾疾楚而附晋,又亲吴而迁国,死葬于今寿县	《左传·定公三年》、《左传·哀公四年》
蔡侯齐	寿县	春秋战国之际	蔡国末代君主,在位4年,楚惠王灭之	《史记·管蔡世家》
沈子揖初	临泉	春秋后期	沈国君主,姬姓,周公之后,成公八年为晋所俘获	《左传·成公八年》
沈子逞	临泉	春秋后期	沈国君主,姬姓,鲁昭公二十三年死于吴军之攻	《春秋》经传昭公二十三年
沈子嘉	临泉	春秋后期	沈国末代君主,姬姓,鲁定公四年为蔡所灭	《春秋》经传定公四年
墨子	淮北市,一说山东滕州	春秋末期战国初期	宋大夫,为权臣所逼出走于鲁,之齐,又奔走于楚,为宋之和平而奔波,有《墨子》一书传世,其思想影响深远	《墨子》、《史记·孟子荀卿列传》附墨子传
相里勤	淮北市	战国前期	墨家弟子,著名学者	《庄子·天下》
庄子	蒙城,一说河南商丘,又一说山东东明	战国后期	战国时期道家代表人物,曾任蒙漆园吏,有《庄子》传世,在濠梁之上与惠施辩难,其思想影响广大深远	《史记·老子韩非列传》附庄子传、《庄子》
惠施	淮北市	战国中期	名家代表人物,庄子好友,曾任魏相,有"合异同","遍为万物说"等	《荀子》、《庄子》、《吕氏春秋》
儿说	淮北市	战国后期	宋国大夫,善辩者,持白马非马论	《韩非子·外储说左》、钱穆《先秦诸子系年》
宋鈃	淮北市	战国中期	又称宋荣子、宋子,宋尹学派代表人物,《汉志》称"其言黄老意"	《荀子》、《庄子》、《孟子》、《汉书·艺文志》、钱穆《先秦诸子系年》
甘茂	颍上,一说凤台	战国后期	助秦略汉中,定蜀,拔韩宜阳,以智贤闻名,秦国第一任右丞相,后仕于齐为上卿,死于魏	《史记·秦本纪》、《史记·甘茂列传》、《战国策·秦策》

甘罗	颍上,一说凤台	战国后期	甘茂孙,年十二,闻名于诸侯,事秦相吕不韦,为之使赵,一言而秦得城十一,封上卿,复其祖业	《史记·秦本纪》《史记·樗里子甘茂列传》、《战国策·秦策》
史举	寿县	战国中期	学百家之说,为甘茂师,特立独行,尝为下蔡门监	《史记·樗里子甘茂列传》
楚考烈王	自陈徙都钜阳,再徙寿春	前262—前237在位	楚国君主,为太子时尝质于秦,后继位为王,曾为合纵长,死于寿春	《史记·楚世家》
楚幽王悍	寿县	前237—前228在位	楚王,在位10年,时舅李园专政,病死	《史记·楚世家》
负刍	寿县	前228—前223在位	楚末代君主,曾举国抗秦,国亡为秦所虏	《史记·楚世家》、《史记·秦本纪》
宋王偃	淮北市	战国后期（前335—前286）	宋国末代君主,在位47年,曾努力恢复、扩大宋之疆土,囚力弱而灭于齐	《战国策·宋卫策》、《史记·宋微子世家》
春申君黄歇	初封于寿春（今寿县）	战国后期（？—前237）	楚国令尹,战国四公子之一,治楚二十五年,死于寿春	《史记·春申君列传》、《史记·楚世家》、《战国策·楚策》等
子思	怀远	战国晚期	楚国大夫,造（扩修）芍陂,死葬县东山乡	《后汉书·郡国志》注引《皇览》文

主要参考文献

《尚书》，中华书局 1980 年影印清阮元校刻《十三经注疏》本。

《诗经》，中华书局 1980 年影印清阮元校刻《十三经注疏》本。

《左传》，中华书局 1980 年影印清阮元校刻《十三经注疏》本。

《礼记》，中华书局 1980 年影印清阮元校刻《十三经注疏》本。

《论语》，中华书局 1980 年影印清阮元校刻《十三经注疏》本。

《孟子》，中华书局 1980 年影印清阮元校刻《十三经注疏》本。

《谷梁传》，中华书局 1980 年影印清阮元校刻《十三经注疏》本。

《公羊传》，中华书局 1980 年影印清阮元校刻《十三经注疏》本。

《周礼》，中华书局 1980 年影印清阮元校刻《十三经注疏》本。

《国语》，徐元诰集解，中华书局，2002 年。

《逸周书》，黄怀信等汇校集注，上海古籍出版社，2007 年。

《夏小正》，夏纬瑛校释，农业出版社，1981 年。

《老子》，朱谦之校释，中华书局，1984 年。

《荀子》，王先谦集解，上海书店 1986 年影印《诸子集成》本。

《墨子》，孙诒让间诂，上海书店 1986 年影印《诸子集成》本。

《韩非子》，王先慎集释，上海书店 1986 年影印《诸子集成》本。

《战国策》，诸祖庚集注汇考，江苏古籍出版社，1985 年。

《楚辞》，洪兴祖章句补注，吉林人民出版社，1999 年。

《山海经》，袁珂校注，巴蜀书社，1993 年。

《管子》，戴望校正，1986 年上海书店影印《诸子集成》本。

《尔雅》，郝懿行义疏，《汉小学四种》本，巴蜀书社，2001 年。

《庄子》，郭庆藩集释，1986 年上海书店影印《诸子集成》本。

《吕氏春秋》，高诱注，上海书店1986年影印《诸子集成》本。

《淮南子》，刘文典集解，安徽大学出版社、云南大学出版社，1999年。

《说苑》，向宗鲁校正，中华书局1987年《新编诸子集成》本。

刘　向：《列女传》，江苏古籍出版社，2003年。

司马迁：《史记》，中华书局，1982年。

班　固：《汉书》，中华书局，1962年。

范　晔：《后汉书》，中华书局，1965年。

《晋书》，中华书局，1974年。

常　璩：《华阳国志》，齐鲁书社，2010年。

《水经注》，陈桥驿校证，中华书局，2007年。

乐　史：《太平寰宇记》，台湾文海出版社《宋代地理书四种》本。

李　昉：《太平广记》，中华书局，1961年。

郑　樵：《通志二十略》，王树民点校，中华书局，1995年。

袁　康：《越绝书》，上海古籍出版社，1985年。

王夫之：《读通鉴论》，中华书局，1975年。

《说文解字》，段玉裁注，上海古籍出版社，1981年。

王先谦：《汉书补注》，中华书局，1993年。

《文子》，王利器疏义，中华书局，2000年。

《日知录》，黄汝成集释，岳麓书社，1994年。

蒋　骥：《山带阁注楚辞》，上海古籍出版社，1958年。

罗振玉：《殷虚书契前编》，民国元年上虞罗振玉日本永慕园影印本。

罗振玉：《殷虚书契后编》，影印本，1916年。

罗振玉：《殷虚书契续编》，民国22年上虞罗振玉殷礼在斯堂影印本。

《甲骨文研究资料汇编》，北京图书馆出版社，2008年。

容　庚：《殷契卜辞》，哈佛燕京学社影印本，1933年。

商承祚：《殷契佚存》，金陵大学中国文化研究所丛刊甲种，1933年。

金祖同：《殷契遗珠》，上海中法文化出版委员会影印本出版，1939年。

方法敛：《金璋所藏甲骨卜辞》，台北艺文印书馆影印本，1966年。

郭沫若主编：《甲骨文合集》，中华书局，1979年。

曾毅公：《甲骨缀合编》，修文堂石印本，1950年。

郭沫若：《卜辞通纂》,科学出版社,1983 年。

董作宾：《殷虚文字甲编》,上海商务印书馆,1948 年。

李亚农：《殷契摭佚续编》,上海商务印书馆,1950 年。

李学勤：《英国所藏甲骨集》,中华书局,1992 年。

陈梦家：《殷虚卜辞综述》,科学出版社,1956 年。

中国社会科学院考古研究所：《小屯南地甲骨》,中华书局,1983 年。

罗振玉：《三代吉金文存》,中华书局,1983 年。

徐中舒主编：《殷周金文集录》,四川辞书出版社,1986 年。

郭沫若：《两周金文辞大系图录考释》,科学出版社,1957 年。

安徽省博物馆：《寿县蔡侯墓出土遗物》,科学出版社,1965 年。

安徽省地方志编纂委员会编：《安徽省志·文物志》,方志出版社,1998 年。

安徽省文物考古研究所：《潜山薛家岗》,文物出版社,2004 年。

中国社科院考古研究所：《中国考古学·两周卷》,中国社会科学出版社,2004 年。

文物出版社：《新中国考古五十年》,文物出版社,1999 年。

安徽省文物考古研究所、安徽省蚌埠市博物馆：《蚌埠双墩——新石器时代遗址发掘报告》,文物出版社,2008 年。

安徽省文物考古研究所：《凌家滩——田野考古发掘报告之一》,文物出版社,2006 年

中国社会科学院考古研究所：《蒙城尉迟寺——皖北新石器时代聚落遗存的发掘与研究》,科学出版社,2001 年。

谭其骧主编：《中国历史地图集》,地图出版社,1982 年。

陈秉新、李立芳：《出土夷族史料辑考》,安徽大学出版社,2005 年。

安徽大学、安徽省文物考古研究所编著：《皖南商周青铜器》,文物出版社,2006 年。

王国维：《观堂集林》,中华书局,1959 年。

郭沫若：《青铜时代》,群益出版社,1946 年。

蒙文通：《越史丛考》,人民出版社,1983 年。

童书业：《春秋左传研究》,上海人民出版社,1983 年。

钱　穆:《史记地名考》,台湾三民书局,1984 年。

钱　穆:《先秦诸子系年》,商务印书馆,2001 年。

陈梦家:《西周年代考》,商务印书馆,1955 年。

徐旭生:《中国古史的传说时代》,科学出版社,1960 年。

陈怀荃:《黄牛集》,安徽教育出版社,2000 年。

李则纲:《安徽历史述要》(上、下),安徽省地方志编纂委员会编印,
1982 年。

安徽省社会科学院历史所:《简明安徽通史》,安徽人民出版社,
1994 年。

后　记

　　《安徽通史·先秦卷》历时五个春秋,经过反复研讨与修改,终于完成了。

　　《安徽通史》编撰任务下达后,本卷全体编写人员在两位主编的带领下,很快启动学习《关于〈安徽通史〉学术准备方面的若干问题》活动,在体会"学术准备若干问题"的过程中起草了先秦卷的编写大纲。经过近一年时间的酝酿,完成大纲的编写,然后进入撰写阶段。

　　初稿撰写历时三年有余。大部分稿件几易其稿。初稿完成后由主编先行审阅。两位主编提出许多具体修改意见,各位编者根据主编的意见进行修改加工。修改完成后交《安徽通史》编委会办公室,并由办公室交予安徽师范大学社会学院裘士京教授进行审阅。裘先生肯定了书稿在基本方面的成就,也提出一些中肯的意见。编撰者根据审查意见进行再修改。然后再交由中国社会科学院历史研究所所长卜宪群研究员进行第二次审阅。卜宪群先生认真审读了书稿,充分肯定书稿的学术价值,也提出不少具体的意见与建议。编写人员在主编的带领下集中在一起,又进行了最后的修改补充,完成定稿。

　　本卷具体分工如下:

　　大事编年部分,由各章撰写人提供初稿,陈立柱使之整齐划一。

　　史前部分,即第一、第二章,由陆勤毅、周崇云撰写。具体分工:第一章陆勤毅、周崇云撰写,第二章周崇云、朱华东、王箐撰写。

　　夏商西周部分,即第三、第四章由李修松、张爱冰撰写。具体分工:第三章,李修松撰写第一、二节,张爱冰、朱华东撰写第三节;第四章,李修松撰写第一、二、三节,张爱冰、朱华东撰写第四节。

春秋战国部分,即第五、第六章,由陈立柱、查昌国、杨立平撰写。具体分工:第五章,陈立柱撰写第一、二节,杨立平撰写第三节,查昌国撰写第四节;第六章,陈立柱撰写第一、二节,杨立平撰写第三节,查昌国撰写第四节。

《先秦安徽重要历史人物小传及资料表》由陈立柱整理完成。

《主要参考文献》由王箐根据书稿内容整理,陈立柱加以调整。

本卷成于众人之手,虽经主编统稿,但文字风格只怕未能完全一致。由于安徽早期历史过去没有什么研究,加之本卷时间跨度长,从旧石器时代一直写到春秋战国,各个阶段写法不能一律,再加上撰写者的水平所限,书中定有不少未尽人意之处,欢迎批评指正。

本卷撰写过程中,得到《安徽通史》编委会办公室、安徽省委宣传部理论处的大力支持与指导,安徽省社科院历史所原所长朱玉龙先生在不少方面予以指导与启发,不少领导与同仁也给予关怀与支持,本书部分图片选自安徽省文物局编《安徽馆藏珍宝》,在此一并表示衷心的谢意!

编　者

2010 年 9 月 25 日